掌握生命的變數

李明進◎著

序言

自古以來當人類可以開始思考時，就不斷探索找尋何種力量是影響人類終生成就際遇禍福的主要因素。作者認爲影響的因素很多，運用科學觀念的邏輯分析歸納出七種較具體的影響因素，有㈠個人生活的年代時間（民國十年與民國八十年就有很大的生活差異）；㈡生存空間的氣候（溫度、濕度、陽光多寡等生存條件影響人類生活方式）；㈢生存空間的環境地點（大陸與台灣、城市與鄉村有不同的生活發展體系）；㈣生活空間的社會文化背景（社會對事物看法差異、造成評價成就等級差異）；㈤個人出生環境與接受的教育程度（貧窮和富裕環境養成的生活習慣與個人人生觀，以及有沒有接受正確的教育，所造成待人處事的想法態度自亦不同）；㈥個人面臨重要事件時的判斷抉擇能力（英國霸菱銀行因用人不當與商品投資判斷錯誤，釀成倒閉的結果）；㈦個人在社會與事件中的個性表達處理能力（人的個性是由個人心理與生理兩方面互動影響的作用行爲，心理方面是指個人腦中的想法觀念與思考邏輯模式，生理方面就是個人的情緒、生理反應、待人處事的態度做法等人體行爲綜合現象，生理與心理二者會互動影響，導致個性的表達差異。不同的個性有不同的想法與做法，使處理事情結果不同，造成際遇成就差異）等七種主要影響變數。在這些影響變數中，自己能改變且最主要影響個人成敗的變數就是㈥、㈦兩項因素，如何讓自己面臨重要抉擇時（例如創業、結婚、交友、旅遊、工作、投資錢財等事件），能夠判斷選擇出正確適合自己的方向，避免不必要的傷害損失，及如何改變自己個性在社會與事件中的表達處理能力，就是本書指導讀者擺脫宿命觀點，掌握住對自己有利的變數條件，進而達到『順利人生，愉快生活』的積極目的。

本書作者與大地時空研究中心及其他單位，於多年前開始蒐集文獻資料及相關理論，研究本國與國外對於改變自己的判斷能力與造成個性改變的影響因素，經過長久的分析歸納運用人體生理學、人體心理學、人體應用物理學、時間計算理論、氣候影響生物學、中西醫學理論、人體組織結構學、人類思考行爲研究學、光學效應、音波振動原理、能量原理、人體磁場感應作用、空間磁場能量理論、時間週期與人體行爲作用影響等等，配合大量人體科學試驗不斷反覆驗證，且花費一定的金錢、人力，蒐集一萬件以上的實驗數據，歸納出其中的變化特徵及人體規律週期，開發出一套使用現代科技，符合現代人觀念且操作簡單的『時空光能腦部感應變化係數及人體變數能量』的理論使用體系。

『時空光能腦部感應變化係數與人體變數能量』的理論，分為四種人體運用體系，來解決人類各種類型的問題：㈠抉擇體系，是預測事情最後結果的吉凶成敗，其目的在於幫助個人需要做重要抉擇時（例如投資生意、結婚、交友、出國旅遊、選擇工作職業等等），趁著事情尚未發生或準備進行前，讓個人可以先預測事情最後的結果，幫個人正確判斷，抉擇出最適合自己生理與心理的有利情況，避免因抉擇錯誤，造成個人痛苦的重大損失。㈡時間體系，是預測事情發生的時間週期及人體變數產生的週期時間。任何事情從開始到結束皆有時間變化，個人會發生不同的結果，時間週期占有重大的影響力量。如何掌握時間週期，了解什麼週期是最適合自己發展的時間（例如何年何月何日才可碰到適合結婚的對象等等），其成就結果自亦不同。㈢變數體系，是利用『人體變數能量』製造事情變數狀況，自然改變當事者的個性及個人處理事情時的態度與做法，形成和以前完全不同的結果，達到人生順心的目的。『人體變數能量』改變個性的方式是利用生理改變心理的方法，利用『光波頻率』、『音波振盪』、『食物能量』、『衣服顏色』、『住宅磁場』、『行為動作』等能量供應原理，改變個人體質，製造變數出現的資訊方法。㈣模擬體系，是分析事件，模擬事情進行所發生的變化過程，因爲模擬過程變化係數最爲繁瑣複雜，作者與大地時空研究中心目前還在蒐集資料、分析歸納當中，尚未利用第四體系來處理事情，其餘三大體系於民國八十二年十一月已經完成且公開服務，提供本中心的會員使用。本書出版的內容是屬於『選擇體系』及公開發表利用『人體變數能量』，來解決個人的錢財事業、吸引異性、感情婚姻、官司訴訟、人緣健康等事件的解決理論與實際個案記錄，有興趣者只要仔細閱讀，便可了解箇中的奧秘，以改變自己與掌握自己的生活。

本書內容最大的特色之一是使用『時空光能腦部感應變化係數』的過程，非常簡單，易學易懂，只要讀者會看手錶皆可使用，操作過程步驟是人的腦部一想到問題，就馬上舉起手腕察看手錶當時所顯示的時、分、秒等時間單位，再翻閱本書中看與某年某月某日某時某分的那一分鐘感應，便可立即知道你想發問之問題結果的吉凶成敗，整個過程如操作熟練，絕對不超過一分鐘，便能瞭然於心，讓你在最快時間內掌握自己的未來，使你了解他人內心的秘密，抉擇出對你最有利的結果。

對於星相五術（山醫命相卜）有興趣的讀者，本書內容也可滿足其需要，一般讀者想要學習星相五術的目的，大部分是想利用星相五術的方法，達到認識自己、了解他人，進而改變未來，星相五術如八字、手面相、斗數、卜卦等理論方法，都需要讀者花費時間與精神去學習，研究出心得與經驗後，才能使用於認識自己與了解他人。在研究學習星相五術過程中，又因學習理論的差異及個人智慧領悟的不同，造成星相五術的準確性，會因人事地物的差異形成許多困擾，很難以在短時間內達到立竿見影的效果。然而，本書的內容任何人只要仔細閱讀，便可馬上操作使用，得知事情的吉凶成敗，同時也可預測跟你不認識或毫無關係的人的吉凶成敗（例如某某人會不會當選立法委員、某某人會不會當行政院長、總統等等之類的事），完全由操作者自己來設定你想知道的問題種類，這也是本書內容的特色之一，希望讀者謹慎運用，切勿用來爲惡。

本書出版的主要目的，絕對不是一般宿命論，而是提供積極改變未來的方法，例如有人找你合夥投資做生意，相信每個人都會用各種方法來判斷這件生意能不能做，或能不能賺錢，如果說你使用的方法（智慧、經驗判斷等）發生錯誤，對於不會賺錢甚至是賠錢的生意，而你認爲會賺錢且去進行，其後果可想而知一定是一敗塗地，等到事情發生後再來後悔，就來不及了。作者出版此書，就是希望讀者在踏出未來重要一步或做任何重要抉擇時

（例如結婚、戀愛、拓展事業、投資、用人、商品開發、考試、交友、出國旅遊等等事件），能用本書來幫助你判斷，讓你知道你現在的生理、心理狀況適不適合做這一件事情，如果說，從現在開始你的人生、投資都能減少誤差，向命運前進的每一步都能踏穩，相信你一定可以減少奮鬥所花的時間，更快達成你的心願。

目錄

前言

本書對讀者獨特的好處

一、本書的操作方法絕對簡單，人人易懂，全家老少都能使用自如。

二、本書在你面臨重要抉擇猶豫不決時，讓你了解自己的生理與心理狀態，幫助你選擇出最適合你自己的正確方向。

三、本書讓你了解他人的心理與秘密，掌握個人事件與未來變化的吉凶成敗。

四、本書告知讀者吸引異性、婚姻美滿、事業發達、考試順利、錢財豐沛事件的處理原理，與實際處理個案記錄，指導讀者如何掌握『光波頻率』、『音波振盪』、『食物能量』、『衣服顏色』、『住宅磁場』、『行爲動作』等人體變數能量原理，改變個人生理與心理不平衡狀態，提供創造順利未來的資訊。

五、作者設有專線電話與讀者直接溝通，指導讀者正確使用本書方法，回答讀者使用本書所產生的疑惑問題。（有問題的讀者請不要客氣喔！）

六、本書準確率高達百分之六十五，讀者想要詢問任何問題都可以，同時詢問問題的結構和角度都可以由讀者自行來設定，想要知道個人、他人、社會、世界等等各種未來資訊，都可以利用本書來幫你預知未來、掌握未來發展趨勢，創造快樂的生活。

七、購買本書，隨書附贈一張價值新台幣伍佰元整的『服務折價券』，有問題需要作者服務時，每一次服務以一張折價券折價伍佰元為限，讀者可利用此券來幫忙解決各項生活疑難問題。

八、購買本書的讀者，將可擁有免費參加『利用人體生理作用影響房屋磁場來改變個人情緒』的科學風水試驗機會，有興趣的讀者都可自由免費參加。（千載難逢喔！）

本書的用途及特點

一、使用本書者，不需要任何基礎，只要會看手錶時間，即可操作運用本書資訊。

二、本書是利用『時空光能腦部感應變化係數』計算得來的結晶，請使用者隨身攜帶手錶，以便隨時得知吉凶成敗的結果（最好隨身攜帶時、分、秒同時顯示的電子錶）。

三、本書一人購買，全家老少都可操作使用。

四、對於本書的資料，社會上各階層人士都可使用來預測自己未來的吉凶成敗。

五、使用本書，不需要花時間去研究，即可立刻得知答案。

六、本書資訊的使用操作方法，絕對簡單，人人易懂。

七、本書答案簡單、扼要，人人易懂。

八、本書正式對外公開『人體變數能量』，告知讀者吸引異性、婚姻美滿、考試順利、錢財豐沛、事業發達等的形成原因，及處理理論與實際個案記錄，有心讀者可仔細閱讀，了解其中奧秘，來改變自己的生活。

九、本書除了預測自己的事情之外，更可預測他人心理及事件，使用者請勿用於害人。

十、本書小至個人、家庭問題，大至社會、國家問題，都可自行預測其吉凶成敗。

十一、對於星相五術研究者在研判吉凶成敗時，本書可幫助其一臂之力。

十二、讀者使用本書前，請一定要先閱讀『讀者使用注意事項』與『生活問題正負設定的影響結果』之後，才能操作運用本書，否則必然會產生重大誤差，形成錯誤的判斷結果。

十三、本書準確率高達百分之六十五，請使用者切勿利用本書去進行違反法律及害人之事，否則傷害一旦發生，將會對使用者或他人造成一生的遺憾，這就違背了作者當初提供本書的善良本意，請使用者再三注意，切勿用於為惡。

十四、『時空光能腦部感應變化係數』有『月變體系』與『日變體系』兩種計算體系，本書提供的內容是變化係數中之『月變體系』，是以一個月的週期規律為變化基礎，使用者只需要注意在腦部發生問題的時候，是在哪一年哪一月哪一日的範圍之內所產生的，隨後再察看資料，即可得知問題的答案（例如：讀者是在西元二〇〇一年五月二日早上九點二十五分四十八秒想到問題，只要翻閱到書中二〇〇一年四月二十三日到五月二十二日為範圍所計算出來的九點二十五分那一格的符號，就是讀者問題的答案所在），本書的『月變體系』準確率爲百分之六十五，讀者一般生活的問題都可預測結果，如果是特別重要的問題需要更高準確率的係數來幫忙預測時，可以打電話來與作者聯絡，作者將運用每日不同時間不同結果爲計算基礎的『日變體系』來爲讀者服務，『日變體系』準確率高達百分之九十二點三八，超級特別的問題還可以開立『預測保證書』給讀者，來擔保預測效果的準確性，操作方法與『月變體系』完全相同。

讀者使用注意事項（※請讀者一定要看完本篇內容）

一、本書資料內容的時、分、秒等時間數據完全與國內報時台一一七標準時間相同，讀者使用前請必須先對時調整自己手錶的時、分、秒等正確時間數據後，才可使用本書資訊。

二、腦部一想到問題，請養成立即舉手察看手錶時間的反射動作，並請馬上記錄下來想到問題時候的時、分、秒等時間數據，隨後再翻閱看與本書資料中的哪一分鐘感應，便立知這個問題的吉凶成敗。

三、本書資料分鐘與分鐘的感應交換點爲該分的二十四秒而並非〇秒，請讀者特別注意（例如八分二十秒想到一個問題，其感應時間未超過八分二十四秒，其感應分鐘值爲七分感應得知，如八分三十二秒想到問題，已經超過感應交換點，其問題結果爲八分感應得知）。

四、腦部想到問題的時間，請順乎自然，不可自行選擇某年某月某日某時某分才想預測問題，否則必發生重大誤差。

五、本資料預測未來不知答案的事情，其感應預測效果最好，請使用者在感覺有疑難困惑不知答案時，才使用本資料來預測吉凶成敗。

六、本資料答案內容符號解釋如左：

符號（・） 代表問事可成，問吉則吉、問凶則凶（例如問投資做生意好不好？遇此符號代表生意可以做得不錯；再例如有人嚴重的車禍，擔心他會不會死亡？遇此符號者離死不遠了）。

符號（一） 代表問事不成，問吉反凶、問凶反吉（例如想問跟某人結婚適不適合？遇此符號顯示詢問者不適合與其結婚；再例如有人生了重病，家屬擔心會不會死亡？遇此符號者不會死亡，可以轉凶為吉）。

符號（◎） 代表不吉不凶、半凶半吉，凡事需當事者積極努力才能辛勞有成（遇此符號者，其問題的結果主要影響因素為當事者的意志與積極努力的程度）。

七、預測問題後，如答案不盡理想時，請切勿再以同樣問題來重複預測吉凶成敗，以免產生重大誤差（因為一再重複的詢問，你的意志精神力將會嚴重干擾到係數正常顯示吉凶的功能，到了最後，係數就會錯誤，變成你所希望的錯誤答案出現）。

八、本書資料所提供的答案皆為問題的最後結果，其中間變化的模擬過程，作者還在整理蒐集當中，等整理完成體系後，必推出於讀者見面。

九、本書資料所顯示的問題結果不好時，讀者可以使用『食物能量』、『衣服顏色』、『住宅磁場』、『行為動作』等人體生理變數方法，配合時間週期的變化，產生『變數體質』，來改變預測結果，創造未來，讓不好的結果在未發生之前自然變好。

十、本書中的年、月、日等時間單位皆是以陽曆計算，並非陰曆，請讀者注意（一天有二十四小時，從晚上凌晨一點就是一時為開始計算下去，下午三點就是十五時，晚上八點就是二十時）。

十一、舉例說明：例如陳先生在早上九點五分十四秒想到一個問題（腦部想到問題同時舉手察看手錶得知的時、分、秒），而問題的內容是：我下午三點四十分和客戶約談生意的結果如何？正確的預測方法是察看九點四分的感應值，便可立刻知道今天下午三點四十分約談生意的結果，如九點四分的感應值為『〇』的符號，即表示此事進行時，資料須準備周全、對方可能會殺價，須多跑幾次才會談成。

十二、本書的符號有三種分類結果，除了基本上可以預知問題的吉凶成敗之外，讀者還可以用『選擇題』選擇答案的方式，將三種符號結果設定爲三種答案或方向，何種符號代表何種意義設定清楚之後，便可以利用時間來查閱資料，看書中出現何種符號形狀，就是告知讀者設定問題的答案方向（例如：陳先生想換新工作，有三家公司供其選擇，薪水與條件都差不多，陳先生不知如何取捨，此時便可將A公司設定爲·符號，B公司設定爲一符號，C公司設定爲○符號，設定清楚後，便可察看書中資料是顯示何種狀態符號，就是告知陳先生哪一家公司最適合；出現符號○就是C公司；出現符號·就是A公司。此類問題符號意義概由讀者自行去設定，只要設定清楚明確，便可以知道未來的方向答案，由此類推。各種問題的設定也是如此。

十三、本書的內容僅供讀者作爲參考選擇的方法，讀者使用本書資訊請按照正確相關操作步驟，如有任何問題讀者都要自行考慮清楚才可使用本書，本書資訊誤差值將近百分之三十五，請讀者需要有『誤差觀念』之後才可來使用本書爲你預測。

十四、本書只是讓讀者預測參考之用，讀者如使用本書去從事爲非作歹觸犯法律之事，其相關責任概由讀者負責與本書作者無關（請讀者千萬不要拿本書去做違反法律之事，作者警語！）。

生活問題正負設定的影響結果

在『時空光能腦部感應變化係數』理論體系中，讀者最需要注意的觀念，就是本書內容的預測吉凶效應並非永遠固定不變，預測結果的解釋方式會隨個人在詢問預測結果時，因爲當事者事前設定問題的正負性質不同，形成光能係數隨著問題性質設定的差異，造成極端不同、甚至完全顛倒的結果出現。

通常個人在詢問預測問題結果時，必定會事先想好問題的種類結構與性質目的，來預測事情的吉凶成敗，本中心研究發現一般人在設定問題時，最基本的分類有兩種，就像磁鐵有正極與負極兩種效應一樣。第一類型的問題是當事者希望發生且對個人有利的事情(例如問投資做生意好嗎？大學聯考可以考上嗎？他還愛我嗎？跟他有緣分可以結婚嗎？我現在可以換工作嗎？今年會升職調薪嗎？等等問題)，本書作者以磁場兩極效應的原理命名稱爲『正極問題』；當事者在詢問預測正極問題時，本書的時空光能腦部感應變化係數顯示的預測結果，不會發生能量重新組合的化學變化，預測結果的解釋方式就是原先基本能量的解釋含義。第二類型的問題是當事者不希望發生且對個人不利的事情（例如問車禍嚴重者會死亡嗎？丈夫有外遇嗎？與人投資做生意會被合夥人欺騙嗎？親人生病住院病情嚴重嗎？他是不是不喜歡我？違建的房屋今天會被拆除嗎？等等問題），本書作者稱之爲『負極問題』；個人詢問預測負極問題時，時空光能腦部感應變化係數顯示的預測結果，會因負極感應產生能量重新組合，改變能量形態，造成與原先基本能量的解釋方式完全顛倒的不同結果。

『天有黑白，人有男女，事有吉凶』，這是宇宙現象最簡單的能量分類形態，分爲正極能量與負極能量兩種最基本的表達類型，個人腦部產生的問題種類與性質目的，也有兩種不同的目的表達，就像是古人所言：『君子問凶，小人問吉』兩種不同角度的問事方法，人爲什麼會自然選擇問吉或問凶的角度，經本中心研究發現，個人腦部產生的問題種類及性質目的，其實就是人們在處理事情問題時，正負能量所需要的供需種類，而本書的『時空光能腦部感應變化係數圖表』顯示的正負能量吉凶狀態，就是在不同時空數據的光磁下，影響人體吸收感應所形成的能量種類，進而造成人體處理事情時因生理反應與心理感覺不同所導致的吉凶結果狀態。不同的問題類型所需求的能量供應種類自亦有差，人們在處理問題時，需求正負能量的種類與人體形成的能量類型，兩者關係有如需求與供應者互動的關係，如果需求者需要正極能量，供應者卻提供負極能量，就像是你詢問『正極問題』你需要的是正極能量，可是『變化係數圖表』卻出現告訴你身體所形成是負極能量，和你需要的能量形態完全顛倒，用簡單的能量組合計算公式，就是正負得負的結果力量，需要與供應組合錯誤，自然出現不好的負極效果，也就是人們俗稱所謂『凶』的定義。需求者如需要負極能量，供應者提供負極能量，就像是你詢問『負極問題』你需要的是負極能量，剛好『變化係數圖表』就出現告訴你身體所形成的正是負極能量，和你需要的能量形態完全吻合，就如同負負得正的結果力量，需求與供應組合正確，自然出現好的正極效果，也就是人們俗稱所謂『吉』的定義。

所以本書的能量符號，並非永遠不變的結果顯示，而是會隨個人問題性質，產生不同的解釋方式，當負極符號（－）出現時，不一定就是不好的結果，正極符號（・）出現時，也不一定就是好的結果，此種變化作用現象是時空光能腦部感應變化係數最獨特的組合模式，請讀者細心體會後，再來操作使用本書資訊，必定能使你更加得心應手、操作自如地享受本書提供給讀者的生活資訊。

※假如讀者還有不清楚者，請繼續閱讀作者在後面篇幅中，將生活事件歸類之後，根據問題性質與能量符號所寫的結果分析，讓不清楚的讀者可以更快掌握本書因問題設定不同而導致結果改變的特性。

人生各類事件與符號結果分析簡介

作者為讓讀者更快了解如何使用本書資訊，特別將一般人最常碰到的生活問題，歸納分類出各種事件與符號結果分析簡介，凡是個人事業與錢財投資、工作求職、個人升官與升職、戀愛感情、家庭婚姻、交往朋友、人生考試、朋友借錢、各種選舉、人生疾病與意外災難、失蹤親人與物品遺失、官司訴訟、買賣房屋、出國旅遊與休閒娛樂等各方面皆有符號結果分析簡介，有生活問題需要做出判斷抉擇者可翻閱使用，節省讀者時間。

事情總類分析與各種事件解釋結果，詳述如後。

一、人生事件總類綜合各方面符號結果分析簡介

㈠操作者設定問題的結果是希望發生且對自己有利的事情預測，皆屬『正極問題』，符號能量基本含義不會改變，結果分析的解釋方式就是能量符號原先的意義。

符號（·）顯示 事情進行對當事者是好的結果，當事者心理與生理狀態適合去從事進行投資遇此符號者，事情能處理得很好或出現貴人相助，讓事情進行順利。

符號（－）顯示 事件進行對當事者是壞的結果，不適合當事者從事進行投資，事情障礙阻力太強，造成當事者嚴重的損失（如當事者因某種因素不得不去進行時，遇此符號者可以利用『變數能量』產生的變數時間，來改變事情原先的結果預測）。

符號（○）顯示 事情進行是普通膠著狀態，當事者如想從事進行投資，需要加倍積極的人爲努力去處理事情，經過多次奔波勞動才會辛勞有成（遇此符號者運用『變數能量』，可改變事情結果狀態，及加快事情成功的時間週期）。

㈡操作者設定問題的結果是不希望發生且對自己不利的事情預測，皆屬『負極問題』，符號能量基本含義完全顚倒，結果分析的解釋方式就是能量符號相反的意義。

符號（·）顯示 能量正負得負的狀態（問題是負極，符號是正極，正負極組合形成正負得負的組合結果），事情進行是壞的結果，不適合當事者去從事進行投資，障礙阻力太強及沒有考慮到的因素太多，造成當事者嚴重的損失，當事者所擔心壞的效果將會如你預期的發生。

符號（二）顯示　能量負負得正的狀態（問題是負極，符號是負極，負負極組合形成負負得正的組合結果），事情進行是好的結果，適合當事者進行從事投資，當事者擔心或恐懼的事情不會發生，遇此符號者將有逢凶化吉的效果。

符號（〇）顯示　事情進行是普通微差狀態，當事者如想進行投資，需要更加積極的人爲努力，多次奔波勞動才能辛勞有成，當事者擔心或恐懼的事情尚未發生或發生得不是很嚴重，只要當事者努力改善，積極預防，都可把擔心或恐懼的事情減到最低，甚至不會發生的狀態。

二、事業與錢財投資各方面符號結果分析簡介

㈠當事者設定問題的結果是希望發生且對自己有利的事情預測，皆屬『正極問題』，基本能量符號意義不會變動。例如問與朋友投資做生意可以嗎？生意會賺錢嗎？這件生意成敗如何呢？等等此類問法皆是正極問題的範圍。

符號（·）顯示　這件生意投資是好的結果，可以賺錢，可以進行投資。

符號（一）顯示　這件生意投資是壞的結果，賺錢很難，最好不要進行投資。

符號（〇）顯示 這件生意想要投資成功，當事者努力的積極程度是影響生意會不會賺錢的主要因素，同時做生意賺錢只是普通而已。

㈡當事者設定問題的結果是不希望發生且對自己不利的事情預測，皆屬『負極問題』，基本能量符號意義完全顛倒。例如問投資友人事業會不會失敗？生意會不會賠錢？等等此類問法，皆是負極問題的範圍。

符號（·）顯示 這件生意投資是壞的結果，賺錢很難，會有風險發生，最好不要投資。

符號（一）顯示 這件生意投資是好的結果，可以賺錢，生意很好，可以投資。

符號（〇）顯示 這件生意想要投資成功，當事者需加倍投入時間與努力才會辛苦有成，生意投資錢財的回收，需要較長的時間才能達到。

三、工作求職各方面符號結果分析簡介

㈠當事者設定問題的結果是希望發生且對自己有利的事情預測，皆屬『正極問題』，基本能量符號含義不會變動。例如問這份工作適合我嗎？這家公司適合我去嗎？這份工作有前

途嗎？現在適合換工作嗎？等等此類問法，皆是正極問題的範圍。

符號（·）顯示 這份工作適合當事者去從事，工作會有發展潛力，想換工作者可以換工作，謀求更好的發展環境。

符號（—）顯示 這份工作不適合當事者去從事，想換工作者最好不要變動目前職務。

符號（◯）顯示 這份工作當事者想要更好成績，需當事者更積極加倍的人為努力，想換工作者可否換成，完全視個人心態來決定去留。

㈡當事者設定問題的結果是不希望發生且對自己不利的事情預測，皆屬『負極問題』，基本能量符號含義完全顛倒。例如問這份工作會有危險嗎？這份工作待遇這麼高是不是在騙人呢？這件工作我來從事會不會碰到很多挫折呢？等等此類問法，皆是負極問題的範圍。

符號（·）顯示 這份工作不適合當事者去從事，會碰到很多障礙，造成當事者有事倍功半的感覺。

符號（—）顯示 這件工作適合當事者去從事，會有發展潛力，當事者工作成績表現不錯。

符號（◯）顯示 當事者在從事這份工作的過程中，會碰到不少障礙，只要個人很積極努力去處理問題，便可辛勞有成。

四、個人升官與職務升遷各方面符號結果分析簡介

㈠當事者設定問題的結果是希望發生且對個人有利的事情預測，皆屬『正極問題』，基本能量符號含義不會變動。例如問今年我會升官嗎？職務升遷我有機會嗎？職務升遷對我的影響是好的嗎？等等此類問法，皆是正極問題的範圍。

符號（·）顯示　可以升官或升職，對職務升遷者是好的結果。

符號（—）顯示　現在還無法升官或升職，即使升官或升職也會有不好的影響結果。

符號（○）顯示　想升官或升遷者，需要更積極的人爲努力，才會有機會。

㈡當事者設定問題的結果是不希望發生且對個人不利的事情預測，皆屬『負極問題』，基本能量符號含義完全顚倒。例如問今年的升官或升職會被上司阻礙嗎？老闆是不是討厭我，不會讓我升職調薪呢？這次公司裁員會不會裁到我呢？等等此類問法，皆是負極問題的範圍。

符號（·）顯示　現在還無法升官或升遷職務，請當事者努力工作，準備下一次的升遷

機會。

符號（－）顯示　這次有升官與升遷職務的機會，人事調動對當事者是好的結果。

符號（○）顯示　目前尚無升遷的狀況，需要當事者更積極的人爲努力，才會出現升官或升遷職務的機會。

五、人生戀愛感情各方面符號結果分析簡介

㈠當事者設定問題的結果是希望發生且對自己有利的事情預測，皆屬『正極問題』，基本能量符號含義不會變動。例如問可以和他（她）成爲異性朋友嗎？他喜不喜歡我呢？我們有緣分可以成爲戀人嗎？他還愛我嗎？我們有緣分生活在一起嗎？等等此類問法，皆是正極問題的範圍。

符號（・）顯示　兩人有緣發展戀愛，感情極爲甜蜜，對方還是深愛著當事者。

符號（－）顯示　兩人緣分太淺，不適合戀愛，感情已經破裂，且對方慢慢討厭當事者，如果兩人已經在一起要有隨時可能分手的心理準備。

符號（○）顯示　當事者想與對方發展戀情，請當事者大膽表達且積極追求對方，最後

對方終會被當事者的誠意與積極所感動，當事者要多花一點耐心與時間才會達成目的。

㈡當事者設定問題的結果是不希望發生且對自己不利的事情預測，皆屬『負極問題』，基本能量符號含義完全顛倒。例如問我和她眞的無緣嗎？她想跟我分手嗎？我們眞的無法成爲異性朋友嗎？他還有沒有其他女朋友呢？等等此類問法，皆是負極問題的範圍。

符號（·）顯示 兩人緣分不夠，不適合戀愛發展，感情已經破裂，且對方討厭當事者，準備分手。

符號（⚊）顯示 兩人非常適合戀愛，戀情極爲幸福甜蜜，對方還是愛著當事者。

符號（◯）顯示 兩人的感情現在是屬於普通狀態，想要更好，需要當事者更加努力。

六、家庭婚姻各方面符號結果分析簡介

㈠當事者設定問題的結果是希望發生且對自己有利的事情預測，皆屬『正極問題』，基本能量符號含義不會變動。例如問痛苦婚姻可以再繼續生活下去嗎？跟他（她）適合結婚嗎？生活會幸福嗎？等等此類問法，皆是正極問題的範圍。

符號（·）顯示 兩人的婚姻生活適合繼續經營下去，未婚者可以結婚，且婚後生活幸

福美滿。

符號（一）顯示 兩人的婚姻生活有重大缺陷困擾，阻礙兩人再繼續生活，未婚者請三思而後行。

符號（◯）顯示 當事者人爲努力的積極程度是造成婚姻生活是否幸福的主要因素。

㈡當事者設定問題的結果是不希望發生且對自己不利的事情預測，皆屬『負極問題』，基本能量符號含義完全顚倒。例如問痛苦的婚姻可以離婚嗎？丈夫有外遇嗎？跟他（她）結婚會不幸痛苦嗎？等等此類問法，皆是負極問題的範圍。

符號（·）顯示 兩人的婚姻生活有重大缺陷，除非兩人有毅力、時間，想要努力去改善婚姻問題，否則想離婚者是可以離婚，配偶在外面的確有外遇的狀況。

符號（一）顯示 兩人的婚姻適合繼續生活下去，兩人非常不適合離婚，配偶沒有外遇的狀況。

符號（◯）顯示 兩人的婚姻生活是屬於普通狀態，需要當事者更加積極地努力經營，婚姻才會更加幸福美滿，想離婚者只要堅持積極去進行，能不能離婚完全是看當事者的心態決定。

七、交往朋友與認識他人各方面符號結果分析簡介

㈠當事者設定問題的結果是希望發生且對自己有利的事情預測，皆屬『正極問題』，基本能量符號含義不會變動。例如問這個朋友可以深入交往嗎？這個人可以做朋友嗎？對我是好的影響嗎？等等此類問法，皆是正極問題的範圍。

符號（·）顯示　這個朋友很適合交往，會變成很好的朋友，對當事者是好的影響結果。

符號（二）顯示　這位朋友非常不適合當事者去交往，變成朋友的影響是壞處比好處還多，請盡量避免交往，以免日後被他拖累牽連。

符號（〇）顯示　這個朋友可以交往，但需要深入了解對方底細後，才能與對方做朋友，同時與這位朋友還是保持點距離較好。

㈡當事者設定問題的結果是不希望發生且對自己不利的事情預測，皆屬『負極問題』，基本能量符號含義完全顛倒。例如問這個朋友會害我嗎？跟他交往會不會有壞處呢？等等此類問法，皆是負極問題的範圍。

符號（・）顯示　這位朋友不適合當事者交往，變成朋友是壞處比好處還多，日後會被他拖累牽連陷害。

符號（ー）顯示　這位朋友適合交往，不會陷害當事者來謀求自己的利益。

符號（〇）顯示　這位朋友和當事者是普通朋友關係，想要成爲知心好友，請先了解對方底細，再作決定吧！

八、人生考試（包括各種升學考試與高普考等國家考試）各方面符號結果分析簡介

㈠當事者設定問題的結果是希望發生且對自己有利的事情預測，皆屬『正極問題』，基本能量符號含義不會改變。例如問考試考得上嗎？高普考能通過嗎？這次考試的結果如何？等等此類問法，皆是正極問題的範圍。

符號（・）顯示　這次考試可以通過，考試者只要持續努力便可金榜題名，考上學校與名次皆是名列前茅。

符號（ー）顯示　這次考試不能通過，考試者必須更加努力準備功課，才能在下次考試

中順利通過。

符號（〇）顯示　這次考試想要順利通過，當事者人爲努力的積極程度是影響成績的最主要因素，現在不可以放鬆，還要更加努力才有機會考上。

㈡當事者設定問題的結果是不希望發生對自己不利的事情預測，皆屬『負極問題』，基本能量符號含義完全顛倒。例如問這次考試會考不上嗎？高普考試會失敗嗎？等等此類問法，皆是負極問題的範圍。

符號（・）顯示　這次考試不能通過，考試者會失常，失去原有的應考實力，造成考試失敗。

符號（一）顯示　這次考試可以通過，考試者只要持續努力便可金榜題名，考試順利。

符號（〇）顯示　這次考試想要順利通過，當事者必須更加努力去準備功課，才能順利通過考試。

九、朋友借錢及金錢周轉各方面符號結果分析簡介

㈠當事者設定問題的結果是希望發生且對自己有利的事情預測，皆屬『正極問題』，基

本能量符號含義不會變動。例如問借錢給朋友今年他會還給我嗎？借錢給他靠得住嗎？借錢給他會如期歸還嗎？等等此類問法，皆是正極問題的範圍。

符號（·）顯示 可以把錢財借給朋友，朋友很快會還給當事者。

符號（－）顯示 不可以把錢財借給朋友，朋友會因某種原因，無法還給當事者，造成個人錢財損失。

符號（○）顯示 可以把錢財借給朋友，但須自己手頭寬裕有剩餘錢財，借錢給朋友時須請朋友親筆寫下借據，才能把錢財借給朋友。

㈡當事者設定問題的結果是不希望發生且對自己不利的事情預測，皆屬『負極問題』，基本能量符號含義完全顛倒。例如問借錢給朋友他會拖延不還嗎？借錢給他會有風險嗎？借錢給他沒有借據他會否認不還嗎？等等此類問法，皆是負極問題的範圍。

符號（·）顯示 不可以把錢財借給朋友，朋友因某種原因，不能把錢財還給當事者，造成個人錢財損失。

符號（－）顯示 可以把錢財借給朋友使用，朋友會很快還給當事者。

符號（○）顯示 可以把錢財借給朋友，但需要自己有剩餘錢財，借錢給朋友時須請朋友親筆寫下借據，同時朋友也很少會主動還錢，需要當事者自己去要回來。

十、人生選舉（各級民意代表與民選總統、縣市長的選舉，小至個人團體的競爭選舉）各方面符號結果分析簡介

㈠當事者設定問題的結果是希望發生且對自己有利的事情預測，皆屬『正極問題』，基本能量符號含義不會改變。例如問某人會當選立法委員嗎？某人競選省議員會順利嗎？某人競選總統可以當選嗎？某人可以代表政黨出來競選嗎？等等此類問法，皆是正極問題的範圍。

符號（・）顯示　這次選舉結果，當事者只要持續努力，便可順利當選。

符號（一）顯示　這次選舉結果，當事者會因某種因素落選。

符號（〇）顯示　這次選舉結果，當事者想要順利當選，需要積極的人爲努力準備，才會在最後當選名次邊緣順利當選。

㈡當事者設定問題的結果是不希望發生且對自己不利的事情預測，皆屬『負極問題』，基本能量符號含義完全顚倒。例如問某人競選立法委員會失敗嗎？某人競選民意代表會有問

題嗎？等等此類問法，皆是負極問題的範圍。

符號（-·）顯示　這次選舉結果，當事者因某種問題落選。

符號（--）顯示　這次選舉結果，當事者逢凶化吉，只要持續努力便可順利當選。

符號（◯）顯示　這次選舉結果，當事者須克服困難，更加積極努力準備，才會順利當選。

十一、人生疾病與意外災禍各方面符號結果分析簡介

㈠當事者設定問題的結果是希望發生且對自己有利的事情預測，皆屬『正極問題』，基本能量符號含義不會變化。例如問某人發生嚴重車禍意外，還有救嗎？生病嚴重住院者，可以治好嗎？等等此類問法，皆是正極問題的範圍。

符號（-·）顯示　這次生病或意外事故，可以快速痊癒，沒有生命危險。

符號（--）顯示　這次生病或意外事故，不能快速痊癒，嚴重意外與病情導致生命危險。

符號（◯）顯示　這次生病或意外事故，當事者想要平安無事、想要康復的積極意念與

鬥志是最主要的影響因素，如問生病病情與意外事故皆是屬於慢性普通狀態。

㈡當事者設定問題的結果是不希望發生且對自己不利的事情預測，皆屬『負極問題』，基本能量符號含義完全顛倒。例如問某人發生嚴重車禍意外，有生命危險嗎？生病嚴重住院者，病情嚴重會死嗎？等等此類問法，皆是負極問題的範圍。

符號（‧）顯示 這次生病病情或意外事故，不能快速痊癒，嚴重意外與病情導致生命危險。

符號（一）顯示 這次生病病情或意外事故，可以快速痊癒，逢凶化吉，沒有生命危險。

符號（〇）顯示 這次生病或意外事故，需當事者有想活下去的強烈意志與親人家屬細心照顧，才能平安無事。

十二、失蹤親人與物品遺失各方面符號結果分析簡介

㈠當事者設定問題的結果是希望發生且對自己有利的事情預測，皆屬『正極問題』，基本能量符號含義不會變動。例如問失蹤親人可以找回嗎？遺失物品可以找到嗎？等等此類問

法，皆是正極問題的範圍。

符號（・）顯示　失蹤的親人或遺失物品可以找到，如物品是在家中遺失不見，可根據符號產生的年月日時分的數據，再計算分析出物品現在的方位地點，及何時可以找回失蹤親人的時間週期。

符號（二）顯示　失蹤的親人或遺失物品不能找到，當事者在現在的時間週期無法找回失物。

符號（〇）顯示　失蹤的親人或遺失物品，當事者須花費時間與積極努力去尋找，才會有機會找到。

㈡當事者設定問題的結果是不希望發生且對自己不利的事情預測，皆屬『負極問題』，基本能量符號含義完全顛倒。例如問失蹤的親人無法回來嗎？遺失的物品眞的不能找到嗎？等等此類問法，皆是負極問題的範圍。

符號（・）顯示　失蹤的親人或遺失物品不能找到，現在的時間週期沒有任何尋回的機會。

符號（二）顯示　失蹤的親人或遺失物品可以找到，當事者積極找尋可縮短找到的時間週期。

符號（○）顯示　失蹤的親人或遺失物品找到的機會非常微小，當事者須花費時間積極努力尋找，才會找到。

十三、官司訴訟（包括刑事與民事官司）各方面符號結果分析簡介

㈠當事者設定問題的結果是希望發生且對自己有利的事情預測，皆屬『正極問題』，基本能量符號含義不會變動。例如問這場官司訴訟會贏嗎？打這場官司結果是如何呢？這次糾紛可以上法院打官司討回公道嗎？等等此類問法，皆是正極問題的範圍。

符號（・）顯示　這次官司訴訟當事者可以勝訴，官司訴訟對當事者是好的影響結果。

符號（一）顯示　這次官司訴訟當事者可能會敗訴，官司訴訟對當事者是壞的影響結果。

符號（○）顯示　當事者想要贏得這次官司，需要積極的人爲努力準備，蒐集相關的證據才行。

㈡當事者設定問題的結果是不希望發生且對自己不利的事情預測，皆屬『負極問題』，

基本能量符號含義完全顛倒。例如問這場官司訴訟我會輸嗎?這場官司會敗訴嗎?這次訴訟的法官會偏向對方嗎?等等此類問法，皆是負極問題的範圍。

符號（·）顯示　這次官司訴訟當事者可能會敗訴，法官宣判結果對當事者是壞的影響結果。

符號（一）顯示　這次官司訴訟當事者可能會勝訴，法官宣判結果對當事者是好的影響結果。

符號（○）顯示　當事者想要贏得這次官司，需要花費很多時間與準備工作，才能在二審或三審的訴訟中贏得最後勝利。

十四、買賣房屋與房屋吉凶鑑定各方面符號結果分析簡介

㈠當事者設定問題的結果是希望發生且對自己有利的事情預測，皆屬『正極問題』，基本能量符號含義不會變動。例如問這間房屋可以買嗎?這間房屋居住起來會健康平安嗎?等等此類問法，皆是正極問題的範圍。

符號（·）顯示　這間房屋適合購買居住使用，當事者購買房屋是好的影響結果。

符號（二）顯示　這間房屋不適合當事者購買居住使用，當事者購買房屋是壞的影響結果。

符號（◯）顯示　這間房屋當事者尚可購買居住使用，是普通吉凶狀態。

㈡當事者設定問題的結果是不希望發生且對自己不利的事情預測，皆屬『負極問題』，基本能量符號含義完全顛倒。例如問購買這間房子有壞處嗎？這間房屋居住起來會有不平安的事情發生嗎？等等此類問法，皆是負極問題的範圍。

符號（·）顯示　這間房屋不適合當事者購買居住使用，當事者購買此屋居住是壞的影響結果。

符號（一）顯示　這間房屋適合當事者購買居住使用，當事者購買此屋居住是好的影響結果。

符號（◯）顯示　這間房屋當事者尚可購買居住使用，有稍微不好的影響作用。

十五、出國旅遊與進行休閒娛樂活動各方面符號結果分析簡介

㈠當事者設定問題的結果是希望發生且對自己有利的事情預測，皆屬『正極問題』，基

本能量符號含義不會變動。例如問這次出國旅遊會平安順利嗎？搭乘這班飛機能平安到達嗎？到某某地方休閒娛樂會很好玩嗎？等等此類問法，皆是正極問題的範圍。

符號（・）顯示　這次出國旅遊或休閒活動一切順心，如搭乘飛機及其他交通工具，皆會平安抵達沒有意外災難。

符號（一）顯示　當事者最好不要出國旅遊或進行休閒活動，如搭乘飛機及其他交通工具，請改換其他班次或延期出發以免發生意外災難，或出國旅遊要特別注意自身的安全。

符號（〇）顯示　當事者可以出國旅遊或進行休閒活動，如搭乘飛機及其他交通工具只會有極小不順狀況，不會有意外災難發生。

㈡當事者設定問題的結果是不希望發生且對自己不利的事情預測，皆屬『負極問題』，基本能量符號含義完全顛倒。例如問這次出國旅遊會有風險嗎？搭乘這班飛機會有危險嗎？會發生意外災難嗎？等等此類問法，皆是負極問題的範圍。

符號（・）顯示　這次出國旅遊或休閒活動不適合當事者去從事進行，如搭乘飛機及其他交通工具，請改換其他班次或延期出發以免發生意外災難，或出國旅遊時要特別留意自身安全。

符號（一）顯示 這次出國旅遊或休閒活動適合當事者去進行，如搭乘飛機及其他交通工具皆會平安抵達，沒有意外災難發生。

符號（〇）顯示 這次出國旅遊或休閒活動當事者可以去進行，如搭乘飛機及其他交通工具，只會有微小意外不順的狀況，不會有意外災難發生。

排列時間的吉凶係數圖表值

西元2001年1月1日到1月23日

年　月　日 23 時

(分)	0~14	(分)	15~29	(分)	30~44	(分)	45~59
0	·	15	—	30	·	45	—
1	·	16	—	31	○	46	·
2	·	17	—	32	○	47	·
3	○	18	·	33	○	48	—
4	○	19	·	34	—	49	○
5	—	20	○	35	·	50	—
6	—	21	·	36	—	51	·
7	—	22	○	37	·	52	—
8	○	23	·	38	·	53	○
9	·	24	○	39	·	54	○
10	·	25	—	40	○	55	·
11	○	26	—	41	—	56	○
12	○	27	—	42	○	57	—
13	○	28	·	43	—	58	○
14	·	29	—	44	○	59	·

年　月　日 24 時

(分)	0~14	(分)	15~29	(分)	30~44	(分)	45~59
0	·	15	○	30	·	45	○
1	—	16	○	31	·	46	—
2	—	17	○	32	○	47	—
3	○	18	—	33	○	48	—
4	·	19	—	34	○	49	·
5	—	20	·	35	·	50	—
6	—	21	·	36	—	51	·
7	○	22	·	37	—	52	○
8	○	23	·	38	—	53	○
9	·	24	○	39	·	54	○
10	—	25	○	40	·	55	—
11	·	26	—	41	○	56	·
12	○	27	—	42	·	57	—
13	·	28	—	43	○	58	·
14	—	29	○	44	·	59	·

年　月　日 1 時

(分)	0~14	(分)	15~29	(分)	30~44	(分)	45~59
0	○	15	·	30	—	45	○
1	—	16	—	31	○	46	·
2	—	17	○	32	—	47	○
3	—	18	○	33	·	48	—
4	—	19	○	34	·	49	—
5	·	20	—	35	·	50	○
6	·	21	—	36	○	51	·
7	○	22	·	37	—	52	○
8	○	23	—	38	○	53	—
9	○	24	·	39	—	54	○
10	·	25	—	40	—	55	·
11	—	26	·	41	—	56	·
12	—	27	○	42	·	57	—
13	·	28	○	43	○	58	·
14	·	29	○	44	·	59	○

年　月　日 2 時

(分)	0~14	(分)	15~29	(分)	30~44	(分)	45~59
0	·	15	—	30	○	45	·
1	—	16	○	31	·	46	—
2	—	17	○	32	—	47	·
3	○	18	·	33	—	48	○
4	○	19	·	34	·	49	○
5	·	20	○	35	·	50	○
6	—	21	○	36	·	51	—
7	○	22	—	37	—	52	○
8	○	23	—	38	○	53	—
9	·	24	—	39	○	54	·
10	·	25	—	40	○	55	·
11	—	26	·	41	—	56	·
12	○	27	·	42	—	57	○
13	—	28	○	43	·	58	—
14	·	29	○	44	—	59	○

年　月　日 3 時

(分)	0~14	(分)	15~29	(分)	30~44	(分)	45~59
0	·	15	—	30	·	45	—
1	·	16	—	31	○	46	·
2	—	17	—	32	○	47	·
3	○	18	·	33	○	48	·
4	○	19	·	34	—	49	○
5	—	20	○	35	·	50	—
6	—	21	○	36	—	51	·
7	—	22	○	37	·	52	—
8	○	23	·	38	—	53	○
9	·	24	○	39	·	54	○
10	·	25	—	40	○	55	·
11	·	26	—	41	—	56	·
12	○	27	—	42	○	57	—
13	○	28	·	43	—	58	○
14	·	29	○	44	○	59	·

年　月　日 4 時

(分)	0~14	(分)	15~29	(分)	30~44	(分)	45~59
0	·	15	—	30	·	45	○
1	—	16	○	31	·	46	—
2	—	17	○	32	·	47	—
3	○	18	—	33	○	48	—
4	·	19	—	34	○	49	·
5	○	20	·	35	·	50	○
6	—	21	·	36	—	51	·
7	○	22	·	37	—	52	○
8	○	23	—	38	—	53	○
9	·	24	○	39	·	54	○
10	—	25	○	40	·	55	—
11	·	26	—	41	○	56	·
12	○	27	—	42	○	57	—
13	·	28	—	43	○	58	·
14	—	29	○	44	·	59	—

年　月　日 5 時

(分)	0~14	(分)	15~29	(分)	30~44	(分)	45~59
0	·	15	○	30	·	45	○
1	—	16	○	31	·	46	—
2	○	17	·	32	—	47	○
3	○	18	—	33	·	48	—
4	·	19	—	34	○	49	·
5	·	20	—	35	○	50	○
6	○	21	·	36	○	51	·
7	○	22	·	37	—	52	○
8	—	23	—	38	·	53	·
9	—	24	○	39	—	54	○
10	—	25	○	40	·	55	—
11	○	26	○	41	·	56	—
12	·	27	—	42	·	57	—
13	·	28	—	43	○	58	·
14	○	29	·	44	—	59	○

年　月　日 6 時

(分)	0~14	(分)	15~29	(分)	30~44	(分)	45~59
0	—	15	○	30	—	45	○
1	○	16	·	31	—	46	○
2	·	17	·	32	○	47	○
3	·	18	—	33	·	48	—
4	—	19	○	34	·	49	—
5	—	20	—	35	○	50	·
6	○	21	·	36	○	51	·
7	·	22	—	37	○	52	·
8	—	23	○	38	·	53	—
9	—	24	○	39	—	54	·
10	○	25	·	40	—	55	○
11	○	26	·	41	—	56	○
12	·	27	○	42	·	57	○
13	—	28	○	43	·	58	—
14	·	29	—	44	—	59	○

西元2001年1月1日到1月23日

年 月 日 7 時

(分)	0~14	(分)	15~29	(分)	30~44	(分)	45~59
0	—	15	○	30	—	45	○
1	·	16	—	31	○	46	·
2	·	17	·	32	○	47	○
3	·	18	—	33	·	48	—
4	○	19	·	34	—	49	○
5	—	20	—	35	○	50	·
6	○	21	·	36	○	51	·
7	—	22	·	37	·	52	—
8	—	23	○	38	·	53	—
9	—	24	○	39	—	54	·
10	·	25	—	40	○	55	·
11	○	26	·	41	—	56	○
12	·	27	○	42	·	57	○
13	○	28	·	43	—	58	○
14	·	29	—	44	—	59	·

年 月 日 8 時

(分)	0~14	(分)	15~29	(分)	30~44	(分)	45~59
0	—	15	○	30	—	45	○
1	—	16	○	31	·	46	—
2	·	17	—	32	○	47	·
3	·	18	—	33	·	48	○
4	·	19	—	34	○	49	·
5	—	20	○	35	·	50	—
6	○	21	—	36	○	51	—
7	○	22	·	37	—	52	○
8	○	23	·	38	·	53	○
9	—	24	·	39	—	54	·
10	—	25	○	40	·	55	—
11	○	26	—	41	—	56	○
12	·	27	○	42	·	57	○
13	·	28	—	43	·	58	·
14	·	29	—	44	○	59	·

年 月 日 9 時

(分)	0~14	(分)	15~29	(分)	30~44	(分)	45~59
0	—	15	—	30	·	45	·
1	○	16	·	31	○	46	·
2	·	17	—	32	○	47	·
3	○	18	○	33	·	48	—
4	—	19	○	34	—	49	○
5	○	20	·	35	—	50	○
6	○	21	·	36	—	51	○
7	·	22	—	37	·	52	○
8	—	23	○	38	·	53	—
9	·	24	—	39	○	54	·
10	○	25	—	40	○	55	—
11	·	26	—	41	○	56	·
12	—	27	○	42	○	57	—
13	—	28	·	43	—	58	·
14	○	29	·	44	—	59	○

年 月 日 10 時

(分)	0~14	(分)	15~29	(分)	30~44	(分)	45~59
0	—	15	○	30	·	45	—
1	○	16	·	31	○	46	—
2	—	17	○	32	·	47	—
3	○	18	·	33	—	48	○
4	—	19	·	34	—	49	·
5	·	20	—	35	○	50	·
6	·	21	—	36	—	51	·
7	·	22	○	37	·	52	○
8	○	23	·	38	—	53	○
9	·	24	○	39	○	54	·
10	○	25	—	40	○	55	—
11	—	26	○	41	·	56	—
12	—	27	○	42	·	57	—
13	—	28	·	43	—	58	·
14	·	29	—	44	○	59	·

年 月 日 11 時

(分)	0~14	(分)	15~29	(分)	30~44	(分)	45~59
0	○	15	—	30	○	45	—
1	·	16	—	31	○	46	·
2	○	17	·	32	—	47	○
3	—	18	·	33	—	48	·
4	○	19	·	34	—	49	○
5	·	20	—	35	○	50	·
6	·	21	○	36	—	51	○
7	—	22	○	37	·	52	—
8	—	23	○	38	·	53	·
9	·	24	—	39	·	54	—
10	·	25	—	40	○	55	·
11	○	26	○	41	—	56	—
12	○	27	·	42	○	57	·
13	○	28	·	43	—	58	·
14	·	29	·	44	—	59	○

年 月 日 12 時

(分)	0~14	(分)	15~29	(分)	30~44	(分)	45~59
0	○	15	—	30	·	45	—
1	—	16	○	31	·	46	—
2	·	17	—	32	○	47	○
3	○	18	·	33	○	48	·
4	·	19	—	34	○	49	·
5	—	20	—	35	·	50	·
6	—	21	○	36	—	51	○
7	○	22	·	37	—	52	○
8	○	23	○	38	·	53	—
9	·	24	—	39	·	54	—
10	—	25	○	40	·	55	—
11	○	26	·	41	—	56	○
12	○	27	·	42	○	57	—
13	·	28	—	43	○	58	·
14	·	29	—	44	○	59	·

年 月 日 13 時

(分)	0~14	(分)	15~29	(分)	30~44	(分)	45~59
0	·	15	—	30	○	45	·
1	○	16	○	31	·	46	—
2	○	17	·	32	○	47	·
3	○	18	·	33	—	48	○
4	○	19	·	34	—	49	○
5	—	20	○	35	—	50	·
6	—	21	○	36	·	51	—
7	·	22	—	37	○	52	·
8	·	23	○	38	·	53	○
9	·	24	—	39	○	54	·
10	—	25	○	40	○	55	—
11	○	26	—	41	○	56	—
12	○	27	·	42	—	57	○
13	—	28	·	43	·	58	—
14	—	29	·	44	—	59	·

年 月 日 14 時

(分)	0~14	(分)	15~29	(分)	30~44	(分)	45~59
0	—	15	○	30	·	45	—
1	○	16	·	31	—	46	○
2	○	17	—	32	○	47	—
3	·	18	—	33	○	48	·
4	·	19	—	34	—	49	·
5	—	20	·	35	—	50	·
6	○	21	·	36	○	51	○
7	·	22	○	37	○	52	·
8	·	23	○	38	·	53	○
9	—	24	○	39	·	54	—
10	—	25	○	40	·	55	—
11	○	26	—	41	○	56	—
12	·	27	—	42	○	57	·
13	○	28	○	43	—	58	○
14	—	29	·	44	○	59	·

西元2001年1月1日到1月23日

年 月 日 15 時

(分)	0~14	(分)	15~29	(分)	30~44	(分)	45~59
0	·	15	—	30	○	45	·
1	·	16	○	31	○	46	·
2	·	17	○	32	·	47	○
3	○	18	·	33	—	48	○
4	—	19	○	34	·	49	—
5	○	20	—	35	○	50	—
6	—	21	○	36	·	51	—
7	○	22	·	37	—	52	○
8	—	23	·	38	○	53	○
9	·	24	—	39	○	54	·
10	·	25	—	40	○	55	○
11	—	26	○	41	—	56	○
12	○	27	·	42	—	57	○
13	—	28	—	43	·	58	·
14	·	29	—	44	·	59	—

年 月 日 16 時

(分)	0~14	(分)	15~29	(分)	30~44	(分)	45~59
0	—	15	○	30	·	45	—
1	—	16	○	31	·	46	—
2	·	17	○	32	—	47	○
3	·	18	—	33	○	48	·
4	○	19	·	34	—	49	—
5	·	20	—	35	·	50	—
6	○	21	○	36	—	51	○
7	·	22	○	37	○	52	○
8	○	23	·	38	○	53	·
9	—	24	○	39	·	54	—
10	—	25	—	40	○	55	·
11	—	26	○	41	—	56	○
12	·	27	—	42	○	57	·
13	—	28	○	43	·	58	—
14	·	29	—	44	·	59	○

年 月 日 17 時

(分)	0~14	(分)	15~29	(分)	30~44	(分)	45~59
0	—	15	○	30	·	45	—
1	—	16	○	31	·	46	·
2	○	17	·	32	○	47	·
3	·	18	—	33	○	48	·
4	○	19	○	34	—	49	—
5	—	20	○	35	—	50	○
6	○	21	·	36	—	51	○
7	·	22	·	37	—	52	○
8	·	23	—	38	·	53	—
9	—	24	○	39	·	54	—
10	·	25	—	40	○	55	·
11	○	26	·	41	○	56	—
12	·	27	—	42	○	57	·
13	—	28	○	43	·	58	—
14	—	29	○	44	—	59	·

年 月 日 18 時

(分)	0~14	(分)	15~29	(分)	30~44	(分)	45~59
0	○	15	·	30	—	45	○
1	○	16	○	31	·	46	—
2	○	17	·	32	○	47	·
3	—	18	○	33	·	48	—
4	○	19	·	34	—	49	○
5	—	20	○	35	—	50	○
6	·	21	—	36	○	51	·
7	·	22	○	37	○	52	·
8	·	23	○	38	·	53	○
9	○	24	·	39	—	54	○
10	—	25	○	40	○	55	—
11	○	26	—	41	○	56	—
12	—	27	○	42	·	57	—
13	—	28	·	43	·	58	—
14	—	29	·	44	—	59	·

年 月 日 19 時

(分)	0~14	(分)	15~29	(分)	30~44	(分)	45~59
0	·	15	—	30	—	45	·
1	·	16	○	31	·	46	○
2	○	17	·	32	—	47	○
3	·	18	○	33	○	48	·
4	○	19	—	34	○	49	—
5	—	20	○	35	·	50	—
6	—	21	○	36	·	51	—
7	—	22	·	37	—	52	·
8	·	23	—	38	○	53	·
9	○	24	·	39	—	54	○
10	·	25	○	40	—	55	○
11	○	26	·	41	—	56	○
12	·	27	—	42	○	57	○
13	·	28	—	43	·	58	—
14	—	29	○	44	·	59	—

年 月 日 20 時

(分)	0~14	(分)	15~29	(分)	30~44	(分)	45~59
0	·	15	—	30	○	45	·
1	·	16	○	31	·	46	○
2	·	17	—	32	○	47	·
3	—	18	○	33	·	48	—
4	○	19	—	34	·	49	—
5	○	20	·	35	—	50	○
6	○	21	·	36	—	51	—
7	○	22	○	37	○	52	·
8	—	23	○	38	·	53	—
9	·	24	·	39	○	54	○
10	—	25	○	40	—	55	○
11	·	26	—	41	○	56	·
12	—	27	—	42	○	57	·
13	·	28	—	43	·	58	—
14	○	29	·	44	—	59	○

年 月 日 21 時

(分)	0~14	(分)	15~29	(分)	30~44	(分)	45~59
0	·	15	—	30	○	45	·
1	○	16	—	31	—	46	○
2	○	17	—	32	○	47	—
3	○	18	·	33	—	48	○
4	·	19	—	34	○	49	·
5	—	20	·	35	—	50	·
6	—	21	○	36	·	51	—
7	—	22	○	37	·	52	—
8	·	23	○	38	—	53	○
9	·	24	—	39	○	54	·
10	○	25	·	40	—	55	—
11	·	26	—	41	·	56	—
12	○	27	·	42	—	57	○
13	·	28	·	43	○	58	○
14	○	29	·	44	○	59	·

年 月 日 22 時

(分)	0~14	(分)	15~29	(分)	30~44	(分)	45~59
0	—	15	○	30	·	45	—
1	·	16	—	31	○	46	·
2	○	17	—	32	·	47	—
3	·	18	—	33	○	48	·
4	—	19	○	34	·	49	·
5	○	20	·	35	○	50	·
6	○	21	·	36	—	51	○
7	○	22	—	37	—	52	—
8	—	23	○	38	—	53	○
9	—	24	○	39	·	54	—
10	·	25	·	40	—	55	○
11	·	26	—	41	·	56	—
12	·	27	—	42	○	57	·
13	·	28	—	43	○	58	·
14	○	29	·	44	○	59	—

西元2001年1月24日到2月22日

年月日23時

(分)	0~14	(分)	15~29	(分)	30~44	(分)	45~59
0	○	15	—	30	○	45	—
1	—	16	○	31	·	46	—
2	○	17	·	32	·	47	○
3	—	18	·	33	—	48	·
4	·	19	—	34	○	49	·
5	○	20	—	35	—	50	○
6	·	21	○	36	·	51	○
7	○	22	·	37	—	52	○
8	·	23	—	38	○	53	·
9	○	24	—	39	○	54	—
10	—	25	○	40	·	55	—
11	—	26	○	41	·	56	—
12	—	27	·	42	○	57	·
13	·	28	—	43	○	58	·
14	○	29	·	44	—	59	—

年月日24時

(分)	0~14	(分)	15~29	(分)	30~44	(分)	45~59
0	○	15	—	30	○	45	—
1	○	16	·	31	—	46	○
2	○	17	·	32	—	47	○
3	—	18	·	33	—	48	·
4	—	19	○	34	·	49	—
5	·	20	—	35	○	50	·
6	·	21	○	36	—	51	○
7	·	22	—	37	○	52	·
8	—	23	○	38	·	53	·
9	·	24	—	39	·	54	—
10	○	25	·	40	—	55	○
11	○	26	○	41	—	56	—
12	○	27	·	42	○	57	·
13	—	28	○	43	·	58	—
14	·	29	·	44	—	59	○

年月日1時

(分)	0~14	(分)	15~29	(分)	30~44	(分)	45~59
0	·	15	○	30	·	45	○
1	·	16	—	31	·	46	·
2	·	17	—	32	○	47	·
3	○	18	—	33	○	48	—
4	○	19	·	34	—	49	○
5	—	20	○	35	·	50	—
6	—	21	·	36	○	51	·
7	—	22	○	37	·	52	—
8	○	23	·	38	—	53	—
9	—	24	○	39	—	54	○
10	·	25	—	40	○	55	·
11	·	26	·	41	○	56	○
12	·	27	—	42	·	57	—
13	○	28	·	43	—	58	○
14	—	29	—	44	○	59	·

年月日2時

(分)	0~14	(分)	15~29	(分)	30~44	(分)	45~59
0	·	15	○	30	—	45	○
1	—	16	○	31	·	46	—
2	—	17	○	32	·	47	·
3	·	18	—	33	·	48	—
4	·	19	—	34	○	49	·
5	○	20	○	35	—	50	—
6	○	21	·	36	○	51	·
7	○	22	○	37	—	52	·
8	·	23	·	38	—	53	○
9	—	24	○	39	—	54	○
10	—	25	○	40	·	55	—
11	·	26	—	41	○	56	·
12	·	27	○	42	·	57	○
13	·	28	—	43	○	58	·
14	—	29	○	44	·	59	—

年月日3時

(分)	0~14	(分)	15~29	(分)	30~44	(分)	45~59
0	·	15	—	30	·	45	○
1	—	16	○	31	·	46	—
2	—	17	○	32	·	47	—
3	○	18	—	33	○	48	—
4	·	19	—	34	○	49	·
5	○	20	·	35	·	50	○
6	—	21	·	36	—	51	·
7	○	22	·	37	—	52	○
8	○	23	—	38	—	53	○
9	·	24	○	39	·	54	○
10	—	25	○	40	·	55	—
11	·	26	—	41	○	56	·
12	○	27	—	42	○	57	—
13	·	28	—	43	○	58	·
14	—	29	○	44	·	59	—

年月日4時

(分)	0~14	(分)	15~29	(分)	30~44	(分)	45~59
0	·	15	○	30	·	45	○
1	○	16	·	31	—	46	○
2	—	17	·	32	·	47	—
3	○	18	—	33	○	48	—
4	—	19	○	34	·	49	—
5	○	20	·	35	—	50	○
6	—	21	·	36	—	51	○
7	·	22	—	37	○	52	·
8	·	23	—	38	○	53	·
9	·	24	○	39	—	54	○
10	○	25	·	40	○	55	○
11	—	26	○	41	·	56	·
12	·	27	—	42	·	57	—
13	—	28	○	43	○	58	○
14	○	29	○	44	—	59	—

年月日5時

(分)	0~14	(分)	15~29	(分)	30~44	(分)	45~59
0	·	15	·	30	○	45	○
1	·	16	—	31	·	46	—
2	—	17	○	32	·	47	—
3	—	18	—	33	○	48	·
4	○	19	·	34	○	49	○
5	·	20	—	35	○	50	·
6	—	21	○	36	·	51	—
7	—	22	○	37	—	52	·
8	○	23	·	38	—	53	○
9	○	24	·	39	—	54	○
10	·	25	○	40	·	55	○
11	—	26	○	41	·	56	—
12	·	27	—	42	—	57	·
13	○	28	—	43	○	58	—
14	·	29	—	44	○	59	·

年月日6時

(分)	0~14	(分)	15~29	(分)	30~44	(分)	45~59
0	·	15	—	30	○	45	·
1	·	16	—	31	·	46	○
2	○	17	·	32	—	47	○
3	—	18	○	33	·	48	—
4	○	19	—	34	○	49	○
5	—	20	○	35	·	50	—
6	○	21	○	36	·	51	○
7	—	22	·	37	—	52	·
8	·	23	—	38	○	53	·
9	○	24	—	39	—	54	○
10	·	25	○	40	·	55	○
11	○	26	·	41	—	56	○
12	·	27	—	42	○	57	·
13	○	28	—	43	○	58	—
14	—	29	○	44	·	59	○

西元2001年1月24日到2月22日

年月日 7時

(分)	0~14	(分)	15~29	(分)	30~44	(分)	45~59
0	—	15	○	30	—	45	○
1	·	16	—	31	○	46	·
2	·	17	·	32	○	47	○
3	·	18	—	33	·	48	—
4	○	19	·	34	—	49	○
5	—	20	—	35	○	50	·
6	○	21	·	36	○	51	·
7	—	22	·	37	·	52	—
8	—	23	○	38	·	53	—
9	—	24	○	39	—	54	·
10	·	25	—	40	○	55	·
11	○	26	·	41	—	56	○
12	·	27	○	42	·	57	○
13	○	28	·	43	—	58	○
14	·	29	—	44	—	59	·

年月日 8時

(分)	0~14	(分)	15~29	(分)	30~44	(分)	45~59
0	—	15	○	30	—	45	○
1	—	16	○	31	·	46	—
2	·	17	—	32	○	47	·
3	·	18	○	33	·	48	○
4	·	19	—	34	○	49	·
5	—	20	○	35	·	50	—
6	○	21	—	36	○	51	—
7	○	22	·	37	—	52	○
8	○	23	·	38	·	53	○
9	—	24	○	39	—	54	·
10	—	25	○	40	○	55	—
11	○	26	—	41	—	56	○
12	·	27	○	42	·	57	○
13	·	28	—	43	·	58	·
14	·	29	—	44	○	59	·

年月日 9時

(分)	0~14	(分)	15~29	(分)	30~44	(分)	45~59
0	·	15	○	30	·	45	○
1	·	16	—	31	○	46	·
2	○	17	·	32	—	47	○
3	○	18	—	33	·	48	—
4	○	19	·	34	—	49	○
5	·	20	—	35	○	50	○
6	○	21	·	36	○	51	·
7	—	22	○	37	·	52	—
8	—	23	—	38	·	53	·
9	—	24	○	39	—	54	○
10	·	25	—	40	○	55	·
11	○	26	○	41	·	56	—
12	·	27	—	42	·	57	—
13	○	28	·	43	—	58	○
14	○	29	·	44	—	59	○

年月日 10時

(分)	0~14	(分)	15~29	(分)	30~44	(分)	45~59
0	—	15	○	30	—	45	○
1	—	16	○	31	·	46	—
2	·	17	·	32	○	47	○
3	·	18	—	33	·	48	—
4	·	19	—	34	○	49	·
5	—	20	—	35	○	50	·
6	○	21	·	36	○	51	·
7	○	22	○	37	—	52	○
8	—	23	○	38	·	53	—
9	○	24	○	39	—	54	·
10	—	25	○	40	·	55	—
11	○	26	·	41	—	56	○
12	·	27	○	42	·	57	○
13	·	28	—	43	○	58	·
14	·	29	—	44	—	59	·

年月日 11時

(分)	0~14	(分)	15~29	(分)	30~44	(分)	45~59
0	—	15	○	30	·	45	—
1	○	16	·	31	—	46	—
2	○	17	—	32	·	47	—
3	·	18	—	33	○	48	·
4	·	19	·	34	○	49	○
5	○	20	·	35	○	50	·
6	○	21	·	36	—	51	○
7	—	22	—	37	○	52	·
8	—	23	○	38	—	53	○
9	—	24	○	39	·	54	—
10	—	25	○	40	·	55	—
11	·	26	—	41	·	56	○
12	·	27	—	42	○	57	·
13	○	28	·	43	—	58	○
14	○	29	—	44	○	59	—

年月日 12時

(分)	0~14	(分)	15~29	(分)	30~44	(分)	45~59
0	○	15	·	30	—	45	○
1	·	16	·	31	—	46	○
2	·	17	—	32	·	47	—
3	—	18	○	33	·	48	—
4	·	19	—	34	○	49	·
5	○	20	·	35	○	50	—
6	·	21	—	36	○	51	·
7	—	22	○	37	·	52	—
8	—	23	○	38	○	53	·
9	○	24	○	39	—	54	○
10	○	25	·	40	·	55	○
11	·	26	○	41	○	56	○
12	—	27	○	42	·	57	—
13	○	28	—	43	—	58	○
14	○	29	○	44	○	59	—

年月日 13時

(分)	0~14	(分)	15~29	(分)	30~44	(分)	45~59
0	○	15	·	30	○	45	·
1	·	16	—	31	○	46	·
2	·	17	·	32	—	47	○
3	—	18	○	33	○	48	○
4	○	19	·	34	—	49	○
5	·	20	—	35	○	50	·
6	·	21	—	36	·	51	○
7	—	22	○	37	·	52	—
8	—	23	○	38	·	53	—
9	○	24	—	39	○	54	—
10	·	25	—	40	○	55	·
11	○	26	·	41	·	56	○
12	—	27	○	42	—	57	·
13	○	28	·	43	—	58	○
14	○	29	—	44	—	59	○

年月日 14時

(分)	0~14	(分)	15~29	(分)	30~44	(分)	45~59
0	○	15	·	30	○	45	—
1	—	16	○	31	·	46	○
2	·	17	—	32	○	47	·
3	—	18	·	33	—	48	·
4	·	19	—	34	○	49	○
5	—	20	○	35	○	50	—
6	·	21	○	36	·	51	○
7	○	22	·	37	—	52	○
8	—	23	·	38	·	53	○
9	○	24	—	39	○	54	—
10	—	25	○	40	·	55	—
11	○	26	·	41	—	56	○
12	—	27	·	42	—	57	·
13	·	28	—	43	○	58	·
14	·	29	—	44	○	59	○

西元2001年1月24日到2月22日

年　月　日　15時

(分)	0~14	(分)	15~29	(分)	30~44	(分)	45~59
0	—	15	○	30	·	45	—
1	○	16	·	31	○	46	—
2	○	17	·	32	—	47	○
3	○	18	·	33	—	48	○
4	—	19	·	34	—	49	·
5	—	20	○	35	·	50	—
6	·	21	—	36	—	51	·
7	○	22	○	37	·	52	○
8	·	23	—	38	○	53	·
9	·	24	○	39	○	54	·
10	○	25	—	40	○	55	—
11	○	26	·	41	—	56	○
12	—	27	○	42	·	57	—
13	—	28	·	43	—	58	·
14	○	29	○	44		59	—

年　月　日　16時

(分)	0~14	(分)	15~29	(分)	30~44	(分)	45~59
0	○	15	·	30	·	45	○
1	○	16	—	31	○	46	—
2	·	17	—	32	○	47	·
3	○	18	—	33	—	48	○
4	—	19	·	34	—	49	·
5	○	20	·	35	○	50	○
6	·	21	—	36	○	51	·
7	·	22	○	37	·	52	○
8	—	23	○	38	○	53	—
9	—	24	○	39	·	54	—
10	○	25	—	40	·	55	—
11	·	26	○	41	○	56	·
12	○	27	·	42	—	57	—
13	○	28	○	43	○	58	·
14	○	29	·	44	—	59	○

年　月　日　17時

(分)	0~14	(分)	15~29	(分)	30~44	(分)	45~59
0	—	15	○	30	·	45	—
1	○	16	·	31	—	46	—
2	—	17	○	32	—	47	○
3	·	18	—	33	○	48	·
4	·	19	·	34	○	49	○
5	·	20	—	35	·	50	—
6	○	21	·	36	—	51	○
7	—	22	—	37	○	52	·
8	○	23	·	38	○	53	·
9	—	24	·	39	·	54	—
10	—	25	○	40	·	55	—
11	—	26	○	41	—	56	·
12	·	27	—	42	○	57	·
13	○	28	·	43	—	58	○
14	·	29	○	44	·	59	○

年　月　日　18時

(分)	0~14	(分)	15~29	(分)	30~44	(分)	45~59
0	○	15	·	30	—	45	·
1	·	16	·	31	—	46	○
2	—	17	○	32	—	47	○
3	—	18	○	33	·	48	—
4	·	19	—	34	○	49	·
5	·	20	—	35	·	50	○
6	○	21	—	36	○	51	·
7	—	22	○	37	·	52	—
8	○	23	○	38	○	53	—
9	○	24	·	39	—	54	○
10	○	25	·	40	·	55	○
11	—	26	·	41	—	56	·
12	—	27	○	42	·	57	—
13	○	28	—	43	—	58	○
14	·	29	○	44	·	59	○

年　月　日　19時

(分)	0~14	(分)	15~29	(分)	30~44	(分)	45~59
0	·	15	—	30	○	45	·
1	·	16	○	31	·	46	○
2	·	17	—	32	○	47	·
3	—	18	○	33	·	48	—
4	○	19	—	34	·	49	—
5	○	20	·	35	—	50	○
6	○	21	·	36	—	51	—
7	○	22	·	37	○	52	·
8	—	23	○	38	·	53	—
9	·	24	·	39	○	54	○
10	—	25	○	40	—	55	○
11	·	26	—	41	○	56	·
12	—	27	—	42	○	57	·
13	·	28	—	43	·	58	—
14	○	29	·	44	—	59	○

年　月　日　20時

(分)	0~14	(分)	15~29	(分)	30~44	(分)	45~59
0	—	15	○	30	·	45	·
1	○	16	○	31	—	46	○
2	—	17	○	32	·	47	—
3	○	18	○	33	—	48	—
4	·	19	—	34	·	49	—
5	·	20	—	35	○	50	·
6	·	21	·	36	—	51	○
7	○	22	○	37	○	52	·
8	○	23	·	38	—	53	○
9	·	24	—	39	○	54	·
10	—	25	○	40	—	55	·
11	—	26	○	41	·	56	—
12	—	27	○	42	·	57	—
13	·	28	○	43	·	58	○
14	·	29	○	44	○	59	·

年　月　日　21時

(分)	0~14	(分)	15~29	(分)	30~44	(分)	45~59
0	○	15	·	30	○	45	·
1	—	16	○	31	·	46	—
2	·	17	·	32	—	47	○
3	—	18	○	33	—	48	○
4	·	19	—	34	○	49	·
5	·	20	—	35	○	50	·
6	·	21	—	36	·	51	○
7	○	22	·	37	—	52	○
8	—	23	○	38	·	53	—
9	○	24	—	39	○	54	—
10	—	25	○	40	·	55	○
11	○	26	·	41	·	56	○
12	—	27	·	42	—	57	·
13	·	28	—	43	○	58	·
14	○	29	—	44	—	59	○

年　月　日　22時

(分)	0~14	(分)	15~29	(分)	30~44	(分)	45~59
0	○	15	○	30	○	45	—
1	○	16	·	31	—	46	○
2	·	17	—	32	○	47	·
3	—	18	·	33	—	48	·
4	—	19	○	34	·	49	—
5	—	20	○	35	○	50	—
6	·	21	○	36	·	51	○
7	·	22	○	37	○	52	·
8	—	23	·	38	·	53	—
9	○	24	—	39	○	54	—
10	○	25	·	40	—	55	○
11	○	26	·	41	—	56	○
12	—	27	·	42	—	57	·
13	—	28	○	43	·	58	—
14	·	29	—	44	○	59	·

西元2001年2月23日到3月24日

年月日23時

(分)	0~14	(分)	15~29	(分)	30~44	(分)	45~59
0	·	15	—	30	○	45	·
1	·	16	·	31	○	46	○
2	○	17	○	32	○	47	·
3	○	18	·	33	—	48	○
4	—	19	—	34	○	49	·
5	—	20	○	35	—	50	○
6	—	21	○	36	·	51	—
7	—	22	○	37	·	52	—
8	·	23	—	38	·	53	○
9	·	24	—	39	○	54	·
10	○	25	·	40	—	55	○
11	○	26	—	41	○	56	—
12	○	27	·	42	—	57	○
13	·	28	—	43	—	58	·
14	—	29	·	44	—	59	·

年月日24時

(分)	0~14	(分)	15~29	(分)	30~44	(分)	45~59
0	—	15	○	30	·	45	—
1	·	16	—	31	○	46	·
2	○	17	·	32	○	47	—
3	·	18	—	33	○	48	·
4	—	19	○	34	·	49	—
5	—	20	○	35	—	50	·
6	○	21	·	36	—	51	○
7	○	22	○	37	·	52	○
8	·	23	○	38	○	53	○
9	—	24	○	39	·	54	—
10	○	25	—	40	—	55	○
11	○	26	○	41	○	56	—
12	·	27	—	42	○	57	·
13	·	28	—	43	○	58	·
14	—	29	·	44	—	59	·

年月日1時

(分)	0~14	(分)	15~29	(分)	30~44	(分)	45~59
0	—	15	○	30	—	45	○
1	○	16	·	31	—	46	○
2	—	17	○	32	·	47	—
3	·	18	—	33	○	48	○
4	—	19	○	34	·	49	—
5	○	20	·	35	—	50	○
6	○	21	—	36	○	51	—
7	·	22	—	37	○	52	·
8	·	23	—	38	—	53	·
9	—	24	·	39	—	54	·
10	○	25	·	40	○	55	○
11	·	26	○	41	○	56	·
12	·	27	○	42	·	57	○
13	—	28	○	43	·	58	—
14	—	29	○	44	·	59	—

年月日2時

(分)	0~14	(分)	15~29	(分)	30~44	(分)	45~59
0	—	15	·	30	—	45	·
1	·	16	—	31	○	46	○
2	○	17	·	32	·	47	○
3	·	18	○	33	·	48	○
4	○	19	·	34	—	49	○
5	○	20	—	35	—	50	○
6	○	21	—	36	○	51	—
7	—	22	○	37	·	52	—
8	·	23	—	38	○	53	·
9	—	24	·	39	—	54	○
10	·	25	—	40	○	55	·
11	—	26	○	41	·	56	—
12	·	27	○	42	—	57	○
13	○	28	○	43	—	58	○
14	○	29	·	44	—	59	—

年月日3時

(分)	0~14	(分)	15~29	(分)	30~44	(分)	45~59
0	—	15	○	30	·	45	—
1	·	16	·	31	—	46	○
2	·	17	—	32	·	47	—
3	·	18	—	33	○	48	·
4	·	19	—	34	○	49	·
5	○	20	·	35	○	50	—
6	○	21	·	36	—	51	○
7	—	22	○	37	·	52	—
8	○	23	·	38	—	53	·
9	—	24	○	39	·	54	—
10	○	25	·	40	·	55	○
11	·	26	○	41	·	56	○
12	·	27	—	42	○	57	·
13	○	28	—	43	—	58	○
14	○	29	—	44	○	59	—

年月日4時

(分)	0~14	(分)	15~29	(分)	30~44	(分)	45~59
0	○	15	·	30	—	45	○
1	·	16	—	31	○	46	·
2	·	17	○	32	·	47	○
3	—	18	○	33	·	48	—
4	—	19	○	34	○	49	—
5	○	20	—	35	○	50	—
6	·	21	—	36	○	51	·
7	—	22	○	37	·	52	—
8	—	23	○	38	—	53	·
9	○	24	·	39	—	54	○
10	○	25	·	40	—	55	○
11	·	26	○	41	·	56	○
12	—	27	○	42	·	57	—
13	·	28	—	43	○	58	·
14	○	29	○	44	·	59	—

年月日5時

(分)	0~14	(分)	15~29	(分)	30~44	(分)	45~59
0	○	15	·	30	—	45	○
1	—	16	○	31	·	46	—
2	·	17	○	32	—	47	○
3	—	18	○	33	·	48	—
4	○	19	·	34	—	49	—
5	○	20	—	35	·	50	—
6	·	21	—	36	○	51	·
7	·	22	·	37	○	52	○
8	○	23	○	38	○	53	·
9	○	24	·	39	—	54	○
10	—	25	—	40	○	55	·
11	○	26	○	41	—	56	○
12	—	27	○	42	·	57	—
13	—	28	○	43	·	58	—
14	·	29	—	44	·	59	○

年月日6時

(分)	0~14	(分)	15~29	(分)	30~44	(分)	45~59
0	·	15	—	30	○	45	○
1	○	16	○	31	—	46	—
2	—	17	○	32	○	47	○
3	○	18	·	33	—	48	○
4	·	19	·	34	—	49	○
5	·	20	—	35	·	50	—
6	—	21	○	36	·	51	—
7	·	22	○	37	○	52	·
8	○	23	·	38	○	53	—
9	·	24	—	39	○	54	·
10	—	25	○	40	○	55	—
11	—	26	○	41	—	56	·
12	○	27	·	42	—	57	○
13	○	28	·	43	·	58	○
14	·	29	○	44	·	59	○

西元2001年2月23日到3月24日

年月日7時

(分)	0~14	(分)	15~29	(分)	30~44	(分)	45~59
0	—	15	○	30	·	45	—
1	·	16	—	31	○	46	·
2	○	17	○	32	·	47	○
3	·	18	—	33	○	48	·
4	—	19	○	34	○	49	—
5	○	20	—	35	○	50	—
6	○	21	·	36	—	51	○
7	—	22	·	37	·	52	—
8	—	23	·	38	—	53	·
9	○	24	○	39	·	54	—
10	○	25	·	40	—	55	○
11	·	26	○	41	·	56	○
12	·	27	—	42	○	57	·
13	·	28	—	43	○	58	·
14	○	29	—	44	·	59	—

年月日8時

(分)	0~14	(分)	15~29	(分)	30~44	(分)	45~59
0	○	15	·	30	○	45	○
1	·	16	○	31	○	46	·
2	·	17	○	32	·	47	○
3	—	18	—	33	·	48	—
4	—	19	○	34	·	49	—
5	○	20	—	35	○	50	—
6	·	21	—	36	○	51	·
7	○	22	·	37	—	52	○
8	—	23	○	38	○	53	·
9	○	24	·	39	—	54	○
10	·	25	—	40	○	55	○
11	—	26	○	41	—	56	○
12	—	27	○	42	·	57	—
13	—	28	—	43	·	58	·
14	·	29	—	44	·	59	—

年月日9時

(分)	0~14	(分)	15~29	(分)	30~44	(分)	45~59
0	·	15	—	30	○	45	·
1	—	16	·	31	○	46	○
2	·	17	—	32	○	47	·
3	—	18	○	33	·	48	·
4	—	19	○	34	—	49	○
5	○	20	·	35	—	50	○
6	○	21	○	36	—	51	—
7	·	22	—	37	·	52	—
8	—	23	○	38	·	53	○
9	·	24	·	39	—	54	○
10	○	25	·	40	○	55	○
11	·	26	—	41	○	56	·
12	·	27	—	42	○	57	·
13	—	28	○	43	—	58	·
14	○	29	·	44	—	59	○

年月日10時

(分)	0~14	(分)	15~29	(分)	30~44	(分)	45~59
0	—	15	—	30	·	45	·
1	○	16	·	31	○	46	·
2	—	17	○	32	·	47	—
3	○	18	○	33	·	48	—
4	—	19	○	34	—	49	○
5	·	20	—	35	○	50	·
6	○	21	·	36	—	51	○
7	·	22	○	37	·	52	○
8	○	23	·	38	—	53	○
9	·	24	—	39	○	54	·
10	○	25	—	40	○	55	—
11	—	26	○	41	·	56	○
12	—	27	○	42	○	57	—
13	—	28	·	43	—	58	○
14	·	29	—	44	○	59	·

年月日11時

(分)	0~14	(分)	15~29	(分)	30~44	(分)	45~59
0	○	15	·	30	○	45	·
1	—	16	○	31	·	46	—
2	—	17	—	32	·	47	·
3	—	18	○	33	—	48	○
4	·	19	—	34	○	49	·
5	○	20	○	35	·	50	—
6	·	21	—	36	·	51	—
7	○	22	·	37	—	52	○
8	○	23	·	38	—	53	○
9	○	24	·	39	○	54	—
10	—	25	○	40	·	55	—
11	·	26	—	41	○	56	·
12	—	27	·	42	—	57	·
13	·	28	—	43	○	58	○
14	—	29	○	44	○	59	—

年月日12時

(分)	0~14	(分)	15~29	(分)	30~44	(分)	45~59
0	○	15	·	30	○	45	·
1	○	16	·	31	—	46	○
2	—	17	○	32	·	47	—
3	—	18	○	33	—	48	·
4	○	19	○	34	·	49	—
5	○	20	·	35	—	50	○
6	·	21	○	36	·	51	○
7	·	22	—	37	○	52	·
8	·	23	○	38	—	53	·
9	○	24	—	39	○	54	—
10	○	25	·	40	—	55	○
11	·	26	○	41	○	56	·
12	—	27	·	42	—	57	·
13	—	28	○	43	·	58	—
14	—	29	○	44	·	59	—

年月日13時

(分)	0~14	(分)	15~29	(分)	30~44	(分)	45~59
0	—	15	—	30	○	45	·
1	·	16	—	31	·	46	—
2	·	17	○	32	○	47	·
3	—	18	○	33	·	48	—
4	○	19	·	34	○	49	—
5	○	20	·	35	—	50	○
6	○	21	·	36	—	51	○
7	—	22	·	37	—	52	·
8	—	23	○	38	·	53	—
9	·	24	—	39	—	54	·
10	·	25	○	40	·	55	○
11	○	26	—	41	○	56	·
12	·	27	○	42	○	57	·
13	○	28	—	43	○	58	—
14	○	29	·	44	—	59	○

年月日14時

(分)	0~14	(分)	15~29	(分)	30~44	(分)	45~59
0	—	15	○	30	○	45	—
1	·	16	○	31	·	46	○
2	—	17	○	32	·	47	—
3	○	18	·	33	·	48	○
4	○	19	—	34	○	49	—
5	·	20	—	35	○	50	·
6	○	21	○	36	—	51	○
7	—	22	·	37	—	52	·
8	○	23	·	38	○	53	○
9	·	24	—	39	○	54	·
10	·	25	○	40	·	55	○
11	—	26	○	41	·	56	—
12	—	27	○	42	·	57	—
13	○	28	—	43	·	58	—
14	·	29	—	44	○	59	·

西元2001年2月23日到3月24日

年　月　日　15　時

(分)	0~14	(分)	15~29	(分)	30~44	(分)	45~59
0	·	15	—	30	·	45	—
1	○	16	·	31	—	46	○
2	—	17	—	32	○	47	·
3	○	18	·	33	○	48	·
4	—	19	·	34	·	49	—
5	—	20	○	35	·	50	—
6	—	21	○	36	—	51	·
7	·	22	—	37	○	52	·
8	○	23	·	38	—	53	○
9	·	24	○	39	·	54	○
10	○	25	·	40	—	55	○
11	·	26	—	41	—	56	·
12	○	27	—	42	○	57	—
13	—	28	○	43	·	58	—
14	·	29	○	44	○	59	·

年　月　日　16　時

(分)	0~14	(分)	15~29	(分)	30~44	(分)	45~59
0	○	15	○	30	·	45	○
1	○	16	—	31	○	46	·
2	—	17	○	32	·	47	—
3	○	18	—	33	○	48	—
4	○	19	·	34	—	49	○
5	○	20	·	35	·	50	○
6	—	21	·	36	—	51	·
7	—	22	○	37	·	52	—
8	○	23	○	38	—	53	○
9	·	24	○	39	·	54	○
10	·	25	—	40	·	55	·
11	·	26	—	41	○	56	·
12	○	27	—	42	○	57	—
13	○	28	·	43	—	58	○
14	—	29	○	44	·	59	—

年　月　日　17　時

(分)	0~14	(分)	15~29	(分)	30~44	(分)	45~59
0	—	15	○	30	·	45	—
1	○	16	○	31	—	46	—
2	—	17	○	32	—	47	○
3	·	18	—	33	○	48	·
4	·	19	·	34	—	49	○
5	·	20	—	35	·	50	—
6	○	21	·	36	—	51	○
7	·	22	—	37	○	52	·
8	○	23	·	38	○	53	—
9	—	24	○	39	·	54	—
10	—	25	○	40	·	55	—
11	—	26	·	41	—	56	·
12	·	27	—	42	○	57	·
13	○	28	·	43	·	58	○
14	·	29	○	44	·	59	○

年　月　日　18　時

(分)	0~14	(分)	15~29	(分)	30~44	(分)	45~59
0	○	15	·	30	—	45	○
1	○	16	·	31	—	46	○
2	—	17	○	32	—	47	·
3	—	18	○	33	·	48	—
4	·	19	—	34	○	49	·
5	·	20	○	35	·	50	○
6	○	21	—	36	○	51	·
7	—	22	○	37	○	52	—
8	○	23	○	38	○	53	—
9	○	24	·	39	—	54	○
10	—	25	·	40	·	55	—
11	○	26	·	41	—	56	·
12	○	27	○	42	·	57	—
13	○	28	·	43	—	58	○
14	·	29	○	44	·	59	○

年　月　日　19　時

(分)	0~14	(分)	15~29	(分)	30~44	(分)	45~59
0	—	15	○	30	—	45	·
1	○	16	·	31	—	46	○
2	○	17	·	32	—	47	○
3	·	18	○	33	·	48	○
4	—	19	○	34	·	49	—
5	·	20	—	35	—	50	·
6	○	21	—	36	○	51	—
7	·	22	○	37	○	52	·
8	·	23	○	38	○	53	·
9	—	24	·	39	—	54	·
10	○	25	·	40	—	55	○
11	—	26	○	41	·	56	—
12	·	27	○	42	○	57	○
13	—	28	○	43	·	58	—
14	○	29	·	44	—	59	○

年　月　日　20　時

(分)	0~14	(分)	15~29	(分)	30~44	(分)	45~59
0	—	15	·	30	—	45	·
1	·	16	—	31	○	46	·
2	○	17	—	32	—	47	○
3	·	18	○	33	·	48	○
4	○	19	·	34	—	49	○
5	·	20	—	35	○	50	·
6	○	21	—	36	○	51	—
7	—	22	○	37	○	52	—
8	—	23	○	38	·	53	—
9	—	24	·	39	○	54	·
10	·	25	—	40	○	55	·
11	○	26	·	41	—	56	—
12	—	27	○	42	—	57	○
13	○	28	·	43	○	58	○
14	·	29	·	44	○	59	○

年　月　日　21　時

(分)	0~14	(分)	15~29	(分)	30~44	(分)	45~59
0	·	15	—	30	○	45	·
1	·	16	—	31	○	46	·
2	—	17	·	32	—	47	·
3	○	18	·	33	—	48	○
4	—	19	○	34	·	49	—
5	·	20	○	35	—	50	○
6	—	21	○	36	·	51	—
7	○	22	·	37	—	52	—
8	○	23	—	38	·	53	—
9	·	24	—	39	○	54	·
10	·	25	○	40	○	55	○
11	○	26	·	41	○	56	·
12	○	27	·	42	—	57	○
13	—	28	—	43	○	58	·
14	—	29	○	44	—	59	○

年　月　日　22　時

(分)	0~14	(分)	15~29	(分)	30~44	(分)	45~59
0	—	15	○	30	·	45	—
1	—	16	○	31	·	46	·
2	○	17	·	32	○	47	○
3	·	18	—	33	○	48	○
4	○	19	○	34	—	49	—
5	—	20	○	35	—	50	○
6	○	21	·	36	○	51	○
7	·	22	·	37	—	52	○
8	·	23	—	38	·	53	—
9	—	24	○	39	·	54	—
10	·	25	—	40	○	55	·
11	○	26	·	41	○	56	—
12	—	27	—	42	○	57	·
13	—	28	○	43	·	58	—
14	—	29	○	44	—	59	·

西元2001年3月25日到4月22日

年月日23時

(分)	0~14	(分)	15~29	(分)	30~44	(分)	45~59
0	—	15	○	30	·	45	—
1	○	16	·	31	○	46	—
2	—	17	○	32	·	47	○
3	○	18	·	33	—	48	○
4	—	19	·	34	—	49	·
5	·	20	—	35	○	50	·
6	·	21	—	36	—	51	·
7	·	22	○	37	·	52	○
8	○	23	·	38	—	53	○
9	·	24	○	39	○	54	·
10	○	25	—	40	○	55	—
11	—	26	○	41	·	56	—
12	—	27	○	42	·	57	—
13	—	28	·	43	—	58	·
14	·	29	—	44	○	59	·

年月日24時

(分)	0~14	(分)	15~29	(分)	30~44	(分)	45~59
0	○	15	·	30	·	45	○
1	○	16	—	31	○	46	—
2	○	17	·	32	—	47	○
3	○	18	—	33	—	48	○
4	—	19	·	34	—	49	·
5	—	20	○	35	·	50	—
6	○	21	—	36	○	51	·
7	○	22	○	37	·	52	○
8	·	23	○	38	○	53	·
9	—	24	○	39	·	54	—
10	○	25	—	40	·	55	—
11	○	26	·	41	—	56	○
12	○	27	·	42	—	57	—
13	○	28	·	43	○	58	·
14	—	29	○	44	·	59	—

年月日1時

(分)	0~14	(分)	15~29	(分)	30~44	(分)	45~59
0	·	15	—	30	—	45	·
1	·	16	○	31	·	46	○
2	·	17	—	32	○	47	·
3	·	18	○	33	○	48	·
4	○	19	—	34	○	49	—
5	○	20	·	35	—	50	○
6	—	21	○	36	·	51	—
7	—	22	·	37	—	52	·
8	○	23	○	38	○	53	—
9	○	24	·	39	—	54	○
10	·	25	○	40	—	55	○
11	·	26	—	41	○	56	·
12	·	27	—	42	○	57	○
13	·	28	—	43	·	58	—
14	○	29	·	44	—	59	○

年月日2時

(分)	0~14	(分)	15~29	(分)	30~44	(分)	45~59
0	·	15	—	30	○	45	·
1	·	16	○	31	·	46	○
2	—	17	○	32	·	47	—
3	—	18	○	33	·	48	—
4	○	19	—	34	·	49	—
5	·	20	—	35	○	50	·
6	○	21	·	36	—	51	—
7	○	22	○	37	○	52	·
8	○	23	·	38	—	53	○
9	·	24	·	39	○	54	○
10	—	25	○	40	—	55	○
11	—	26	○	41	·	56	—
12	—	27	—	42	○	57	·
13	·	28	—	43	·	58	—
14	·	29	○	44	○	59	·

年月日3時

(分)	0~14	(分)	15~29	(分)	30~44	(分)	45~59
0	·	15	—	30	○	45	○
1	○	16	—	31	·	46	—
2	·	17	○	32	○	47	·
3	—	18	—	33	·	48	·
4	○	19	·	34	○	49	·
5	○	20	·	35	—	50	○
6	○	21	○	36	·	51	—
7	—	22	○	37	—	52	○
8	—	23	○	38	·	53	—
9	○	24	·	39	—	54	○
10	·	25	—	40	·	55	○
11	·	26	—	41	○	56	·
12	·	27	—	42	○	57	·
13	○	28	—	43	○	58	—
14	○	29	·	44	—	59	○

年月日4時

(分)	0~14	(分)	15~29	(分)	30~44	(分)	45~59
0	—	15	—	30	○	45	○
1	·	16	—	31	·	46	—
2	—	17	○	32	·	47	—
3	—	18	○	33	·	48	—
4	○	19	·	34	○	49	—
5	·	20	—	35	○	50	·
6	○	21	○	36	—	51	○
7	—	22	·	37	—	52	·
8	○	23	·	38	○	53	○
9	·	24	—	39	—	54	·
10	·	25	○	40	·	55	○
11	—	26	○	41	·	56	—
12	·	27	○	42	○	57	·
13	○	28	—	43	○	58	—
14	·	29	—	44	○	59	·

年月日5時

(分)	0~14	(分)	15~29	(分)	30~44	(分)	45~59
0	○	15	·	30	○	45	—
1	—	16	○	31	·	46	—
2	·	17	—	32	○	47	·
3	—	18	·	33	—	48	○
4	·	19	—	34	○	49	·
5	—	20	○	35	○	50	—
6	·	21	○	36	·	51	○
7	○	22	·	37	—	52	○
8	—	23	·	38	·	53	—
9	○	24	—	39	○	54	○
10	—	25	○	40	·	55	○
11	○	26	·	41	—	56	○
12	—	27	·	42	—	57	·
13	·	28	—	43	○	58	·
14	·	29	—	44	○	59	·

年月日6時

(分)	0~14	(分)	15~29	(分)	30~44	(分)	45~59
0	○	15	—	30	○	45	—
1	○	16	·	31	—	46	○
2	·	17	○	32	○	47	·
3	—	18	·	33	—	48	·
4	—	19	○	34	·	49	—
5	—	20	○	35	·	50	—
6	·	21	○	36	·	51	○
7	·	22	—	37	○	52	·
8	○	23	·	38	—	53	○
9	○	24	—	39	·	54	—
10	○	25	·	40	—	55	○
11	○	26	—	41	○	56	○
12	○	27	·	42	○	57	·
13	—	28	○	43	·	58	—
14	—	29	—	44	·	59	·

西元2001年3月25日到4月22日

年月日 7時

(分)	0~14	(分)	15~29	(分)	30~44	(分)	45~59
0	—	15	·	30	○	45	·
1	·	16	—	31	○	46	·
2	○	17	·	32	—	47	—
3	—	18	○	33	—	48	○
4	○	19	·	34	○	49	○
5	·	20	·	35	○	50	○
6	·	21	—	36	·	51	—
7	—	22	○	37	·	52	—
8	—	23	—	38	○	53	·
9	○	24	·	39	○	54	○
10	·	25	—	40	○	55	○
11	—	26	○	41	·	56	—
12	—	27	○	42	—	57	·
13	○	28	·	43	—	58	○
14	○	29	·	44	—	59	○

年月日 8時

(分)	0~14	(分)	15~29	(分)	30~44	(分)	45~59
0	○	15	·	30	○	45	·
1	—	16	○	31	·	46	—
2	·	17	·	32	—	47	○
3	—	18	○	33	—	48	○
4	·	19	—	34	○	49	·
5	·	20	—	35	○	50	·
6	·	21	—	36	·	51	○
7	○	22	·	37	—	52	○
8	—	23	○	38	·	53	—
9	○	24	—	39	○	54	—
10	—	25	○	40	·	55	○
11	○	26	·	41	·	56	○
12	—	27	·	42	—	57	·
13	·	28	—	43	○	58	·
14	○	29	—	44	—	59	○

年月日 9時

(分)	0~14	(分)	15~29	(分)	30~44	(分)	45~59
0	·	15	—	30	○	45	·
1	○	16	·	31	—	46	○
2	○	17	—	32	○	47	—
3	○	18	·	33	—	48	○
4	·	19	—	34	—	49	·
5	—	20	·	35	—	50	·
6	—	21	○	36	·	51	—
7	·	22	○	37	○	52	·
8	○	23	○	38	·	53	○
9	·	24	—	39	○	54	·
10	—	25	○	40	·	55	—
11	○	26	—	41	○	56	—
12	○	27	·	42	—	57	○
13	○	28	·	43	—	58	○
14	—	29	·	44	○	59	·

年月日 10時

(分)	0~14	(分)	15~29	(分)	30~44	(分)	45~59
0	—	15	○	30	○	45	—
1	○	16	—	31	—	46	○
2	○	17	—	32	○	47	—
3	·	18	○	33	○	48	·
4	·	19	—	34	○	49	·
5	—	20	·	35	—	50	·
6	○	21	○	36	—	51	○
7	—	22	○	37	·	52	—
8	·	23	○	38	—	53	○
9	—	24	○	39	·	54	—
10	○	25	·	40	—	55	—
11	○	26	—	41	·	56	—
12	·	27	—	42	○	57	·
13	·	28	·	43	○	58	○
14	○	29	○	44	○	59	·

年月日 11時

(分)	0~14	(分)	15~29	(分)	30~44	(分)	45~59
0	·	15	—	30	○	45	·
1	○	16	·	31	—	46	○
2	—	17	○	32	—	47	·
3	○	18	·	33	○	48	○
4	·	19	—	34	○	49	·
5	·	20	○	35	·	50	○
6	—	21	○	36	·	51	—
7	—	22	○	37	○	52	—
8	○	23	—	38	○	53	—
9	·	24	—	39	○	54	·
10	—	25	·	40	·	55	—
11	—	26	·	41	—	56	·
12	○	27	○	42	—	57	○
13	○	28	·	43	—	58	○
14	·	29	○	44	·	59	○

年月日 12時

(分)	0~14	(分)	15~29	(分)	30~44	(分)	45~59
0	—	15	○	30	·	45	—
1	·	16	—	31	—	46	·
2	—	17	·	32	—	47	·
3	·	18	—	33	○	48	○
4	·	19	○	34	○	49	·
5	·	20	○	35	·	50	○
6	○	21	·	36	—	51	○
7	—	22	○	37	·	52	—
8	○	23	—	38	○	53	○
9	—	24	○	39	·	54	—
10	○	25	·	40	—	55	○
11	—	26	·	41	○	56	·
12	·	27	—	42	○	57	·
13	·	28	—	43	○	58	○
14	—	29	○	44	—	59	○

年月日 13時

(分)	0~14	(分)	15~29	(分)	30~44	(分)	45~59
0	—	15	○	30	·	45	—
1	—	16	·	31	—	46	·
2	○	17	·	32	—	47	○
3	○	18	·	33	—	48	○
4	·	19	○	34	—	49	○
5	—	20	○	35	·	50	—
6	·	21	—	36	○	51	○
7	·	22	○	37	·	52	—
8	·	23	—	38	○	53	·
9	—	24	—	39	·	54	·
10	○	25	·	40	○	55	·
11	○	26	·	41	—	56	○
12	○	27	○	42	·	57	—
13	—	28	○	43	—	58	○
14	—	29	○	44	·	59	—

年月日 14時

(分)	0~14	(分)	15~29	(分)	30~44	(分)	45~59
0	○	15	·	30	—	45	—
1	○	16	·	31	○	46	·
2	·	17	—	32	○	47	·
3	·	18	·	33	○	48	○
4	—	19	○	34	—	49	○
5	○	20	·	35	—	50	○
6	—	21	—	36	○	51	○
7	·	22	—	37	·	52	—
8	—	23	○	38	·	53	—
9	—	24	○	39	·	54	—
10	○	25	○	40	○	55	—
11	·	26	—	41	○	56	·
12	○	27	·	42	—	57	○
13	—	28	○	43	—	58	·
14	○	29	○	44	○	59	○

西元2001年3月25日到4月22日

年月日15時

(分)	0~14	(分)	15~29	(分)	30~44	(分)	45~59
0	·	15	○	30	○	45	·
1	○	16	○	31	·	46	—
2	○	17	·	32	○	47	·
3	○	18	·	33	—	48	○
4	○	19	·	34	—	49	○
5	—	20	○	35	—	50	·
6	—	21	○	36	·	51	—
7	·	22	—	37	○	52	·
8	·	23	○	38	·	53	○
9	○	24	—	39	○	54	·
10	—	25	○	40	○	55	—
11	○	26	—	41	○	56	—
12	○	27	·	42	—	57	○
13	—	28	·	43	·	58	—
14	—	29	·	44	—	59	·

年月日16時

(分)	0~14	(分)	15~29	(分)	30~44	(分)	45~59
0	—	15	○	30	○	45	—
1	○	16	·	31	—	46	○
2	○	17	—	32	○	47	—
3	·	18	—	33	○	48	·
4	·	19	—	34	—	49	·
5	—	20	·	35	○	50	·
6	○	21	·	36	—	51	○
7	·	22	○	37	○	52	·
8	·	23	○	38	·	53	○
9	—	24	○	39	·	54	—
10	—	25	○	40	·	55	—
11	○	26	○	41	○	56	—
12	·	27	—	42	○	57	·
13	○	28	·	43	—	58	○
14	—	29	○	44	○	59	·

年月日17時

(分)	0~14	(分)	15~29	(分)	30~44	(分)	45~59
0	—	15	—	30	·	45	·
1	·	16	—	31	·	46	—
2	—	17	○	32	○	47	—
3	○	18	○	33	·	48	—
4	○	19	·	34	○	49	·
5	·	20	—	35	○	50	·
6	○	21	·	36	—	51	○
7	—	22	○	37	—	52	·
8	○	23	·	38	—	53	○
9	·	24	—	39	○	54	·
10	·	25	○	40	·	55	○
11	—	26	○	41	·	56	—
12	—	27	○	42	○	57	—
13	○	28	—	43	○	58	—
14	·	29	—	44	○	59	·

年月日18時

(分)	0~14	(分)	15~29	(分)	30~44	(分)	45~59
0	—	15	○	30	·	45	—
1	·	16	—	31	·	46	○
2	○	17	·	32	—	47	○
3	○	18	·	33	—	48	○
4	○	19	—	34	○	49	—
5	—	20	○	35	·	50	—
6	·	21	—	36	—	51	·
7	—	22	·	37	—	52	○
8	·	23	—	38	○	53	·
9	·	24	○	39	○	54	·
10	·	25	○	40	·	55	○
11	○	26	○	41	—	56	○
12	—	27	○	42	·	57	—
13	○	28	—	43	○	58	—
14	—	29	○	44	·	59	—

年月日19時

(分)	0~14	(分)	15~29	(分)	30~44	(分)	45~59
0	—	15	○	30	·	45	—
1	·	16	○	31	○	46	·
2	·	17	○	32	·	47	○
3	·	18	—	33	○	48	·
4	—	19	○	34	·	49	—
5	○	20	—	35	○	50	—
6	○	21	·	36	—	51	○
7	○	22	·	37	—	52	○
8	—	23	·	38	○	53	·
9	—	24	○	39	·	54	—
10	·	25	—	40	○	55	○
11	—	26	○	41	—	56	○
12	·	27	—	42	○	57	·
13	—	28	—	43	·	58	·
14	·	29	—	44	·	59	—

年月日20時

(分)	0~14	(分)	15~29	(分)	30~44	(分)	45~59
0	○	15	·	30	—	45	○
1	—	16	○	31	·	46	—
2	·	17	○	32	—	47	○
3	—	18	○	33	·	48	—
4	○	19	·	34	—	49	—
5	○	20	—	35	·	50	—
6	·	21	—	36	○	51	·
7	·	22	○	37	○	52	○
8	○	23	·	38	○	53	·
9	○	24	·	39	—	54	○
10	—	25	—	40	○	55	·
11	—	26	○	41	—	56	○
12	○	27	○	42	·	57	—
13	—	28	○	43	·	58	—
14	·	29	—	44	·	59	○

年月日21時

(分)	0~14	(分)	15~29	(分)	30~44	(分)	45~59
0	○	15	·	30	—	45	—
1	○	16	·	31	○	46	·
2	—	17	○	32	·	47	—
3	·	18	·	33	○	48	○
4	—	19	○	34	—	49	○
5	·	20	—	35	○	50	·
6	—	21	—	36	○	51	·
7	·	22	—	37	·	52	—
8	○	23	·	38	—	53	○
9	—	24	○	39	·	54	—
10	○	25	·	40	○	55	—
11	—	26	○	41	·	56	○
12	○	27	·	42	—	57	○
13	—	28	·	43	—	58	·
14	·	29	—	44	○	59	·

年月日22時

(分)	0~14	(分)	15~29	(分)	30~44	(分)	45~59
0	·	15	—	30	—	45	○
1	—	16	○	31	○	46	·
2	—	17	○	32	—	47	○
3	—	18	○	33	○	48	·
4	·	19	○	34	—	49	·
5	·	20	○	35	·	50	—
6	○	21	○	36	·	51	—
7	○	22	○	37	·	52	○
8	○	23	—	38	○	53	·
9	○	24	·	39	·	54	○
10	—	25	—	40	○	55	—
11	—	26	·	41	—	56	○
12	·	27	—	42	—	57	○
13	○	28	·	43	—	58	·
14	·	29	○	44	·	59	—

西元2001年4月23日到5月22日

年　月　日　23時

(分)	0~14	(分)	15~29	(分)	30~44	(分)	45~59
0	○	15	○	30	—	45	—
1	·	16	—	31	·	46	—
2	·	17	—	32	○	47	·
3	·	18	·	33	—	48	○
4	○	19	○	34	○	49	·
5	○	20	·	35	—	50	○
6	·	21	—	36	○	51	·
7	—	22	○	37	—	52	·
8	—	23	○	38	·	53	—
9	—	24	○	39	·	54	—
10	·	25	○	40	·	55	○
11	·	26	—	41	○	56	·
12	○	27	·	42	·	57	○
13	○	28	—	43	○	58	—
14	○	29	·	44	—	59	○

年　月　日　24時

(分)	0~14	(分)	15~29	(分)	30~44	(分)	45~59
0	○	15	·	30	—	45	○
1	·	16	—	31	·	46	○
2	—	17	○	32	·	47	—
3	·	18	—	33	○	48	·
4	○	19	—	34	○	49	—
5	·	20	○	35	○	50	·
6	—	21	○	36	○	51	—
7	—	22	○	37	—	52	·
8	○	23	·	38	—	53	○
9	—	24	·	39	·	54	—
10	·	25	○	40	·	55	○
11	—	26	○	41	○	56	—
12	○	27	·	42	—	57	○
13	○	28	—	43	○	58	—
14	·	29	—	44	○	59	·

年　月　日　1時

(分)	0~14	(分)	15~29	(分)	30~44	(分)	45~59
0	·	15	—	30	·	45	—
1	○	16	·	31	—	46	○
2	○	17	○	32	—	47	—
3	○	18	·	33	○	48	·
4	—	19	○	34	·	49	—
5	·	20	·	35	—	50	○
6	—	21	○	36	—	51	○
7	·	22	—	37	○	52	·
8	·	23	—	38	○	53	·
9	·	24	—	39	·	54	○
10	○	25	·	40	—	55	○
11	—	26	○	41	·	56	—
12	○	27	—	42	○	57	—
13	—	28	○	43	·	58	○
14	○	29	·	44	·	59	○

年　月　日　2時

(分)	0~14	(分)	15~29	(分)	30~44	(分)	45~59
0	·	15	—	30	·	45	—
1	·	16	—	31	○	46	·
2	○	17	·	32	—	47	○
3	○	18	○	33	○	48	—
4	○	19	·	34	—	49	○
5	·	20	—	35	○	50	·
6	—	21	·	36	—	51	·
7	—	22	○	37	·	52	—
8	—	23	○	38	○	53	—
9	·	24	○	39	·	54	○
10	·	25	—	40	○	55	·
11	—	26	·	41	·	56	—
12	○	27	—	42	○	57	—
13	○	28	·	43	—	58	○
14	○	29	·	44	—	59	○

年　月　日　3時

(分)	0~14	(分)	15~29	(分)	30~44	(分)	45~59
0	·	15	○	30	·	45	○
1	○	16	·	31	—	46	○
2	—	17	○	32	○	47	—
3	○	18	—	33	○	48	—
4	—	19	○	34	·	49	○
5	—	20	·	35	·	50	—
6	—	21	·	36	—	51	·
7	·	22	—	37	○	52	·
8	○	23	·	38	—	53	○
9	·	24	○	39	·	54	○
10	○	25	·	40	—	55	○
11	·	26	—	41	○	56	·
12	○	27	—	42	○	57	—
13	—	28	○	43	·	58	—
14	—	29	○	44	·	59	·

年　月　日　4時

(分)	0~14	(分)	15~29	(分)	30~44	(分)	45~59
0	○	15	○	30	·	45	○
1	·	16	—	31	○	46	·
2	—	17	○	32	·	47	—
3	○	18	—	33	○	48	—
4	○	19	·	34	—	49	○
5	○	20	·	35	—	50	○
6	—	21	·	36	○	51	·
7	—	22	○	37	·	52	—
8	·	23	—	38	○	53	○
9	—	24	○	39	—	54	○
10	·	25	—	40	○	55	·
11	—	26	—	41	·	56	·
12	·	27	—	42	·	57	—
13	○	28	·	43	—	58	○
14	○	29	○	44	·	59	—

年　月　日　5時

(分)	0~14	(分)	15~29	(分)	30~44	(分)	45~59
0	·	15	—	30	○	45	○
1	—	16	○	31	·	46	—
2	·	17	○	32	—	47	○
3	○	18	·	33	—	48	○
4	○	19	·	34	—	49	—
5	·	20	—	35	·	50	—
6	—	21	○	36	·	51	—
7	·	22	·	37	○	52	○
8	○	23	·	38	○	53	·
9	·	24	—	39	○	54	·
10	—	25	—	40	○	55	·
11	—	26	○	41	—	56	○
12	○	27	·	42	—	57	○
13	—	28	○	43	·	58	—
14	·	29	—	44	·	59	○

年　月　日　6時

(分)	0~14	(分)	15~29	(分)	30~44	(分)	45~59
0	—	15	○	30	·	45	—
1	○	16	○	31	—	46	—
2	—	17	○	32	—	47	○
3	·	18	—	33	○	48	·
4	·	19	·	34	—	49	○
5	·	20	—	35	·	50	—
6	○	21	·	36	—	51	○
7	·	22	—	37	○	52	·
8	○	23	·	38	○	53	—
9	—	24	○	39	·	54	—
10	—	25	○	40	·	55	—
11	—	26	·	41	—	56	·
12	·	27	—	42	○	57	·
13	○	28	·	43	·	58	○
14	·	29	○	44	·	59	○

西元2001年4月23日到5月22日

年 月 日 7 時

(分)	0~14	(分)	15~29	(分)	30~44	(分)	45~59
0	·	15	—	30	·	45	—
1	—	16	○	31	·	46	—
2	—	17	—	32	○	47	·
3	○	18	·	33	○	48	○
4	·	19	—	34	○	49	○
5	—	20	○	35	·	50	—
6	—	21	○	36	—	51	·
7	○	22	·	37	—	52	○
8	○	23	·	38	—	53	○
9	·	24	○	39	·	54	○
10	—	25	○	40	·	55	—
11	·	26	—	41	—	56	·
12	○	27	—	42	○	57	—
13	·	28	—	43	○	58	·
14	·	29	○	44	○	59	·

年 月 日 8 時

(分)	0~14	(分)	15~29	(分)	30~44	(分)	45~59
0	·	15	—	30	·	45	○
1	○	16	·	31	—	46	○
2	—	17	○	32	·	47	—
3	○	18	—	33	○	48	—
4	—	19	○	34	·	49	○
5	○	20	·	35	·	50	○
6	—	21	·	36	—	51	·
7	·	22	—	37	○	52	·
8	○	23	—	38	—	53	○
9	·	24	○	39	·	54	○
10	○	25	·	40	—	55	○
11	·	26	—	41	○	56	·
12	○	27	—	42	○	57	—
13	—	28	○	43	·	58	—
14	—	29	○	44	·	59	○

年 月 日 9 時

(分)	0~14	(分)	15~29	(分)	30~44	(分)	45~59
0	○	15	—	30	·	45	—
1	—	16	○	31	·	46	—
2	·	17	—	32	○	47	○
3	○	18	·	33	○	48	·
4	·	19	—	34	○	49	·
5	—	20	—	35	·	50	·
6	—	21	○	36	—	51	○
7	○	22	·	37	—	52	○
8	○	23	○	38	·	53	—
9	·	24	—	39	○	54	—
10	—	25	○	40	·	55	○
11	○	26	·	41	—	56	○
12	○	27	·	42	○	57	—
13	·	28	—	43	○	58	·
14	·	29	—	44	○	59	·

年 月 日 10 時

(分)	0~14	(分)	15~29	(分)	30~44	(分)	45~59
0	·	15	—	30	·	45	—
1	○	16	·	31	—	46	○
2	—	17	—	32	○	47	·
3	○	18	·	33	○	48	·
4	—	19	·	34	·	49	—
5	—	20	○	35	·	50	—
6	—	21	○	36	—	51	·
7	·	22	—	37	○	52	·
8	○	23	·	38	—	53	○
9	·	24	○	39	·	54	○
10	○	25	·	40	—	55	○
11	·	26	—	41	—	56	·
12	○	27	—	42	○	57	—
13	—	28	○	43	·	58	—
14	·	29	○	44	○	59	·

年 月 日 11 時

(分)	0~14	(分)	15~29	(分)	30~44	(分)	45~59
0	·	15	—	30	○	45	·
1	·	16	—	31	○	46	·
2	○	17	·	32	○	47	—
3	○	18	·	33	—	48	○
4	—	19	○	34	·	49	—
5	—	20	·	35	—	50	·
6	○	21	○	36	·	51	—
7	○	22	·	37	·	52	○
8	·	23	○	38	·	53	○
9	·	24	—	39	○	54	·
10	○	25	—	40	—	55	○
11	○	26	—	41	○	56	—
12	○	27	·	42	—	57	○
13	·	28	—	43	○	58	·
14	—	29	·	44	—	59	·

年 月 日 12 時

(分)	0~14	(分)	15~29	(分)	30~44	(分)	45~59
0	—	15	○	30	·	45	—
1	—	16	○	31	○	46	—
2	○	17	—	32	○	47	—
3	·	18	—	33	○	48	·
4	—	19	·	34	·	49	—
5	—	20	·	35	—	50	·
6	○	21	○	36	—	51	○
7	○	22	·	37	—	52	○
8	·	23	○	38	·	53	○
9	—	24	○	39	·	54	—
10	·	25	—	40	○	55	·
11	○	26	—	41	·	56	—
12	·	27	○	42	○	57	·
13	—	28	○	43	·	58	·
14	○	29	·	44	○	59	·

年 月 日 13 時

(分)	0~14	(分)	15~29	(分)	30~44	(分)	45~59
0	○	15	·	30	—	45	○
1	○	16	—	31	○	46	—
2	○	17	·	32	—	47	○
3	·	18	—	33	○	48	·
4	—	19	·	34	○	49	·
5	—	20	○	35	·	50	—
6	—	21	○	36	·	51	·
7	—	22	○	37	—	52	○
8	·	23	—	38	○	53	·
9	○	24	○	39	—	54	—
10	·	25	—	40	·	55	—
11	○	26	·	41	—	56	○
12	·	27	·	42	—	57	○
13	○	28	·	43	○	58	·
14	—	29	○	44	·	59	—

年 月 日 14 時

(分)	0~14	(分)	15~29	(分)	30~44	(分)	45~59
0	·	15	—	30	○	45	○
1	·	16	—	31	·	46	—
2	○	17	○	32	○	47	·
3	—	18	—	33	·	48	·
4	○	19	·	34	○	49	·
5	○	20	·	35	—	50	○
6	○	21	○	36	·	51	—
7	—	22	○	37	—	52	○
8	—	23	·	38	·	53	—
9	○	24	·	39	—	54	○
10	·	25	—	40	·	55	○
11	·	26	—	41	○	56	·
12	·	27	—	42	○	57	·
13	○	28	—	43	○	58	—
14	○	29	·	44	—	59	○

西元2001年4月23日到5月22日

	(分)	0~14	(分)	15~29	(分)	30~44	(分)	45~59
	0	—	15	○	30	·	45	—
年	1	○	16	·	31	—	46	○
	2	—	17	·	32	—	47	·
	3	·	18	—	33	○	48	·
	4	·	19	—	34	—	49	·
月	5	·	20	○	35	·	50	○
	6	○	21	·	36	—	51	○
	7	·	22	○	37	○	52	·
	8	○	23	—	38	○	53	—
日	9	—	24	○	39	·	54	—
	10	—	25	○	40	·	55	—
15	11	—	26	·	41	—	56	·
時	12	·	27	—	42	○	57	·
	13	○	28	·	43	—	58	○
	14	·	29	○	44	—	59	○

	(分)	0~14	(分)	15~29	(分)	30~44	(分)	45~59
	0	○	15	·	30	—	45	○
年	1	○	16	—	31	—	46	○
	2	—	17	·	32	—	47	·
	3	—	18	○	33	·	48	—
	4	·	19	—	34	○	49	·
月	5	○	20	○	35	·	50	○
	6	·	21	—	36	○	51	·
	7	—	22	○	37	·	52	—
	8	○	23	—	38	·	53	—
日	9	○	24	·	39	—	54	○
	10	○	25	○	40	—	55	—
16	11	○	26	·	41	○	56	·
時	12	—	27	○	42	·	57	—
	13	·	28	·	43	○	58	○
	14	—	29	○	44	—	59	○

	(分)	0~14	(分)	15~29	(分)	30~44	(分)	45~59
	0	—	15	○	30	·	45	—
年	1	○	16	·	31	○	46	—
	2	○	17	·	32	—	47	○
	3	○	18	·	33	—	48	○
	4	—	19	·	34	—	49	·
月	5	—	20	○	35	·	50	—
	6	·	21	—	36	—	51	·
	7	·	22	○	37	·	52	○
	8	○	23	—	38	○	53	·
日	9	·	24	○	39	○	54	·
	10	○	25	—	40	○	55	—
17	11	○	26	·	41	—	56	○
時	12	—	27	○	42	·	57	—
	13	—	28	·	43	—	58	·
	14	○	29	○	44	·	59	—

	(分)	0~14	(分)	15~29	(分)	30~44	(分)	45~59
	0	○	15	·	30	·	45	○
年	1	○	16	—	31	○	46	—
	2	·	17	—	32	○	47	·
	3	○	18	—	33	—	48	○
	4	—	19	·	34	○	49	·
月	5	○	20	·	35	—	50	○
	6	·	21	○	36	○	51	·
	7	·	22	○	37	·	52	○
	8	—	23	○	38	·	53	—
日	9	—	24	○	39	·	54	—
	10	○	25	—	40	·	55	—
18	11	·	26	—	41	○	56	·
時	12	○	27	·	42	—	57	—
	13	○	28	·	43	○	58	·
	14	○	29	○	44	—	59	○

	(分)	0~14	(分)	15~29	(分)	30~44	(分)	45~59
	0	·	15	—	30	○	45	·
年	1	○	16	·	31	—	46	○
	2	·	17	○	32	·	47	○
	3	○	18	·	33	—	48	○
	4	·	19	—	34	—	49	·
月	5	○	20	—	35	○	50	—
	6	—	21	○	36	·	51	—
	7	·	22	○	37	○	52	·
	8	—	23	·	38	—	53	○
日	9	·	24	—	39	○	54	·
	10	—	25	○	40	·	55	—
19	11	·	26	○	41	·	56	○
時	12	·	27	·	42	—	57	○
	13	○	28	·	43	—	58	○
	14	○	29	—	44	·	59	—

	(分)	0~14	(分)	15~29	(分)	30~44	(分)	45~59
	0	—	15	○	30	·	45	—
年	1	○	16	—	31	—	46	○
	2	·	17	○	32	·	47	○
	3	·	18	—	33	·	48	·
	4	·	19	—	34	○	49	·
月	5	○	20	—	35	○	50	—
	6	○	21	·	36	—	51	○
	7	—	22	○	37	·	52	—
	8	—	23	·	38	○	53	·
日	9	○	24	○	39	·	54	—
	10	○	25	○	40	—	55	—
20	11	—	26	○	41	—	56	○
時	12	·	27	—	42	○	57	·
	13	·	28	·	43	○	58	○
	14	·	29	—	44	·	59	—

	(分)	0~14	(分)	15~29	(分)	30~44	(分)	45~59
	0	—	15	·	30	—	45	·
年	1	·	16	—	31	○	46	○
	2	—	17	○	32	○	47	—
	3	·	18	○	33	·	48	○
	4	○	19	·	34	—	49	○
月	5	—	20	·	35	·	50	—
	6	○	21	—	36	○	51	○
	7	—	22	○	37	·	52	—
	8	○	23	·	38	—	53	○
日	9	—	24	·	39	—	54	·
	10	·	25	—	40	○	55	·
21	11	·	26	—	41	○	56	·
時	12	·	27	○	42	—	57	○
	13	○	28	·	43	—	58	○
	14	—	29	○	44	·	59	·

	(分)	0~14	(分)	15~29	(分)	30~44	(分)	45~59
	0	—	15	·	30	—	45	·
年	1	—	16	○	31	·	46	—
	2	—	17	○	32	·	47	—
	3	·	18	○	33	·	48	○
	4	·	19	—	34	○	49	·
月	5	○	20	·	35	—	50	○
	6	○	21	—	36	·	51	—
	7	○	22	·	37	—	52	○
	8	·	23	—	38	○	53	○
日	9	○	24	·	39	○	54	·
	10	—	25	○	40	·	55	—
22	11	—	26	—	41	·	56	·
時	12	—	27	○	42	—	57	○
	13	·	28	—	43	○	58	·
	14	○	29	○	44	·	59	—

西元2001年5月23日到6月20日

年月日23時 (分)	0~14	(分)	15~29	(分)	30~44	(分)	45~59
0	·	15	·	30	〇	45	〇
1	—	16	〇	31	—	46	〇
2	—	17	〇	32	·	47	—
3	—	18	—	33	〇	48	·
4	·	19	—	34	·	49	—
5	·	20	—	35	〇	50	·
6	—	21	〇	36	·	51	—
7	〇	22	·	37	〇	52	—
8	〇	23	·	38	—	53	〇
9	〇	24	·	39	—	54	〇
10	—	25	·	40	—	55	·
11	—	26	〇	41	·	56	—
12	·	27	—	42	—	57	·
13	·	28	〇	43	·	58	〇
14	·	29	—	44	〇	59	·

年月日24時 (分)	0~14	(分)	15~29	(分)	30~44	(分)	45~59
0	·	15	—	30	〇	45	·
1	—	16	〇	31	—	46	·
2	〇	17	·	32	—	47	〇
3	—	18	〇	33	·	48	—
4	·	19	〇	34	·	49	〇
5	—	20	〇	35	·	50	—
6	〇	21	〇	36	·	51	〇
7	〇	22	—	37	〇	52	—
8	·	23	—	38	〇	53	·
9	〇	24	〇	39	—	54	〇
10	—	25	·	40	—	55	·
11	〇	26	·	41	—	56	〇
12	·	27	—	42	〇	57	·
13	·	28	〇	43	·	58	〇
14	—	29	〇	44	·	59	—

年月日1時 (分)	0~14	(分)	15~29	(分)	30~44	(分)	45~59
0	—	15	〇	30	—	45	〇
1	·	16	—	31	〇	46	·
2	·	17	·	32	〇	47	〇
3	·	18	—	33	·	48	—
4	〇	19	·	34	—	49	〇
5	—	20	—	35	〇	50	·
6	〇	21	·	36	〇	51	·
7	—	22	·	37	·	52	—
8	—	23	〇	38	·	53	—
9	—	24	〇	39	—	54	·
10	·	25	—	40	〇	55	·
11	〇	26	·	41	—	56	〇
12	·	27	〇	42	·	57	〇
13	〇	28	·	43	—	58	〇
14	·	29	—	44	—	59	·

年月日2時 (分)	0~14	(分)	15~29	(分)	30~44	(分)	45~59
0	—	15	〇	30	—	45	〇
1	—	16	〇	31	·	46	—
2	·	17	—	32	〇	47	·
3	·	18	—	33	·	48	〇
4	·	19	—	34	〇	49	·
5	—	20	〇	35	·	50	—
6	〇	21	—	36	〇	51	—
7	〇	22	·	37	—	52	〇
8	〇	23	〇	38	·	53	〇
9	—	24	·	39	—	54	·
10	—	25	〇	40	·	55	—
11	〇	26	—	41	—	56	〇
12	·	27	〇	42	·	57	〇
13	·	28	—	43	·	58	·
14	·	29	—	44	〇	59	·

年月日3時 (分)	0~14	(分)	15~29	(分)	30~44	(分)	45~59
0	—	15	·	30	—	45	·
1	·	16	—	31	〇	46	·
2	〇	17	·	32	·	47	〇
3	·	18	〇	33	·	48	〇
4	〇	19	·	34	—	49	〇
5	〇	20	—	35	—	50	〇
6	〇	21	—	36	〇	51	—
7	—	22	〇	37	·	52	—
8	·	23	—	38	〇	53	·
9	—	24	·	39	—	54	·
10	·	25	—	40	〇	55	·
11	—	26	〇	41	·	56	—
12	·	27	〇	42	—	57	〇
13	〇	28	·	43	—	58	〇
14	〇	29	·	44	—	59	—

年月日4時 (分)	0~14	(分)	15~29	(分)	30~44	(分)	45~59
0	—	15	·	30	—	45	·
1	—	16	〇	31	·	46	—
2	〇	17	·	32	—	47	〇
3	·	18	〇	33	·	48	〇
4	·	19	—	34	〇	49	·
5	〇	20	—	35	〇	50	·
6	〇	21	—	36	·	51	—
7	〇	22	·	37	—	52	〇
8	—	23	〇	38	·	53	·
9	〇	24	·	39	〇	54	·
10	—	25	〇	40	·	55	—
11	〇	26	〇	41	—	56	—
12	—	27	〇	42	—	57	〇
13	·	28	〇	43	〇	58	·
14	·	29	·	44	—	59	〇

年月日5時 (分)	0~14	(分)	15~29	(分)	30~44	(分)	45~59
0	—	15	〇	30	·	45	—
1	〇	16	·	31	—	46	〇
2	〇	17	·	32	〇	47	·
3	·	18	—	33	〇	48	·
4	〇	19	—	34	〇	49	〇
5	—	20	〇	35	—	50	〇
6	·	21	·	36	—	51	〇
7	—	22	—	37	·	52	·
8	·	23	—	38	·	53	—
9	—	24	〇	39	·	54	—
10	〇	25	〇	40	·	55	—
11	〇	26	·	41	〇	56	·
12	〇	27	—	42	〇	57	·
13	〇	28	·	43	—	58	〇
14	—	29	〇	44	—	59	·

年月日6時 (分)	0~14	(分)	15~29	(分)	30~44	(分)	45~59
0	〇	15	·	30	—	45	〇
1	·	16	·	31	〇	46	〇
2	〇	17	·	32	〇	47	·
3	—	18	〇	33	·	48	—
4	—	19	—	34	〇	49	·
5	—	20	〇	35	—	50	〇
6	·	21	—	36	〇	51	·
7	—	22	〇	37	·	52	—
8	·	23	—	38	·	53	〇
9	〇	24	·	39	—	54	〇
10	〇	25	·	40	—	55	〇
11	〇	26	—	41	〇	56	—
12	—	27	〇	42	·	57	—
13	·	28	—	43	—	58	·
14	—	29	〇	44	—	59	·

西元2001年5月23日到6月20日

年 月 日 7 時

(分)	0~14	(分)	15~29	(分)	30~44	(分)	45~59
0	—	15	○	30	—	45	○
1	○	16	·	31	—	46	○
2	○	17	○	32	·	47	—
3	·	18	—	33	·	48	—
4	—	19	○	34	·	49	—
5	○	20	·	35	—	50	○
6	○	21	·	36	○	51	—
7	·	22	—	37	○	52	·
8	·	23	—	38	○	53	·
9	—	24	·	39	—	54	·
10	○	25	·	40	—	55	○
11	—	26	○	41	○	56	—
12	·	27	○	42	·	57	○
13	—	28	○	43	·	58	—
14	—	29	·	44	·	59	—

年 月 日 8 時

(分)	0~14	(分)	15~29	(分)	30~44	(分)	45~59
0	—	15	○	30	—	45	·
1	·	16	—	31	○	46	·
2	○	17	·	32	—	47	○
3	·	18	○	33	·	48	○
4	○	19	·	34	—	49	○
5	·	20	—	35	—	50	·
6	○	21	—	36	○	51	—
7	—	22	○	37	·	52	—
8	·	23	○	38	○	53	·
9	—	24	○	39	—	54	·
10	·	25	—	40	○	55	·
11	—	26	○	41	·	56	—
12	·	27	○	42	·	57	○
13	·	28	·	43	—	58	○
14	○	29	·	44	—	59	○

年 月 日 9 時

(分)	0~14	(分)	15~29	(分)	30~44	(分)	45~59
0	·	15	○	30	—	45	○
1	○	16	·	31	—	46	○
2	○	17	○	32	·	47	·
3	·	18	—	33	·	48	—
4	—	19	○	34	·	49	—
5	○	20	○	35	—	50	—
6	○	21	·	36	○	51	·
7	·	22	—	37	○	52	·
8	·	23	·	38	—	53	○
9	—	24	○	39	—	54	○
10	○	25	·	40	—	55	○
11	·	26	—	41	○	56	·
12	·	27	—	42	·	57	○
13	—	28	○	43	·	58	—
14	—	29	○	44	·	59	—

年 月 日 10 時

(分)	0~14	(分)	15~29	(分)	30~44	(分)	45~59
0	—	15	○	30	—	45	○
1	·	16	—	31	○	46	·
2	○	17	○	32	·	47	—
3	·	18	—	33	·	48	—
4	○	19	·	34	—	49	○
5	○	20	·	35	—	50	○
6	○	21	·	36	○	51	—
7	—	22	○	37	·	52	—
8	·	23	—	38	○	53	·
9	—	24	·	39	—	54	·
10	·	25	—	40	○	55	·
11	—	26	○	41	○	56	—
12	·	27	○	42	·	57	○
13	○	28	·	43	—	58	○
14	—	29	·	44	·	59	—

年 月 日 11 時

(分)	0~14	(分)	15~29	(分)	30~44	(分)	45~59
0	—	15	○	30	·	45	—
1	○	16	○	31	·	46	—
2	·	17	—	32	·	47	○
3	·	18	—	33	○	48	·
4	○	19	·	34	—	49	○
5	○	20	—	35	○	50	—
6	○	21	·	36	—	51	○
7	·	22	—	37	—	52	·
8	—	23	·	38	—	53	·
9	—	24	○	39	·	54	—
10	·	25	○	40	○	55	·
11	·	26	○	41	·	56	○
12	·	27	—	42	○	57	·
13	—	28	○	43	·	58	—
14	○	29	—	44	○	59	—

年 月 日 12 時

(分)	0~14	(分)	15~29	(分)	30~44	(分)	45~59
0	○	15	·	30	—	45	○
1	○	16	·	31	·	46	○
2	·	17	○	32	·	47	○
3	—	18	○	33	○	48	—
4	○	19	—	34	—	49	○
5	○	20	—	35	○	50	—
6	·	21	—	36	○	51	·
7	·	22	—	37	○	52	·
8	—	23	·	38	—	53	·
9	○	24	·	39	—	54	○
10	—	25	○	40	·	55	—
11	·	26	·	41	—	56	○
12	—	27	○	42	·	57	—
13	○	28	·	43	—	58	—
14	○	29	—	44	·	59	—

年 月 日 13 時

(分)	0~14	(分)	15~29	(分)	30~44	(分)	45~59
0	·	15	—	30	○	45	·
1	·	16	○	31	·	46	○
2	○	17	—	32	○	47	·
3	—	18	○	33	·	48	—
4	○	19	—	34	·	49	—
5	○	20	·	35	—	50	○
6	○	21	·	36	—	51	—
7	○	22	·	37	○	52	·
8	—	23	○	38	·	53	—
9	·	24	·	39	○	54	○
10	—	25	○	40	—	55	○
11	·	26	—	41	○	56	·
12	—	27	—	42	○	57	·
13	·	28	—	43	·	58	—
14	○	29	·	44	—	59	○

年 月 日 14 時

(分)	0~14	(分)	15~29	(分)	30~44	(分)	45~59
0	—	15	○	30	·	45	·
1	—	16	○	31	—	46	○
2	—	17	○	32	·	47	—
3	○	18	○	33	—	48	—
4	·	19	—	34	·	49	—
5	·	20	—	35	○	50	·
6	·	21	·	36	—	51	○
7	○	22	·	37	○	52	·
8	○	23	·	38	—	53	○
9	·	24	—	39	○	54	·
10	—	25	○	40	—	55	·
11	—	26	○	41	·	56	—
12	—	27	○	42	·	57	—
13	·	28	○	43	·	58	○
14	·	29	—	44	○	59	·

西元2001年5月23日到6月20日

年 月 日 15 時

(分)	0~14	(分)	15~29	(分)	30~44	(分)	45~59
0	〇	15	·	30	—	45	〇
1	·	16	—	31	〇	46	·
2	〇	17	—	32	〇	47	—
3	—	18	〇	33	·	48	—
4	—	19	〇	34	〇	49	—
5	—	20	·	35	—	50	·
6	·	21	—	36	〇	51	·
7	〇	22	·	37	·	52	—
8	·	23	〇	38	·	53	〇
9	〇	24	·	39	—	54	〇
10	〇	25	·	40	—	55	〇
11	〇	26	—	41	〇	56	—
12	—	27	〇	42	·	57	—
13	·	28	—	43	〇	58	·
14	—	29	·	44	〇	59	·

年 月 日 16 時

(分)	0~14	(分)	15~29	(分)	30~44	(分)	45~59
0	·	15	—	30	〇	45	·
1	·	16	〇	31	〇	46	·
2	〇	17	—	32	〇	47	—
3	〇	18	·	33	—	48	〇
4	—	19	〇	34	·	49	—
5	—	20	·	35	—	50	·
6	—	21	〇	36	·	51	—
7	〇	22	〇	37	—	52	〇
8	·	23	〇	38	—	53	〇
9	·	24	—	39	〇	54	·
10	·	25	〇	40	〇	55	〇
11	·	26	—	41	·	56	—
12	〇	27	·	42	—	57	〇
13	—	28	—	43	·	58	·
14	〇	29	·	44	〇	59	·

年 月 日 17 時

(分)	0~14	(分)	15~29	(分)	30~44	(分)	45~59
0	〇	15	·	30	—	45	〇
1	·	16	—	31	·	46	〇
2	·	17	—	32	〇	47	·
3	·	18	—	33	〇	48	·
4	〇	19	—	34	〇	49	—
5	〇	20	·	35	—	50	〇
6	—	21	〇	36	〇	51	—
7	—	22	·	37	—	52	·
8	—	23	〇	38	·	53	—
9	—	24	·	39	·	54	—
10	·	25	〇	40	·	55	〇
11	·	26	—	41	〇	56	·
12	〇	27	·	42	—	57	〇
13	〇	28	—	43	〇	58	—
14	〇	29	·	44	—	59	〇

年 月 日 18 時

(分)	0~14	(分)	15~29	(分)	30~44	(分)	45~59
0	·	15	—	30	—	45	·
1	·	16	〇	31	·	46	〇
2	—	17	〇	32	·	47	—
3	·	18	〇	33	〇	48	·
4	〇	19	—	34	〇	49	—
5	·	20	—	35	〇	50	·
6	—	21	〇	36	·	51	—
7	—	22	〇	37	—	52	·
8	〇	23	·	38	—	53	〇
9	〇	24	〇	39	〇	54	〇
10	·	25	〇	40	—	55	〇
11	—	26	〇	41	·	56	—
12	·	27	—	42	〇	57	〇
13	·	28	〇	43	·	58	—
14	·	29	—	44	〇	59	·

年 月 日 19 時

(分)	0~14	(分)	15~29	(分)	30~44	(分)	45~59
0	—	15	〇	30	·	45	—
1	〇	16	·	31	—	46	〇
2	〇	17	—	32	〇	47	—
3	·	18	—	33	〇	48	·
4	·	19	—	34	—	49	·
5	—	20	·	35	—	50	·
6	〇	21	·	36	—	51	〇
7	·	22	〇	37	〇	52	·
8	·	23	〇	38	·	53	〇
9	—	24	〇	39	·	54	—
10	—	25	〇	40	·	55	—
11	〇	26	—	41	〇	56	—
12	·	27	—	42	〇	57	·
13	〇	28	·	43	—	58	〇
14	—	29	·	44	〇	59	·

年 月 日 20 時

(分)	0~14	(分)	15~29	(分)	30~44	(分)	45~59
0	〇	15	·	30	—	45	〇
1	〇	16	—	31	—	46	〇
2	〇	17	—	32	〇	47	—
3	—	18	〇	33	·	48	—
4	·	19	—	34	〇	49	·
5	—	20	·	35	—	50	·
6	·	21	—	36	〇	51	·
7	—	22	〇	37	·	52	—
8	·	23	〇	38	—	53	〇
9	〇	24	〇	39	—	54	〇
10	〇	25	·	40	—	55	—
11	·	26	—	41	·	56	—
12	—	27	〇	42	·	57	—
13	·	28	·	43	〇	58	〇
14	〇	29	·	44	〇	59	·

年 月 日 21 時

(分)	0~14	(分)	15~29	(分)	30~44	(分)	45~59
0	〇	15	—	30	〇	45	—
1	—	16	〇	31	·	46	—
2	〇	17	·	32	·	47	〇
3	—	18	·	33	—	48	·
4	·	19	—	34	〇	49	·
5	〇	20	—	35	—	50	〇
6	·	21	〇	36	·	51	〇
7	〇	22	·	37	—	52	〇
8	·	23	—	38	〇	53	·
9	〇	24	—	39	〇	54	—
10	—	25	〇	40	·	55	—
11	—	26	〇	41	·	56	—
12	—	27	·	42	〇	57	·
13	·	28	—	43	〇	58	·
14	〇	29	·	44	—	59	—

年 月 日 22 時

(分)	0~14	(分)	15~29	(分)	30~44	(分)	45~59
0	〇	15	—	30	〇	45	—
1	〇	16	·	31	—	46	〇
2	〇	17	·	32	—	47	〇
3	—	18	·	33	—	48	·
4	—	19	〇	34	·	49	—
5	·	20	—	35	〇	50	·
6	·	21	〇	36	—	51	〇
7	·	22	—	37	〇	52	·
8	—	23	〇	38	·	53	·
9	·	24	〇	39	·	54	—
10	〇	25	·	40	—	55	〇
11	〇	26	〇	41	—	56	—
12	〇	27	·	42	〇	57	·
13	—	28	〇	43	·	58	—
14	·	29	·	44	—	59	〇

西元2001年6月21日到7月20日

年月日23時

(分)	0~14	(分)	15~29	(分)	30~44	(分)	45~59
0	○	15	—	30	·	45	—
1	○	16	·	31	—	46	○
2	·	17	—	32	○	47	○
3	○	18	·	33	○	48	·
4	—	19	○	34	·	49	—
5	—	20	—	35	·	50	·
6	—	21	○	36	—	51	○
7	·	22	—	37	○	52	·
8	○	23	○	38	·	53	—
9	·	24	—	39	·	54	—
10	○	25	·	40	—	55	○
11	○	26	·	41	—	56	○
12	○	27	·	42	○	57	—
13	—	28	○	43	·	58	—
14	·	29	—	44	○	59	·

年月日24時

(分)	0~14	(分)	15~29	(分)	30~44	(分)	45~59
0	·	15	—	30	·	45	—
1	○	16	—	31	○	46	·
2	—	17	—	32	○	47	·
3	○	18	·	33	○	48	·
4	○	19	·	34	—	49	○
5	—	20	○	35	·	50	—
6	—	21	○	36	—	51	·
7	—	22	○	37	·	52	—
8	○	23	·	38	—	53	○
9	·	24	○	39	·	54	○
10	·	25	—	40	○	55	·
11	·	26	—	41	—	56	·
12	○	27	—	42	○	57	—
13	○	28	·	43	—	58	○
14	·	29	○	44	○	59	·

年月日1時

(分)	0~14	(分)	15~29	(分)	30~44	(分)	45~59
0	·	15	—	30	—	45	·
1	○	16	○	31	·	46	○
2	·	17	—	32	○	47	·
3	·	18	○	33	○	48	·
4	○	19	—	34	○	49	—
5	○	20	·	35	—	50	○
6	—	21	○	36	·	51	—
7	—	22	·	37	—	52	·
8	—	23	○	38	·	53	—
9	○	24	·	39	—	54	○
10	·	25	○	40	—	55	○
11	·	26	—	41	○	56	·
12	·	27	—	42	○	57	○
13	·	28	—	43	·	58	—
14	○	29	·	44	—	59	○

年月日2時

(分)	0~14	(分)	15~29	(分)	30~44	(分)	45~59
0	·	15	—	30	○	45	·
1	·	16	○	31	·	46	○
2	—	17	○	32	·	47	—
3	—	18	○	33	·	48	—
4	○	19	—	34	·	49	—
5	·	20	—	35	○	50	·
6	○	21	○	36	—	51	—
7	○	22	·	37	○	52	·
8	○	23	·	38	—	53	○
9	·	24	·	39	○	54	○
10	—	25	○	40	—	55	○
11	—	26	○	41	·	56	—
12	—	27	—	42	○	57	·
13	·	28	○	43	·	58	—
14	·	29	—	44	○	59	·

年月日3時

(分)	0~14	(分)	15~29	(分)	30~44	(分)	45~59
0	○	15	—	30	○	45	○
1	·	16	○	31	·	46	—
2	·	17	—	32	○	47	·
3	—	18	—	33	·	48	·
4	○	19	·	34	○	49	·
5	○	20	·	35	—	50	○
6	○	21	○	36	·	51	—
7	—	22	○	37	—	52	○
8	—	23	○	38	·	53	—
9	○	24	·	39	—	54	○
10	·	25	—	40	·	55	○
11	·	26	—	41	○	56	·
12	·	27	—	42	○	57	·
13	○	28	—	43	○	58	—
14	○	29	·	44	—	59	○

年月日4時

(分)	0~14	(分)	15~29	(分)	30~44	(分)	45~59
0	—	15	—	30	○	45	·
1	·	16	—	31	·	46	—
2	—	17	○	32	·	47	—
3	—	18	○	33	·	48	—
4	○	19	·	34	○	49	—
5	·	20	—	35	○	50	·
6	○	21	·	36	—	51	○
7	—	22	·	37	○	52	·
8	○	23	○	38	—	53	○
9	·	24	—	39	—	54	·
10	·	25	○	40	·	55	○
11	—	26	○	41	·	56	—
12	·	27	○	42	○	57	·
13	○	28	—	43	○	58	—
14	·	29	—	44	○	59	·

年月日5時

(分)	0~14	(分)	15~29	(分)	30~44	(分)	45~59
0	○	15	·	30	○	45	—
1	—	16	○	31	·	46	—
2	·	17	—	32	○	47	·
3	—	18	·	33	—	48	○
4	·	19	—	34	○	49	·
5	—	20	○	35	○	50	—
6	·	21	○	36	·	51	○
7	○	22	·	37	—	52	○
8	—	23	·	38	·	53	—
9	○	24	—	39	○	54	—
10	—	25	○	40	·	55	—
11	○	26	·	41	—	56	○
12	—	27	·	42	—	57	·
13	·	28	—	43	○	58	·
14	·	29	—	44	○	59	·

年月日6時

(分)	0~14	(分)	15~29	(分)	30~44	(分)	45~59
0	○	15	—	30	○	45	—
1	○	16	·	31	—	46	○
2	·	17	○	32	○	47	·
3	—	18	·	33	—	48	·
4	—	19	○	34	·	49	—
5	—	20	○	35	·	50	—
6	·	21	○	36	·	51	○
7	·	22	—	37	○	52	·
8	○	23	·	38	—	53	○
9	○	24	—	39	·	54	—
10	○	25	·	40	—	55	○
11	·	26	—	41	○	56	○
12	○	27	·	42	○	57	·
13	—	28	○	43	·	58	—
14	—	29	—	44	·	59	·

西元2001年6月21日到7月20日

	(分)	0~14	(分)	15~29	(分)	30~44	(分)	45~59
	0	—	15	·	30	—	45	·
	1	—	16	○	31	·	46	—
年	2	—	17	○	32	○	47	—
	3	·	18	○	33	·	48	○
	4	·	19	—	34	○	49	·
月	5	—	20	·	35	·	50	—
	6	○	21	—	36	○	51	—
	7	○	22	·	37	—	52	○
	8	○	23	·	38	—	53	○
日	9	—	24	·	39	—	54	·
	10	—	25	○	40	·	55	—
7	11	·	26	—	41	○	56	·
時	12	·	27	○	42	—	57	○
	13	·	28	—	43	○	58	·
	14	—	29	○	44	·	59	·

	(分)	0~14	(分)	15~29	(分)	30~44	(分)	45~59
	0	—	15	·	30	—	45	·
	1	○	16	·	31	—	46	○
年	2	—	17	○	32	·	47	—
	3	·	18	○	33	·	48	○
	4	—	19	○	34	·	49	—
月	5	○	20	·	35	—	50	○
	6	○	21	—	36	·	51	—
	7	·	22	—	37	○	52	·
	8	·	23	—	38	○	53	○
日	9	○	24	·	39	○	54	·
	10	○	25	·	40	—	55	○
8	11	—	26	—	41	·	56	·
時	12	—	27	○	42	—	57	○
	13	—	28	○	43	·	58	—
	14	○	29	○	44	·	59	—

	(分)	0~14	(分)	15~29	(分)	30~44	(分)	45~59
	0	○	15	·	30	○	45	·
	1	—	16	○	31	·	46	—
年	2	○	17	·	32	—	47	○
	3	—	18	○	33	—	48	○
	4	·	19	—	34	○	49	·
月	5	·	20	—	35	○	50	·
	6	·	21	○	36	·	51	○
	7	○	22	·	37	—	52	○
	8	—	23	○	38	○	53	—
日	9	○	24	—	39	○	54	—
	10	—	25	○	40	·	55	○
9	11	—	26	·	41	·	56	—
時	12	—	27	·	42	—	57	·
	13	·	28	—	43	○	58	·
	14	○	29	·	44	—	59	○

	(分)	0~14	(分)	15~29	(分)	30~44	(分)	45~59
	0	○	15	—	30	○	45	—
	1	○	16	·	31	—	46	○
年	2	·	17	—	32	—	47	·
	3	—	18	·	33	—	48	·
	4	—	19	○	34	·	49	—
月	5	·	20	○	35	○	50	·
	6	○	21	○	36	·	51	○
	7	·	22	—	37	○	52	·
	8	—	23	○	38	·	53	—
日	9	○	24	—	39	○	54	—
	10	○	25	·	40	—	55	○
10	11	○	26	·	41	—	56	○
時	12	—	27	·	42	○	57	·
	13	—	28	○	43	·	58	—
	14	·	29	—	44	○	59	○

	(分)	0~14	(分)	15~29	(分)	30~44	(分)	45~59
	0	—	15	○	30	·	45	—
	1	—	16	○	31	·	46	—
年	2	·	17	○	32	—	47	○
	3	·	18	—	33	○	48	·
	4	○	19	·	34	—	49	—
月	5	·	20	—	35	·	50	—
	6	○	21	·	36	—	51	○
	7	·	22	·	37	○	52	○
	8	○	23	·	38	○	53	·
日	9	—	24	○	39	·	54	—
	10	—	25	—	40	○	55	·
11	11	—	26	○	41	—	56	○
時	12	·	27	—	42	○	57	·
	13	—	28	○	43	·	58	—
	14	·	29	—	44	·	59	○

	(分)	0~14	(分)	15~29	(分)	30~44	(分)	45~59
	0	○	15	·	30	—	45	○
	1	○	16	○	31	—	46	—
年	2	—	17	○	32	—	47	○
	3	—	18	○	33	·	48	—
	4	·	19	·	34	—	49	○
月	5	○	20	—	35	·	50	—
	6	·	21	—	36	○	51	·
	7	·	22	—	37	○	52	·
	8	○	23	·	38	○	53	—
日	9	○	24	○	39	—	54	○
	10	—	25	○	40	·	55	—
12	11	○	26	·	41	—	56	·
時	12	—	27	○	42	·	57	—
	13	○	28	·	43	·	58	○
	14	·	29	○	44	·	59	○

	(分)	0~14	(分)	15~29	(分)	30~44	(分)	45~59
	0	·	15	—	30	○	45	·
	1	—	16	○	31	—	46	·
年	2	·	17	—	32	○	47	○
	3	—	18	○	33	·	48	—
	4	·	19	○	34	·	49	○
月	5	○	20	·	35	—	50	○
	6	○	21	·	36	·	51	○
	7	○	22	—	37	○	52	—
	8	—	23	○	38	·	53	—
日	9	○	24	—	39	—	54	○
	10	—	25	·	40	—	55	·
13	11	·	26	—	41	○	56	·
時	12	·	27	—	42	○	57	·
	13	·	28	○	43	·	58	○
	14	○	29	·	44	—	59	○

	(分)	0~14	(分)	15~29	(分)	30~44	(分)	45~59
	0	—	15	○	30	○	45	—
	1	○	16	·	31	—	46	·
年	2	—	17	○	32	·	47	—
	3	—	18	·	33	·	48	—
	4	·	19	○	34	·	49	○
月	5	·	20	—	35	○	50	·
	6	○	21	○	36	—	51	○
	7	○	22	—	37	○	52	—
	8	○	23	·	38	—	53	○
日	9	○	24	—	39	○	54	·
	10	—	25	·	40	○	55	·
14	11	—	26	○	41	·	56	—
時	12	—	27	○	42	·	57	·
	13	—	28	○	43	—	58	○
	14	·	29	—	44	○	59	·

西元2001年6月21日到7月20日

	(分)	0~14	(分)	15~29	(分)	30~44	(分)	45~59
	0	·	15	—	30	○	45	·
年	1	·	16	—	31	—	46	·
	2	—	17	·	32	—	47	·
	3	○	18	·	33	○	48	○
	4	·	19	○	34	○	49	·
月	5	·	20	○	35	·	50	○
	6	—	21	○	36	·	51	—
	7	—	22	○	37	·	52	—
	8	○	23	—	38	○	53	—
日	9	·	24	—	39	○	54	·
	10	○	25	·	40	—	55	○
15	11	—	26	○	41	○	56	·
時	12	○	27	·	42	—	57	○
	13	·	28	—	43	○	58	○
	14	—	29	○	44	—	59	○

	(分)	0~14	(分)	15~29	(分)	30~44	(分)	45~59
	0	—	15	○	30	·	45	—
年	1	·	16	—	31	○	46	·
	2	—	17	·	32	—	47	○
	3	·	18	—	33	○	48	○
	4	—	19	○	34	·	49	—
月	5	·	20	○	35	—	50	○
	6	○	21	·	36	—	51	○
	7	○	22	·	37	—	52	—
	8	·	23	—	38	·	53	○
日	9	—	24	○	39	·	54	—
	10	·	25	·	40	○	55	○
16	11	○	26	·	41	○	56	·
時	12	·	27	—	42	○	57	·
	13	—	28	—	43	○	58	·
	14	—	29	○	44	—	59	○

	(分)	0~14	(分)	15~29	(分)	30~44	(分)	45~59
	0	○	15	·	30	○	45	·
年	1	—	16	○	31	·	46	—
	2	·	17	·	32	—	47	○
	3	—	18	○	33	—	48	○
	4	·	19	—	34	○	49	·
月	5	·	20	—	35	○	50	·
	6	·	21	—	36	·	51	○
	7	○	22	·	37	—	52	○
	8	—	23	○	38	·	53	—
日	9	○	24	—	39	○	54	—
	10	—	25	○	40	·	55	○
17	11	○	26	·	41	·	56	○
時	12	—	27	·	42	—	57	·
	13	·	28	—	43	○	58	·
	14	○	29	—	44	—	59	○

	(分)	0~14	(分)	15~29	(分)	30~44	(分)	45~59
	0	○	15	○	30	○	45	—
年	1	○	16	·	31	○	46	○
	2	·	17	—	32	○	47	·
	3	—	18	·	33	—	48	·
	4	—	19	○	34	·	49	—
月	5	—	20	○	35	○	50	—
	6	·	21	○	36	·	51	○
	7	·	22	—	37	○	52	·
	8	—	23	·	38	·	53	—
日	9	○	24	—	39	○	54	—
	10	○	25	·	40	—	55	○
18	11	○	26	·	41	—	56	○
時	12	—	27	·	42	—	57	·
	13	—	28	○	43	·	58	—
	14	·	29	—	44	○	59	·

	(分)	0~14	(分)	15~29	(分)	30~44	(分)	45~59
	0	○	15	○	30	·	45	—
年	1	—	16	○	31	—	46	○
	2	—	17	○	32	·	47	—
	3	○	18	○	33	—	48	○
	4	·	19	—	34	·	49	○
月	5	·	20	—	35	○	50	·
	6	·	21	—	36	○	51	·
	7	○	22	—	37	○	52	—
	8	○	23	·	38	—	53	○
日	9	—	24	○	39	○	54	—
	10	—	25	·	40	—	55	·
19	11	—	26	○	41	·	56	—
時	12	—	27	·	42	·	57	—
	13	·	28	○	43	·	58	○
	14	·	29	—	44	○	59	·

	(分)	0~14	(分)	15~29	(分)	30~44	(分)	45~59
	0	—	15	·	30	—	45	○
年	1	○	16	○	31	○	46	·
	2	○	17	·	32	○	47	○
	3	·	18	—	33	—	48	·
	4	·	19	○	34	·	49	○
月	5	—	20	○	35	·	50	—
	6	·	21	○	36	○	51	·
	7	○	22	—	37	○	52	—
	8	·	23	—	38	○	53	·
日	9	—	24	○	39	·	54	—
	10	—	25	○	40	—	55	·
20	11	○	26	·	41	—	56	○
時	12	○	27	·	42	—	57	○
	13	·	28	○	43	—	58	○
	14	—	29	○	44	·	59	—

	(分)	0~14	(分)	15~29	(分)	30~44	(分)	45~59
	0	○	15	·	30	—	45	○
年	1	—	16	○	31	·	46	—
	2	·	17	—	32	○	47	○
	3	—	18	○	33	·	48	—
	4	○	19	·	34	—	49	○
月	5	○	20	—	35	○	50	—
	6	·	21	—	36	○	51	·
	7	·	22	—	37	—	52	·
	8	—	23	·	38	—	53	·
日	9	○	24	·	39	—	54	○
	10	·	25	○	40	○	55	·
21	11	·	26	○	41	·	56	○
時	12	—	27	○	42	·	57	—
	13	—	28	○	43	·	58	—
	14	○	29	—	44	○	59	—

	(分)	0~14	(分)	15~29	(分)	30~44	(分)	45~59
	0	·	15	—	30	○	45	·
年	1	○	16	·	31	·	46	○
	2	·	17	○	32	·	47	○
	3	○	18	·	33	—	48	○
	4	○	19	—	34	—	49	○
月	5	○	20	—	35	○	50	○
	6	—	21	○	36	·	51	—
	7	·	22	—	37	○	52	·
	8	—	23	·	38	—	53	○
日	9	·	24	—	39	○	54	·
	10	—	25	○	40	·	55	—
22	11	·	26	○	41	—	56	○
時	12	○	27	·	42	—	57	○
	13	○	28	·	43	—	58	—
	14	·	29	—	44	·	59	○

西元2001年7月21日到8月18日

年 月 日 23 時

(分)	0~14	(分)	15~29	(分)	30~44	(分)	45~59
0	·	15	—	30	○	45	○
1	·	16	—	31	·	46	—
2	·	17	—	32	○	47	·
3	—	18	—	33	·	48	·
4	○	19	·	34	○	49	·
5	○	20	·	35	—	50	○
6	○	21	○	36	·	51	—
7	—	22	○	37	—	52	○
8	—	23	○	38	·	53	—
9	○	24	·	39	—	54	○
10	·	25	—	40	·	55	○
11	·	26	—	41	○	56	·
12	·	27	—	42	○	57	·
13	○	28	—	43	○	58	—
14	○	29	·	44	—	59	○

年 月 日 24 時

(分)	0~14	(分)	15~29	(分)	30~44	(分)	45~59
0	—	15	—	30	○	45	·
1	·	16	—	31	○	46	—
2	—	17	○	32	·	47	—
3	—	18	○	33	·	48	—
4	○	19	·	34	○	49	—
5	·	20	—	35	○	50	·
6	○	21	○	36	—	51	○
7	—	22	·	37	—	52	·
8	○	23	·	38	○	53	○
9	·	24	—	39	—	54	·
10	·	25	○	40	·	55	○
11	—	26	○	41	·	56	—
12	·	27	○	42	○	57	·
13	○	28	—	43	○	58	—
14	·	29	—	44	○	59	·

年 月 日 1 時

(分)	0~14	(分)	15~29	(分)	30~44	(分)	45~59
0	○	15	○	30	·	45	—
1	—	16	○	31	—	46	○
2	○	17	·	32	—	47	○
3	○	18	·	33	—	48	○
4	·	19	—	34	·	49	○
5	—	20	○	35	·	50	—
6	·	21	—	36	○	51	·
7	○	22	—	37	○	52	—
8	·	23	—	38	○	53	·
9	—	24	○	39	○	54	—
10	—	25	·	40	—	55	·
11	○	26	·	41	—	56	○
12	—	27	·	42	·	57	—
13	·	28	○	43	·	58	○
14	—	29	○	44	·	59	—

年 月 日 2 時

(分)	0~14	(分)	15~29	(分)	30~44	(分)	45~59
0	○	15	·	30	—	45	○
1	—	16	·	31	—	46	·
2	·	17	—	32	○	47	·
3	·	18	—	33	—	48	·
4	·	19	○	34	·	49	○
5	○	20	·	35	—	50	○
6	·	21	○	36	○	51	·
7	○	22	—	37	○	52	—
8	—	23	○	38	·	53	—
9	—	24	○	39	·	54	○
10	—	25	○	40	—	55	·
11	·	26	—	41	○	56	·
12	○	27	·	42	—	57	○
13	·	28	○	43	—	58	○
14	○	29	·	44	—	59	○

年 月 日 3 時

(分)	0~14	(分)	15~29	(分)	30~44	(分)	45~59
0	○	15	·	30	—	45	○
1	·	16	○	31	—	46	○
2	·	17	—	32	○	47	·
3	·	18	—	33	○	48	○
4	·	19	—	34	·	49	—
5	○	20	·	35	—	50	○
6	—	21	—	36	·	51	·
7	○	22	·	37	○	52	·
8	—	23	○	38	·	53	—
9	○	24	○	39	·	54	—
10	—	25	○	40	—	55	○
11	·	26	—	41	○	56	·
12	○	27	·	42	—	57	○
13	·	28	—	43	·	58	○
14	○	29	·	44	—	59	○

年 月 日 4 時

(分)	0~14	(分)	15~29	(分)	30~44	(分)	45~59
0	·	15	·	30	○	45	○
1	—	16	○	31	—	46	○
2	—	17	○	32	·	47	—
3	—	18	—	33	○	48	·
4	·	19	○	34	·	49	—
5	·	20	—	35	○	50	·
6	—	21	○	36	·	51	—
7	○	22	○	37	○	52	—
8	○	23	·	38	—	53	○
9	○	24	·	39	—	54	○
10	—	25	·	40	—	55	·
11	—	26	○	41	·	56	—
12	·	27	—	42	—	57	·
13	○	28	○	43	·	58	○
14	·	29	—	44	○	59	·

年 月 日 5 時

(分)	0~14	(分)	15~29	(分)	30~44	(分)	45~59
0	—	15	○	30	○	45	—
1	—	16	·	31	—	46	·
2	○	17	○	32	·	47	—
3	—	18	·	33	·	48	—
4	·	19	○	34	·	49	○
5	·	20	—	35	○	50	·
6	○	21	·	36	—	51	○
7	○	22	—	37	○	52	—
8	○	23	·	38	—	53	○
9	·	24	—	39	○	54	·
10	—	25	·	40	○	55	·
11	—	26	○	41	·	56	—
12	—	27	○	42	·	57	·
13	—	28	○	43	—	58	○
14	·	29	—	44	○	59	·

年 月 日 6 時

(分)	0~14	(分)	15~29	(分)	30~44	(分)	45~59
0	—	15	○	30	·	45	—
1	—	16	·	31	—	46	·
2	○	17	·	32	—	47	○
3	○	18	·	33	—	48	○
4	·	19	○	34	—	49	○
5	—	20	○	35	·	50	—
6	·	21	—	36	○	51	○
7	○	22	○	37	·	52	—
8	·	23	○	38	○	53	·
9	—	24	—	39	·	54	·
10	○	25	·	40	○	55	·
11	○	26	·	41	—	56	○
12	○	27	○	42	·	57	—
13	—	28	○	43	—	58	○
14	—	29	○	44	·	59	—

西元2001年7月21日到8月18日

年月日7時	(分)	0~14	(分)	15~29	(分)	30~44	(分)	45~59
	0	—	15	〇	30	〇	45	—
年	1	—	16	·	31	—	46	·
	2	〇	17	·	32	—	47	〇
	3	—	18	·	33	·	48	—
	4	·	19	〇	34	〇	49	〇
月	5	—	20	〇	35	·	50	—
	6	〇	21	·	36	—	51	〇
	7	〇	22	—	37	〇	52	—
	8	·	23	—	38	〇	53	·
日	9	·	24	—	39	〇	54	·
	10	—	25	·	40	〇	55	·
7	11	〇	26	·	41	—	56	〇
時	12	—	27	〇	42	·	57	·
	13	〇	28	〇	43	—	58	〇
	14	—	29	〇	44	·	59	—

年月日8時	(分)	0~14	(分)	15~29	(分)	30~44	(分)	45~59
	0	—	15	〇	30	·	45	—
年	1	—	16	·	31	—	46	·
	2	·	17	—	32	〇	47	·
	3	〇	18	·	33	—	48	〇
	4	·	19	〇	34	—	49	〇
月	5	〇	20	·	35	〇	50	—
	6	·	21	—	36	〇	51	〇
	7	·	22	—	37	·	52	—
	8	—	23	〇	38	·	53	—
日	9	—	24	〇	39	·	54	·
	10	〇	25	·	40	〇	55	〇
8	11	·	26	—	41	〇	56	·
時	12	〇	27	〇	42	·	57	—
	13	—	28	〇	43	—	58	〇
	14	〇	29	·	44	—	59	〇

年月日9時	(分)	0~14	(分)	15~29	(分)	30~44	(分)	45~59
	0	·	15	—	30	〇	45	·
年	1	—	16	〇	31	—	46	·
	2	〇	17	·	32	—	47	〇
	3	—	18	〇	33	·	48	—
	4	·	19	〇	34	〇	49	〇
月	5	—	20	〇	35	·	50	—
	6	〇	21	·	36	·	51	〇
	7	〇	22	—	37	〇	52	—
	8	·	23	—	38	〇	53	·
日	9	〇	24	—	39	—	54	〇
	10	—	25	·	40	—	55	·
9	11	〇	26	·	41	—	56	〇
時	12	·	27	—	42	〇	57	·
	13	·	28	〇	43	·	58	〇
	14	—	29	〇	44	·	59	—

年月日10時	(分)	0~14	(分)	15~29	(分)	30~44	(分)	45~59
	0	—	15	〇	30	〇	45	—
年	1	—	16	·	31	—	46	·
	2	·	17	—	32	〇	47	·
	3	—	18	·	33	·	48	—
	4	·	19	〇	34	·	49	〇
月	5	〇	20	·	35	—	50	〇
	6	〇	21	·	36	—	51	〇
	7	〇	22	—	37	〇	52	—
	8	—	23	〇	38	·	53	—
日	9	·	24	〇	39	〇	54	·
	10	—	25	·	40	〇	55	〇
10	11	·	26	—	41	〇	56	·
時	12	—	27	〇	42	·	57	·
	13	—	28	〇	43	—	58	〇
	14	〇	29	·	44	—	59	〇

年月日11時	(分)	0~14	(分)	15~29	(分)	30~44	(分)	45~59
	0	—	15	·	30	—	45	〇
年	1	·	16	—	31	〇	46	·
	2	—	17	〇	32	〇	47	—
	3	·	18	〇	33	·	48	〇
	4	〇	19	·	34	—	49	〇
月	5	—	20	·	35	·	50	—
	6	〇	21	—	36	〇	51	〇
	7	—	22	〇	37	·	52	〇
	8	〇	23	·	38	—	53	〇
日	9	—	24	·	39	—	54	·
	10	·	25	—	40	〇	55	·
11	11	·	26	—	41	〇	56	·
時	12	·	27	〇	42	—	57	〇
	13	〇	28	·	43	—	58	〇
	14	—	29	〇	44	·	59	·

年月日12時	(分)	0~14	(分)	15~29	(分)	30~44	(分)	45~59
	0	—	15	·	30	—	45	·
年	1	—	16	〇	31	·	46	—
	2	—	17	〇	32	·	47	—
	3	·	18	〇	33	·	48	〇
	4	·	19	—	34	〇	49	·
月	5	〇	20	·	35	—	50	〇
	6	〇	21	—	36	·	51	—
	7	〇	22	·	37	—	52	〇
	8	·	23	—	38	〇	53	〇
日	9	〇	24	·	39	〇	54	·
	10	—	25	〇	40	·	55	—
12	11	—	26	—	41	·	56	·
時	12	—	27	〇	42	—	57	〇
	13	·	28	—	43	〇	58	·
	14	〇	29	〇	44	·	59	—

年月日13時	(分)	0~14	(分)	15~29	(分)	30~44	(分)	45~59
	0	·	15	〇	30	〇	45	·
年	1	〇	16	—	31	〇	46	—
	2	〇	17	·	32	—	47	〇
	3	—	18	〇	33	·	48	—
	4	—	19	·	34	—	49	·
月	5	—	20	〇	35	·	50	—
	6	〇	21	·	36	—	51	〇
	7	·	22	〇	37	—	52	〇
	8	·	23	—	38	〇	53	·
日	9	·	24	—	39	〇	54	〇
	10	·	25	—	40	·	55	—
13	11	〇	26	·	41	—	56	〇
時	12	—	27	—	42	·	57	·
	13	〇	28	·	43	〇	58	·
	14	—	29	〇	44	·	59	—

年月日14時	(分)	0~14	(分)	15~29	(分)	30~44	(分)	45~59
	0	—	15	〇	30	·	45	—
年	1	〇	16	—	31	·	46	—
	2	·	17	—	32	〇	47	·
	3	〇	18	·	33	〇	48	—
	4	〇	19	〇	34	〇	49	·
月	5	〇	20	·	35	—	50	〇
	6	·	21	·	36	〇	51	〇
	7	—	22	〇	37	—	52	〇
	8	—	23	〇	38	·	53	—
日	9	—	24	〇	39	〇	54	·
	10	·	25	—	40	·	55	—
14	11	·	26	—	41	〇	56	·
時	12	—	27	〇	42	·	57	—
	13	〇	28	·	43	〇	58	—
	14	〇	29	·	44	—	59	〇

西元2001年7月21日到8月18日

年月日15時

(分)	0~14	(分)	15~29	(分)	30~44	(分)	45~59
0	○	15	·	30	—	45	○
1	·	16	—	31	○	46	·
2	○	17	—	32	○	47	—
3	—	18	○	33	·	48	—
4	—	19	○	34	·	49	·
5	○	20	·	35	○	50	○
6	·	21	—	36	○	51	·
7	○	22	○	37	—	52	—
8	—	23	○	38	○	53	○
9	○	24	·	39	—	54	○
10	·	25	·	40	—	55	○
11	·	26	—	41	·	56	—
12	—	27	○	42	·	57	—
13	·	28	—	43	○	58	·
14	○	29	·	44	○	59	—

年月日16時

(分)	0~14	(分)	15~29	(分)	30~44	(分)	45~59
0	·	15	—	30	○	45	·
1	—	16	—	31	·	46	·
2	·	17	—	32	·	47	—
3	○	18	·	33	—	48	○
4	○	19	○	34	·	49	—
5	○	20	·	35	○	50	·
6	—	21	○	36	·	51	—
7	○	22	·	37	—	52	○
8	—	23	○	38	—	53	○
9	·	24	—	39	○	54	·
10	·	25	—	40	○	55	·
11	·	26	○	41	·	56	○
12	○	27	·	42	—	57	○
13	—	28	○	43	○	58	—
14	○	29	—	44	○	59	—

年月日17時

(分)	0~14	(分)	15~29	(分)	30~44	(分)	45~59
0	○	15	—	30	○	45	—
1	·	16	○	31	○	46	·
2	—	17	○	32	○	47	—
3	—	18	·	33	—	48	·
4	○	19	·	34	—	49	○
5	—	20	·	35	·	50	—
6	·	21	○	36	○	51	○
7	—	22	○	37	·	52	—
8	○	23	·	38	—	53	○
9	○	24	—	39	○	54	—
10	·	25	—	40	○	55	·
11	·	26	—	41	○	56	·
12	—	27	·	42	○	57	·
13	○	28	·	43	—	58	○
14	—	29	○	44	·	59	·

年月日18時

(分)	0~14	(分)	15~29	(分)	30~44	(分)	45~59
0	○	15	—	30	○	45	—
1	—	16	○	31	·	46	—
2	—	17	○	32	·	47	—
3	—	18	·	33	—	48	·
4	·	19	—	34	○	49	·
5	○	20	·	35	—	50	○
6	·	21	○	36	○	51	○
7	○	22	·	37	○	52	○
8	·	23	—	38	○	53	○
9	·	24	—	39	·	54	—
10	—	25	○	40	·	55	—
11	—	26	—	41	·	56	·
12	○	27	·	42	○	57	○
13	·	28	—	43	○	58	·
14	○	29	○	44	·	59	—

年月日19時

(分)	0~14	(分)	15~29	(分)	30~44	(分)	45~59
0	·	15	—	30	○	45	·
1	○	16	·	31	—	46	○
2	—	17	○	32	○	47	·
3	○	18	·	33	—	48	○
4	·	19	—	34	○	49	·
5	·	20	○	35	·	50	○
6	—	21	○	36	·	51	—
7	—	22	○	37	○	52	—
8	○	23	—	38	○	53	—
9	·	24	—	39	○	54	·
10	—	25	·	40	·	55	—
11	—	26	·	41	—	56	·
12	○	27	○	42	—	57	○
13	○	28	·	43	—	58	○
14	·	29	○	44	·	59	○

年月日20時

(分)	0~14	(分)	15~29	(分)	30~44	(分)	45~59
0	—	15	○	30	·	45	—
1	·	16	—	31	—	46	·
2	—	17	·	32	—	47	○
3	·	18	—	33	○	48	·
4	·	19	○	34	○	49	·
5	·	20	○	35	○	50	○
6	○	21	·	36	—	51	○
7	—	22	○	37	·	52	—
8	○	23	—	38	○	53	—
9	—	24	○	39	·	54	○
10	○	25	○	40	—	55	○
11	—	26	·	41	○	56	·
12	·	27	—	42	○	57	·
13	·	28	—	43	○	58	○
14	—	29	○	44	○	59	○

年月日21時

(分)	0~14	(分)	15~29	(分)	30~44	(分)	45~59
0	—	15	·	30	·	45	—
1	—	16	·	31	—	46	·
2	·	17	—	32	○	47	·
3	○	18	·	33	—	48	○
4	·	19	○	34	·	49	○
5	○	20	·	35	—	50	○
6	·	21	—	36	○	51	○
7	○	22	—	37	○	52	—
8	—	23	○	38	·	53	—
9	—	24	○	39	·	54	·
10	○	25	·	40	○	55	○
11	·	26	—	41	○	56	○
12	○	27	○	42	—	57	—
13	—	28	○	43	—	58	○
14	○	29	·	44	○	59	○

年月日22時

(分)	0~14	(分)	15~29	(分)	30~44	(分)	45~59
0	○	15	·	30	—	45	○
1	—	16	·	31	○	46	·
2	—	17	○	32	·	47	—
3	·	18	—	33	○	48	○
4	—	19	○	34	—	49	○
5	·	20	—	35	○	50	·
6	—	21	○	36	·	51	·
7	·	22	○	37	·	52	—
8	○	23	·	38	—	53	○
9	○	24	○	39	·	54	—
10	○	25	·	40	○	55	·
11	—	26	○	41	·	56	—
12	○	27	·	42	—	57	○
13	—	28	○	43	—	58	○
14	·	29	—	44	○	59	·

西元2001年8月19日到9月16日

	(分)	0~14	(分)	15~29	(分)	30~44	(分)	45~59
	0	—	15	—	30	○	45	○
	1	·	16	—	31	·	46	—
年	2	—	17	○	32	○	47	—
	3	—	18	○	33	·	48	—
	4	○	19	·	34	○	49	—
月	5	·	20	—	35	○	50	·
	6	○	21	·	36	—	51	○
	7	—	22	·	37	—	52	·
	8	○	23	○	38	—	53	○
日	9	·	24	—	39	—	54	·
	10	·	25	○	40	·	55	○
23	11	—	26	○	41	·	56	—
時	12	·	27	○	42	○	57	·
	13	○	28	—	43	○	58	—
	14	·	29	—	44	○	59	·

	(分)	0~14	(分)	15~29	(分)	30~44	(分)	45~59
	0	—	15	○	30	·	45	—
	1	·	16	○	31	·	46	○
年	2	○	17	·	32	—	47	○
	3	○	18	·	33	—	48	○
	4	○	19	—	34	○	49	—
月	5	—	20	○	35	·	50	—
	6	○	21	—	36	—	51	○
	7	—	22	·	37	—	52	·
	8	·	23	—	38	○	53	·
日	9	·	24	—	39	○	54	·
	10	·	25	○	40	·	55	○
24	11	○	26	·	41	—	56	○
時	12	—	27	○	42	·	57	—
	13	○	28	—	43	○	58	○
	14	—	29	○	44	·	59	—

	(分)	0~14	(分)	15~29	(分)	30~44	(分)	45~59
	0	○	15	·	30	—	45	○
	1	—	16	·	31	—	46	·
年	2	·	17	—	32	○	47	·
	3	·	18	—	33	—	48	·
	4	·	19	○	34	·	49	○
月	5	○	20	·	35	—	50	○
	6	·	21	○	36	○	51	·
	7	○	22	—	37	○	52	—
	8	—	23	○	38	·	53	—
日	9	—	24	○	39	·	54	—
	10	—	25	·	40	—	55	·
1	11	·	26	—	41	○	56	·
時	12	○	27	·	42	—	57	○
	13	·	28	○	43	—	58	○
	14	○	29	·	44	—	59	○

	(分)	0~14	(分)	15~29	(分)	30~44	(分)	45~59
	0	○	15	—	30	—	45	○
	1	—	16	·	31	—	46	·
年	2	—	17	○	32	·	47	—
	3	·	18	—	33	○	48	·
	4	○	19	○	34	·	49	○
月	5	·	20	—	35	○	50	·
	6	—	21	○	36	·	51	—
	7	○	22	—	37	·	52	—
	8	○	23	·	38	—	53	○
日	9	○	24	·	39	—	54	—
	10	○	25	·	40	○	55	·
2	11	—	26	○	41	·	56	—
時	12	·	27	·	42	○	57	○
	13	—	28	○	43	—	58	○
	14	·	29	—	44	○	59	·

	(分)	0~14	(分)	15~29	(分)	30~44	(分)	45~59
	0	·	15	—	30	○	45	·
	1	—	16	○	31	—	46	·
年	2	○	17	·	32	—	47	○
	3	—	18	○	33	·	48	—
	4	·	19	○	34	·	49	○
月	5	—	20	○	35	○	50	—
	6	○	21	·	36	·	51	○
	7	○	22	—	37	○	52	—
	8	·	23	—	38	○	53	·
日	9	○	24	—	39	—	54	○
	10	—	25	·	40	○	55	·
3	11	○	26	·	41	—	56	○
時	12	·	27	—	42	○	57	·
	13	·	28	○	43	·	58	○
	14	—	29	○	44	·	59	—

	(分)	0~14	(分)	15~29	(分)	30~44	(分)	45~59
	0	—	15	○	30	○	45	—
	1	—	16	·	31	—	46	·
年	2	·	17	—	32	○	47	·
	3	—	18	·	33	·	48	—
	4	·	19	○	34	·	49	○
月	5	○	20	·	35	—	50	○
	6	○	21	·	36	—	51	○
	7	○	22	—	37	○	52	○
	8	—	23	○	38	·	53	—
日	9	·	24	—	39	○	54	·
	10	—	25	·	40	○	55	○
4	11	·	26	—	41	○	56	○
時	12	—	27	○	42	○	57	·
	13	—	28	○	43	—	58	○
	14	○	29	○	44	—	59	○

	(分)	0~14	(分)	15~29	(分)	30~44	(分)	45~59
	0	○	15	·	30	—	45	—
	1	○	16	·	31	○	46	·
年	2	·	17	—	32	○	47	·
	3	·	18	·	33	○	48	○
	4	—	19	○	34	—	49	○
月	5	○	20	·	35	—	50	○
	6	—	21	—	36	○	51	○
	7	·	22	—	37	○	52	—
	8	—	23	○	38	·	53	—
日	9	—	24	○	39	·	54	—
	10	○	25	·	40	○	55	—
5	11	·	26	—	41	○	56	·
時	12	○	27	·	42	—	57	○
	13	—	28	○	43	○	58	·
	14	○	29	·	44	○	59	○

	(分)	0~14	(分)	15~29	(分)	30~44	(分)	45~59
	0	·	15	·	30	—	45	○
	1	○	16	·	31	○	46	·
年	2	—	17	○	32	·	47	—
	3	·	18	—	33	○	48	·
	4	—	19	○	34	—	49	○
月	5	·	20	—	35	○	50	○
	6	—	21	○	36	·	51	—
	7	·	22	○	37	○	52	○
	8	○	23	·	38	—	53	○
日	9	○	24	○	39	·	54	○
	10	○	25	—	40	○	55	○
6	11	—	26	○	41	·	56	—
時	12	○	27	—	42	—	57	○
	13	—	28	·	43	—	58	·
	14	·	29	—	44	○	59	○

西元2001年8月19日到9月16日

年月日 7時

(分)	0~14	(分)	15~29	(分)	30~44	(分)	45~59
0	—	15	○	30	○	45	—
1	—	16	○	31	—	46	·
2	○	17	·	32	—	47	○
3	—	18	·	33	·	48	—
4	·	19	○	34	○	49	○
5	—	20	○	35	·	50	—
6	○	21	·	36	—	51	○
7	○	22	—	37	○	52	—
8	·	23	—	38	○	53	·
9	·	24	—	39	○	54	·
10	—	25	·	40	○	55	·
11	○	26	·	41	—	56	○
12	—	27	○	42	·	57	·
13	—	28	○	43	—	58	○
14	○	29	○	44	·	59	—

年月日 8時

(分)	0~14	(分)	15~29	(分)	30~44	(分)	45~59
0	—	15	○	30	·	45	—
1	—	16	·	31	—	46	·
2	·	17	—	32	○	47	·
3	○	18	·	33	—	48	○
4	·	19	○	34	○	49	○
5	○	20	·	35	○	50	○
6	·	21	—	36	○	51	○
7	·	22	○	37	○	52	○
8	—	23	○	38	·	53	○
9	—	24	—	39	·	54	·
10	○	25	·	40	○	55	○
11	·	26	—	41	○	56	○
12	○	27	○	42	·	57	—
13	—	28	○	43	○	58	○
14	○	29	·	44	—	59	○

年月日 9時

(分)	0~14	(分)	15~29	(分)	30~44	(分)	45~59
0	·	15	—	30	·	45	—
1	○	16	·	31	—	46	○
2	○	17	○	32	—	47	—
3	○	18	·	33	○	48	·
4	—	19	○	34	·	49	—
5	·	20	·	35	—	50	○
6	—	21	○	36	—	51	○
7	·	22	—	37	○	52	·
8	·	23	—	38	○	53	·
9	·	24	—	39	·	54	○
10	○	25	·	40	—	55	○
11	—	26	○	41	·	56	—
12	○	27	—	42	○	57	○
13	—	28	○	43	·	58	○
14	○	29	·	44	·	59	○

年月日 10時

(分)	0~14	(分)	15~29	(分)	30~44	(分)	45~59
0	·	15	—	30	·	45	—
1	·	16	—	31	○	46	·
2	○	17	·	32	—	47	○
3	○	18	○	33	○	48	—
4	○	19	·	34	—	49	○
5	·	20	—	35	○	50	·
6	—	21	·	36	—	51	·
7	—	22	○	37	·	52	—
8	—	23	○	38	○	53	—
9	·	24	○	39	·	54	○
10	·	25	—	40	○	55	·
11	—	26	·	41	·	56	—
12	○	27	○	42	○	57	—
13	○	28	·	43	—	58	○
14	○	29	·	44	—	59	○

年月日 11時

(分)	0~14	(分)	15~29	(分)	30~44	(分)	45~59
0	·	15	—	30	○	45	·
1	○	16	○	31	·	46	—
2	○	17	·	32	○	47	·
3	○	18	·	33	—	48	○
4	○	19	·	34	—	49	○
5	—	20	○	35	—	50	·
6	—	21	○	36	·	51	—
7	·	22	—	37	○	52	·
8	·	23	○	38	·	53	○
9	·	24	—	39	○	54	·
10	—	25	○	40	○	55	—
11	○	26	—	41	○	56	—
12	○	27	·	42	—	57	○
13	—	28	·	43	·	58	—
14	○	29	·	44	—	59	·

年月日 12時

(分)	0~14	(分)	15~29	(分)	30~44	(分)	45~59
0	—	15	○	30	·	45	—
1	○	16	·	31	—	46	○
2	○	17	—	32	○	47	—
3	·	18	—	33	○	48	·
4	·	19	—	34	—	49	·
5	—	20	·	35	○	50	·
6	○	21	·	36	○	51	○
7	·	22	○	37	○	52	·
8	·	23	○	38	·	53	○
9	—	24	○	39	·	54	—
10	—	25	○	40	·	55	—
11	○	26	○	41	○	56	—
12	·	27	—	42	○	57	·
13	○	28	·	43	—	58	○
14	—	29	○	44	○	59	·

年月日 13時

(分)	0~14	(分)	15~29	(分)	30~44	(分)	45~59
0	—	15	○	30	—	45	·
1	○	16	·	31	—	46	○
2	○	17	·	32	—	47	○
3	·	18	○	33	·	48	○
4	—	19	○	34	·	49	—
5	·	20	—	35	—	50	·
6	○	21	—	36	○	51	—
7	·	22	○	37	○	52	·
8	·	23	○	38	○	53	·
9	—	24	·	39	—	54	·
10	○	25	·	40	—	55	○
11	—	26	○	41	·	56	—
12	·	27	○	42	○	57	○
13	—	28	○	43	·	58	—
14	○	29	·	44	—	59	○

年月日 14時

(分)	0~14	(分)	15~29	(分)	30~44	(分)	45~59
0	—	15	·	30	—	45	·
1	·	16	—	31	○	46	·
2	○	17	—	32	—	47	○
3	·	18	○	33	·	48	○
4	○	19	·	34	—	49	○
5	·	20	—	35	○	50	·
6	○	21	—	36	○	51	—
7	—	22	○	37	·	52	—
8	—	23	○	38	·	53	—
9	—	24	·	39	○	54	·
10	·	25	—	40	○	55	·
11	○	26	·	41	—	56	—
12	—	27	○	42	—	57	○
13	○	28	·	43	—	58	○
14	·	29	·	44	○	59	○

西元2001年8月19日到9月16日

	(分)	0~14	(分)	15~29	(分)	30~44	(分)	45~59
	0	—	15	○	30	·	45	—
	1	—	16	○	31	·	46	—
年	2	·	17	—	32	·	47	○
	3	·	18	—	33	○	48	·
	4	○	19	·	34	—	49	○
月	5	○	20	—	35	○	50	—
	6	○	21	·	36	—	51	○
	7	·	22	—	37	—	52	·
	8	—	23	·	38	—	53	·
日	9	—	24	○	39	·	54	—
	10	·	25	○	40	○	55	·
15	11	○	26	○	41	·	56	○
時	12	·	27	—	42	○	57	·
	13	—	28	○	43	·	58	—
	14	○	29	—	44	○	59	—

	(分)	0~14	(分)	15~29	(分)	30~44	(分)	45~59
	0	○	15	·	30	—	45	○
	1	○	16	·	31	·	46	○
年	2	·	17	○	32	○	47	○
	3	—	18	○	33	○	48	—
	4	○	19	—	34	—	49	○
月	5	○	20	—	35	○	50	—
	6	·	21	—	36	○	51.	·
	7	·	22	—	37	○	52	·
	8	—	23	·	38	—	53	·
日	9	○	24	○	39	—	54	○
	10	—	25	○	40	·	55	—
16	11	·	26	○	41	—	56	○
時	12	—	27	○	42	·	57	—
	13	○	28	·	43	—	58	—
	14	○	29	—	44	·	59	—

	(分)	0~14	(分)	15~29	(分)	30~44	(分)	45~59
	0	○	15	○	30	·	45	—
	1	·	16	—	31	·	46	—
年	2	○	17	·	32	—	47	○
	3	○	18	·	33	—	48	○
	4	○	19	·	34	○	49	—
月	5	—	20	○	35	·	50	—
	6	·	21	—	36	○	51	·
	7	—	22	·	37	—	52	○
	8	·	23	—	38	○	53	○
日	9	—	24	○	39	○	54	—
	10	·	25	○	40	·	55	○
17	11	○	26	·	41	—	56	○
時	12	—	27	·	42	·	57	—
	13	○	28	—	43	○	58	—
	14	—	29	○	44	·	59	—

	(分)	0~14	(分)	15~29	(分)	30~44	(分)	45~59
	0	○	15	·	30	—	45	○
	1	·	16	○	31	·	46	○
年	2	·	17	—	32	○	47	·
	3	·	18	—	33	—	48	·
	4	○	19	—	34	○	49	—
月	5	○	20	·	35	—	50	○
	6	·	21	○	36	○	51	·
	7	—	22	·	37	—	52	·
	8	—	23	○	38	·	53	—
日	9	—	24	○	39	·	54	—
	10	·	25	○	40	·	55	○
18	11	·	26	○	41	○	56	·
時	12	○	27	·	42	—	57	○
	13	○	28	—	43	·	58	—
	14	○	29	·	44	—	59	○

	(分)	0~14	(分)	15~29	(分)	30~44	(分)	45~59
	0	—	15	○	30	·	45	—
	1	·	16	—	31	—	46	·
年	2	—	17	·	32	—	47	·
	3	·	18	—	33	○	48	·
	4	·	19	○	34	○	49	·
月	5	·	20	○	35	·	50	○
	6	○	21	·	36	—	51	○
	7	—	22	○	37	·	52	—
	8	○	23	—	38	○	53	○
日	9	—	24	○	39	·	54	○
	10	○	25	·	40	—	55	○
19	11	—	26	·	41	○	56	·
時	12	·	27	—	42	○	57	·
	13	·	28	—	43	○	58	○
	14	—	29	○	44	—	59	○

	(分)	0~14	(分)	15~29	(分)	30~44	(分)	45~59
	0	○	15	·	30	—	45	○
	1	·	16	—	31	○	46	·
年	2	—	17	·	32	○	47	·
	3	—	18	○	33	·	48	—
	4	—	19	○	34	·	49	—
月	5	·	20	○	35	—	50	○
	6	·	21	—	36	○	51	·
	7	○	22	·	37	—	52	—
	8	·	23	—	38	·	53	—
日	9	○	24	·	39	—	54	○
	10	·	25	·	40	○	55	○
20	11	○	26	·	41	○	56	·
時	12	—	27	○	42	·	57	—
	13	—	28	—	43	○	58	·
	14	—	29	○	44	—	59	○

	(分)	0~14	(分)	15~29	(分)	30~44	(分)	45~59
	0	—	15	○	30	·	45	—
	1	○	16	—	31	·	46	—
年	2	—	17	○	32	·	47	—
	3	○	18	·	33	—	48	—
	4	○	19	·	34	○	49	·
月	5	·	20	—	35	○	50	·
	6	·	21	·	36	○	51	○
	7	—	22	○	37	—	52	○
	8	○	23	·	38	—	53	○
日	9	—	24	—	39	○	54	·
	10	·	25	—	40	·	55	—
21	11	—	26	○	41	·	56	—
時	12	—	27	○	42	·	57	—
	13	○	28	·	43	○	58	—
	14	·	29	—	44	○	59	·

	(分)	0~14	(分)	15~29	(分)	30~44	(分)	45~59
	0	○	15	○	30	—	45	—
	1	·	16	—	31	·	46	—
年	2	○	17	·	32	—	47	○
	3	·	18	·	33	—	48	○
	4	○	19	·	34	○	49	·
月	5	—	20	○	35	·	50	—
	6	·	21	—	36	○	51	·
	7	—	22	○	37	—	52	○
	8	·	23	—	38	○	53	○
日	9	—	24	○	39	·	54	—
	10	·	25	○	40	·	55	○
22	11	○	26	·	41	—	56	○
時	12	○	27	·	42	·	57	○
	13	○	28	—	43	○	58	○
	14	—	29	○	44	·	59	—

西元2001年9月17日到10月16日

年　月　日　23　時

(分)	0~14	(分)	15~29	(分)	30~44	(分)	45~59
0	○	15	—	30	—	45	○
1	—	16	·	31	—	46	·
2	·	17	—	32	○	47	·
3	·	18	—	33	○	48	·
4	·	19	○	34	·	49	○
5	○	20	·	35	—	50	○
6	—	21	○	36	·	51	—
7	○	22	—	37	○	52	—
8	—	23	○	38	·	53	○
9	○	24	·	39	—	54	—
10	○	25	·	40	○	55	·
11	·	26	—	41	○	56	·
12	·	27	·	42	○	57	○
13	—	28	○	43	—	58	○
14	○	29	·	44	—	59	○

年　月　日　24　時

(分)	0~14	(分)	15~29	(分)	30~44	(分)	45~59
0	·	15	—	30	○	45	·
1	—	16	·	31	○	46	·
2	—	17	○	32	·	47	—
3	—	18	○	33	·	48	·
4	—	19	○	34	—	49	○
5	·	20	—	35	○	50	·
6	○	21	○	36	—	51	—
7	·	22	—	37	·	52	—
8	○	23	·	38	—	53	○
9	·	24	·	39	—	54	○
10	○	25	·	40	○	55	·
11	—	26	○	41	·	56	—
12	·	27	—	42	○	57	·
13	—	28	○	43	—	58	○
14	·	29	—	44	○	59	·

年　月　日　1　時

(分)	0~14	(分)	15~29	(分)	30~44	(分)	45~59
0	—	15	○	30	·	45	—
1	○	16	—	31	·	46	—
2	○	17	·	32	—	47	○
3	○	18	·	33	—	48	—
4	○	19	·	34	○	49	·
5	—	20	○	35	·	50	—
6	·	21	·	36	○	51	○
7	—	22	○	37	—	52	○
8	·	23	—	38	○	53	·
9	—	24	—	39	○	54	·
10	·	25	—	40	·	55	—
11	○	26	·	41	—	56	○
12	—	27	○	42	·	57	—
13	○	28	·	43	○	58	—
14	—	29	○	44	·	59	—

年　月　日　2　時

(分)	0~14	(分)	15~29	(分)	30~44	(分)	45~59
0	○	15	○	30	—	45	—
1	·	16	—	31	·	46	—
2	·	17	—	32	○	47	·
3	·	18	·	33	—	48	○
4	○	19	○	34	○	49	·
5	○	20	·	35	—	50	○
6	·	21	—	36	○	51	·
7	—	22	○	37	—	52	·
8	—	23	○	38	·	53	—
9	—	24	○	39	·	54	—
10	·	25	○	40	·	55	○
11	·	26	○	41	○	56	·
12	○	27	·	42	·	57	○
13	○	28	—	43	○	58	—
14	○	29	·	44	—	59	○

年　月　日　3　時

(分)	0~14	(分)	15~29	(分)	30~44	(分)	45~59
0	—	15	○	30	·	45	—
1	○	16	·	31	○	46	—
2	○	17	·	32	—	47	○
3	○	18	·	33	—	48	○
4	—	19	·	34	—	49	·
5	—	20	○	35	·	50	—
6	·	21	—	36	—	51	·
7	○	22	○	37	·	52	○
8	·	23	—	38	○	53	·
9	·	24	○	39	○	54	·
10	○	25	—	40	○	55	—
11	○	26	·	41	—	56	○
12	—	27	○	42	·	57	—
13	—	28	·	43	—	58	·
14	○	29	○	44	·	59	—

年　月　日　4　時

(分)	0~14	(分)	15~29	(分)	30~44	(分)	45~59
0	○	15	·	30	·	45	○
1	○	16	—	31	○	46	—
2	·	17	—	32	○	47	·
3	○	18	—	33	—	48	○
4	—	19	·	34	—	49	·
5	○	20	·	35	—	50	○
6	·	21	○	36	○	51	·
7	·	22	○	37	·	52	○
8	—	23	○	38	·	53	—
9	—	24	○	39	·	54	—
10	○	25	○	40	·	55	—
11	·	26	—	41	○	56	·
12	○	27	·	42	—	57	—
13	○	28	○	43	○	58	·
14	○	29	·	44	—	59	○

年　月　日　5　時

(分)	0~14	(分)	15~29	(分)	30~44	(分)	45~59
0	—	15	·	30	—	45	·
1	·	16	—	31	○	46	·
2	—	17	○	32	·	47	—
3	·	18	○	33	·	48	○
4	·	19	·	34	—	49	○
5	○	20	·	35	—	50	○
6	○	21	—	36	·	51	—
7	—	22	○	37	·	52	—
8	·	23	—	38	○	53	○
9	○	24	·	39	○	54	·
10	·	25	—	40	○	55	·
11	—	26	—	41	·	56	·
12	—	27	○	42	—	57	○
13	○	28	·	43	—	58	○
14	○	29	○	44	·	59	—

年　月　日　6　時

(分)	0~14	(分)	15~29	(分)	30~44	(分)	45~59
0	—	15	·	30	○	45	·
1	—	16	○	31	·	46	—
2	○	17	·	32	—	47	—
3	—	18	○	33	—	48	○
4	·	19	—	34	○	49	·
5	·	20	·	35	○	50	○
6	·	21	—	36	·	51	—
7	○	22	·	37	—	52	○
8	—	23	—	38	○	53	·
9	○	24	·	39	○	54	·
10	—	25	·	40	·	55	—
11	—	26	○	41	·	56	—
12	—	27	○	42	—	57	·
13	·	28	—	43	○	58	·
14	○	29	·	44	—	59	○

西元2001年9月17日到10月16日

	(分)	0~14	(分)	15~29	(分)	30~44	(分)	45~59
	0	—	15	○	30	—	45	○
年	1	○	16	·	31	—	46	○
	2	·	17	—	32	○	47	·
	3	·	18	—	33	·	48	○
	4	—	19	○	34	·	49	—
月	5	—	20	○	35	·	50	—
	6	○	21	—	36	○	51	—
	7	·	22	—	37	○	52	·
	8	○	23	·	38	·	53	○
日	9	—	24	·	39	—	54	·
7	10	○	25	○	40	—	55	○
	11	○	26	—	41	—	56	○
時	12	·	27	○	42	·	57	○
	13	—	28	○	43	·	58	—
	14	·	29	—	44	○	59	·

	(分)	0~14	(分)	15~29	(分)	30~44	(分)	45~59
	0	—	15	·	30	—	45	·
年	1	·	16	—	31	○	46	·
	2	—	17	○	32	○	47	—
	3	·	18	○	33	·	48	○
	4	○	19	·	34	—	49	○
月	5	—	20	·	35	·	50	—
	6	○	21	—	36	○	51	—
	7	—	22	○	37	·	52	—
	8	○	23	·	38	—	53	○
日	9	—	24	·	39	—	54	·
8	10	·	25	—	40	○	55	·
	11	·	26	—	41	○	56	·
時	12	·	27	○	42	—	57	○
	13	○	28	·	43	—	58	○
	14	—	29	○	44	·	59	·

	(分)	0~14	(分)	15~29	(分)	30~44	(分)	45~59
	0	○	15	·	30	—	45	○
年	1	·	16	—	31	○	46	·
	2	—	17	·	32	—	47	·
	3	—	18	○	33	·	48	—
	4	—	19	○	34	·	49	—
月	5	·	20	○	35	—	50	○
	6	·	21	—	36	○	51	·
	7	○	22	·	37	—	52	—
	8	·	23	—	38	·	53	—
日	9	○	24	·	39	—	54	○
9	10	·	25	·	40	○	55	○
	11	○	26	·	41	○	56	·
時	12	—	27	○	42	·	57	—
	13	—	28	—	43	○	58	·
	14	—	29	○	44	—	59	○

	(分)	0~14	(分)	15~29	(分)	30~44	(分)	45~59
	0	·	15	—	30	○	45	·
年	1	—	16	○	31	·	46	·
	2	○	17	·	32	○	47	·
	3	○	18	·	33	—	48	○
	4	○	19	○	34	—	49	—
月	5	—	20	○	35	—	50	○
	6	—	21	○	36	·	51	—
	7	·	22	·	37	—	52	○
	8	·	23	—	38	·	53	—
日	9	·	24	—	39	○	54	·
10	10	·	25	—	40	○	55	·
	11	○	26	·	41	○	56	—
時	12	○	27	·	42	—	57	○
	13	—	28	○	43	·	58	—
	14	○	29	·	44	—	59	·

	(分)	0~14	(分)	15~29	(分)	30~44	(分)	45~59
	0	○	15	·	30	—	45	○
年	1	·	16	○	31	○	46	·
	2	·	17	○	32	·	47	○
	3	—	18	○	33	·	48	—
	4	—	19	○	34	·	49	—
月	5	○	20	—	35	○	50	—
	6	·	21	—	36	○	51	·
	7	○	22	·	37	—	52	○
	8	—	23	·	38	○	53	·
日	9	○	24	○	39	—	54	○
11	10	·	25	—	40	○	55	○
	11	—	26	○	41	—	56	○
時	12	—	27	○	42	·	57	—
	13	—	28	—	43	·	58	·
	14	·	29	—	44	·	59	—

	(分)	0~14	(分)	15~29	(分)	30~44	(分)	45~59
	0	·	15	—	30	○	45	○
年	1	—	16	○	31	·	46	—
	2	·	17	○	32	○	47	○
	3	○	18	·	33	—	48	○
	4	○	19	·	34	—	49	—
月	5	·	20	—	35	·	50	—
	6	—	21	○	36	·	51	—
	7	·	22	·	37	○	52	○
	8	○	23	·	38	○	53	·
日	9	·	24	—	39	○	54	○
12	10	—	25	—	40	○	55	·
	11	—	26	○	41	○	56	○
時	12	○	27	·	42	—	57	○
	13	—	28	○	43	·	58	—
	14	·	29	—	44	○	59	○

	(分)	0~14	(分)	15~29	(分)	30~44	(分)	45~59
	0	·	15	·	30	○	45	○
年	1	—	16	○	31	—	46	○
	2	—	17	○	32	·	47	—
	3	—	18	—	33	○	48	·
	4	·	19	—	34	·	49	—
月	5	·	20	○	35	○	50	·
	6	—	21	○	36	·	51	—
	7	○	22	·	37	○	52	—
	8	○	23	·	38	—	53	○
日	9	○	24	·	39	—	54	○
13	10	—	25	·	40	—	55	·
	11	—	26	○	41	·	56	—
時	12	·	27	—	42	—	57	·
	13	·	28	○	43	·	58	○
	14	·	29	—	44	○	59	·

	(分)	0~14	(分)	15~29	(分)	30~44	(分)	45~59
	0	·	15	—	30	○	45	·
年	1	—	16	○	31	—	46	·
	2	○	17	·	32	—	47	○
	3	—	18	○	33	·	48	—
	4	·	19	○	34	·	49	○
月	5	—	20	○	35	○	50	—
	6	○	21	·	36	·	51	○
	7	○	22	—	37	○	52	—
	8	·	23	—	38	○	53	·
日	9	○	24	—	39	—	54	○
14	10	—	25	·	40	—	55	·
	11	○	26	·	41	—	56	○
時	12	·	27	—	42	○	57	·
	13	·	28	○	43	·	58	○
	14	—	29	○	44	·	59	—

西元2001年9月17日到10月16日

年月日15時

(分)	0~14	(分)	15~29	(分)	30~44	(分)	45~59
0	○	15	·	30	—	45	○
1	·	16	—	31	—	46	·
2	—	17	·	32	—	47	·
3	—	18	○	33	·	48	—
4	·	19	○	34	○	49	·
5	·	20	○	35	·	50	○
6	·	21	—	36	○	51	·
7	—	22	○	37	·	52	—
8	○	23	—	38	○	53	—
9	○	24	·	39	—	54	○
10	○	25	·	40	—	55	○
11	—	26	·	41	○	56	·
12	—	27	○	42	·	57	—
13	·	28	—	43	○	58	○
14	—	29	○	44	—	59	○

年月日16時

(分)	0~14	(分)	15~29	(分)	30~44	(分)	45~59
0	·	15	—	30	○	45	·
1	·	16	—	31	○	46	·
2	—	17	·	32	—	47	·
3	○	18	·	33	—	48	○
4	—	19	○	34	·	49	—
5	·	20	○	35	—	50	○
6	—	21	○	36	·	51	—
7	○	22	·	37	—	52	—
8	○	23	—	38	·	53	—
9	·	24	○	39	○	54	·
10	·	25	·	40	○	55	○
11	○	26	·	41	○	56	·
12	○	27	○	42	—	57	○
13	—	28	—	43	○	58	·
14	—	29	○	44	—	59	○

年月日17時

(分)	0~14	(分)	15~29	(分)	30~44	(分)	45~59
0	—	15	○	30	·	45	—
1	·	16	○	31	·	46	○
2	·	17	—	32	○	47	·
3	○	18	·	33	·	48	○
4	○	19	—	34	○	49	—
5	○	20	·	35	—	50	○
6	○	21	—	36	—	51	○
7	—	22	·	37	—	52	·
8	—	23	○	38	·	53	—
9	·	24	—	39	○	54	·
10	○	25	○	40	·	55	○
11	·	26	—	41	○	56	·
12	—	27	○	42	·	57	—
13	○	28	—	43	·	58	—
14	○	29	·	44	—	59	○

年月日18時

(分)	0~14	(分)	15~29	(分)	30~44	(分)	45~59
0	—	15	·	30	·	45	—
1	·	16	○	31	○	46	○
2	—	17	○	32	○	47	—
3	○	18	·	33	—	48	○
4	○	19	—	34	○	49	—
5	·	20	—	35	○	50	·
6	·	21	—	36	○	51	·
7	—	22	·	37	○	52	·
8	○	23	·	38	—	53	○
9	—	24	○	39	·	54	·
10	—	25	○	40	—	55	○
11	—	26	○	41	·	56	—
12	○	27	○	42	—	57	—
13	·	28	○	43	·	58	—
14	·	29	—	44	○	59	·

年月日19時

(分)	0~14	(分)	15~29	(分)	30~44	(分)	45~59
0	·	15	—	30	○	45	·
1	○	16	·	31	—	46	—
2	·	17	—	32	·	47	—
3	○	18	·	33	—	48	○
4	·	19	·	34	○	49	○
5	○	20	·	35	○	50	·
6	—	21	○	36	·	51	—
7	—	22	—	37	○	52	·
8	—	23	○	38	—	53	○
9	·	24	—	39	○	54	·
10	—	25	○	40	·	55	—
11	·	26	—	41	·	56	○
12	○	27	·	42	—	57	○
13	○	28	·	43	—	58	○
14	○	29	—	44	○	59	—

年月日20時

(分)	0~14	(分)	15~29	(分)	30~44	(分)	45~59
0	—	15	○	30	·	45	—
1	·	16	·	31	—	46	○
2	·	17	—	32	·	47	—
3	○	18	—	33	○	48	·
4	·	19	—	34	○	49	·
5	○	20	·	35	○	50	—
6	○	21	·	36	—	51	○
7	—	22	○	37	·	52	—
8	—	23	·	38	—	53	·
9	—	24	○	39	·	54	—
10	○	25	·	40	·	55	○
11	·	26	○	41	·	56	○
12	·	27	—	42	○	57	·
13	○	28	—	43	—	58	○
14	○	29	—	44	○	59	—

年月日21時

(分)	0~14	(分)	15~29	(分)	30~44	(分)	45~59
0	·	15	—	30	○	45	·
1	—	16	○	31	—	46	·
2	·	17	—	32	○	47	○
3	—	18	○	33	·	48	—
4	·	19	○	34	·	49	○
5	○	20	·	35	—	50	○
6	○	21	·	36	·	51	○
7	○	22	—	37	○	52	—
8	—	23	○	38	·	53	—
9	○	24	—	39	—	54	○
10	—	25	·	40	—	55	·
11	·	26	—	41	○	56	·
12	·	27	—	42	○	57	·
13	·	28	○	43	·	58	○
14	○	29	·	44	—	59	○

年月日22時

(分)	0~14	(分)	15~29	(分)	30~44	(分)	45~59
0	—	15	○	30	○	45	—
1	○	16	·	31	—	46	·
2	—	17	○	32	·	47	—
3	—	18	·	33	·	48	—
4	·	19	○	34	·	49	○
5	○	20	—	35	○	50	·
6	○	21	·	36	—	51	○
7	○	22	—	37	○	52	—
8	○	23	·	38	—	53	○
9	·	24	—	39	○	54	·
10	—	25	·	40	○	55	·
11	—	26	○	41	·	56	—
12	—	27	○	42	·	57	·
13	—	28	○	43	—	58	○
14	·	29	—	44	○	59	·

西元2001年10月17日到11月14日

	(分)	0~14	(分)	15~29	(分)	30~44	(分)	45~59
	0	—	15	○	30	·	45	—
年	1	○	16	·	31	—	46	○
	2	—	17	·	32	○	47	·
	3	·	18	—	33	○	48	·
	4	·	19	—	34	○	49	○
月	5	—	20	○	35	—	50	○
	6	○	21	·	36	—	51	○
	7	—	22	—	37	·	52	·
	8	·	23	—	38	·	53	—
日	9	—	24	○	39	○	54	—
	10	○	25	○	40	·	55	—
23	11	○	26	·	41	○	56	·
時	12	·	27	—	42	○	57	·
	13	○	28	·	43	—	58	○
	14	—	29	○	44	—	59	·

	(分)	0~14	(分)	15~29	(分)	30~44	(分)	45~59
	0	○	15	·	30	—	45	○
年	1	·	16	·	31	○	46	○
	2	○	17	·	32	○	47	·
	3	—	18	○	33	·	48	—
	4	—	19	—	34	○	49	·
月	5	—	20	○	35	—	50	○
	6	·	21	—	36	○	51	·
	7	—	22	○	37	·	52	—
	8	·	23	—	38	·	53	○
日	9	○	24	·	39	—	54	○
	10	○	25	·	40	—	55	○
24	11	○	26	—	41	○	56	—
時	12	—	27	○	42	·	57	—
	13	·	28	—	43	—	58	·
	14	—	29	·	44	—	59	·

	(分)	0~14	(分)	15~29	(分)	30~44	(分)	45~59
	0	—	15	○	30	·	45	—
年	1	—	16	·	31	—	46	·
	2	○	17	·	32	—	47	○
	3	○	18	·	33	—	48	○
	4	·	19	○	34	—	49	○
月	5	—	20	○	35	·	50	—
	6	·	21	—	36	○	51	○
	7	·	22	—	37	·	52	—
	8	○	23	—	38	○	53	·
日	9	—	24	—	39	·	54	·
	10	○	25	·	40	○	55	·
1	11	○	26	·	41	—	56	○
時	12	○	27	○	42	·	57	—
	13	—	28	○	43	—	58	○
	14	—	29	○	44	·	59	—

	(分)	0~14	(分)	15~29	(分)	30~44	(分)	45~59
	0	○	15	·	30	—	45	—
年	1	○	16	·	31	○	46	·
	2	·	17	—	32	○	47	·
	3	·	18	·	33	○	48	○
	4	—	19	○	34	—	49	○
月	5	○	20	·	35	—	50	○
	6	—	21	—	36	○	51	·
	7	·	22	—	37	·	52	—
	8	—	23	○	38	·	53	—
日	9	—	24	○	39	·	54	—
	10	○	25	·	40	○	55	—
2	11	·	26	—	41	○	56	·
時	12	○	27	·	42	—	57	○
	13	—	28	·	43	—	58	·
	14	○	29	○	44	—	59	○

	(分)	0~14	(分)	15~29	(分)	30~44	(分)	45~59
	0	○	15	○	30	·	45	—
年	1	—	16	○	31	—	46	○
	2	○	17	·	32	—	47	○
	3	○	18	·	33	—	48	○
	4	·	19	—	34	·	49	○
月	5	—	20	○	35	·	50	—
	6	·	21	—	36	○	51	·
	7	○	22	—	37	○	52	—
	8	·	23	—	38	○	53	·
日	9	—	24	○	39	○	54	—
	10	—	25	·	40	—	55	·
3	11	○	26	·	41	—	56	○
時	12	—	27	·	42	·	57	—
	13	·	28	○	43	○	58	○
	14	—	29	○	44	○	59	—

	(分)	0~14	(分)	15~29	(分)	30~44	(分)	45~59
	0	○	15	·	30	—	45	○
年	1	—	16	·	31	—	46	·
	2	·	17	—	32	○	47	·
	3	·	18	—	33	—	48	·
	4	·	19	○	34	·	49	○
月	5	○	20	·	35	—	50	○
	6	·	21	○	36	○	51	·
	7	○	22	—	37	○	52	—
	8	—	23	○	38	·	53	—
日	9	—	24	○	39	·	54	—
	10	—	25	·	40	—	55	·
4	11	·	26	—	41	○	56	·
時	12	○	27	·	42	—	57	○
	13	·	28	○	43	—	58	○
	14	○	29	·	44	—	59	○

	(分)	0~14	(分)	15~29	(分)	30~44	(分)	45~59
	0	·	15	○	30	·	45	○
年	1	·	16	—	31	○	46	·
	2	—	17	·	32	·	47	—
	3	○	18	—	33	○	48	—
	4	○	19	·	34	—	49	○
月	5	○	20	·	35	—	50	○
	6	—	21	·	36	—	51	·
	7	—	22	○	37	·	52	—
	8	·	23	—	38	○	53	·
日	9	·	24	○	39	—	54	○
	10	·	25	—	40	○	55	·
5	11	—	26	○	41	·	56	·
時	12	·	27	—	42	·	57	—
	13	○	28	·	43	—	58	○
	14	○	29	○	44	—	59	—

	(分)	0~14	(分)	15~29	(分)	30~44	(分)	45~59
	0	·	15	○	30	·	45	○
年	1	—	16	○	31	·	46	—
	2	○	17	·	32	—	47	○
	3	○	18	—	33	·	48	—
	4	·	19	—	34	○	49	·
月	5	·	20	—	35	○	50	○
	6	○	21	·	36	○	51	·
	7	○	22	·	37	—	52	○
	8	—	23	—	38	·	53	·
日	9	—	24	○	39	—	54	○
	10	—	25	○	40	·	55	—
6	11	○	26	○	41	·	56	—
時	12	·	27	—	42	·	57	—
	13	·	28	—	43	○	58	·
	14	○	29	·	44	—	59	○

西元2001年10月17日到11月14日

	(分)	0~14	(分)	15~29	(分)	30~44	(分)	45~59
	0	·	15	—	30	○	45	·
	1	—	16	·	31	○	46	·
年	2	—	17	○	32	·	47	—
	3	—	18	○	33	·	48	·
	4	—	19	○	34	—	49	○
月	5	·	20	—	35	○	50	·
	6	○	21	○	36	—	51	—
	7	·	22	—	37	·	52	—
	8	○	23	·	38	—	53	○
日	9	·	24	·	39	—	54	○
	10	○	25	·	40	○	55	·
7	11	—	26	○	41	·	56	—
時	12	·	27	—	42	○	57	·
	13	—	28	○	43	—	58	·
	14	·	29	—	44	○	59	·

	(分)	0~14	(分)	15~29	(分)	30~44	(分)	45~59
	0	—	15	—	30	·	45	·
	1	○	16	·	31	○	46	·
年	2	○	17	·	32	—	47	○
	3	○	18	○	33	·	48	—
	4	—	19	○	34	—	49	○
月	5	—	20	○	35	·	50	—
	6	○	21	·	36	—	51	○
	7	·	22	—	37	·	52	○
	8	·	23	○	38	○	53	·
日	9	·	24	—	39	○	54	·
	10	○	25	—	40	○	55	—
8	11	○	26	·	41	—	56	○
時	12	—	27	○	42	○	57	—
	13	○	28	·	43	—	58	·
	14	—	29	○	44	·	59	—

	(分)	0~14	(分)	15~29	(分)	30~44	(分)	45~59
	0	○	15	—	30	—	45	○
	1	—	16	·	31	—	46	·
年	2	—	17	○	32	·	47	—
	3	·	18	—	33	○	48	·
	4	·	19	○	34	·	49	○
月	5	○	20	—	35	○	50	·
	6	—	21	○	36	·	51	—
	7	○	22	—	37	·	52	—
	8	○	23	·	38	—	53	○
日	9	○	24	·	39	—	54	—
	10	○	25	·	40	○	55	·
9	11	—	26	○	41	·	56	—
時	12	·	27	·	42	○	57	○
	13	—	28	○	43	—	58	○
	14	·	29	—	44	○	59	·

	(分)	0~14	(分)	15~29	(分)	30~44	(分)	45~59
	0	·	15	—	30	○	45	·
	1	—	16	·	31	○	46	·
年	2	○	17	·	32	—	47	○
	3	—	18	○	33	·	48	·
	4	—	19	○	34	—	49	○
月	5	○	20	○	35	·	50	—
	6	○	21	○	36	—	51	—
	7	·	22	—	37	·	52	—
	8	·	23	—	38	○	53	·
日	9	·	24	·	39	—	54	○
	10	○	25	·	40	○	55	·
10	11	○	26	○	41	—	56	○
時	12	·	27	—	42	○	57	·
	13	—	28	○	43	—	58	·
	14	—	29	○	44	·	59	—

	(分)	0~14	(分)	15~29	(分)	30~44	(分)	45~59
	0	—	15	—	30	·	45	·
	1	—	16	○	31	—	46	○
年	2	○	17	·	32	—	47	○
	3	○	18	○	33	·	48	—
	4	·	19	—	34	○	49	○
月	5	—	20	○	35	·	50	—
	6	○	21	·	36	—	51	○
	7	○	22	·	37	○	52	—
	8	·	23	—	38	○	53	·
日	9	·	24	—	39	○	54	·
	10	—	25	·	40	—	55	·
11	11	○	26	·	41	—	56	○
時	12	—	27	○	42	○	57	—
	13	·	28	○	43	·	58	○
	14	—	29	○	44	·	59	—

	(分)	0~14	(分)	15~29	(分)	30~44	(分)	45~59
	0	—	15	○	30	·	45	—
	1	—	16	○	31	—	46	·
年	2	·	17	—	32	○	47	·
	3	○	18	·	33	—	48	○
	4	·	19	○	34	·	49	○
月	5	○	20	·	35	—	50	○
	6	·	21	—	36	—	51	·
	7	○	22	—	37	○	52	—
	8	—	23	○	38	·	53	—
日	9	·	24	○	39	○	54	·
	10	—	25	·	40	—	55	·
12	11	·	26	—	41	○	56	·
時	12	—	27	○	42	·	57	—
	13	·	28	○	43	·	58	○
	14	·	29	·	44	—	59	○

	(分)	0~14	(分)	15~29	(分)	30~44	(分)	45~59
	0	·	15	—	30	○	45	·
	1	·	16	—	31	—	46	·
年	2	—	17	·	32	—	47	·
	3	○	18	·	33	—	48	○
	4	·	19	○	34	○	49	·
月	5	·	20	○	35	·	50	○
	6	—	21	○	36	·	51	—
	7	—	22	○	37	·	52	—
	8	○	23	—	38	○	53	—
日	9	·	24	—	39	○	54	·
	10	○	25	·	40	—	55	○
13	11	—	26	·	41	○	56	·
時	12	○	27	○	42	—	57	○
	13	·	28	—	43	○	58	○
	14	—	29	○	44	—	59	○

	(分)	0~14	(分)	15~29	(分)	30~44	(分)	45~59
	0	—	15	○	30	·	45	—
	1	·	16	—	31	○	46	·
年	2	—	17	·	32	—	47	·
	3	·	18	—	33	○	48	○
	4	—	19	○	34	·	49	—
月	5	·	20	○	35	—	50	○
	6	○	21	·	36	—	51	○
	7	○	22	·	37	—	52	—
	8	·	23	—	38	·	53	—
日	9	—	24	○	39	·	54	—
	10	·	25	·	40	○	55	○
14	11	○	26	·	41	○	56	·
時	12	·	27	—	42	○	57	·
	13	—	28	—	43	○	58	·
	14	—	29	○	44	—	59	○

西元2001年10月17日到11月14日

年　月　日　15　時

(分)	0~14	(分)	15~29	(分)	30~44	(分)	45~59
0	·	15	—	30	·	45	—
1	—	16	○	31	·	46	—
2	—	17	—	32	○	47	·
3	○	18	·	33	○	48	·
4	·	19	—	34	○	49	○
5	—	20	○	35	·	50	—
6	—	21	○	36	—	51	·
7	○	22	·	37	—	52	○
8	○	23	·	38	—	53	○
9	·	24	○	39	·	54	○
10	—	25	○	40	·	55	—
11	·	26	—	41	—	56	·
12	○	27	—	42	○	57	—
13	·	28	—	43	○	58	·
14	·	29	○	44	○	59	·

年　月　日　16　時

(分)	0~14	(分)	15~29	(分)	30~44	(分)	45~59
0	·	15	—	30	·	45	○
1	○	16	·	31	—	46	○
2	—	17	○	32	·	47	—
3	○	18	—	33	○	48	—
4	—	19	○	34	·	49	—
5	○	20	·	35	·	50	○
6	—	21	·	36	—	51	·
7	·	22	—	37	○	52	·
8	○	23	—	38	—	53	○
9	·	24	○	39	·	54	○
10	○	25	·	40	—	55	○
11	·	26	—	41	○	56	·
12	○	27	—	42	○	57	—
13	—	28	○	43	·	58	—
14	—	29	○	44	·	59	—

年　月　日　17　時

(分)	0~14	(分)	15~29	(分)	30~44	(分)	45~59
0	·	15	—	30	○	45	·
1	○	16	○	31	—	46	—
2	—	17	○	32	—	47	○
3	○	18	·	33	—	48	○
4	·	19	·	34	—	49	○
5	·	20	—	35	·	50	—
6	—	21	○	36	·	51	—
7	·	22	—	37	○	52	·
8	○	23	·	38	○	53	—
9	·	24	—	39	○	54	·
10	—	25	○	40	·	55	—
11	—	26	○	41	—	56	·
12	○	27	·	42	—	57	○
13	○	28	·	43	·	58	○
14	·	29	○	44	·	59	○

年　月　日　18　時

(分)	0~14	(分)	15~29	(分)	30~44	(分)	45~59
0	—	15	○	30	·	45	—
1	○	16	·	31	—	46	○
2	—	17	○	32	—	47	○
3	·	18	—	33	○	48	·
4	·	19	—	34	○	49	·
5	·	20	○	35	·	50	○
6	○	21	·	36	—	51	○
7	—	22	○	37	○	52	—
8	○	23	—	38	○	53	—
9	—	24	○	39	·	54	—
10	—	25	·	40	·	55	—
11	—	26	·	41	—	56	·
12	·	27	—	42	○	57	·
13	○	28	·	43	—	58	○
14	·	29	○	44	·	59	○

年　月　日　19　時

(分)	0~14	(分)	15~29	(分)	30~44	(分)	45~59
0	—	15	○	30	—	45	○
1	·	16	—	31	○	46	·
2	○	17	○	32	·	47	—
3	·	18	—	33	·	48	—
4	○	19	·	34	—	49	○
5	○	20	·	35	—	50	○
6	○	21	·	36	○	51	—
7	—	22	○	37	·	52	—
8	·	23	—	38	○	53	·
9	—	24	·	39	—	54	·
10	·	25	—	40	○	55	·
11	—	26	○	41	○	56	—
12	·	27	○	42	·	57	○
13	○	28	·	43	—	58	○
14	—	29	·	44	·	59	—

年　月　日　20　時

(分)	0~14	(分)	15~29	(分)	30~44	(分)	45~59
0	—	15	○	30	—	45	·
1	—	16	○	31	·	46	—
2	○	17	·	32	—	47	○
3	·	18	○	33	·	48	○
4	·	19	—	34	○	49	·
5	·	20	—	35	—	50	·
6	○	21	—	36	○	51	—
7	○	22	·	37	—	52	○
8	·	23	○	38	○	53	·
9	—	24	·	39	—	54	·
10	—	25	○	40	·	55	—
11	—	26	○	41	·	56	—
12	·	27	○	42	·	57	○
13	·	28	—	43	○	58	·
14	○	29	·	44	—	59	○

年　月　日　21　時

(分)	0~14	(分)	15~29	(分)	30~44	(分)	45~59
0	—	15	—	30	○	45	·
1	·	16	—	31	·	46	—
2	·	17	—	32	○	47	·
3	—	18	○	33	·	48	—
4	○	19	·	34	○	49	—
5	○	20	·	35	—	50	○
6	○	21	·	36	—	51	○
7	—	22	·	37	—	52	·
8	—	23	○	38	·	53	—
9	·	24	—	39	—	54	·
10	·	25	○	40	·	55	○
11	○	26	—	41	○	56	·
12	·	27	○	42	○	57	·
13	○	28	—	43	○	58	—
14	○	29	·	44	—	59	○

年　月　日　22　時

(分)	0~14	(分)	15~29	(分)	30~44	(分)	45~59
0	—	15	○	30	·	45	—
1	·	16	○	31	○	46	○
2	—	17	○	32	·	47	—
3	○	18	·	33	·	48	○
4	○	19	—	34	○	49	—
5	·	20	—	35	○	50	·
6	○	21	—	36	—	51	○
7	—	22	·	37	○	52	·
8	○	23	·	38	—	53	○
9	·	24	—	39	○	54	·
10	·	25	○	40	·	55	○
11	—	26	○	41	·	56	—
12	—	27	○	42	·	57	—
13	○	28	○	43	·	58	—
14	·	29	—	44	○	59	·

西元2001年11月15日到12月14日

年月日23時	(分)	0~14	(分)	15~29	(分)	30~44	(分)	45~59
	0	○	15	·	30	—	45	○
	1	○	16	—	31	○	46	—
	2	—	17	○	32	·	47	—
	3	·	18	—	33	○	48	·
	4	—	19	·	34	○	49	○
	5	·	20	—	35	○	50	·
	6	—	21	○	36	·	51	·
	7	—	22	○	37	—	52	○
	8	○	23	·	38	—	53	○
	9	○	24	○	39	—	54	—
	10	·	25	—	40	·	55	—
	11	—	26	○	41	·	56	—
	12	·	27	·	42	—	57	○
	13	○	28	·	43	○	58	·
	14	·	29	—	44	○	59	·

年月日24時	(分)	0~14	(分)	15~29	(分)	30~44	(分)	45~59
	0	·	15	—	30	○	45	○
	1	·	16	—	31	·	46	—
	2	○	17	·	32	—	47	○
	3	—	18	—	33	·	48	·
	4	○	19	·	34	○	49	·
	5	—	20	○	35	·	50	—
	6	○	21	○	36	·	51	—
	7	—	22	○	37	—	52	○
	8	·	23	—	38	○	53	·
	9	○	24	·	39	—	54	○
	10	·	25	—	40	·	55	○
	11	○	26	·	41	—	56	○
	12	·	27	—	42	○	57	·
	13	○	28	—	43	○	58	—
	14	—	29	○	44	·	59	—

年月日1時	(分)	0~14	(分)	15~29	(分)	30~44	(分)	45~59
	0	○	15	—	30	○	45	—
	1	·	16	—	31	○	46	·
	2	○	17	·	32	—	47	○
	3	—	18	·	33	—	48	·
	4	○	19	○	34	—	49	○
	5	·	20	—	35	○	50	·
	6	·	21	○	36	—	51	○
	7	—	22	○	37	·	52	—
	8	—	23	○	38	·	53	·
	9	·	24	—	39	·	54	—
	10	·	25	—	40	○	55	·
	11	○	26	○	41	—	56	—
	12	○	27	·	42	○	57	·
	13	○	28	·	43	—	58	·
	14	·	29	·	44	—	59	○

年月日2時	(分)	0~14	(分)	15~29	(分)	30~44	(分)	45~59
	0	○	15	—	30	·	45	—
	1	—	16	○	31	·	46	—
	2	·	17	—	32	○	47	○
	3	○	18	·	33	○	48	○
	4	·	19	—	34	○	49	·
	5	—	20	—	35	·	50	·
	6	—	21	○	36	○	51	○
	7	○	22	·	37	—	52	○
	8	○	23	○	38	·	53	—
	9	·	24	—	39	○	54	○
	10	—	25	○	40	○	55	—
	11	○	26	·	41	—	56	○
	12	○	27	·	42	○	57	○
	13	·	28	—	43	○	58	·
	14	·	29	—	44	○	59	○

年月日3時	(分)	0~14	(分)	15~29	(分)	30~44	(分)	45~59
	0	○	15	·	30	—	45	○
	1	·	16	○	31	○	46	○
	2	○	17	·	32	—	47	○
	3	·	18	—	33	○	48	○
	4	·	19	—	34	·	49	—
	5	—	20	○	35	·	50	—
	6	—	21	—	36	·	51	·
	7	○	22	·	37	○	52	·
	8		23	—	38	○	53	○
	9	○	24	○	39	·	54	—
	10	—	25	○	40	—	55	○
	11	○	26	·	41	—	56	○
	12	○	27	·	42	—	57	○
	13	·	28	—	43	·	58	○
	14	—	29	○	44	·	59	—

年月日4時	(分)	0~14	(分)	15~29	(分)	30~44	(分)	45~59
	0	·	15	·	30	○	45	○
	1	—	16	○	31	—	46	○
	2	·	17	—	32	○	47	·
	3	—	18	—	33	○	48	·
	4	·	19	—	34	·	49	—
	5	○	20	·	35	—	50	○
	6	—	21	○	36	·	51	—
	7	○	22	·	37	○	52	—
	8	—	23	○	38	·	53	○
	9	○	24	·	39	—	54	○
	10	—	25	·	40	—	55	·
	11	·	26	—	41	○	56	·
	12	·	27	—	42	—	57	·
	13	·	28	○	43	·	58	○
	14	○	29	·	44	—	59	○

年月日5時	(分)	0~14	(分)	15~29	(分)	30~44	(分)	45~59
	0	—	15	○	30	○	45	—
	1	—	16	·	31	—	46	·
	2	·	17	—	32	○	47	·
	3	—	18	·	33	·	48	—
	4	·	19	○	34	·	49	○
	5	○	20	·	35	—	50	○
	6	○	21	·	36	—	51	○
	7	○	22	—	37	○	52	—
	8	—	23	○	38	·	53	—
	9	·	24	—	39	○	54	·
	10	—	25	·	40	○	55	·
	11	·	26	—	41	○	56	○
	12	—	27	○	42	·	57	·
	13	—	28	○	43	—	58	○
	14	○	29	·	44	—	59	○

年月日6時	(分)	0~14	(分)	15~29	(分)	30~44	(分)	45~59
	0	—	15	○	30	·	45	—
	1	—	16	·	31	—	46	·
	2	○	17	○	32	○	47	—
	3	○	18	·	33	—	48	○
	4	·	19	○	34	—	49	○
	5	·	20	—	35	○	50	·
	6	·	21	—	36	○	51	○
	7	·	22	—	37	·	52	—
	8	○	23	·	38	—	53	○
	9	—	24	—	39	·	54	·
	10	○	25	·	40	○	55	·
	11	—	26	○	41	·	56	—
	12	○	27	○	42	·	57	—
	13	—	28	○	43	—	58	○
	14	·	29	—	44	○	59	·

西元2001年11月15日到12月14日

	(分)	0~14	(分)	15~29	(分)	30~44	(分)	45~59
	0	·	15	—	30	○	45	·
	1	—	16	○	31	—	46	○
年	2	·	17	—	32	○	47	·
	3	—	18	○	33	·	48	—
	4	·	19	○	34	·	49	○
月	5	○	20	·	35	—	50	○
	6	○	21	·	36	·	51	○
	7	○	22	—	37	○	52	—
	8	—	23	○	38	·	53	—
日	9	○	24	—	39	—	54	○
	10	—	25	·	40	—	55	·
7	11	·	26	—	41	○	56	·
時	12	·	27	—	42	○	57	·
	13	·	28	○	43	·	58	○
	14	○	29	·	44	—	59	○

	(分)	0~14	(分)	15~29	(分)	30~44	(分)	45~59
	0	—	15	○	30	○	45	—
	1	○	16	○	31	—	46	·
年	2	○	17	○	32	·	47	—
	3	—	18	·	33	·	48	—
	4	·	19	○	34	·	49	○
月	5	·	20	—	35	○	50	·
	6	○	21	·	36	—	51	○
	7	○	22	—	37	○	52	—
	8	○	23	·	38	—	53	○
日	9	○	24	—	39	○	54	·
	10	—	25	○	40	○	55	·
8	11	—	26	○	41	·	56	—
時	12	—	27	○	42	·	57	·
	13	—	28	○	43	—	58	○
	14	·	29	—	44	○	59	·

	(分)	0~14	(分)	15~29	(分)	30~44	(分)	45~59
	0	·	15	·	30	○	45	○
	1	—	16	○	31	—	46	○
年	2	·	17	—	32	○	47	·
	3	—	18	—	33	○	48	·
	4	·	19	—	34	·	49	—
月	5	○	20	·	35	—	50	○
	6	—	21	○	36	·	51	—
	7	○	22	·	37	○	52	—
	8	—	23	○	38	·	53	○
日	9	○	24	·	39	—	54	○
	10	—	25	·	40	—	55	·
9	11	·	26	—	41	○	56	·
時	12	·	27	—	42	—	57	·
	13	·	28	○	43	○	58	○
	14	○	29	·	44	—	59	○

	(分)	0~14	(分)	15~29	(分)	30~44	(分)	45~59
	0	·	15	—	30	○	45	·
	1	—	16	○	31	—	46	·
年	2	—	17	○	32	·	47	—
	3	—	18	○	33	·	48	—
	4	·	19	○	34	·	49	○
月	5	·	20	—	35	○	50	·
	6	○	21	·	36	·	51	○
	7	○	22	—	37	○	52	—
	8	○	23	·	38	—	53	○
日	9	○	24	—	39	—	54	○
	10	—	25	·	40	—	55	·
10	11	—	26	○	41	·	56	—
時	12	·	27	—	42	○	57	·
	13	·	28	○	43	·	58	○
	14	○	29	—	44	○	59	·

	(分)	0~14	(分)	15~29	(分)	30~44	(分)	45~59
	0	—	15	·	30	—	45	·
	1	·	16	—	31	○	46	·
年	2	—	17	○	32	·	47	—
	3	·	18	○	33	·	48	○
	4	·	19	·	34	—	49	○
月	5	○	20	·	35	—	50	○
	6	○	21	—	36	·	51	—
	7	—	22	○	37	·	52	—
	8	·	23	—	38	○	53	○
日	9	○	24	·	39	○	54	·
	10	·	25	—	40	○	55	·
11	11	—	26	—	41	·	56	·
時	12	—	27	○	42	—	57	○
	13	○	28	·	43	—	58	○
	14	○	29	○	44	·	59	—

	(分)	0~14	(分)	15~29	(分)	30~44	(分)	45~59
	0	—	15	·	30	○	45	·
	1	○	16	○	31	·	46	—
年	2	○	17	·	32	—	47	—
	3	—	18	○	33	—	48	○
	4	·	19	—	34	○	49	·
月	5	·	20	·	35	○	50	○
	6	·	21	—	36	·	51	—
	7	○	22	·	37	—	52	○
	8	—	23	—	38	○	53	·
日	9	○	24	·	39	○	54	·
	10	—	25	○	40	·	55	—
12	11	—	26	○	41	·	56	—
時	12	—	27	○	42	—	57	·
	13	·	28	—	43	○	58	·
	14	○	29	·	44	—	59	○

	(分)	0~14	(分)	15~29	(分)	30~44	(分)	45~59
	0	·	15	—	30	○	45	·
	1	—	16	—	31	○	46	·
年	2	—	17	○	32	—	47	○
	3	○	18	·	33	—	48	○
	4	—	19	○	34	·	49	—
月	5	·	20	—	35	○	50	○
	6	—	21	○	36	·	51	—
	7	○	22	·	37	—	52	○
	8	○	23	—	38	○	53	—
日	9	·	24	—	39	○	54	·
	10	·	25	—	40	—	55	·
13	11	—	26	·	41	—	56	·
時	12	○	27	·	42	—	57	○
	13	·	28	○	43	○	58	·
	14	·	29	○	44	·	59	○

	(分)	0~14	(分)	15~29	(分)	30~44	(分)	45~59
	0	—	15	○	30	·	45	—
	1	—	16	○	31	·	46	—
年	2	—	17	·	32	—	47	·
	3	·	18	—	33	○	48	·
	4	○	19	·	34	·	49	○
月	5	·	20	○	35	·	50	○
	6	○	21	·	36	—	51	○
	7	○	22	—	37	—	52	○
	8	○	23	—	38	○	53	○
日	9	—	24	○	39	·	54	—
	10	·	25	—	40	○	55	·
14	11	—	26	○	41	—	56	○
時	12	·	27	—	42	○	57	·
	13	—	28	○	43	·	58	—
	14	·	29	○	44	—	59	○

西元2001年11月15日到12月14日

年 月 日 15 時

(分)	0~14	(分)	15~29	(分)	30~44	(分)	45~59
0	○	15	·	30	○	45	—
1	○	16	○	31	—	46	○
2	·	17	—	32	○	47	·
3	—	18	·	33	—	48	·
4	—	19	○	34	·	49	—
5	—	20	○	35	○	50	—
6	·	21	○	36	·	51	○
7	·	22	—	37	○	52	·
8	—	23	·	38	·	53	—
9	○	24	—	39	○	54	—
10	○	25	·	40	—	55	○
11	○	26	·	41	—	56	○
12	—	27	·	42	—	57	·
13	—	28	○	43	·	58	—
14	·	29	—	44	○	59	·

年 月 日 16 時

(分)	0~14	(分)	15~29	(分)	30~44	(分)	45~59
0	○	15	—	30	○	45	—
1	·	16	○	31	○	46	○
2	·	17	○	32	○	47	·
3	—	18	·	33	—	48	·
4	○	19	·	34	○	49	○
5	—	20	○	35	·	50	—
6	·	21	○	36	○	51	○
7	—	22	○	37	·	52	—
8	○	23	○	38	—	53	○
9	○	24	—	39	·	54	—
10	·	25	—	40	○	55	·
11	·	26	—	41	○	56	○
12	○	27	○	42	○	57	·
13	○	28	·	43	—	58	○
14	—	29	—	44	·	59	·

年 月 日 17 時

(分)	0~14	(分)	15~29	(分)	30~44	(分)	45~59
0	○	15	·	30	—	45	—
1	○	16	·	31	○	46	·
2	·	17	—	32	○	47	·
3	·	18	·	33	○	48	○
4	—	19	○	34	—	49	○
5	○	20	·	35	—	50	○
6	—	21	—	36	○	51	·
7	·	22	—	37	·	52	—
8	—	23	○	38	·	53	—
9	—	24	○	39	·	54	—
10	○	25	·	40	○	55	—
11	·	26	—	41	○	56	·
12	○	27	·	42	—	57	○
13	—	28	·	43	—	58	·
14	○	29	○	44	○	59	○

年 月 日 18 時

(分)	0~14	(分)	15~29	(分)	30~44	(分)	45~59
0	·	15	·	30	—	45	○
1	○	16	·	31	○	46	·
2	—	17	○	32	·	47	—
3	·	18	—	33	○	48	·
4	—	19	○	34	—	49	·
5	·	20	—	35	○	50	○
6	—	21	○	36	·	51	—
7	·	22	○	37	·	52	○
8	○	23	·	38	—	53	○
9	○	24	○	39	·	54	○
10	○	25	—	40	○	55	—
11	—	26	○	41	·	56	—
12	○	27	—	42	—	57	○
13	—	28	·	43	—	58	·
14	·	29	—	44	○	59	○

年 月 日 19 時

(分)	0~14	(分)	15~29	(分)	30~44	(分)	45~59
0	○	15	·	30	—	45	○
1	○	16	·	31	—	46	—
2	·	17	—	32	·	47	○
3	—	18	○	33	·	48	—
4	·	19	·	34	○	49	○
5	○	20	·	35	○	50	·
6	·	21	—	36	○	51	·
7	—	22	—	37	○	52	·
8	—	23	○	38	—	53	○
9	○	24	·	39	—	54	○
10	—	25	○	40	·	55	—
11	·	26	—	41	·	56	○
12	—	27	○	42	·	57	—
13	○	28	·	43	—	58	○
14	○	29	—	44	○	59	—

年 月 日 20 時

(分)	0~14	(分)	15~29	(分)	30~44	(分)	45~59
0	·	15	—	30	○	45	·
1	·	16	·	31	—	46	○
2	·	17	—	32	·	47	—
3	○	18	·	33	—	48	○
4	·	19	—	34	○	49	—
5	○	20	·	35	○	50	—
6	—	21	○	36	·	51	○
7	—	22	○	37	·	52	—
8	—	23	·	38	—	53	·
9	·	24	—	39	○	54	·
10	○	25	·	40	·	55	○
11	·	26	○	41	·	56	○
12	○	27	·	42	—	57	○
13	○	28	—	43	—	58	○
14	○	29	—	44	○	59	—

年 月 日 21 時

(分)	0~14	(分)	15~29	(分)	30~44	(分)	45~59
0	·	15	—	30	·	45	—
1	○	16	·	31	—	46	○
2	○	17	○	32	—	47	—
3	○	18	·	33	○	48	·
4	—	19	○	34	·	49	—
5	·	20	·	35	—	50	○
6	—	21	○	36	—	51	○
7	·	22	—	37	○	52	·
8	·	23	—	38	○	53	·
9	·	24	—	39	·	54	○
10	○	25	·	40	—	55	○
11	—	26	○	41	·	56	—
12	○	27	—	42	○	57	—
13	—	28	○	43	·	58	○
14	○	29	·	44	·	59	○

年 月 日 22 時

(分)	0~14	(分)	15~29	(分)	30~44	(分)	45~59
0	·	15	—	30	·	45	—
1	·	16	—	31	○	46	·
2	○	17	·	32	—	47	○
3	○	18	○	33	○	48	—
4	○	19	○	34	—	49	○
5	○	20	—	35	○	50	·
6	—	21	·	36	—	51	·
7	—	22	○	37	·	52	—
8	○	23	○	38	○	53	—
9	·	24	○	39	·	54	○
10	·	25	—	40	○	55	·
11	—	26	·	41	·	56	—
12	○	27	—	42	○	57	—
13	○	28	·	43	—	58	○
14	○	29	·	44	—	59	○

西元2001年12月15日到2002年1月12日

年月日23時

(分)	0~14	(分)	15~29	(分)	30~44	(分)	45~59
0	〇	15	·	30	〇	45	·
1	·	16	—	31	〇	46	·
2	·	17	·	32	—	47	〇
3	—	18	〇	33	—	48	〇
4	〇	19	·	34	〇	49	〇
5	·	20	—	35	〇	50	·
6	·	21	—	36	·	51	〇
7	—	22	〇	37	·	52	—
8	—	23	〇	38	·	53	—
9	〇	24	—	39	〇	54	—
10	·	25	—	40	〇	55	·
11	〇	26	·	41	·	56	〇
12	—	27	·	42	—	57	·
13	〇	28	〇	43	—	58	〇
14	〇	29	—	44	—	59	〇

年月日24時

(分)	0~14	(分)	15~29	(分)	30~44	(分)	45~59
0	〇	15	·	30	〇	45	—
1	—	16	〇	31	·	46	—
2	·	17	—	32	〇	47	·
3	—	18	·	33	—	48	·
4	·	19	—	34	〇	49	〇
5	—	20	〇	35	〇	50	—
6	·	21	〇	36	·	51	〇
7	〇	22	〇	37	—	52	〇
8	—	23	·	38	·	53	—
9	〇	24	—	39	〇	54	〇
10	—	25	〇	40	·	55	〇
11	〇	26	·	41	—	56	〇
12	〇	27	·	42	—	57	·
13	·	28	—	43	〇	58	〇
14	·	29	—	44	〇	59	·

年月日1時

(分)	0~14	(分)	15~29	(分)	30~44	(分)	45~59
0	〇	15	·	30	—	45	〇
1	—	16	〇	31	·	46	—
2	〇	17	—	32	〇	47	—
3	—	18	〇	33	·	48	〇
4	〇	19	·	34	·	49	〇
5	—	20	·	35	—	50	·
6	·	21	—	36	〇	51	·
7	〇	22	—	37	—	52	〇
8	·	23	〇	38	·	53	〇
9	〇	24	·	39	—	54	〇
10	·	25	—	40	〇	55	·
11	〇	26	—	41	〇	56	—
12	—	27	〇	42	·	57	—
13	—	28	〇	43	·	58	—
14	—	29	·	44	〇	59	·

年月日2時

(分)	0~14	(分)	15~29	(分)	30~44	(分)	45~59
0	·	15	—	30	〇	45	·
1	—	16	·	31	·	46	—
2	〇	17	—	32	〇	47	—
3	〇	18	·	33	—	48	〇
4	〇	19	·	34	—	49	〇
5	—	20	·	35	—	50	·
6	—	21	〇	36	·	51	—
7	·	22	—	37	〇	52	·
8	〇	23	〇	38	—	53	〇
9	〇	24	—	39	〇	54	·
10	—	25	〇	40	·	55	·
11	·	26	—	41	·	56	—
12	〇	27	·	42	—	57	〇
13	〇	28	〇	43	—	58	—
14	〇	29	·	44	〇	59	·

年月日3時

(分)	0~14	(分)	15~29	(分)	30~44	(分)	45~59
0	〇	15	—	30	〇	45	—
1	〇	16	·	31	—	46	〇
2	—	17	〇	32	·	47	—
3	〇	18	·	33	〇	48	·
4	—	19	〇	34	·	49	—
5	〇	20	·	35	—	50	—
6	—	21	〇	36	—	51	〇
7	·	22	—	37	〇	52	·
8	·	23	·	38	〇	53	〇
9	·	24	—	39	·	54	—
10	〇	25	·	40	—	55	〇
11	—	26	—	41	〇	56	·
12	〇	27	·	42	〇	57	·
13	—	28	·	43	·	58	—
14	—	29	〇	44	·	59	—

年月日4時

(分)	0~14	(分)	15~29	(分)	30~44	(分)	45~59
0	·	15	—	30	·	45	—
1	·	16	—	31	〇	46	·
2	〇	17	〇	32	—	47	—
3	〇	18	·	33	〇	48	·
4	〇	19	·	34	—	49	·
5	·	20	·	35	—	50	〇
6	—	21	〇	36	—	51	〇
7	—	22	〇	37	·	52	—
8	·	23	—	38	〇	53	·
9	〇	24	〇	39	·	54	〇
10	·	25	〇	40	〇	55	·
11	—	26	〇	41	·	56	—
12	〇	27	—	42	〇	57	—
13	〇	28	·	43	—	58	〇
14	〇	29	·	44	·	59	〇

年月日5時

(分)	0~14	(分)	15~29	(分)	30~44	(分)	45~59
0	·	15	—	30	〇	45	·
1	—	16	—	31	〇	46	·
2	—	17	〇	32	—	47	〇
3	〇	18	·	33	—	48	〇
4	—	19	〇	34	·	49	—
5	·	20	—	35	·	50	〇
6	—	21	〇	36	〇	51	—
7	〇	22	·	37	—	52	〇
8	〇	23	—	38	〇	53	—
9	·	24	—	39	〇	54	·
10	·	25	—	40	—	55	·
11	—	26	·	41	—	56	·
12	〇	27	·	42	〇	57	〇
13	·	28	〇	43	〇	58	·
14	·	29	〇	44	·	59	〇

年月日6時

(分)	0~14	(分)	15~29	(分)	30~44	(分)	45~59
0	—	15	〇	30	·	45	—
1	—	16	〇	31	·	46	—
2	—	17	·	32	—	47	·
3	·	18	—	33	〇	48	·
4	〇	19	·	34	·	49	〇
5	·	20	〇	35	·	50	〇
6	〇	21	·	36	—	51	〇
7	〇	22	—	37	—	52	〇
8	〇	23	—	38	〇	53	〇
9	—	24	〇	39	·	54	—
10	·	25	—	40	〇	55	·
11	—	26	〇	41	—	56	〇
12	·	27	—	42	〇	57	〇
13	—	28	〇	43	·	58	—
14	·	29	〇	44	—	59	〇

西元2001年12月15日到2002年1月12日

年月日7時

(分)	0~14	(分)	15~29	(分)	30~44	(分)	45~59
0	〇	15	〇	30	—	45	〇
1	〇	16	·	31	—	46	〇
2	·	17	〇	32	·	47	〇
3	—	18	〇	33	·	48	—
4	·	19	—	34	〇	49	·
5	〇	20	〇	35	·	50	—
6	·	21	—	36	〇	51	·
7	—	22	〇	37	·	52	·
8	〇	23	·	38	〇	53	·
9	〇	24	·	39	—	54	〇
10	〇	25	〇	40	—	55	—
11	—	26	〇	41	—	56	〇
12	—	27	〇	42	·	57	—
13	·	28	〇	43	—	58	〇
14	·	29	—	44	·	59	—

年月日8時

(分)	0~14	(分)	15~29	(分)	30~44	(分)	45~59
0	·	15	—	30	〇	45	·
1	·	16	—	31	〇	46	〇
2	—	17	〇	32	—	47	〇
3	〇	18	·	33	—	48	〇
4	—	19	—	34	·	49	·
5	·	20	—	35	·	50	—
6	—	21	〇	36	〇	51	—
7	〇	22	〇	37	·	52	—
8	〇	23	·	38	〇	53	·
9	·	24	—	39	〇	54	·
10	〇	25	·	40	—	55	〇
11	—	26	〇	41	—	56	·
12	〇	27	·	42	—	57	〇
13	·	28	—	43	〇	58	·
14	·	29	〇	44	·	59	〇

年月日9時

(分)	0~14	(分)	15~29	(分)	30~44	(分)	45~59
0	·	15	·	30	—	45	〇
1	〇	16	·	31	〇	46	·
2	—	17	〇	32	·	47	—
3	·	18	—	33	〇	48	·
4	—	19	〇	34	—	49	·
5	·	20	—	35	〇	50	〇
6	—	21	〇	36	·	51	—
7	·	22	〇	37	·	52	〇
8	〇	23	·	38	—	53	〇
9	〇	24	·	39	·	54	〇
10	〇	25	—	40	〇	55	—
11	—	26	〇	41	·	56	—
12	〇	27	—	42	—	57	〇
13	—	28	·	43	—	58	·
14	·	29	—	44	〇	59	·

年月日10時

(分)	0~14	(分)	15~29	(分)	30~44	(分)	45~59
0	·	15	—	30	〇	45	·
1	〇	16	—	31	〇	46	—
2	〇	17	·	32	—	47	〇
3	—	18	〇	33	〇	48	—
4	—	19	·	34	—	49	·
5	〇	20	〇	35	·	50	—
6	—	21	·	36	·	51	—
7	·	22	〇	37	·	52	〇
8	·	23	—	38	〇	53	·
9	〇	24	·	39	—	54	〇
10	〇	25	—	40	〇	55	—
11	〇	26	·	41	—	56	〇
12	〇	27	—	42	〇	57	·
13	—	28	·	43	〇	58	·
14	—	29	〇	44	·	59	—

年月日11時

(分)	0~14	(分)	15~29	(分)	30~44	(分)	45~59
0	·	15	·	30	〇	45	〇
1	—	16	〇	31	—	46	〇
2	—	17	〇	32	·	47	—
3	—	18	—	33	〇	48	·
4	·	19	—	34	·	49	—
5	·	20	〇	35	〇	50	·
6	—	21	〇	36	·	51	—
7	〇	22	·	37	〇	52	—
8	〇	23	·	38	—	53	〇
9	〇	24	·	39	—	54	〇
10	—	25	·	40	—	55	·
11	—	26	〇	41	·	56	—
12	·	27	—	42	—	57	·
13	·	28	〇	43	·	58	〇
14	〇	29	—	44	〇	59	·

年月日12時

(分)	0~14	(分)	15~29	(分)	30~44	(分)	45~59
0	·	15	—	30	〇	45	·
1	—	16	〇	31	—	46	·
2	〇	17	·	32	—	47	〇
3	—	18	〇	33	·	48	—
4	·	19	〇	34	〇	49	〇
5	—	20	〇	35	〇	50	—
6	〇	21	·	36	·	51	〇
7	〇	22	—	37	〇	52	—
8	·	23	—	38	〇	53	·
9	〇	24	〇	39	〇	54	〇
10	—	25	·	40	—	55	·
11	〇	26	·	41	—	56	〇
12	·	27	—	42	〇	57	·
13	·	28	〇	43	·	58	〇
14	—	29	〇	44	·	59	—

年月日13時

(分)	0~14	(分)	15~29	(分)	30~44	(分)	45~59
0	—	15	·	30	—	45	·
1	—	16	〇	31	·	46	—
2	〇	17	—	32	—	47	〇
3	·	18	〇	33	·	48	〇
4	·	19	—	34	·	49	·
5	·	20	—	35	〇	50	·
6	〇	21	—	36	〇	51	—
7	〇	22	·	37	—	52	〇
8	—	23	〇	38	·	53	—
9	—	24	·	39	〇	54	·
10	〇	25	〇	40	·	55	—
11	〇	26	·	41	—	56	—
12	—	27	〇	42	—	57	〇
13	·	28	—	43	〇	58	·
14	·	29	·	44	〇	59	〇

年月日14時

(分)	0~14	(分)	15~29	(分)	30~44	(分)	45~59
0	—	15	·	30	〇	45	·
1	〇	16	〇	31	〇	46	〇
2	·	17	—	32	〇	47	·
3	·	18	〇	33	—	48	〇
4	—	19	〇	34	·	49	—
5	—	20	〇	35	·	50	·
6	·	21	—	36	·	51	—
7	·	22	—	37	〇	52	·
8	〇	23	〇	38	—	53	—
9	〇	24	·	39	〇	54	·
10	〇	25	·	40	—	55	·
11	·	26	〇	41	—	56	〇
12	—	27	〇	42	—	57	〇
13	—	28	〇	43	·	58	—
14	·	29	—	44	〇	59	·

西元2001年12月15日到2002年1月12日

年 月 日 15 時

(分)	0~14	(分)	15~29	(分)	30~44	(分)	45~59
0	·	15	—	30	〇	45	〇
1	—	16	〇	31	—	46	〇
2	—	17	〇	32	·	47	—
3	—	18	—	33	·	48	·
4	·	19	—	34	·	49	—
5	·	20	〇	35	〇	50	·
6	〇	21	〇	36	·	51	—
7	〇	22	·	37	〇	52	·
8	〇	23	·	38	—	53	〇
9	〇	24	·	39	—	54	〇
10	—	25	〇	40	—	55	·
11	—	26	〇	41	·	56	—
12	·	27	—	42	〇	57	·
13	·	28	〇	43	·	58	〇
14	〇	29	—	44	〇	59	·

年 月 日 16 時

(分)	0~14	(分)	15~29	(分)	30~44	(分)	45~59
0	—	15	—	30	〇	45	·
1	—	16	〇	31	〇	46	〇
2	〇	17	·	32	〇	47	〇
3	—	18	〇	33	·	48	—
4	·	19	—	34	〇	49	〇
5	—	20	〇	35	·	50	—
6	〇	21	·	36	—	51	〇
7	〇	22	—	37	〇	52	—
8	·	23	〇	38	〇	53	·
9	·	24	—	39	—	54	·
10	—	25	·	40	—	55	·
11	〇	26	·	41	〇	56	〇
12	·	27	〇	42	〇	57	·
13	·	28	〇	43	·	58	〇
14	—	29	〇	44	·	59	—

年 月 日 17 時

(分)	0~14	(分)	15~29	(分)	30~44	(分)	45~59
0	·	15	〇	30	—	45	〇
1	·	16	—	31	〇	46	·
2	—	17	〇	32	·	47	·
3	·	18	—	33	·	48	—
4	〇	19	·	34	—	49	〇
5	〇	20	〇	35	—	50	—
6	〇	21	·	36	〇	51	·
7	—	22	〇	37	·	52	—
8	·	23	·	38	—	53	〇
9	—	24	〇	39	—	54	〇
10	·	25	—	40	〇	55	·
11	·	26	—	41	〇	56	·
12	·	27	—	42	·	57	〇
13	〇	28	·	43	—	58	〇
14	—	29	〇	44	·	59	—

年 月 日 18 時

(分)	0~14	(分)	15~29	(分)	30~44	(分)	45~59
0	—	15	〇	30	—	45	〇
1	〇	16	〇	31	·	46	—
2	〇	17	〇	32	·	47	—
3	·	18	—	33	·	48	—
4	·	19	—	34	〇	49	·
5	〇	20	·	35	—	50	〇
6	〇	21	·	36	〇	51	—
7	〇	22	〇	37	—	52	〇
8	·	23	—	38	〇	53	·
9	—	24	·	39	—	54	·
10	〇	25	〇	40	·	55	—
11	—	26	〇	41	〇	56	—
12	·	27	〇	42	·	57	〇
13	·	28	〇	43	〇	58	·
14	—	29	·	44	·	59	—

年 月 日 19 時

(分)	0~14	(分)	15~29	(分)	30~44	(分)	45~59
0	—	15	〇	30	·	45	—
1	·	16	〇	31	·	46	〇
2	〇	17	·	32	—	47	〇
3	〇	18	·	33	·	48	〇
4	〇	19	—	34	〇	49	—
5	—	20	〇	35	·	50	—
6	〇	21	—	36	—	51	〇
7	—	22	·	37	—	52	·
8	·	23	—	38	〇	53	·
9	·	24	—	39	〇	54	·
10	·	25	〇	40	·	55	〇
11	〇	26	·	41	—	56	〇
12	—	27	〇	42	·	57	—
13	〇	28	—	43	·	58	—
14	—	29	〇	44	〇	59	〇

年 月 日 20 時

(分)	0~14	(分)	15~29	(分)	30~44	(分)	45~59
0	—	15	·	30	·	45	—
1	·	16	〇	31	〇	46	〇
2	·	17	—	32	〇	47	·
3	〇	18	·	33	—	48	〇
4	〇	19	—	34	〇	49	—
5	〇	20	·	35	—	50	〇
6	·	21	—	36	〇	51	·
7	—	22	·	37	〇	52	·
8	—	23	〇	38	〇	53	—
9	—	24	〇	39	·	54	·
10	—	25	〇	40	—	55	〇
11	·	26	〇	41	〇	56	·
12	〇	27	〇	42	—	57	—
13	·	28	—	43	〇	58	—
14	〇	29	·	44	—	59	〇

年 月 日 21 時

(分)	0~14	(分)	15~29	(分)	30~44	(分)	45~59
0	—	15	·	30	—	45	·
1	·	16	—	31	〇	46	·
2	·	17	—	32	〇	47	·
3	·	18	〇	33	—	48	〇
4	〇	19	·	34	—	49	〇
5	—	20	〇	35	·	50	·
6	·	21	—	36	·	51	—
7	—	22	〇	37	〇	52	—
8	〇	23	〇	38	—	53	—
9	〇	24	·	39	〇	54	·
10	·	25	—	40	〇	55	·
11	·	26	·	41	—	56	〇
12	—	27	〇	42	—	57	〇
13	〇	28	·	43	〇	58	〇
14	·	29	—	44	〇	59	·

年 月 日 22 時

(分)	0~14	(分)	15~29	(分)	30~44	(分)	45~59
0	〇	15	·	30	〇	45	·
1	—	16	〇	31	·	46	—
2	—	17	—	32	·	47	·
3	—	18	〇	33	—	48	〇
4	·	19	—	34	〇	49	·
5	〇	20	〇	35	·	50	—
6	·	21	—	36	·	51	—
7	〇	22	·	37	—	52	〇
8	〇	23	·	38	—	53	〇
9	〇	24	·	39	〇	54	—
10	—	25	〇	40	·	55	—
11	·	26	—	41	〇	56	·
12	—	27	·	42	—	57	·
13	·	28	—	43	〇	58	〇
14	—	29	〇	44	〇	59	—

西元2002年1月13日到2月11日

年月日23時

(分)	0~14	(分)	15~29	(分)	30~44	(分)	45~59
0	—	15	○	30	·	45	—
1	—	16	·	31	—	46	·
2	—	17	○	32	·	47	—
3	○	18	·	33	—	48	○
4	·	19	○	34	—	49	○
5	·	20	—	35	○	50	·
6	·	21	—	36	○	51	○
7	·	22	—	37	·	52	—
8	○	23	·	38	—	53	○
9	—	24	—	39	·	54	·
10	○	25	·	40	○	55	·
11	—	26	○	41	·	56	—
12	○	27	○	42	·	57	—
13	—	28	○	43	—	58	○
14	·	29	—	44	○	59	·

年月日24時

(分)	0~14	(分)	15~29	(分)	30~44	(分)	45~59
0	○	15	·	30	—	45	—
1	○	16	○	31	○	46	·
2	○	17	·	32	—	47	○
3	·	18	·	33	○	48	○
4	—	19	○	34	—	49	○
5	—	20	○	35	·	50	—
6	—	21	○	36	○	51	·
7	·	22	—	37	·	52	—
8	·	23	—	38	○	53	·
9	—	24	○	39	·	54	—
10	○	25	·	40	○	55	—
11	○	26	·	41	—	56	○
12	○	27	·	42	—	57	○
13	—	28	·	43	—	58	·
14	—	29	○	44	·	59	—

年月日1時

(分)	0~14	(分)	15~29	(分)	30~44	(分)	45~59
0	·	15	—	30	○	45	○
1	·	16	○	31	·	46	—
2	○	17	—	32	○	47	·
3	—	18	—	33	·	48	·
4	○	19	·	34	○	49	·
5	○	20	·	35	—	50	○
6	○	21	○	36	·	51	—
7	—	22	○	37	—	52	○
8	—	23	○	38	·	53	—
9	○	24	·	39	—	54	○
10	·	25	—	40	·	55	○
11	·	26	—	41	○	56	·
12	·	27	—	42	○	57	·
13	○	28	—	43	○	58	—
14	○	29	·	44	—	59	○

年月日2時

(分)	0~14	(分)	15~29	(分)	30~44	(分)	45~59
0	—	15	—	30	○	45	·
1	·	16	—	31	·	46	—
2	—	17	○	32	·	47	—
3	—	18	○	33	·	48	—
4	○	19	·	34	○	49	—
5	·	20	—	35	○	50	·
6	○	21	○	36	—	51	○
7	—	22	·	37	—	52	·
8	○	23	○	38	○	53	○
9	·	24	—	39	—	54	·
10	·	25	○	40	·	55	○
11	—	26	○	41	·	56	—
12	·	27	○	42	○	57	·
13	○	28	—	43	○	58	—
14	·	29	—	44	○	59	·

年月日3時

(分)	0~14	(分)	15~29	(分)	30~44	(分)	45~59
0	—	15	○	30	·	45	—
1	○	16	—	31	·	46	—
2	○	17	·	32	—	47	○
3	○	18	·	33	—	48	—
4	○	19	·	34	○	49	·
5	—	20	○	35	·	50	—
6	·	21	·	36	○	51	○
7	—	22	○	37	—	52	○
8	·	23	—	38	○	53	·
9	—	24	—	39	○	54	·
10	·	25	—	40	·	55	—
11	○	26	·	41	—	56	○
12	—	27	○	42	·	57	—
13	○	28	·	43	○	58	—
14	—	29	○	44	·	59	○

年月日4時

(分)	0~14	(分)	15~29	(分)	30~44	(分)	45~59
0	○	15	○	30	—	45	—
1	·	16	—	31	·	46	—
2	·	17	—	32	○	47	·
3	·	18	·	33	—	48	○
4	○	19	·	34	○	49	·
5	○	20	○	35	—	50	○
6	·	21	—	36	○	51	·
7	—	22	○	37	—	52	·
8	—	23	○	38	·	53	—
9	—	24	○	39	·	54	—
10	·	25	○	40	·	55	○
11	·	26	—	41	○	56	·
12	○	27	·	42	·	57	○
13	○	28	—	43	○	58	—
14	○	29	·	44	—	59	○

年月日5時

(分)	0~14	(分)	15~29	(分)	30~44	(分)	45~59
0	·	15	—	30	—	45	·
1	○	16	○	31	·	46	○
2	·	17	—	32	○	47	·
3	·	18	○	33	○	48	·
4	○	19	—	34	○	49	—
5	○	20	·	35	—	50	○
6	—	21	○	36	·	51	—
7	—	22	·	37	—	52	·
8	—	23	○	38	·	53	—
9	○	24	·	39	—	54	○
10	·	25	○	40	—	55	○
11	·	26	—	41	○	56	·
12	·	27	—	42	○	57	○
13	·	28	—	43	·	58	—
14	○	29	·	44	—	59	○

年月日6時

(分)	0~14	(分)	15~29	(分)	30~44	(分)	45~59
0	·	15	—	30	○	45	·
1	·	16	○	31	·	46	○
2	—	17	○	32	·	47	—
3	—	18	○	33	·	48	—
4	○	19	—	34	·	49	—
5	·	20	—	35	○	50	·
6	○	21	○	36	—	51	—
7	○	22	·	37	○	52	·
8	○	23	·	38	—	53	○
9	·	24	·	39	○	54	○
10	—	25	○	40	—	55	○
11	—	26	○	41	·	56	—
12	—	27	—	42	○	57	·
13	·	28	—	43	·	58	—
14	·	29	○	44	○	59	·

西元2002年1月13日到2月11日

年 月 日 7 時

(分)	0~14	(分)	15~29	(分)	30~44	(分)	45~59
0	〇	15	〇	30	—	45	—
1	·	16	—	31	·	46	—
2	〇	17	·	32	—	47	〇
3	·	18	·	33	—	48	〇
4	〇	19	·	34	〇	49	·
5	—	20	〇	35	·	50	—
6	·	21	—	36	〇	51	·
7	—	22	〇	37	—	52	〇
8	·	23	—	38	〇	53	·
9	—	24	〇	39	·	54	—
10	·	25	〇	40	·	55	〇
11	〇	26	·	41	—	56	〇
12	〇	27	·	42	·	57	〇
13	〇	28	—	43	〇	58	—
14	—	29	〇	44	·	59	—

年 月 日 8 時

(分)	0~14	(分)	15~29	(分)	30~44	(分)	45~59
0	〇	15	·	30	—	45	〇
1	·	16	—	31	·	46	〇
2	·	17	—	32	〇	47	·
3	·	18	—	33	〇	48	·
4	〇	19	—	34	〇	49	—
5	〇	20	·	35	〇	50	〇
6	—	21	〇	36	〇	51	—
7	〇	22	·	37	—	52	·
8	—	23	〇	38	·	53	—
9	—	24	〇	39	·	54	—
10	·	25	〇	40	·	55	〇
11	·	26	—	41	〇	56	·
12	〇	27	·	42	—	57	〇
13	〇	28	—	43	〇	58	—
14	〇	29	·	44	—	59	〇

年 月 日 9 時

(分)	0~14	(分)	15~29	(分)	30~44	(分)	45~59
0	—	15	〇	30	—	45	·
1	〇	16	·	31	—	46	〇
2	〇	17	—	32	—	47	〇
3	·	18	〇	33	·	48	〇
4	—	19	〇	34	·	49	—
5	·	20	—	35	〇	50	·
6	〇	21	—	36	〇	51	—
7	·	22	〇	37	〇	52	·
8	—	23	〇	38	·	53	—
9	—	24	·	39	〇	54	·
10	〇	25	·	40	—	55	〇
11	〇	26	·	41	—	56	—
12	—	27	〇	42	—	57	〇
13	—	28	〇	43	·	58	—
14	·	29	·	44	〇	59	〇

年 月 日 10 時

(分)	0~14	(分)	15~29	(分)	30~44	(分)	45~59
0	—	15	·	30	—	45	·
1	·	16	—	31	〇	46	·
2	·	17	—	32	〇	47	·
3	·	18	〇	33	—	48	〇
4	〇	19	·	34	—	49	〇
5	—	20	〇	35	·	50	·
6	·	21	—	36	〇	51	—
7	—	22	〇	37	〇	52	—
8	〇	23	〇	38	—	53	—
9	〇	24	〇	39	〇	54	·
10	·	25	—	40	〇	55	·
11	·	26	·	41	—	56	〇
12	—	27	〇	42	〇	57	〇
13	〇	28	·	43	—	58	〇
14	·	29	—	44	〇	59	·

年 月 日 11 時

(分)	0~14	(分)	15~29	(分)	30~44	(分)	45~59
0	·	15	—	30	〇	45	·
1	〇	16	·	31	—	46	〇
2	·	17	〇	32	·	47	〇
3	〇	18	·	33	—	48	〇
4	·	19	—	34	〇	49	·
5	〇	20	—	35	〇	50	—
6	—	21	〇	36	·	51	—
7	—	22	〇	37	·	52	·
8	〇	23	·	38	〇	53	〇
9	·	24	—	39	〇	54	·
10	〇	25	〇	40	—	55	—
11	—	26	〇	41	—	56	〇
12	〇	27	·	42	〇	57	〇
13	·	28	·	43	—	58	〇
14	·	29	—	44	·	59	—

年 月 日 12 時

(分)	0~14	(分)	15~29	(分)	30~44	(分)	45~59
0	—	15	〇	30	·	45	—
1	·	16	—	31	〇	46	〇
2	—	17	〇	32	—	47	〇
3	·	18	—	33	〇	48	·
4	—	19	—	34	·	49	·
5	·	20	—	35	·	50	—
6	〇	21	·	36	—	51	〇
7	〇	22	〇	37	·	52	—
8	〇	23	·	38	〇	53	·
9	—	24	〇	39	·	54	—
10	〇	25	·	40	—	55	〇
11	—	26	〇	41	—	56	〇
12	·	27	—	42	〇	57	·
13	·	28	—	43	〇	58	·
14	·	29	〇	44	·	59	〇

年 月 日 13 時

(分)	0~14	(分)	15~29	(分)	30~44	(分)	45~59
0	〇	15	—	30	·	45	—
1	〇	16	·	31	—	46	〇
2	·	17	—	32	〇	47	〇
3	〇	18	·	33	〇	48	·
4	—	19	〇	34	·	49	—
5	—	20	—	35	·	50	·
6	—	21	〇	36	—	51	〇
7	·	22	—	37	〇	52	·
8	〇	23	〇	38	·	53	—
9	·	24	—	39	·	54	—
10	〇	25	·	40	—	55	〇
11	〇	26	·	41	—	56	〇
12	〇	27	·	42	〇	57	—
13	—	28	〇	43	·	58	—
14	·	29	—	44	〇	59	·

年 月 日 14 時

(分)	0~14	(分)	15~29	(分)	30~44	(分)	45~59
0	·	15	—	30	·	45	—
1	〇	16	—	31	〇	46	·
2	—	17	—	32	〇	47	·
3	〇	18	·	33	〇	48	·
4	〇	19	·	34	—	49	〇
5	—	20	〇	35	·	50	—
6	—	21	〇	36	—	51	·
7	〇	22	〇	37	·	52	—
8	〇	23	〇	38	—	53	〇
9	·	24	〇	39	·	54	〇
10	·	25	—	40	〇	55	·
11	·	26	—	41	—	56	·
12	〇	27	—	42	〇	57	—
13	〇	28	·	43	—	58	〇
14	·	29	〇	44	〇	59	·

西元2002年1月13日到2月11日

年 月 日 15 時

(分)	0~14	(分)	15~29	(分)	30~44	(分)	45~59
0	—	15	○	30	·	45	—
1	○	16	·	31	—	46	○
2	—	17	○	32	○	47	·
3	·	18	—	33	○	48	·
4	·	19	—	34	○	49	○
5	—	20	○	35	—	50	○
6	○	21	·	36	—	51	○
7	—	22	—	37	·	52	○
8	·	23	—	38	○	53	—
9	—	24	○	39	○	54	—
10	○	25	○	40	·	55	—
11	○	26	○	41	○	56	·
12	○	27	—	42	○	57	·
13	○	28	·	43	—	58	○
14	—	29	○	44	—	59	·

年 月 日 16 時

(分)	0~14	(分)	15~29	(分)	30~44	(分)	45~59
0	○	15	·	30	—	45	○
1	·	16	·	31	○	46	○
2	○	17	·	32	○	47	·
3	—	18	○	33	·	48	—
4	—	19	—	34	○	49	·
5	—	20	○	35	—	50	○
6	·	21	—	36	○	51	·
7	—	22	○	37	·	52	—
8	·	23	—	38	·	53	○
9	○	24	·	39	—	54	○
10	○	25	·	40	—	55	○
11	○	26	—	41	○	56	—
12	—	27	○	42	·	57	—
13	·	28	—	43	—	58	·
14	—	29	○	44	—	59	○

年 月 日 17 時

(分)	0~14	(分)	15~29	(分)	30~44	(分)	45~59
0	·	15	—	30	○	45	·
1	·	16	○	31	·	46	○
2	○	17	·	32	—	47	○
3	—	18	○	33	·	48	—
4	○	19	—	34	·	49	—
5	—	20	○	35	○	50	○
6	○	21	·	36	—	51	—
7	○	22	·	37	○	52	·
8	·	23	—	38	○	53	·
9	·	24	·	39	○	54	○
10	—	25	○	40	—	55	○
11	○	26	·	41	—	56	○
12	—	27	—	42	○	57	·
13	·	28	—	43	·	58	—
14	—	29	○	44	·	59	—

年 月 日 18 時

(分)	0~14	(分)	15~29	(分)	30~44	(分)	45~59
0	—	15	○	30	·	45	·
1	—	16	○	31	—	46	○
2	·	17	—	32	○	47	·
3	○	18	○	33	—	48	—
4	·	19	—	34	·	49	—
5	○	20	·	35	—	50	○
6	·	21	·	36	—	51	○
7	○	22	·	37	○	52	·
8	—	23	○	38	·	53	—
9	·	24	○	39	○	54	·
10	—	25	○	40	—	55	○
11	·	26	—	41	○	56	·
12	—	27	○	42	·	57	—
13	·	28	○	43	·	58	○
14	○	29	·	44	—	59	○

年 月 日 19 時

(分)	0~14	(分)	15~29	(分)	30~44	(分)	45~59
0	—	15	○	30	·	45	—
1	—	16	—	31	·	46	·
2	·	17	—	32	·	47	—
3	·	18	—	33	○	48	·
4	○	19	○	34	·	49	—
5	○	20	·	35	○	50	·
6	○	21	·	36	—	51	○
7	○	22	·	37	—	52	○
8	—	23	○	38	—	53	·
9	—	24	○	39	·	54	—
10	·	25	—	40	○	55	·
11	○	26	○	41	·	56	○
12	·	27	—	42	○	57	·
13	—	28	○	43	○	58	—
14	○	29	—	44	○	59	—

年 月 日 20 時

(分)	0~14	(分)	15~29	(分)	30~44	(分)	45~59
0	○	15	·	30	—	45	○
1	—	16	○	31	·	46	—
2	·	17	—	32	○	47	○
3	—	18	○	33	○	48	—
4	○	19	·	34	—	49	○
5	○	20	—	35	○	50	—
6	·	21	—	36	○	51	·
7	·	22	—	37	—	52	·
8	—	23	·	38	—	53	·
9	○	24	·	39	—	54	○
10	·	25	○	40	○	55	·
11	·	26	○	41	·	56	○
12	—	27	○	42	·	57	—
13	—	28	○	43	·	58	—
14	○	29	○	44	○	59	—

年 月 日 21 時

(分)	0~14	(分)	15~29	(分)	30~44	(分)	45~59
0	○	15	·	30	—	45	○
1	—	16	·	31	—	46	·
2	—	17	○	32	·	47	—
3	·	18	—	33	—	48	·
4	·	19	○	34	·	49	○
5	○	20	—	35	○	50	·
6	·	21	○	36	○	51	·
7	○	22	—	37	○	52	—
8	○	23	·	38	—	53	○
9	—	24	○	39	·	54	—
10	—	25	·	40	—	55	·
11	—	26	○	41	·	56	—
12	○	27	·	42	—	57	○
13	·	28	○	43	—	58	○
14	·	29	—	44	○	59	·

年 月 日 22 時

(分)	0~14	(分)	15~29	(分)	30~44	(分)	45~59
0	○	15	—	30	—	45	○
1	—	16	·	31	○	46	·
2	○	17	·	32	—	47	○
3	·	18	—	33	○	48	·
4	·	19	○	34	·	49	○
5	—	20	○	35	·	50	—
6	—	21	○	36	·	51	—
7	○	22	—	37	·	52	—
8	·	23	—	38	○	53	·
9	○	24	·	39	—	54	—
10	○	25	○	40	○	55	·
11	○	26	·	41	—	56	○
12	·	27	·	42	○	57	○
13	—	28	○	43	—	58	○
14	—	29	○	44	·	59	—

西元2002年2月12日到3月13日

年月日23時

(分)	0~14	(分)	15~29	(分)	30~44	(分)	45~59
0	○	15	—	30	○	45	—
1	·	16	○	31	○	46	·
2	—	17	○	32	·	47	—
3	—	18	·	33	○	48	·
4	○	19	·	34	—	49	○
5	○	20	·	35	—	50	—
6	—	21	○	36	—	51	○
7	—	22	○	37	·	52	—
8	·	23	·	38	○	53	○
9	·	24	—	39	·	54	—
10	○	25	—	40	○	55	·
11	—	26	—	41	○	56	·
12	○	27	·	42	○	57	·
13	○	28	·	43	—	58	○
14	—	29	○	44	·	59	—

年月日24時

(分)	0~14	(分)	15~29	(分)	30~44	(分)	45~59
0	·	15	—	30	○	45	—
1	—	16	○	31	○	46	—
2	○	17	○	32	—	47	—
3	○	18	·	33	○	48	·
4	·	19	—	34	○	49	·
5	·	20	·	35	—	50	○
6	—	21	○	36	—	51	○
7	○	22	·	37	○	52	○
8	·	23	—	38	○	53	·
9	·	24	—	39	·	54	○
10	—	25	○	40	·	55	—
11	—	26	○	41	·	56	—
12	○	27	—	42	○	57	—
13	·	28	—	43	○	58	·
14	○	29	·	44	·	59	○

年月日1時

(分)	0~14	(分)	15~29	(分)	30~44	(分)	45~59
0	·	15	—	30	○	45	○
1	·	16	—	31	·	46	—
2	○	17	·	32	—	47	○
3	—	18	—	33	·	48	·
4	○	19	·	34	○	49	·
5	—	20	○	35	·	50	—
6	○	21	○	36	·	51	—
7	—	22	○	37	—	52	○
8	·	23	—	38	○	53	·
9	○	24	·	39	—	54	○
10	·	25	—	40	·	55	○
11	○	26	·	41	—	56	○
12	·	27	—	42	○	57	·
13	○	28	—	43	○	58	—
14	—	29	○	44	·	59	—

年月日2時

(分)	0~14	(分)	15~29	(分)	30~44	(分)	45~59
0	—	15	—	30	○	45	·
1	·	16	○	31	·	46	—
2	·	17	—	32	○	47	·
3	—	18	○	33	·	48	—
4	○	19	·	34	○	49	—
5	○	20	·	35	—	50	○
6	○	21	·	36	—	51	○
7	—	22	○	37	—	52	·
8	—	23	○	38	·	53	—
9	·	24	—	39	—	54	·
10	○	25	○	40	·	55	○
11	·	26	—	41	○	56	·
12	·	27	○	42	○	57	·
13	○	28	—	43	○	58	—
14	○	29	·	44	—	59	○

年月日3時

(分)	0~14	(分)	15~29	(分)	30~44	(分)	45~59
0	·	15	—	30	·	45	—
1	·	16	—	31	○	46	·
2	○	17	○	32	—	47	—
3	○	18	·	33	○	48	·
4	○	19	·	34	—	49	·
5	·	20	·	35	—	50	○
6	—	21	○	36	—	51	○
7	—	22	○	37	·	52	—
8	·	23	—	38	○	53	·
9	○	24	—	39	·	54	○
10	·	25	—	40	○	55	·
11	—	26	○	41	·	56	—
12	○	27	—	42	○	57	—
13	○	28	·	43	—	58	○
14	○	29	·	44	·	59	○

年月日4時

(分)	0~14	(分)	15~29	(分)	30~44	(分)	45~59
0	·	15	—	30	·	45	○
1	—	16	○	31	·	46	—
2	○	17	·	32	—	47	○
3	○	18	·	33	○	48	—
4	·	19	—	34	○	49	·
5	·	20	—	35	○	50	·
6	—	21	·	36	○	51	·
7	○	22	·	37	—	52	○
8	—	23	○	38	○	53	—
9	·	24	○	39	·	54	○
10	—	25	○	40	·	55	—
11	—	26	○	41	·	56	—
12	○	27	—	42	○	57	—
13	·	28	—	43	○	58	·
14	○	29	○	44	—	59	○

年月日5時

(分)	0~14	(分)	15~29	(分)	30~44	(分)	45~59
0	○	15	○	30	—	45	—
1	·	16	—	31	·	46	—
2	·	17	—	32	○	47	·
3	·	18	·	33	—	48	○
4	○	19	○	34	○	49	·
5	○	20	·	35	—	50	○
6	·	21	—	36	○	51	·
7	—	22	○	37	—	52	·
8	—	23	○	38	·	53	—
9	—	24	○	39	·	54	—
10	·	25	○	40	·	55	○
11	·	26	—	41	○	56	·
12	○	27	·	42	·	57	○
13	○	28	—	43	○	58	—
14	○	29	·	44	—	59	○

年月日6時

(分)	0~14	(分)	15~29	(分)	30~44	(分)	45~59
0	○	15	·	30	—	45	○
1	·	16	—	31	·	46	○
2	—	17	○	32	·	47	—
3	·	18	—	33	○	48	·
4	○	19	—	34	○	49	—
5	·	20	○	35	○	50	·
6	—	21	○	36	○	51	—
7	—	22	·	37	—	52	·
8	○	23	○	38	—	53	○
9	—	24	·	39	·	54	—
10	·	25	○	40	○	55	○
11	—	26	○	41	·	56	—
12	○	27	·	42	—	57	○
13	○	28	—	43	○	58	—
14	·	29	—	44	○	59	·

西元2002年2月12日到3月13日

年月日7時

(分)	0~14	(分)	15~29	(分)	30~44	(分)	45~59
0	·	15	○	30	○	45	·
1	○	16	—	31	○	46	—
2	○	17	·	32	—	47	○
3	—	18	○	33	·	48	—
4	—	19	·	34	—	49	·
5	○	20	○	35	·	50	—
6	○	21	·	36	—	51	○
7	·	22	○	37	—	52	○
8	·	23	—	38	○	53	·
9	·	24	—	39	○	54	○
10	·	25	—	40	·	55	—
11	○	26	·	41	—	56	○
12	—	27	—	42	·	57	·
13	○	28	·	43	○	58	·
14	—	29	○	44	·	59	—

年月日8時

(分)	0~14	(分)	15~29	(分)	30~44	(分)	45~59
0	—	15	○	30	·	45	—
1	○	16	—	31	·	46	—
2	·	17	—	32	○	47	·
3	○	18	·	33	—	48	—
4	○	19	○	34	○	49	·
5	○	20	·	35	—	50	○
6	·	21	·	36	○	51	○
7	—	22	○	37	—	52	○
8	—	23	○	38	·	53	—
9	—	24	○	39	○	54	·
10	·	25	—	40	·	55	—
11	·	26	—	41	○	56	·
12	—	27	○	42	·	57	—
13	○	28	·	43	○	58	—
14	○	29	·	44	—	59	○

年月日9時

(分)	0~14	(分)	15~29	(分)	30~44	(分)	45~59
0	—	15	○	30	—	45	○
1	○	16	·	31	—	46	○
2	○	17	○	32	·	47	—
3	·	18	—	33	○	48	○
4	—	19	○	34	·	49	—
5	○	20	·	35	—	50	○
6	○	21	·	36	○	51	—
7	·	22	—	37	○	52	·
8	·	23	—	38	○	53	·
9	—	24	·	39	—	54	·
10	○	25	·	40	—	55	○
11	—	26	○	41	○	56	—
12	·	27	○	42	·	57	○
13	—	28	○	43	·	58	—
14	—	29	·	44	·	59	—

年月日10時

(分)	0~14	(分)	15~29	(分)	30~44	(分)	45~59
0	—	15	○	30	—	45	·
1	·	16	—	31	○	46	·
2	○	17	·	32	—	47	○
3	·	18	○	33	·	48	○
4	○	19	·	34	—	49	○
5	·	20	—	35	—	50	·
6	○	21	—	36	○	51	—
7	—	22	○	37	·	52	—
8	·	23	○	38	○	53	·
9	—	24	○	39	—	54	○
10	·	25	—	40	○	55	·
11	—	26	○	41	·	56	—
12	·	27	○	42	·	57	○
13	·	28	·	43	—	58	○
14	○	29	·	44	—	59	○

年月日11時

(分)	0~14	(分)	15~29	(分)	30~44	(分)	45~59
0	—	15	○	30	·	45	—
1	○	16	·	31	—	46	·
2	—	17	○	32	·	47	—
3	○	18	·	33	—	48	○
4	○	19	○	34	—	49	○
5	·	20	—	35	○	50	·
6	·	21	—	36	○	51	○
7	·	22	—	37	·	52	—
8	○	23	·	38	—	53	○
9	—	24	—	39	·	54	·
10	○	25	·	40	○	55	·
11	—	26	○	41	·	56	—
12	○	27	○	42	·	57	—
13	—	28	○	43	—	58	○
14	·	29	—	44	○	59	·

年月日12時

(分)	0~14	(分)	15~29	(分)	30~44	(分)	45~59
0	○	15	·	30	—	45	—
1	○	16	○	31	○	46	·
2	○	17	○	32	—	47	○
3	·	18	·	33	○	48	○
4	○	19	○	34	—	49	○
5	—	20	○	35	·	50	—
6	—	21	—	36	○	51	·
7	·	22	—	37	·	52	—
8	○	23	○	38	○	53	·
9	—	24	○	39	·	54	—
10	○	25	·	40	○	55	—
11	○	26	·	41	—	56	○
12	○	27	·	42	—	57	○
13	—	28	·	43	—	58	·
14	—	29	○	44	·	59	—

年月日13時

(分)	0~14	(分)	15~29	(分)	30~44	(分)	45~59
0	·	15	—	30	—	45	·
1	·	16	○	31	·	46	○
2	—	17	○	32	·	47	—
3	·	18	○	33	○	48	·
4	○	19	—	34	○	49	—
5	·	20	—	35	○	50	·
6	—	21	○	36	○	51	—
7	—	22	○	37	—	52	·
8	○	23	·	38	—	53	○
9	○	24	·	39	—	54	○
10	·	25	○	40	—	55	○
11	—	26	○	41	·	56	—
12	·	27	—	42	○	57	○
13	○	28	—	43	·	58	—
14	○	29	○	44	○	59	·

年月日14時

(分)	0~14	(分)	15~29	(分)	30~44	(分)	45~59
0	·	15	—	30	○	45	·
1	·	16	○	31	·	46	○
2	○	17	·	32	—	47	○
3	—	18	○	33	·	48	—
4	○	19	—	34	○	49	—
5	—	20	○	35	·	50	○
6	○	21	·	36	—	51	—
7	○	22	○	37	○	52	·
8	·	23	—	38	○	53	○
9	·	24	·	39	○	54	○
10	—	25	○	40	○	55	○
11	○	26	·	41	—	56	○
12	—	27	—	42	○	57	·
13	·	28	—	43	·	58	—
14	—	29	○	44	○	59	—

西元2002年2月12日到3月13日

年　月　日　15時

(分)	0~14	(分)	15~29	(分)	30~44	(分)	45~59
0	·	15	—	30	○	45	·
1	○	16	—	31	○	46	—
2	·	17	○	32	○	47	·
3	—	18	○	33	○	48	—
4	—	19	·	34	—	49	·
5	○	20	·	35	—	50	○
6	—	21	·	36	·	51	—
7	·	22	○	37	○	52	○
8	—	23	○	38	·	53	—
9	○	24	·	39	—	54	○
10	○	25	—	40	○	55	—
11	·	26	—	41	○	56	·
12	·	27	—	42	○	57	·
13	—	28	·	43	○	58	·
14	○	29	·	44	—	59	○

年　月　日　16時

(分)	0~14	(分)	15~29	(分)	30~44	(分)	45~59
0	·	15	○	30	○	45	·
1	○	16	—	31	○	46	—
2	—	17	○	32	·	47	—
3	—	18	○	33	·	48	—
4	—	19	·	34	—	49	·
5	·	20	—	35	○	50	·
6	○	21	·	36	—	51	○
7	·	22	○	37	—	52	○
8	○	23	·	38	○	53	○
9	·	24	○	39	○	54	○
10	·	25	—	40	·	55	—
11	—	26	○	41	·	56	—
12	—	27	—	42	·	57	·
13	○	28	○	43	○	58	○
14	·	29	—	44	○	59	·

年　月　日　17時

(分)	0~14	(分)	15~29	(分)	30~44	(分)	45~59
0	—	15	○	30	—	45	·
1	○	16	·	31	—	46	○
2	○	17	·	32	—	47	○
3	·	18	○	33	·	48	○
4	—	19	○	34	·	49	—
5	·	20	—	35	—	50	·
6	○	21	—	36	○	51	—
7	·	22	○	37	○	52	·
8	·	23	○	38	○	53	·
9	—	24	·	39	—	54	·
10	○	25	·	40	—	55	○
11	—	26	○	41	·	56	—
12	·	27	○	42	·	57	○
13	—	28	○	43	·	58	—
14	○	29	·	44	—	59	○

年　月　日　18時

(分)	0~14	(分)	15~29	(分)	30~44	(分)	45~59
0	—	15	·	30	—	45	·
1	·	16	—	31	○	46	·
2	○	17	—	32	—	47	○
3	·	18	○	33	·	48	○
4	○	19	·	34	—	49	○
5	·	20	—	35	○	50	·
6	○	21	—	36	○	51	—
7	—	22	○	37	·	52	—
8	—	23	○	38	·	53	—
9	—	24	○	39	○	54	·
10	·	25	—	40	○	55	·
11	○	26	·	41	—	56	—
12	—	27	○	42	—	57	○
13	○	28	·	43	○	58	○
14	·	29	·	44	○	59	○

年　月　日　19時

(分)	0~14	(分)	15~29	(分)	30~44	(分)	45~59
0	·	15	·	30	○	45	○
1	—	16	○	31	—	46	○
2	○	17	·	32	—	47	○
3	—	18	—	33	○	48	·
4	·	19	—	34	·	49	—
5	—	20	○	35	·	50	—
6	—	21	○	36	·	51	—
7	○	22	·	37	○	52	—
8	·	23	—	38	○	53	·
9	○	24	·	39	—	54	○
10	—	25	·	40	○	55	·
11	○	26	○	41	—	56	○
12	·	27	—	42	—	57	·
13	·	28	○	43	·	58	○
14	—	29	○	44	·	59	—

年　月　日　20時

(分)	0~14	(分)	15~29	(分)	30~44	(分)	45~59
0	·	15	—	30	○	45	·
1	—	16	○	31	—	46	○
2	·	17	—	32	○	47	·
3	—	18	○	33	·	48	—
4	·	19	○	34	·	49	○
5	○	20	·	35	—	50	○
6	○	21	○	36	·	51	○
7	○	22	—	37	○	52	—
8	—	23	○	38	·	53	—
9	○	24	—	39	—	54	○
10	—	25	·	40	—	55	·
11	·	26	—	41	○	56	·
12	·	27	—	42	○	57	·
13	·	28	○	43	·	58	○
14	○	29	·	44	—	59	○

年　月　日　21時

(分)	0~14	(分)	15~29	(分)	30~44	(分)	45~59
0	○	15	—	30	○	45	—
1	·	16	—	31	○	46	·
2	○	17	·	32	·	47	○
3	—	18	·	33	—	48	·
4	○	19	○	34	—	49	○
5	○	20	—	35	—	50	○
6	·	21	○	36	·	51	○
7	—	22	○	37	·	52	—
8	·	23	—	38	○	53	·
9	○	24	—	39	○	54	—
10	·	25	○	40	○	55	·
11	—	26	○	41	·	56	—
12	—	27	·	42	○	57	·
13	○	28	·	43	—	58	○
14	○	29	·	44	—	59	—

年　月　日　22時

(分)	0~14	(分)	15~29	(分)	30~44	(分)	45~59
0	○	15	—	30	○	45	○
1	—	16	○	31	·	46	—
2	○	17	·	32	—	47	○
3	—	18	·	33	—	48	·
4	·	19	—	34	○	49	·
5	·	20	—	35	○	50	·
6	·	21	○	36	—	51	○
7	○	22	·	37	—	52	○
8	—	23	○	38	·	53	·
9	·	24	○	39	·	54	—
10	—	25	○	40	○	55	—
11	○	26	○	41	—	56	—
12	○	27	·	42	○	57	·
13	·	28	—	43	○	58	·
14	·	29	·	44	—	59	○

西元2002年3月14日到4月12日

年 月 日 23 時

(分)	0~14	(分)	15~29	(分)	30~44	(分)	45~59
0	·	15	—	30	○	45	·
1	—	16	·	31	○	46	·
2	—	17	○	32	·	47	—
3	—	18	○	33	·	48	·
4	—	19	○	34	—	49	○
5	·	20	—	35	○	50	·
6	○	21	○	36	—	51	—
7	·	22	—	37	·	52	—
8	○	23	·	38	—	53	○
9	·	24	·	39	—	54	○
10	○	25	·	40	○	55	·
11	—	26	○	41	·	56	—
12	·	27	—	42	○	57	·
13	—	28	○	43	—	58	○
14	·	29	—	44	○	59	·

年 月 日 24 時

(分)	0~14	(分)	15~29	(分)	30~44	(分)	45~59
0	—	15	—	30	·	45	·
1	○	16	·	31	○	46	·
2	○	17	·	32	—	47	○
3	○	18	○	33	·	48	—
4	—	19	○	34	—	49	○
5	—	20	○	35	·	50	—
6	○	21	·	36	—	51	○
7	·	22	—	37	·	52	○
8	·	23	○	38	○	53	·
9	·	24	—	39	○	54	·
10	○	25	—	40	○	55	—
11	○	26	·	41	—	56	○
12	—	27	○	42	○	57	—
13	○	28	·	43	—	58	·
14	—	29	○	44	·	59	—

年 月 日 1 時

(分)	0~14	(分)	15~29	(分)	30~44	(分)	45~59
0	—	15	·	30	—	45	·
1	·	16	—	31	○	46	·
2	·	17	—	32	○	47	·
3	·	18	○	33	—	48	○
4	○	19	·	34	—	49	○
5	—	20	○	35	·	50	·
6	·	21	—	36	○	51	—
7	—	22	○	37	·	52	—
8	○	23	○	38	—	53	—
9	○	24	·	39	○	54	·
10	·	25	—	40	○	55	·
11	·	26	·	41	—	56	○
12	—	27	○	42	—	57	○
13	○	28	·	43	—	58	○
14	·	29	—	44	○	59	·

年 月 日 2 時

(分)	0~14	(分)	15~29	(分)	30~44	(分)	45~59
0	○	15	·	30	○	45	·
1	—	16	○	31	·	46	—
2	—	17	—	32	·	47	·
3	—	18	○	33	—	48	○
4	·	19	—	34	○	49	·
5	○	20	○	35	·	50	—
6	·	21	—	36	○	51	—
7	○	22	·	37	—	52	○
8	○	23	·	38	—	53	○
9	○	24	○	39	○	54	—
10	—	25	○	40	·	55	—
11	·	26	—	41	○	56	·
12	—	27	·	42	—	57	○
13	·	28	—	43	○	58	·
14	—	29	○	44	○	59	—

年 月 日 3 時

(分)	0~14	(分)	15~29	(分)	30~44	(分)	45~59
0	·	15	○	30	·	45	○
1	—	16	—	31	○	46	—
2	○	17	·	32	—	47	○
3	○	18	—	33	·	48	—
4	·	19	—	34	○	49	·
5	·	20	—	35	○	50	○
6	○	21	·	36	○	51	·
7	○	22	·	37	—	52	○
8	—	23	—	38	·	53	·
9	—	24	○	39	—	54	○
10	—	25	○	40	·	55	—
11	○	26	○	41	·	56	—
12	·	27	—	42	·	57	—
13	·	28	—	43	○	58	·
14	○	29	·	44	—	59	○

年 月 日 4 時

(分)	0~14	(分)	15~29	(分)	30~44	(分)	45~59
0	—	15	○	30	—	45	○
1	○	16	·	31	○	46	○
2	·	17	·	32	○	47	○
3	·	18	—	33	·	48	—
4	—	19	○	34	○	49	○
5	—	20	—	35	○	50	·
6	○	21	·	36	○	51	·
7	·	22	—	37	○	52	○
8	—	23	○	38	·	53	—
9	—	24	○	39	—	54	·
10	○	25	○	40	—	55	○
11	○	26	·	41	—	56	○
12	·	27	○	42	·	57	○
13	—	28	○	43	·	58	—
14	·	29	—	44	—	59	·

年 月 日 5 時

(分)	0~14	(分)	15~29	(分)	30~44	(分)	45~59
0	—	15	○	30	·	45	—
1	—	16	·	31	○	46	·
2	—	17	○	32	·	47	—
3	○	18	·	33	—	48	—
4	—	19	○	34	○	49	○
5	·	20	—	35	○	50	·
6	·	21	·	36	○	51	○
7	·	22	—	37	·	52	—
8	○	23	·	38	—	53	○
9	—	24	—	39	○	54	·
10	○	25	○	40	○	55	·
11	—	26	·	41	·	56	—
12	—	27	○	42	·	57	—
13	—	28	○	43	—	58	·
14	·	29	—	44	○	59	·

年 月 日 6 時

(分)	0~14	(分)	15~29	(分)	30~44	(分)	45~59
0	○	15	○	30	—	45	—
1	○	16	·	31	○	46	·
2	○	17	·	32	—	47	·
3	·	18	·	33	—	48	○
4	—	19	○	34	—	49	○
5	—	20	○	35	·	50	—
6	·	21	—	36	○	51	·
7	○	22	—	37	·	52	○
8	·	23	○	38	○	53	·
9	—	24	○	39	·	54	—
10	○	25	—	40	○	55	—
11	○	26	·	41	—	56	○
12	○	27	·	42	·	57	○
13	—	28	·	43	—	58	·
14	—	29	○	44	·	59	—

西元2002年3月14日到4月12日

年月日 7時

(分)	0~14	(分)	15~29	(分)	30~44	(分)	45~59
0	·	15	—	30	○	45	·
1	○	16	○	31	·	46	—
2	○	17	·	32	○	47	·
3	○	18	·	33	—	48	○
4	○	19	·	34	—	49	○
5	—	20	○	35	—	50	·
6	—	21	○	36	·	51	—
7	·	22	—	37	○	52	·
8	○	23	○	38	·	53	○
9	·	24	—	39	○	54	·
10	—	25	○	40	○	55	—
11	○	26	—	41	○	56	—
12	○	27	·	42	—	57	○
13	—	28	·	43	·	58	—
14	○	29	·	44	—	59	·

年月日 8時

(分)	0~14	(分)	15~29	(分)	30~44	(分)	45~59
0	—	15	○	30	○	45	—
1	○	16	·	31	—	46	○
2	○	17	—	32	○	47	—
3	·	18	—	33	○	48	·
4	○	19	—	34	—	49	·
5	—	20	·	35	—	50	·
6	○	21	·	36	○	51	○
7	·	22	○	37	○	52	·
8	·	23	○	38	·	53	○
9	—	24	○	39	·	54	—
10	—	25	○	40	·	55	—
11	○	26	○	41	○	56	—
12	·	27	—	42	○	57	·
13	○	28	·	43	—	58	○
14	—	29	○	44	○	59	·

年月日 9時

(分)	0~14	(分)	15~29	(分)	30~44	(分)	45~59
0	·	15	—	30	○	45	·
1	—	16	○	31	·	46	·
2	○	17	·	32	○	47	·
3	○	18	·	33	—	48	○
4	○	19	○	34	—	49	—
5	—	20	○	35	—	50	○
6	—	21	○	36	·	51	—
7	·	22	·	37	—	52	○
8	·	23	—	38	·	53	—
9	○	24	—	39	○	54	·
10	·	25	—	40	○	55	·
11	○	26	·	41	○	56	—
12	○	27	·	42	—	57	○
13	—	28	○	43	·	58	—
14	—	29	·	44	—	59	·

年月日 10時

(分)	0~14	(分)	15~29	(分)	30~44	(分)	45~59
0	—	15	○	30	○	45	—
1	○	16	○	31	·	46	—
2	○	17	·	32	○	47	·
3	·	18	—	33	○	48	·
4	○	19	·	34	—	49	○
5	—	20	○	35	○	50	·
6	○	21	·	36	—	51	○
7	·	22	—	37	○	52	·
8	·	23	○	38	·	53	○
9	—	24	○	39	·	54	—
10	—	25	○	40	○	55	—
11	○	26	—	41	○	56	—
12	·	27	—	42	○	57	·
13	—	28	·	43	·	58	—
14	—	29	·	44	—	59	·

年月日 11時

(分)	0~14	(分)	15~29	(分)	30~44	(分)	45~59
0	—	15	○	30	·	45	—
1	○	16	○	31	—	46	—
2	—	17	○	32	—	47	○
3	·	18	—	33	○	48	·
4	·	19	·	34	—	49	○
5	·	20	—	35	·	50	—
6	○	21	·	36	—	51	○
7	·	22	—	37	○	52	·
8	○	23	·	38	○	53	—
9	—	24	○	39	·	54	—
10	—	25	○	40	·	55	—
11	—	26	·	41	—	56	·
12	·	27	—	42	○	57	·
13	○	28	·	43	·	58	○
14	·	29	○	44	·	59	○

年月日 12時

(分)	0~14	(分)	15~29	(分)	30~44	(分)	45~59
0	○	15	·	30	—	45	○
1	○	16	·	31	—	46	○
2	○	17	○	32	—	47	·
3	—	18	○	33	·	48	—
4	·	19	—	34	○	49	·
5	·	20	○	35	·	50	○
6	○	21	—	36	○	51	·
7	—	22	○	37	○	52	—
8	○	23	—	38	○	53	—
9	○	24	·	39	—	54	○
10	—	25	·	40	·	55	—
11	○	26	·	41	—	56	·
12	—	27	○	42	·	57	—
13	○	28	·	43	—	58	○
14	·	29	○	44	·	59	○

年月日 13時

(分)	0~14	(分)	15~29	(分)	30~44	(分)	45~59
0	—	15	○	30	·	45	—
1	·	16	—	31	○	46	·
2	○	17	—	32	·	47	—
3	·	18	○	33	○	48	·
4	—	19	○	34	·	49	·
5	○	20	·	35	○	50	·
6	○	21	·	36	—	51	○
7	○	22	○	37	—	52	—
8	—	23	○	38	—	53	○
9	—	24	○	39	·	54	—
10	·	25	·	40	—	55	○
11	·	26	—	41	·	56	—
12	○	27	—	42	○	57	·
13	·	28	—	43	○	58	·
14	○	29	·	44	○	59	—

年月日 14時

(分)	0~14	(分)	15~29	(分)	30~44	(分)	45~59
0	○	15	·	30	—	45	○
1	—	16	—	31	·	46	·
2	·	17	—	32	·	47	—
3	—	18	○	33	○	48	—
4	○	19	○	34	·	49	—
5	○	20	·	35	○	50	·
6	·	21	—	36	○	51	·
7	○	22	·	37	—	52	○
8	—	23	○	38	○	53	·
9	○	24	·	39	—	54	○
10	·	25	—	40	○	55	·
11	·	26	○	41	·	56	○
12	—	27	○	42	·	57	—
13	—	28	○	43	○	58	—
14	○	29	—	44	○	59	—

西元2002年3月14日到4月12日

年月日15時

(分)	0~14	(分)	15~29	(分)	30~44	(分)	45~59
0	—	15	○	30	·	45	—
1	—	16	○	31	·	46	·
2	○	17	·	32	○	47	○
3	·	18	—	33	○	48	·
4	○	19	○	34	—	49	—
5	—	20	○	35	—	50	○
6	○	21	·	36	—	51	○
7	·	22	·	37	—	52	○
8	·	23	—	38	·	53	—
9	—	24	○	39	·	54	—
10	·	25	—	40	○	55	·
11	○	26	·	41	○	56	—
12	·	27	—	42	○	57	·
13	—	28	○	43	·	58	—
14	—	29	○	44	—	59	·

年月日16時

(分)	0~14	(分)	15~29	(分)	30~44	(分)	45~59
0	○	15	·	30	—	45	○
1	○	16	○	31	·	46	—
2	○	17	·	32	○	47	·
3	—	18	○	33	·	48	—
4	○	19	·	34	—	49	○
5	—	20	○	35	—	50	○
6	·	21	—	36	○	51	·
7	·	22	—	37	○	52	·
8	·	23	○	38	·	53	○
9	○	24	·	39	—	54	○
10	—	25	○	40	○	55	—
11	○	26	—	41	○	56	—
12	—	27	○	42	·	57	○
13	—	28	○	43	·	58	—
14	—	29	·	44	—	59	·

年月日17時

(分)	0~14	(分)	15~29	(分)	30~44	(分)	45~59
0	○	15	·	30	—	45	○
1	·	16	○	31	—	46	○
2	○	17	·	32	—	47	○
3	○	18	—	33	○	48	○
4	·	19	—	34	·	49	—
5	—	20	○	35	·	50	—
6	—	21	—	36	·	51	·
7	○	22	·	37	○	52	·
8	·	23	—	38	○	53	○
9	○	24	○	39	·	54	—
10	—	25	○	40	—	55	○
11	○	26	·	41	—	56	○
12	○	27	·	42	—	57	○
13	·	28	—	43	·	58	○
14	—	29	○	44	·	59	—

年月日18時

(分)	0~14	(分)	15~29	(分)	30~44	(分)	45~59
0	·	15	·	30	○	45	○
1	—	16	○	31	—	46	○
2	·	17	—	32	○	47	·
3	—	18	—	33	○	48	·
4	·	19	—	34	·	49	—
5	○	20	·	35	—	50	○
6	—	21	○	36	·	51	—
7	○	22	·	37	○	52	—
8	—	23	○	38	·	53	○
9	○	24	○	39	—	54	○
10	—	25	○	40	—	55	·
11	·	26	—	41	○	56	·
12	·	27	—	42	—	57	·
13	·	28	○	43	·	58	○
14	○	29	·	44	—	59	○

年月日19時

(分)	0~14	(分)	15~29	(分)	30~44	(分)	45~59
0	—	15	○	30	·	45	—
1	○	16	○	31	·	46	—
2	—	17	○	32	—	47	○
3	·	18	—	33	○	48	·
4	○	19	·	34	—	49	○
5	·	20	—	35	·	50	○
6	○	21	·	36	—	51	○
7	·	22	—	37	○	52	·
8	○	23	—	38	○	53	—
9	—	24	○	39	·	54	—
10	—	25	○	40	○	55	—
11	—	26	·	41	—	56	·
12	·	27	—	42	○	57	·
13	—	28	·	43	·	58	—
14	·	29	○	44	·	59	○

年月日20時

(分)	0~14	(分)	15~29	(分)	30~44	(分)	45~59
0	○	15	·	30	—	45	○
1	○	16	·	31	—	46	○
2	—	17	·	32	—	47	·
3	—	18	○	33	·	48	—
4	·	19	—	34	—	49	·
5	·	20	○	35	·	50	○
6	○	21	—	36	○	51	·
7	·	22	○	37	○	52	·
8	○	23	—	38	○	53	—
9	○	24	·	39	—	54	○
10	—	25	○	40	·	55	—
11	—	26	·	41	—	56	·
12	—	27	○	42	·	57	—
13	○	28	·	43	—	58	○
14	·	29	○	44	—	59	○

年月日21時

(分)	0~14	(分)	15~29	(分)	30~44	(分)	45~59
0	·	15	—	30	○	45	—
1	—	16	○	31	·	46	—
2	○	17	·	32	—	47	○
3	○	18	·	33	○	48	—
4	·	19	—	34	○	49	·
5	·	20	—	35	○	50	·
6	—	21	·	36	—	51	·
7	○	22	·	37	—	52	○
8	—	23	○	38	○	53	—
9	·	24	○	39	·	54	○
10	—	25	○	40	·	55	—
11	—	26	·	41	·	56	—
12	○	27	—	42	○	57	—
13	·	28	—	43	○	58	·
14	○	29	·	44	—	59	○

年月日22時

(分)	0~14	(分)	15~29	(分)	30~44	(分)	45~59
0	·	15	○	30	·	45	○
1	○	16	·	31	—	46	○
2	·	17	—	32	—	47	·
3	○	18	—	33	○	48	—
4	—	19	○	34	·	49	—
5	·	20	○	35	○	50	·
6	—	21	·	36	—	51	○
7	·	22	—	37	○	52	·
8	—	23	○	38	·	53	—
9	·	24	○	39	·	54	○
10	·	25	·	40	—	55	○
11	○	26	·	41	—	56	○
12	○	27	—	42	·	57	—
13	—	28	○	43	·	58	—
14	·	29	—	44	○	59	○

西元2002年4月13日到5月11日

	(分)	0~14	(分)	15~29	(分)	30~44	(分)	45~59
	0	—	15	○	30	○	45	—
	1	○	16	·	31	—	46	○
年	2	○	17	—	32	○	47	—
	3	·	18	—	33	○	48	·
	4	·	19	—	34	—	49	·
月	5	—	20	·	35	—	50	·
	6	○	21	·	36	—	51	○
	7	·	22	○	37	○	52	·
	8	·	23	○	38	·	53	○
日	9	—	24	○	39	·	54	—
	10	—	25	○	40	·	55	—
23	11	○	26	—	41	○	56	—
時	12	·	27	—	42	○	57	·
	13	○	28	·	43	—	58	○
	14	—	29	·	44	○	59	·

	(分)	0~14	(分)	15~29	(分)	30~44	(分)	45~59
	0	○	15	·	30	—	45	○
	1	○	16	—	31	—	46	○
年	2	○	17	—	32	○	47	—
	3	—	18	○	33	·	48	—
	4	·	19	—	34	○	49	·
月	5	—	20	·	35	—	50	○
	6	·	21	—	36	○	51	·
	7	—	22	○	37	·	52	—
	8	·	23	○	38	—	53	○
日	9	○	24	·	39	—	54	○
	10	○	25	○	40	—	55	—
24	11	·	26	—	41	·	56	○
時	12	—	27	○	42	·	57	—
	13	·	28	·	43	○	58	○
	14	○	29	·	44	○	59	·

	(分)	0~14	(分)	15~29	(分)	30~44	(分)	45~59
	0	—	15	○	30	·	45	—
	1	○	16	·	31	○	46	—
年	2	○	17	·	32	—	47	○
	3	○	18	·	33	—	48	○
	4	—	19	·	34	—	49	·
月	5	—	20	○	35	·	50	—
	6	·	21	—	36	—	51	·
	7	·	22	○	37	·	52	○
	8	○	23	—	38	○	53	·
日	9	·	24	○	39	○	54	·
	10	○	25	—	40	○	55	—
1	11	○	26	·	41	—	56	○
時	12	—	27	○	42	·	57	—
	13	—	28	·	43	—	58	·
	14	—	29	○	44	·	59	—

	(分)	0~14	(分)	15~29	(分)	30~44	(分)	45~59
	0	○	15	·	30	·	45	○
	1	○	16	—	31	○	46	—
年	2	·	17	—	32	○	47	·
	3	○	18	—	33	—	48	○
	4	—	19	·	34	—	49	·
月	5	○	20	·	35	—	50	○
	6	·	21	○	36	○	51	·
	7	·	22	○	37	·	52	○
	8	—	23	○	38	○	53	—
日	9	—	24	○	39	·	54	—
	10	○	25	—	40	·	55	—
2	11	·	26	—	41	○	56	·
時	12	○	27	·	42	—	57	—
	13	○	28	○	43	○	58	·
	14	○	29	·	44	—	59	○

	(分)	0~14	(分)	15~29	(分)	30~44	(分)	45~59
	0	·	15	—	30	○	45	·
	1	—	16	—	31	·	46	·
年	2	·	17	—	32	·	47	—
	3	○	18	·	33	—	48	○
	4	○	19	○	34	·	49	—
月	5	○	20	·	35	○	50	·
	6	—	21	○	36	·	51	—
	7	○	22	·	37	—	52	○
	8	—	23	○	38	—	53	○
日	9	·	24	—	39	○	54	·
	10	·	25	—	40	○	55	·
3	11	·	26	○	41	·	56	○
時	12	○	27	·	42	—	57	○
	13	—	28	○	43	○	58	—
	14	○	29	—	44	○	59	—

	(分)	0~14	(分)	15~29	(分)	30~44	(分)	45~59
	0	○	15	○	30	·	45	—
	1	—	16	○	31	·	46	—
年	2	·	17	—	32	·	47	○
	3	·	18	—	33	○	48	·
	4	○	19	·	34	○	49	○
月	5	○	20	—	35	○	50	—
	6	○	21	·	36	—	51	○
	7	·	22	—	37	—	52	·
	8	—	23	·	38	—	53	·
日	9	—	24	○	39	·	54	—
	10	·	25	○	40	○	55	·
4	11	·	26	○	41	·	56	○
時	12	○	27	○	42	○	57	·
	13	—	28	○	43	·	58	—
	14	○	29	—	44	○	59	—

	(分)	0~14	(分)	15~29	(分)	30~44	(分)	45~59
	0	·	15	—	30	○	45	·
	1	○	16	○	31	○	46	—
年	2	·	17	○	32	○	47	·
	3	—	18	○	33	○	48	—
	4	—	19	·	34	—	49	·
月	5	○	20	·	35	—	50	○
	6	—	21	·	36	·	51	—
	7	○	22	○	37	○	52	○
	8	—	23	○	38	·	53	—
日	9	○	24	·	39	—	54	○
	10	○	25	—	40	○	55	—
5	11	·	26	—	41	○	56	·
時	12	·	27	—	42	○	57	·
	13	—	28	·	43	○	58	·
	14	○	29	○	44	—	59	○

	(分)	0~14	(分)	15~29	(分)	30~44	(分)	45~59
	0	·	15	○	30	○	45	·
	1	○	16	—	31	○	46	○
年	2	—	17	○	32	○	47	—
	3	—	18	○	33	·	48	—
	4	—	19	·	34	—	49	·
月	5	·	20	—	35	○	50	·
	6	○	21	·	36	—	51	○
	7	·	22	○	37	○	52	○
	8	○	23	·	38	○	53	○
日	9	·	24	○	39	○	54	○
	10	·	25	—	40	·	55	○
6	11	—	26	○	41	·	56	—
時	12	—	27	—	42	·	57	·
	13	○	28	○	43	○	58	○
	14	·	29	—	44	○	59	·

西元2002年4月13日到5月11日

年月日 7時

(分)	0~14	(分)	15~29	(分)	30~44	(分)	45~59
0	·	15	·	30	—	45	○
1	○	16	·	31	○	46	·
2	·	17	—	32	○	47	·
3	·	18	—	33	○	48	·
4	—	19	○	34	—	49	·
5	○	20	·	35	—	50	○
6	—	21	○	36	·	51	—
7	·	22	○	37	○	52	○
8	—	23	○	38	·	53	—
9	○	24	·	39	·	54	○
10	○	25	—	40	○	55	—
11	·	26	—	41	○	56	·
12	○	27	—	42	—	57	○
13	—	28	·	43	—	58	·
14	○	29	·	44	—	59	○

年月日 8時

(分)	0~14	(分)	15~29	(分)	30~44	(分)	45~59
0	·	15	—	30	○	45	○
1	○	16	—	31	○	46	—
2	—	17	○	32	○	47	—
3	—	18	○	33	○	48	○
4	—	19	·	34	—	49	·
5	·	20	—	35	○	50	·
6	—	21	·	36	·	51	—
7	·	22	○	37	·	52	○
8	○	23	○	38	—	53	○
9	○	24	·	39	—	54	○
10	○	25	—	40	○	55	—
11	—	26	○	41	·	56	—
12	·	27	—	42	○	57	·
13	—	28	·	43	○	58	○
14	·	29	—	44	○	59	·

年月日 9時

(分)	0~14	(分)	15~29	(分)	30~44	(分)	45~59
0	○	15	·	30	—	45	—
1	○	16	·	31	○	46	·
2	·	17	—	32	○	47	○
3	·	18	·	33	○	48	○
4	—	19	○	34	—	49	○
5	○	20	·	35	—	50	○
6	—	21	—	36	○	51	·
7	·	22	—	37	·	52	—
8	—	23	○	38	·	53	—
9	—	24	○	39	·	54	—
10	○	25	·	40	○	55	—
11	·	26	—	41	○	56	·
12	○	27	·	42	—	57	○
13	—	28	·	43	—	58	·
14	○	29	○	44	○	59	○

年月日 10時

(分)	0~14	(分)	15~29	(分)	30~44	(分)	45~59
0	·	15	·	30	○	45	○
1	○	16	·	31	○	46	·
2	—	17	○	32	·	47	—
3	·	18	—	33	○	48	·
4	—	19	○	34	—	49	○
5	·	20	—	35	○	50	·
6	—	21	○	36	·	51	—
7	·	22	○	37	·	52	○
8	○	23	○	38	—	53	○
9	○	24	·	39	·	54	○
10	○	25	—	40	○	55	—
11	—	26	○	41	·	56	—
12	○	27	—	42	—	57	○
13	—	28	·	43	○	58	·
14	·	29	—	44	○	59	·

年月日 11時

(分)	0~14	(分)	15~29	(分)	30~44	(分)	45~59
0	·	15	—	30	○	45	·
1	—	16	○	31	○	46	·
2	○	17	·	32	—	47	○
3	—	18	○	33	·	48	—
4	·	19	○	34	○	49	○
5	—	20	○	35	○	50	—
6	○	21	·	36	·	51	○
7	○	22	○	37	○	52	—
8	·	23	—	38	○	53	·
9	○	24	—	39	—	54	○
10	—	25	○	40	○	55	·
11	○	26	·	41	—	56	○
12	·	27	—	42	○	57	·
13	·	28	○	43	·	58	○
14	—	29	○	44	·	59	—

年月日 12時

(分)	0~14	(分)	15~29	(分)	30~44	(分)	45~59
0	—	15	○	30	○	45	—
1	—	16	·	31	—	46	·
2	·	17	—	32	○	47	○
3	—	18	·	33	·	48	—
4	·	19	○	34	·	49	○
5	○	20	·	35	—	50	○
6	○	21	○	36	—	51	○
7	○	22	—	37	○	52	—
8	—	23	○	38	·	53	—
9	·	24	—	39	○	54	·
10	—	25	·	40	○	55	○
11	·	26	—	41	○	56	·
12	—	27	○	42	·	57	·
13	—	28	○	43	—	58	○
14	○	29	·	44	—	59	○

年月日 13時

(分)	0~14	(分)	15~29	(分)	30~44	(分)	45~59
0	○	15	○	30	—	45	—
1	·	16	—	31	·	46	—
2	○	17	·	32	—	47	○
3	·	18	·	33	—	48	○
4	○	19	·	34	○	49	·
5	—	20	○	35	·	50	—
6	·	21	—	36	○	51	·
7	—	22	○	37	—	52	○
8	·	23	—	38	○	53	·
9	—	24	○	39	·	54	—
10	·	25	○	40	·	55	○
11	○	26	·	41	—	56	○
12	○	27	·	42	·	57	○
13	○	28	—	43	○	58	—
14	—	29	○	44	·	59	—

年月日 14時

(分)	0~14	(分)	15~29	(分)	30~44	(分)	45~59
0	○	15	·	30	—	45	○
1	·	16	—	31	·	46	○
2	·	17	—	32	○	47	·
3	·	18	—	33	○	48	·
4	○	19	—	34	○	49	—
5	○	20	·	35	—	50	○
6	—	21	○	36	○	51	—
7	○	22	○	37	—	52	·
8	—	23	○	38	·	53	—
9	—	24	·	39	·	54	—
10	·	25	○	40	·	55	○
11	·	26	—	41	○	56	·
12	○	27	·	42	—	57	○
13	○	28	—	43	○	58	—
14	○	29	·	44	—	59	○

西元2002年4月13日到5月11日

	(分)	0~14	(分)	15~29	(分)	30~44	(分)	45~59
	0	·	15	—	30	○	45	·
年	1	○	16	—	31	○	46	—
	2	·	17	—	32	○	47	·
	3	—	18	○	33	·	48	—
	4	—	19	·	34	○	49	·
月	5	○	20	·	35	—	50	○
	6	○	21	·	36	—	51	—
	7	—	22	○	37	—	52	○
	8	—	23	○	38	·	53	—
日	9	·	24	·	39	○	54	○
	10	○	25	—	40	·	55	—
15	11	·	26	—	41	○	56	·
時	12	—	27	—	42	○	57	·
	13	○	28	·	43	○	58	·
	14	○	29	·	44	—	59	○

	(分)	0~14	(分)	15~29	(分)	30~44	(分)	45~59
	0	—	15	○	30	·	45	·
年	1	·	16	—	31	·	46	—
	2	—	17	○	32	○	47	—
	3	○	18	○	33	—	48	—
	4	○	19	·	34	○	49	·
月	5	·	20	—	35	○	50	·
	6	·	21	·	36	—	51	○
	7	—	22	○	37	—	52	○
	8	○	23	·	38	○	53	○
日	9	·	24	—	39	○	54	·
	10	·	25	—	40	·	55	○
16	11	—	26	○	41	·	56	—
時	12	—	27	○	42	·	57	—
	13	○	28	—	43	○	58	—
	14	·	29	—	44	○	59	·

	(分)	0~14	(分)	15~29	(分)	30~44	(分)	45~59
	0	○	15	·	30	—	45	○
年	1	—	16	○	31	·	46	—
	2	—	17	·	32	—	47	·
	3	○	18	○	33	·	48	—
	4	○	19	·	34	·	49	○
月	5	·	20	○	35	·	50	○
	6	·	21	—	36	○	51	·
	7	○	22	—	37	—	52	○
	8	○	23	—	38	○	53	—
日	9	○	24	·	39	—	54	○
	10	·	25	—	40	○	55	·
17	11	—	26	·	41	—	56	·
時	12	—	27	○	42	·	57	—
	13	—	28	○	43	·	58	—
	14	·	29	○	44	—	59	○

	(分)	0~14	(分)	15~29	(分)	30~44	(分)	45~59
	0	·	15	—	30	○	45	·
年	1	—	16	·	31	·	46	—
	2	—	17	·	32	—	47	·
	3	○	18	○	33	—	48	○
	4	○	19	·	34	—	49	○
月	5	·	20	○	35	·	50	○
	6	—	21	○	36	·	51	—
	7	·	22	○	37	○	52	·
	8	○	23	—	38	·	53	—
日	9	·	24	—	39	○	54	·
	10	—	25	○	40	·	55	·
18	11	○	26	·	41	○	56	·
時	12	○	27	·	42	—	57	○
	13	○	28	○	43	—	58	—
	14	—	29	○	44	—	59	○

	(分)	0~14	(分)	15~29	(分)	30~44	(分)	45~59
	0	—	15	·	30	—	45	○
年	1	·	16	—	31	○	46	·
	2	—	17	○	32	·	47	—
	3	·	18	○	33	·	48	○
	4	·	19	·	34	—	49	○
月	5	○	20	·	35	—	50	○
	6	○	21	—	36	·	51	—
	7	—	22	○	37	·	52	—
	8	·	23	—	38	○	53	○
日	9	○	24	·	39	○	54	·
	10	·	25	—	40	○	55	·
19	11	—	26	—	41	·	56	·
時	12	—	27	○	42	—	57	○
	13	○	28	·	43	—	58	○
	14	○	29	○	44	·	59	—

	(分)	0~14	(分)	15~29	(分)	30~44	(分)	45~59
	0	—	15	·	30	○	45	·
年	1	○	16	○	31	·	46	—
	2	○	17	·	32	—	47	—
	3	—	18	○	33	—	48	○
	4	·	19	—	34	○	49	·
月	5	·	20	·	35	○	50	○
	6	·	21	—	36	·	51	—
	7	○	22	·	37	—	52	○
	8	—	23	—	38	○	53	·
日	9	○	24	·	39	○	54	·
	10	—	25	·	40	·	55	—
20	11	—	26	○	41	·	56	—
時	12	—	27	○	42	—	57	·
	13	·	28	○	43	○	58	·
	14	○	29	·	44	—	59	○

	(分)	0~14	(分)	15~29	(分)	30~44	(分)	45~59
	0	·	15	—	30	○	45	·
年	1	○	16	○	31	·	46	○
	2	·	17	—	32	○	47	·
	3	—	18	○	33	·	48	—
	4	○	19	—	34	·	49	—
月	5	○	20	·	35	—	50	○
	6	○	21	·	36	—	51	—
	7	○	22	·	37	○	52	·
	8	—	23	○	38	·	53	—
日	9	·	24	·	39	○	54	○
	10	—	25	○	40	—	55	○
21	11	·	26	—	41	○	56	·
時	12	—	27	—	42	○	57	·
	13	·	28	—	43	·	58	—
	14	○	29	·	44	—	59	○

	(分)	0~14	(分)	15~29	(分)	30~44	(分)	45~59
	0	—	15	○	30	·	45	·
年	1	—	16	○	31	—	46	○
	2	○	17	○	32	·	47	—
	3	○	18	○	33	—	48	—
	4	·	19	—	34	·	49	—
月	5	·	20	—	35	○	50	·
	6	·	21	·	36	—	51	○
	7	○	22	○	37	○	52	·
	8	○	23	○	38	—	53	○
日	9	·	24	—	39	○	54	·
	10	—	25	○	40	—	55	·
22	11	—	26	○	41	·	56	—
時	12	—	27	○	42	·	57	—
	13	·	28	○	43	·	58	○
	14	·	29	—	44	○	59	·

西元2002年5月12日到6月10日

	(分)	0~14	(分)	15~29	(分)	30~44	(分)	45~59
	0	〇	15	·	30	〇	45	〇
	1	·	16	〇	31	〇	46	·
年	2	·	17	〇	32	·	47	〇
	3	—	18	〇	33	·	48	—
	4	—	19	〇	34	·	49	—
月	5	〇	20	—	35	〇	50	—
	6	·	21	—	36	〇	51	·
	7	〇	22	·	37	—	52	〇
	8	—	23	〇	38	〇	53	·
日	9	〇	24	·	39	—	54	〇
	10	·	25	—	40	〇	55	〇
23	11	—	26	〇	41	—	56	〇
時	12	—	27	〇	42	·	57	—
	13	—	28	—	43	·	58	·
	14	·	29	〇	44	·	59	—

	(分)	0~14	(分)	15~29	(分)	30~44	(分)	45~59
	0	·	15	—	30	〇	45	·
	1	—	16	〇	31	·	46	—
年	2	·	17	〇	32	—	47	〇
	3	〇	18	·	33	—	48	〇
	4	〇	19	·	34	—	49	—
月	5	·	20	—	35	〇	50	〇
	6	—	21	〇	36	·	51	—
	7	·	22	〇	37	〇	52	〇
	8	〇	23	·	38	〇	53	·
日	9	·	24	—	39	〇	54	·
	10	—	25	—	40	〇	55	·
24	11	—	26	〇	41	—	56	〇
時	12	〇	27	·	42	—	57	〇
	13	—	28	〇	43	·	58	—
	14	·	29	—	44	〇	59	〇

	(分)	0~14	(分)	15~29	(分)	30~44	(分)	45~59
	0	—	15	〇	30	·	45	—
	1	〇	16	·	31	—	46	〇
年	2	〇	17	〇	32	〇	47	·
	3	·	18	—	33	〇	48	·
	4	·	19	—	34	〇	49	〇
月	5	—	20	〇	35	—	50	〇
	6	〇	21	·	36	—	51	〇
	7	—	22	—	37	·	52	·
	8	·	23	—	38	〇	53	—
日	9	—	24	〇	39	·	54	—
	10	〇	25	〇	40	·	55	—
1	11	〇	26	·	41	〇	56	·
時	12	·	27	—	42	〇	57	·
	13	〇	28	·	43	—	58	〇
	14	—	29	〇	44	〇	59	·

	(分)	0~14	(分)	15~29	(分)	30~44	(分)	45~59
	0	〇	15	·	30	—	45	〇
	1	·	16	·	31	〇	46	〇
年	2	〇	17	·	32	〇	47	·
	3	—	18	〇	33	·	48	—
	4	—	19	—	34	〇	49	·
月	5	—	20	〇	35	—	50	〇
	6	·	21	—	36	〇	51	·
	7	—	22	〇	37	·	52	—
	8	·	23	—	38	·	53	〇
日	9	〇	24	·	39	—	54	〇
	10	〇	25	〇	40	—	55	〇
2	11	〇	26	—	41	〇	56	—
時	12	—	27	〇	42	·	57	—
	13	·	28	—	43	—	58	·
	14	—	29	·	44	—	59	·

	(分)	0~14	(分)	15~29	(分)	30~44	(分)	45~59
	0	·	15	—	30	〇	45	〇
	1	〇	16	〇	31	—	46	—
年	2	—	17	〇	32	—	47	〇
	3	〇	18	·	33	〇	48	〇
	4	·	19	·	34	—	49	〇
月	5	·	20	—	35	·	50	—
	6	—	21	〇	36	·	51	—
	7	·	22	—	37	〇	52	·
	8	〇	23	·	38	〇	53	—
日	9	〇	24	—	39	〇	54	·
	10	—	25	〇	40	·	55	—
3	11	〇	26	〇	41	—	56	〇
時	12	〇	27	·	42	〇	57	〇
	13	〇	28	·	43	·	58	〇
	14	·	29	〇	44	·	59	〇

	(分)	0~14	(分)	15~29	(分)	30~44	(分)	45~59
	0	—	15	〇	30	·	45	—
	1	〇	16	·	31	—	46	〇
年	2	—	17	〇	32	〇	47	〇
	3	·	18	—	33	〇	48	·
	4	·	19	—	34	〇	49	·
月	5	·	20	〇	35	·	50	〇
	6	〇	21	·	36	—	51	〇
	7	—	22	·	37	〇	52	—
	8	〇	22	〇	37	〇	52	—
日	9	—	24	〇	39	·	54	—
	10	—	25	〇	40	·	55	—
4	11	—	26	〇	41	—	56	·
時	12	·	27	—	42	〇	57	〇
	13	〇	28	·	43	—	58	〇
	14	·	29	〇	44	·	59	〇

	(分)	0~14	(分)	15~29	(分)	30~44	(分)	45~59
	0	—	15	〇	30	·	45	—
	1	·	16	〇	31	·	46	〇
年	2	·	17	—	32	〇	47	·
	3	〇	18	·	33	·	48	〇
	4	〇	19	—	34	〇	49	—
月	5	〇	20	·	35	—	50	〇
	6	〇	21	—	36	—	51	〇
	7	—	22	·	37	—	52	·
	8	—	23	〇	38	·	53	—
日	9	·	24	—	39	〇	54	·
	10	·	25	〇	40	·	55	〇
5	11	〇	26	—	41	〇	56	·
時	12	—	27	〇	42	·	57	—
	13	〇	28	—	43	·	58	—
	14	〇	29	·	44	—	59	〇

	(分)	0~14	(分)	15~29	(分)	30~44	(分)	45~59
	0	—	15	·	30	·	45	—
	1	·	16	〇	31	〇	46	〇
年	2	—	17	〇	32	·	47	—
	3	〇	18	·	33	—	48	〇
	4	〇	19	—	34	〇	49	—
月	5	·	20	—	35	〇	50	·
	6	·	21	〇	36	〇	51	·
	7	—	22	·	37	〇	52	·
	8	〇	23	·	38	—	53	〇
日	9	—	24	〇	39	·	54	·
	10	—	25	〇	40	—	55	〇
6	11	〇	26	〇	41	〇	56	—
時	12	〇	27	〇	42	—	57	—
	13	·	28	〇	43	·	58	—
	14	·	29	—	44	〇	59	·

西元2002年5月12日到6月10日

年月日7時

(分)	0~14	(分)	15~29	(分)	30~44	(分)	45~59
0	—	15	○	30	·	45	—
1	·	16	○	31	·	46	○
2	—	17	○	32	○	47	—
3	○	18	·	33	·	48	○
4	○	19	—	34	○	49	—
5	·	20	○	35	○	50	·
6	○	21	—	36	—	51	○
7	—	22	·	37	—	52	·
8	○	23	·	38	○	53	○
9	·	24	—	39	○	54	·
10	·	25	○	40	·	55	○
11	—	26	○	41	·	56	—
12	—	27	○	42	·	57	—
13	○	28	—	43	·	58	—
14	·	29	—	44	○	59	·

年月日8時

(分)	0~14	(分)	15~29	(分)	30~44	(分)	45~59
0	—	15	·	30	·	45	—
1	·	16	○	31	·	46	○
2	○	17	·	32	○	47	○
3	○	18	·	33	—	48	○
4	○	19	—	34	○	49	—
5	—	20	○	35	·	50	—
6	·	21	—	36	○	51	·
7	—	22	·	37	○	52	○
8	·	23	—	38	○	53	·
9	—	24	○	39	·	54	·
10	—	25	○	40	—	55	○
11	○	26	○	41	—	56	○
12	○	27	○	42	—	57	—
13	·	28	—	43	·	58	—
14	—	29	○	44	·	59	—

年月日9時

(分)	0~14	(分)	15~29	(分)	30~44	(分)	45~59
0	—	15	—	30	○	45	·
1	·	16	—	31	·	46	—
2	—	17	○	32	·	47	—
3	—	18	○	33	·	48	—
4	○	19	○	34	○	49	—
5	·	20	—	35	○	50	·
6	○	21	·	36	—	51	○
7	○	22	·	37	—	52	·
8	○	23	○	38	○	53	○
9	·	24	—	39	·	54	·
10	·	25	○	40	·	55	○
11	—	26	○	41	○	56	—
12	○	27	○	42	○	57	·
13	○	28	○	43	○	58	—
14	·	29	○	44	○	59	·

年月日10時

(分)	0~14	(分)	15~29	(分)	30~44	(分)	45~59
0	—	15	○	30	·	45	—
1	·	16	○	31	○	46	○
2	○	17	·	32	—	47	○
3	○	18	·	33	·	48	○
4	○	19	—	34	○	49	—
5	—	20	○	35	·	50	—
6	○	21	—	36	—	51	○
7	—	22	·	37	—	52	·
8	·	23	—	38	○	53	·
9	·	24	—	39	○	54	·
10	·	25	○	40	○	55	○
11	○	26	·	41	○	56	○
12	—	27	○	42	·	57	—
13	○	28	○	43	○	58	○
14	—	29	○	44	○	59	○

年月日11時

(分)	0~14	(分)	15~29	(分)	30~44	(分)	45~59
0	—	15	—	30	·	45	·
1	○	16	·	31	○	46	·
2	—	17	○	32	·	47	—
3	○	18	○	33	·	48	—
4	—	19	○	34	—	49	○
5	·	20	—	35	○	50	·
6	○	21	·	36	—	51	○
7	·	22	—	37	·	52	○
8	○	23	·	38	—	53	○
9	·	24	—	39	○	54	·
10	○	25	—	40	○	55	—
11	—	26	○	41	·	56	—
12	—	27	○	42	○	57	—
13	—	28	·	43	—	58	·
14	·	29	—	44	○	59	·

年月日12時

(分)	0~14	(分)	15~29	(分)	30~44	(分)	45~59
0	—	15	○	30	·	45	—
1	○	16	·	31	○	46	—
2	○	17	·	32	—	47	○
3	○	18	·	33	—	48	○
4	—	19	·	34	—	49	·
5	—	20	○	35	·	50	—
6	·	21	—	36	—	51	·
7	○	22	○	37	·	52	○
8	·	23	○	38	○	53	·
9	·	24	○	39	○	54	·
10	○	25	—	40	○	55	—
11	○	26	·	41	—	56	○
12	—	27	○	42	·	57	—
13	—	28	·	43	—	58	·
14	—	29	○	44	·	59	—

年月日13時

(分)	0~14	(分)	15~29	(分)	30~44	(分)	45~59
0	○	15	—	30	○	45	—
1	—	16	○	31	·	46	—
2	·	17	○	32	○	47	·
3	—	18	·	33	—	48	·
4	·	19	—	34	○	49	○
5	—	20	○	35	·	50	—
6	·	21	○	36	·	51	○
7	·	22	·	37	—	52	○
8	○	23	·	38	—	53	○
9	○	24	—	39	·	54	—
10	—	25	○	40	·	55	—
11	·	26	—	41	○	56	○
12	○	27	·	42	○	57	·
13	·	28	—	43	○	58	·
14	—	29	—	44	·	59	·

年月日14時

(分)	0~14	(分)	15~29	(分)	30~44	(分)	45~59
0	○	15	—	30	○	45	—
1	○	16	·	31	—	46	○
2	—	17	○	32	·	47	—
3	—	18	·	33	○	48	·
4	○	19	○	34	·	49	—
5	○	20	·	35	—	50	—
6	—	21	○	36	—	51	○
7	·	22	—	37	○	52	·
8	○	23	○	38	○	53	○
9	·	24	—	39	·	54	—
10	○	25	·	40	—	55	○
11	—	26	○	41	○	56	·
12	○	27	·	42	○	57	·
13	—	28	·	43	·	58	—
14	—	29	○	44	·	59	—

西元2002年5月12日到6月10日

年 月 日 15 時

(分)	0~14	(分)	15~29	(分)	30~44	(分)	45~59
0	—	15	○	30	—	45	○
1	○	16	·	31	○	46	○
2	·	17	—	32	○	47	·
3	·	18	—	33	·	48	○
4	—	19	○	34	·	49	—
5	—	20	○	35	·	50	—
6	○	21	—	36	○	51	—
7	·	22	—	37	○	52	·
8	○	23	·	38	·	53	○
9	—	24	·	39	—	54	·
10	○	25	○	40	—	55	○
11	○	26	—	41	—	56	○
12	·	27	○	42	·	57	○
13	—	28	○	43	·	58	—
14	·	29	—	44	○	59	·

年 月 日 16 時

(分)	0~14	(分)	15~29	(分)	30~44	(分)	45~59
0	—	15	·	30	—	45	·
1	·	16	—	31	○	46	○
2	—	17	○	32	○	47	—
3	·	18	○	33	·	48	○
4	○	19	·	34	—	49	○
5	—	20	·	35	·	50	—
6	○	21	—	36	○	51	—
7	—	22	○	37	·	52	—
8	○	23	○	38	—	53	○
9	—	24	·	39	—	54	·
10	·	25	—	40	○	55	·
11	·	26	—	41	○	56	·
12	·	27	○	42	—	57	○
13	○	28	·	43	—	58	○
14	—	29	○	44	·	59	·

年 月 日 17 時

(分)	0~14	(分)	15~29	(分)	30~44	(分)	45~59
0	—	15	·	30	—	45	·
1	—	16	○	31	·	46	—
2	○	17	·	32	—	47	○
3	·	18	○	33	—	48	○
4	·	19	—	34	○	49	·
5	·	20	—	35	○	50	○
6	·	21	—	36	·	51	—
7	○	22	·	37	—	52	○
8	—	23	—	38	·	53	·
9	○	24	·	39	○	54	·
10	—	25	○	40	·	55	—
11	○	26	○	41	·	56	—
12	—	27	○	42	—	57	○
13	·	28	—	43	○	58	·
14	○	29	·	44	—	59	○

年 月 日 18 時

(分)	0~14	(分)	15~29	(分)	30~44	(分)	45~59
0	○	15	·	30	○	45	·
1	○	16	·	31	—	46	○
2	○	17	○	32	○	47	○
3	—	18	○	33	—	48	○
4	—	19	○	34	·	49	—
5	○	20	—	35	○	50	·
6	·	21	○	36	·	51	—
7	·	22	—	37	○	52	·
8	—	23	○	38	·	53	—
9	○	24	·	39	○	54	—
10	○	25	·	40	—	55	○
11	○	26	·	41	—	56	○
12	—	27	○	42	—	57	·
13	—	28	○	43	·	58	—
14	·	29	—	44	—	59	·

年 月 日 19 時

(分)	0~14	(分)	15~29	(分)	30~44	(分)	45~59
0	○	15	—	30	·	45	—
1	—	16	○	31	·	46	—
2	·	17	—	32	○	47	○
3	○	18	·	33	○	48	· ·
4	·	19	—	34	○	49	·
5	—	20	—	35	·	50	·
6	—	21	○	36	—	51	○
7	○	22	·	37	—	52	○
8	○	23	○	38	·	53	—
9	·	24	—	39	○	54	—
10	—	25	○	40	·	55	○
11	○	26	·	41	—	56	○
12	○	27	·	42	○	57	—
13	·	28	—	43	○	58	·
14	·	29	—	44	○	59	·

年 月 日 20 時

(分)	0~14	(分)	15~29	(分)	30~44	(分)	45~59
0	·	15	—	30	·	45	—
1	○	16	·	31	—	46	○
2	—	17	—	32	○	47	·
3	○	18	·	33	○	48	·
4	—	19	·	34	·	49	—
5	—	20	○	35	·	50	—
6	—	21	○	36	—	51	·
7	·	22	—	37	○	52	·
8	○	23	·	38	—	53	○
9	·	24	○	39	·	54	○
10	○	25	·	40	—	55	○
11	·	26	—	41	—	56	·
12	○	27	—	42	○	57	—
13	—	28	○	43	·	58	—
14	·	29	○	44	○	59	·

年 月 日 21 時

(分)	0~14	(分)	15~29	(分)	30~44	(分)	45~59
0	○	15	·	30	—	45	○
1	—	16	○	31	·	46	—
2	·	17	—	32	○	47	○
3	—	18	○	33	·	48	—
4	○	19	·	34	—	49	○
5	○	20	—	35	○	50	—
6	·	21	—	36	○	51	·
7	·	22	—	37	—	52	·
8	—	23	·	38	—	53	·
9	○	24	·	39	○	54	○
10	·	25	○	40	○	55	·
11	·	26	○	41	·	56	○
12	—	27	○	42	·	57	—
13	—	28	○	43	·	58	—
14	○	29	—	44	○	59	—

年 月 日 22 時

(分)	0~14	(分)	15~29	(分)	30~44	(分)	45~59
0	·	15	—	30	○	45	·
1	○	16	·	31	·	46	○
2	·	17	○	32	·	47	○
3	○	18	·	33	—	48	○
4	○	19	—	34	—	49	○
5	○	20	—	35	○	50	—
6	—	21	○	36	·	51	—
7	·	22	—	37	○	52	·
8	—	23	·	38	—	53	○
9	·	24	—	39	○	54	·
10	—	25	○	40	·	55	—
11	·	26	○	41	—	56	○
12	○	27	·	42	—	57	○
13	○	28	·	43	—	58	—
14	·	29	—	44	·	59	—

西元2002年6月11日到7月9日

年月日23時

(分)	0~14	(分)	15~29	(分)	30~44	(分)	45~59
0	·	15	○	30	·	45	○
1	·	16	—	31	·	46	·
2	·	17	—	32	○	47	·
3	○	18	—	33	○	48	—
4	○	19	·	34	—	49	○
5	—	20	○	35	·	50	—
6	—	21	·	36	○	51	·
7	—	22	○	37	·	52	—
8	○	23	·	38	—	53	—
9	—	24	○	39	—	54	○
10	·	25	—	40	○	55	·
11	·	26	·	41	○	56	○
12	·	27	—	42	·	57	—
13	○	28	·	43	—	58	○
14	—	29	—	44	○	59	·

年月日24時

(分)	0~14	(分)	15~29	(分)	30~44	(分)	45~59
0	·	15	○	30	—	45	○
1	—	16	○	31	·	46	—
2	—	17	○	32	·	47	·
3	·	18	—	33	·	48	—
4	·	19	—	34	○	49	·
5	○	20	○	35	—	50	—
6	○	21	·	36	○	51	·
7	○	22	·	37	—	52	·
8	·	23	·	38	—	53	○
9	—	24	○	39	—	54	○
10	—	25	○	40	·	55	—
11	·	26	—	41	○	56	·
12	·	27	—	42	·	57	○
13	○	28	○	43	○	58	·
14	—	29	○	44	·	59	—

年月日1時

(分)	0~14	(分)	15~29	(分)	30~44	(分)	45~59
0	—	15	·	30	○	45	·
1	○	16	·	31	—	46	○
2	○	17	·	32	—	47	—
3	—	18	○	33	—	48	○
4	—	19	○	34	·	49	—
5	·	20	·	35	○	50	○
6	·	21	—	36	·	51	—
7	○	22	—	37	○	52	·
8	—	23	—	38	○	53	·
9	○	24	·	39	○	54	·
10	○	25	·	40	—	55	○
11	—	26	○	41	·	56	—
12	—	27	○	42	—	57	·
13	—	28	○	43	·	58	—
14	○	29	·	44	—	59	·

年月日2時

(分)	0~14	(分)	15~29	(分)	30~44	(分)	45~59
0	○	15	·	30	○	45	·
1	·	16	—	31	○	46	·
2	·	17	·	32	—	47	○
3	—	18	○	33	—	48	○
4	○	19	·	34	—	49	○
5	·	20	—	35	○	50	·
6	·	21	—	36	·	51	○
7	—	22	○	37	·	52	—
8	—	23	○	38	·	53	—
9	○	24	—	39	○	54	—
10	·	25	—	40	○	55	·
11	○	26	·	41	·	56	○
12	—	27	○	42	—	57	·
13	○	28	·	43	—	58	○
14	○	29	—	44	—	59	○

年月日3時

(分)	0~14	(分)	15~29	(分)	30~44	(分)	45~59
0	—	15	○	30	—	45	·
1	○	16	·	31	—	46	○
2	○	17	·	32	—	47	○
3	·	18	○	33	·	48	○
4	—	19	○	34	·	49	—
5	·	20	—	35	—	50	·
6	○	21	—	36	○	51	—
7	·	22	—	37	○	52	·
8	·	23	○	38	○	53	·
9	—	24	·	39	—	54	·
10	○	25	·	40	—	55	○
11	—	26	○	41	·	56	—
12	·	27	○	42	○	57	○
13	—	28	○	43	·	58	—
14	○	29	·	44	—	59	○

年月日4時

(分)	0~14	(分)	15~29	(分)	30~44	(分)	45~59
0	—	15	·	30	—	45	·
1	·	16	—	31	○	46	·
2	○	17	—	32	—	47	○
3	·	18	○	33	·	48	○
4	○	19	·	34	—	49	○
5	·	20	—	35	○	50	·
6	○	21	—	36	○	51	—
7	—	22	○	37	·	52	—
8	—	23	○	38	·	53	—
9	—	24	·	39	○	54	·
10	·	25	—	40	○	55	·
11	○	26	○	41	—	56	—
12	—	27	○	42	—	57	○
13	○	28	·	43	○	58	○
14	·	29	·	44	○	59	○

年月日5時

(分)	0~14	(分)	15~29	(分)	30~44	(分)	45~59
0	·	15	—	30	○	45	·
1	—	16	○	31	·	46	—
2	○	17	—	32	○	47	—
3	○	18	·	33	—	48	○
4	○	19	·	34	—	49	○
5	—	20	·	35	○	50	·
6	—	21	○	36	·	51	—
7	·	22	—	37	○	52	○
8	—	23	○	38	—	53	○
9	·	24	—	39	○	54	·
10	—	25	—	40	·	55	·
11	·	26	—	41	·	56	—
12	○	27	·	42	—	57	○
13	○	28	○	43	·	58	—
14	○	29	·	44	○	59	·

年月日6時

(分)	0~14	(分)	15~29	(分)	30~44	(分)	45~59
0	—	15	○	30	·	45	—
1	○	16	·	31	—	46	—
2	○	17	—	32	·	47	—
3	·	18	—	33	○	48	·
4	·	19	·	34	○	49	○
5	○	20	·	35	○	50	·
6	○	21	·	36	—	51	○
7	—	22	—	37	○	52	·
8	—	23	○	38	—	53	○
9	○	24	○	39	·	54	—
10	—	25	○	40	·	55	—
11	·	26	—	41	·	56	○
12	·	27	—	42	○	57	·
13	○	28	·	43	—	58	○
14	○	29	—	44	○	59	—

西元2002年6月11日到7月9日

年月日7時

(分)	0~14	(分)	15~29	(分)	30~44	(分)	45~59
0	○	15	·	30	—	45	○
1	·	16	—	31	○	46	·
2	○	17	·	32	○	47	—
3	—	18	○	33	·	48	—
4	—	19	○	34	·	49	—
5	—	20	·	35	—	50	·
6	·	21	—	36	○	51	·
7	○	22	·	37	·	52	○
8	·	23	○	38	·	53	○
9	○	24	·	39	—	54	○
10	○	25	—	40	—	55	○
11	○	26	—	41	○	56	—
12	—	27	○	42	·	57	—
13	·	28	—	43	○	58	·
14	—	29	·	44	—	59	○

年月日8時

(分)	0~14	(分)	15~29	(分)	30~44	(分)	45~59
0	·	15	—	30	○	45	·
1	—	16	○	31	○	46	—
2	○	17	—	32	○	47	—
3	○	18	·	33	○	48	○
4	—	19	·	34	·	49	—
5	—	20	·	35	—	50	·
6	—	21	○	36	·	51	—
7	○	22	·	37	—	52	○
8	·	23	○	38	·	53	○
9	·	24	—	39	○	54	·
10	·	25	—	40	○	55	·
11	○	26	○	41	·	56	—
12	○	27	○	42	—	57	○
13	—	28	○	43	·	58	·
14	○	29	·	44	○	59	·

年月日9時

(分)	0~14	(分)	15~29	(分)	30~44	(分)	45~59
0	·	15	—	30	○	45	·
1	·	16	○	31	·	46	○
2	—	17	○	32	·	47	—
3	—	18	○	33	·	48	—
4	○	19	—	34	·	49	—
5	·	20	—	35	○	50	·
6	○	21	·	36	—	51	—
7	○	22	·	37	○	52	·
8	○	23	○	38	—	53	○
9	·	24	·	39	○	54	○
10	—	25	○	40	—	55	○
11	—	26	○	41	·	56	—
12	—	27	—	42	○	57	·
13	·	28	—	43	·	58	—
14	·	29	—	44	○	59	·

年月日10時

(分)	0~14	(分)	15~29	(分)	30~44	(分)	45~59
0	—	15	○	30	·	45	·
1	—	16	○	31	—	46	○
2	○	17	·	32	—	47	○
3	○	18	○	33	—	48	—
4	·	19	—	34	·	49	○
5	—	20	○	35	·	50	—
6	·	21	·	36	—	51	○
7	○	22	·	37	○	52	·
8	·	23	—	38	○	53	·
9	·	24	—	39	○	54	·
10	—	25	○	40	—	55	·
11	○	26	·	41	—	56	○
12	—	27	○	42	·	57	—
13	·	28	○	43	○	58	○
14	—	29	○	44	·	59	—

年月日11時

(分)	0~14	(分)	15~29	(分)	30~44	(分)	45~59
0	·	15	○	30	○	45	·
1	○	16	—	31	○	46	—
2	—	17	○	32	·	47	—
3	—	18	○	33	·	48	—
4	—	19	·	34	—	49	·
5	·	20	—	35	○	50	·
6	○	21	·	36	—	51	○
7	·	22	○	37	—	52	○
8	○	23	·	38	○	53	○
9	·	24	—	39	○	54	○
10	·	25	—	40	·	55	—
11	—	26	○	41	·	56	—
12	—	27	—	42	·	57	·
13	○	28	·	43	○	58	·
14	·	29	—	44	○	59	○

年月日12時

(分)	0~14	(分)	15~29	(分)	30~44	(分)	45~59
0	—	15	○	30	·	45	—
1	○	16	—	31	·	46	—
2	○	17	·	32	—	47	○
3	○	18	·	33	—	48	—
4	○	19	·	34	○	49	·
5	—	20	○	35	·	50	—
6	·	21	·	36	○	51	○
7	—	22	○	37	—	52	○
8	·	23	—	38	○	53	·
9	—	24	—	39	○	54	·
10	·	25	—	40	·	55	—
11	○	26	·	41	—	56	○
12	—	27	○	42	·	57	—
13	○	28	○	43	○	58	—
14	—	29	○	44	·	59	○

年月日13時

(分)	0~14	(分)	15~29	(分)	30~44	(分)	45~59
0	·	15	—	30	·	45	—
1	—	16	○	31	·	46	—
2	—	17	—	32	○	47	·
3	○	18	·	33	○	48	○
4	·	19	—	34	○	49	·
5	—	20	○	35	·	50	—
6	—	21	○	36	—	51	·
7	○	22	·	37	—	52	○
8	○	23	·	38	—	53	○
9	·	24	○	39	·	54	○
10	—	25	○	40	·	55	—
11	·	26	—	41	—	56	·
12	○	27	—	42	○	57	—
13	·	28	—	43	○	58	·
14	·	29	○	44	○	59	·

年月日14時

(分)	0~14	(分)	15~29	(分)	30~44	(分)	45~59
0	·	15	—	30	·	45	○
1	○	16	·	31	—	46	○
2	—	17	○	32	·	47	—
3	○	18	—	33	○	48	○
4	—	19	○	34	·	49	—
5	○	20	·	35	·	50	○
6	—	21	·	36	—	51	·
7	·	22	—	37	○	52	·
8	○	23	—	38	—	53	○
9	·	24	○	39	·	54	○
10	○	25	·	40	—	55	○
11	·	26	—	41	○	56	·
12	○	27	—	42	○	57	—
13	—	28	○	43	·	58	—
14	—	29	○	44	·	59	—

西元2002年6月11日到7月9日

年月日 15時

(分)	0~14	(分)	15~29	(分)	30~44	(分)	45~59
0	·	15	—	30	—	45	·
1	·	16	○	31	·	46	○
2	—	17	○	32	·	47	—
3	·	18	○	33	○	48	·
4	○	19	—	34	○	49	—
5	·	20	—	35	○	50	·
6	—	21	○	36	○	51	—
7	—	22	·	37	—	52	·
8	○	23	·	38	—	53	○
9	○	24	·	39	—	54	○
10	·	25	○	40	—	55	○
11	—	26	○	41	·	56	—
12	·	27	—	42	○	57	○
13	·	28	—	43	·	58	—
14	○	29	—	44	○	59	·

年月日 16時

(分)	0~14	(分)	15~29	(分)	30~44	(分)	45~59
0	·	15	—	30	○	45	·
1	·	16	○	31	·	46	○
2	○	17	·	32	—	47	○
3	—	18	○	33	·	48	—
4	○	19	—	34	·	49	—
5	—	20	○	35	○	50	○
6	○	21	·	36	—	51	—
7	○	22	○	37	○	52	·
8	·	23	—	38	○	53	·
9	·	24	·	39	○	54	○
10	—	25	○	40	—	55	○
11	○	26	·	41	—	56	○
12	—	27	—	42	○	57	·
13	·	28	—	43	·	58	—
14	—	29	○	44	·	59	—

年月日 17時

(分)	0~14	(分)	15~29	(分)	30~44	(分)	45~59
0	—	15	·	30	—	45	·
1	·	16	—	31	○	46	·
2	·	17	—	32	—	47	·
3	·	18	○	33	·	48	○
4	○	19	·	34	—	49	○
5	·	20	○	35	○	50	·
6	○	21	—	36	○	51	—
7	—	22	○	37	·	52	—
8	—	23	○	38	·	53	—
9	—	24	·	39	—	54	·
10	·	25	—	40	○	55	○
11	○	26	·	41	—	56	○
12	·	27	○	42	—	57	○
13	○	28	·	43	—	58	○
14	·	29	—	44	○	59	○

年月日 18時

(分)	0~14	(分)	15~29	(分)	30~44	(分)	45~59
0	—	15	·	30	—	45	·
1	—	16	○	31	·	46	—
2	·	17	—	32	○	47	·
3	○	18	○	33	·	48	○
4	·	19	—	34	○	49	·
5	—	20	○	35	·	50	—
6	○	21	—	36	·	51	—
7	○	22	·	37	—	52	○
8	○	23	·	38	—	53	—
9	○	24	○	39	○	54	·
10	—	25	○	40	·	55	—
11	·	26	·	41	○	56	○
12	—	27	○	42	—	57	○
13	·	28	—	43	○	58	·
14	—	29	—	44	○	59	·

年月日 19時

(分)	0~14	(分)	15~29	(分)	30~44	(分)	45~59
0	○	15	·	30	—	45	—
1	○	16	○	31	○	46	·
2	○	17	·	32	—	47	○
3	·	18	·	33	○	48	○
4	—	19	○	34	—	49	○
5	—	20	○	35	·	50	—
6	—	21	—	36	○	51	·
7	·	22	—	37	·	52	—
8	·	23	—	38	○	53	·
9	—	24	○	39	·	54	—
10	○	25	·	40	○	55	—
11	○	26	○	41	—	56	○
12	○	27	·	42	—	57	○
13	—	28	·	43	—	58	·
14	—	29	○	44	·	59	—

年月日 20時

(分)	0~14	(分)	15~29	(分)	30~44	(分)	45~59
0	·	15	·	30	—	45	○
1	○	16	·	31	○	46	·
2	·	17	—	32	○	47	·
3	·	18	—	33	○	48	·
4	—	19	○	34	—	49	·
5	○	20	·	35	—	50	○
6	—	21	○	36	·	51	—
7	·	22	○	37	·	52	○
8	—	23	○	38	○	53	—
9	○	24	○	39	·	54	○
10	○	25	○	40	○	55	—
11	·	26	○	41	○	56	·
12	○	27	—	42	—	57	○
13	—	28	·	43	—	58	·
14	○	29	·	44	—	59	○

年月日 21時

(分)	0~14	(分)	15~29	(分)	30~44	(分)	45~59
0	·	15	—	30	·	45	○
1	·	16	—	31	○	46	·
2	—	17	○	32	·	47	—
3	○	18	—	33	○	48	—
4	○	19	·	34	—	49	○
5	○	20	·	35	·	50	○
6	—	21	·	36	—	51	·
7	—	22	○	37	·	52	—
8	○	23	—	38	—	53	○
9	·	24	○	39	·	54	○
10	·	25	—	40	·	55	·
11	·	26	—	41	○	56	·
12	○	27	—	42	○	57	—
13	○	28	·	43	—	58	○
14	—	29	○	44	·	59	—

年月日 22時

(分)	0~14	(分)	15~29	(分)	30~44	(分)	45~59
0	·	15	○	30	·	45	○
1	—	16	○	31	·	46	—
2	—	17	·	32	○	47	—
3	○	18	—	33	○	48	—
4	·	19	—	34	○	49	·
5	○	20	·	35	○	50	○
6	—	21	·	36	—	51	·
7	○	22	·	37	○	52	○
8	·	23	—	38	○	53	·
9	·	24	○	39	—	54	○
10	—	25	○	40	·	55	—
11	—	26	○	41	·	56	·
12	·	27	—	42	·	57	—
13	·	28	—	43	○	58	·
14	○	29	○	44	—	59	—

西元2002年7月10日到8月8日

年 月 日 23 時

(分)	0~14	(分)	15~29	(分)	30~44	(分)	45~59
0	—	15	〇	30	·	45	—
1	〇	16	〇	31	—	46	—
2	—	17	〇	32	—	47	〇
3	·	18	—	33	〇	48	·
4	·	19	·	34	—	49	〇
5	·	20	—	35	·	50	—
6	〇	21	·	36	—	51	〇
7	·	22	—	37	〇	52	·
8	〇	23	·	38	〇	53	—
9	—	24	〇	39	·	54	—
10	—	25	〇	40	·	55	—
11	—	26	·	41	—	56	·
12	·	27	—	42	〇	57	·
13	〇	28	·	43	·	58	〇
14	·	29	〇	44	·	59	〇

年 月 日 24 時

(分)	0~14	(分)	15~29	(分)	30~44	(分)	45~59
0	〇	15	·	30	—	45	〇
1	〇	16	·	31	—	46	〇
2	—	17	〇	32	—	47	·
3	—	18	〇	33	·	48	—
4	·	19	—	34	〇	49	·
5	·	20	〇	35	·	50	〇
6	·	21	—	36	〇	51	·
7	—	22	〇	37	〇	52	—
8	〇	23	〇	38	〇	53	—
9	〇	24	·	39	—	54	〇
10	—	25	·	40	·	55	—
11	—	26	·	41	—	56	·
12	—	27	〇	42	·	57	—
13	〇	28	·	43	—	58	〇
14	·	29	〇	44	·	59	〇

年 月 日 1 時

(分)	0~14	(分)	15~29	(分)	30~44	(分)	45~59
0	·	15	—	30	〇	45	·
1	·	16	—	31	〇	46	·
2	〇	17	·	32	〇	47	—
3	〇	18	·	33	—	48	〇
4	—	19	〇	34	·	49	—
5	—	20	·	35	—	50	·
6	—	21	〇	36	·	51	—
7	〇	22	·	37	·	52	〇
8	·	23	〇	38	·	53	〇
9	·	24	—	39	〇	54	·
10	〇	25	—	40	—	55	〇
11	〇	26	—	41	〇	56	—
12	〇	27	·	42	—	57	〇
13	·	28	—	43	〇	58	·
14	—	29	·	44	—	59	·

年 月 日 2 時

(分)	0~14	(分)	15~29	(分)	30~44	(分)	45~59
0	—	15	〇	30	·	45	—
1	—	16	〇	31	〇	46	—
2	〇	17	—	32	〇	47	—
3	·	18	—	33	〇	48	·
4	—	19	·	34	·	49	—
5	—	20	·	35	〇	50	·
6	〇	21	·	36	—	51	〇
7	〇	22	·	37	—	52	〇
8	·	23	〇	38	〇	53	〇
9	—	24	〇	39	〇	54	—
10	·	25	—	40	〇	55	·
11	〇	26	〇	41	·	56	—
12	·	27	—	42	〇	57	·
13	—	28	〇	43	·	58	·
14	〇	29	·	44	〇	59	·

年 月 日 3 時

(分)	0~14	(分)	15~29	(分)	30~44	(分)	45~59
0	—	15	〇	30	·	45	—
1	〇	16	·	31	—	46	〇
2	—	17	〇	32	—	47	〇
3	·	18	—	33	〇	48	·
4	·	19	—	34	〇	49	·
5	·	20	〇	35	·	50	〇
6	〇	21	·	36	—	51	〇
7	—	22	〇	37	〇	52	—
8	〇	23	—	38	〇	53	—
9	—	24	〇	39	·	54	—
10	—	25	·	40	·	55	—
11	—	26	·	41	—	56	·
12	·	27	—	42	〇	57	·
13	〇	28	·	43	—	58	〇
14	·	29	〇	44	·	59	〇

年 月 日 4 時

(分)	0~14	(分)	15~29	(分)	30~44	(分)	45~59
0	〇	15	·	30	—	45	〇
1	·	16	—	31	—	46	·
2	—	17	·	32	〇	47	·
3	—	18	〇	33	·	48	—
4	·	19	〇	34	〇	49	·
5	〇	20	〇	35	·	50	〇
6	·	21	—	36	〇	51	·
7	—	22	〇	37	·	52	—
8	〇	23	—	38	〇	53	—
9	〇	24	·	39	—	54	〇
10	〇	25	〇	40	—	55	〇
11	—	26	·	41	〇	56	·
12	—	27	〇	42	·	57	—
13	·	28	—	43	〇	58	〇
14	—	29	〇	44	—	59	〇

年 月 日 5 時

(分)	0~14	(分)	15~29	(分)	30~44	(分)	45~59
0	〇	15	·	30	〇	45	—
1	—	16	〇	31	·	46	—
2	·	17	—	32	〇	47	·
3	—	18	·	33	—	48	〇
4	·	19	—	34	〇	49	·
5	—	20	〇	35	〇	50	—
6	·	21	〇	36	·	51	〇
7	〇	22	·	37	—	52	〇
8	—	23	·	38	·	53	—
9	〇	24	—	39	〇	54	—
10	—	25	〇	40	·	55	—
11	〇	26	·	41	—	56	〇
12	—	27	·	42	—	57	·
13	·	28	—	43	〇	58	·
14	·	29	—	44	〇	59	·

年 月 日 6 時

(分)	0~14	(分)	15~29	(分)	30~44	(分)	45~59
0	〇	15	—	30	〇	45	—
1	〇	16	·	31	—	46	〇
2	·	17	〇	32	〇	47	·
3	—	18	·	33	〇	48	·
4	—	19	〇	34	·	49	—
5	—	20	〇	35	·	50	—
6	·	21	〇	36	·	51	〇
7	·	22	—	37	〇	52	·
8	〇	23	·	38	—	53	〇
9	〇	24	—	39	·	54	—
10	〇	25	·	40	—	55	〇
11	·	26	—	41	〇	56	〇
12	〇	27	〇	42	〇	57	·
13	—	28	〇	43	·	58	—
14	—	29	—	44	·	59	·

西元2002年7月10日到8月8日

	(分)	0~14	(分)	15~29	(分)	30~44	(分)	45~59
年月日7時	0	—	15	·	30	○	45	·
	1	·	16	—	31	○	46	·
	2	○	17	·	32	—	47	—
	3	○	18	○	33	—	48	○
	4	○	19	·	34	—	49	○
	5	·	20	·	35	○	50	○
	6	·	21	—	36	·	51	○
	7	—	22	○	37	·	52	—
	8	—	23	—	38	○	53	·
	9	○	24	·	39	○	54	○
	10	·	25	—	40	○	55	○
	11	—	26	○	41	·	56	—
	12	—	27	○	42	—	57	·
	13	○	28	○	43	○	58	○
	14	○	29	·	44	—	59	○

	(分)	0~14	(分)	15~29	(分)	30~44	(分)	45~59
年月日8時	0	○	15	·	30	○	45	·
	1	—	16	○	31	·	46	—
	2	·	17	·	32	—	47	○
	3	—	18	○	33	○	48	○
	4	·	19	—	34	○	49	·
	5	·	20	—	35	○	50	·
	6	·	21	—	36	·	51	○
	7	○	22	·	37	—	52	○
	8	—	23	○	38	·	53	—
	9	○	24	○	39	○	54	○
	10	—	25	○	40	·	55	—
	11	○	26	·	41	·	56	○
	12	—	27	·	42	—	57	·
	13	·	28	—	43	○	58	○
	14	○	29	—	44	—	59	○

	(分)	0~14	(分)	15~29	(分)	30~44	(分)	45~59
年月日9時	0	·	15	—	30	○	45	·
	1	○	16	·	31	—	46	○
	2	○	17	○	32	○	47	—
	3	○	18	·	33	—	48	○
	4	○	19	—	34	—	49	·
	5	—	20	○	35	—	50	·
	6	—	21	○	36	·	51	—
	7	○	22	○	37	○	52	·
	8	·	23	○	38	·	53	○
	9	·	24	—	39	○	54	·
	10	—	25	○	40	·	55	—
	11	○	26	—	41	○	56	—
	12	○	27	·	42	—	57	○
	13	○	28	·	43	—	58	○
	14	—	29	·	44	○	59	·

	(分)	0~14	(分)	15~29	(分)	30~44	(分)	45~59
年月日10時	0	—	15	○	30	·	45	—
	1	○	16	—	31	—	46	○
	2	○	17	—	32	○	47	—
	3	·	18	○	33	○	48	·
	4	·	19	—	34	○	49	·
	5	—	20	·	35	—	50	·
	6	○	21	·	36	—	51	○
	7	—	22	○	37	·	52	—
	8	·	23	○	38	—	53	○
	9	—	24	○	39	·	54	—
	10	○	25	○	40	—	55	—
	11	○	26	—	41	·	56	—
	12	·	27	—	42	○	57	·
	13	·	28	·	43	○	58	○
	14	○	29	·	44	○	59	·

	(分)	0~14	(分)	15~29	(分)	30~44	(分)	45~59
年月日11時	0	—	15	○	30	—	45	○
	1	○	16	·	31	—	46	○
	2	·	17	·	32	○	47	○
	3	·	18	—	33	·	48	—
	4	—	19	○	34	·	49	—
	5	—	20	—	35	○	50	·
	6	○	21	·	36	○	51	○
	7	·	22	—	37	○	52	○
	8	—	23	○	38	○	53	—
	9	—	24	○	39	—	54	·
	10	○	25	·	40	—	55	○
	11	○	26	·	41	—	56	○
	12	·	27	○	42	·	57	○
	13	—	28	○	43	·	58	—
	14	·	29	—	44	—	59	·

	(分)	0~14	(分)	15~29	(分)	30~44	(分)	45~59
年月日12時	0	—	15	○	30	—	45	○
	1	·	16	—	31	○	46	·
	2	·	17	—	32	○	47	·
	3	·	18	—	33	·	48	○
	4	○	19	·	34	—	49	○
	5	—	20	○	35	·	50	—
	6	○	21	—	36	○	51	—
	7	—	22	○	37	·	52	—
	8	○	23	·	38	·	53	○
	9	—	24	○	39	—	54	○
	10	·	25	—	40	○	55	·
	11	○	26	—	41	—	56	○
	12	·	27	○	42	·	57	○
	13	○	28	·	43	—	58	○
	14	○	29	—	44	○	59	○

	(分)	0~14	(分)	15~29	(分)	30~44	(分)	45~59
年月日13時	0	○	15	·	30	—	45	○
	1	—	16	—	31	○	46	·
	2	○	17	·	32	○	47	·
	3	—	18	·	33	·	48	—
	4	—	19	○	34	·	49	—
	5	—	20	○	35	—	50	·
	6	·	21	—	36	○	51	·
	7	○	22	·	37	—	52	○
	8	·	23	○	38	·	53	○
	9	○	24	·	39	—	54	○
	10	·	25	—	40	—	55	·
	11	○	26	—	41	○	56	—
	12	—	27	○	42	·	57	—
	13	·	28	○	43	○	58	·
	14	—	29	·	44	—	59	·

	(分)	0~14	(分)	15~29	(分)	30~44	(分)	45~59
年月日14時	0	○	15	○	30	○	45	·
	1	—	16	○	31	·	46	—
	2	○	17	—	32	○	47	—
	3	○	18	·	33	—	48	○
	4	○	19	·	34	·	49	○
	5	—	20	·	35	—	50	·
	6	—	21	○	36	·	51	—
	7	○	22	—	37	—	52	○
	8	·	23	○	38	·	53	○
	9	·	24	—	39	·	54	·
	10	·	25	○	40	○	55	·
	11	○	26	—	41	○	56	—
	12	○	27	·	42	—	57	○
	13	—	28	○	43	·	58	—
	14	—	29	·	44	○	59	·

西元2002年7月10日到8月8日

年月日15時

(分)	0~14	(分)	15~29	(分)	30~44	(分)	45~59
0	—	15	·	30	—	45	·
1	—	16	○	31	·	46	—
2	—	17	○	32	·	47	—
3	·	18	○	33	·	48	○
4	·	19	—	34	○	49	·
5	○	20	·	35	—	50	○
6	○	21	—	36	·	51	—
7	○	22	·	37	—	52	○
8	·	23	—	38	○	53	○
9	○	24	·	39	○	54	·
10	—	25	○	40	·	55	—
11	—	26	—	41	·	56	·
12	—	27	○	42	—	57	○
13	·	28	—	43	○	58	·
14	○	29	○	44	·	59	—

年月日16時

(分)	0~14	(分)	15~29	(分)	30~44	(分)	45~59
0	—	15	·	30	○	45	·
1	○	16	·	31	—	46	○
2	○	17	·	32	—	47	—
3	—	18	○	33	—	48	○
4	—	19	○	34	·	49	—
5	·	20	·	35	○	50	○
6	·	21	—	36	·	51	—
7	·	22	—	37	○	52	·
8	—	23	—	38	○	53	·
9	○	24	·	39	○	54	·
10	○	25	·	40	—	55	○
11	—	26	○	41	·	56	—
12	—	27	○	42	—	57	·
13	—	28	○	43	·	58	—
14	○	29	○	44	—	59	○

年月日17時

(分)	0~14	(分)	15~29	(分)	30~44	(分)	45~59
0	·	15	—	30	○	45	·
1	○	16	—	31	—	46	○
2	○	17	—	32	○	47	—
3	○	18	·	33	—	48	○
4	○	19	—	34	○	49	·
5	—	20	·	35	—	50	·
6	—	21	○	36	·	51	—
7	—	22	○	37	·	52	—
8	·	23	○	38	—	53	○
9	·	24	—	39	○	54	·
10	○	25	·	40	—	55	—
11	·	26	—	41	·	56	—
12	○	27	·	42	—	57	○
13	·	28	·	43	○	58	○
14	○	29	·	44	○	59	·

年月日18時

(分)	0~14	(分)	15~29	(分)	30~44	(分)	45~59
0	—	15	○	30	·	45	—
1	·	16	—	31	○	46	○
2	○	17	—	32	·	47	—
3	·	18	○	33	○	48	·
4	—	19	○	34	·	49	○
5	○	20	·	35	○	50	·
6	○	21	·	36	—	51	○
7	○	22	○	37	—	52	—
8	—	23	○	38	—	53	○
9	—	24	○	39	·	54	—
10	·	25	○	40	—	55	○
11	·	26	—	41	·	56	—
12	○	27	—	42	○	57	·
13	·	28	○	43	○	58	·
14	○	29	○	44	○	59	—

年月日19時

(分)	0~14	(分)	15~29	(分)	30~44	(分)	45~59
0	·	15	—	30	·	45	○
1	·	16	—	31	○	46	·
2	—	17	○	32	·	47	—
3	○	18	—	33	○	48	—
4	○	19	·	34	—	49	○
5	○	20	·	35	·	50	○
6	—	21	·	36	—	51	·
7	—	22	○	37	·	52	—
8	○	23	—	38	—	53	○
9	·	24	○	39	·	54	○
10	·	25	—	40	·	55	·
11	·	26	—	41	○	56	·
12	○	27	—	42	○	57	—
13	○	28	·	43	—	58	○
14	—	29	○	44	·	59	—

年月日20時

(分)	0~14	(分)	15~29	(分)	30~44	(分)	45~59
0	·	15	○	30	·	45	○
1	—	16	○	31	·	46	—
2	—	17	·	32	·	47	—
3	○	18	—	33	○	48	—
4	·	19	—	34	○	49	·
5	○	20	·	35	—	50	○
6	—	21	·	36	○	51	·
7	○	22	·	37	○	52	○
8	·	23	—	38	○	53	·
9	·	24	○	39	—	54	○
10	—	25	○	40	·	55	—
11	—	26	○	41	·	56	·
12	·	27	○	42	·	57	—
13	·	28	—	43	○	58	·
14	○	29	○	44	—	59	—

年月日21時

(分)	0~14	(分)	15~29	(分)	30~44	(分)	45~59
0	—	15	○	30	·	45	—
1	○	16	·	31	—	46	○
2	·	17	○	32	·	47	○
3	·	18	—	33	○	48	·
4	·	19	—	34	○	49	·
5	○	20	—	35	·	50	—
6	○	21	·	36	—	51	○
7	—	22	○	37	·	52	·
8	○	23	·	38	○	53	·
9	—	24	○	39	·	54	—
10	○	25	○	40	—	55	—
11	—	26	○	41	—	56	○
12	·	27	—	42	○	57	·
13	·	28	·	43	—	58	○
14	·	29	—	44	·	59	—

年月日22時

(分)	0~14	(分)	15~29	(分)	30~44	(分)	45~59
0	○	15	·	30	—	45	○
1	·	16	—	31	○	46	○
2	—	17	○	32	—	47	○
3	—	18	○	33	·	48	○
4	—	19	—	34	·	49	·
5	·	20	—	35	·	50	—
6	·	21	○	36	○	51	·
7	○	22	○	37	·	52	—
8	○	23	·	38	○	53	·
9	○	24	·	39	—	54	○
10	○	25	·	40	—	55	○
11	—	26	○	41	—	56	·
12	—	27	○	42	·	57	—
13	○	28	○	43	○	58	·
14	·	29	○	44	·	59	○

西元2002年8月9日到9月6日

年月日 23時

(分)	0~14	(分)	15~29	(分)	30~44	(分)	45~59
0	·	15	—	30	—	45	·
1	·	16	○	31	·	46	○
2	·	17	—	32	○	47	·
3	·	18	○	33	○	48	·
4	○	19	—	34	○	49	—
5	○	20	·	35	—	50	○
6	—	21	○	36	·	51	—
7	—	22	·	37	—	52	·
8	—	23	○	38	·	53	—
9	○	24	·	39	—	54	○
10	·	25	○	40	—	55	○
11	·	26	—	41	○	56	·
12	·	27	—	42	○	57	○
13	·	28	—	43	·	58	—
14	○	29	·	44	—	59	○

年月日 24時

(分)	0~14	(分)	15~29	(分)	30~44	(分)	45~59
0	·	15	—	30	○	45	·
1	·	16	○	31	·	46	○
2	—	17	○	32	·	47	—
3	—	18	○	33	·	48	—
4	○	19	—	34	·	49	—
5	·	20	—	35	○	50	·
6	○	21	·	36	—	51	—
7	○	22	○	37	○	52	·
8	○	23	○	38	—	53	○
9	·	24	·	39	○	54	○
10	—	25	○	40	—	55	○
11	—	26	○	41	·	56	—
12	—	27	—	42	○	57	·
13	·	28	—	43	·	58	—
14	·	29	—	44	○	59	·

年月日 1時

(分)	0~14	(分)	15~29	(分)	30~44	(分)	45~59
0	·	15	○	30	·	45	○
1	○	16	·	31	—	46	○
2	·	17	—	32	—	47	·
3	○	18	—	33	○	48	—
4	—	19	○	34	·	49	—
5	·	20	○	35	○	50	·
6	—	21	·	36	—	51	·
7	·	22	—	37	○	52	○
8	—	23	○	38	·	53	—
9	·	24	○	39	·	54	○
10	·	25	·	40	—	55	○
11	○	26	·	41	—	56	○
12	○	27	—	42	·	57	—
13	—	28	○	43	·	58	—
14	·	29	—	44	○	59	○

年月日 2時

(分)	0~14	(分)	15~29	(分)	30~44	(分)	45~59
0	·	15	○	30	·	45	○
1	·	16	—	31	·	46	·
2	·	17	—	32	○	47	·
3	○	18	—	33	○	48	—
4	○	19	·	34	—	49	○
5	—	20	○	35	·	50	—
6	—	21	·	36	○	51	·
7	—	22	○	37	·	52	—
8	○	23	·	38	—	53	—
9	—	24	○	39	○	54	○
10	·	25	—	40	○	55	·
11	·	26	·	41	○	56	○
12	·	27	—	42	·	57	—
13	○	28	·	43	—	58	○
14	—	29	○	44	○	59	·

年月日 3時

(分)	0~14	(分)	15~29	(分)	30~44	(分)	45~59
0	○	15	—	30	○	45	—
1	·	16	—	31	○	46	·
2	○	17	·	32	·	47	○
3	—	18	·	33	—	48	·
4	○	19	·	34	—	49	○
5	○	20	—	35	—	50	○
6	·	21	○	36	·	51	○
7	—	22	○	37	·	52	—
8	·	23	—	38	○	53	·
9	○	24	—	39	○	54	—
10	·	25	○	40	○	55	·
11	—	26	○	41	·	56	—
12	—	27	·	42	○	57	·
13	○	28	·	43	—	58	○
14	○	29	·	44	—	59	—

年月日 4時

(分)	0~14	(分)	15~29	(分)	30~44	(分)	45~59
0	○	15	—	30	○	45	—
1	—	16	○	31	·	46	○
2	○	17	·	32	—	47	○
3	—	18	·	33	—	48	·
4	·	19	—	34	○	49	·
5	·	20	—	35	○	50	·
6	·	21	○	36	—	51	○
7	○	22	·	37	—	52	○
8	—	23	○	38	·	53	·
9	·	24	—	39	·	54	—
10	—	25	○	40	○	55	—
11	○	26	○	41	—	56	—
12	○	27	·	42	○	57	·
13	·	28	—	43	○	58	·
14	·	29	·	44	—	59	○

年月日 5時

(分)	0~14	(分)	15~29	(分)	30~44	(分)	45~59
0	○	15	·	30	·	45	○
1	○	16	—	31	○	46	—
2	·	17	—	32	○	47	·
3	○	18	—	33	—	48	○
4	—	19	·	34	—	49	·
5	○	20	·	35	—	50	○
6	·	21	—	36	○	51	·
7	·	22	○	37	·	52	○
8	—	23	○	38	·	53	—
9	—	24	○	39	·	54	—
10	○	25	—	40	·	55	—
11	·	26	—	41	○	56	·
12	○	27	·	42	—	57	—
13	○	28	○	43	○	58	·
14	○	29	·	44	—	59	○

年月日 6時

(分)	0~14	(分)	15~29	(分)	30~44	(分)	45~59
0	○	15	·	30	—	45	○
1	○	16	—	31	○	46	—
2	—	17	○	32	·	47	—
3	·	18	—	33	○	48	·
4	—	19	·	34	○	49	·
5	·	20	—	35	○	50	○
6	—	21	○	36	○	51	·
7	—	22	○	37	—	52	○
8	○	23	·	38	—	53	○
9	○	24	○	39	—	54	—
10	·	25	—	40	·	55	—
11	—	26	○	41	·	56	○
12	·	27	·	42	—	57	○
13	○	28	·	43	○	58	·
14	·	29	—	44	○	59	·

西元2002年8月9日到9月6日

年 月 日 7 時

(分)	0~14	(分)	15~29	(分)	30~44	(分)	45~59
0	○	15	·	30	—	45	○
1	—	16	○	31	·	46	—
2	·	17	○	32	—	47	○
3	—	18	○	33	·	48	—
4	○	19	·	34	—	49	—
5	○	20	—	35	·	50	—
6	·	21	○	36	○	51	·
7	·	22	·	37	○	52	○
8	○	23	○	38	○	53	·
9	○	24	·	39	—	54	○
10	—	25	—	40	○	55	·
11	—	26	○	41	—	56	○
12	—	27	○	42	·	57	—
13	—	28	○	43	·	58	—
14	·	29	○	44	·	59	○

年 月 日 8 時

(分)	0~14	(分)	15~29	(分)	30~44	(分)	45~59
0	·	15	—	30	○	45	○
1	○	16	○	31	—	46	—
2	—	17	○	32	○	47	○
3	○	18	·	33	○	48	○
4	·	19	·	34	—	49	○
5	·	20	—	35	·	50	○
6	—	21	○	36	·	51	—
7	·	22	○	37	○	52	·
8	○	23	·	38	○	53	—
9	·	24	—	39	○	54	·
10	—	25	○	40	·	55	—
11	—	26	○	41	—	56	·
12	○	27	·	42	○	57	○
13	○	28	·	43	·	58	○
14	·	29	○	44	·	59	○

年 月 日 9 時

(分)	0~14	(分)	15~29	(分)	30~44	(分)	45~59
0	○	15	·	30	○	45	○
1	○	16	○	31	○	46	·
2	○	17	○	32	·	47	○
3	—	18	○	33	·	48	—
4	—	19	○	34	·	49	—
5	○	20	—	35	○	50	—
6	·	21	—	36	○	51	·
7	○	22	·	37	—	52	○
8	—	23	○	38	○	53	·
9	○	24	·	39	—	54	○
10	·	25	—	40	○	55	○
11	—	26	○	41	—	56	○
12	—	27	○	42	·	57	—
13	—	28	—	43	·	58	·
14	·	29	—	44	·	59	—

年 月 日 10 時

(分)	0~14	(分)	15~29	(分)	30~44	(分)	45~59
0	·	15	—	30	○	45	·
1	—	16	○	31	·	46	—
2	·	17	○	32	○	47	○
3	○	18	·	33	—	48	○
4	○	19	·	34	—	49	—
5	·	20	—	35	·	50	—
6	—	21	○	36	·	51	—
7	·	22	·	37	○	52	○
8	○	23	·	38	○	53	·
9	·	24	—	39	○	54	·
10	—	25	—	40	○	55	·
11	—	26	○	41	—	56	○
12	○	27	·	42	—	57	○
13	—	28	○	43	·	58	—
14	·	29	—	44	○	59	○

年 月 日 11 時

(分)	0~14	(分)	15~29	(分)	30~44	(分)	45~59
0	·	15	—	30	○	45	·
1	—	16	○	31	·	46	—
2	○	17	—	32	○	47	—
3	○	18	·	33	—	48	○
4	○	19	·	34	—	49	○
5	—	20	·	35	○	50	·
6	—	21	○	36	·	51	—
7	·	22	—	37	○	52	○
8	—	23	○	38	—	53	○
9	·	24	—	39	○	54	·
10	—	25	—	40	·	55	·
11	·	26	—	41	·	56	—
12	○	27	·	42	—	57	○
13	○	28	○	43	·	58	—
14	○	29	·	44	○	59	·

年 月 日 12 時

(分)	0~14	(分)	15~29	(分)	30~44	(分)	45~59
0	—	15	○	30	·	45	—
1	○	16	○	31	—	46	—
2	○	17	—	32	·	47	—
3	·	18	—	33	○	48	·
4	·	19	·	34	○	49	○
5	○	20	·	35	○	50	·
6	○	21	○	36	—	51	○
7	—	22	—	37	○	52	·
8	—	23	○	38	—	53	○
9	—	24	○	39	·	54	—
10	—	25	○	40	·	55	—
11	·	26	—	41	·	56	○
12	·	27	—	42	○	57	·
13	○	28	·	43	—	58	○
14	○	29	—	44	○	59	—

年 月 日 13 時

(分)	0~14	(分)	15~29	(分)	30~44	(分)	45~59
0	·	15	—	30	○	45	·
1	·	16	—	31	—	46	·
2	—	17	·	32	—	47	·
3	○	18	·	33	—	48	○
4	·	19	○	34	○	49	·
5	·	20	○	35	·	50	○
6	—	21	○	36	·	51	—
7	—	22	○	37	·	52	—
8	○	23	—	38	○	53	—
9	·	24	—	39	○	54	·
10	○	25	·	40	—	55	○
11	—	26	·	41	○	56	·
12	○	27	·	42	—	57	○
13	·	28	—	43	○	58	○
14	—	29	○	44	—	59	○

年 月 日 14 時

(分)	0~14	(分)	15~29	(分)	30~44	(分)	45~59
0	—	15	○	30	·	45	—
1	·	16	—	31	○	46	·
2	—	17	·	32	—	47	·
3	·	18	—	33	○	48	·
4	—	19	○	34	·	49	—
5	·	20	○	35	—	50	○
6	○	21	·	36	—	51	○
7	○	22	·	37	—	52	—
8	·	23	—	38	·	53	—
9	—	24	○	39	·	54	—
10	·	25	·	40	○	55	○
11	○	26	·	41	○	56	·
12	·	27	—	42	○	57	·
13	—	28	—	43	○	58	·
14	—	29	○	44	—	59	○

西元2002年8月9日到9月6日

	(分)	0~14	(分)	15~29	(分)	30~44	(分)	45~59
	0	·	15	—	30	○	45	·
年	1	·	16	○	31	○	46	·
	2	·	17	○	32	·	47	○
	3	○	18	·	33	—	48	○
	4	—	19	○	34	·	49	—
月	5	○	20	—	35	○	50	○
	6	—	21	○	36	·	51	—
	7	○	22	·	37	—	52	○
	8	—	23	·	38	○	53	·
日	9	·	24	—	39	○	54	·
	10	·	25	—	40	○	55	○
15	11	—	26	○	41	—	56	○
時	12	○	27	·	42	—	57	○
	13	—	28	—	43	·	58	·
	14	·	29	—	44	·	59	—

	(分)	0~14	(分)	15~29	(分)	30~44	(分)	45~59
	0	—	15	○	30	·	45	—
年	1	—	16	○	31	·	46	—
	2	·	17	○	32	—	47	○
	3	·	18	—	33	○	48	·
	4	○	19	·	34	○	49	—
月	5	·	20	—	35	·	50	—
	6	○	21	·	36	—	51	○
	7	·	22	·	37	○	52	○
	8	○	23	·	38	○	53	·
日	9	—	24	○	39	○	54	—
	10	—	25	○	40	○	55	·
16	11	—	26	○	41	—	56	○
時	12	·	27	—	42	○	57	·
	13	—	28	○	43	·	58	—
	14	·	29	—	44	·	59	○

	(分)	0~14	(分)	15~29	(分)	30~44	(分)	45~59
	0	○	15	·	30	·	45	○
年	1	○	16	—	31	○	46	—
	2	—	17	○	32	·	47	—
	3	○	18	—	33	—	48	○
	4	—	19	·	34	—	49	·
月	5	·	20	—	35	○	50	·
	6	·	21	—	36	○	51	·
	7	·	22	○	37	·	52	○
	8	○	23	·	38	—	53	○
日	9	—	24	○	39	·	54	—
	10	○	25	—	40	·	55	○
17	11	—	26	○	41	·	56	—
時	12	○	27	·	42	—	57	—
	13	○	28	·	43	○	58	·
	14	·	29	—	44	○	59	·

	(分)	0~14	(分)	15~29	(分)	30~44	(分)	45~59
	0	○	15	·	30	—	45	○
年	1	○	16	—	31	○	46	—
	2	○	17	·	32	—	47	○
	3	·	18	—	33	○	48	·
	4	—	19	·	34	○	49	·
月	5	—	20	○	35	·	50	—
	6	—	21	○	36	·	51	·
	7	—	22	○	37	—	52	○
	8	·	23	○	38	○	53	·
日	9	○	24	○	39	—	54	—
	10	·	25	—	40	·	55	—
18	11	○	26	·	41	—	56	○
時	12	·	27	·	42	—	57	○
	13	○	28	·	43	○	58	·
	14	—	29	○	44	·	59	—

	(分)	0~14	(分)	15~29	(分)	30~44	(分)	45~59
	0	·	15	—	30	○	45	·
年	1	○	16	·	31	—	46	○
	2	—	17	·	32	○	47	·
	3	○	18	·	33	—	48	○
	4	·	19	—	34	○	49	○
月	5	—	20	○	35	—	50	○
	6	—	21	○	36	·	51	—
	7	—	22	—	37	·	52	·
	8	·	23	—	38	·	53	—
日	9	·	24	—	39	○	54	·
	10	○	25	○	40	·	55	—
19	11	○	26	·	41	○	56	·
時	12	○	27	·	42	—	57	○
	13	○	28	·	43	—	58	○
	14	—	29	○	44	—	59	·

	(分)	0~14	(分)	15~29	(分)	30~44	(分)	45~59
	0	—	15	○	30	·	45	—
年	1	·	16	·	31	○	46	○
	2	○	17	·	32	○	47	·
	3	·	18	—	33	○	48	·
	4	—	19	—	34	○	49	·
月	5	—	20	○	35	—	50	○
	6	○	21	·	36	—	51	○
	7	—	22	○	37	·	52	—
	8	·	23	—	38	○	53	○
日	9	—	24	○	39	·	54	—
	10	○	25	·	40	—	55	○
20	11	○	26	—	41	○	56	—
時	12	·	27	—	42	○	57	·
	13	·	28	—	43	—	58	·
	14	—	29	·	44	—	59	·

	(分)	0~14	(分)	15~29	(分)	30~44	(分)	45~59
	0	—	15	·	30	○	45	·
年	1	·	16	—	31	○	46	·
	2	○	17	·	32	—	47	—
	3	—	18	○	33	—	48	○
	4	○	19	·	34	○	49	○
月	5	·	20	·	35	○	50	○
	6	·	21	—	36	·	51	—
	7	—	22	○	37	·	52	—
	8	—	23	—	38	○	53	·
日	9	○	24	·	39	○	54	·
	10	·	25	—	40	○	55	○
21	11	—	26	○	41	·	56	—
時	12	—	27	○	42	—	57	·
	13	○	28	·	43	—	58	○
	14	○	29	·	44	—	59	○

	(分)	0~14	(分)	15~29	(分)	30~44	(分)	45~59
	0	○	15	·	30	○	45	·
年	1	—	16	○	31	·	46	—
	2	·	17	·	32	—	47	○
	3	—	18	○	33	—	48	○
	4	·	19	—	34	○	49	·
月	5	·	20	—	35	○	50	·
	6	·	21	—	36	·	51	○
	7	○	22	·	37	—	52	○
	8	—	23	○	38	·	53	—
日	9	○	24	—	39	○	54	—
	10	—	25	○	40	·	55	○
22	11	○	26	·	41	·	56	○
時	12	—	27	·	42	—	57	·
	13	·	28	—	43	○	58	·
	14	○	29	—	44	—	59	○

西元2002年9月7日到10月5日

年 月 日 23 時

(分)	0~14	(分)	15~29	(分)	30~44	(分)	45~59
0	·	15	—	30	·	45	—
1	·	16	—	31	○	46	·
2	○	17	·	32	—	47	○
3	○	18	·	33	○	48	—
4	○	19	○	34	—	49	○
5	·	20	—	35	○	50	·
6	—	21	·	36	—	51	·
7	—	22	○	37	·	52	—
8	—	23	○	38	○	53	—
9	·	24	○	39	·	54	○
10	·	25	—	40	○	55	·
11	—	26	·	41	·	56	—
12	○	27	—	42	○	57	—
13	○	28	·	43	—	58	○
14	○	29	·	44	—	59	○

年 月 日 24 時

(分)	0~14	(分)	15~29	(分)	30~44	(分)	45~59
0	·	15	○	30	·	45	○
1	—	16	○	31	○	46	—
2	·	17	—	32	—	47	·
3	○	18	—	33	○	48	—
4	·	19	—	34	○	49	·
5	·	20	○	35	○	50	·
6	—	21	·	36	—	51	·
7	○	22	·	37	—	52	○
8	—	23	○	38	·	53	—
9	·	24	○	39	○	54	○
10	—	25	○	40	·	55	—
11	○	26	·	41	—	56	○
12	○	27	—	42	·	57	—
13	·	28	—	43	○	58	·
14	·	29	—	44	○	59	○

年 月 日 1 時

(分)	0~14	(分)	15~29	(分)	30~44	(分)	45~59
0	○	15	·	30	—	45	○
1	○	16	○	31	·	46	—
2	○	17	·	32	○	47	·
3	—	18	○	33	·	48	—
4	○	19	·	34	—	49	○
5	—	20	○	35	—	50	○
6	·	21	—	36	○	51	·
7	·	22	—	37	○	52	·
8	·	23	○	38	·	53	○
9	○	24	·	39	—	54	○
10	—	25	○	40	○	55	—
11	○	26	—	41	○	56	—
12	—	27	○	42	·	57	—
13	—	28	·	43	·	58	—
14	—	29	·	44	—	59	·

年 月 日 2 時

(分)	0~14	(分)	15~29	(分)	30~44	(分)	45~59
0	·	15	—	30	○	45	·
1	○	16	·	31	—	46	○
2	○	17	—	32	○	47	—
3	○	18	·	33	—	48	○
4	·	19	—	34	—	49	·
5	—	20	·	35	—	50	·
6	—	21	○	36	·	51	—
7	·	22	○	37	○	52	·
8	○	23	○	38	·	53	○
9	·	24	—	39	○	54	·
10	—	25	○	40	·	55	—
11	○	26	○	41	○	56	—
12	○	27	·	42	—	57	○
13	○	28	·	43	—	58	○
14	—	29	·	44	○	59	·

年 月 日 3 時

(分)	0~14	(分)	15~29	(分)	30~44	(分)	45~59
0	·	15	○	30	—	45	○
1	○	16	·	31	—	46	○
2	—	17	○	32	·	47	·
3	·	18	—	33	·	48	—
4	—	19	○	34	○	49	—
5	○	20	○	35	—	50	—
6	○	21	·	36	○	51	·
7	·	22	—	37	○	52	·
8	·	23	·	38	—	53	○
9	—	24	○	39	—	54	○
10	○	25	·	40	○	55	○
11	·	26	—	41	○	56	·
12	·	27	—	42	·	57	○
13	—	28	○	43	·	58	—
14	—	29	○	44	·	59	—

年 月 日 4 時

(分)	0~14	(分)	15~29	(分)	30~44	(分)	45~59
0	—	15	○	30	—	45	○
1	·	16	—	31	○	46	·
2	○	17	○	32	·	47	—
3	·	18	—	33	○	48	—
4	○	19	·	34	—	49	○
5	○	20	·	35	—	50	○
6	○	21	·	36	○	51	—
7	—	22	○	37	·	52	—
8	·	23	—	38	○	53	·
9	—	24	·	39	—	54	·
10	·	25	—	40	○	55	○
11	—	26	○	41	○	56	—
12	·	27	○	42	·	57	○
13	○	28	○	43	—	58	○
14	—	29	·	44	·	59	—

年 月 日 5 時

(分)	0~14	(分)	15~29	(分)	30~44	(分)	45~59
0	·	15	—	30	○	45	·
1	○	16	—	31	○	46	·
2	○	17	·	32	○	47	—
3	○	18	·	33	—	48	○
4	—	19	○	34	·	49	—
5	—	20	·	35	—	50	·
6	—	21	○	36	·	51	—
7	○	22	·	37	·	52	○
8	·	23	○	38	·	53	○
9	·	24	—	39	○	54	·
10	○	25	—	40	—	55	○
11	○	26	—	41	○	56	—
12	○	27	○	42	—	57	○
13	○	28	—	43	○	58	·
14	—	29	·	44	—	59	·

年 月 日 6 時

(分)	0~14	(分)	15~29	(分)	30~44	(分)	45~59
0	—	15	○	30	·	45	—
1	—	16	○	31	○	46	—
2	○	17	—	32	○	47	—
3	·	18	—	33	○	48	·
4	—	19	·	34	○	49	—
5	—	20	·	35	○	50	·
6	○	21	·	36	—	51	○
7	○	22	○	37	○	52	○
8	·	23	○	38	·	53	○
9	—	24	○	39	·	54	—
10	·	25	—	40	○	55	·
11	○	26	—	41	·	56	—
12	·	27	—	42	○	57	·
13	—	28	○	43	·	58	·
14	○	29	·	44	○	59	·

西元2002年9月7日到10月5日

年 月 日 7 時

(分)	0~14	(分)	15~29	(分)	30~44	(分)	45~59
0	·	15	—	30	○	45	·
1	·	16	·	31	○	46	○
2	○	17	○	32	○	47	·
3	○	18	○	33	—	48	○
4	—	19	—	34	○	49	·
5	—	20	○	35	—	50	○
6	—	21	○	36	·	51	—
7	—	22	○	37	·	52	—
8	·	23	—	38	·	53	○
9	·	24	—	39	○	54	·
10	○	25	·	40	—	55	○
11	○	26	—	41	○	56	—
12	○	27	·	42	—	57	○
13	○	28	—	43	—	58	·
14	○	29	·	44	—	59	·

年 月 日 8 時

(分)	0~14	(分)	15~29	(分)	30~44	(分)	45~59
0	—	15	○	30	·	45	—
1	·	16	—	31	○	46	·
2	○	17	·	32	○	47	—
3	·	18	—	33	○	48	·
4	—	19	○	34	·	49	—
5	—	20	○	35	—	50	·
6	○	21	·	36	—	51	○
7	○	22	·	37	·	52	○
8	·	23	○	38	○	53	○
9	—	24	○	39	○	54	—
10	○	25	—	40	—	55	○
11	○	26	○	41	○	56	—
12	·	27	—	42	○	57	·
13	·	28	—	43	○	58	·
14	—	29	·	44	—	59	·

年 月 日 9 時

(分)	0~14	(分)	15~29	(分)	30~44	(分)	45~59
0	·	15	—	30	○	45	·
1	○	16	·	31	—	46	○
2	—	17	·	32	○	47	·
3	○	18	○	33	—	48	○
4	○	19	—	34	○	49	○
5	—	20	○	35	—	50	○
6	—	21	○	36	·	51	—
7	—	22	—	37	·	52	·
8	○	23	—	38	·	53	—
9	·	24	—	39	○	54	·
10	○	25	○	40	·	55	—
11	○	26	·	41	○	56	·
12	○	27	·	42	—	57	○
13	○	28	·	43	—	58	○
14	—	29	○	44	—	59	·

年 月 日 10 時

(分)	0~14	(分)	15~29	(分)	30~44	(分)	45~59
0	—	15	○	30	·	45	—
1	·	16	·	31	○	46	○
2	○	17	·	32	○	47	·
3	·	18	—	33	○	48	·
4	—	19	—	34	○	49	·
5	—	20	○	35	—	50	○
6	○	21	·	36	—	51	○
7	—	22	○	37	·	52	—
8	·	23	—	38	·	53	○
9	—	24	○	39	·	54	—
10	○	25	·	40	—	55	○
11	○	26	—	41	○	56	—
12	·	27	—	42	○	57	·
13	·	28	—	43	—	58	·
14	—	29	·	44	—	59	·

年 月 日 11 時

(分)	0~14	(分)	15~29	(分)	30~44	(分)	45~59
0	○	15	·	30	—	45	○
1	—	16	—	31	○	46	·
2	—	17	○	32	—	47	○
3	—	18	○	33	·	48	—
4	—	19	○	34	·	49	—
5	·	20	—	35	·	50	○
6	·	21	—	36	○	51	·
7	○	22	·	37	—	52	○
8	○	23	—	38	○	53	—
9	○	24	·	39	—	54	○
10	○	25	—	40	—	55	·
11	—	26	·	41	—	56	·
12	—	27	○	42	·	57	—
13	○	28	○	43	○	58	·
14	·	29	○	44	·	59	○

年 月 日 12 時

(分)	0~14	(分)	15~29	(分)	30~44	(分)	45~59
0	·	15	—	30	○	45	·
1	—	16	○	31	·	46	—
2	—	17	○	32	—	47	·
3	○	18	·	33	○	48	○
4	○	19	·	34	·	49	○
5	·	20	○	35	·	50	○
6	—	21	○	36	·	51	—
7	○	22	—	37	—	52	○
8	○	23	○	38	○	53	—
9	·	24	—	39	○	54	·
10	·	25	○	40	○	55	·
11	—	26	·	41	—	56	·
12	○	27	·	42	—	57	○
13	—	28	○	43	·	58	—
14	·	29	○	44	—	59	○

年 月 日 13 時

(分)	0~14	(分)	15~29	(分)	30~44	(分)	45~59
0	○	15	·	30	—	45	○
1	○	16	·	31	—	46	—
2	·	17	—	32	·	47	—
3	—	18	○	33	·	48	—
4	·	19	·	34	○	49	○
5	○	20	·	35	○	50	·
6	·	21	—	36	○	51	·
7	—	22	—	37	○	52	·
8	—	23	○	38	—	53	○
9	○	24	·	39	—	54	○
10	—	25	○	40	·	55	—
11	·	26	—	41	○	56	○
12	—	27	○	42	·	57	—
13	○	28	·	43	—	58	○
14	○	29	—	44	○	59	—

年 月 日 14 時

(分)	0~14	(分)	15~29	(分)	30~44	(分)	45~59
0	·	15	—	30	○	45	·
1	·	16	·	31	—	46	○
2	·	17	—	32	·	47	—
3	○	18	·	33	—	48	○
4	·	19	—	34	○	49	·
5	○	20	·	35	○	50	—
6	—	21	○	36	·	51	—
7	—	22	○	37	·	52	—
8	—	23	○	38	—	53	·
9	·	24	—	39	○	54	·
10	○	25	·	40	·	55	○
11	·	26	○	41	·	56	○
12	○	27	·	42	—	57	○
13	○	28	—	43	—	58	○
14	○	29	—	44	○	59	—

西元2002年9月7日到10月5日

年月日15時

(分)	0~14	(分)	15~29	(分)	30~44	(分)	45~59
0	·	15	—	30	○	45	·
1	—	16	·	31	·	46	—
2	—	17	·	32	○	47	·
3	○	18	·	33	—	48	○
4	○	19	·	34	—	49	○
5	·	20	○	35	○	50	○
6	—	21	○	36	·	51	—
7	·	22	—	37	○	52	·
8	○	23	○	38	·	53	—
9	·	24	—	39	○	54	·
10	—	25	○	40	·	55	·
11	○	26	·	41	○	56	·
12	○	27	·	42	—	57	○
13	○	28	○	43	—	58	—
14	—	29	○	44	—	59	○

年月日16時

(分)	0~14	(分)	15~29	(分)	30~44	(分)	45~59
0	—	15	○	30	·	45	—
1	○	16	·	31	—	46	○
2	—	17	·	32	○	47	·
3	·	18	—	33	○	48	·
4	·	19	—	34	○	49	○
5	—	20	○	35	—	50	○
6	○	21	·	36	—	51	○
7	—	22	○	37	·	52	·
8	·	23	—	38	○	53	○
9	—	24	○	39	·	54	—
10	○	25	○	40	·	55	—
11	○	26	·	41	○	56	○
12	·	27	—	42	○	57	·
13	○	28	·	43	○	58	○
14	—	29	○	44	—	59	·

年月日17時

(分)	0~14	(分)	15~29	(分)	30~44	(分)	45~59
0	○	15	·	30	○	45	·
1	—	16	·	31	·	46	—
2	—	17	○	32	·	47	—
3	—	18	○	33	—	48	·
4	·	19	—	34	○	49	·
5	○	20	·	35	—	50	○
6	·	21	○	36	·	51	○
7	○	22	·	37	—	52	○
8	·	23	—	38	—	53	·
9	○	24	—	39	○	54	—
10	—	25	○	40	·	55	—
11	·	26	○	41	○	56	·
12	—	27	·	42	—	57	○
13	·	28	—	43	○	58	·
14	—	29	○	44	·	59	—

年月日18時

(分)	0~14	(分)	15~29	(分)	30~44	(分)	45~59
0	○	15	—	30	○	45	—
1	○	16	·	31	—	46	○
2	○	17	·	32	·	47	○
3	—	18	·	33	—	48	·
4	—	19	○	34	·	49	—
5	○	20	—	35	—	50	○
6	·	21	○	36	·	51	○
7	·	22	—	37	·	52	·
8	·	23	—	38	○	53	·
9	○	24	○	39	○	54	—
10	○	25	·	40	—	55	○
11	—	26	○	41	·	56	—
12	○	27	·	42	○	57	·
13	—	28	○	43	·	58	—
14	○	29	·	44	—	59	—

年月日19時

(分)	0~14	(分)	15~29	(分)	30~44	(分)	45~59
0	—	15	○	30	○	45	—
1	—	16	·	31	—	46	·
2	○	17	·	32	—	47	○
3	—	18	·	33	·	48	—
4	·	19	○	34	○	49	○
5	—	20	○	35	·	50	—
6	○	21	·	36	—	51	○
7	○	22	—	37	○	52	—
8	·	23	—	38	○	53	·
9	·	24	—	39	○	54	·
10	—	25	·	40	○	55	·
11	○	26	·	41	—	56	○
12	—	27	○	42	·	57	·
13	—	28	○	43	—	58	○
14	—	29	○	44	·	59	—

年月日20時

(分)	0~14	(分)	15~29	(分)	30~44	(分)	45~59
0	—	15	○	30	·	45	—
1	—	16	·	31	—	46	·
2	·	17	—	32	○	47	·
3	○	18	·	33	—	48	○
4	·	19	○	34	○	49	○
5	○	20	·	35	—	50	○
6	·	21	—	36	○	51	○
7	·	22	—	37	·	52	—
8	—	23	○	38	·	53	—
9	—	24	—	39	·	54	·
10	○	25	·	40	○	55	○
11	·	26	—	41	○	56	·
12	○	27	○	42	·	57	—
13	—	28	○	43	—	58	○
14	○	29	·	44	—	59	○

年月日21時

(分)	0~14	(分)	15~29	(分)	30~44	(分)	45~59
0	·	15	—	30	○	45	○
1	·	16	○	31	○	46	·
2	·	17	○	32	·	47	○
3	○	18	·	33	—	48	○
4	—	19	○	34	·	49	—
5	○	20	—	35	○	50	—
6	—	21	○	36	·	51	○
7	○	22	·	37	—	52	○
8	—	23	·	38	○	53	·
9	·	24	—	39	○	54	·
10	·	25	—	40	○	55	○
11	—	26	○	41	—	56	○
12	○	27	·	42	—	57	○
13	—	28	—	43	·	58	·
14	·	29	—	44	·	59	—

年月日22時

(分)	0~14	(分)	15~29	(分)	30~44	(分)	45~59
0	—	15	○	30	·	45	—
1	—	16	○	31	·	46	—
2	·	17	○	32	—	47	○
3	·	18	—	33	○	48	·
4	○	19	·	34	—	49	—
5	·	20	—	35	·	50	—
6	○	21	·	36	—	51	○
7	·	22	·	37	○	52	○
8	○	23	·	38	○	53	·
9	—	24	○	39	·	54	—
10	—	25	○	40	○	55	·
11	—	26	○	41	—	56	○
12	·	27	—	42	○	57	·
13	—	28	○	43	·	58	—
14	·	29	—	44	·	59	○

西元2002年10月6日到11月4日

年月日23時

(分)	0~14	(分)	15~29	(分)	30~44	(分)	45~59
0	·	15	·	30	○	45	○
1	—	16	○	31	—	46	○
2	·	17	—	32	○	47	·
3	—	18	—	33	○	48	·
4	·	19	—	34	·	49	—
5	○	20	·	35	—	50	○
6	—	21	○	36	·	51	—
7	○	22	·	37	○	52	—
8	—	23	○	38	·	53	○
9	○	24	·	39	—	54	○
10	—	25	·	40	—	55	·
11	·	26	—	41	○	56	·
12	·	27	—	42	—	57	·
13	·	28	○	43	·	58	○
14	○	29	·	44	—	59	○

年月日24時

(分)	0~14	(分)	15~29	(分)	30~44	(分)	45~59
0	·	15	—	30	○	45	·
1	—	16	○	31	—	46	·
2	—	17	○	32	·	47	—
3	—	18	○	33	·	48	—
4	·	19	○	34	·	49	○
5	·	20	—	35	○	50	·
6	○	21	·	36	·	51	○
7	○	22	—	37	○	52	—
8	○	23	○	38	—	53	○
9	○	24	—	39	—	54	○
10	—	25	·	40	—	55	·
11	—	26	○	41	·	56	—
12	·	27	—	42	○	57	·
13	·	28	○	43	·	58	○
14	○	29	—	44	○	59	·

年月日1時

(分)	0~14	(分)	15~29	(分)	30~44	(分)	45~59
0	—	15	○	30	·	45	—
1	○	16	·	31	○	46	—
2	○	17	·	32	—	47	○
3	○	18	·	33	—	48	○
4	—	19	·	34	—	49	·
5	—	20	○	35	·	50	—
6	·	21	—	36	—	51	·
7	·	22	○	37	·	52	○
8	○	23	—	38	○	53	·
9	·	24	○	39	○	54	·
10	○	25	—	40	○	55	—
11	○	26	·	41	—	56	○
12	—	27	○	42	·	57	—
13	—	28	·	43	—	58	·
14	—	29	○	44	·	59	—

年月日2時

(分)	0~14	(分)	15~29	(分)	30~44	(分)	45~59
0	○	15	·	30	·	45	○
1	○	16	—	31	○	46	—
2	·	17	—	32	○	47	·
3	○	18	—	33	—	48	○
4	—	19	·	34	—	49	·
5	○	20	·	35	○	50	○
6	·	21	—	36	○	51	·
7	·	22	○	37	○	52	○
8	—	23	○	38	·	53	—
9	—	24	○	39	·	54	—
10	○	25	○	40	·	55	—
11	·	26	○	41	○	56	·
12	○	27	·	42	—	57	—
13	○	28	○	43	○	58	·
14	○	29	○	44	—	59	○

年月日3時

(分)	0~14	(分)	15~29	(分)	30~44	(分)	45~59
0	—	15	○	30	○	45	—
1	—	16	·	31	—	46	·
2	—	17	○	32	·	47	—
3	○	18	·	33	·	48	—
4	·	19	○	34	·	49	○
5	·	20	—	35	○	50	·
6	○	21	·	36	—	51	○
7	○	22	—	37	○	52	—
8	○	23	·	38	—	53	○
9	·	24	—	39	○	54	·
10	○	25	·	40	○	55	·
11	—	26	○	41	·	56	—
12	—	27	○	42	·	57	·
13	—	28	○	43	—	58	○
14	·	29	—	44	○	59	·

年月日4時

(分)	0~14	(分)	15~29	(分)	30~44	(分)	45~59
0	—	15	○	30	○	45	—
1	—	16	·	31	—	46	·
2	○	17	·	32	—	47	○
3	○	18	·	33	—	48	○
4	·	19	○	34	—	49	○
5	—	20	○	35	·	50	—
6	·	21	—	36	○	51	○
7	·	22	○	37	·	52	—
8	○	23	○	38	○	53	·
9	—	24	—	39	·	54	·
10	○	25	·	40	○	55	·
11	○	26	·	41	—	56	○
12	○	27	○	42	·	57	—
13	—	28	○	43	—	58	○
14	—	29	○	44	·	59	—

年月日5時

(分)	0~14	(分)	15~29	(分)	30~44	(分)	45~59
0	·	15	○	30	—	45	○
1	○	16	·	31	—	46	○
2	○	17	○	32	·	47	·
3	○	18	—	33	○	48	—
4	○	19	○	34	○	49	—
5	○	20	○	35	—	50	—
6	○	21	·	36	○	51	·
7	·	22	—	37	○	52	·
8	·	23	·	38	—	53	○
9	—	24	○	39	—	54	○
10	○	25	·	40	○	55	○
11	·	26	—	41	○	56	·
12	·	27	—	42	·	57	○
13	—	28	○	43	·	58	—
14	—	29	○	44	·	59	—

年月日6時

(分)	0~14	(分)	15~29	(分)	30~44	(分)	45~59
0	—	15	○	30	—	45	○
1	·	16	—	31	○	46	·
2	○	17	○	32	·	47	—
3	·	18	—	33	○	48	—
4	○	19	·	34	○	49	○
5	○	20	·	35	—	50	○
6	○	21	·	36	○	51	—
7	—	22	○	37	·	52	—
8	·	23	—	38	○	53	·
9	—	24	·	39	—	54	○
10	·	25	—	40	○	55	○
11	—	26	○	41	○	56	—
12	·	27	○	42	·	57	○
13	○	28	○	43	—	58	○
14	—	29	·	44	·	59	—

西元2002年10月6日到11月4日

年 月 日 7 時

(分)	0~14	(分)	15~29	(分)	30~44	(分)	45~59
0	·	15	○	30	—	45	○
1	·	16	—	31	○	46	·
2	—	17	○	32	·	47	·
3	·	18	—	33	·	48	—
4	○	19	·	34	—	49	○
5	○	20	○	35	—	50	—
6	○	21	·	36	○	51	·
7	—	22	○	37	·	52	—
8	·	23	·	38	—	53	○
9	—	24	○	39	—	54	○
10	·	25	—	40	○	55	·
11	·	26	—	41	○	56	·
12	·	27	—	42	·	57	○
13	○	28	·	43	—	58	○
14	—	29	○	44	·	59	—

年 月 日 8 時

(分)	0~14	(分)	15~29	(分)	30~44	(分)	45~59
0	—	15	○	30	—	45	○
1	—	16	○	31	·	46	—
2	○	17	○	32	·	47	—
3	·	18	—	33	·	48	—
4	·	19	—	34	○	49	·
5	○	20	·	35	—	50	○
6	○	21	·	36	○	51	—
7	○	22	○	37	—	52	○
8	·	23	—	38	○	53	·
9	—	24	·	39	—	54	·
10	—	25	○	40	·	55	—
11	—	26	○	41	○	56	—
12	·	27	○	42	·	57	○
13	·	28	○	43	○	58	·
14	—	29	·	44	·	59	—

年 月 日 9 時

(分)	0~14	(分)	15~29	(分)	30~44	(分)	45~59
0	·	15	○	30	·	45	○
1	·	16	—	31	·	46	·
2	·	17	—	32	○	47	·
3	○	18	—	33	○	48	—
4	○	19	·	34	—	49	○
5	○	20	○	35	·	50	—
6	○	21	·	36	○	51	·
7	○	22	○	37	·	52	—
8	○	23	·	38	—	53	—
9	—	24	○	39	—	54	○
10	·	25	—	40	○	55	·
11	·	26	·	41	○	56	○
12	·	27	—	42	·	57	—
13	○	28	·	43	—	58	○
14	—	29	—	44	○	59	·

年 月 日 10 時

(分)	0~14	(分)	15~29	(分)	30~44	(分)	45~59
0	·	15	○	30	—	45	○
1	—	16	○	31	·	46	—
2	—	17	○	32	·	47	·
3	·	18	—	33	·	48	—
4	·	19	—	34	○	49	·
5	○	20	○	35	—	50	—
6	○	21	·	36	○	51	·
7	○	22	·	37	—	52	·
8	·	23	○	38	—	53	○
9	—	24	○	39	—	54	○
10	—	25	○	40	·	55	—
11	·	26	○	41	○	56	·
12	·	27	—	42	·	57	○
13	○	28	—	43	○	58	·
14	—	29	○	44	·	59	—

年 月 日 11 時

(分)	0~14	(分)	15~29	(分)	30~44	(分)	45~59
0	○	15	—	30	○	45	—
1	·	16	○	31	○	46	·
2	·	17	○	32	○	47	·
3	—	18	·	33	○	48	·
4	○	19	·	34	—	49	○
5	—	20	○	35	·	50	—
6	·	21	○	36	○	51	○
7	—	22	○	37	·	52	—
8	○	23	·	38	—	53	○
9	○	24	—	39	·	54	—
10	·	25	—	40	○	55	·
11	·	26	—	41	○	56	○
12	○	27	·	42	○	57	·
13	○	28	○	43	—	58	○
14	—	29	—	44	·	59	·

年 月 日 12 時

(分)	0~14	(分)	15~29	(分)	30~44	(分)	45~59
0	○	15	—	30	○	45	—
1	—	16	○	31	·	46	—
2	—	17	○	32	·	47	—
3	—	18	·	33	○	48	·
4	·	19	—	34	○	49	·
5	○	20	·	35	—	50	—
6	—	21	○	36	—	51	○
7	○	22	·	37	○	52	○
8	·	23	·	38	○	53	○
9	·	24	—	39	·	54	—
10	—	25	○	40	·	55	—
11	—	26	—	41	○	56	·
12	○	27	·	42	○	57	·
13	·	28	—	43	○	58	·
14	—	29	○	44	·	59	—

年 月 日 13 時

(分)	0~14	(分)	15~29	(分)	30~44	(分)	45~59
0	·	15	—	30	○	45	·
1	○	16	·	31	○	46	○
2	○	17	·	32	○	47	·
3	○	18	○	33	—	48	○
4	—	19	—	34	○	49	·
5	—	20	○	35	—	50	○
6	—	21	○	36	·	51	—
7	—	22	○	37	·	52	—
8	·	23	—	38	·	53	○
9	·	24	—	39	○	54	·
10	○	25	·	40	—	55	○
11	○	26	—	41	○	56	—
12	○	27	·	42	—	57	○
13	·	28	—	43	—	58	·
14	—	29	·	44	—	59	·

年 月 日 14 時

(分)	0~14	(分)	15~29	(分)	30~44	(分)	45~59
0	—	15	○	30	·	45	—
1	·	16	—	31	○	46	·
2	○	17	·	32	○	47	—
3	·	18	—	33	○	48	·
4	—	19	○	34	○	49	—
5	—	20	○	35	—	50	·
6	○	21	·	36	—	51	○
7	○	22	·	37	○	52	○
8	·	23	○	38	·	53	○
9	—	24	○	39	·	54	—
10	○	25	—	40	—	55	○
11	○	26	○	41	○	56	—
12	·	27	—	42	○	57	·
13	·	28	—	43	○	58	·
14	—	29	·	44	—	59	·

西元2002年10月6日到11月4日

年月日15時

(分)	0~14	(分)	15~29	(分)	30~44	(分)	45~59
0	—	15	○	30	·	45	—
1	○	16	·	31	—	46	○
2	·	17	○	32	·	47	○
3	○	18	—	33	○	48	·
4	·	19	—	34	○	49	·
5	○	20	—	35	·	50	—
6	○	21	·	36	—	51	○
7	—	22	○	37	·	52	·
8	○	23	·	38	○	53	·
9	—	24	○	39	·	54	—
10	○	25	○	40	—	55	—
11	—	26	○	41	—	56	○
12	·	27	—	42	○	57	·
13	·	28	·	43	—	58	○
14	·	29	—	44	·	59	—

年月日16時

(分)	0~14	(分)	15~29	(分)	30~44	(分)	45~59
0	○	15	○	30	—	45	○
1	·	16	—	31	○	46	○
2	—	17	○	32	—	47	○
3	—	18	○	33	·	48	—
4	—	19	—	34	·	49	·
5	·	20	—	35	·	50	—
6	·	21	—	36	○	51	·
7	○	22	○	37	·	52	—
8	○	23	○	38	○	53	·
9	○	24	·	39	—	54	○
10	○	25	·	40	—	55	○
11	—	26	○	41	—	56	·
12	—	27	○	42	·	57	—
13	·	28	○	43	○	58	·
14	·	29	○	44	·	59	○

年月日17時

(分)	0~14	(分)	15~29	(分)	30~44	(分)	45~59
0	—	15	○	30	—	45	·
1	○	16	·	31	—	46	○
2	○	17	·	32	—	47	○
3	·	18	○	33	·	48	○
4	—	19	○	34	·	49	—
5	·	20	—	35	—	50	·
6	○	21	—	36	○	51	—
7	·	22	—	37	○	52	·
8	·	23	○	38	○	53	·
9	—	24	·	39	—	54	·
10	○	25	·	40	—	55	○
11	—	26	○	41	·	56	—
12	·	27	○	42	·	57	○
13	—	28	○	43	○	58	—
14	○	29	·	44	—	59	○

年月日18時

(分)	0~14	(分)	15~29	(分)	30~44	(分)	45~59
0	—	15	·	30	—	45	·
1	·	16	—	31	○	46	·
2	○	17	—	32	—	47	○
3	·	18	○	33	○	48	○
4	○	19	·	34	—	49	○
5	·	20	—	35	○	50	·
6	○	21	—	36	○	51	—
7	—	22	○	37	·	52	—
8	—	23	○	38	·	53	—
9	—	24	·	39	○	54	·
10	·	25	—	40	○	55	·
11	○	26	·	41	—	56	—
12	—	27	○	42	—	57	○
13	○	28	·	43	○	58	○
14	·	29	·	44	○	59	○

年月日19時

(分)	0~14	(分)	15~29	(分)	30~44	(分)	45~59
0	·	15	—	30	○	45	·
1	○	16	·	31	—	46	○
2	○	17	—	32	○	47	—
3	○	18	·	33	—	48	○
4	○	19	○	34	—	49	·
5	—	20	·	35	—	50	·
6	—	21	○	36	·	51	—
7	○	22	○	37	○	52	·
8	·	23	○	38	·	53	○
9	·	24	—	39	○	54	·
10	—	25	○	40	·	55	—
11	○	26	—	41	○	56	—
12	○	27	·	42	—	57	○
13	○	28	·	43	—	58	○
14	—	29	·	44	○	59	·

年月日20時

(分)	0~14	(分)	15~29	(分)	30~44	(分)	45~59
0	—	15	○	30	○	45	—
1	○	16	—	31	—	46	○
2	○	17	—	32	○	47	—
3	·	18	○	33	○	48	·
4	·	19	—	34	○	49	·
5	—	20	·	35	○	50	·
6	○	21	·	36	—	51	○
7	—	22	○	37	·	52	—
8	·	23	○	38	—	53	○
9	—	24	○	39	·	54	—
10	○	25	○	40	—	55	—
11	○	26	○	41	·	56	—
12	·	27	○	42	○	57	·
13	·	28	·	43	○	58	○
14	○	29	·	44	○	59	·

年月日21時

(分)	0~14	(分)	15~29	(分)	30~44	(分)	45~59
0	·	15	—	30	○	45	·
1	·	16	○	31	·	46	○
2	○	17	—	32	○	47	·
3	—	18	○	33	·	48	—
4	○	19	—	34	·	49	—
5	○	20	·	35	—	50	○
6	○	21	·	36	—	51	—
7	○	22	·	37	○	52	·
8	—	23	○	38	·	53	—
9	·	24	·	39	○	54	○
10	—	25	○	40	—	55	○
11	·	26	—	41	○	56	·
12	—	27	—	42	○	57	·
13	·	28	—	43	·	58	—
14	○	29	·	44	—	59	○

年月日22時

(分)	0~14	(分)	15~29	(分)	30~44	(分)	45~59
0	—	15	○	30	○	45	·
1	—	16	○	31	—	46	○
2	○	17	○	32	○	47	—
3	○	18	○	33	—	48	—
4	·	19	—	34	·	49	—
5	·	20	—	35	○	50	·
6	·	21	·	36	—	51	○
7	○	22	·	37	○	52	·
8	○	23	○	38	—	53	○
9	·	24	—	39	○	54	·
10	—	25	○	40	—	55	·
11	—	26	○	41	·	56	—
12	—	27	○	42	·	57	—
13	·	28	○	43	·	58	○
14	·	29	○	44	○	59	·

西元2002年11月5日到12月3日

年 月 日 23 時

(分)	0~14	(分)	15~29	(分)	30~44	(分)	45~59
0	·	15	—	30	—	45	·
1	·	16	〇	31	·	46	〇
2	〇	17	·	32	—	47	〇
3	·	18	〇	33	〇	48	·
4	〇	19	—	34	〇	49	—
5	—	20	〇	35	·	50	—
6	—	21	〇	36	·	51	—
7	—	22	·	37	—	52	·
8	·	23	—	38	〇	53	·
9	〇	24	·	39	—	54	〇
10	·	25	〇	40	—	55	〇
11	〇	26	·	41	—	56	〇
12	·	27	—	42	〇	57	〇
13	·	28	—	43	·	58	—
14	—	29	〇	44	·	59	—

年 月 日 24 時

(分)	0~14	(分)	15~29	(分)	30~44	(分)	45~59
0	〇	15	—	30	〇	45	·
1	·	16	〇	31	·	46	〇
2	·	17	—	32	〇	47	·
3	—	18	〇	33	·	48	—
4	〇	19	—	34	·	49	—
5	〇	20	·	35	—	50	〇
6	〇	21	·	36	—	51	—
7	〇	22	·	37	〇	52	·
8	—	23	〇	38	·	53	—
9	·	24	〇	39	〇	54	〇
10	—	25	〇	40	—	55	〇
11	·	26	—	41	〇	56	·
12	—	27	—	42	〇	57	·
13	·	28	—	43	·	58	—
14	〇	29	·	44	—	59	〇

年 月 日 1 時

(分)	0~14	(分)	15~29	(分)	30~44	(分)	45~59
0	—	15	〇	30	·	45	—
1	—	16	〇	31	—	46	·
2	—	17	〇	32	·	47	—
3	〇	18	·	33	—	48	〇
4	·	19	〇	34	—	49	〇
5	·	20	—	35	〇	50	·
6	·	21	—	36	〇	51	〇
7	·	22	—	37	·	52	—
8	〇	23	·	38	—	53	〇
9	—	24	—	39	·	54	·
10	〇	25	·	40	〇	55	·
11	—	26	〇	41	·	56	—
12	〇	27	〇	42	·	57	—
13	—	28	〇	43	—	58	〇
14	·	29	—	44	〇	59	·

年 月 日 2 時

(分)	0~14	(分)	15~29	(分)	30~44	(分)	45~59
0	〇	15	·	30	—	45	—
1	〇	16	·	31	〇	46	·
2	〇	17	〇	32	—	47	〇
3	·	18	·	33	〇	48	〇
4	—	19	〇	34	—	49	〇
5	—	20	〇	35	·	50	—
6	—	21	—	36	〇	51	·
7	·	22	—	37	·	52	—
8	·	23	〇	38	〇	53	·
9	—	24	〇	39	·	54	—
10	〇	25	·	40	〇	55	—
11	〇	26	·	41	—	56	〇
12	〇	27	·	42	—	57	〇
13	—	28	·	43	—	58	·
14	—	29	〇	44	·	59	—

年 月 日 3 時

(分)	0~14	(分)	15~29	(分)	30~44	(分)	45~59
0	〇	15	〇	30	·	45	—
1	—	16	〇	31	—	46	〇
2	—	17	〇	32	·	47	—
3	〇	18	·	33	—	48	〇
4	〇	19	—	34	·	49	〇
5	·	20	—	35	〇	50	·
6	·	21	—	36	〇	51	·
7	〇	22	—	37	〇	52	—
8	〇	23	·	38	—	53	〇
9	—	24	〇	39	〇	54	—
10	—	25	·	40	—	55	·
11	—	26	〇	41	·	56	—
12	—	27	·	42	·	57	—
13	·	28	〇	43	·	58	〇
14	·	29	—	44	〇	59	·

年 月 日 4 時

(分)	0~14	(分)	15~29	(分)	30~44	(分)	45~59
0	〇	15	·	30	—	45	〇
1	—	16	·	31	〇	46	·
2	〇	17	〇	32	〇	47	〇
3	·	18	—	33	—	48	·
4	·	19	〇	34	·	49	〇
5	—	20	〇	35	·	50	—
6	·	21	〇	36	〇	51	·
7	〇	22	—	37	〇	52	—
8	·	23	〇	38	〇	53	·
9	—	24	〇	39	·	54	—
10	—	25	·	40	—	55	·
11	〇	26	·	41	—	56	〇
12	〇	27	·	42	—	57	〇
13	·	28	〇	43	—	58	〇
14	—	29	〇	44	·	59	—

年 月 日 5 時

(分)	0~14	(分)	15~29	(分)	30~44	(分)	45~59
0	·	15	〇	30	·	45	〇
1	〇	16	·	31	—	46	〇
2	—	17	·	32	·	47	—
3	〇	18	—	33	〇	48	—
4	—	19	〇	34	·	49	〇
5	〇	20	·	35	—	50	〇
6	—	21	·	36	—	51	·
7	·	22	—	37	〇	52	·
8	·	23	—	38	〇	53	·
9	·	24	〇	39	—	54	〇
10	〇	25	·	40	—	55	〇
11	—	26	〇	41	·	56	·
12	·	27	—	42	·	57	—
13	—	28	〇	43	〇	58	—
14	〇	29	〇	44	—	59	—

年 月 日 6 時

(分)	0~14	(分)	15~29	(分)	30~44	(分)	45~59
0	·	15	〇	30	·	45	〇
1	·	16	—	31	〇	46	·
2	〇	17	·	32	—	47	〇
3	〇	18	—	33	·	48	—
4	〇	19	·	34	—	49	〇
5	·	20	—	35	〇	50	〇
6	〇	21	·	36	〇	51	·
7	—	22	〇	37	·	52	—
8	—	23	—	38	·	53	·
9	—	24	〇	39	—	54	〇
10	·	25	—	40	〇	55	·
11	〇	26	〇	41	·	56	—
12	·	27	—	42	·	57	—
13	〇	28	·	43	—	58	〇
14	〇	29	·	44	—	59	〇

西元2002年11月5日到12月3日

年 月 日 7 時

(分)	0~14	(分)	15~29	(分)	30~44	(分)	45~59
0	·	15	—	30	·	45	—
1	—	16	○	31	·	46	—
2	—	17	—	32	○	47	·
3	○	18	·	33	○	48	·
4	·	19	—	34	○	49	○
5	—	20	○	35	·	50	—
6	—	21	○	36	—	51	·
7	○	22	·	37	—	52	○
8	○	23	·	38	—	53	○
9	·	24	○	39	·	54	○
10	—	25	○	40	·	55	—
11	·	26	—	41	—	56	·
12	○	27	—	42	○	57	—
13	·	28	—	43	○	58	·
14	·	29	○	44	○	59	·

年 月 日 8 時

(分)	0~14	(分)	15~29	(分)	30~44	(分)	45~59
0	·	15	—	30	·	45	○
1	○	16	·	31	—	46	○
2	—	17	○	32	·	47	—
3	○	18	—	33	○	48	—
4	—	19	○	34	·	49	○
5	○	20	·	35	·	50	○
6	—	21	·	36	—	51	·
7	·	22	—	37	○	52	·
8	○	23	○	38	—	53	○
9	·	24	○	39	·	54	○
10	○	25	·	40	—	55	○
11	·	26	—	41	○	56	·
12	○	27	—	42	○	57	—
13	—	28	○	43	·	58	—
14	—	29	○	44	·	59	—

年 月 日 9 時

(分)	0~14	(分)	15~29	(分)	30~44	(分)	45~59
0	—	15	○	30	·	45	—
1	·	16	○	31	○	46	·
2	·	17	○	32	·	47	○
3	○	18	—	33	○	48	·
4	—	19	○	34	·	49	—
5	○	20	—	35	○	50	—
6	○	21	·	36	—	51	○
7	○	22	·	37	—	52	○
8	—	23	·	38	○	53	·
9	—	24	○	39	·	54	—
10	·	25	—	40	○	55	○
11	—	26	○	41	—	56	○
12	·	27	—	42	○	57	·
13	—	28	—	43	·	58	·
14	·	29	—	44	·	59	—

年 月 日 10 時

(分)	0~14	(分)	15~29	(分)	30~44	(分)	45~59
0	○	15	·	30	—	45	○
1	—	16	○	31	·	46	—
2	·	17	○	32	—	47	○
3	—	18	○	33	·	48	—
4	○	19	·	34	—	49	—
5	○	20	—	35	○	50	—
6	·	21	—	36	○	51	·
7	·	22	·	37	○	52	○
8	○	23	·	38	○	53	·
9	○	24	○	39	—	54	○
10	—	25	—	40	○	55	·
11	—	26	○	41	—	56	○
12	○	27	○	42	·	57	—
13	—	28	○	43	·	58	—
14	·	29	—	44	·	59	○

年 月 日 11 時

(分)	0~14	(分)	15~29	(分)	30~44	(分)	45~59
0	—	15	○	30	·	45	—
1	—	16	○	31	○	46	—
2	○	17	—	32	○	47	—
3	·	18	—	33	○	48	·
4	—	19	·	34	·	49	—
5	—	20	·	35	—	50	·
6	○	21	○	36	—	51	○
7	○	22	·	37	—	52	○
8	·	23	○	38	·	53	○
9	—	24	○	39	·	54	—
10	·	25	—	40	○	55	·
11	○	26	—	41	·	56	—
12	·	27	—	42	○	57	·
13	—	28	○	43	·	58	·
14	○	29	·	44	○	59	·

年 月 日 12 時

(分)	0~14	(分)	15~29	(分)	30~44	(分)	45~59
0	○	15	·	30	—	45	○
1	—	16	○	31	·	46	—
2	○	17	—	32	○	47	—
3	—	18	○	33	·	48	—
4	○	19	·	34	—	49	○
5	—	20	·	35	○	50	○
6	·	21	—	36	○	51	·
7	·	22	—	37	○	52	○
8	—	23	○	38	—	53	○
9	○	24	·	39	—	54	○
10	—	25	—	40	·	55	○
11	·	26	—	41	·	56	○
12	—	27	○	42	○	57	○
13	○	28	○	43	·	58	—
14	○	29	·	44	○	59	·

年 月 日 13 時

(分)	0~14	(分)	15~29	(分)	30~44	(分)	45~59
0	·	15	—	30	○	45	○
1	·	16	○	31	·	46	—
2	·	17	—	32	○	47	·
3	—	18	—	33	·	48	·
4	○	19	·	34	○	49	·
5	○	20	·	35	—	50	○
6	○	21	○	36	·	51	—
7	—	22	○	37	—	52	○
8	—	23	○	38	·	53	—
9	○	24	·	39	—	54	○
10	·	25	○	40	·	55	○
11	·	26	—	41	○	56	·
12	·	27	—	42	○	57	·
13	○	28	—	43	○	58	—
14	○	29	·	44	—	59	○

年 月 日 14 時

(分)	0~14	(分)	15~29	(分)	30~44	(分)	45~59
0	—	15	—	30	○	45	·
1	·	16	—	31	○	46	—
2	—	17	○	32	·	47	—
3	—	18	○	33	·	48	—
4	○	19	·	34	○	49	—
5	·	20	—	35	○	50	·
6	○	21	○	36	—	51	○
7	—	22	·	37	○	52	○
8	○	23	○	38	—	53	○
9	·	24	—	39	—	54	·
10	·	25	○	40	·	55	○
11	—	26	○	41	·	56	—
12	·	27	○	42	○	57	·
13	○	28	—	43	○	58	—
14	·	29	—	44	○	59	·

西元2002年11月5日到12月3日

年 月 日 15 時

(分)	0~14	(分)	15~29	(分)	30~44	(分)	45~59
0	—	15	〇	30	·	45	—
1	〇	16	—	31	〇	46	·
2	〇	17	〇	32	〇	47	〇
3	·	18	—	33	〇	48	·
4	—	19	〇	34	〇	49	—
5	〇	20	—	35	〇	50	—
6	〇	21	·	36	—	51	〇
7	—	22	·	37	·	52	—
8	—	23	·	38	—	53	·
9	—	24	〇	39	·	54	—
10	〇	25	·	40	—	55	〇
11	·	26	〇	41	·	56	〇
12	·	27	—	42	〇	57	·
13	·	28	—	43	〇	58	·
14	〇	29	—	44	·	59	—

年 月 日 16 時

(分)	0~14	(分)	15~29	(分)	30~44	(分)	45~59
0	〇	15	·	30	—	45	〇
1	·	16	〇	31	〇	46	·
2	·	17	〇	32	·	47	〇
3	—	18	〇	33	·	48	—
4	—	19	〇	34	·	49	—
5	〇	20	—	35	〇	50	—
6	·	21	—	36	〇	51	·
7	〇	22	·	37	—	52	〇
8	—	23	·	38	〇	53	·
9	〇	24	〇	39	—	54	〇
10	·	25	—	40	〇	55	〇
11	—	26	〇	41	—	56	〇
12	—	27	〇	42	·	57	—
13	—	28	—	43	·	58	·
14	·	29	〇	44	·	59	—

年 月 日 17 時

(分)	0~14	(分)	15~29	(分)	30~44	(分)	45~59
0	—	15	〇	30	·	45	—
1	〇	16	·	31	〇	46	—
2	〇	17	·	32	—	47	〇
3	〇	18	·	33	—	48	〇
4	〇	19	·	34	—	49	·
5	〇	20	〇	35	·	50	—
6	·	21	—	36	—	51	·
7	·	22	〇	37	·	52	〇
8	·	23	—	38	〇	53	·
9	·	24	〇	39	〇	54	·
10	〇	25	—	40	〇	55	—
11	〇	26	·	41	—	56	〇
12	—	27	〇	42	·	57	—
13	—	28	·	43	—	58	·
14	—	29	〇	44	·	59	—

年 月 日 18 時

(分)	0~14	(分)	15~29	(分)	30~44	(分)	45~59
0	〇	15	·	30	·	45	〇
1	〇	16	—	31	〇	46	—
2	·	17	—	32	〇	47	·
3	〇	18	—	33	—	48	〇
4	—	19	·	34	—	49	·
5	〇	20	·	35	—	50	〇
6	·	21	—	36	〇	51	·
7	·	22	〇	37	〇	52	〇
8	—	23	〇	38	·	53	—
9	—	24	〇	39	·	54	—
10	〇	25	—	40	·	55	—
11	·	26	—	41	〇	56	·
12	〇	27	·	42	—	57	—
13	〇	28	·	43	〇	58	·
14	〇	29	〇	44	—	59	〇

年 月 日 19 時

(分)	0~14	(分)	15~29	(分)	30~44	(分)	45~59
0	〇	15	·	30	—	45	〇
1	〇	16	·	31	—	46	〇
2	—	17	·	32	〇	47	·
3	—	18	〇	33	·	48	—
4	·	19	—	34	〇	49	〇
5	—	20	〇	35	—	50	〇
6	·	21	—	36	〇	51	·
7	—	22	—	37	·	52	·
8	·	23	—	38	·	53	—
9	〇	24	·	39	—	54	〇
10	〇	25	〇	40	·	55	—
11	〇	26	·	41	〇	56	·
12	—	27	〇	42	·	57	—
13	〇	28	·	43	—	58	〇
14	—	29	〇	44	—	59	〇

年 月 日 20 時

(分)	0~14	(分)	15~29	(分)	30~44	(分)	45~59
0	·	15	—	30	〇	45	·
1	·	16	·	31	〇	46	〇
2	〇	17	·	32	〇	47	·
3	〇	18	〇	33	—	48	〇
4	—	19	—	34	〇	49	·
5	—	20	〇	35	—	50	〇
6	—	21	〇	36	·	51	—
7	—	22	〇	37	·	52	—
8	·	23	—	38	·	53	〇
9	·	24	—	39	〇	54	·
10	〇	25	·	40	—	55	〇
11	〇	26	—	41	〇	56	—
12	〇	27	·	42	—	57	〇
13	·	28	〇	43	—	58	·
14	—	29	·	44	—	59	·

年 月 日 21 時

(分)	0~14	(分)	15~29	(分)	30~44	(分)	45~59
0	—	15	—	30	〇	45	·
1	·	16	—	31	·	46	—
2	〇	17	·	32	—	47	〇
3	—	18	〇	33	·	48	—
4	〇	19	·	34	〇	49	—
5	—	20	〇	35	·	50	—
6	〇	21	·	36	—	51	〇
7	—	22	·	37	—	52	·
8	·	23	—	38	〇	53	·
9	·	24	—	39	—	54	·
10	·	25	〇	40	·	55	〇
11	〇	26	·	41	—	56	〇
12	·	27	〇	42	〇	57	·
13	〇	28	—	43	〇	58	—
14	—	29	〇	44	·	59	—

年 月 日 22 時

(分)	0~14	(分)	15~29	(分)	30~44	(分)	45~59
0	—	15	〇	30	·	45	—
1	·	16	〇	31	·	46	〇
2	·	17	—	32	〇	47	·
3	〇	18	·	33	·	48	〇
4	〇	19	—	34	〇	49	—
5	〇	20	·	35	—	50	〇
6	〇	21	—	36	—	51	〇
7	—	22	·	37	—	52	·
8	—	23	〇	38	·	53	—
9	·	24	—	39	〇	54	·
10	·	25	〇	40	·	55	〇
11	〇	26	—	41	〇	56	·
12	—	27	〇	42	·	57	—
13	〇	28	—	43	·	58	—
14	〇	29	·	44	—	59	〇

西元2002年12月4日到2003年1月2日

年月日 23時

(分)	0~14	(分)	15~29	(分)	30~44	(分)	45~59
0	·	15	—	30	○	45	·
1	—	16	○	31	·	46	—
2	○	17	—	32	○	47	—
3	○	18	·	33	—	48	○
4	○	19	·	34	—	49	○
5	—	20	·	35	○	50	·
6	—	21	○	36	·	51	—
7	·	22	—	37	○	52	○
8	—	23	○	38	—	53	○
9	·	24	—	39	○	54	·
10	—	25	—	40	·	55	·
11	·	26	—	41	·	56	—
12	○	27	·	42	—	57	○
13	○	28	○	43	·	58	—
14	○	29	·	44	○	59	·

年月日 24時

(分)	0~14	(分)	15~29	(分)	30~44	(分)	45~59
0	—	15	○	30	·	45	—
1	○	16	·	31	—	46	—
2	○	17	—	32	·	47	—
3	·	18	—	33	○	48	·
4	·	19	·	34	○	49	○
5	○	20	·	35	○	50	·
6	○	21	·	36	—	51	○
7	—	22	○	37	○	52	·
8	—	23	○	38	—	53	○
9	—	24	○	39	·	54	—
10	—	25	○	40	·	55	—
11	·	26	—	41	·	56	○
12	·	27	—	42	○	57	·
13	○	28	·	43	—	58	○
14	○	29	—	44	○	59	—

年月日 1時

(分)	0~14	(分)	15~29	(分)	30~44	(分)	45~59
0	○	15	·	30	—	45	○
1	·	16	—	31	○	46	○
2	—	17	○	32	—	47	○
3	—	18	○	33	·	48	—
4	—	19	—	34	·	49	·
5	·	20	—	35	·	50	—
6	·	21	—	36	○	51	·
7	○	22	○	37	·	52	—
8	○	23	·	38	○	53	·
9	○	24	·	39	—	54	○
10	○	25	·	40	—	55	○
11	—	26	○	41	—	56	·
12	—	27	○	42	·	57	—
13	·	28	—	43	○	58	·
14	○	29	○	44	·	59	○

年月日 2時

(分)	0~14	(分)	15~29	(分)	30~44	(分)	45~59
0	·	15	—	30	○	45	·
1	—	16	—	31	○	46	·
2	—	17	○	32	—	47	○
3	○	18	·	33	—	48	○
4	—	19	○	34	·	49	—
5	·	20	—	35	·	50	○
6	—	21	○	36	·	51	—
7	○	22	○	37	—	52	○
8	○	23	—	38	○	53	—
9	·	24	—	39	○	54	·
10	·	25	—	40	—	55	·
11	—	26	·	41	—	56	·
12	○	27	○	42	○	57	○
13	·	28	○	43	○	58	·
14	·	29	○	44	·	59	○

年月日 3時

(分)	0~14	(分)	15~29	(分)	30~44	(分)	45~59
0	·	15	—	30	○	45	·
1	○	16	·	31	—	46	—
2	·	17	—	32	·	47	—
3	○	18	·	33	—	48	○
4	·	19	·	34	○	49	○
5	○	20	·	35	○	50	·
6	—	21	○	36	·	51	—
7	—	22	—	37	○	52	·
8	—	23	○	38	—	53	○
9	·	24	—	39	○	54	·
10	—	25	○	40	·	55	—
11	·	26	—	41	·	56	○
12	○	27	·	42	—	57	○
13	○	28	·	43	—	58	○
14	○	29	—	44	○	59	—

年月日 4時

(分)	0~14	(分)	15~29	(分)	30~44	(分)	45~59
0	—	15	○	30	·	45	○
1	·	16	·	31	—	46	—
2	·	17	—	32	·	47	○
3	○	18	—	33	○	48	—
4	·	19	—	34	○	49	○
5	○	20	·	35	○	50	—
6	○	21	·	36	—	51	·
7	—	22	○	37	·	52	·
8	—	23	○	38	—	53	—
9	○	24	○	39	·	54	○
10	○	25	·	40	·	55	—
11	·	26	○	41	·	56	·
12	·	27	—	42	○	57	—
13	○	28	—	43	·	58	○
14	○	29	—	44	·	59	○

年月日 5時

(分)	0~14	(分)	15~29	(分)	30~44	(分)	45~59
0	—	15	○	30	—	45	○
1	·	16	—	31	○	46	·
2	·	17	·	32	○	47	○
3	·	18	—	33	·	48	—
4	○	19	·	34	—	49	○
5	—	20	—	35	○	50	·
6	○	21	·	36	○	51	·
7	—	22	·	37	·	52	—
8	—	23	○	38	·	53	—
9	—	24	○	39	—	54	·
10	·	25	—	40	○	55	·
11	○	26	·	41	—	56	○
12	·	27	○	42	·	57	○
13	○	28	·	43	—	58	○
14	·	29	—	44	—	59	·

年月日 6時

(分)	0~14	(分)	15~29	(分)	30~44	(分)	45~59
0	—	15	○	30	—	45	○
1	—	16	○	31	·	46	—
2	·	17	—	32	○	47	·
3	·	18	—	33	·	48	○
4	○	19	—	34	○	49	·
5	—	20	○	35	·	50	—
6	○	21	—	36	○	51	—
7	○	22	·	37	—	52	○
8	○	23	·	38	·	53	○
9	—	24	○	39	—	54	·
10	—	25	○	40	·	55	—
11	○	26	—	41	—	56	○
12	·	27	○	42	·	57	○
13	·	28	—	43	·	58	·
14	·	29	—	44	○	59	·

西元2002年12月4日到2003年1月2日

年 月 日 7 時

(分)	0~14	(分)	15~29	(分)	30~44	(分)	45~59
0	·	15	〇	30	·	45	〇
1	〇	16	·	31	—	46	〇
2	〇	17	·	32	·	47	—
3	〇	18	—	33	〇	48	—
4	—	19	〇	34	·	49	〇
5	〇	20	·	35	—	50	〇
6	—	21	·	36	—	51	·
7	·	22	—	37	〇	52	·
8	·	23	—	38	〇	53	·
9	·	24	〇	39	—	54	〇
10	〇	25	·	40	—	55	〇
11	—	26	〇	41	·	56	·
12	·	27	—	42	·	57	—
13	—	28	〇	43	·	58	—
14	〇	29	〇	44	—	59	—

年 月 日 8 時

(分)	0~14	(分)	15~29	(分)	30~44	(分)	45~59
0	·	15	〇	30	·	45	〇
1	·	16	—	31	〇	46	·
2	〇	17	·	32	—	47	〇
3	〇	18	—	33	·	48	—
4	〇	19	·	34	—	49	〇
5	·	20	—	35	〇	50	〇
6	〇	21	·	36	〇	51	·
7	—	22	〇	37	·	52	—
8	—	23	—	38	·	53	·
9	—	24	〇	39	—	54	〇
10	·	25	—	40	〇	55	·
11	〇	26	〇	41	·	56	—
12	·	27	—	42	·	57	—
13	〇	28	·	43	—	58	〇
14	〇	29	·	44	—	59	〇

年 月 日 9 時

(分)	0~14	(分)	15~29	(分)	30~44	(分)	45~59
0	〇	15	·	30	—	45	〇
1	〇	16	〇	31	—	46	—
2	—	17	〇	32	—	47	〇
3	—	18	〇	33	·	48	—
4	·	19	〇	34	—	49	〇
5	·	20	—	35	·	50	—
6	·	21	—	36	〇	51	·
7	·	22	—	37	〇	52	·
8	〇	23	·	38	〇	53	—
9	〇	24	·	39	—	54	〇
10	—	25	〇	40	·	55	—
11	〇	26	·	41	—	56	·
12	—	27	〇	42	·	57	—
13	〇	28	·	43	·	58	〇
14	·	29	〇	44	·	59	〇

年 月 日 10 時

(分)	0~14	(分)	15~29	(分)	30~44	(分)	45~59
0	·	15	—	30	〇	45	〇
1	〇	16	·	31	—	46	〇
2	—	17	〇	32	—	47	·
3	〇	18	·	33	〇	48	〇
4	·	19	—	34	〇	49	·
5	·	20	〇	35	·	50	〇
6	—	21	〇	36	·	51	—
7	—	22	〇	37	〇	52	—
8	〇	23	—	38	〇	53	—
9	·	24	—	39	〇	54	·
10	—	25	〇	40	·	55	—
11	—	26	·	41	—	56	·
12	〇	27	·	42	—	57	〇
13	〇	28	·	43	—	58	〇
14	·	29	〇	44	·	59	〇

年 月 日 11 時

(分)	0~14	(分)	15~29	(分)	30~44	(分)	45~59
0	〇	15	—	30	〇	45	—
1	—	16	〇	31	·	46	〇
2	〇	17	·	32	—	47	〇
3	—	18	·	33	—	48	·
4	·	19	—	34	〇	49	·
5	·	20	—	35	〇	50	·
6	·	21	〇	36	—	51	〇
7	〇	22	·	37	—	52	〇
8	—	23	〇	38	·	53	·
9	·	24	—	39	·	54	—
10	—	25	〇	40	〇	55	—
11	〇	26	〇	41	—	56	—
12	〇	27	·	42	〇	57	·
13	·	28	—	43	〇	58	·
14	·	29	·	44	—	59	〇

年 月 日 12 時

(分)	0~14	(分)	15~29	(分)	30~44	(分)	45~59
0	〇	15	—	30	〇	45	—
1	〇	16	·	31	—	46	〇
2	·	17	—	32	〇	47	〇
3	〇	18	·	33	〇	48	·
4	—	19	〇	34	·	49	—
5	—	20	—	35	·	50	·
6	—	21	〇	36	—	51	〇
7	·	22	—	37	〇	52	·
8	〇	23	〇	38	·	53	—
9	·	24	〇	39	·	54	—
10	〇	25	·	40	—	55	〇
11	〇	26	·	41	—	56	〇
12	〇	27	·	42	〇	57	—
13	—	28	〇	43	·	58	—
14	·	29	—	44	〇	59	·

年 月 日 13 時

(分)	0~14	(分)	15~29	(分)	30~44	(分)	45~59
0	—	15	·	30	—	45	·
1	—	16	〇	31	·	46	—
2	—	17	〇	32	〇	47	—
3	·	18	〇	33	·	48	〇
4	·	19	—	34	〇	49	·
5	—	20	·	35	·	50	—
6	〇	21	—	36	〇	51	—
7	〇	22	·	37	—	52	〇
8	〇	23	·	38	—	53	〇
9	—	24	·	39	—	54	·
10	—	25	〇	40	·	55	—
11	·	26	—	41	〇	56	·
12	·	27	〇	42	—	57	〇
13	·	28	—	43	〇	58	·
14	—	29	〇	44	·	59	·

年 月 日 14 時

(分)	0~14	(分)	15~29	(分)	30~44	(分)	45~59
0	—	15	·	30	—	45	·
1	〇	16	·	31	—	46	〇
2	—	17	〇	32	·	47	—
3	·	18	〇	33	〇	48	〇
4	—	19	〇	34	〇	49	—
5	〇	20	〇	35	—	50	〇
6	〇	21	—	36	·	51	—
7	·	22	—	37	〇	52	·
8	·	23	—	38	〇	53	〇
9	〇	24	·	39	〇	54	·
10	〇	25	·	40	—	55	〇
11	—	26	〇	41	·	56	·
12	—	27	〇	42	—	57	〇
13	—	28	〇	43	·	58	—
14	〇	29	〇	44	·	59	—

西元2002年12月4日到2003年1月2日

年月日15時

(分)	0~14	(分)	15~29	(分)	30~44	(分)	45~59
0	·	15	—	30	·	45	○
1	·	16	—	31	○	46	·
2	—	17	○	32	·	47	—
3	○	18	—	33	○	48	—
4	○	19	·	34	—	49	○
5	○	20	·	35	·	50	○
6	—	21	·	36	—	51	·
7	—	22	○	37	·	52	—
8	○	23	—	38	—	53	○
9	·	24	○	39	·	54	○
10	·	25	—	40	·	55	·
11	·	26	—	41	○	56	·
12	○	27	—	42	○	57	—
13	○	28	·	43	—	58	○
14	—	29	○	44	·	59	—

年月日16時

(分)	0~14	(分)	15~29	(分)	30~44	(分)	45~59
0	·	15	○	30	·	45	○
1	—	16	○	31	○	46	—
2	—	17	·	32	·	47	—
3	○	18	—	33	○	48	—
4	·	19	—	34	○	49	·
5	○	20	·	35	—	50	○
6	—	21	·	36	○	51	·
7	○	22	○	37	—	52	○
8	·	23	—	38	○	53	·
9	·	24	○	39	—	54	○
10	—	25	○	40	·	55	—
11	—	26	○	41	·	56	·
12	·	27	—	42	·	57	—
13	·	28	—	43	○	58	·
14	○	29	○	44	—	59	—

年月日17時

(分)	0~14	(分)	15~29	(分)	30~44	(分)	45~59
0	○	15	·	30	—	45	○
1	○	16	·	31	—	46	○
2	—	17	○	32	—	47	·
3	—	18	○	33	·	48	—
4	·	19	—	34	○	49	·
5	·	20	○	35	·	50	○
6	·	21	—	36	○	51	·
7	—	22	○	37	○	52	—
8	○	23	—	38	○	53	—
9	○	24	·	39	—	54	○
10	—	25	·	40	·	55	—
11	—	26	·	41	—	56	·
12	—	27	○	42	·	57	—
13	○	28	·	43	—	58	○
14	·	29	○	44	·	59	○

年月日18時

(分)	0~14	(分)	15~29	(分)	30~44	(分)	45~59
0	·	15	—	30	○	45	·
1	·	16	—	31	—	46	·
2	—	17	·	32	—	47	·
3	○	18	·	33	—	48	○
4	·	19	○	34	○	49	·
5	·	20	○	35	·	50	○
6	—	21	○	36	·	51	—
7	—	22	○	37	·	52	—
8	○	23	—	38	○	53	—
9	·	24	—	39	○	54	·
10	○	25	·	40	—	55	○
11	—	26	○	41	○	56	·
12	○	27	·	42	—	57	○
13	·	28	—	43	○	58	○
14	—	29	○	44	—	59	○

年月日19時

(分)	0~14	(分)	15~29	(分)	30~44	(分)	45~59
0	○	15	·	30	○	45	·
1	○	16	·	31	—	46	○
2	—	17	—	32	·	47	·
3	—	18	○	33	—	48	○
4	—	19	○	34	·	49	—
5	○	20	○	35	·	50	—
6	·	21	—	36	·	51	—
7	·	22	—	37	○	52	·
8	○	23	·	38	—	53	○
9	○	24	○	39	○	54	—
10	○	25	·	40	—	55	○
11	·	26	—	41	○	56	·
12	—	27	·	42	—	57	·
13	—	28	○	43	·	58	—
14	—	29	○	44	○	59	—

年月日20時

(分)	0~14	(分)	15~29	(分)	30~44	(分)	45~59
0	○	15	·	30	○	45	○
1	·	16	—	31	○	46	·
2	—	17	○	32	·	47	—
3	—	18	○	33	—	48	·
4	○	19	·	34	—	49	○
5	○	20	·	35	—	50	○
6	·	21	○	36	·	51	○
7	—	22	○	37	·	52	—
8	·	23	—	38	—	53	·
9	○	24	—	39	○	54	—
10	·	25	—	40	○	55	·
11	·	26	○	41	○	56	·
12	—	27	·	42	—	57	·
13	○	28	·	43	—	58	○
14	—	29	○	44	·	59	—

年月日21時

(分)	0~14	(分)	15~29	(分)	30~44	(分)	45~59
0	·	15	—	30	○	45	·
1	○	16	·	31	—	46	○
2	○	17	—	32	○	47	—
3	○	18	·	33	—	48	○
4	·	19	—	34	—	49	·
5	—	20	·	35	—	50	·
6	—	21	○	36	·	51	—
7	·	22	○	37	○	52	·
8	○	23	○	38	·	53	○
9	·	24	—	39	○	54	·
10	—	25	○	40	·	55	—
11	○	26	—	41	○	56	—
12	○	27	·	42	—	57	○
13	○	28	·	43	—	58	○
14	—	29	·	44	○	59	·

年月日22時

(分)	0~14	(分)	15~29	(分)	30~44	(分)	45~59
0	—	15	○	30	·	45	—
1	○	16	—	31	—	46	○
2	○	17	—	32	○	47	—
3	·	18	—	33	○	48	·
4	·	19	—	34	○	49	·
5	—	20	·	35	—	50	·
6	○	21	·	36	—	51	○
7	—	22	○	37	·	52	—
8	·	23	○	38	—	53	○
9	—	24	○	39	·	54	—
10	○	25	○	40	—	55	—
11	○	26	—	41	·	56	—
12	·	27	—	42	○	57	·
13	·	28	·	43	○	58	○
14	○	29	○	44	○	59	·

西元2003年1月3日到1月31日

年　月　日23時

(分)	0~14	(分)	15~29	(分)	30~44	(分)	45~59
0	—	15	·	30	—	45	·
1	·	16	—	31	〇	46	·
2	〇	17	—	32	—	47	〇
3	·	18	〇	33	·	48	〇
4	〇	19	·	34	—	49	〇
5	·	20	—	35	〇	50	·
6	〇	21	—	36	〇	51	—
7	—	22	〇	37	·	52	—
8	—	23	〇	38	·	53	—
9	—	24	·	39	〇	54	·
10	·	25	—	40	〇	55	·
11	〇	26	·	41	—	56	—
12	—	27	〇	42	—	57	〇
13	〇	28	·	43	—	58	〇
14	·	29	·	44	〇	59	〇

年　月　日24時

(分)	0~14	(分)	15~29	(分)	30~44	(分)	45~59
0	—	15	·	30	—	45	·
1	—	16	〇	31	·	46	—
2	·	17	—	32	〇	47	·
3	〇	18	〇	33	—	48	〇
4	·	19	—	34	〇	49	·
5	—	20	〇	35	·	50	·
6	·	21	—	36	·	51	—
7	〇	22	·	37	—	52	〇
8	〇	23	〇	38	—	53	—
9	〇	24	·	39	〇	54	·
10	—	25	〇	40	·	55	—
11	·	26	·	41	—	56	〇
12	—	27	〇	42	—	57	〇
13	·	28	—	43	〇	58	·
14	·	29	—	44	〇	59	·

年　月　日1時

(分)	0~14	(分)	15~29	(分)	30~44	(分)	45~59
0	〇	15	·	30	—	45	〇
1	〇	16	·	31	·	46	〇
2	·	17	〇	32	·	47	〇
3	—	18	〇	33	〇	48	—
4	〇	19	—	34	—	49	〇
5	〇	20	—	35	〇	50	—
6	·	21	〇	36	〇	51	·
7	·	22	—	37	〇	52	·
8	—	23	·	38	—	53	·
9	〇	24	·	39	—	54	〇
10	—	25	〇	40	·	55	—
11	·	26	〇	41	—	56	〇
12	—	27	〇	42	·	57	—
13	〇	28	·	43	—	58	—
14	〇	29	—	44	·	59	—

年　月　日2時

(分)	0~14	(分)	15~29	(分)	30~44	(分)	45~59
0	·	15	—	30	〇	45	·
1	〇	16	·	31	—	46	〇
2	·	17	〇	32	·	47	〇
3	〇	18	·	33	—	48	〇
4	·	19	—	34	〇	49	·
5	〇	20	—	35	〇	50	—
6	—	21	〇	36	·	51	—
7	—	22	〇	37	·	52	·
8	〇	23	·	38	〇	53	〇
9	·	24	—	39	〇	54	·
10	〇	25	〇	40	—	55	—
11	—	26	〇	41	〇	56	〇
12	〇	27	·	42	—	57	〇
13	·	28	·	43	—	58	〇
14	·	29	—	44	·	59	—

年　月　日3時

(分)	0~14	(分)	15~29	(分)	30~44	(分)	45~59
0	·	15	—	30	〇	45	·
1	—	16	〇	31	〇	46	—
2	〇	17	—	32	〇	47	—
3	〇	18	·	33	—	48	〇
4	—	19	·	34	·	49	—
5	—	20	·	35	—	50	·
6	—	21	〇	36	·	51	—
7	〇	22	·	37	—	52	〇
8	·	23	〇	38	·	53	〇
9	·	24	—	39	〇	54	·
10	·	25	—	40	〇	55	·
11	〇	26	—	41	·	56	—
12	〇	27	·	42	—	57	〇
13	—	28	〇	43	·	58	·
14	〇	29	·	44	〇	59	·

年　月　日4時

(分)	0~14	(分)	15~29	(分)	30~44	(分)	45~59
0	—	15	〇	30	·	45	—
1	—	16	〇	31	·	46	—
2	〇	17	—	32	〇	47	—
3	·	18	—	33	〇	48	·
4	〇	19	·	34	—	49	〇
5	—	20	·	35	〇	50	·
6	〇	21	·	36	—	51	〇
7	·	22	〇	37	〇	52	〇
8	—	23	〇	38	—	53	〇
9	—	24	〇	39	·	54	—
10	—	25	—	40	·	55	·
11	·	26	—	41	·	56	—
12	·	27	〇	42	〇	57	·
13	〇	28	〇	43	·	58	—
14	〇	29	·	44	〇	59	·

年　月　日5時

(分)	0~14	(分)	15~29	(分)	30~44	(分)	45~59
0	·	15	〇	30	·	45	〇
1	·	16	—	31	〇	46	·
2	—	17	·	32	·	47	—
3	〇	18	—	33	〇	48	—
4	〇	19	·	34	—	49	〇
5	〇	20	·	35	—	50	〇
6	—	21	·	36	—	51	·
7	—	22	〇	37	·	52	—
8	·	23	—	38	〇	53	·
9	〇	24	〇	39	—	54	〇
10	·	25	—	40	〇	55	·
11	—	26	〇	41	·	56	·
12	·	27	—	42	·	57	—
13	〇	28	·	43	—	58	〇
14	〇	29	〇	44	—	59	—

年　月　日6時

(分)	0~14	(分)	15~29	(分)	30~44	(分)	45~59
0	·	15	〇	30	·	45	〇
1	—	16	〇	31	〇	46	—
2	〇	17	·	32	—	47	〇
3	〇	18	—	33	·	48	—
4	·	19	—	34	〇	49	·
5	·	20	—	35	〇	50	〇
6	〇	21	·	36	〇	51	·
7	〇	22	·	37	—	52	〇
8	—	23	〇	38	·	53	·
9	—	24	〇	39	—	54	〇
10	—	25	〇	40	·	55	—
11	〇	26	〇	41	·	56	—
12	·	27	—	42	·	57	—
13	·	28	—	43	〇	58	·
14	〇	29	·	44	—	59	〇

西元2003年1月3日到1月31日

	(分)	0~14	(分)	15~29	(分)	30~44	(分)	45~59
年月日7時	0	·	15	—	30	○	45	·
	1	—	16	·	31	○	46	·
	2	—	17	○	32	·	47	—
	3	—	18	○	33	·	48	·
	4	—	19	○	34	—	49	○
	5	·	20	—	35	○	50	·
	6	○	21	○	36	—	51	—
	7	·	22	—	37	·	52	—
	8	○	23	·	38	—	53	○
	9	·	24	·	39	—	54	○
	10	○	25	·	40	○	55	·
	11	—	26	○	41	·	56	—
	12	·	27	—	42	○	57	·
	13	—	28	○	43	—	58	·
	14	·	29	—	44	○	59	○

	(分)	0~14	(分)	15~29	(分)	30~44	(分)	45~59
年月日8時	0	—	15	—	30	·	45	·
	1	○	16	·	31	○	46	·
	2	○	17	·	32	—	47	○
	3	○	18	○	33	·	48	—
	4	—	19	○	34	—	49	○
	5	—	20	○	35	·	50	—
	6	○	21	·	36	—	51	○
	7	·	22	—	37	·	52	○
	8	·	23	—	38	○	53	·
	9	·	24	—	39	○	54	·
	10	○	25	—	40	○	55	—
	11	○	26	·	41	—	56	○
	12	—	27	○	42	○	57	—
	13	—	28	·	43	—	58	·
	14	—	29	○	44	·	59	—

	(分)	0~14	(分)	15~29	(分)	30~44	(分)	45~59
年月日9時	0	○	15	—	30	—	45	○
	1	—	16	·	31	—	46	·
	2	—	17	○	32	·	47	—
	3	·	18	—	33	○	48	·
	4	○	19	○	34	·	49	○
	5	·	20	—	35	○	50	·
	6	—	21	○	36	·	51	—
	7	○	22	—	37	·	52	—
	8	○	23	·	38	—	53	○
	9	○	24	·	39	—	54	—
	10	○	25	·	40	○	55	·
	11	—	26	○	41	·	56	—
	12	·	27	·	42	○	57	○
	13	—	28	○	43	—	58	○
	14	·	29	—	44	○	59	·

	(分)	0~14	(分)	15~29	(分)	30~44	(分)	45~59
年月日10時	0	·	15	—	30	○	45	·
	1	—	16	·	31	○	46	·
	2	○	17	·	32	—	47	○
	3	—	18	○	33	·	48	·
	4	○	19	○	34	—	49	○
	5	—	20	○	35	·	50	—
	6	○	21	○	36	—	51	—
	7	·	22	○	37	·	52	—
	8	·	23	—	38	○	53	·
	9	·	24	·	39	—	54	○
	10	○	25	·	40	○	55	·
	11	○	26	○	41	—	56	○
	12	·	27	—	42	○	57	·
	13	—	28	○	43	—	58	·
	14	—	29	○	44	·	59	—

	(分)	0~14	(分)	15~29	(分)	30~44	(分)	45~59
年月日11時	0	○	15	·	30	—	45	○
	1	—	16	○	31	—	46	·
	2	○	17	·	32	○	47	○
	3	·	18	—	33	○	48	·
	4	·	19	○	34	—	49	○
	5	—	20	○	35	·	50	—
	6	—	21	○	36	·	51	·
	7	·	22	—	37	·	52	—
	8	·	23	—	38	○	53	·
	9	○	24	○	39	—	54	—
	10	○	25	·	40	○	55	·
	11	○	26	·	41	—	56	·
	12	·	27	·	42	—	57	○
	13	—	28	○	43	—	58	○
	14	—	29	○	44	·	59	—

	(分)	0~14	(分)	15~29	(分)	30~44	(分)	45~59
年月日12時	0	·	15	—	30	○	45	○
	1	○	16	·	31	○	46	·
	2	·	17	—	32	○	47	·
	3	—	18	—	33	○	48	·
	4	—	19	○	34	—	49	○
	5	○	20	·	35	—	50	○
	6	○	21	○	36	○	51	—
	7	·	22	—	37	·	52	—
	8	—	23	○	38	·	53	○
	9	○	24	·	39	—	54	○
	10	○	25	·	40	○	55	—
	11	·	26	—	41	○	56	·
	12	·	27	—	42	○	57	·
	13	—	28	·	43	—	58	·
	14	○	29	·	44	—	59	○

	(分)	0~14	(分)	15~29	(分)	30~44	(分)	45~59
年月日13時	0	○	15	·	30	·	45	○
	1	○	16	—	31	○	46	—
	2	○	17	·	32	—	47	○
	3	○	18	—	33	—	48	○
	4	—	19	·	34	—	49	·
	5	—	20	○	35	·	50	—
	6	·	21	—	36	○	51	·
	7	○	22	○	37	·	52	○
	8	·	23	—	38	○	53	·
	9	—	24	○	39	·	54	—
	10	○	25	—	40	·	55	—
	11	○	26	·	41	—	56	○
	12	○	27	·	42	—	57	—
	13	○	28	·	43	○	58	·
	14	—	29	○	44	·	59	—

	(分)	0~14	(分)	15~29	(分)	30~44	(分)	45~59
年月日14時	0	○	15	·	30	—	45	○
	1	○	16	—	31	○	46	—
	2	·	17	—	32	○	47	·
	3	·	18	—	33	○	48	·
	4	—	19	·	34	○	49	·
	5	○	20	·	35	—	50	○
	6	—	21	○	36	·	51	·
	7	—	22	○	37	—	52	○
	8	○	23	○	38	·	53	—
	9	○	24	○	39	—	54	—
	10	·	25	○	40	·	55	—
	11	·	26	○	41	○	56	·
	12	·	27	·	42	—	57	○
	13	○	28	·	43	○	58	·
	14	○	29	○	44	—	59	○

西元2003年1月3日到1月31日

年 月 日 15 時

(分)	0~14	(分)	15~29	(分)	30~44	(分)	45~59
0	〇	15	—	30	—	45	〇
1	—	16	·	31	—	46	·
2	〇	17	·	32	—	47	〇
3	·	18	—	33	〇	48	·
4	·	19	〇	34	·	49	〇
5	—	20	〇	35	·	50	—
6	—	21	〇	36	·	51	—
7	〇	22	—	37	·	52	—
8	·	23	—	38	〇	53	·
9	〇	24	·	39	—	54	—
10	〇	25	·	40	〇	55	·
11	〇	26	〇	41	—	56	〇
12	·	27	·	42	〇	57	〇
13	—	28	〇	43	—	58	〇
14	—	29	〇	44	·	59	—

年 月 日 16 時

(分)	0~14	(分)	15~29	(分)	30~44	(分)	45~59
0	·	15	—	30	〇	45	·
1	—	16	·	31	〇	46	·
2	·	17	—	32	〇	47	〇
3	—	18	〇	33	〇	48	·
4	—	19	〇	34	—	49	〇
5	〇	20	·	35	—	50	〇
6	〇	21	〇	36	〇	51	—
7	·	22	—	37	·	52	—
8	—	23	〇	38	·	53	〇
9	·	24	·	39	—	54	〇
10	〇	25	·	40	〇	55	·
11	·	26	—	41	〇	56	·
12	·	27	—	42	〇	57	·
13	—	28	〇	43	—	58	·
14	〇	29	·	44	—	59	〇

年 月 日 17 時

(分)	0~14	(分)	15~29	(分)	30~44	(分)	45~59
0	·	15	〇	30	〇	45	〇
1	—	16	〇	31	·	46	—
2	—	17	·	32	·	47	—
3	〇	18	—	33	〇	48	—
4	·	19	—	34	〇	49	·
5	〇	20	·	35	—	50	〇
6	—	21	·	36	—	51	·
7	〇	22	·	37	〇	52	〇
8	·	23	—	38	〇	53	·
9	·	24	〇	39	—	54	〇
10	—	25	〇	40	·	55	—
11	—	26	〇	41	·	56	·
12	·	27	—	42	〇	57	—
13	·	28	—	43	〇	58	·
14	〇	29	〇	44	—	59	—

年 月 日 18 時

(分)	0~14	(分)	15~29	(分)	30~44	(分)	45~59
0	·	15	〇	30	·	45	〇
1	·	16	·	31	—	46	〇
2	〇	17	·	32	—	47	〇
3	〇	18	—	33	·	48	—
4	—	19	〇	34	·	49	—
5	·	20	—	35	〇	50	〇
6	〇	21	·	36	〇	51	〇
7	·	22	—	37	〇	52	·
8	—	23	—	38	·	53	·
9	—	24	〇	39	—	54	〇
10	〇	25	·	40	〇	55	〇
11	〇	26	〇	41	·	56	—
12	·	27	〇	42	·	57	—
13	—	28	〇	43	〇	58	—
14	〇	29	·	44	—	59	〇

年 月 日 19 時

(分)	0~14	(分)	15~29	(分)	30~44	(分)	45~59
0	—	15	〇	30	·	45	—
1	〇	16	—	31	·	46	—
2	〇	17	·	32	—	47	〇
3	〇	18	·	33	—	48	—
4	〇	19	·	34	〇	49	·
5	—	20	〇	35	·	50	—
6	·	21	·	36	〇	51	〇
7	—	22	〇	37	—	52	〇
8	·	23	—	38	〇	53	·
9	—	24	—	39	〇	54	·
10	·	25	—	40	·	55	—
11	〇	26	·	41	—	56	〇
12	—	27	〇	42	·	57	—
13	〇	28	·	43	〇	58	—
14	—	29	〇	44	·	59	—

年 月 日 20 時

(分)	0~14	(分)	15~29	(分)	30~44	(分)	45~59
0	〇	15	〇	30	—	45	—
1	·	16	〇	31	·	46	—
2	·	17	—	32	〇	47	·
3	·	18	·	33	—	48	〇
4	〇	19	·	34	〇	49	·
5	〇	20	〇	35	—	50	〇
6	·	21	—	36	〇	51	·
7	—	22	〇	37	—	52	·
8	—	23	〇	38	·	53	—
9	—	24	〇	39	·	54	—
10	·	25	〇	40	·	55	〇
11	·	26	—	41	〇	56	·
12	〇	27	·	42	·	57	〇
13	〇	28	—	43	〇	58	—
14	〇	29	·	44	—	59	〇

年 月 日 21 時

(分)	0~14	(分)	15~29	(分)	30~44	(分)	45~59
0	·	15	〇	30	〇	45	·
1	—	16	〇	31	·	46	·
2	〇	17	·	32	〇	47	·
3	〇	18	·	33	—	48	〇
4	〇	19	〇	34	—	49	—
5	〇	20	〇	35	—	50	〇
6	—	21	〇	36	·	51	—
7	·	22	·	37	—	52	〇
8	·	23	—	38	·	53	—
9	〇	24	—	39	〇	54	·
10	·	25	—	40	〇	55	·
11	〇	26	·	41	〇	56	—
12	〇	27	·	42	—	57	〇
13	—	28	〇	43	·	58	—
14	—	29	·	44	—	59	·

年 月 日 22 時

(分)	0~14	(分)	15~29	(分)	30~44	(分)	45~59
0	—	15	〇	30	〇	45	—
1	〇	16	〇	31	·	46	—
2	〇	17	·	32	〇	47	·
3	·	18	—	33	〇	48	·
4	〇	19	·	34	—	49	〇
5	—	20	〇	35	—	50	·
6	〇	21	·	36	〇	51	〇
7	·	22	〇	37	〇	52	·
8	·	23	〇	38	·	53	〇
9	—	24	〇	39	·	54	—
10	—	25	〇	40	〇	55	—
11	〇	26	〇	41	〇	56	—
12	·	27	—	42	〇	57	·
13	—	28	·	43	·	58	—
14	—	29	·	44	—	59	·

西元2003年2月1日到3月2日

年 月 日 23 時

(分)	0~14	(分)	15~29	(分)	30~44	(分)	45~59
0	·	15	—	30	〇	45	·
1	〇	16	·	31	—	46	—
2	·	17	—	32	·	47	—
3	〇	18	·	33	—	48	〇
4	·	19	·	34	〇	49	〇
5	〇	20	·	35	〇	50	·
6	—	21	〇	36	·	51	—
7	—	22	—	37	〇	52	·
8	—	23	〇	38	—	53	〇
9	·	24	—	39	〇	54	·
10	—	25	〇	40	·	55	—
11	·	26	—	41	·	56	〇
12	〇	27	·	42	—	57	〇
13	〇	28	·	43	—	58	〇
14	〇	29	—	44	〇	59	—

年 月 日 24 時

(分)	0~14	(分)	15~29	(分)	30~44	(分)	45~59
0	—	15	—	30	·	45	—
1	·	16	·	31	—	46	〇
2	·	17	—	32	·	47	—
3	〇	18	—	33	〇	48	·
4	—	19	—	34	〇	49	·
5	—	20	·	35	〇	50	—
6	〇	21	·	36	—	51	〇
7	〇	22	〇	37	·	52	—
8	·	23	·	38	—	53	·
9	·	24	〇	39	·	54	—
10	〇	25	·	40	·	55	〇
11	〇	26	〇	41	·	56	〇
12	〇	27	—	42	〇	57	·
13	·	28	—	43	—	58	〇
14	—	29	—	44	〇	59	—

年 月 日 1 時

(分)	0~14	(分)	15~29	(分)	30~44	(分)	45~59
0	—	15	·	30	—	45	·
1	—	16	〇	31	·	46	—
2	〇	17	—	32	—	47	〇
3	·	18	〇	33	·	48	〇
4	·	19	—	34	·	49	·
5	·	20	—	35	〇	50	·
6	〇	21	—	36	〇	51	—
7	〇	22	·	37	—	52	〇
8	—	23	〇	38	·	53	—
9	—	24	·	39	〇	54	·
10	〇	25	〇	40	·	55	—
11	〇	26	·	41	—	56	—
12	—	27	〇	42	—	57	〇
13	·	28	—	43	〇	58	·
14	·	29	·	44	〇	59	〇

年 月 日 2 時

(分)	0~14	(分)	15~29	(分)	30~44	(分)	45~59
0	—	15	·	30	—	45	·
1	〇	16	〇	31	〇	46	〇
2	·	17	—	32	〇	47	·
3	·	18	〇	33	—	48	〇
4	—	19	〇	34	·	49	—
5	—	20	〇	35	·	50	·
6	·	21	—	36	·	51	—
7	·	22	—	37	〇	52	·
8	〇	23	〇	38	—	53	—
9	〇	24	·	39	〇	54	·
10	〇	25	·	40	—	55	·
11	·	26	·	41	—	56	〇
12	—	27	〇	42	—	57	〇
13	—	28	〇	43	·	58	—
14	·	29	—	44	〇	59	·

年 月 日 3 時

(分)	0~14	(分)	15~29	(分)	30~44	(分)	45~59
0	—	15	〇	30	·	45	—
1	〇	16	·	31	〇	46	—
2	—	17	〇	32	·	47	〇
3	〇	18	·	33	—	48	〇
4	—	19	·	34	—	49	·
5	·	20	—	35	〇	50	·
6	·	21	—	36	—	51	·
7	·	22	〇	37	·	52	〇
8	〇	23	·	38	—	53	〇
9	·	24	〇	39	〇	54	·
10	〇	25	—	40	〇	55	—
11	—	26	〇	41	·	56	—
12	—	27	〇	42	·	57	—
13	—	28	·	43	—	58	·
14	·	29	—	44	〇	59	·

年 月 日 4 時

(分)	0~14	(分)	15~29	(分)	30~44	(分)	45~59
0	〇	15	·	30	·	45	〇
1	〇	16	—	31	〇	46	—
2	〇	17	·	32	—	47	〇
3	〇	18	—	33	—	48	〇
4	—	19	·	34	—	49	·
5	—	20	〇	35	·	50	—
6	·	21	—	36	〇	51	·
7	·	22	〇	37	·	52	〇
8	〇	23	—	38	〇	53	·
9	—	24	〇	39	·	54	—
10	〇	25	—	40	·	55	—
11	〇	26	·	41	—	56	〇
12	〇	27	·	42	—	57	—
13	〇	28	·	43	〇	58	·
14	—	29	〇	44	·	59	—

年 月 日 5 時

(分)	0~14	(分)	15~29	(分)	30~44	(分)	45~59
0	—	15	·	30	—	45	·
1	〇	16	·	31	—	46	〇
2	—	17	〇	32	·	47	—
3	·	18	〇	33	·	48	〇
4	—	19	〇	34	〇	49	—
5	〇	20	·	35	—	50	〇
6	〇	21	—	36	·	51	—
7	·	22	—	37	〇	52	·
8	·	23	—	38	〇	53	〇
9	〇	24	·	39	〇	54	·
10	〇	25	·	40	—	55	〇
11	—	26	—	41	·	56	·
12	—	27	〇	42	—	57	〇
13	—	28	〇	43	·	58	—
14	〇	29	〇	44	·	59	—

年 月 日 6 時

(分)	0~14	(分)	15~29	(分)	30~44	(分)	45~59
0	—	15	·	30	〇	45	·
1	·	16	—	31	〇	46	·
2	〇	17	·	32	—	47	—
3	—	18	〇	33	—	48	〇
4	〇	19	·	34	—	49	〇
5	·	20	·	35	〇	50	〇
6	·	21	—	36	·	51	—
7	—	22	〇	37	·	52	—
8	—	23	—	38	〇	53	·
9	〇	24	·	39	〇	54	·
10	·	25	—	40	〇	55	〇
11	—	26	〇	41	·	56	—
12	—	27	〇	42	—	57	·
13	〇	28	·	43	—	58	〇
14	〇	29	·	44	—	59	〇

西元2003年2月1日到3月2日

年月日7時

(分)	0~14	(分)	15~29	(分)	30~44	(分)	45~59
0	○	15	○	30	·	45	—
1	○	16	·	31	○	46	·
2	—	17	○	32	·	47	—
3	○	18	·	33	—	48	○
4	—	19	○	34	—	49	○
5	·	20	—	35	○	50	·
6	·	21	—	36	○	51	·
7	·	22	○	37	·	52	○
8	○	23	·	38	—	53	○
9	—	24	○	39	○	54	—
10	○	25	—	40	○	55	—
11	—	26	○	41	·	56	—
12	—	27	·	42	·	57	—
13	—	28	·	43	—	58	·
14	·	29	—	44	○	59	·

年月日8時

(分)	0~14	(分)	15~29	(分)	30~44	(分)	45~59
0	○	15	·	30	—	45	○
1	○	16	—	31	○	46	—
2	○	17	·	32	—	47	○
3	○	18	—	33	—	48	·
4	—	19	·	34	—	49	·
5	—	20	○	35	·	50	—
6	·	21	○	36	○	51	·
7	·	22	○	37	·	52	○
8	○	23	—	38	○	53	·
9	—	24	○	39	·	54	—
10	○	25	—	40	○	55	—
11	○	26	·	41	—	56	○
12	○	27	·	42	—	57	○
13	—	28	·	43	○	58	·
14	—	29	○	44	·	59	—

年月日9時

(分)	0~14	(分)	15~29	(分)	30~44	(分)	45~59
0	○	15	·	30	—	45	○
1	○	16	·	31	—	46	○
2	—	17	○	32	—	47	·
3	—	18	○	33	·	48	—
4	·	19	—	34	○	49	·
5	·	20	○	35	·	50	○
6	○	21	—	36	○	51	·
7	—	22	○	37	○	52	—
8	○	23	—	38	○	53	—
9	○	24	·	39	—	54	○
10	—	25	·	40	·	55	—
11	—	26	·	41	—	56	·
12	—	27	○	42	·	57	—
13	○	28	·	43	—	58	○
14	·	29	○	44	·	59	○

年月日10時

(分)	0~14	(分)	15~29	(分)	30~44	(分)	45~59
0	·	15	—	30	○	45	·
1	·	16	—	31	—	46	·
2	—	17	·	32	—	47	·
3	○	18	·	33	—	48	○
4	·	19	○	34	○	49	·
5	·	20	○	35	○	50	○
6	—	21	○	36	·	51	—
7	—	22	○	37	·	52	—
8	○	23	○	38	○	53	—
9	·	24	—	39	○	54	·
10	○	25	·	40	—	55	○
11	—	26	·	41	○	56	·
12	○	27	·	42	—	57	○
13	·	28	○	43	○	58	○
14	—	29	○	44	—	59	○

年月日11時

(分)	0~14	(分)	15~29	(分)	30~44	(分)	45~59
0	—	15	—	30	·	45	·
1	○	16	·	31	○	46	·
2	○	17	·	32	—	47	○
3	○	18	○	33	·	48	—
4	—	19	○	34	—	49	○
5	—	20	○	35	·	50	—
6	○	21	·	36	—	51	○
7	·	22	—	37	·	52	○
8	·	23	—	38	○	53	·
9	·	24	—	39	○	54	·
10	○	25	—	40	○	55	—
11	○	26	·	41	—	56	○
12	—	27	○	42	○	57	—
13	—	28	·	43	—	58	·
14	—	29	○	44	·	59	—

年月日12時

(分)	0~14	(分)	15~29	(分)	30~44	(分)	45~59
0	—	15	○	30	·	45	—
1	○	16	·	31	○	46	—
2	·	17	—	32	○	47	·
3	○	18	·	33	—	48	○
4	—	19	·	34	—	49	·
5	○	20	○	35	—	50	○
6	·	21	—	36	—	51	·
7	·	22	○	37	·	52	○
8	—	23	○	38	·	53	—
9	·	24	○	39	○	54	·
10	○	25	—	40	○	55	—
11	·	26	—	41	○	56	·
12	—	27	○	42	○	57	—
13	—	28	·	43	—	58	·
14	○	29	·	44	—	59	○

年月日13時

(分)	0~14	(分)	15~29	(分)	30~44	(分)	45~59
0	○	15	·	30	—	45	○
1	·	16	○	31	—	46	○
2	○	17	·	32	—	47	○
3	·	18	—	33	○	48	○
4	·	19	—	34	·	49	—
5	—	20	○	35	·	50	—
6	—	21	—	36	·	51	·
7	○	22	·	37	○	52	○
8	·	23	—	38	○	53	·
9	○	24	○	39	·	54	—
10	—	25	○	40	—	55	○
11	○	26	·	41	—	56	○
12	○	27	·	42	—	57	○
13	·	28	—	43	·	58	○
14	—	29	○	44	·	59	—

年月日14時

(分)	0~14	(分)	15~29	(分)	30~44	(分)	45~59
0	·	15	·	30	○	45	○
1	—	16	○	31	—	46	○
2	·	17	—	32	○	47	·
3	—	18	—	33	○	48	·
4	·	19	—	34	·	49	—
5	○	20	·	35	—	50	○
6	—	21	○	36	·	51	—
7	○	22	·	37	○	52	—
8	—	23	○	38	·	53	—
9	○	24	·	39	—	54	○
10	—	25	·	40	—	55	·
11	·	26	—	41	○	56	·
12	·	27	—	42	—	57	·
13	·	28	○	43	·	58	○
14	○	29	·	44	—	59	○

西元2003年2月1日到3月2日

年 月 日 15 時

(分)	0~14	(分)	15~29	(分)	30~44	(分)	45~59
0	○	15	·	30	—	45	○
1	○	16	—	31	○	46	—
2	—	17	○	32	·	47	—
3	○	18	—	33	○	48	·
4	—	19	·	34	○	49	·
5	○	20	—	35	○	50	·
6	—	21	○	36	·	51	·
7	—	22	○	37	—	52	○
8	○	23	·	38	—	53	○
9	○	24	○	39	—	54	—
10	·	25	—	40	·	55	—
11	—	26	○	41	·	56	—
12	·	27	·	42	—	57	○
13	○	28	·	43	○	58	·
14	·	29	—	44	○	59	·

年 月 日 16 時

(分)	0~14	(分)	15~29	(分)	30~44	(分)	45~59
0	·	15	—	30	○	45	○
1	·	16	—	31	·	46	—
2	○	17	·	32	—	47	○
3	—	18	—	33	·	48	·
4	○	19	·	34	○	49	·
5	—	20	○	35	·	50	—
6	○	21	○	36	·	51	—
7	—	22	○	37	—	52	○
8	·	23	—	38	○	53	·
9	○	24	·	39	—	54	○
10	·	25	—	40	·	55	○
11	○	26	·	41	—	56	○
12	·	27	—	42	○	57	·
13	○	28	—	43	○	58	○
14	—	29	○	44	·	59	○

年 月 日 17 時

(分)	0~14	(分)	15~29	(分)	30~44	(分)	45~59
0	·	15	—	30	○	45	·
1	○	16	·	31	—	46	○
2	○	17	—	32	○	47	—
3	○	18	·	33	—	48	○
4	○	19	—	34	—	49	·
5	—	20	·	35	—	50	·
6	—	21	○	36	·	51	—
7	○	22	○	37	○	52	·
8	·	23	○	38	·	53	○
9	·	24	—	39	○	54	·
10	—	25	○	40	·	55	—
11	○	26	—	41	○	56	—
12	○	27	·	42	—	57	○
13	○	28	·	43	—	58	○
14	○	29	·	44	○	59	·

年 月 日 18 時

(分)	0~14	(分)	15~29	(分)	30~44	(分)	45~59
0	—	15	○	30	○	45	—
1	○	16	—	31	—	46	○
2	○	17	—	32	○	47	—
3	·	18	—	33	○	48	·
4	·	19	—	34	○	49	·
5	—	20	·	35	○	50	·
6	○	21	·	36	○	51	○
7	—	22	○	37	·	52	—
8	·	23	○	38	—	53	○
9	—	24	○	39	·	54	—
10	○	25	·	40	—	55	—
11	○	26	—	41	·	56	—
12	·	27	—	42	○	57	·
13	·	28	·	43	○	58	○
14	○	29	○	44	○	59	·

年 月 日 19 時

(分)	0~14	(分)	15~29	(分)	30~44	(分)	45~59
0	○	15	·	30	○	45	·
1	○	16	·	31	—	46	○
2	—	17	○	32	·	47	—
3	—	18	○	33	—	48	·
4	—	19	○	34	·	49	—
5	○	20	·	35	—	50	○
6	·	21	○	36	·	51	○
7	·	22	—	37	○	52	·
8	·	23	—	38	—	53	·
9	○	24	—	39	○	54	—
10	○	25	·	40	—	55	○
11	·	26	○	41	○	56	·
12	—	27	·	42	—	57	·
13	—	28	○	43	·	58	—
14	—	29	○	44	·	59	—

年 月 日 20 時

(分)	0~14	(分)	15~29	(分)	30~44	(分)	45~59
0	○	15	—	30	○	45	—
1	·	16	—	31	○	46	·
2	○	17	·	32	·	47	○
3	—	18	·	33	—	48	·
4	○	19	·	34	—	49	○
5	○	20	—	35	—	50	○
6	·	21	○	36	○	51	○
7	—	22	○	37	·	52	—
8	·	23	○	38	○	53	·
9	○	24	—	39	○	54	—
10	·	25	—	40	○	55	·
11	—	26	○	41	·	56	—
12	—	27	○	42	○	57	·
13	○	28	·	43	○	58	○
14	○	29	·	44	○	59	—

年 月 日 21 時

(分)	0~14	(分)	15~29	(分)	30~44	(分)	45~59
0	·	15	—	30	·	45	—
1	○	16	·	31	—	46	○
2	○	17	○	32	—	47	—
3	○	18	·	33	○	48	·
4	—	19	○	34	·	49	—
5	·	20	·	35	—	50	○
6	—	21	○	36	—	51	○
7	·	22	—	37	○	52	·
8	·	23	—	38	○	53	·
9	·	24	—	39	·	54	○
10	○	25	·	40	—	55	○
11	—	26	○	41	·	56	—
12	○	27	—	42	○	57	—
13	—	28	○	43	·	58	—
14	○	29	·	44	·	59	○

年 月 日 22 時

(分)	0~14	(分)	15~29	(分)	30~44	(分)	45~59
0	○	15	—	30	·	45	—
1	·	16	—	31	○	46	·
2	○	17	·	32	—	47	○
3	○	18	·	33	○	48	—
4	○	19	○	34	—	49	○
5	·	20	—	35	○	50	·
6	—	21	·	36	—	51	·
7	○	22	○	37	·	52	—
8	—	23	○	38	○	53	—
9	·	24	○	39	·	54	○
10	·	25	○	40	○	55	·
11	—	26	·	41	·	56	—
12	○	27	—	42	○	57	—
13	○	28	·	43	—	58	○
14	○	29	·	44	—	59	○

西元2003年3月3日到4月1日

年月日 23時

(分)	0~14	(分)	15~29	(分)	30~44	(分)	45~59
0	·	15	〇	30	·	45	〇
1	·	16	—	31	〇	46	·
2	·	17	—	32	—	47	·
3	〇	18	—	33	〇	48	—
4	〇	19	·	34	—	49	〇
5	·	20	〇	35	〇	50	·
6	—	21	·	36	—	51	·
7	—	22	〇	37	·	52	—
8	—	23	〇	38	·	53	—
9	·	24	〇	39	·	54	〇
10	·	25	—	40	〇	55	·
11	〇	26	·	41	—	56	〇
12	〇	27	—	42	·	57	—
13	〇	28	·	43	—	58	〇
14	·	29	—	44	〇	59	〇

年月日 24時

(分)	0~14	(分)	15~29	(分)	30~44	(分)	45~59
0	·	15	〇	30	·	45	〇
1	—	16	〇	31	·	46	—
2	·	17	—	32	〇	47	·
3	〇	18	—	33	〇	48	—
4	·	19	—	34	〇	49	·
5	—	20	〇	35	·	50	—
6	—	21	·	36	〇	51	·
7	〇	22	·	37	〇	52	〇
8	〇	23	·	38	—	53	—
9	—	24	〇	39	—	54	〇
10	—	25	〇	40	·	55	—
11	·	26	〇	41	〇	56	〇
12	·	27	〇	42	·	57	—
13	〇	28	—	43	〇	58	·
14	—	29	—	44	〇	59	·

年月日 1時

(分)	0~14	(分)	15~29	(分)	30~44	(分)	45~59
0	〇	15	·	30	—	45	〇
1	·	16	—	31	〇	46	·
2	—	17	·	32	—	47	·
3	—	18	〇	33	·	48	—
4	—	19	〇	34	〇	49	—
5	·	20	〇	35	·	50	〇
6	·	21	—	36	〇	51	·
7	—	22	·	37	·	52	—
8	〇	23	—	38	〇	53	—
9	〇	24	·	39	—	54	〇
10	〇	25	·	40	—	55	〇
11	—	26	·	41	—	56	·
12	—	27	〇	42	·	57	—
13	·	28	—	43	〇	58	·
14	·	29	〇	44	—	59	〇

年月日 2時

(分)	0~14	(分)	15~29	(分)	30~44	(分)	45~59
0	·	15	—	30	〇	45	·
1	·	16	〇	31	〇	46	·
2	—	17	·	32	—	47	·
3	〇	18	·	33	—	48	〇
4	—	19	〇	34	·	49	—
5	·	20	〇	35	〇	50	〇
6	—	21	〇	36	·	51	—
7	〇	22	〇	37	〇	52	〇
8	〇	23	—	38	·	53	—
9	·	24	—	39	—	54	·
10	·	25	〇	40	〇	55	〇
11	〇	26	·	41	〇	56	·
12	〇	27	·	42	—	57	〇
13	—	28	—	43	·	58	·
14	—	29	〇	44	—	59	〇

年月日 3時

(分)	0~14	(分)	15~29	(分)	30~44	(分)	45~59
0	—	15	〇	30	·	45	—
1	—	16	·	31	·	46	—
2	—	17	·	32	—	47	·
3	·	18	—	33	〇	48	·
4	〇	19	·	34	—	49	〇
5	·	20	〇	35	·	50	〇
6	〇	21	·	36	—	51	〇
7	·	22	—	37	〇	52	·
8	〇	23	—	38	〇	53	—
9	—	24	〇	39	·	54	—
10	—	25	〇	40	·	55	·
11	〇	26	·	41	〇	56	·
12	·	27	—	42	〇	57	〇
13	〇	28	〇	43	—	58	—
14	—	29	〇	44	—	59	〇

年月日 4時

(分)	0~14	(分)	15~29	(分)	30~44	(分)	45~59
0	〇	15	·	30	—	45	〇
1	〇	16	·	31	—	46	〇
2	—	17	·	32	〇	47	·
3	—	18	〇	33	·	48	—
4	·	19	—	34	〇	49	〇
5	—	20	〇	35	—	50	〇
6	·	21	—	36	〇	51	·
7	—	22	〇	37	·	52	·
8	·	23	—	38	·	53	—
9	〇	24	·	39	—	54	〇
10	〇	25	〇	40	·	55	—
11	〇	26	·	41	〇	56	·
12	—	27	〇	42	·	57	—
13	〇	28	·	43	—	58	〇
14	—	29	〇	44	—	59	〇

年月日 5時

(分)	0~14	(分)	15~29	(分)	30~44	(分)	45~59
0	—	15	〇	30	·	45	·
1	—	16	〇	31	—	46	〇
2	—	17	〇	32	·	47	—
3	〇	18	〇	33	—	48	—
4	·	19	—	34	·	49	—
5	·	20	—	35	〇	50	·
6	·	21	·	36	—	51	〇
7	〇	22	·	37	〇	52	·
8	〇	23	·	38	—	53	〇
9	·	24	—	39	〇	54	·
10	—	25	〇	40	—	55	·
11	—	26	〇	41	·	56	—
12	—	27	〇	42	·	57	—
13	·	28	〇	43	·	58	〇
14	·	29	—	44	〇	59	·

年月日 6時

(分)	0~14	(分)	15~29	(分)	30~44	(分)	45~59
0	〇	15	〇	30	·	45	—
1	—	16	〇	31	—	46	〇
2	〇	17	·	32	—	47	〇
3	〇	18	·	33	—	48	〇
4	·	19	—	34	·	49	〇
5	—	20	〇	35	·	50	—
6	·	21	—	36	〇	51	·
7	〇	22	—	37	〇	52	—
8	·	23	〇	38	〇	53	·
9	—	24	〇	39	〇	54	—
10	—	25	·	40	—	55	·
11	〇	26	·	41	—	56	〇
12	—	27	·	42	·	57	—
13	·	28	〇	43	·	58	〇
14	—	29	〇	44	〇	59	—

西元2003年3月3日到4月1日

年 月 日 7 時

(分)	0~14	(分)	15~29	(分)	30~44	(分)	45~59
0	○	15	·	30	—	45	○
1	—	16	○	31	·	46	—
2	○	17	—	32	○	47	—
3	—	18	○	33	·	48	○
4	○	19	·	34	—	49	○
5	—	20	·	35	○	50	·
6	·	21	—	36	○	51	·
7	·	22	—	37	○	52	○
8	—	23	○	38	—	53	○
9	○	24	·	39	—	54	○
10	—	25	—	40	·	55	·
11	·	26	—	41	·	56	—
12	—	27	○	42	○	57	—
13	○	28	○	43	·	58	—
14	○	29	·	44	○	59	·

年 月 日 8 時

(分)	0~14	(分)	15~29	(分)	30~44	(分)	45~59
0	·	15	—	30	○	45	·
1	○	16	·	31	—	46	—
2	·	17	—	32	·	47	—
3	○	18	·	33	—	48	○
4	·	19	·	34	○	49	○
5	○	20	·	35	○	50	·
6	—	21	○	36	·	51	—
7	—	22	—	37	○	52	·
8	—	23	○	38	—	53	○
9	·	24	—	39	○	54	·
10	—	25	○	40	·	55	—
11	·	26	—	41	·	56	○
12	○	27	·	42	—	57	○
13	○	28	·	43	—	58	○
14	○	29	—	44	○	59	—

年 月 日 9 時

(分)	0~14	(分)	15~29	(分)	30~44	(分)	45~59
0	—	15	·	30	—	45	·
1	○	16	○	31	—	46	○
2	·	17	—	32	○	47	·
3	·	18	○	33	—	48	○
4	—	19	○	34	·	49	—
5	—	20	○	35	·	50	·
6	·	21	—	36	·	51	—
7	·	22	—	37	○	52	·
8	○	23	○	38	—	53	—
9	○	24	·	39	○	54	·
10	○	25	·	40	—	55	·
11	·	26	·	41	—	56	○
12	—	27	○	42	—	57	○
13	—	28	○	43	·	58	—
14	·	29	—	44	○	59	·

年 月 日 10 時

(分)	0~14	(分)	15~29	(分)	30~44	(分)	45~59
0	○	15	·	30	○	45	·
1	·	16	—	31	○	46	·
2	—	17	—	32	·	47	·
3	—	18	○	33	—	48	○
4	○	19	·	34	—	49	○
5	○	20	○	35	·	50	—
6	·	21	—	36	·	51	—
7	—	22	○	37	·	52	○
8	○	23	·	38	—	53	○
9	○	24	·	39	○	54	—
10	·	25	—	40	○	55	·
11	·	26	—	41	○	56	·
12	—	27	·	42	—	57	·
13	○	28	·	43	—	58	○
14	—	29	○	44	○	59	—

年 月 日 11 時

(分)	0~14	(分)	15~29	(分)	30~44	(分)	45~59
0	—	15	○	30	·	45	—
1	—	16	—	31	○	46	·
2	—	17	○	32	—	47	○
3	·	18	—	33	○	48	·
4	—	19	○	34	·	49	—
5	·	20	—	35	·	50	○
6	○	21	·	36	—	51	○
7	○	22	·	37	—	52	○
8	○	23	—	38	○	53	—
9	—	24	○	39	·	54	—
10	·	25	—	40	—	55	·
11	—	26	·	41	—	56	·
12	·	27	—	42	○	57	·
13	·	28	○	43	○	58	·
14	·	29	○	44	·	59	○

年 月 日 12 時

(分)	0~14	(分)	15~29	(分)	30~44	(分)	45~59
0	○	15	·	30	—	45	○
1	—	16	○	31	·	46	—
2	—	17	·	32	—	47	·
3	—	18	○	33	·	48	—
4	○	19	·	34	·	49	○
5	·	20	○	35	·	50	○
6	·	21	—	36	○	51	·
7	○	22	—	37	—	52	○
8	○	23	—	38	○	53	—
9	○	24	·	39	—	54	○
10	·	25	—	40	○	55	·
11	—	26	·	41	—	56	·
12	—	27	○	42	·	57	—
13	—	28	○	43	·	58	—
14	·	29	○	44	—	59	○

年 月 日 13 時

(分)	0~14	(分)	15~29	(分)	30~44	(分)	45~59
0	○	15	—	30	—	45	○
1	—	16	·	31	—	46	·
2	·	17	—	32	○	47	·
3	·	18	—	33	○	48	·
4	·	19	○	34	·	49	○
5	○	20	·	35	—	50	○
6	—	21	○	36	·	51	—
7	○	22	—	37	·	52	—
8	—	23	○	38	○	53	—
9	○	24	·	39	—	54	—
10	○	25	·	40	○	55	·
11	·	26	—	41	○	56	·
12	·	27	·	42	○	57	○
13	—	28	○	43	—	58	○
14	○	29	·	44	—	59	○

年 月 日 14 時

(分)	0~14	(分)	15~29	(分)	30~44	(分)	45~59
0	·	15	—	30	○	45	·
1	—	16	·	31	○	46	·
2	—	17	○	32	·	47	—
3	—	18	○	33	·	48	·
4	—	19	○	34	—	49	○
5	·	20	—	35	○	50	·
6	○	21	○	36	—	51	—
7	·	22	○	37	·	52	—
8	○	23	·	38	—	53	○
9	·	24	·	39	—	54	○
10	○	25	·	40	○	55	·
11	—	26	○	41	·	56	—
12	·	27	○	42	○	57	·
13	—	28	○	43	—	58	·
14	·	29	—	44	○	59	○

西元2003年3月3日到4月1日

年 月 日 15 時

(分)	0~14	(分)	15~29	(分)	30~44	(分)	45~59
0	·	15	—	30	—	45	·
1	·	16	〇	31	·	46	〇
2	〇	17	·	32	—	47	〇
3	·	18	〇	33	〇	48	·
4	〇	19	—	34	〇	49	—
5	—	20	〇	35	·	50	—
6	—	21	〇	36	·	51	—
7	—	22	·	37	—	52	·
8	·	23	—	38	〇	53	·
9	〇	24	·	39	—	54	〇
10	·	25	〇	40	—	55	〇
11	〇	26	·	41	〇	56	〇
12	·	27	—	42	〇	57	〇
13	·	28	—	43	·	58	—
14	—	29	〇	44	·	59	—

年 月 日 16 時

(分)	0~14	(分)	15~29	(分)	30~44	(分)	45~59
0	·	15	—	30	〇	45	·
1	·	16	〇	31	·	46	〇
2	〇	17	—	32	〇	47	·
3	—	18	〇	33	·	48	—
4	〇	19	—	34	·	49	—
5	〇	20	·	35	—	50	〇
6	〇	21	·	36	—	51	—
7	〇	22	·	37	〇	52	·
8	—	23	〇	38	·	53	—
9	·	24	·	39	〇	54	〇
10	—	25	〇	40	—	55	〇
11	·	26	—	41	〇	56	·
12	—	27	—	42	〇	57	·
13	·	28	—	43	·	58	—
14	〇	29	·	44	—	59	〇

年 月 日 17 時

(分)	0~14	(分)	15~29	(分)	30~44	(分)	45~59
0	—	15	〇	30	·	45	—
1	·	16	·	31	—	46	〇
2	·	17	—	32	·	47	—
3	·	18	—	33	〇	48	·
4	·	19	—	34	〇	49	·
5	〇	20	·	35	〇	50	—
6	〇	21	·	36	—	51	〇
7	—	22	〇	37	·	52	—
8	—	23	·	38	—	53	·
9	〇	24	〇	39	·	54	—
10	〇	25	·	40	·	55	〇
11	·	26	〇	41	·	56	〇
12	·	27	—	42	〇	57	·
13	〇	28	—	43	—	58	〇
14	〇	29	—	44	〇	59	—

年 月 日 18 時

(分)	0~14	(分)	15~29	(分)	30~44	(分)	45~59
0	〇	15	·	30	〇	45	〇
1	·	16	—	31	〇	46	·
2	·	17	〇	32	·	47	〇
3	—	18	〇	33	·	48	—
4	—	19	〇	34	〇	49	—
5	〇	20	—	35	〇	50	—
6	·	21	—	36	〇	51	·
7	—	22	·	37	〇	52	—
8	—	23	〇	38	—	53	·
9	〇	24	·	39	—	54	〇
10	〇	25	·	40	—	55	〇
11	·	26	〇	41	·	56	〇
12	—	27	〇	42	·	57	—
13	·	28	—	43	〇	58	·
14	〇	29	—	44	·	59	—

年 月 日 19 時

(分)	0~14	(分)	15~29	(分)	30~44	(分)	45~59
0	—	15	〇	30	·	45	—
1	—	16	〇	31	—	46	·
2	〇	17	·	32	—	47	〇
3	〇	18	·	33	—	48	〇
4	·	19	〇	34	—	49	〇
5	—	20	〇	35	·	50	—
6	·	21	—	36	〇	51	〇
7	·	22	—	37	·	52	—
8	·	23	〇	38	〇	53	·
9	—	24	—	39	·	54	·
10	〇	25	·	40	〇	55	·
11	〇	26	·	41	—	56	〇
12	〇	27	〇	42	·	57	—
13	—	28	〇	43	—	58	〇
14	—	29	〇	44	·	59	—

年 月 日 20 時

(分)	0~14	(分)	15~29	(分)	30~44	(分)	45~59
0	〇	15	·	30	—	45	—
1	〇	16	·	31	〇	46	·
2	·	17	—	32	〇	47	·
3	·	18	·	33	〇	48	〇
4	—	19	〇	34	—	49	〇
5	〇	20	·	35	—	50	〇
6	—	21	—	36	〇	51	·
7	·	22	〇	37	〇	52	—
8	—	23	〇	38	·	53	—
9	—	24	〇	39	·	54	〇
10	〇	25	·	40	〇	55	—
11	·	26	—	41	〇	56	·
12	〇	27	〇	42	—	57	〇
13	—	28	·	43	—	58	·
14	〇	29	·	44	〇	59	〇

年 月 日 21 時

(分)	0~14	(分)	15~29	(分)	30~44	(分)	45~59
0	·	15	—	30	〇	45	〇
1	〇	16	〇	31	·	46	—
2	·	17	〇	32	—	47	〇
3	〇	18	·	33	—	48	〇
4	〇	19	·	34	—	49	—
5	·	20	—	35	·	50	—
6	—	21	〇	36	·	51	—
7	·	22	·	37	〇	52	〇
8	〇	23	·	38	〇	53	·
9	·	24	—	39	〇	54	·
10	—	25	—	40	〇	55	·
11	〇	26	〇	41	〇	56	〇
12	〇	27	·	42	—	57	〇
13	—	28	〇	43	·	58	—
14	·	29	—	44	·	59	〇

年 月 日 22 時

(分)	0~14	(分)	15~29	(分)	30~44	(分)	45~59
0	—	15	〇	30	·	45	—
1	〇	16	〇	31	—	46	—
2	—	17	〇	32	—	47	〇
3	·	18	—	33	〇	48	·
4	·	19	·	34	—	49	〇
5	·	20	—	35	·	50	—
6	〇	21	·	36	—	51	〇
7	·	22	〇	37	〇	52	·
8	〇	23	·	38	〇	53	—
9	—	24	〇	39	·	54	—
10	—	25	〇	40	·	55	—
11	—	26	〇	41	—	56	·
12	·	27	—	42	〇	57	·
13	〇	28	·	43	·	58	〇
14	·	29	〇	44	·	59	〇

西元2003年4月2日到4月30日

年月日23時

(分)	0~14	(分)	15~29	(分)	30~44	(分)	45~59
0	—	15	○	30	—	45	○
1	○	16	·	31	—	46	○
2	○	17	—	32	○	47	·
3	·	18	—	33	·	48	○
4	—	19	○	34	·	49	—
5	—	20	○	35	·	50	—
6	○	21	—	36	○	51	—
7	·	22	—	37	○	52	·
8	○	23	·	38	·	53	○
9	—	24	·	39	—	54	·
10	○	25	○	40	—	55	○
11	○	26	—	41	—	56	○
12	·	27	○	42	·	57	○
13	—	28	○	43	·	58	—
14	·	29	—	44	○	59	·

年月日24時

(分)	0~14	(分)	15~29	(分)	30~44	(分)	45~59
0	—	15	·	30	—	45	·
1	·	16	—	31	○	46	○
2	—	17	○	32	○	47	—
3	·	18	○	33	·	48	○
4	○	19	·	34	—	49	○
5	—	20	·	35	·	50	—
6	○	21	—	36	○	51	—
7	—	22	○	37	·	52	—
8	○	23	·	38	—	53	○
9	—	24	·	39	—	54	·
10	·	25	—	40	○	55	·
11	·	26	—	41	○	56	·
12	·	27	○	42	—	57	○
13	○	28	·	43	—	58	○
14	—	29	○	44	·	59	·

年月日1時

(分)	0~14	(分)	15~29	(分)	30~44	(分)	45~59
0	—	15	○	30	·	45	—
1	·	16	·	31	—	46	○
2	·	17	—	32	·	47	—
3	·	18	—	33	○	48	·
4	○	19	—	34	○	49	·
5	○	20	·	35	○	50	—
6	○	21	·	36	—	51	○
7	—	22	○	37	·	52	—
8	—	23	·	38	—	53	·
9	—	24	○	39	·	54	—
10	○	25	·	40	·	55	○
11	·	26	○	41	·	56	○
12	·	27	—	42	○	57	·
13	○	28	—	43	—	58	○
14	○	29	—	44	○	59	—

年月日2時

(分)	0~14	(分)	15~29	(分)	30~44	(分)	45~59
0	○	15	·	30	—	45	○
1	·	16	—	31	○	46	·
2	·	17	○	32	·	47	○
3	—	18	○	33	·	48	—
4	—	19	○	34	○	49	—
5	○	20	—	35	○	50	—
6	·	21	—	36	○	51	·
7	—	22	·	37	·	52	—
8	—	23	·	38	—	53	·
9	○	24	·	39	—	54	○
10	○	25	·	40	—	55	○
11	·	26	○	41	·	56	○
12	—	27	○	42	·	57	—
13	·	28	—	43	○	58	·
14	○	29	—	44	·	59	—

年月日3時

(分)	0~14	(分)	15~29	(分)	30~44	(分)	45~59
0	—	15	○	30	·	45	—
1	○	16	—	31	—	46	○
2	○	17	—	32	○	47	—
3	·	18	—	33	○	48	·
4	·	19	—	34	○	49	·
5	—	20	·	35	—	50	·
6	○	21	·	36	—	51	○
7	—	22	○	37	·	52	—
8	·	23	○	38	—	53	○
9	—	24	○	39	·	54	—
10	○	25	·	40	—	55	—
11	○	26	—	41	·	56	—
12	·	27	—	42	○	57	·
13	·	28	○	43	○	58	○
14	○	29	·	44	○	59	·

年月日4時

(分)	0~14	(分)	15~29	(分)	30~44	(分)	45~59
0	○	15	·	30	—	45	○
1	·	16	—	31	○	46	·
2	○	17	—	32	○	47	—
3	—	18	○	33	·	48	—
4	—	19	○	34	·	49	·
5	○	20	·	35	○	50	○
6	·	21	—	36	○	51	·
7	○	22	○	37	—	52	—
8	—	23	○	38	○	53	○
9	○	24	·	39	—	54	○
10	·	25	○	40	—	55	○
11	·	26	—	41	·	56	—
12	—	27	○	42	·	57	—
13	·	28	—	43	○	58	·
14	○	29	·	44	○	59	—

年月日5時

(分)	0~14	(分)	15~29	(分)	30~44	(分)	45~59
0	○	15	·	30	—	45	—
1	○	16	·	31	○	46	·
2	—	17	○	32	·	47	—
3	·	18	·	33	○	48	○
4	—	19	○	34	—	49	○
5	·	20	—	35	○	50	·
6	—	21	—	36	○	51	·
7	·	22	—	37	·	52	—
8	○	23	·	38	—	53	○
9	—	24	○	39	·	54	—
10	○	25	·	40	○	55	—
11	—	26	○	41	·	56	—
12	○	27	·	42	—	57	○
13	—	28	·	43	—	58	·
14	·	29	—	44	○	59	·

年月日6時

(分)	0~14	(分)	15~29	(分)	30~44	(分)	45~59
0	·	15	·	30	—	45	○
1	○	16	○	31	○	46	·
2	○	17	·	32	—	47	○
3	·	18	—	33	○	48	·
4	—	19	○	34	—	49	·
5	—	20	○	35	·	50	—
6	—	21	○	36	·	51	—
7	·	22	○	37	·	52	○
8	·	23	—	38	○	53	·
9	○	24	○	39	·	54	○
10	○	25	—	40	○	55	—
11	○	26	·	41	—	56	○
12	○	27	—	42	—	57	○
13	—	28	·	43	—	58	·
14	—	29	○	44	·	59	—

西元2003年4月2日到4月30日

年月日7時

(分)	0~14	(分)	15~29	(分)	30~44	(分)	45~59
0	·	15	—	30	○	45	·
1	—	16	○	31	·	46	—
2	·	17	—	32	·	47	○
3	○	18	·	33	—	48	○
4	○	19	·	34	—	49	○
5	○	20	—	35	○	50	—
6	—	21	○	36	·	51	—
7	·	22	—	37	—	52	·
8	—	23	·	38	—	53	○
9	·	24	—	39	○	54	·
10	·	25	○	40	○	55	·
11	·	26	○	41	·	56	○
12	○	27	·	42	—	57	○
13	—	28	○	43	·	58	—
14	○	29	—	44	○	59	—

年月日8時

(分)	0~14	(分)	15~29	(分)	30~44	(分)	45~59
0	○	15	○	30	·	45	—
1	○	16	·	31	·	46	○
2	·	17	○	32	○	47	○
3	·	18	—	33	○	48	·
4	○	19	—	34	—	49	○
5	○	20	—	35	○	50	—
6	○	21	·	36	—	51	○
7	·	22	○	37	○	52	·
8	—	23	·	38	—	53	·
9	—	24	○	39	·	54	—
10	—	25	○	40	·	55	—
11	·	26	○	41	—	56	○
12	·	27	—	42	○	57	·
13	○	28	·	43	—	58	—
14	·	29	—	44	·	59	—

年月日9時

(分)	0~14	(分)	15~29	(分)	30~44	(分)	45~59
0	·	15	—	30	○	45	·
1	·	16	·	31	○	46	○
2	—	17	○	32	—	47	○
3	○	18	·	33	—	48	○
4	—	19	—	34	○	49	·
5	·	20	—	35	·	50	—
6	—	21	○	36	·	51	—
7	—	22	○	37	·	52	—
8	○	23	·	38	○	53	—
9	·	24	—	39	○	54	·
10	○	25	·	40	—	55	○
11	—	26	·	41	—	56	·
12	○	27	·	42	—	57	○
13	·	28	—	43	—	58	·
14	·	29	○	44	·	59	○

年月日10時

(分)	0~14	(分)	15~29	(分)	30~44	(分)	45~59
0	—	15	○	30	·	45	—
1	·	16	—	31	○	46	·
2	—	17	○	32	—	47	·
3	·	18	—	33	○	48	○
4	—	19	○	34	·	49	—
5	·	20	○	35	·	50	○
6	○	21	·	36	—	51	○
7	○	22	·	37	·	52	○
8	○	23	—	38	○	53	—
9	—	24	○	39	·	54	—
10	○	25	—	40	—	55	○
11	—	26	·	41	—	56	·
12	·	27	—	42	○	57	·
13	·	28	—	43	○	58	·
14	·	29	○	44	·	59	○

年月日11時

(分)	0~14	(分)	15~29	(分)	30~44	(分)	45~59
0	—	15	○	30	·	45	—
1	·	16	○	31	·	46	○
2	—	17	○	32	·	47	—
3	○	18	·	33	·	48	○
4	○	19	—	34	○	49	—
5	·	20	—	35	○	50	·
6	○	21	—	36	—	51	○
7	—	22	·	37	—	52	·
8	○	23	·	38	○	53	○
9	·	24	—	39	○	54	·
10	·	25	○	40	·	55	○
11	—	26	○	41	·	56	—
12	—	27	○	42	·	57	—
13	○	28	—	43	·	58	—
14	·	29	—	44	○	59	·

年月日12時

(分)	0~14	(分)	15~29	(分)	30~44	(分)	45~59
0	—	15	·	30	·	45	—
1	·	16	○	31	○	46	○
2	○	17	·	32	—	47	○
3	○	18	·	33	—	48	○
4	○	19	—	34	○	49	—
5	—	20	○	35	·	50	—
6	·	21	—	36	○	51	·
7	—	22	·	37	○	52	○
8	·	23	—	38	○	53	·
9	—	24	○	39	·	54	·
10	—	25	○	40	—	55	○
11	○	26	○	41	○	56	○
12	○	27	○	42	—	57	—
13	·	28	—	43	·	58	—
14	—	29	○	44	·	59	—

年月日13時

(分)	0~14	(分)	15~29	(分)	30~44	(分)	45~59
0	·	15	○	30	—	45	○
1	—	16	○	31	·	46	—
2	—	17	○	32	·	47	·
3	·	18	—	33	·	48	—
4	·	19	—	34	○	49	·
5	○	20	○	35	—	50	—
6	○	21	·	36	○	51	·
7	○	22	·	37	—	52	·
8	·	23	·	38	—	53	○
9	—	24	○	39	—	54	○
10	—	25	○	40	·	55	—
11	·	26	—	41	○	56	·
12	·	27	—	42	·	57	○
13	○	28	—	43	○	58	·
14	—	29	○	44	·	59	—

年月日14時

(分)	0~14	(分)	15~29	(分)	30~44	(分)	45~59
0	—	15	○	30	—	45	○
1	○	16	·	31	—	46	○
2	○	17	○	32	·	47	—
3	·	18	—	33	·	48	—
4	—	19	○	34	○	49	—
5	○	20	·	35	—	50	○
6	○	21	·	36	○	51	—
7	·	22	—	37	○	52	·
8	·	23	—	38	○	53	·
9	—	24	·	39	—	54	·
10	○	25	·	40	—	55	○
11	—	26	○	41	○	56	—
12	·	27	○	42	·	57	○
13	—	28	○	43	·	58	—
14	—	29	·	44	·	59	—

西元2003年4月2日到4月30日

年月日15時	(分)	0~14	(分)	15~29	(分)	30~44	(分)	45~59
	0	—	15	○	30	○	45	—
	1	—	16	·	31	—	46	·
	2	○	17	·	32	—	47	○
	3	—	18	·	33	·	48	—
	4	·	19	○	34	·	49	○
	5	—	20	○	35	○	50	—
	6	○	21	·	36	—	51	○
	7	○	22	—	37	○	52	—
	8	·	23	—	38	○	53	·
	9	·	24	—	39	○	54	·
	10	—	25	·	40	○	55	·
	11	○	26	·	41	—	56	○
	12	—	27	○	42	·	57	·
	13	—	28	○	43	—	58	○
	14	—	29	○	44	·	59	—

年月日16時	(分)	0~14	(分)	15~29	(分)	30~44	(分)	45~59
	0	—	15	○	30	·	45	—
	1	—	16	·	31	—	46	·
	2	·	17	—	32	○	47	·
	3	○	18	·	33	—	48	○
	4	·	19	○	34	—	49	○
	5	○	20	·	35	—	50	○
	6	·	21	—	36	○	51	○
	7	·	22	○	37	○	52	—
	8	—	23	○	38	·	53	—
	9	—	24	—	39	·	54	·
	10	○	25	·	40	○	55	·
	11	·	26	—	41	○	56	○
	12	○	27	○	42	·	57	—
	13	—	28	○	43	—	58	○
	14	○	29	·	44	—	59	○

年月日17時	(分)	0~14	(分)	15~29	(分)	30~44	(分)	45~59
	0	·	15	○	30	·	45	○
	1	—	16	○	31	·	46	—
	2	·	17	—	32	—	47	·
	3	○	18	—	33	○	48	—
	4	·	19	—	34	○	49	·
	5	·	20	○	35	○	50	·
	6	—	21	·	36	—	51	·
	7	○	22	·	37	—	52	○
	8	—	23	○	38	·	53	—
	9	·	24	○	39	·	54	○
	10	—	25	○	40	·	55	—
	11	○	26	·	41	—	56	○
	12	○	27	—	42	·	57	—
	13	·	28	—	43	○	58	·
	14	·	29	—	44	○	59	○

年月日18時	(分)	0~14	(分)	15~29	(分)	30~44	(分)	45~59
	0	·	15	○	30	·	45	○
	1	○	16	·	31	—	46	○
	2	·	17	—	32	○	47	·
	3	○	18	—	33	○	48	—
	4	—	19	○	34	·	49	○
	5	—	20	○	35	·	50	—
	6	—	21	·	36	○	51	·
	7	·	22	—	37	○	52	·
	8	○	23	·	38	—	53	—
	9	—	24	○	39	○	54	○
	10	○	25	○	40	—	55	○
	11	·	26	·	41	○	56	○
	12	·	27	—	42	·	57	—
	13	—	28	○	43	·	58	—
	14	—	29	—	44	○	59	·

年月日19時	(分)	0~14	(分)	15~29	(分)	30~44	(分)	45~59
	0	○	15	·	30	·	45	○
	1	○	16	—	31	○	46	—
	2	—	17	○	32	·	47	—
	3	○	18	—	33	—	48	○
	4	—	19	·	34	—	49	·
	5	○	20	—	35	○	50	·
	6	·	21	—	36	○	51	·
	7	·	22	○	37	·	52	○
	8	○	23	·	38	—	53	○
	9	—	24	○	39	·	54	—
	10	○	25	—	40	·	55	—
	11	—	26	○	41	○	56	○
	12	○	27	·	42	—	57	—
	13	○	28	·	43	○	58	·
	14	·	29	—	44	○	59	·

年月日20時	(分)	0~14	(分)	15~29	(分)	30~44	(分)	45~59
	0	○	15	·	30	—	45	○
	1	○	16	—	31	○	46	—
	2	○	17	·	32	—	47	○
	3	○	18	—	33	○	48	·
	4	—	19	·	34	○	49	·
	5	—	20	○	35	·	50	—
	6	—	21	○	36	·	51	·
	7	—	22	○	37	—	52	○
	8	·	23	—	38	○	53	·
	9	○	24	○	39	—	54	—
	10	·	25	—	40	·	55	—
	11	○	26	·	41	—	56	○
	12	·	27	·	42	—	57	○
	13	○	28	·	43	○	58	·
	14	—	29	○	44	·	59	—

年月日21時	(分)	0~14	(分)	15~29	(分)	30~44	(分)	45~59
	0	○	15	·	30	—	45	○
	1	—	16	·	31	·	46	—
	2	—	17	·	32	—	47	·
	3	○	18	○	33	·	48	—
	4	○	19	·	34	—	49	○
	5	·	20	○	35	·	50	○
	6	·	21	—	36	○	51	·
	7	·	22	—	37	○	52	·
	8	○	23	—	38	·	53	—
	9	○	24	·	39	—	54	○
	10	—	25	○	40	·	55	·
	11	○	26	·	41	○	56	·
	12	—	27	○	42	·	57	—
	13	○	28	○	43	—	58	—
	14	—	29	○	44	—	59	○

年月日22時	(分)	0~14	(分)	15~29	(分)	30~44	(分)	45~59
	0	·	15	—	30	○	45	·
	1	○	16	·	31	—	46	○
	2	—	17	·	32	○	47	·
	3	○	18	○	33	—	48	○
	4	·	19	—	34	○	49	○
	5	—	20	○	35	—	50	○
	6	—	21	○	36	·	51	—
	7	—	22	—	37	·	52	·
	8	·	23	—	38	·	53	—
	9	·	24	—	39	○	54	·
	10	○	25	○	40	·	55	—
	11	○	26	○	41	○	56	·
	12	○	27	○	42	—	57	○
	13	○	28	·	43	—	58	○
	14	—	29	○	44	—	59	·

西元2003年5月1日到5月30日

年月日23時

(分)	0~14	(分)	15~29	(分)	30~44	(分)	45~59
0	○	15	·	30	—	45	○
1	○	16	—	31	○	46	—
2	○	17	·	32	—	47	○
3	·	18	—	33	○	48	·
4	—	19	·	34	○	49	·
5	—	20	○	35	·	50	—
6	—	21	○	36	·	51	·
7	—	22	○	37	—	52	○
8	·	23	—	38	○	53	·
9	○	24	○	39	—	54	—
10	·	25	—	40	·	55	—
11	○	26	·	41	—	56	○
12	·	27	·	42	—	57	○
13	○	28	·	43	○	58	·
14	—	29	○	44	·	59	—

年月日24時

(分)	0~14	(分)	15~29	(分)	30~44	(分)	45~59
0	·	15	—	30	○	45	○
1	·	16	—	31	·	46	—
2	○	17	○	32	○	47	·
3	—	18	—	33	·	48	·
4	○	19	·	34	○	49	·
5	○	20	·	35	—	50	○
6	○	21	○	36	·	51	—
7	—	22	○	37	—	52	○
8	—	23	○	38	·	53	—
9	○	24	○	39	—	54	○
10	·	25	○	40	·	55	○
11	·	26	—	41	○	56	·
12	·	27	—	42	○	57	·
13	○	28	○	43	○	58	—
14	○	29	·	44	—	59	○

年月日1時

(分)	0~14	(分)	15~29	(分)	30~44	(分)	45~59
0	○	15	—	30	○	45	—
1	—	16	○	31	·	46	—
2	○	17	·	32	—	47	○
3	—	18	·	33	—	48	·
4	·	19	—	34	○	49	·
5	·	20	—	35	○	50	·
6	·	21	○	36	—	51	○
7	○	22	·	37	—	52	○
8	—	23	○	38	·	53	·
9	·	24	—	39	·	54	—
10	—	25	○	40	○	55	—
11	○	26	○	41	—	56	—
12	○	27	·	42	○	57	·
13	·	28	—	43	○	58	·
14	·	29	·	44	—	59	○

年月日2時

(分)	0~14	(分)	15~29	(分)	30~44	(分)	45~59
0	○	15	—	30	·	45	—
1	○	16	·	31	—	46	○
2	·	17	—	32	○	47	○
3	○	18	·	33	○	48	·
4	—	19	○	34	·	49	—
5	—	20	—	35	·	50	·
6	—	21	○	36	—	51	○
7	·	22	—	37	○	52	·
8	○	23	○	38	·	53	—
9	·	24	—	39	·	54	—
10	○	25	·	40	—	55	○
11	○	26	·	41	—	56	○
12	○	27	·	42	○	57	—
13	—	28	○	43	·	58	—
14	·	29	—	44	○	59	·

年月日3時

(分)	0~14	(分)	15~29	(分)	30~44	(分)	45~59
0	—	15	·	30	—	45	·
1	○	16	·	31	—	46	○
2	—	17	○	32	·	47	—
3	·	18	○	33	·	48	○
4	—	19	○	34	·	49	—
5	○	20	·	35	—	50	○
6	○	21	—	36	·	51	—
7	·	22	—	37	○	52	·
8	·	23	—	38	○	53	○
9	○	24	·	39	○	54	·
10	○	25	·	40	—	55	○
11	—	26	—	41	·	56	·
12	—	27	○	42	—	57	○
13	—	28	○	43	·	58	—
14	○	29	○	44	·	59	—

年月日4時

(分)	0~14	(分)	15~29	(分)	30~44	(分)	45~59
0	—	15	·	30	○	45	·
1	·	16	—	31	○	46	·
2	○	17	·	32	—	47	—
3	—	18	○	33	—	48	○
4	○	19	·	34	○	49	○
5	·	20	·	35	○	50	○
6	·	21	—	36	·	51	—
7	—	22	○	37	·	52	—
8	—	23	—	38	○	53	·
9	○	24	·	39	○	54	·
10	·	25	—	40	○	55	·
11	—	26	○	41	·	56	—
12	—	27	○	42	—	57	·
13	○	28	○	43	—	58	○
14	○	29	·	44	—	59	○

年月日5時

(分)	0~14	(分)	15~29	(分)	30~44	(分)	45~59
0	—	15	○	30	·	45	—
1	—	16	·	31	—	46	·
2	○	17	·	32	—	47	○
3	○	18	·	33	—	48	○
4	·	19	○	34	—	49	○
5	—	20	○	35	·	50	—
6	○	21	—	36	○	51	○
7	○	22	—	37	○	52	—
8	·	23	○	38	○	53	·
9	—	24	—	39	·	54	·
10	○	25	·	40	○	55	·
11	○	26	·	41	—	56	○
12	○	27	○	42	·	57	—
13	—	28	○	43	—	58	○
14	—	29	○	44	·	59	—

年月日6時

(分)	0~14	(分)	15~29	(分)	30~44	(分)	45~59
0	○	15	·	30	—	45	—
1	○	16	·	31	○	46	○
2	·	17	—	32	○	47	·
3	·	18	·	33	○	48	○
4	—	19	○	34	○	49	○
5	○	20	·	35	—	50	○
6	—	21	—	36	○	51	○
7	·	22	—	37	·	52	—
8	—	23	○	38	·	53	—
9	—	24	○	39	·	54	—
10	○	25	○	40	○	55	—
11	·	26	○	41	○	56	·
12	○	27	·	42	—	57	○
13	—	28	·	43	○	58	·
14	○	29	·	44	—	59	○

西元2003年5月1日到5月30日

年月日 7時	(分)	0~14	(分)	15~29	(分)	30~44	(分)	45~59
	0	—	15	○	30	·	45	—
	1	—	16	—	31	·	46	·
	2	·	17	—	32	·	47	—
	3	·	18	—	33	○	48	·
	4	○	19	○	34	·	49	—
	5	○	20	·	35	○	50	·
	6	○	21	·	36	—	51	○
	7	○	22	·	37	—	52	○
	8	—	23	○	38	—	53	·
	9	—	24	○	39	·	54	—
	10	·	25	—	40	○	55	·
	11	·	26	○	41	·	56	○
	12	○	27	—	42	○	57	·
	13	—	28	○	43	○	58	—
	14	○	29	—	44	○	59	—

年月日 8時	(分)	0~14	(分)	15~29	(分)	30~44	(分)	45~59
	0	○	15	·	30	—	45	○
	1	—	16	○	31	·	46	—
	2	·	17	—	32	·	47	○
	3	—	18	○	33	·	48	—
	4	○	19	·	34	—	49	○
	5	○	20	—	35	○	50	—
	6	·	21	—	36	○	51	·
	7	·	22	○	37	—	52	·
	8	—	23	·	38	—	53	·
	9	○	24	·	39	○	54	○
	10	·	25	○	40	○	55	·
	11	·	26	○	41	·	56	○
	12	—	27	○	42	·	57	—
	13	—	28	○	43	·	58	—
	14	○	29	○	44	○	59	—

年月日 9時	(分)	0~14	(分)	15~29	(分)	30~44	(分)	45~59
	0	—	15	○	30	·	45	—
	1	·	16	—	31	○	46	·
	2	○	17	—	32	·	47	—
	3	·	18	—	33	○	48	·
	4	—	19	○	34	·	49	·
	5	○	20	·	35	○	50	·
	6	○	21	·	36	—	51	○
	7	○	22	○	37	—	52	—
	8	—	23	○	38	—	53	○
	9	—	24	○	39	·	54	—
	10	·	25	·	40	—	55	○
	11	·	26	—	41	·	56	—
	12	○	27	—	42	○	57	·
	13	·	28	○	43	○	58	·
	14	○	29	·	44	○	59	—

年月日 10時	(分)	0~14	(分)	15~29	(分)	30~44	(分)	45~59
	0	○	15	·	30	—	45	○
	1	—	16	—	31	·	46	·
	2	·	17	—	32	·	47	—
	3	—	18	○	33	·	48	—
	4	○	19	○	34	○	49	—
	5	○	20	·	35	○	50	·
	6	·	21	—	36	○	51	○
	7	○	22	·	37	—	52	○
	8	—	23	○	38	—	53	·
	9	○	24	·	39	—	54	○
	10	·	25	○	40	○	55	·
	11	·	26	○	41	·	56	○
	12	—	27	○	42	·	57	—
	13	—	28	○	43	○	58	—
	14	○	29	○	44	○	59	—

年月日 11時	(分)	0~14	(分)	15~29	(分)	30~44	(分)	45~59
	0	○	15	·	30	—	45	○
	1	—	16	○	31	·	46	·
	2	○	17	·	32	○	47	·
	3	—	18	○	33	·	48	—
	4	○	19	○	34	—	49	—
	5	—	20	○	35	—	50	○
	6	·	21	—	36	○	51	·
	7	·	22	·	37	—	52	○
	8	·	23	—	38	·	53	—
	9	○	24	·	39	—	54	○
	10	·	25	—	40	○	55	·
	11	○	26	·	41	○	56	—
	12	—	27	○	42	·	57	—
	13	—	28	○	43	·	58	—
	14	—	29	·	44	—	59	·

年月日 12時	(分)	0~14	(分)	15~29	(分)	30~44	(分)	45~59
	0	·	15	—	30	○	45	·
	1	○	16	○	31	·	46	—
	2	○	17	·	32	○	47	·
	3	○	18	·	33	—	48	○
	4	○	19	·	34	—	49	○
	5	—	20	○	35	—	50	·
	6	—	21	○	36	·	51	—
	7	·	22	—	37	○	52	·
	8	·	23	○	38	·	53	○
	9	○	24	○	39	○	54	·
	10	—	25	○	40	○	55	—
	11	○	26	—	41	○	56	—
	12	○	27	·	42	—	57	○
	13	—	28	·	43	·	58	—
	14	—	29	○	44	—	59	·

年月日 13時	(分)	0~14	(分)	15~29	(分)	30~44	(分)	45~59
	0	○	15	·	30	—	45	○
	1	○	16	·	31	—	46	○
	2	·	17	○	32	·	47	○
	3	—	18	○	33	·	48	—
	4	·	19	—	34	○	49	·
	5	○	20	—	35	·	50	—
	6	·	21	—	36	○	51	·
	7	○	22	○	37	·	52	·
	8	○	23	·	38	○	53	·
	9	○	24	·	39	—	54	○
	10	○	25	○	40	—	55	—
	11	—	26	○	41	—	56	○
	12	—	27	○	42	·	57	—
	13	·	28	·	43	—	58	○
	14	·	29	—	44	·	59	—

年月日 14時	(分)	0~14	(分)	15~29	(分)	30~44	(分)	45~59
	0	·	15	—	30	○	45	·
	1	·	16	—	31	○	46	○
	2	—	17	○	32	—	47	○
	3	○	18	·	33	—	48	○
	4	—	19	—	34	○	49	·
	5	·	20	—	35	○	50	—
	6	—	21	○	36	·	51	—
	7	○	22	○	37	·	52	—
	8	○	23	·	38	○	53	·
	9	·	24	—	39	○	54	○
	10	○	25	○	40	—	55	○
	11	—	26	○	41	—	56	·
	12	○	27	·	42	○	57	○
	13	·	28	—	43	○	58	·
	14	·	29	○	44	·	59	○

西元2003年5月1日到5月30日

	(分)	0~14	(分)	15~29	(分)	30~44	(分)	45~59
	0	○	15	·	30	—	45	○
	1	○	16	—	31	○	46	○
年	2	○	17	—	32	○	47	—
	3	—	18	○	33	·	48	—
	4	—	19	○	34	·	49	·
月	5	○	20	·	35	○	50	·
	6	·	21	—	36	○	51	·
	7	○	22	○	37	—	52	—
	8	—	23	○	38	—	53	○
日	9	○	24	·	39	—	54	○
	10	·	25	·	40	—	55	○
15	11	·	26	—	41	·	56	—
時	12	—	27	○	42	·	57	—
	13	·	28	—	43	○	58	·
	14	○	29	·	44	○	59	—

	(分)	0~14	(分)	15~29	(分)	30~44	(分)	45~59
	0	·	15	—	30	○	45	·
	1	—	16	—	31	·	46	·
年	2	·	17	—	32	·	47	—
	3	○	18	·	33	—	48	○
	4	○	19	○	34	·	49	—
月	5	○	20	·	35	○	50	·
	6	—	21	○	36	·	51	—
	7	○	22	·	37	—	52	○
	8	—	23	○	38	—	53	○
日	9	·	24	—	39	○	54	·
	10	·	25	○	40	○	55	·
16	11	·	26	○	41	·	56	○
時	12	○	27	·	42	—	57	○
	13	—	28	○	43	○	58	—
	14	○	29	—	44	○	59	—

	(分)	0~14	(分)	15~29	(分)	30~44	(分)	45~59
	0	—	15	○	30	·	45	—
	1	—	16	·	31	—	46	·
年	2	·	17	—	32	○	47	·
	3	○	18	·	33	—	48	○
	4	·	19	○	34	—	49	○
月	5	○	20	·	35	—	50	○
	6	·	21	—	36	○	51	○
	7	·	22	—	37	·	52	—
	8	—	23	○	38	·	53	—
日	9	—	24	—	39	·	54	·
	10	○	25	·	40	○	55	○
17	11	·	26	—	41	○	56	·
時	12	○	27	○	42	·	57	—
	13	—	28	○	43	—	58	○
	14	○	29	·	44	—	59	○

	(分)	0~14	(分)	15~29	(分)	30~44	(分)	45~59
	0	○	15	·	30	—	45	—
	1	○	16	·	31	○	46	·
年	2	—	17	○	32	·	47	—
	3	·	18	·	33	○	48	○
	4	—	19	○	34	—	49	○
月	5	·	20	—	35	○	50	·
	6	—	21	—	36	○	51	·
	7	·	22	○	37	·	52	—
	8	○	23	·	38	—	53	○
日	9	—	24	○	39	·	54	—
	10	○	25	·	40	○	55	—
18	11	—	26	○	41	·	56	—
時	12	○	27	○	42	—	57	○
	13	—	28	○	43	—	58	·
	14	·	29	—	44	○	59	·

	(分)	0~14	(分)	15~29	(分)	30~44	(分)	45~59
	0	○	15	·	30	—	45	○
	1	○	16	○	31	—	46	—
年	2	—	17	○	32	—	47	○
	3	—	18	○	33	·	48	—
	4	·	19	○	34	—	49	○
月	5	·	20	—	35	·	50	—
	6	·	21	—	36	○	51	·
	7	○	22	—	37	○	52	·
	8	○	23	·	38	○	53	—
日	9	○	24	·	39	—	54	○
	10	—	25	○	40	·	55	—
19	11	—	26	·	41	—	56	·
時	12	—	27	○	42	·	57	—
	13	○	28	·	43	·	58	○
	14	·	29	○	44	·	59	○

	(分)	0~14	(分)	15~29	(分)	30~44	(分)	45~59
	0	·	15	—	30	○	45	·
	1	○	16	·	31	—	46	○
年	2	—	17	○	32	—	47	·
	3	○	18	·	33	—	48	○
	4	·	19	—	34	○	49	·
月	5	·	20	○	35	·	50	○
	6	—	21	○	36	·	51	—
	7	—	22	○	37	○	52	—
	8	○	23	—	38	○	53	—
日	9	·	24	—	39	○	54	·
	10	—	25	·	40	·	55	—
20	11	—	26	·	41	—	56	·
時	12	○	27	○	42	—	57	○
	13	○	28	·	43	○	58	○
	14	·	29	○	44	·	59	○

	(分)	0~14	(分)	15~29	(分)	30~44	(分)	45~59
	0	—	15	○	30	—	45	○
	1	○	16	·	31	—	46	○
年	2	○	17	○	32	·	47	—
	3	·	18	—	33	·	48	—
	4	—	19	○	34	○	49	—
月	5	○	20	·	35	—	50	○
	6	○	21	·	36	○	51	—
	7	○	22	—	37	○	52	·
	8	·	23	○	38	○	53	·
日	9	—	24	·	39	—	54	·
	10	○	25	·	40	—	55	○
21	11	—	26	○	41	○	56	—
時	12	·	27	○	42	○	57	○
	13	—	28	○	43	·	58	—
	14	—	29	·	44	·	59	—

	(分)	0~14	(分)	15~29	(分)	30~44	(分)	45~59
	0	—	15	○	30	—	45	·
	1	·	16	—	31	○	46	·
年	2	○	17	·	32	—	47	○
	3	·	18	○	33	·	48	○
	4	○	19	·	34	—	49	○
月	5	·	20	—	35	—	50	·
	6	○	21	—	36	○	51	—
	7	—	22	○	37	·	52	—
	8	·	23	○	38	○	53	·
日	9	—	24	·	39	—	54	·
	10	·	25	—	40	○	55	○
22	11	—	26	○	41	·	56	—
時	12	·	27	○	42	·	57	○
	13	·	28	○	43	○	58	○
	14	○	29	·	44	—	59	○

西元2003年5月31日到6月29日

年月日23時

(分)	0~14	(分)	15~29	(分)	30~44	(分)	45~59
0	·	15	·	30	○	45	○
1	—	16	○	31	—	46	○
2	○	17	·	32	—	47	○
3	—	18	—	33	○	48	·
4	·	19	—	34	·	49	—
5	—	20	○	35	·	50	—
6	—	21	○	36	·	51	—
7	○	22	·	37	○	52	—
8	·	23	—	38	○	53	·
9	○	24	·	39	—	54	○
10	—	25	·	40	—	55	·
11	○	26	·	41	—	56	○
12	·	27	—	42	—	57	·
13	·	28	○	43	·	58	○
14	—	29	○	44	·	59	—

年月日24時

(分)	0~14	(分)	15~29	(分)	30~44	(分)	45~59
0	·	15	—	30	○	45	·
1	—	16	○	31	—	46	·
2	·	17	—	32	○	47	·
3	—	18	○	33	·	48	—
4	·	19	○	34	·	49	○
5	○	20	·	35	—	50	○
6	○	21	·	36	·	51	○
7	○	22	○	37	○	52	—
8	—	23	○	38	·	53	—
9	○	24	—	39	—	54	○
10	—	25	·	40	—	55	·
11	·	26	—	41	○	56	·
12	·	27	—	42	○	57	·
13	·	28	○	43	·	58	○
14	○	29	·	44	—	59	○

年月日1時

(分)	0~14	(分)	15~29	(分)	30~44	(分)	45~59
0	—	15	○	30	·	45	—
1	·	16	—	31	○	46	·
2	—	17	·	32	—	47	·
3	·	18	—	33	○	48	·
4	—	19	○	34	·	49	—
5	·	20	○	35	—	50	○
6	○	21	·	36	—	51	○
7	○	22	·	37	—	52	—
8	·	23	—	38	·	53	—
9	—	24	○	39	·	54	—
10	·	25	·	40	○	55	○
11	○	26	·	41	○	56	·
12	·	27	—	42	○	57	·
13	—	28	—	43	○	58	·
14	—	29	○	44	—	59	○

年月日2時

(分)	0~14	(分)	15~29	(分)	30~44	(分)	45~59
0	○	15	·	30	—	45	○
1	—	16	○	31	·	46	·
2	○	17	·	32	○	47	·
3	—	18	○	33	·	48	—
4	○	19	○	34	—	49	—
5	—	20	○	35	—	50	○
6	·	21	—	36	○	51	·
7	·	22	·	37	—	52	○
8	·	23	—	38	·	53	—
9	○	24	·	39	—	54	○
10	·	25	—	40	○	55	·
11	○	26	·	41	○	56	—
12	—	27	○	42	·	57	—
13	—	28	○	43	·	58	—
14	—	29	·	44	—	59	·

年月日3時

(分)	0~14	(分)	15~29	(分)	30~44	(分)	45~59
0	○	15	·	30	—	45	○
1	○	16	·	31	—	46	○
2	·	17	○	32	·	47	○
3	—	18	○	33	·	48	—
4	·	19	—	34	○	49	·
5	○	20	—	35	·	50	—
6	·	21	—	36	○	51	·
7	—	22	○	37	·	52	·
8	○	23	·	38	○	53	·
9	○	24	·	39	—	54	○
10	○	25	○	40	—	55	—
11	—	26	○	41	—	56	○
12	—	27	○	42	·	57	—
13	·	28	·	43	—	58	○
14	·	29	—	44	·	59	—

年月日4時

(分)	0~14	(分)	15~29	(分)	30~44	(分)	45~59
0	·	15	—	30	○	45	·
1	·	16	—	31	○	46	○
2	—	17	○	32	—	47	○
3	○	18	·	33	—	48	○
4	—	19	—	34	·	49	·
5	·	20	—	35	·	50	—
6	—	21	○	36	·	51	—
7	○	22	○	37	·	52	—
8	○	23	·	38	○	53	·
9	·	24	—	39	○	54	·
10	○	25	·	40	—	55	○
11	—	26	○	41	—	56	·
12	○	27	·	42	—	57	○
13	·	28	—	43	○	58	·
14	·	29	○	44	·	59	○

年月日5時

(分)	0~14	(分)	15~29	(分)	30~44	(分)	45~59
0	—	15	·	30	○	45	·
1	○	16	○	31	—	46	○
2	·	17	—	32	○	47	·
3	·	18	○	33	—	48	○
4	—	19	○	34	·	49	—
5	—	20	○	35	·	50	·
6	·	21	—	36	·	51	—
7	·	22	—	37	○	52	·
8	○	23	○	38	—	53	—
9	○	24	·	39	○	54	·
10	○	25	·	40	—	55	·
11	·	26	·	41	—	56	○
12	—	27	○	42	—	57	○
13	—	28	○	43	·	58	—
14	·	29	—	44	○	59	·

年月日6時

(分)	0~14	(分)	15~29	(分)	30~44	(分)	45~59
0	○	15	·	30	○	45	·
1	·	16	—	31	○	46	·
2	—	17	—	32	·	47	·
3	—	18	○	33	—	48	○
4	○	19	·	34	—	49	○
5	○	20	○	35	·	50	—
6	·	21	—	36	○	51	—
7	—	22	○	37	○	52	○
8	○	23	·	38	—	53	○
9	○	24	·	39	○	54	—
10	·	25	○	40	○	55	·
11	·	26	—	41	○	56	·
12	—	27	·	42	○	57	·
13	○	28	·	43	—	58	○
14	—	29	○	44	○	59	—

西元2003年5月31日到6月29日

年月日7時

(分)	0~14	(分)	15~29	(分)	30~44	(分)	45~59
0	·	15	—	30	○	45	·
1	○	16	·	31	—	46	○
2	—	17	·	32	○	47	·
3	○	18	○	33	—	48	○
4	·	19	—	34	○	49	○
5	—	20	○	35	—	50	○
6	—	21	○	36	·	51	—
7	○	22	—	37	·	52	·
8	·	23	—	38	·	53	—
9	·	24	—	39	○	54	·
10	○	25	○	40	·	55	—
11	○	26	·	41	○	56	·
12	○	27	·	42	—	57	○
13	○	28	·	43	—	58	○
14	—	29	○	44	—	59	·

年月日8時

(分)	0~14	(分)	15~29	(分)	30~44	(分)	45~59
0	—	15	○	30	·	45	—
1	·	16	·	31	○	46	○
2	○	17	·	32	○	47	·
3	·	18	—	33	○	48	·
4	—	19	—	34	○	49	·
5	—	20	○	35	—	50	○
6	○	21	·	36	○	51	○
7	—	22	○	37	·	52	—
8	·	23	—	38	·	53	○
9	—	24	○	39	○	54	—
10	○	25	·	40	—	55	○
11	○	26	—	41	○	56	—
12	·	27	—	42	○	57	·
13	·	28	○	43	—	58	·
14	—	29	·	44	○	59	·

年月日9時

(分)	0~14	(分)	15~29	(分)	30~44	(分)	45~59
0	·	15	○	30	—	45	○
1	·	16	—	31	○	46	·
2	—	17	○	32	·	47	·
3	·	18	—	33	·	48	—
4	○	19	·	34	—	49	○
5	○	20	○	35	—	50	—
6	○	21	·	36	○	51	·
7	—	22	○	37	·	52	—
8	·	23	·	38	—	53	○
9	—	24	○	39	—	54	○
10	·	25	—	40	○	55	·
11	·	26	—	41	○	56	·
12	·	27	—	42	·	57	○
13	○	28	·	43	—	58	○
14	—	29	○	44	·	59	—

年月日10時

(分)	0~14	(分)	15~29	(分)	30~44	(分)	45~59
0	—	15	○	30	—	45	○
1	—	16	○	31	·	46	—
2	○	17	○	32	·	47	—
3	·	18	—	33	·	48	—
4	·	19	—	34	○	49	·
5	○	20	·	35	—	50	○
6	○	21	·	36	○	51	—
7	○	22	○	37	—	52	○
8	·	23	—	38	○	53	·
9	—	24	·	39	—	54	·
10	—	25	○	40	·	55	—
11	—	26	○	41	○	56	—
12	·	27	○	42	·	57	○
13	·	28	—	43	○	58	·
14	—	29	·	44	·	59	—

年月日11時

(分)	0~14	(分)	15~29	(分)	30~44	(分)	45~59
0	·	15	—	30	○	45	·
1	○	16	·	31	·	46	○
2	·	17	○	32	·	47	○
3	○	18	·	33	—	48	○
4	○	19	—	34	—	49	○
5	○	20	—	35	○	50	—
6	—	21	○	36	·	51	○
7	·	22	—	37	○	52	·
8	—	23	·	38	—	53	·
9	·	24	—	39	○	54	·
10	—	25	○	40	·	55	—
11	·	26	○	41	—	56	○
12	○	27	·	42	—	57	○
13	○	28	·	43	—	58	—
14	·	29	—	44	·	59	—

年月日12時

(分)	0~14	(分)	15~29	(分)	30~44	(分)	45~59
0	○	15	○	30	·	45	—
1	○	16	·	31	—	46	○
2	·	17	○	32	·	47	○
3	·	18	—	33	○	48	·
4	·	19	—	34	○	49	·
5	○	20	—	35	·	50	—
6	○	21	·	36	—	51	○
7	—	22	○	37	·	52	·
8	○	23	·	38	○	53	·
9	—	24	○	39	·	54	—
10	○	25	○	40	—	55	—
11	—	26	○	41	—	56	○
12	·	27	○	42	○	57	·
13	·	28	·	43	—	58	○
14	·	29	—	44	·	59	—

年月日13時

(分)	0~14	(分)	15~29	(分)	30~44	(分)	45~59
0	·	15	—	30	○	45	·
1	·	16	○	31	○	46	·
2	○	17	·	32	○	47	—
3	○	18	·	33	—	48	○
4	—	19	○	34	·	49	—
5	—	20	·	35	—	50	·
6	—	21	○	36	·	51	—
7	○	22	·	37	·	52	○
8	·	23	○	38	·	53	○
9	·	24	—	39	○	54	·
10	○	25	—	40	—	55	○
11	○	26	—	41	○	56	—
12	○	27	·	42	—	57	○
13	·	28	—	43	○	58	·
14	—	29	·	44	—	59	·

年月日14時

(分)	0~14	(分)	15~29	(分)	30~44	(分)	45~59
0	—	15	○	30	·	45	—
1	—	16	○	31	○	46	—
2	○	17	—	32	○	47	—
3	·	18	—	33	○	48	·
4	—	19	·	34	○	49	—
5	—	20	·	35	—	50	·
6	○	21	·	36	○	51	○
7	○	22	·	37	—	52	○
8	·	23	○	38	·	53	○
9	—	24	○	39	·	54	—
10	·	25	○	40	○	55	·
11	○	26	—	41	·	56	—
12	·	27	—	42	○	57	·
13	—	28	○	43	·	58	·
14	○	29	·	44	○	59	·

西元2003年5月31日到6月29日

年 月 日 15 時

(分)	0~14	(分)	15~29	(分)	30~44	(分)	45~59
0	—	15	○	30	·	45	—
1	—	16	·	31	·	46	—
2	—	17	·	32	—	47	·
3	·	18	—	33	○	48	·
4	○	19	·	34	—	49	○
5	·	20	○	35	·	50	○
6	○	21	·	36	—	51	○
7	·	22	—	37	○	52	·
8	○	23	—	38	○	53	—
9	—	24	○	39	·	54	—
10	—	25	○	40	·	55	·
11	○	26	·	41	○	56	○
12	·	27	—	42	○	57	·
13	○	28	○	43	—	58	—
14	—	29	○	44	—	59	○

年 月 日 16 時

(分)	0~14	(分)	15~29	(分)	30~44	(分)	45~59
0	○	15	·	30	—	45	○
1	○	16	·	31	—	46	○
2	—	17	·	32	○	47	·
3	○	18	○	33	·	48	—
4	·	19	—	34	○	49	○
5	—	20	○	35	—	50	○
6	·	21	—	36	○	51	·
7	—	22	○	37	·	52	·
8	·	23	—	38	·	53	—
9	○	24	·	39	—	54	○
10	○	25	○	40	·	55	—
11	○	26	·	41	○	56	·
12	—	27	○	42	·	57	—
13	○	28	·	43	—	58	○
14	—	29	○	44	—	59	○

年 月 日 17 時

(分)	0~14	(分)	15~29	(分)	30~44	(分)	45~59
0	·	15	—	30	—	45	·
1	·	16	○	31	·	46	○
2	○	17	·	32	—	47	○
3	·	18	○	33	○	48	·
4	○	19	—	34	○	49	—
5	—	20	○	35	·	50	—
6	—	21	○	36	·	51	—
7	—	22	·	37	—	52	·
8	·	23	—	38	○	53	·
9	○	24	·	39	—	54	○
10	·	25	○	40	—	55	○
11	○	26	·	41	—	56	○
12	·	27	—	42	○	57	○
13	·	28	—	43	·	58	—
14	—	29	○	44	·	59	—

年 月 日 18 時

(分)	0~14	(分)	15~29	(分)	30~44	(分)	45~59
0	·	15	—	30	○	45	·
1	·	16	○	31	·	46	○
2	○	17	—	32	○	47	·
3	—	18	○	33	·	48	—
4	○	19	—	34	·	49	—
5	○	20	·	35	—	50	○
6	○	21	○	36	—	51	—
7	○	22	·	37	○	52	·
8	—	23	○	38	·	53	—
9	·	24	○	39	○	54	○
10	—	25	○	40	—	55	○
11	·	26	—	41	○	56	·
12	—	27	○	42	○	57	·
13	·	28	—	43	·	58	—
14	○	29	·	44	—	59	○

年 月 日 19 時

(分)	0~14	(分)	15~29	(分)	30~44	(分)	45~59
0	○	15	·	30	—	45	○
1	○	16	·	31	—	46	○
2	○	17	—	32	○	47	—
3	—	18	○	33	·	48	—
4	·	19	—	34	—	49	·
5	—	20	·	35	—	50	·
6	·	21	—	36	○	51	○
7	·	22	○	37	○	52	·
8	·	23	○	38	·	53	○
9	○	24	·	39	—	54	○
10	—	25	○	40	·	55	—
11	○	26	—	41	○	56	—
12	—	27	○	42	·	57	—
13	○	28	·	43	—	58	○
14	—	29	·	44	○	59	·

年 月 日 20 時

(分)	0~14	(分)	15~29	(分)	30~44	(分)	45~59
0	·	15	—	30	○	45	·
1	○	16	—	31	—	46	○
2	○	17	—	32	○	47	—
3	○	18	·	33	—	48	○
4	○	19	—	34	○	49	·
5	—	20	·	35	—	50	·
6	—	21	○	36	·	51	—
7	○	22	○	37	·	52	—
8	·	23	○	38	—	53	○
9	·	24	○	39	○	54	·
10	○	25	·	40	—	55	—
11	·	26	—	41	·	56	—
12	○	27	·	42	—	57	○
13	·	28	·	43	○	58	○
14	○	29	·	44	○	59	·

年 月 日 21 時

(分)	0~14	(分)	15~29	(分)	30~44	(分)	45~59
0	○	15	·	30	—	45	○
1	·	16	·	31	—	46	○
2	·	17	—	32	·	47	○
3	—	18	○	33	·	48	—
4	·	19	—	34	○	49	·
5	○	20	·	35	○	50	—
6	·	21	—	36	○	51	·
7	—	22	○	37	·	52	—
8	—	23	○	38	—	53	·
9	○	24	·	39	—	54	○
10	○	25	·	40	·	55	○
11	·	26	○	41	·	56	○
12	—	27	○	42	·	57	—
13	○	28	—	43	○	58	○
14	○	29	—	44	○	59	—

年 月 日 22 時

(分)	0~14	(分)	15~29	(分)	30~44	(分)	45~59
0	·	15	—	30	○	45	·
1	·	16	—	31	○	46	·
2	·	17	○	32	·	47	○
3	○	18	·	33	—	48	○
4	—	19	○	34	○	49	—
5	○	20	—	35	○	50	—
6	—	21	○	36	·	51	○
7	—	22	○	37	·	52	—
8	—	23	·	38	—	53	·
9	·	24	—	39	○	54	·
10	○	25	·	40	—	55	○
11	·	26	○	41	·	56	○
12	○	27	·	42	—	57	○
13	·	28	—	43	○	58	·
14	○	29	—	44	○	59	—

西元2003年6月30日到7月28日

年 月 日 23 時

(分)	0~14	(分)	15~29	(分)	30~44	(分)	45~59
0	—	15	○	30	·	45	—
1	—	16	○	31	·	46	—
2	○	17	—	32	○	47	—
3	·	18	—	33	○	48	·
4	○	19	·	34	—	49	○
5	—	20	·	35	○	50	·
6	○	21	·	36	—	51	○
7	·	22	—	37	○	52	○
8	—	23	○	38	—	53	○
9	—	24	○	39	·	54	—
10	—	25	—	40	·	55	·
11	·	26	—	41	·	56	—
12	·	27	○	42	○	57	·
13	○	28	○	43	·	58	—
14	○	29	·	44	○	59	·

年 月 日 24 時

(分)	0~14	(分)	15~29	(分)	30~44	(分)	45~59
0	○	15	·	30	—	45	○
1	○	16	·	31	—	46	—
2	·	17	—	32	·	47	—
3	—	18	○	33	·	48	—
4	·	19	·	34	○	49	○
5	○	20	·	35	○	50	·
6	·	21	—	36	○	51	·
7	—	22	—	37	○	52	·
8	—	23	○	38	○	53	○
9	○	24	·	39	—	54	○
10	—	25	○	40	·	55	—
11	·	26	○	41	·	56	○
12	—	27	○	42	○	57	—
13	○	28	·	43	—	58	○
14	○	29	—	44	○	59	—

年 月 日 1 時

(分)	0~14	(分)	15~29	(分)	30~44	(分)	45~59
0	·	15	—	30	·	45	○
1	○	16	·	31	—	46	○
2	·	17	—	32	○	47	·
3	○	18	—	33	○	48	—
4	—	19	○	34	·	49	—
5	—	20	○	35	○	50	—
6	—	21	·	36	—	51	·
7	·	22	—	37	○	52	·
8	—	23	·	38	·	53	—
9	·	24	○	39	·	54	○
10	○	15	·	40	—	55	○
11	○	26	·	41	—	56	○
12	○	27	—	42	○	57	·
13	—	28	○	43	·	58	—
14	·	29	—	44	○	59	·

年 月 日 2 時

(分)	0~14	(分)	15~29	(分)	30~44	(分)	45~59
0	·	15	○	30	·	45	○
1	·	16	—	31	○	46	·
2	·	17	○	32	○	47	·
3	○	18	—	33	○	48	—
4	○	19	·	34	—	49	○
5	—	20	○	35	·	50	—
6	—	21	·	36	—	51	·
7	—	22	○	37	·	52	—
8	○	23	·	38	—	53	○
9	·	24	○	39	—	54	○
10	·	15	—	40	○	55	·
11	·	26	○	41	○	56	○
12	·	27	—	42	○	57	—
13	○	28	·	43	—	58	○
14	—	29	—	44	·	59	·

年 月 日 3 時

(分)	0~14	(分)	15~29	(分)	30~44	(分)	45~59
0	—	15	—	30	·	45	·
1	○	16	·	31	○	46	·
2	○	17	·	32	—	47	○
3	○	18	○	33	·	48	—
4	—	19	○	34	—	49	○
5	—	20	○	35	·	50	—
6	○	21	·	36	—	51	○
7	○	22	—	37	·	52	○
8	·	23	—	38	○	53	·
9	·	24	—	39	○	54	·
10	○	25	—	40	○	55	—
11	○	26	·	41	—	56	○
12	—	27	○	42	○	57	—
13	—	28	·	43	—	58	·
14	—	29	○	44	·	59	—

年 月 日 4 時

(分)	0~14	(分)	15~29	(分)	30~44	(分)	45~59
0	—	15	○	30	·	45	○
1	○	16	·	31	○	46	—
2	·	17	—	32	○	47	·
3	○	18	·	33	—	48	○
4	—	19	·	34	—	49	·
5	○	20	·	35	—	50	○
6	·	21	—	36	—	51	·
7	·	22	○	37	·	52	○
8	—	23	○	38	·	53	—
9	·	24	○	39	○	54	·
10	○	25	○	40	○	55	—
11	·	26	○	41	○	56	·
12	—	27	○	42	·	57	—
13	—	28	·	43	—	58	·
14	○	29	·	44	—	59	○

年 月 日 5 時

(分)	0~14	(分)	15~29	(分)	30~44	(分)	45~59
0	—	15	·	30	—	45	·
1	·	16	—	31	○	46	·
2	—	17	○	32	○	47	—
3	·	18	○	33	·	48	○
4	○	19	·	34	—	49	○
5	—	20	·	35	·	50	—
6	○	21	—	36	○	51	—
7	—	22	○	37	·	52	—
8	○	23	·	38	—	53	○
9	—	24	·	39	—	54	○
10	·	25	—	40	○	55	·
11	·	26	—	41	○	56	·
12	·	27	○	42	—	57	○
13	○	28	·	43	—	58	○
14	—	29	○	44	·	59	·

年 月 日 6 時

(分)	0~14	(分)	15~29	(分)	30~44	(分)	45~59
0	—	15	·	30	—	45	·
1	—	16	○	31	·	46	—
2	○	17	○	32	·	47	—
3	·	18	○	33	·	48	○
4	·	19	—	34	○	49	·
5	○	20	·	35	—	50	○
6	○	21	—	36	·	51	—
7	○	22	·	37	—	52	○
8	·	23	—	38	○	53	○
9	○	24	·	39	○	54	·
10	—	25	○	40	·	55	—
11	—	26	—	41	·	56	·
12	—	27	○	42	—	57	○
13	·	28	—	43	○	58	·
14	○	29	○	44	·	59	—

西元2003年6月30日到7月28日

年月日 7 時

(分)	0~14	(分)	15~29	(分)	30~44	(分)	45~59
0	·	15	—	30	○	45	○
1	·	16	—	31	·	46	—
2	○	17	·	32	—	47	○
3	—	18	—	33	·	48	·
4	○	19	·	34	○	49	·
5	—	20	○	35	·	50	—
6	○	21	○	36	·	51	—
7	—	22	○	37	—	52	○
8	·	23	—	38	○	53	·
9	○	24	·	39	—	54	○
10	·	25	—	40	·	55	○
11	○	26	·	41	—	56	○
12	·	27	—	42	○	57	○
13	○	28	—	43	○	58	—
14	—	29	○	44	·	59	—

年月日 8 時

(分)	0~14	(分)	15~29	(分)	30~44	(分)	45~59
0	—	15	—	30	○	45	·
1	·	16	○	31	·	46	—
2	·	17	—	32	○	47	·
3	○	18	○	33	·	48	—
4	○	19	·	34	○	49	—
5	○	20	·	35	—	50	○
6	○	21	○	36	—	51	○
7	○	22	·	37	—	52	·
8	—	23	○	38	·	53	—
9	·	24	—	39	—	54	·
10	·	25	○	40	·	55	○
11	·	26	—	41	○	56	·
12	·	27	○	42	○	57	·
13	○	28	—	43	○	58	—
14	○	29	·	44	—	59	○

年月日 9 時

(分)	0~14	(分)	15~29	(分)	30~44	(分)	45~59
0	·	15	—	30	○	45	·
1	○	16	○	31	—	46	—
2	—	17	○	32	—	47	○
3	○	18	·	33	○	48	○
4	·	19	·	34	—	49	○
5	·	20	—	35	·	50	—
6	—	21	○	36	·	51	—
7	·	22	—	37	○	52	·
8	○	23	·	38	○	53	—
9	·	24	—	39	○	54	·
10	—	25	○	40	·	55	—
11	—	26	○	41	—	56	·
12	○	27	·	42	—	57	○
13	○	28	·	43	·	58	○
14	·	29	○	44	·	59	○

年月日 10 時

(分)	0~14	(分)	15~29	(分)	30~44	(分)	45~59
0	—	15	○	30	·	45	—
1	○	16	·	31	—	46	○
2	—	17	○	32	—	47	○
3	·	18	—	33	○	48	·
4	·	19	—	34	○	49	·
5	·	20	○	35	·	50	○
6	○	21	·	36	—	51	○
7	—	22	○	37	○	52	—
8	○	23	—	38	○	53	○
9	—	24	○	39	·	54	—
10	—	25	·	40	·	55	—
11	—	26	·	41	—	56	·
12	·	27	—	42	○	57	·
13	○	28	·	43	—	58	○
14	·	29	○	44	·	59	○

年月日 11 時

(分)	0~14	(分)	15~29	(分)	30~44	(分)	45~59
0	·	15	—	30	○	45	·
1	—	16	·	31	○	46	·
2	·	17	—	32	○	47	○
3	—	18	○	33	·	48	·
4	—	19	○	34	—	49	○
5	○	20	·	35	—	50	○
6	○	21	○	36	—	51	—
7	·	22	—	37	·	52	—
8	—	23	○	38	·	53	—
9	·	24	·	39	—	54	○
10	○	25	·	40	○	55	·
11	·	26	—	41	○	56	·
12	·	27	—	42	○	57	·
13	—	28	○	43	—	58	·
14	○	29	·	44	—	59	○

年月日 12 時

(分)	0~14	(分)	15~29	(分)	30~44	(分)	45~59
0	—	15	—	30	·	45	·
1	○	16	·	31	○	46	·
2	—	17	○	32	·	47	—
3	○	18	○	33	·	48	—
4	—	19	○	34	—	49	○
5	·	20	—	35	○	50	·
6	○	21	·	36	—	51	○
7	·	22	—	37	·	52	○
8	○	23	·	38	—	53	·
9	·	24	—	39	○	54	·
10	○	25	—	40	○	55	—
11	—	26	○	41	·	56	—
12	—	27	○	42	○	57	—
13	—	28	·	43	—	58	·
14	·	29	—	44	○	59	·

年月日 13 時

(分)	0~14	(分)	15~29	(分)	30~44	(分)	45~59
0	—	15	·	30	·	45	—
1	·	16	○	31	·	46	○
2	·	17	—	32	○	47	·
3	○	18	·	33	—	48	○
4	○	19	—	34	○	49	—
5	○	20	·	35	—	50	○
6	·	21	—	36	○	51	·
7	—	22	·	37	○	52	·
8	—	23	○	38	·	53	—
9	—	24	○	39	·	54	·
10	—	25	○	40	—	55	○
11	·	26	—	41	○	56	·
12	○	27	○	42	—	57	—
13	·	28	—	43	·	58	—
14	○	29	·	44	—	59	○

年月日 14 時

(分)	0~14	(分)	15~29	(分)	30~44	(分)	45~59
0	○	15	·	30	—	45	○
1	·	16	○	31	—	46	○
2	—	17	○	32	·	47	—
3	·	18	—	33	○	48	○
4	·	19	—	34	·	49	—
5	·	20	○	35	○	50	·
6	—	21	—	36	·	51	·
7	○	22	·	37	○	52	·
8	○	23	○	38	—	53	○
9	○	24	○	39	·	54	—
10	○	25	○	40	—	55	○
11	—	26	○	41	·	56	—
12	○	27	·	42	—	57	○
13	·	28	—	43	·	58	○
14	·	29	—	44	○	59	·

西元2003年6月30日到7月28日

年月日15時	(分)	0~14	(分)	15~29	(分)	30~44	(分)	45~59
	0	○	15	·	30	·	45	○
	1	○	16	—	31	○	46	—
	2	○	17	·	32	—	47	○
	3	○	18	—	33	—	48	○
	4	—	19	·	34	—	49	·
	5	—	20	○	35	·	50	—
	6	·	21	—	36	○	51	·
	7	·	22	○	37	·	52	○
	8	·	23	—	38	○	53	·
	9	—	24	○	39	·	54	—
	10	○	25	—	40	·	55	—
	11	○	26	·	41	—	56	○
	12	○	27	·	42	—	57	—
	13	○	28	·	43	○	58	·
	14	—	29	○	44	·	59	—

年月日16時	(分)	0~14	(分)	15~29	(分)	30~44	(分)	45~59
	0	○	15	·	30	—	45	○
	1	○	16	—	31	○	46	—
	2	·	17	—	32	○	47	·
	3	·	18	—	33	○	48	·
	4	—	19	·	34	○	49	·
	5	○	20	·	35	—	50	○
	6	—	21	○	36	·	51	·
	7	—	22	·	37	—	52	○
	8	—	23	○	38	·	53	—
	9	○	24	○	39	○	54	—
	10	·	25	—	40	·	55	—
	11	·	26	—	41	○	56	·
	12	·	27	·	42	—	57	○
	13	○	28	·	43	○	58	·
	14	○	29	○	44	—	59	○

年月日17時	(分)	0~14	(分)	15~29	(分)	30~44	(分)	45~59
	0	—	15	○	30	·	45	—
	1	○	16	○	31	○	46	—
	2	○	17	·	32	○	47	·
	3	·	18	—	33	○	48	·
	4	○	19	·	34	—	49	○
	5	—	20	○	35	—	50	·
	6	○	21	·	36	—	51	○
	7	·	22	—	37	○	52	·
	8	·	23	○	38	·	53	○
	9	—	24	○	39	·	54	—
	10	—	25	○	40	○	55	—
	11	○	26	—	41	○	56	—
	12	·	27	—	42	○	57	·
	13	—	28	·	43	·	58	—
	14	—	29	·	44	—	59	·

年月日18時	(分)	0~14	(分)	15~29	(分)	30~44	(分)	45~59
	0	○	15	·	30	—	45	○
	1	○	16	·	31	—	46	○
	2	○	17	—	32	○	47	—
	3	—	18	○	33	·	48	—
	4	·	19	—	34	—	49	·
	5	—	20	·	35	—	50	·
	6	·	21	—	36	○	51	○
	7	·	22	○	37	○	52	·
	8	·	23	○	38	·	53	○
	9	○	24	○	39	—	54	○
	10	—	25	○	40	·	55	—
	11	○	26	—	41	○	56	—
	12	—	27	○	42	·	57	○
	13	○	28	·	43	—	58	○
	14	—	29	·	44	○	59	·

年月日19時	(分)	0~14	(分)	15~29	(分)	30~44	(分)	45~59
	0	○	15	·	30	○	45	·
	1	·	16	—	31	○	46	·
	2	—	17	—	32	·	47	·
	3	—	18	○	33	—	48	○
	4	○	19	·	34	—	49	○
	5	○	20	○	35	○	50	—
	6	·	21	—	36	·	51	—
	7	—	22	○	37	·	52	○
	8	○	23	·	38	—	53	○
	9	○	24	·	39	○	54	—
	10	·	25	—	40	○	55	·
	11	·	26	—	41	○	56	·
	12	—	27	·	42	—	57	·
	13	○	28	·	43	—	58	○
	14	—	29	○	44	○	59	—

年月日20時	(分)	0~14	(分)	15~29	(分)	30~44	(分)	45~59
	0	○	15	·	30	○	45	·
	1	—	16	·	31	·	46	—
	2	—	17	○	32	·	47	—
	3	—	18	○	33	—	48	·
	4	·	19	—	34	○	49	·
	5	○	20	·	35	—	50	○
	6	·	21	○	36	·	51	○
	7	○	22	·	37	—	52	○
	8	·	23	—	38	—	53	·
	9	○	24	—	39	○	54	—
	10	—	25	○	40	·	55	—
	11	·	26	○	41	○	56	·
	12	—	27	○	42	—	57	·
	13	·	28	—	43	○	58	·
	14	—	29	○	44	·	59	○

年月日21時	(分)	0~14	(分)	15~29	(分)	30~44	(分)	45~59
	0	○	15	—	30	○	45	—
	1	·	16	—	31	○	46	·
	2	—	17	○	32	·	47	—
	3	—	18	·	33	○	48	·
	4	○	19	·	34	—	49	○
	5	○	20	·	35	—	50	—
	6	—	21	○	36	—	51	○
	7	—	22	○	37	·	52	—
	8	·	23	·	38	○	53	○
	9	·	24	—	39	·	54	—
	10	·	25	—	40	○	55	·
	11	—	26	—	41	○	56	·
	12	○	27	·	42	○	57	·
	13	○	28	·	43	—	58	○
	14	—	29	○	44	·	59	—

年月日22時	(分)	0~14	(分)	15~29	(分)	30~44	(分)	45~59
	0	·	15	—	30	·	45	—
	1	—	16	○	31	○	46	—
	2	○	17	○	32	—	47	—
	3	○	18	·	33	○	48	·
	4	·	19	—	34	○	49	·
	5	·	20	·	35	—	50	○
	6	—	21	○	36	—	51	○
	7	○	22	·	37	—	52	○
	8	·	23	○	38	○	53	·
	9	·	24	—	39	·	54	○
	10	—	25	○	40	·	55	—
	11	—	26	○	41	·	56	—
	12	○	27	—	42	○	57	—
	13	·	28	—	43	○	58	·
	14	○	29	·	44	·	59	○

西元2003年7月29日到8月27日

年月日23時

(分)	0~14	(分)	15~29	(分)	30~44	(分)	45~59
0	—	15	○	30	·	45	—
1	○	16	—	31	·	46	—
2	·	17	—	32	○	47	·
3	○	18	·	33	—	48	—
4	○	19	·	34	○	49	·
5	○	20	·	35	—	50	○
6	·	21	·	36	○	51	○
7	—	22	○	37	—	52	○
8	—	23	○	38	—	53	—
9	—	24	—	39	○	54	·
10	·	25	—	40	·	55	—
11	·	26	—	41	○	56	·
12	—	27	○	42	·	57	—
13	○	28	·	43	·	58	—
14	○	29	·	44	—	59	○

年月日24時

(分)	0~14	(分)	15~29	(分)	30~44	(分)	45~59
0	○	15	○	30	○	45	—
1	·	16	—	31	·	46	—
2	—	17	○	32	·	47	○
3	·	18	·	33	—	48	○
4	○	19	·	34	○	49	·
5	·	20	—	35	○	50	·
6	·	21	—	36	○	51	·
7	—	22	○	37	—	52	·
8	○	23	·	38	—	53	○
9	—	24	○	39	·	54	—
10	·	25	○	40	·	55	○
11	—	26	·	41	○	56	—
12	○	27	·	42	·	57	○
13	○	28	—	43	○	58	—
14	·	29	—	44	○	59	·

年月日1時

(分)	0~14	(分)	15~29	(分)	30~44	(分)	45~59
0	○	15	—	30	○	45	—
1	○	16	·	31	—	46	○
2	—	17	○	32	·	47	—
3	—	18	·	33	○	48	·
4	—	19	○	34	·	49	—
5	○	20	·	35	—	50	—
6	—	21	○	36	—	51	○
7	·	22	—	37	○	52	·
8	·	23	·	38	○	53	○
9	·	24	—	39	·	54	—
10	○	25	·	40	—	55	○
11	—	26	—	41	○	56	·
12	○	27	·	42	○	57	·
13	—	28	·	43	·	58	—
14	—	29	○	44	·	59	—

年月日2時

(分)	0~14	(分)	15~29	(分)	30~44	(分)	45~59
0	·	15	—	30	·	45	—
1	·	16	—	31	○	46	·
2	○	17	○	32	—	47	—
3	○	18	·	33	○	48	·
4	○	19	·	34	—	49	·
5	·	20	·	35	—	50	○
6	—	21	○	36	—	51	○
7	—	22	○	37	·	52	—
8	·	23	—	38	○	53	·
9	·	24	—	39	·	54	○
10	·	25	○	40	○	55	·
11	—	26	○	41	·	56	—
12	○	27	—	42	○	57	—
13	○	28	·	43	—	58	○
14	○	29	·	44	·	59	○

年月日3時

(分)	0~14	(分)	15~29	(分)	30~44	(分)	45~59
0	○	15	·	30	○	45	·
1	—	16	○	31	·	46	—
2	—	17	—	32	·	47	·
3	—	18	○	33	—	48	○
4	○	19	—	34	○	49	·
5	○	20	○	35	·	50	—
6	·	21	—	36	·	51	—
7	○	22	·	37	—	52	○
8	○	23	·	38	—	53	○
9	○	24	·	39	○	54	—
10	—	25	○	40	·	55	—
11	·	26	—	41	○	56	·
12	—	27	·	42	·	57	—
13	·	28	—	43	○	58	○
14	—	29	○	44	○	59	—

年月日4時

(分)	0~14	(分)	15~29	(分)	30~44	(分)	45~59
0	○	15	·	30	○	45	·
1	○	16	·	31	—	46	○
2	—	17	○	32	·	47	—
3	—	18	○	33	—	48	·
4	—	19	○	34	·	49	—
5	○	20	·	35	—	50	○
6	·	21	○	36	○	51	○
7	·	22	—	37	○	52	·
8	·	23	—	38	—	53	·
9	○	24	—	39	○	54	—
10	○	25	·	40	—	55	○
11	·	26	○	41	○	56	·
12	—	27	·	42	—	57	·
13	—	28	○	43	·	58	—
14	—	29	○	44	·	59	—

年月日5時

(分)	0~14	(分)	15~29	(分)	30~44	(分)	45~59
0	○	15	·	30	○	45	○
1	·	16	—	31	○	46	·
2	·	17	○	32	·	47	○
3	—	18	○	33	·	48	—
4	—	19	○	34	○	49	—
5	○	20	—	35	○	50	○
6	·	21	○	36	—	51	○
7	—	22	·	37	·	52	—
8	—	23	·	38	—	53	·
9	○	24	○	39	—	54	○
10	○	25	○	40	—	55	○
11	·	26	○	41	·	56	○
12	—	27	○	42	·	57	—
13	·	28	—	43	○	58	·
14	○	29	—	44	·	59	—

年月日6時

(分)	0~14	(分)	15~29	(分)	30~44	(分)	45~59
0	·	15	—	30	○	45	·
1	·	16	○	31	○	46	○
2	·	17	○	32	·	47	○
3	○	18	·	33	—	48	○
4	—	19	○	34	·	49	—
5	○	20	—	35	○	50	—
6	—	21	○	36	·	51	—
7	○	22	·	37	—	52	○
8	—	23	·	38	○	53	·
9	·	24	—	39	○	54	·
10	·	25	—	40	○	55	○
11	—	26	○	41	—	56	○
12	○	27	·	42	—	57	○
13	—	28	○	43	·	58	·
14	·	29	—	44	·	59	—

西元2003年7月29日到8月27日

年　月　日　7　時

(分)	0~14	(分)	15~29	(分)	30~44	(分)	45~59
0	·	15	—	30	·	45	—
1	〇	16	·	31	—	46	〇
2	—	17	—	32	〇	47	·
3	〇	18	·	33	〇	48	·
4	—	19	·	34	·	49	—
5	—	20	〇	35	·	50	—
6	—	21	〇	36	—	51	·
7	·	22	—	37	〇	52	·
8	〇	23	·	38	—	53	〇
9	·	24	〇	39	·	54	〇
10	〇	25	·	40	—	55	〇
11	·	26	—	41	—	56	·
12	〇	27	—	42	〇	57	—
13	—	28	〇	43	·	58	—
14	·	29	〇	44	〇	59	·

年　月　日　8　時

(分)	0~14	(分)	15~29	(分)	30~44	(分)	45~59
0	·	15	—	30	·	45	〇
1	·	16	—	31	〇	46	·
2	—	17	〇	32	·	47	—
3	〇	18	—	33	〇	48	—
4	〇	19	·	34	—	49	〇
5	〇	20	·	35	·	50	〇
6	—	21	·	36	—	51	·
7	—	22	〇	37	·	52	—
8	〇	23	—	38	—	53	〇
9	·	24	〇	39	·	54	—
10	·	25	—	40	·	55	·
11	·	26	—	41	〇	56	〇
12	〇	27	—	42	〇	57	—
13	〇	28	·	43	—	58	〇
14	—	29	〇	44	·	59	—

年　月　日　9　時

(分)	0~14	(分)	15~29	(分)	30~44	(分)	45~59
0	〇	15	〇	30	·	45	—
1	—	16	〇	31	—	46	〇
2	〇	17	·	32	—	47	〇
3	〇	18	·	33	—	48	〇
4	·	19	—	34	·	49	〇
5	—	20	〇	35	·	50	—
6	·	21	—	36	〇	51	·
7	〇	22	—	37	〇	52	—
8	·	23	—	38	〇	53	·
9	—	24	〇	39	〇	54	—
10	—	25	·	40	—	55	·
11	〇	26	·	41	—	56	〇
12	—	27	·	42	·	57	—
13	·	28	〇	43	·	58	〇
14	—	29	〇	44	·	59	—

年　月　日　10　時

(分)	0~14	(分)	15~29	(分)	30~44	(分)	45~59
0	〇	15	·	30	—	45	〇
1	—	16	·	31	—	46	·
2	·	17	—	32	〇	47	·
3	·	18	—	33	—	48	·
4	·	19	〇	34	·	49	〇
5	〇	20	·	35	—	50	〇
6	·	21	〇	36	〇	51	·
7	〇	22	—	37	〇	52	—
8	—	23	〇	38	·	53	—
9	—	24	〇	39	·	54	—
10	—	25	·	40	—	55	·
11	·	26	—	41	〇	56	·
12	〇	27	·	42	—	57	〇
13	·	28	〇	43	—	58	〇
14	〇	29	〇	44	—	59	〇

年　月　日　11　時

(分)	0~14	(分)	15~29	(分)	30~44	(分)	45~59
0	—	15	·	30	—	45	·
1	—	16	〇	31	·	46	—
2	〇	17	—	32	—	47	〇
3	·	18	〇	33	·	48	〇
4	·	19	—	34	·	49	·
5	·	20	—	35	〇	50	·
6	〇	21	—	36	〇	51	—
7	〇	22	·	37	—	52	〇
8	—	23	〇	38	·	53	—
9	—	24	·	39	〇	54	·
10	—	25	〇	40	·	55	—
11	〇	26	·	41	—	56	—
12	—	27	〇	42	—	57	〇
13	·	28	—	43	〇	58	·
14	·	29	·	44	〇	59	〇

年　月　日　12　時

(分)	0~14	(分)	15~29	(分)	30~44	(分)	45~59
0	—	15	·	30	—	45	·
1	〇	16	·	31	—	46	〇
2	·	17	—	32	〇	47	·
3	·	18	〇	33	〇	48	〇
4	—	19	〇	34	·	49	—
5	—	20	〇	35	·	50	·
6	·	21	—	36	·	51	—
7	·	22	〇	37	〇	52	·
8	〇	23	〇	38	—	53	—
9	〇	24	·	39	〇	54	·
10	〇	25	·	40	—	55	·
11	〇	26	·	41	—	56	〇
12	—	27	〇	42	—	57	〇
13	—	28	〇	43	·	58	—
14	·	29	—	44	〇	59	·

年　月　日　13　時

(分)	0~14	(分)	15~29	(分)	30~44	(分)	45~59
0	—	15	〇	30	·	45	—
1	〇	16	〇	31	—	46	—
2	—	17	〇	32	—	47	〇
3	·	18	—	33	〇	48	·
4	·	19	·	34	—	49	〇
5	·	20	—	35	·	50	—
6	〇	21	·	36	—	51	〇
7	·	22	—	37	〇	52	·
8	〇	23	·	38	〇	53	—
9	—	24	〇	39	·	54	—
10	—	25	〇	40	·	55	—
11	—	26	·	41	—	56	·
12	·	27	—	42	〇	57	·
13	〇	28	·	43	·	58	〇
14	·	29	〇	44	·	59	〇

年　月　日　14　時

(分)	0~14	(分)	15~29	(分)	30~44	(分)	45~59
0	〇	15	·	30	—	45	〇
1	〇	16	·	31	—	46	〇
2	〇	17	〇	32	—	47	·
3	—	18	〇	33	·	48	—
4	·	19	—	34	〇	49	·
5	·	20	〇	35	·	50	〇
6	·	21	—	36	〇	51	·
7	—	22	〇	37	〇	52	—
8	〇	23	—	38	〇	53	—
9	〇	24	·	39	—	54	〇
10	—	25	·	40	·	55	—
11	〇	26	·	41	—	56	·
12	—	27	〇	42	·	57	—
13	〇	28	·	43	—	58	〇
14	·	29	〇	44	·	59	〇

西元2003年7月29日到8月27日

年月日15時	(分)	0~14	(分)	15~29	(分)	30~44	(分)	45~59
	0	·	15	—	30	○	45	·
	1	○	16	·	31	—	46	—
	2	·	17	—	32	·	47	—
	3	○	18	·	33	—	48	○
	4	·	19	·	34	○	49	○
	5	○	20	·	35	○	50	·
	6	—	21	○	36	·	51	—
	7	—	22	—	37	○	52	·
	8	—	23	○	38	—	53	○
	9	·	24	—	39	○	54	·
	10	—	25	○	40	·	55	—
	11	·	26	—	41	·	56	○
	12	○	27	·	42	—	57	○
	13	○	28	·	43	—	58	○
	14	○	29	—	44	○	59	—

年月日16時	(分)	0~14	(分)	15~29	(分)	30~44	(分)	45~59
	0	—	15	○	30	·	45	—
	1	·	16	·	31	—	46	○
	2	·	17	—	32	·	47	—
	3	·	18	—	33	○	48	·
	4	○	19	—	34	○	49	·
	5	○	20	·	35	○	50	—
	6	○	21	·	36	—	51	○
	7	—	22	○	37	·	52	—
	8	—	23	·	38	—	53	·
	9	—	24	○	39	·	54	—
	10	○	25	○	40	·	55	○
	11	·	26	○	41	·	56	○
	12	·	27	—	42	○	57	·
	13	○	28	—	43	—	58	○
	14	○	29	—	44	○	59	—

年月日17時	(分)	0~14	(分)	15~29	(分)	30~44	(分)	45~59
	0	·	15	○	30	·	45	○
	1	—	16	○	31	·	46	—
	2	—	17	·	32	·	47	—
	3	○	18	—	33	○	48	—
	4	·	19	—	34	○	49	·
	5	○	20	·	35	—	50	○
	6	—	21	·	36	—	51	·
	7	○	22	·	37	—	52	○
	8	·	23	—	38	○	53	·
	9	·	24	○	39	—	54	○
	10	—	25	○	40	·	55	—
	11	—	26	○	41	·	56	·
	12	·	27	—	42	·	57	—
	13	·	28	—	43	○	58	·
	14	○	29	○	44	—	59	—

年月日18時	(分)	0~14	(分)	15~29	(分)	30~44	(分)	45~59
	0	·	15	○	30	·	45	○
	1	·	16	·	31	—	46	○
	2	○	17	·	32	—	47	○
	3	○	18	—	33	·	48	—
	4	—	19	○	34	·	49	○
	5	·	20	—	35	○	50	○
	6	○	21	·	36	○	51	·
	7	·	22	—	37	○	52	·
	8	—	23	—	38	·	53	·
	9	—	24	○	39	—	54	○
	10	○	25	·	40	—	55	○
	11	○	26	○	41	·	56	—
	12	·	27	—	42	·	57	—
	13	—	28	○	43	·	58	—
	14	○	29	·	44	—	59	○

年月日19時	(分)	0~14	(分)	15~29	(分)	30~44	(分)	45~59
	0	·	15	—	30	○	45	·
	1	—	16	—	31	○	46	·
	2	—	17	○	32	—	47	○
	3	○	18	·	33	○	48	○
	4	—	19	○	34	·	49	○
	5	·	20	—	35	·	50	○
	6	—	21	○	36	·	51	—
	7	○	22	○	37	—	52	○
	8	○	23	—	38	○	53	—
	9	·	24	—	39	○	54	·
	10	○	25	—	40	—	55	·
	11	—	26	·	41	—	56	·
	12	○	27	·	42	○	57	○
	13	·	28	○	43	○	58	·
	14	·	29	○	44	·	59	○

年月日20時	(分)	0~14	(分)	15~29	(分)	30~44	(分)	45~59
	0	—	15	○	30	·	45	—
	1	—	16	○	31	·	46	○
	2	—	17	·	32	—	47	·
	3	·	18	—	33	○	48	·
	4	○	19	·	34	·	49	○
	5	·	20	○	35	○	50	○
	6	○	21	·	36	—	51	○
	7	○	22	—	37	—	52	○
	8	○	23	○	38	○	53	—
	9	—	24	○	39	·	54	○
	10	·	25	—	40	○	55	·
	11	—	26	·	41	—	56	○
	12	·	27	—	42	○	57	·
	13	—	28	○	43	·	58	—
	14	·	29	○	44	—	59	○

年月日21時	(分)	0~14	(分)	15~29	(分)	30~44	(分)	45~59
	0	—	15	○	30	—	45	○
	1	·	16	—	31	○	46	·
	2	·	17	—	32	○	47	·
	3	·	18	—	33	·	48	○
	4	○	19	·	34	—	49	○
	5	—	20	○	35	·	50	—
	6	○	21	—	36	○	51	—
	7	—	22	○	37	·	52	—
	8	○	23	·	38	·	53	○
	9	—	24	·	39	—	54	·
	10	·	25	—	40	○	55	·
	11	○	26	—	41	—	56	○
	12	·	27	○	42	·	57	○
	13	○	28	·	43	—	58	○
	14	·	29	—	44	○	59	·

年月日22時	(分)	0~14	(分)	15~29	(分)	30~44	(分)	45~59
	0	—	15	·	30	—	45	·
	1	—	16	○	31	·	46	—
	2	○	17	○	32	○	47	—
	3	·	18	○	33	·	48	○
	4	·	19	—	34	○	49	·
	5	—	20	·	35	·	50	—
	6	○	21	—	36	○	51	—
	7	○	22	·	37	—	52	○
	8	○	23	○	38	—	53	○
	9	—	24	·	39	—	54	·
	10	—	25	○	40	·	55	—
	11	·	26	—	41	○	56	·
	12	○	27	○	42	—	57	○
	13	·	28	—	43	○	58	·
	14	—	29	○	44	·	59	·

西元2003年8月28日到9月25日

年月日23時

(分)	0~14	(分)	15~29	(分)	30~44	(分)	45~59
0	·	15	·	30	〇	45	〇
1	—	16	〇	31	—	46	〇
2	—	17	〇	32	·	47	—
3	—	18	—	33	〇	48	·
4	·	19	—	34	·	49	—
5	·	20	—	35	〇	50	·
6	—	21	〇	36	·	51	—
7	〇	22	·	37	〇	52	—
8	〇	23	·	38	—	53	〇
9	〇	24	·	39	—	54	〇
10	—	25	·	40	—	55	·
11	—	26	〇	41	·	56	—
12	·	27	—	42	—	57	·
13	·	28	〇	43	·	58	〇
14	·	29	—	44	〇	59	·

年月日24時

(分)	0~14	(分)	15~29	(分)	30~44	(分)	45~59
0	·	15	—	30	〇	45	·
1	—	16	〇	31	—	46	·
2	〇	17	·	32	—	47	〇
3	—	18	〇	33	·	48	—
4	·	19	〇	34	·	49	〇
5	—	20	〇	35	〇	50	—
6	〇	21	·	36	·	51	〇
7	〇	22	—	37	〇	52	—
8	·	23	—	38	〇	53	·
9	〇	24	〇	39	—	54	〇
10	—	25	·	40	—	55	·
11	〇	26	·	41	—	56	〇
12	·	27	—	42	〇	57	·
13	·	28	〇	43	·	58	〇
14	—	29	〇	44	·	59	—

年月日1時

(分)	0~14	(分)	15~29	(分)	30~44	(分)	45~59
0	—	15	〇	30	—	45	〇
1	·	16	—	31	〇	46	·
2	·	17	·	32	〇	47	〇
3	·	18	—	33	·	48	—
4	〇	19	·	34	—	49	〇
5	—	20	—	35	〇	50	·
6	〇	21	·	36	〇	51	·
7	—	22	·	37	·	52	—
8	—	23	〇	38	·	53	—
9	—	24	〇	39	—	54	·
10	·	25	—	40	〇	55	·
11	〇	26	·	41	—	56	〇
12	·	27	〇	42	·	57	〇
13	〇	28	·	43	—	58	〇
14	·	29	—	44	—	59	·

年月日2時

(分)	0~14	(分)	15~29	(分)	30~44	(分)	45~59
0	—	15	〇	30	—	45	〇
1	—	16	〇	31	·	46	—
2	·	17	—	32	〇	47	·
3	·	18	—	33	·	48	〇
4	·	19	—	34	〇	49	·
5	—	20	〇	35	·	50	—
6	〇	21	—	36	〇	51	—
7	〇	22	·	37	—	52	〇
8	〇	23	·	38	·	53	〇
9	—	24	·	39	—	54	·
10	—	25	〇	40	·	55	—
11	〇	26	—	41	—	56	〇
12	·	27	〇	42	·	57	〇
13	·	28	—	43	·	58	·
14	·	29	—	44	〇	59	·

年月日3時

(分)	0~14	(分)	15~29	(分)	30~44	(分)	45~59
0	·	15	〇	30	·	45	〇
1	·	16	—	31	〇	46	·
2	·	17	—	32	—	47	·
3	〇	18	—	33	〇	48	—
4	〇	19	·	34	—	49	〇
5	·	20	〇	35	〇	50	·
6	—	21	·	36	—	51	·
7	—	22	〇	37	·	52	—
8	—	23	〇	38	·	53	—
9	·	24	〇	39	·	54	〇
10	·	25	—	40	〇	55	·
11	〇	26	·	41	—	56	〇
12	〇	27	—	42	·	57	—
13	〇	28	·	43	—	58	〇
14	·	29	—	44	〇	59	〇

年月日4時

(分)	0~14	(分)	15~29	(分)	30~44	(分)	45~59
0	·	15	〇	30	·	45	〇
1	—	16	〇	31	·	46	—
2	·	17	—	32	〇	47	·
3	〇	18	—	33	〇	48	—
4	·	19	—	34	〇	49	·
5	—	20	〇	35	·	50	—
6	—	21	·	36	〇	51	·
7	〇	22	·	37	—	52	〇
8	〇	23	〇	38	—	53	—
9	—	24	〇	39	—	54	〇
10	—	25	〇	40	·	55	—
11	·	26	·	41	〇	56	〇
12	·	27	—	42	·	57	—
13	·	28	—	43	〇	58	·
14	—	29	—	44	〇	59	·

年月日5時

(分)	0~14	(分)	15~29	(分)	30~44	(分)	45~59
0	—	15	〇	30	·	45	—
1	〇	16	·	31	—	46	〇
2	—	17	·	32	〇	47	·
3	·	18	—	33	〇	48	·
4	〇	19	—	34	〇	49	〇
5	—	20	〇	35	—	50	〇
6	〇	21	〇	36	—	51	〇
7	—	22	—	37	·	52	〇
8	·	23	—	38	〇	53	—
9	—	24	〇	39	·	54	—
10	〇	25	〇	40	·	55	—
11	〇	26	·	41	〇	56	·
12	·	27	—	42	〇	57	·
13	〇	28	·	43	〇	58	〇
14	—	29	〇	44	—	59	·

年月日6時

(分)	0~14	(分)	15~29	(分)	30~44	(分)	45~59
0	〇	15	·	30	〇	45	〇
1	·	16	·	31	〇	46	〇
2	〇	17	·	32	〇	47	·
3	—	18	〇	33	·	48	—
4	—	19	—	34	〇	49	·
5	—	20	〇	35	—	50	〇
6	·	21	—	36	〇	51	·
7	—	22	〇	37	·	52	—
8	·	23	—	38	〇	53	〇
9	〇	24	〇	39	—	54	〇
10	〇	25	·	40	—	55	〇
11	〇	26	—	41	〇	56	—
12	—	27	〇	42	·	57	—
13	·	28	—	43	—	58	·
14	—	29	·	44	—	59	·

西元2003年8月28日到9月25日

年　月　日　7時

(分)	0~14	(分)	15~29	(分)	30~44	(分)	45~59
0	—	15	○	30	—	45	○
1	○	16	·	31	—	46	○
2	○	17	○	32	·	47	—
3	·	18	—	33	○	48	—
4	—	19	○	34	·	49	—
5	○	20	·	35	—	50	○
6	○	21	·	36	○	51	—
7	○	22	—	37	○	52	·
8	·	23	—	38	○	53	·
9	—	24	·	39	—	54	·
10	○	25	·	40	—	55	○
11	—	26	○	41	○	56	—
12	○	27	○	42	·	57	○
13	—	28	○	43	·	58	—
14	—	29	·	44	·	59	—

年　月　日　8時

(分)	0~14	(分)	15~29	(分)	30~44	(分)	45~59
0	—	15	○	30	—	45	·
1	·	16	—	31	○	46	·
2	○	17	·	32	—	47	○
3	·	18	○	33	·	48	○
4	○	19	·	34	—	49	○
5	·	20	—	35	—	50	·
6	○	21	—	36	○	51	—
7	—	22	○	37	·	52	—
8	·	23	○	38	○	53	·
9	—	24	·	39	—	54	·
10	·	25	—	40	○	55	·
11	—	26	○	41	·	56	—
12	·	27	○	42	·	57	○
13	·	28	○	43	—	58	○
14	○	29	·	44	—	59	○

年　月　日　9時

(分)	0~14	(分)	15~29	(分)	30~44	(分)	45~59
0	·	15	○	30	—	45	○
1	○	16	·	31	—	46	○
2	—	17	○	32	·	47	·
3	·	18	—	33	·	48	—
4	—	19	○	34	·	49	—
5	○	20	○	35	—	50	—
6	○	21	·	36	○	51	·
7	·	22	—	37	○	52	·
8	·	23	·	38	—	53	○
9	—	24	○	39	—	54	○
10	○	25	·	40	—	55	○
11	·	26	—	41	○	56	·
12	·	27	—	42	·	57	○
13	—	28	○	43	·	58	—
14	—	29	○	44	·	59	—

年　月　日　10時

(分)	0~14	(分)	15~29	(分)	30~44	(分)	45~59
0	—	15	○	30	—	45	○
1	·	16	—	31	○	46	·
2	○	17	○	32	·	47	—
3	·	18	—	33	·	48	—
4	○	19	·	34	—	49	○
5	○	20	·	35	—	50	○
6	○	21	·	36	○	51	—
7	—	22	○	37	·	52	—
8	·	23	—	38	○	53	·
9	—	24	·	39	—	54	·
10	·	25	—	40	○	55	·
11	—	26	○	41	○	56	—
12	·	27	○	42	·	57	○
13	○	28	·	43	—	58	○
14	—	29	·	44	·	59	—

年　月　日　11時

(分)	0~14	(分)	15~29	(分)	30~44	(分)	45~59
0	—	15	○	30	·	45	—
1	—	16	○	31	·	46	—
2	·	17	—	32	·	47	○
3	·	18	—	33	○	48	·
4	○	19	·	34	—	49	○
5	○	20	—	35	○	50	—
6	○	21	·	36	—	51	○
7	·	22	—	37	—	52	·
8	—	23	·	38	—	53	·
9	—	24	○	39	·	54	—
10	·	25	○	40	○	55	·
11	·	26	○	41	·	56	○
12	·	27	—	42	○	57	·
13	—	28	○	43	·	58	—
14	○	29	—	44	○	59	—

年　月　日　12時

(分)	0~14	(分)	15~29	(分)	30~44	(分)	45~59
0	○	15	·	30	—	45	○
1	○	16	·	31	○	46	○
2	·	17	○	32	·	47	○
3	—	18	○	33	·	48	—
4	○	19	—	34	—	49	○
5	○	20	—	35	○	50	—
6	·	21	—	36	○	51	·
7	·	22	○	37	○	52	·
8	—	23	·	38	—	53	·
9	○	24	·	39	—	54	○
10	—	25	○	40	·	55	—
11	·	26	○	41	—	56	○
12	—	27	○	42	·	57	—
13	○	28	·	43	—	58	—
14	○	29	—	44	·	59	—

年　月　日　13時

(分)	0~14	(分)	15~29	(分)	30~44	(分)	45~59
0	·	15	—	30	○	45	·
1	·	16	○	31	·	46	○
2	·	17	—	32	○	47	·
3	—	18	○	33	·	48	—
4	○	19	—	34	·	49	—
5	○	20	·	35	—	50	○
6	○	21	·	36	—	51	—
7	○	22	·	37	○	52	·
8	—	23	○	38	·	53	—
9	·	24	·	39	○	54	○
10	—	25	○	40	—	55	○
11	·	26	—	41	○	56	·
12	—	27	—	42	○	57	·
13	·	28	—	43	·	58	—
14	○	29	·	44	—	59	○

年　月　日　14時

(分)	0~14	(分)	15~29	(分)	30~44	(分)	45~59
0	—	15	○	30	·	45	·
1	—	16	○	31	○	46	○
2	—	17	○	32	·	47	—
3	○	18	○	33	—	48	—
4	·	19	—	34	·	49	—
5	·	20	—	35	○	50	·
6	·	21	·	36	—	51	○
7	○	22	○	37	○	52	·
8	○	23	·	38	—	53	○
9	·	24	—	39	○	54	·
10	—	25	○	40	—	55	·
11	—	26	○	41	·	56	—
12	○	27	○	42	·	57	—
13	·	28	○	43	·	58	○
14	·	29	—	44	○	59	·

西元2003年8月28日到9月25日

年 月 日 15 時

(分)	0~14	(分)	15~29	(分)	30~44	(分)	45~59
0	○	15	·	30	—	45	○
1	—	16	○	31	·	46	—
2	—	17	·	32	—	47	·
3	—	18	○	33	·	48	—
4	○	19	·	34	·	49	○
5	·	20	○	35	·	50	○
6	·	21	—	36	○	51	·
7	○	22	—	37	—	52	○
8	○	23	—	38	○	53	—
9	○	24	·	39	—	54	○
10	○	25	—	40	○	55	·
11	—	26	·	41	—	56	·
12	—	27	○	42	·	57	—
13	○	28	○	43	·	58	—
14	·	29	○	44	—	59	○

年 月 日 16 時

(分)	0~14	(分)	15~29	(分)	30~44	(分)	45~59
0	·	15	—	30	○	45	·
1	—	16	·	31	·	46	—
2	—	17	·	32	—	47	·
3	○	18	·	33	—	48	○
4	○	19	·	34	○	49	○
5	·	20	○	35	·	50	○
6	—	21	○	36	·	51	—
7	·	22	○	37	○	52	·
8	○	23	—	38	·	53	—
9	·	24	—	39	○	54	·
10	—	25	○	40	·	55	·
11	○	26	·	41	○	56	·
12	○	27	·	42	—	57	○
13	○	28	○	43	—	58	—
14	—	29	○	44	—	59	○

年 月 日 17 時

(分)	0~14	(分)	15~29	(分)	30~44	(分)	45~59
0	○	15	·	30	—	45	○
1	·	16	—	31	·	46	○
2	·	17	—	32	○	47	·
3	·	18	○	33	○	48	·
4	○	19	—	34	○	49	—
5	○	20	·	35	—	50	○
6	—	21	○	36	○	51	—
7	—	22	·	37	—	52	·
8	—	23	○	38	·	53	—
9	—	24	·	39	·	54	—
10	·	25	○	40	·	55	○
11	·	26	—	41	○	56	·
12	○	27	·	42	—	57	○
13	○	28	—	43	○	58	—
14	○	29	·	44	—	59	○

年 月 日 18 時

(分)	0~14	(分)	15~29	(分)	30~44	(分)	45~59
0	·	15	—	30	○	45	·
1	·	16	○	31	·	46	○
2	—	17	○	32	·	47	—
3	·	18	○	33	○	48	·
4	○	19	—	34	○	49	—
5	·	20	—	35	○	50	·
6	—	21	○	36	·	51	—
7	—	22	·	37	○	52	·
8	○	23	○	38	—	53	○
9	○	24	·	39	—	54	○
10	·	25	○	40	—	55	○
11	—	26	○	41	·	56	—
12	·	27	—	42	○	57	○
13	·	28	—	43	·	58	—
14	·	29	—	44	○	59	·

年 月 日 19 時

(分)	0~14	(分)	15~29	(分)	30~44	(分)	45~59
0	—	15	○	30	·	45	—
1	○	16	·	31	—	46	○
2	○	17	—	32	○	47	—
3	·	18	—	33	○	48	·
4	·	19	—	34	—	49	·
5	—	20	·	35	—	50	·
6	○	21	·	36	—	51	○
7	·	22	○	37	○	52	·
8	·	23	○	38	·	53	○
9	—	24	○	39	·	54	—
10	—	25	○	40	·	55	—
11	○	26	—	41	○	56	—
12	·	27	—	42	○	57	·
13	○	28	·	43	—	58	○
14	—	29	·	44	○	59	·

年 月 日 20 時

(分)	0~14	(分)	15~29	(分)	30~44	(分)	45~59
0	○	15	·	30	—	45	○
1	○	16	—	31	—	46	○
2	○	17	—	32	○	47	—
3	—	18	○	33	·	48	—
4	·	19	—	34	○	49	·
5	—	20	·	35	—	50	○
6	·	21	—	36	○	51	·
7	—	22	○	37	·	52	—
8	·	23	○	38	—	53	○
9	○	24	○	39	—	54	○
10	○	25	·	40	—	55	—
11	·	26	—	41	·	56	○
12	—	27	○	42	·	57	—
13	·	28	·	43	○	58	○
14	○	29	·	44	○	59	·

年 月 日 21 時

(分)	0~14	(分)	15~29	(分)	30~44	(分)	45~59
0	○	15	—	30	○	45	—
1	—	16	○	31	·	46	—
2	○	17	·	32	·	47	○
3	—	18	·	33	—	48	·
4	·	19	—	34	○	49	·
5	○	20	—	35	—	50	○
6	·	21	○	36	·	51	○
7	○	22	·	37	—	52	○
8	·	23	—	38	○	53	·
9	○	24	—	39	○	54	—
10	—	25	○	40	·	55	—
11	—	26	○	41	·	56	—
12	—	27	·	42	○	57	·
13	·	28	—	43	○	58	·
14	○	29	·	44	—	59	—

年 月 日 22 時

(分)	0~14	(分)	15~29	(分)	30~44	(分)	45~59
0	○	15	—	30	○	45	—
1	○	16	·	31	—	46	○
2	○	17	·	32	—	47	○
3	—	18	·	33	—	48	·
4	—	19	○	34	·	49	—
5	·	20	—	35	○	50	·
6	·	21	○	36	—	51	○
7	·	22	—	37	○	52	·
8	—	23	○	38	·	53	·
9	·	24	—	39	·	54	—
10	○	25	·	40	—	55	○
11	○	26	○	41	—	56	—
12	○	27	·	42	○	57	·
13	—	28	○	43	·	58	—
14	·	29	·	44	—	59	○

西元2003年9月26日到10月24日

年月日23時

(分)	0~14	(分)	15~29	(分)	30~44	(分)	45~59
0	·	15	—	30	○	45	·
1	·	16	—	31	—	46	·
2	—	17	·	32	—	47	·
3	○	18	·	33	—	48	○
4	·	19	○	34	○	49	·
5	·	20	○	35	·	50	○
6	—	21	○	36	·	51	—
7	—	22	○	37	·	52	—
8	○	23	—	38	○	53	—
9	·	24	—	39	○	54	·
10	○	25	·	40	—	55	○
11	—	26	·	41	○	56	·
12	○	27	·	42	—	57	○
13	·	28	—	43	○	58	○
14	—	29	○	44	—	59	○

年月日24時

(分)	0~14	(分)	15~29	(分)	30~44	(分)	45~59
0	—	15	○	30	·	45	—
1	·	16	—	31	○	46	○
2	—	17	·	32	—	47	·
3	·	18	—	33	○	48	·
4	—	19	○	34	·	49	—
5	·	20	○	35	—	50	○
6	○	21	·	36	—	51	○
7	○	22	·	37	○	52	—
8	·	23	—	38	·	53	○
9	—	24	○	39	·	54	—
10	·	25	○	40	○	55	○
11	○	26	·	41	○	56	·
12	·	27	—	42	○	57	·
13	—	28	—	43	○	58	·
14	—	29	○	44	—	59	○

年月日1時

(分)	0~14	(分)	15~29	(分)	30~44	(分)	45~59
0	○	15	·	30	—	45	○
1	—	16	·	31	—	46	·
2	—	17	○	32	·	47	—
3	·	18	—	33	—	48	·
4	·	19	○	34	·	49	○
5	·	20	—	35	○	50	·
6	·	21	○	36	○	51	·
7	○	22	—	37	○	52	—
8	○	23	·	38	—	53	○
9	—	24	○	39	·	54	—
10	—	25	·	40	—	55	·
11	—	26	○	41	·	56	—
12	○	27	·	42	—	57	○
13	·	28	○	43	—	58	○
14	·	29	—	44	○	59	·

年月日2時

(分)	0~14	(分)	15~29	(分)	30~44	(分)	45~59
0	○	15	—	30	—	45	○
1	—	16	·	31	—	46	·
2	○	17	·	32	○	47	○
3	·	18	—	33	○	48	·
4	·	19	○	34	·	49	○
5	—	20	○	35	·	50	—
6	—	21	○	36	·	51	—
7	○	22	○	37	·	52	—
8	·	23	—	38	○	53	·
9	○	24	·	39	—	54	—
10	○	25	·	40	○	55	·
11	○	26	·	41	—	56	○
12	·	27	○	42	○	57	○
13	—	28	○	43	—	58	○
14	—	29	○	44	·	59	—

年月日3時

(分)	0~14	(分)	15~29	(分)	30~44	(分)	45~59
0	—	15	○	30	·	45	—
1	·	16	○	31	·	46	○
2	○	17	·	32	—	47	○
3	○	18	·	33	·	48	○
4	○	19	—	34	○	49	—
5	—	20	○	35	·	50	—
6	○	21	—	36	—	51	○
7	—	22	·	37	—	52	·
8	·	23	—	38	○	53	·
9	·	24	—	39	○	54	·
10	·	25	○	40	·	55	○
11	○	26	·	41	—	56	○
12	—	27	○	42	·	57	—
13	○	28	—	43	·	58	—
14	—	29	○	44	·	59	—

年月日4時

(分)	0~14	(分)	15~29	(分)	30~44	(分)	45~59
0	—	15	·	30	·	45	—
1	·	16	○	31	·	46	○
2	·	17	—	32	○	47	·
3	○	18	·	33	—	48	○
4	○	19	—	34	○	49	—
5	○	20	·	35	—	50	○
6	·	21	○	36	○	51	·
7	—	22	·	37	○	52	·
8	—	23	○	38	·	53	—
9	○	24	○	39	·	54	·
10	—	25	○	40	—	55	○
11	·	26	○	41	○	56	·
12	○	27	○	42	—	57	—
13	·	28	—	43	·	58	—
14	○	29	·	44	—	59	○

年月日5時

(分)	0~14	(分)	15~29	(分)	30~44	(分)	45~59
0	·	15	—	30	○	45	·
1	○	16	·	31	·	46	○
2	·	17	○	32	·	47	○
3	○	18	·	33	—	48	○
4	○	19	—	34	—	49	○
5	○	20	—	35	○	50	—
6	—	21	○	36	·	51	—
7	·	22	—	37	○	52	·
8	—	23	·	38	—	53	·
9	·	24	—	39	○	54	○
10	—	25	○	40	·	55	—
11	·	26	○	41	—	56	○
12	○	27	·	42	—	57	○
13	○	28	·	43	○	58	—
14	·	29	—	44	·	59	—

年月日6時

(分)	0~14	(分)	15~29	(分)	30~44	(分)	45~59
0	—	15	○	30	·	45	—
1	○	16	·	31	—	46	○
2	·	17	○	32	·	47	○
3	·	18	—	33	○	48	·
4	·	19	—	34	○	49	·
5	○	20	—	35	·	50	—
6	○	21	·	36	—	51	○
7	—	22	○	37	·	52	·
8	○	23	·	38	○	53	·
9	—	24	○	39	·	54	—
10	○	25	○	40	—	55	—
11	—	26	○	41	—	56	○
12	·	27	—	42	○	57	·
13	·	28	·	43	—	58	○
14	·	29	—	44	·	59	—

西元2003年9月26日到10月24日

年月日 7 時

(分)	0~14	(分)	15~29	(分)	30~44	(分)	45~59
0	○	15	—	30	○	45	—
1	—	16	○	31	·	46	—
2	—	17	○	32	·	47	—
3	—	18	·	33	○	48	·
4	·	19	—	34	○	49	·
5	○	20	·	35	—	50	—
6	—	21	○	36	—	51	○
7	○	22	·	37	—	52	○
8	·	23	·	38	○	53	○
9	·	24	—	39	·	54	—
10	—	25	○	40	·	55	—
11	—	26	—	41	○	56	·
12	○	27	·	42	○	57	·
13	·	28	—	43	○	58	·
14	—	29	○	44	·	59	—

年月日 8 時

(分)	0~14	(分)	15~29	(分)	30~44	(分)	45~59
0	·	15	—	30	·	45	—
1	○	16	·	31	—	46	○
2	○	17	○	32	—	47	—
3	○	18	·	33	○	48	·
4	—	19	○	34	·	49	—
5	·	20	·	35	—	50	○
6	—	21	○	36	—	51	○
7	·	22	—	37	○	52	·
8	·	23	○	38	○	53	·
9	·	24	—	39	·	54	○
10	○	25	·	40	—	55	○
11	—	26	○	41	·	56	—
12	○	27	—	42	○	57	—
13	—	28	○	43	·	58	○
14	○	29	·	44	·	59	○

年月日 9 時

(分)	0~14	(分)	15~29	(分)	30~44	(分)	45~59
0	○	15	—	30	○	45	—
1	—	16	○	31	·	46	—
2	·	17	○	32	○	47	·
3	—	18	·	33	—	48	·
4	·	19	—	34	○	49	·
5	—	20	○	35	·	50	—
6	·	21	○	36	·	51	○
7	·	22	·	37	—	52	○
8	○	23	·	38	—	53	○
9	○	24	—	39	·	54	—
10	—	25	○	40	·	55	○
11	·	26	—	41	○	56	○
12	○	27	·	42	○	57	·
13	·	28	—	43	○	58	·
14	—	29	—	44	·	59	·

年月日 10 時

(分)	0~14	(分)	15~29	(分)	30~44	(分)	45~59
0	○	15	—	30	○	45	—
1	○	16	·	31	—	46	○
2	—	17	○	32	·	47	—
3	—	18	·	33	○	48	·
4	○	19	○	34	·	49	—
5	○	20	·	35	—	50	—
6	—	21	○	36	—	51	○
7	·	22	—	37	○	52	·
8	·	23	·	38	○	53	○
9	·	24	—	39	·	54	—
10	○	25	·	40	—	55	○
11	—	26	○	41	○	56	·
12	○	27	·	42	○	57	·
13	—	28	·	43	·	58	—
14	—	29	○	44	·	59	—

年月日 11 時

(分)	0~14	(分)	15~29	(分)	30~44	(分)	45~59
0	—	15	·	30	—	45	·
1	○	16	·	31	—	46	○
2	—	17	○	32	·	47	—
3	·	18	○	33	·	48	○
4	—	19	○	34	·	49	—
5	○	20	·	35	—	50	○
6	○	21	—	36	·	51	—
7	·	22	—	37	○	52	·
8	·	23	—	38	○	53	○
9	○	24	·	39	○	54	·
10	○	25	·	40	—	55	○
11	—	26	—	41	·	56	·
12	—	27	○	42	—	57	○
13	—	28	○	43	·	58	—
14	○	29	○	44	·	59	—

年月日 12 時

(分)	0~14	(分)	15~29	(分)	30~44	(分)	45~59
0	—	15	·	30	○	45	○
1	·	16	—	31	○	46	·
2	○	17	·	32	—	47	—
3	—	18	○	33	—	48	○
4	○	19	·	34	○	49	○
5	·	20	·	35	○	50	○
6	·	21	—	36	·	51	—
7	—	22	○	37	·	52	—
8	—	23	○	38	○	53	·
9	○	24	·	39	○	54	○
10	·	25	—	40	○	55	·
11	—	26	○	41	·	56	—
12	—	27	○	42	—	57	·
13	○	28	·	43	—	58	○
14	○	29	·	44	—	59	○

年月日 13 時

(分)	0~14	(分)	15~29	(分)	30~44	(分)	45~59
0	·	15	○	30	·	45	○
1	○	16	·	31	—	46	○
2	·	17	—	32	—	47	·
3	○	18	—	33	○	48	—
4	—	19	○	34	·	49	—
5	·	20	○	35	○	50	·
6	—	21	·	36	—	51	·
7	·	22	—	37	○	52	·
8	—	23	○	38	·	53	—
9	·	24	○	39	·	54	○
10	·	25	·	40	—	55	○
11	○	26	·	41	—	56	○
12	○	27	—	42	·	57	—
13	—	28	○	43	·	58	—
14	·	29	—	44	○	59	○

年月日 14 時

(分)	0~14	(分)	15~29	(分)	30~44	(分)	45~59
0	·	15	○	30	·	45	○
1	·	16	—	31	·	46	·
2	·	17	—	32	○	47	·
3	○	18	—	33	○	48	—
4	○	19	·	34	—	49	○
5	—	20	○	35	·	50	—
6	—	21	·	36	○	51	·
7	—	22	○	37	·	52	—
8	○	23	○	38	—	53	—
9	—	24	○	39	—	54	○
10	·	25	—	40	○	55	·
11	·	26	·	41	○	56	○
12	·	27	—	42	·	57	—
13	○	28	·	43	—	58	○
14	—	29	—	44	○	59	·

西元2003年9月26日到10月24日

年月日 15 時

(分)	0~14	(分)	15~29	(分)	30~44	(分)	45~59
0	○	15	—	30	○	45	—
1	○	16	·	31	—	46	○
2	·	17	○	32	○	47	·
3	—	18	·	33	—	48	·
4	—	19	○	34	·	49	—
5	—	20	○	35	·	50	—
6	·	21	○	36	·	51	○
7	·	22	—	37	○	52	·
8	○	23	·	38	—	53	○
9	○	24	—	39	·	54	—
10	○	25	·	40	—	55	○
11	·	26	—	41	○	56	○
12	○	27	·	42	○	57	·
13	—	28	○	43	·	58	—
14	—	29	—	44	·	59	·

年月日 16 時

(分)	0~14	(分)	15~29	(分)	30~44	(分)	45~59
0	○	15	—	30	○	45	—
1	·	16	—	31	○	46	·
2	—	17	○	32	·	47	—
3	—	18	·	33	○	48	·
4	○	19	·	34	—	49	○
5	○	20	·	35	○	50	—
6	—	21	○	36	—	51	○
7	—	22	○	37	·	52	—
8	·	23	○	38	○	53	○
9	·	24	—	39	·	54	—
10	·	25	—	40	○	55	·
11	—	26	○	41	○	56	·
12	○	27	·	42	○	57	·
13	○	28	·	43	—	58	○
14	—	29	○	44	·	59	—

年月日 17 時

(分)	0~14	(分)	15~29	(分)	30~44	(分)	45~59
0	—	15	○	30	·	45	—
1	○	16	·	31	·	46	○
2	·	17	○	32	·	47	○
3	·	18	—	33	○	48	·
4	○	19	—	34	—	49	○
5	○	20	—	35	○	50	—
6	○	21	·	36	—	51	○
7	○	22	—	37	○	52	·
8	—	23	·	38	—	53	·
9	—	24	○	39	·	54	—
10	○	25	○	40	·	55	—
11	·	26	○	41	—	56	○
12	·	27	—	42	○	57	·
13	○	28	·	43	—	58	—
14	·	29	—	44	·	59	—

年月日 18 時

(分)	0~14	(分)	15~29	(分)	30~44	(分)	45~59
0	○	15	·	30	—	45	○
1	○	16	·	31	—	46	○
2	·	17	○	32	·	47	○
3	—	18	○	33	·	48	—
4	·	19	—	34	○	49	·
5	○	20	—	35	·	50	—
6	·	21	—	36	○	51	·
7	—	22	○	37	·	52	·
8	○	23	○	38	○	53	·
9	○	24	·	39	—	54	○
10	○	25	○	40	—	55	—
11	—	26	○	41	—	56	○
12	—	27	○	42	·	57	—
13	·	28	·	43	—	58	○
14	·	29	—	44	·	59	—

年月日 19 時

(分)	0~14	(分)	15~29	(分)	30~44	(分)	45~59
0	·	15	○	30	·	45	○
1	·	16	·	31	—	46	○
2	○	17	·	32	—	47	○
3	○	18	—	33	·	48	—
4	—	19	○	34	·	49	—
5	·	20	—	35	○	50	○
6	○	21	·	36	○	51	·
7	·	22	—	37	○	52	·
8	—	23	—	38	·	53	·
9	—	24	○	39	—	54	○
10	○	25	·	40	—	55	○
11	○	26	○	41	·	56	—
12	·	27	—	42	·	57	—
13	—	28	○	43	·	58	—
14	○	29	·	44	—	59	○

年月日 20 時

(分)	0~14	(分)	15~29	(分)	30~44	(分)	45~59
0	—	15	○	30	—	45	○
1	·	16	—	31	○	46	·
2	·	17	·	32	○	47	○
3	·	18	—	33	·	48	—
4	○	19	·	34	—	49	○
5	—	20	—	35	○	50	·
6	○	21	·	36	○	51	·
7	—	22	·	37	·	52	—
8	—	23	○	38	·	53	—
9	—	24	○	39	—	54	·
10	·	25	○	40	○	55	·
11	○	26	·	41	—	56	○
12	·	27	○	42	·	57	○
13	○	28	·	43	—	58	○
14	·	29	—	44	—	59	·

年月日 21 時

(分)	0~14	(分)	15~29	(分)	30~44	(分)	45~59
0	—	15	○	30	·	45	—
1	○	16	—	31	·	46	—
2	○	17	·	32	—	47	○
3	○	18	·	33	—	48	—
4	○	19	·	34	○	49	·
5	—	20	○	35	·	50	—
6	·	21	·	36	○	51	○
7	—	22	○	37	—	52	○
8	·	23	—	38	○	53	·
9	—	24	—	39	○	54	·
10	·	25	—	40	·	55	—
11	○	26	·	41	—	56	○
12	—	27	○	42	·	57	—
13	○	28	·	43	○	58	—
14	—	29	○	44	·	59	—

年月日 22 時

(分)	0~14	(分)	15~29	(分)	30~44	(分)	45~59
0	○	15	○	30	—	45	—
1	·	16	—	31	·	46	—
2	·	17	—	32	○	47	·
3	·	18	·	33	—	48	○
4	○	19	·	34	○	49	·
5	○	20	·	35	—	50	○
6	·	21	—	36	○	51	·
7	—	22	○	37	—	52	·
8	—	23	○	38	·	53	—
9	—	24	·	39	·	54	—
10	·	25	○	40	·	55	○
11	·	26	—	41	○	56	·
12	○	27	·	42	·	57	○
13	○	28	—	43	○	58	—
14	○	29	·	44	—	59	○

西元2003年10月25日到11月23日

年 月 日 23 時

(分)	0~14	(分)	15~29	(分)	30~44	(分)	45~59
0	—	15	○	30	·	45	—
1	·	16	○	31	·	46	○
2	—	17	○	32	·	47	—
3	○	18	·	33	○	48	○
4	○	19	—	34	○	49	—
5	·	20	—	35	○	50	·
6	○	21	—	36	—	51	○
7	—	22	·	37	—	52	·
8	○	23	·	38	—	53	○
9	·	24	—	39	○	54	·
10	·	25	○	40	·	55	○
11	—	26	○	41	·	56	—
12	—	27	○	42	·	57	—
13	○	28	—	43	·	58	—
14	·	29	—	44	○	59	·

年 月 日 24 時

(分)	0~14	(分)	15~29	(分)	30~44	(分)	45~59
0	—	15	·	30	○	45	—
1	·	16	○	31	·	46	○
2	○	17	·	32	—	47	○
3	○	18	·	33	—	48	○
4	○	19	—	34	○	49	○
5	—	20	○	35	·	50	—
6	·	21	—	36	○	51	·
7	—	22	○	37	○	52	·
8	·	23	—	38	○	53	·
9	—	24	○	39	○	54	·
10	—	25	○	40	—	55	○
11	○	26	·	41	—	56	○
12	○	27	○	42	—	57	—
13	·	28	—	43	·	58	—
14	—	29	○	44	·	59	○

年 月 日 1 時

(分)	0~14	(分)	15~29	(分)	30~44	(分)	45~59
0	·	15	—	30	○	45	·
1	○	16	○	31	—	46	—
2	—	17	○	32	—	47	○
3	○	18	·	33	—	48	○
4	·	19	·	34	○	49	○
5	·	20	—	35	·	50	—
6	—	21	○	36	·	51	—
7	·	22	—	37	○	52	·
8	○	23	·	38	○	53	—
9	·	24	—	39	○	54	·
10	—	25	○	40	·	55	—
11	—	26	○	41	—	56	·
12	○	27	·	42	—	57	○
13	○	28	·	43	○	58	○
14	·	29	○	44	·	59	○

年 月 日 2 時

(分)	0~14	(分)	15~29	(分)	30~44	(分)	45~59
0	—	15	○	30	·	45	—
1	○	16	·	31	—	46	○
2	—	17	○	32	○	47	○
3	·	18	—	33	○	48	·
4	·	19	—	34	○	49	·
5	·	20	○	35	·	50	○
6	○	21	·	36	—	51	○
7	—	22	○	37	○	52	—
8	○	23	—	38	○	53	—
9	—	24	○	39	·	54	○
10	—	25	○	40	○	55	—
11	—	26	·	41	—	56	·
12	·	27	—	42	○	57	·
13	○	28	·	43	—	58	○
14	·	29	○	44	·	59	○

年 月 日 3 時

(分)	0~14	(分)	15~29	(分)	30~44	(分)	45~59
0	—	15	○	30	·	45	—
1	—	16	—	31	·	46	·
2	·	17	—	32	·	47	—
3	○	18	—	33	○	48	·
4	○	19	○	34	·	49	—
5	○	20	○	35	○	50	·
6	○	21	·	36	—	51	○
7	○	22	·	37	—	52	○
8	—	23	○	38	—	53	·
9	—	24	○	39	·	54	—
10	·	25	—	40	○	55	·
11	○	26	○	41	·	56	○
12	·	27	—	42	○	57	·
13	—	28	○	43	○	58	—
14	○	29	—	44	○	59	—

年 月 日 4 時

(分)	0~14	(分)	15~29	(分)	30~44	(分)	45~59
0	○	15	·	30	—	45	○
1	—	16	○	31	·	46	—
2	·	17	—	32	·	47	○
3	—	18	○	33	○	48	—
4	○	19	·	34	—	49	○
5	○	20	—	35	○	50	—
6	·	21	—	36	○	51	·
7	·	22	○	37	—	52	·
8	—	23	·	38	—	53	·
9	○	24	·	39	—	54	○
10	·	25	○	40	○	55	·
11	·	26	○	41	·	56	○
12	—	27	○	42	·	57	—
13	—	28	·	43	·	58	—
14	○	29	—	44	○	59	—

年 月 日 5 時

(分)	0~14	(分)	15~29	(分)	30~44	(分)	45~59
0	—	15	○	30	—	45	○
1	—	16	○	31	·	46	—
2	○	17	○	32	·	47	—
3	·	18	—	33	·	48	—
4	·	19	—	34	○	49	·
5	○	20	·	35	—	50	○
6	○	21	·	36	○	51	—
7	○	22	·	37	—	52	○
8	·	23	—	38	○	53	·
9	—	24	·	39	—	54	·
10	—	25	○	40	·	55	—
11	○	26	○	41	○	56	—
12	·	27	○	42	·	57	○
13	·	28	—	43	○	58	·
14	—	29	·	44	·	59	—

年 月 日 6 時

(分)	0~14	(分)	15~29	(分)	30~44	(分)	45~59
0	—	15	○	30	—	45	·
1	○	16	·	31	—	46	○
2	○	17	·	32	○	47	○
3	·	18	○	33	·	48	○
4	—	19	○	34	·	49	—
5	·	20	—	35	—	50	·
6	○	21	—	36	○	51	—
7	·	22	—	37	○	52	·
8	·	23	○	38	○	53	·
9	—	24	○	39	—	54	·
10	○	25	·	40	○	55	○
11	—	26	○	41	·	56	—
12	·	27	○	42	·	57	○
13	—	28	○	43	○	58	—
14	○	29	○	44	—	59	○

西元2003年10月25日到11月23日

	(分)	0~14	(分)	15~29	(分)	30~44	(分)	45~59
年月日7時	0	○	15	·	30	—	45	○
	1	○	16	—	31	○	46	·
	2	—	17	○	32	—	47	○
	3	—	18	○	33	·	48	—
	4	○	19	○	34	·	49	—
	5	·	20	—	35	·	50	○
	6	·	21	—	36	○	51	·
	7	○	22	○	37	—	52	○
	8	○	23	—	38	○	53	—
	9	○	24	·	39	—	54	○
	10	·	25	—	40	—	55	·
	11	—	26	·	41	—	56	·
	12	—	27	○	42	·	57	—
	13	○	28	○	43	○	58	·
	14	·	29	○	44	·	59	○

	(分)	0~14	(分)	15~29	(分)	30~44	(分)	45~59
年月日8時	0	·	15	—	30	○	45	·
	1	—	16	○	31	○	46	—
	2	—	17	○	32	—	47	·
	3	○	18	·	33	—	48	○
	4	○	19	·	34	·	49	○
	5	·	20	○	35	·	50	○
	6	—	21	○	36	○	51	—
	7	○	22	—	37	—	52	○
	8	○	23	—	38	○	53	—
	9	·	24	—	39	○	54	·
	10	·	25	○	40	○	55	·
	11	—	26	·	41	○	56	·
	12	○	27	·	42	—	57	○
	13	·	28	○	43	·	58	—
	14	·	29	○	44	—	59	○

	(分)	0~14	(分)	15~29	(分)	30~44	(分)	45~59
年月日9時	0	·	15	—	30	·	45	—
	1	○	16	·	31	—	46	○
	2	○	17	·	32	—	47	○
	3	○	18	·	33	○	48	—
	4	—	19	○	34	·	49	—
	5	·	20	—	35	○	50	·
	6	—	21	·	36	—	51	·
	7	·	22	—	37	○	52	·
	8	—	23	○	38	○	53	—
	9	·	24	○	39	·	54	○
	10	○	25	·	40	—	55	○
	11	—	26	·	41	·	56	—
	12	○	27	—	42	○	57	—
	13	—	28	○	43	·	58	—
	14	○	29	·	44	—	59	○

	(分)	0~14	(分)	15~29	(分)	30~44	(分)	45~59
年月日10時	0	·	15	○	30	·	45	○
	1	·	16	—	31	○	46	·
	2	·	17	—	32	—	47	·
	3	○	18	—	33	○	48	—
	4	○	19	·	34	—	49	○
	5	·	20	○	35	○	50	·
	6	—	21	·	36	—	51	·
	7	—	22	○	37	·	52	—
	8	○	23	○	38	·	53	—
	9	·	24	○	39	·	54	○
	10	·	25	—	40	○	55	·
	11	○	26	·	41	—	56	○
	12	○	27	—	42	·	57	—
	13	○	28	·	43	—	58	○
	14	·	29	—	44	○	59	○

	(分)	0~14	(分)	15~29	(分)	30~44	(分)	45~59
年月日11時	0	○	15	·	30	—	45	○
	1	○	16	—	31	○	46	·
	2	○	17	—	32	○	47	—
	3	—	18	○	33	·	48	—
	4	—	19	○	34	·	49	·
	5	○	20	·	35	○	50	·
	6	·	21	—	36	○	51	·
	7	○	22	○	37	—	52	—
	8	—	23	○	38	—	53	○
	9	○	24	·	39	○	54	○
	10	·	25	·	40	—	55	○
	11	○	26	—	41	·	56	—
	12	—	27	○	42	·	57	—
	13	·	28	—	43	○	58	·
	14	○	29	·	44	○	59	—

	(分)	0~14	(分)	15~29	(分)	30~44	(分)	45~59
年月日12時	0	·	15	—	30	○	45	·
	1	—	16	—	31	·	46	·
	2	·	17	—	32	·	47	—
	3	○	18	·	33	—	48	○
	4	○	19	○	34	·	49	—
	5	○	20	·	35	○	50	·
	6	—	21	○	36	·	51	—
	7	○	22	·	37	—	52	○
	8	—	23	○	38	—	53	○
	9	·	24	—	39	○	54	·
	10	·	25	○	40	○	55	·
	11	·	26	○	41	·	56	○
	12	○	27	·	42	—	57	○
	13	—	28	○	43	○	58	—
	14	○	29	—	44	○	59	—

	(分)	0~14	(分)	15~29	(分)	30~44	(分)	45~59
年月日13時	0	○	15	·	30	—	45	○
	1	—	16	·	31	·	46	—
	2	○	17	·	32	—	47	·
	3	—	18	○	33	·	48	—
	4	○	19	·	34	—	49	○
	5	·	20	○	35	·	50	○
	6	·	21	—	36	○	51	·
	7	○	22	—	37	○	52	·
	8	○	23	—	38	·	53	—
	9	○	24	·	39	—	54	○
	10	—	25	○	40	·	55	·
	11	○	26	·	41	○	56	·
	12	—	27	○	42	·	57	—
	13	○	28	○	43	—	58	—
	14	—	29	○	44	—	59	○

	(分)	0~14	(分)	15~29	(分)	30~44	(分)	45~59
年月日14時	0	·	15	—	30	○	45	·
	1	○	16	○	31	○	46	○
	2	—	17	·	32	○	47	·
	3	○	18	·	33	—	48	○
	4	·	19	—	34	○	49	○
	5	—	20	○	35	—	50	○
	6	—	21	○	36	·	51	—
	7	—	22	○	37	·	52	·
	8	·	23	—	38	·	53	—
	9	·	24	○	39	○	54	·
	10	○	25	○	40	·	55	—
	11	○	26	·	41	○	56	·
	12	○	27	·	42	—	57	○
	13	○	28	·	43	○	58	○
	14	○	29	○	44	—	59	·

西元2003年10月25日到11月23日

年月日15時

(分)	0~14	(分)	15~29	(分)	30~44	(分)	45~59
0	·	15	—	30	○	45	·
1	·	16	—	31	○	46	○
2	—	17	○	32	—	47	○
3	○	18	·	33	—	48	○
4	—	19	—	34	·	49	·
5	·	20	—	35	·	50	—
6	—	21	○	36	○	51	—
7	○	22	○	37	·	52	—
8	○	23	·	38	○	53	·
9	·	24	—	39	○	54	·
10	○	25	·	40	—	55	○
11	—	26	○	41	—	56	·
12	○	27	·	42	○	57	○
13	·	28	—	43	○	58	·
14	·	29	○	44	·	59	○

年月日16時

(分)	0~14	(分)	15~29	(分)	30~44	(分)	45~59
0	—	15	○	30	·	45	—
1	—	16	—	31	○	46	·
2	—	17	○	32	—	47	○
3	·	18	—	33	○	48	·
4	—	19	○	34	·	49	—
5	·	20	—	35	·	50	○
6	○	21	·	36	—	51	○
7	○	22	○	37	—	52	○
8	○	23	—	38	○	53	—
9	—	24	○	39	·	54	—
10	·	25	—	40	—	55	·
11	—	26	·	41	—	56	·
12	·	27	—	42	○	57	·
13	·	28	○	43	○	58	·
14	·	29	○	44	·	59	○

年月日17時

(分)	0~14	(分)	15~29	(分)	30~44	(分)	45~59
0	—	15	○	30	·	45	—
1	○	16	—	31	·	46	—
2	—	17	○	32	·	47	—
3	○	18	·	33	—	48	—
4	○	19	·	34	○	49	·
5	·	20	—	35	○	50	·
6	·	21	·	36	○	51	○
7	—	22	○	37	—	52	○
8	○	23	·	38	—	53	○
9	—	24	—	39	○	54	·
10	·	25	—	40	·	55	—
11	—	26	○	41	·	56	—
12	—	27	○	42	·	57	—
13	○	28	·	43	○	58	—
14	·	29	—	44	○	59	·

年月日18時

(分)	0~14	(分)	15~29	(分)	30~44	(分)	45~59
0	○	15	○	30	—	45	—
1	·	16	—	31	·	46	—
2	○	17	·	32	—	47	○
3	·	18	·	33	—	48	○
4	○	19	·	34	○	49	·
5	—	20	○	35	·	50	—
6	·	21	—	36	○	51	·
7	—	22	○	37	—	52	·
8	·	23	○	38	○	53	·
9	—	24	○	39	·	54	—
10	·	25	○	40	·	55	○
11	○	26	·	41	—	56	○
12	○	27	○	42	·	57	○
13	○	28	—	43	○	58	—
14	—	29	○	44	·	59	—

年月日19時

(分)	0~14	(分)	15~29	(分)	30~44	(分)	45~59
0	—	15	○	30	·	45	—
1	·	16	—	31	○	46	·
2	—	17	·	32	—	47	·
3	·	18	—	33	○	48	○
4	—	19	○	34	·	49	—
5	·	20	○	35	—	50	○
6	○	21	·	36	—	51	○
7	○	22	·	37	—	52	○
8	·	23	—	38	·	53	—
9	—	24	○	39	·	54	—
10	·	25	·	40	○	55	○
11	○	26	·	41	○	56	·
12	·	27	—	42	○	57	·
13	—	28	—	43	○	58	·
14	—	29	○	44	○	59	○

年月日20時

(分)	0~14	(分)	15~29	(分)	30~44	(分)	45~59
0	○	15	·	30	—	45	○
1	—	16	○	31	·	46	·
2	○	17	·	32	○	47	○
3	—	18	○	33	·	48	—
4	○	19	○	34	—	49	—
5	—	20	○	35	—	50	○
6	·	21	—	36	○	51	·
7	·	22	○	37	○	52	○
8	·	23	—	38	·	53	—
9	○	24	·	39	—	54	○
10	·	25	—	40	○	55	·
11	○	26	·	41	○	56	—
12	—	27	○	42	·	57	—
13	—	28	○	43	·	58	—
14	—	29	·	44	—	59	·

年月日21時

(分)	0~14	(分)	15~29	(分)	30~44	(分)	45~59
0	—	15	○	30	·	45	—
1	○	16	○	31	○	46	—
2	○	17	—	32	○	47	—
3	·	18	○	33	○	48	·
4	—	19	·	34	·	49	—
5	—	20	·	35	—	50	·
6	○	21	○	36	—	51	○
7	○	22	·	37	○	52	○
8	·	23	○	38	·	53	○
9	—	24	○	39	·	54	—
10	·	25	○	40	○	55	·
11	○	26	—	41	·	56	—
12	·	27	—	42	○	57	·
13	—	28	○	43	·	58	·
14	○	29	·	44	○	59	·

年月日22時

(分)	0~14	(分)	15~29	(分)	30~44	(分)	45~59
0	○	15	·	30	—	45	○
1	—	16	○	31	·	46	—
2	○	17	—	32	○	47	—
3	—	18	○	33	·	48	○
4	○	19	·	34	—	49	○
5	—	20	·	35	○	50	·
6	·	21	—	36	○	51	·
7	·	22	—	37	○	52	○
8	—	23	○	38	—	53	○
9	○	24	·	39	—	54	○
10	—	25	—	40	·	55	·
11	·	26	—	41	·	56	—
12	—	27	○	42	·	57	—
13	○	28	○	43	·	58	○
14	○	29	·	44	○	59	·

西元2003年11月24日到12月22日

年 月 日 23 時

(分)	0~14	(分)	15~29	(分)	30~44	(分)	45~59
0	○	15	·	30	—	45	○
1	·	16	○	31	—	46	○
2	○	17	·	32	—	47	○
3	·	18	—	33	○	48	○
4	·	19	—	34	·	49	—
5	—	20	○	35	·	50	—
6	—	21	—	36	·	51	·
7	○	22	·	37	○	52	·
8	·	23	—	38	○	53	·
9	○	24	○	39	·	54	—
10	—	25	○	40	—	55	○
11	○	26	·	41	—	56	○
12	○	27	·	42	—	57	○
13	·	28	—	43	·	58	○
14	—	29	○	44	·	59	—

年 月 日 24 時

(分)	0~14	(分)	15~29	(分)	30~44	(分)	45~59
0	·	15	·	30	○	45	○
1	—	16	○	31	—	46	○
2	·	17	—	32	○	47	·
3	—	18	—	33	○	48	·
4	·	19	—	34	·	49	—
5	○	20	·	35	—	50	○
6	—	21	○	36	·	51	—
7	○	22	·	37	○	52	—
8	—	23	○	38	·	53	—
9	○	24	·	39	—	54	○
10	—	25	·	40	—	55	·
11	·	26	—	41	○	56	·
12	·	27	○	42	—	57	·
13	·	28	○	43	·	58	○
14	○	29	·	44	—	59	○

年 月 日 1 時

(分)	0~14	(分)	15~29	(分)	30~44	(分)	45~59
0	—	15	○	30	·	45	—
1	·	16	—	31	—	46	·
2	—	17	·	32	—	47	·
3	·	18	—	33	○	48	·
4	·	19	○	34	○	49	·
5	·	20	○	35	·	50	○
6	○	21	·	36	—	51	○
7	—	22	○	37	·	52	—
8	○	23	—	38	○	53	—
9	—	24	○	39	·	54	○
10	○	25	·	40	—	55	○
11	—	26	·	41	○	56	·
12	·	27	—	42	○	57	·
13	·	28	—	43	○	58	○
14	—	29	○	44	—	59	○

年 月 日 2 時

(分)	0~14	(分)	15~29	(分)	30~44	(分)	45~59
0	○	15	·	30	—	45	○
1	·	16	—	31	○	46	·
2	—	17	·	32	—	47	·
3	—	18	○	33	·	48	—
4	—	19	○	34	·	49	—
5	·	20	○	35	—	50	○
6	·	21	—	36	○	51	·
7	○	22	○	37	—	52	—
8	·	23	—	38	·	53	—
9	○	24	·	39	—	54	○
10	·	25	·	40	○	55	○
11	○	26	·	41	○	56	·
12	—	27	○	42	·	57	—
13	—	28	—	43	○	58	·
14	—	29	○	44	—	59	○

年 月 日 3 時

(分)	0~14	(分)	15~29	(分)	30~44	(分)	45~59
0	·	15	—	30	·	45	—
1	—	16	○	31	·	46	—
2	○	17	·	32	—	47	○
3	○	18	·	33	○	48	—
4	·	19	—	34	○	49	·
5	·	20	—	35	○	50	·
6	—	21	·	36	—	51	·
7	○	22	·	37	—	52	○
8	—	23	○	38	○	53	—
9	·	24	○	39	·	54	○
10	—	25	○	40	·	55	—
11	—	26	·	41	·	56	—
12	○	27	—	42	○	57	—
13	·	28	—	43	○	58	·
14	○	29	·	44	—	59	○

年 月 日 4 時

(分)	0~14	(分)	15~29	(分)	30~44	(分)	45~59
0	·	15	○	30	·	45	○
1	○	16	·	31	—	46	○
2	·	17	—	32	—	47	·
3	○	18	—	33	○	48	—
4	—	19	○	34	·	49	—
5	·	20	○	35	○	50	·
6	—	21	·	36	—	51	·
7	·	22	—	37	○	52	○
8	—	23	○	38	·	53	—
9	·	24	○	39	·	54	○
10	·	25	○	40	—	55	○
11	○	26	·	41	—	56	○
12	○	27	—	42	·	57	—
13	—	28	○	43	·	58	—
14	·	29	—	44	○	59	○

年 月 日 5 時

(分)	0~14	(分)	15~29	(分)	30~44	(分)	45~59
0	○	15	·	30	—	45	○
1	—	16	·	31	·	46	—
2	—	17	·	32	—	47	·
3	○	18	○	33	·	48	—
4	○	19	·	34	—	49	○
5	·	20	○	35	·	50	○
6	·	21	—	36	○	51	·
7	·	22	—	37	○	52	·
8	○	23	—	38	·	53	—
9	○	24	·	39	—	54	○
10	—	25	○	40	·	55	·
11	○	26	·	41	○	56	·
12	—	27	○	42	·	57	—
13	○	28	○	43	—	58	—
14	—	29	○	44	—	59	○

年 月 日 6 時

(分)	0~14	(分)	15~29	(分)	30~44	(分)	45~59
0	·	15	—	30	○	45	·
1	○	16	·	31	—	46	○
2	—	17	·	32	○	47	·
3	○	18	·	33	—	48	○
4	·	19	—	34	○	49	○
5	—	20	○	35	—	50	○
6	—	21	○	36	·	51	—
7	—	22	—	37	·	52	·
8	·	23	—	38	·	53	—
9	·	24	—	39	○	54	·
10	○	25	○	40	·	55	—
11	○	26	○	41	○	56	·
12	○	27	·	42	—	57	○
13	○	28	·	43	—	58	○
14	—	29	○	44	—	59	·

西元2003年11月24日到12月22日

年月日7時

(分)	0~14	(分)	15~29	(分)	30~44	(分)	45~59
0	·	15	—	30	·	45	—
1	—	16	○	31	·	46	○
2	·	17	·	32	—	47	○
3	○	18	·	33	○	48	·
4	·	19	—	34	○	49	·
5	·	20	—	35	○	50	·
6	—	21	○	36	—	51	·
7	○	22	·	37	—	52	○
8	—	23	○	38	·	53	—
9	·	24	○	39	·	54	○
10	—	25	○	40	·	55	—
11	○	26	·	41	·	56	○
12	○	27	—	42	○	57	—
13	·	28	—	43	○	58	·
14	○	29	—	44	—	59	○

年月日8時

(分)	0~14	(分)	15~29	(分)	30~44	(分)	45~59
0	·	15	—	30	·	45	○
1	○	16	·	31	—	46	○
2	·	17	—	32	○	47	·
3	○	18	—	33	○	48	—
4	—	19	○	34	·	49	—
5	—	20	○	35	○	50	—
6	—	21	·	36	—	51	·
7	·	22	—	37	○	52	·
8	—	23	·	38	·	53	—
9	·	24	○	39	·	54	○
10	○	25	·	40	—	55	○
11	○	26	○	41	—	56	○
12	○	27	—	42	○	57	—
13	—	28	○	43	·	58	—
14	·	29	—	44	○	59	·

年月日9時

(分)	0~14	(分)	15~29	(分)	30~44	(分)	45~59
0	·	15	·	30	—	45	○
1	○	16	·	31	○	46	·
2	—	17	○	32	·	47	—
3	·	18	—	33	○	48	·
4	—	19	○	34	—	49	·
5	·	20	—	35	○	50	·
6	—	21	○	36	·	51	—
7	·	22	○	37	·	52	○
8	○	23	·	38	—	53	○
9	○	24	·	39	·	54	○
10	○	25	—	40	○	55	—
11	—	26	○	41	·	56	—
12	○	27	—	42	—	57	○
13	—	28	·	43	—	58	·
14	·	29	—	44	○	59	·

年月日10時

(分)	0~14	(分)	15~29	(分)	30~44	(分)	45~59
0	·	15	—	30	○	45	·
1	○	16	—	31	○	46	—
2	○	17	·	32	—	47	○
3	—	18	○	33	○	48	—
4	—	19	·	34	—	49	·
5	—	20	○	35	·	50	—
6	○	21	·	36	·	51	—
7	·	22	○	37	·	52	○
8	·	23	—	38	○	53	·
9	○	24	○	39	—	54	○
10	○	25	—	40	○	55	—
11	○	26	·	41	—	56	○
12	·	27	—	42	○	57	·
13	—	28	·	43	○	58	·
14	—	29	○	44	·	59	—

年月日11時

(分)	0~14	(分)	15~29	(分)	30~44	(分)	45~59
0	·	15	—	30	·	45	—
1	○	16	·	31	—	46	○
2	○	17	○	32	—	47	—
3	○	18	·	33	○	48	·
4	○	19	○	34	·	49	—
5	·	20	·	35	—	50	○
6	—	21	○	36	—	51	○
7	·	22	—	37	○	52	·
8	·	23	—	38	○	53	·
9	·	24	—	39	·	54	○
10	○	25	·	40	—	55	○
11	—	26	○	41	·	56	—
12	○	27	—	42	○	57	—
13	—	28	○	43	·	58	—
14	○	29	·	44	·	59	○

年月日12時

(分)	0~14	(分)	15~29	(分)	30~44	(分)	45~59
0	·	15	—	30	·	45	○
1	·	16	—	31	○	46	—
2	○	17	·	32	—	47	—
3	○	18	·	33	○	48	—
4	○	19	·	34	—	49	·
5	·	20	—	35	○	50	○
6	—	21	·	36	—	51	—
7	—	22	○	37	·	52	○
8	○	23	○	38	○	53	·
9	·	24	○	39	—	54	·
10	·	25	—	40	·	55	—
11	—	26	○	41	○	56	—
12	○	27	—	42	·	57	○
13	○	28	·	43	○	58	·
14	○	29	·	44	·	59	—

年月日13時

(分)	0~14	(分)	15~29	(分)	30~44	(分)	45~59
0	—	15	·	30	—	45	·
1	○	16	·	31	—	46	○
2	·	17	—	32	○	47	·
3	·	18	○	33	—	48	○
4	—	19	○	34	·	49	—
5	—	20	○	35	·	50	·
6	·	21	—	36	·	51	—
7	·	22	—	37	○	52	·
8	○	23	○	38	—	53	—
9	○	24	·	39	○	54	·
10	○	25	·	40	—	55	·
11	·	26	·	41	—	56	○
12	—	27	○	42	—	57	○
13	—	28	○	43	·	58	—
14	·	29	—	44	○	59	·

年月日14時

(分)	0~14	(分)	15~29	(分)	30~44	(分)	45~59
0	○	15	·	30	○	45	·
1	·	16	—	31	○	46	·
2	—	17	—	32	·	47	·
3	—	18	○	33	—	48	○
4	○	19	·	34	—	49	○
5	○	20	○	35	·	50	—
6	·	21	—	36	·	51	—
7	—	22	○	37	·	52	—
8	○	23	·	38	—	53	○
9	○	24	·	39	○	54	—
10	·	25	—	40	○	55	·
11	·	26	—	41	○	56	·
12	—	27	·	42	—	57	·
13	○	28	·	43	—	58	○
14	—	29	○	44	○	59	—

西元2003年11月24日到12月22日

年月日15時

(分)	0~14	(分)	15~29	(分)	30~44	(分)	45~59
0	·	15	○	30	·	45	○
1	—	16	○	31	·	46	—
2	·	17	—	32	○	47	·
3	○	18	—	33	○	48	—
4	·	19	—	34	○	49	·
5	—	20	○	35	·	50	—
6	—	21	·	36	○	51	·
7	○	22	·	37	—	52	○
8	○	23	·	38	—	53	—
9	—	24	○	39	—	54	○
10	—	25	○	40	·	55	—
11	·	26	·	41	○	56	○
12	·	27	—	42	·	57	—
13	·	28	—	43	○	58	·
14	—	29	○	44	○	59	·

年月日16時

(分)	0~14	(分)	15~29	(分)	30~44	(分)	45~59
0	·	15	○	30	○	45	○
1	○	16	·	31	—	46	○
2	—	17	○	32	·	47	○
3	·	18	—	33	○	48	—
4	—	19	○	34	·	49	—
5	○	20	○	35	—	50	○
6	○	21	·	36	○	51	·
7	·	22	—	37	○	52	·
8	·	23	·	38	—	53	○
9	—	24	○	39	—	54	○
10	○	25	·	40	○	55	○
11	·	26	—	41	○	56	·
12	·	27	—	42	·	57	○
13	—	28	○	43	·	58	—
14	—	29	○	44	·	59	○

年月日17時

(分)	0~14	(分)	15~29	(分)	30~44	(分)	45~59
0	○	15	·	30	—	45	○
1	·	16	—	31	·	46	○
2	○	17	·	32	—	47	○
3	·	18	—	33	○	48	·
4	○	19	—	34	○	49	—
5	—	20	○	35	·	50	—
6	—	21	○	36	○	51	—
7	—	22	·	37	—	52	·
8	·	23	—	38	○	53	·
9	—	24	·	39	·	54	—
10	·	25	○	40	·	55	○
11	○	26	·	41	—	56	○
12	○	27	·	42	—	57	○
13	○	28	—	43	○	58	—
14	—	29	○	44	·	59	—

年月日18時

(分)	0~14	(分)	15~29	(分)	30~44	(分)	45~59
0	·	15	—	30	—	45	·
1	·	16	○	31	·	46	○
2	·	17	—	32	○	47	·
3	·	18	○	33	○	48	·
4	○	19	—	34	○	49	—
5	○	20	·	35	—	50	○
6	—	21	○	36	·	51	—
7	—	22	○	37	—	52	·
8	—	23	○	38	·	53	—
9	○	24	·	39	—	54	○
10	·	25	○	40	—	55	○
11	·	26	—	41	○	56	·
12	·	27	○	42	○	57	○
13	·	28	—	43	·	58	—
14	○	29	·	44	—	59	○

年月日19時

(分)	0~14	(分)	15~29	(分)	30~44	(分)	45~59
0	○	15	·	30	—	45	○
1	○	16	○	31	·	46	—
2	○	17	·	32	○	47	·
3	—	18	○	33	·	48	—
4	○	19	·	34	—	49	○
5	—	20	○	35	—	50	○
6	·	21	—	36	○	51	·
7	·	22	—	37	○	52	·
8	·	23	○	38	·	53	○
9	○	24	·	39	—	54	○
10	—	25	○	40	○	55	—
11	○	26	—	41	○	56	—
12	—	27	○	42	·	57	—
13	—	28	·	43	·	58	—
14	—	29	·	44	—	59	·

年月日20時

(分)	0~14	(分)	15~29	(分)	30~44	(分)	45~59
0	·	15	—	30	○	45	·
1	○	16	·	31	—	46	○
2	○	17	—	32	○	47	—
3	○	18	·	33	—	48	○
4	·	19	—	34	—	49	·
5	—	20	·	35	—	50	·
6	—	21	○	36	·	51	—
7	·	22	○	37	○	52	·
8	·	23	○	38	·	53	○
9	·	24	—	39	○	54	·
10	—	25	○	40	·	55	—
11	○	26	—	41	○	56	—
12	○	27	·	42	—	57	○
13	○	28	○	43	—	58	○
14	—	29	·	44	○	59	·

年月日21時

(分)	0~14	(分)	15~29	(分)	30~44	(分)	45~59
0	○	15	·	30	—	45	○
1	○	16	·	31	—	46	—
2	·	17	—	32	·	47	—
3	—	18	○	33	·	48	—
4	·	19	·	34	○	49	○
5	○	20	·	35	○	50	·
6	·	21	—	36	○	51	·
7	—	22	—	37	○	52	·
8	—	23	○	38	—	53	○
9	○	24	·	39	—	54	○
10	—	25	○	40	·	55	—
11	·	26	—	41	·	56	○
12	—	27	○	42	·	57	—
13	○	28	·	43	—	58	○
14	○	29	—	44	○	59	—

年月日22時

(分)	0~14	(分)	15~29	(分)	30~44	(分)	45~59
0	·	15	—	30	○	45	·
1	·	16	·	31	—	46	○
2	·	17	—	32	·	47	—
3	○	18	·	33	—	48	○
4	·	19	—	34	○	49	·
5	○	20	·	35	○	50	—
6	—	21	○	36	·	51	—
7	—	22	○	37	·	52	—
8	—	23	·	38	—	53	·
9	·	24	—	39	○	54	·
10	○	25	○	40	·	55	○
11	·	26	○	41	·	56	○
12	○	27	·	42	—	57	○
13	○	28	—	43	—	58	○
14	○	29	—	44	○	59	—

西元2003年12月23日到2004年1月21日

	(分)	0~14	(分)	15~29	(分)	30~44	(分)	45~59
	0	○	15	·	30	—	45	○
年	1	○	16	○	31	·	46	—
	2	○	17	·	32	○	47	·
	3	—	18	○	33	·	48	—
	4	○	19	·	34	—	49	○
月	5	—	20	○	35	—	50	○
	6	·	21	—	36	○	51	·
	7	·	22	—	37	○	52	·
	8	·	23	○	38	·	53	○
日	9	○	24	·	39	—	54	○
	10	—	25	○	40	○	55	—
23	11	○	26	—	41	○	56	—
時	12	—	27	○	42	·	57	—
	13	—	28	·	43	·	58	—
	14	—	29	·	44	—	59	·

	(分)	0~14	(分)	15~29	(分)	30~44	(分)	45~59
	0	·	15	—	30	○	45	·
年	1	○	16	·	31	—	46	○
	2	○	17	—	32	○	47	—
	3	○	18	·	33	—	48	○
	4	·	19	—	34	—	49	·
月	5	—	20	·	35	—	50	·
	6	—	21	○	36	·	51	—
	7	·	22	○	37	○	52	·
	8	·	23	○	38	·	53	○
日	9	·	24	○	39	○	54	·
	10	—	25	○	40	·	55	—
24	11	○	26	—	41	○	56	—
時	12	○	27	·	42	—	57	○
	13	○	28	·	43	—	58	○
	14	—	29	·	44	○	59	·

	(分)	0~14	(分)	15~29	(分)	30~44	(分)	45~59
	0	○	15	○	30	—	45	—
年	1	—	16	○	31	—	46	○
	2	·	17	—	32	○	47	·
	3	·	18	·	33	—	48	○
	4	·	19	—	34	·	49	—
月	5	○	20	·	35	—	50	○
	6	·	21	—	36	○	51	·
	7	○	22	·	37	○	52	—
	8	—	23	○	38	·	53	—
日	9	—	24	○	39	·	54	—
	10	—	25	·	40	—	55	·
1	11	·	26	—	41	○	56	·
時	12	○	27	·	42	·	57	○
	13	·	28	○	43	·	58	○
	14	○	29	·	44	—	59	○

	(分)	0~14	(分)	15~29	(分)	30~44	(分)	45~59
	0	○	15	·	30	—	45	○
年	1	—	16	○	31	—	46	·
	2	—	17	○	32	·	47	—
	3	·	18	—	33	○	48	·
	4	·	19	○	34	○	49	○
月	5	·	20	—	35	○	50	·
	6	—	21	○	36	○	51	—
	7	○	22	○	37	○	52	—
	8	○	23	·	38	—	53	○
日	9	—	24	·	39	·	54	—
	10	—	25	·	40	—	55	·
2	11	—	26	○	41	·	56	—
時	12	○	27	○	42	—	57	○
	13	·	28	○	43	·	58	○
	14	·	29	—	44	○	59	·

	(分)	0~14	(分)	15~29	(分)	30~44	(分)	45~59
	0	·	15	—	30	○	45	·
年	1	—	16	○	31	—	46	·
	2	○	17	·	32	—	47	○
	3	—	18	○	33	·	48	—
	4	·	19	○	34	·	49	○
月	5	—	20	○	35	○	50	—
	6	○	21	·	36	·	51	○
	7	○	22	—	37	○	52	—
	8	·	23	—	38	○	53	·
日	9	○	24	—	39	—	54	○
	10	—	25	·	40	—	55	·
3	11	○	26	·	41	—	56	○
時	12	·	27	—	42	○	57	·
	13	·	28	○	43	·	58	○
	14	—	29	○	44	·	59	—

	(分)	0~14	(分)	15~29	(分)	30~44	(分)	45~59
	0	—	15	○	30	○	45	—
年	1	—	16	·	31	—	46	·
	2	·	17	—	32	○	47	·
	3	—	18	·	33	·	48	—
	4	·	19	○	34	·	49	○
月	5	○	20	·	35	—	50	○
	6	○	21	○	36	—	51	○
	7	○	22	—	37	○	52	—
	8	—	23	○	38	·	53	—
日	9	·	24	—	39	○	54	·
	10	—	25	·	40	○	55	·
4	11	·	26	—	41	○	56	·
時	12	—	27	○	42	·	57	·
	13	—	28	○	43	—	58	○
	14	○	29	·	44	—	59	○

	(分)	0~14	(分)	15~29	(分)	30~44	(分)	45~59
	0	·	15	○	30	·	45	○
年	1	·	16	—	31	·	46	·
	2	·	17	—	32	○	47	·
	3	○	18	—	33	○	48	—
	4	○	19	·	34	—	49	○
月	5	—	20	○	35	·	50	—
	6	—	21	·	36	○	51	·
	7	—	22	○	37	·	52	—
	8	○	23	·	38	—	53	—
日	9	—	24	○	39	—	54	○
	10	·	25	—	40	○	55	·
5	11	·	26	·	41	○	56	○
時	12	·	27	—	42	·	57	—
	13	○	28	·	43	—	58	○
	14	—	29	—	44	○	59	·

	(分)	0~14	(分)	15~29	(分)	30~44	(分)	45~59
	0	·	15	○	30	—	45	○
年	1	—	16	○	31	·	46	—
	2	—	17	○	32	·	47	·
	3	·	18	—	33	·	48	—
	4	·	19	—	34	○	49	·
月	5	○	20	○	35	—	50	—
	6	○	21	·	36	○	51	·
	7	○	22	·	37	—	52	·
	8	·	23	·	38	—	53	○
日	9	—	24	○	39	—	54	○
	10	—	25	○	40	·	55	—
6	11	·	26	—	41	○	56	·
時	12	·	27	—	42	·	57	○
	13	·	28	—	43	○	58	·
	14	—	29	○	44	·	59	—

西元2003年12月23日到2004年1月21日

	(分)	0~14	(分)	15~29	(分)	30~44	(分)	45~59
	0	·	15	—	30	○	45	·
年	1	○	16	—	31	○	46	—
	2	·	17	—	32	○	47	·
	3	—	18	○	33	○	48	—
	4	—	19	·	34	—	49	·
月	5	○	20	·	35	—	50	○
	6	—	21	·	36	·	51	—
	7	·	22	○	37	·	52	○
	8	—	23	○	38	○	53	—
日	9	○	24	·	39	—	54	○
	10	○	25	—	40	○	55	—
7	11	·	26	—	41	○	56	·
時	12	·	27	—	42	○	57	·
	13	—	28	·	43	○	58	·
	14	○	29	·	44	—	59	○

	(分)	0~14	(分)	15~29	(分)	30~44	(分)	45~59
	0	·	15	○	30	○	45	·
年	1	○	16	—	31	○	46	—
	2	—	17	○	32	·	47	—
	3	—	18	○	33	○	48	—
	4	—	19	·	34	—	49	·
月	5	·	20	—	35	○	50	·
	6	○	21	·	36	—	51	○
	7	·	22	○	37	—	52	○
	8	○	23	○	38	—	53	○
日	9	·	24	—	39	○	54	○
	10	·	25	—	40	·	55	—
8	11	—	26	○	41	·	56	—
時	12	—	27	—	42	·	57	·
	13	○	28	·	43	○	58	·
	14	·	29	—	44	○	59	·

	(分)	0~14	(分)	15~29	(分)	30~44	(分)	45~59
	0	—	15	○	30	·	45	—
年	1	○	16	·	31	·	46	○
	2	·	17	○	32	·	47	○
	3	·	18	—	33	○	48	·
	4	○	19	—	34	—	49	○
月	5	○	20	—	35	○	50	—
	6	○	21	·	36	—	51	○
	7	·	22	—	37	○	52	·
	8	—	23	·	38	—	53	·
日	9	—	24	○	39	·	54	—
	10	—	25	○	40	·	55	—
9	11	·	26	○	41	—	56	○
時	12	·	27	—	42	○	57	·
	13	○	28	·	43	—	58	—
	14	·	29	—	44	·	59	—

	(分)	0~14	(分)	15~29	(分)	30~44	(分)	45~59
	0	○	15	·	30	—	45	○
年	1	○	16	·	31	○	46	○
	2	·	17	○	32	·	47	○
	3	—	18	○	33	·	48	—
	4	·	19	—	34	○	49	·
月	5	○	20	—	35	·	50	—
	6	·	21	—	36	○	51	·
	7	—	22	○	37	·	52	·
	8	○	23	○	38	○	53	·
日	9	○	24	·	39	—	54	○
	10	○	25	○	40	—	55	—
10	11	—	26	○	41	—	56	○
時	12	—	27	○	42	·	57	—
	13	·	28	○	43	—	58	○
	14	·	29	—	44	·	59	—

	(分)	0~14	(分)	15~29	(分)	30~44	(分)	45~59
	0	○	15	·	30	—	45	○
年	1	·	16	○	31	—	46	○
	2	○	17	·	32	—	47	○
	3	·	18	—	33	○	48	○
	4	·	19	—	34	·	49	—
月	5	—	20	○	35	·	50	—
	6	—	21	—	36	·	51	·
	7	○	22	·	37	○	52	·
	8	·	23	—	38	○	53	·
日	9	○	24	○	39	·	54	—
	10	—	25	○	40	—	55	○
11	11	○	26	·	41	—	56	○
時	12	○	27	·	42	—	57	○
	13	·	28	—	43	·	58	○
	14	—	29	○	44	·	59	—

	(分)	0~14	(分)	15~29	(分)	30~44	(分)	45~59
	0	·	15	·	30	○	45	○
年	1	—	16	○	31	—	46	○
	2	·	17	—	32	○	47	·
	3	—	18	—	33	○	48	·
	4	·	19	—	34	·	49	—
月	5	○	20	·	35	—	50	○
	6	—	21	○	36	·	51	—
	7	○	22	·	37	○	52	—
	8	—	23	○	38	·	53	—
日	9	○	24	○	39	—	54	○
	10	—	25	○	40	—	55	·
12	11	·	26	—	41	○	56	·
時	12	·	27	—	42	—	57	·
	13	·	28	○	43	·	58	○
	14	○	29	·	44	—	59	○

	(分)	0~14	(分)	15~29	(分)	30~44	(分)	45~59
	0	—	15	○	30	—	45	·
年	1	○	16	·	31	—	46	○
	2	○	17	·	32	—	47	○
	3	·	18	○	33	·	48	○
	4	—	19	○	34	·	49	—
月	5	·	20	—	35	—	50	·
	6	○	21	—	36	○	51	—
	7	·	22	—	37	○	52	·
	8	·	23	○	38	○	53	·
日	9	—	24	·	39	—	54	·
	10	○	25	·	40	—	55	○
13	11	—	26	○	41	·	56	—
時	12	·	27	○	42	·	57	○
	13	—	28	○	43	·	58	—
	14	○	29	·	44	—	59	○

	(分)	0~14	(分)	15~29	(分)	30~44	(分)	45~59
	0	—	15	·	30	—	45	·
年	1	·	16	—	31	○	46	·
	2	○	17	—	32	—	47	○
	3	·	18	○	33	·	48	○
	4	○	19	·	34	—	49	○
月	5	·	20	—	35	○	50	·
	6	○	21	—	36	○	51	—
	7	—	22	○	37	·	52	—
	8	—	23	○	38	·	53	—
日	9	—	24	·	39	○	54	·
	10	·	25	—	40	○	55	·
14	11	○	26	·	41	—	56	—
時	12	—	27	○	42	—	57	○
	13	○	28	·	43	—	58	○
	14	·	29	○	44	○	59	○

西元2003年12月23日到2004年1月21日

年月日15時

(分)	0~14	(分)	15~29	(分)	30~44	(分)	45~59
0	·	15	—	30	·	45	—
1	—	16	○	31	·	46	—
2	○	17	·	32	—	47	○
3	○	18	·	33	○	48	—
4	·	19	—	34	○	49	·
5	·	20	—	35	○	50	·
6	—	21	·	36	—	51	·
7	○	22	·	37	—	52	○
8	—	23	○	38	○	53	—
9	·	24	○	39	·	54	○
10	—	25	○	40	·	55	—
11	—	26	·	41	·	56	—
12	○	27	—	42	○	57	—
13	·	28	—	43	○	58	·
14	○	29	·	44	—	59	○

年月日16時

(分)	0~14	(分)	15~29	(分)	30~44	(分)	45~59
0	·	15	○	30	·	45	○
1	○	16	·	31	—	46	○
2	·	17	—	32	—	47	·
3	○	18	—	33	○	48	—
4	—	19	○	34	·	49	—
5	·	20	○	35	○	50	·
6	—	21	·	36	—	51	·
7	·	22	—	37	○	52	·
8	—	23	○	38	·	53	—
9	·	24	○	39	·	54	○
10	·	25	○	40	—	55	○
11	○	26	·	41	—	56	○
12	○	27	—	42	·	57	—
13	—	28	○	43	·	58	—
14	·	29	—	44	○	59	○

年月日17時

(分)	0~14	(分)	15~29	(分)	30~44	(分)	45~59
0	—	15	○	30	·	45	—
1	○	16	—	31	·	46	—
2	○	17	·	32	—	47	○
3	○	18	·	33	—	48	—
4	○	19	·	34	○	49	·
5	—	20	○	35	·	50	—
6	·	21	·	36	○	51	○
7	—	22	○	37	—	52	○
8	·	23	—	38	○	53	·
9	—	24	—	39	○	54	·
10	·	25	—	40	·	55	—
11	○	26	·	41	—	56	○
12	—	27	○	42	·	57	—
13	○	28	·	43	○	58	—
14	—	29	○	44	·	59	—

年月日18時

(分)	0~14	(分)	15~29	(分)	30~44	(分)	45~59
0	○	15	○	30	○	45	—
1	·	16	—	31	·	46	—
2	·	17	—	32	○	47	·
3	·	18	·	33	—	48	○
4	○	19	·	34	○	49	·
5	○	20	·	35	—	50	○
6	·	21	—	36	○	51	·
7	—	22	○	37	—	52	·
8	—	23	○	38	·	53	—
9	—	24	○	39	·	54	—
10	·	25	○	40	·	55	○
11	·	26	○	41	○	56	·
12	○	27	·	42	·	57	○
13	○	28	—	43	○	58	—
14	○	29	·	44	—	59	○

年月日19時

(分)	0~14	(分)	15~29	(分)	30~44	(分)	45~59
0	—	15	·	30	—	45	·
1	—	16	○	31	·	46	—
2	—	17	○	32	○	47	—
3	·	18	○	33	·	48	○
4	·	19	—	34	○	49	·
5	—	20	·	35	·	50	—
6	○	21	—	36	○	51	—
7	○	22	·	37	—	52	○
8	○	23	·	38	—	53	○
9	—	24	·	39	—	54	·
10	—	25	○	40	·	55	—
11	·	26	—	41	○	56	·
12	·	27	○	42	—	57	○
13	·	28	—	43	○	58	·
14	—	29	○	44	·	59	·

年月日20時

(分)	0~14	(分)	15~29	(分)	30~44	(分)	45~59
0	—	15	·	30	—	45	·
1	○	16	·	31	—	46	○
2	—	17	○	32	·	47	—
3	·	18	○	33	·	48	○
4	—	19	○	34	·	49	—
5	○	20	·	35	—	50	○
6	○	21	—	36	·	51	—
7	·	22	—	37	○	52	·
8	·	23	○	38	○	53	○
9	○	24	·	39	○	54	·
10	○	25	·	40	—	55	○
11	—	26	—	41	·	56	·
12	—	27	○	42	—	57	○
13	—	28	○	43	·	58	—
14	○	29	○	44	·	59	—

年月日21時

(分)	0~14	(分)	15~29	(分)	30~44	(分)	45~59
0	·	15	—	30	—	45	·
1	·	16	○	31	·	46	○
2	—	17	○	32	·	47	—
3	·	18	○	33	○	48	·
4	○	19	—	34	○	49	—
5	·	20	—	35	○	50	·
6	—	21	○	36	·	51	—
7	—	22	·	37	—	52	·
8	○	23	·	38	—	53	○
9	○	24	·	39	—	54	○
10	·	25	○	40	—	55	○
11	—	26	○	41	·	56	—
12	·	27	—	42	○	57	○
13	·	28	—	43	·	58	—
14	·	29	—	44	○	59	·

年月日22時

(分)	0~14	(分)	15~29	(分)	30~44	(分)	45~59
0	·	15	—	30	○	45	·
1	·	16	○	31	·	46	○
2	○	17	·	32	—	47	○
3	—	18	○	33	·	48	—
4	○	19	—	34	·	49	—
5	—	20	○	35	·	50	—
6	○	21	·	36	—	51	—
7	○	22	○	37	○	52	·
8	·	23	—	38	○	53	·
9	·	24	·	39	○	54	○
10	—	25	○	40	—	55	○
11	○	26	○	41	—	56	○
12	—	27	—	42	○	57	·
13	·	28	—	43	·	58	—
14	—	29	○	44	·	59	—

西元2004年1月22日到2月19日

年月日23時

(分)	0~14	(分)	15~29	(分)	30~44	(分)	45~59
0	—	15	○	30	—	45	○
1	○	16	·	31	—	46	○
2	○	17	○	32	·	47	—
3	·	18	—	33	·	48	—
4	—	19	○	34	·	49	—
5	○	20	·	35	—	50	○
6	○	21	·	36	○	51	—
7	·	22	—	37	○	52	·
8	·	23	—	38	○	53	·
9	—	24	·	39	—	54	·
10	○	25	·	40	—	55	○
11	—	26	○	41	○	56	—
12	·	27	○	42	·	57	○
13	—	28	○	43	·	58	—
14	—	29	·	44	·	59	—

年月日24時

(分)	0~14	(分)	15~29	(分)	30~44	(分)	45~59
0	—	15	○	30	—	45	·
1	·	16	—	31	○	46	·
2	○	17	·	32	—	47	○
3	·	18	○	33	·	48	○
4	○	19	·	34	—	49	○
5	·	20	—	35	—	50	·
6	○	21	—	36	○	51	—
7	—	22	○	37	·	52	—
8	·	23	○	38	○	53	·
9	—	24	·	39	—	54	·
10	·	25	—	40	○	55	·
11	—	26	○	41	·	56	○
12	·	27	○	42	·	57	○
13	·	28	·	43	—	58	○
14	○	29	·	44	—	59	○

年月日1時

(分)	0~14	(分)	15~29	(分)	30~44	(分)	45~59
0	—	15	○	30	·	45	—
1	—	16	—	31	·	46	·
2	·	17	—	32	·	47	—
3	·	18	—	33	○	48	·
4	○	19	○	34	·	49	—
5	○	20	·	35	○	50	·
6	○	21	·	36	—	51	○
7	○	22	·	37	—	52	○
8	—	23	○	38	—	53	·
9	—	24	○	39	·	54	—
10	·	25	—	40	○	55	·
11	·	26	○	41	·	56	○
12	·	27	—	42	○	57	·
13	—	28	○	43	○	58	—
14	○	29	—	44	○	59	—

年月日2時

(分)	0~14	(分)	15~29	(分)	30~44	(分)	45~59
0	○	15	·	30	—	45	○
1	—	16	○	31	·	46	—
2	·	17	—	32	·	47	○
3	—	18	○	33	○	48	—
4	○	19	·	34	—	49	○
5	○	20	—	35	○	50	—
6	·	21	—	36	○	51	·
7	·	22	○	37	—	52	·
8	—	23	·	38	—	53	·
9	○	24	·	39	○	54	○
10	·	25	○	40	○	55	·
11	·	26	○	41	·	56	○
12	—	27	○	42	·	57	—
13	—	28	·	43	·	58	—
14	○	29	—	44	○	59	—

年月日3時

(分)	0~14	(分)	15~29	(分)	30~44	(分)	45~59
0	○	15	·	30	○	45	·
1	·	16	—	31	○	46	·
2	—	17	○	32	·	47	—
3	—	18	○	33	—	48	·
4	○	19	·	34	—	49	○
5	○	20	·	35	—	50	○
6	·	21	○	36	·	51	○
7	—	22	○	37	·	52	—
8	·	23	—	38	—	53	·
9	○	24	—	39	○	54	—
10	·	25	—	40	○	55	·
11	·	26	○	41	○	56	·
12	—	27	·	42	—	57	·
13	○	28	·	43	—	58	○
14	—	29	○	44	·	59	—

年月日4時

(分)	0~14	(分)	15~29	(分)	30~44	(分)	45~59
0	○	15	—	30	○	45	—
1	—	16	○	31	·	46	—
2	○	17	·	32	·	47	○
3	—	18	·	33	—	48	·
4	·	19	—	34	○	49	·
5	○	20	—	35	—	50	○
6	·	21	○	36	·	51	○
7	○	22	·	37	—	52	○
8	·	23	○	38	○	53	·
9	○	24	—	39	○	54	—
10	—	25	○	40	·	55	—
11	—	26	○	41	·	56	—
12	—	27	·	42	○	57	·
13	·	28	—	43	○	58	·
14	○	29	·	44	—	59	—

年月日5時

(分)	0~14	(分)	15~29	(分)	30~44	(分)	45~59
0	○	15	—	30	·	45	—
1	—	16	○	31	·	46	—
2	·	17	—	32	○	47	○
3	○	18	·	33	○	48	·
4	·	19	—	34	○	49	·
5	—	20	—	35	·	50	·
6	—	21	○	36	—	51	○
7	○	22	·	37	—	52	○
8	○	23	○	38	·	53	—
9	·	24	—	39	·	54	—
10	—	25	○	40	·	55	—
11	○	26	·	41	—	56	○
12	○	27	·	42	○	57	—
13	·	28	—	43	○	58	·
14	·	29	—	44	○	59	·

年月日6時

(分)	0~14	(分)	15~29	(分)	30~44	(分)	45~59
0	·	15	—	30	·	45	—
1	○	16	·	31	—	46	○
2	—	17	—	32	○	47	·
3	○	18	·	33	○	48	·
4	—	19	·	34	·	49	—
5	—	20	○	35	·	50	—
6	—	21	○	36	—	51	·
7	·	22	—	37	○	52	·
8	○	23	○	38	—	53	○
9	·	24	○	39	·	54	○
10	○	25	·	40	—	55	○
11	·	26	—	41	—	56	·
12	○	27	—	42	○	57	—
13	—	28	○	43	·	58	—
14	·	29	○	44	○	59	·

西元2004年1月22日到2月19日

年月日7時	(分)	0~14	(分)	15~29	(分)	30~44	(分)	45~59
	0	○	15	—	30	○	45	—
	1	—	16	○	31	·	46	—
	2	○	17	·	32	—	47	○
	3	○	18	·	33	—	48	·
	4	·	19	—	34	○	49	·
	5	·	20	—	35	○	50	·
	6	·	21	○	36	—	51	○
	7	○	22	·	37	—	52	○
	8	—	23	○	38	·	53	·
	9	·	24	—	39	·	54	—
	10	—	25	○	40	·	55	—
	11	○	26	○	41	—	56	—
	12	○	27	·	42	○	57	·
	13	·	28	—	43	○	58	·
	14	·	29	·	44	—	59	○

年月日8時	(分)	0~14	(分)	15~29	(分)	30~44	(分)	45~59
	0	○	15	—	30	·	45	—
	1	○	16	·	31	—	46	○
	2	·	17	—	32	○	47	○
	3	○	18	·	33	○	48	·
	4	—	19	○	34	·	49	—
	5	—	20	—	35	·	50	·
	6	—	21	○	36	—	51	○
	7	·	22	—	37	○	52	·
	8	○	23	○	38	·	53	—
	9	·	24	—	39	·	54	—
	10	○	25	·	40	—	55	○
	11	○	26	·	41	—	56	○
	12	○	27	·	42	○	57	—
	13	—	28	○	43	·	58	—
	14	·	29	—	44	○	59	·

年月日9時	(分)	0~14	(分)	15~29	(分)	30~44	(分)	45~59
	0	○	15	—	30	○	45	—
	1	—	16	○	31	·	46	—
	2	○	17	·	32	·	47	○
	3	—	18	·	33	—	48	·
	4	·	19	—	34	○	49	·
	5	○	20	—	35	—	50	○
	6	·	21	○	36	·	51	○
	7	○	22	·	37	—	52	○
	8	·	23	—	38	○	53	·
	9	○	24	—	39	○	54	—
	10	—	25	○	40	·	55	—
	11	—	26	○	41	·	56	—
	12	—	27	·	42	○	57	·
	13	·	28	—	43	○	58	·
	14	○	29	·	44	—	59	○

年月日10時	(分)	0~14	(分)	15~29	(分)	30~44	(分)	45~59
	0	○	15	—	30	○	45	—
	1	○	16	·	31	—	46	○
	2	○	17	·	32	—	47	○
	3	○	18	·	33	—	48	·
	4	—	19	○	34	·	49	—
	5	·	20	—	35	○	50	·
	6	·	21	○	36	—	51	○
	7	·	22	—	37	○	52	·
	8	—	23	○	38	·	53	·
	9	·	24	○	39	·	54	—
	10	○	25	·	40	—	55	○
	11	○	26	○	41	—	56	—
	12	○	27	·	42	○	57	·
	13	—	28	○	43	·	58	—
	14	·	29	·	44	—	59	○

年月日11時	(分)	0~14	(分)	15~29	(分)	30~44	(分)	45~59
	0	—	15	○	30	·	45	—
	1	·	16	·	31	○	46	○
	2	○	17	·	32	○	47	·
	3	·	18	—	33	○	48	·
	4	—	19	—	34	○	49	·
	5	—	20	○	35	—	50	○
	6	○	21	·	36	—	51	○
	7	—	22	○	37	○	52	—
	8	·	23	—	38	·	53	○
	9	—	24	○	39	·	54	—
	10	○	25	·	40	—	55	○
	11	○	26	—	41	○	56	—
	12	·	27	—	42	○	57	·
	13	·	28	○	43	—	58	·
	14	—	29	·	44	—	59	·

年月日12時	(分)	0~14	(分)	15~29	(分)	30~44	(分)	45~59
	0	○	15	·	30	—	45	○
	1	·	16	—	31	○	46	·
	2	○	17	·	32	○	47	—
	3	—	18	○	33	·	48	—
	4	—	19	○	34	·	49	—
	5	—	20	·	35	—	50	·
	6	·	21	—	36	○	51	·
	7	○	22	·	37	·	52	○
	8	·	23	○	38	·	53	○
	9	○	24	·	39	—	54	○
	10	○	25	○	40	—	55	○
	11	○	26	—	41	○	56	—
	12	—	27	○	42	·	57	—
	13	·	28	—	43	○	58	·
	14	—	29	·	44	—	59	·

年月日13時	(分)	0~14	(分)	15~29	(分)	30~44	(分)	45~59
	0	○	15	·	30	·	45	○
	1	○	16	—	31	○	46	—
	2	·	17	—	32	○	47	·
	3	○	18	—	33	—	48	○
	4	—	19	·	34	—	49	·
	5	○	20	·	35	—	50	○
	6	·	21	—	36	○	51	·
	7	·	22	○	37	·	52	○
	8	—	23	○	38	·	53	—
	9	—	24	○	39	·	54	—
	10	○	25	—	40	·	55	—
	11	·	26	—	41	○	56	·
	12	○	27	·	42	—	57	—
	13	○	28	·	43	○	58	·
	14	○	29	○	44	—	59	○

年月日14時	(分)	0~14	(分)	15~29	(分)	30~44	(分)	45~59
	0	○	15	·	30	—	45	○
	1	○	16	—	31	○	46	—
	2	—	17	○	32	○	47	—
	3	·	18	—	33	○	48	·
	4	—	19	·	34	○	49	·
	5	·	20	—	35	○	50	○
	6	—	21	○	36	·	51	·
	7	—	22	○	37	—	52	○
	8	○	23	○	38	—	53	○
	9	○	24	○	39	○	54	—
	10	·	25	—	40	·	55	—
	11	—	26	○	41	·	56	—
	12	·	27	○	42	—	57	○
	13	○	28	·	43	○	58	·
	14	·	29	—	44	○	59	○

西元2004年1月22日到2月19日

	(分)	0~14	(分)	15~29	(分)	30~44	(分)	45~59
	0	·	15	—	30	○	45	·
年	1	○	16	○	31	·	46,	—
	2	○	17	—	32	○	47	—
	3	○	18	·	33	—	48	○
	4	○	19	·	34	—	49	○
月	5	—	20	·	35	○	50	·
	6	—	21	○	36	·	51	—
	7	○	22	—	37	○	52	○
	8	—	23	○	38	—	53	○
日	9	·	24	—	39	○	54	·
	10	—	25	—	40	·	55	·
15	11	·	26	—	41	·	56	—
時	12	○	27	·	42	—	57	○
	13	○	28	○	43	·	58	—
	14	○	29	·	44	○	59	·

	(分)	0~14	(分)	15~29	(分)	30~44	(分)	45~59
	0	—	15	○	30	·	45	—
年	1	○	16	·	31	—	46	—
	2	○	17	—	32	·	47	—
	3	·	18	—	33	○	48	·
	4	·	19	·	34	○	49	○
月	5	○	20	·	35	○	50	·
	6	○	21	·	36	—	51	○
	7	—	22	—	37	○	52	·
	8	—	23	○	38	—	53	○
日	9	—	24	○	39	·	54	—
	10	○	25	○	40	·	55	—
16	11	·	26	—	41	·	56	○
時	12	·	27	○	42	○	57	·
	13	○	28	·	43	—	58	○
	14	○	29	—	44	○	59	—

	(分)	0~14	(分)	15~29	(分)	30~44	(分)	45~59
	0	·	15	—	30	·	45	○
年	1	—	16	○	31	·	46	—
	2	—	17	○	32	·	47	—
	3	○	18	—	33	○	48	—
	4	·	19	—	34	○	49	·
月	5	○	20	·	35	·	50	○
	6	—	21	·	36	—	51	·
	7	○	22	·	37	—	52	○
	8	○	23	—	38	○	53	○
日	9	·	24	○	39	·	54	○
	10	—	25	○	40	·	55	—
17	11	·	26	—	41	○	56	·
時	12	○	27	—	42	○	57	—
	13	·	28	—	43	○	58	·
	14	—	29	○	44	·	59	—

	(分)	0~14	(分)	15~29	(分)	30~44	(分)	45~59
	0	·	15	○	30	·	45	○
年	1	○	16	·	31	—	46	○
	2	—	17	·	32	·	47	○
	3	○	18	—	33	○	48	—
	4	—	19	○	34	·	49	—
月	5	○	20	·	35	—	50	○
	6	—	21	·	36	—	51	·
	7	·	22	—	37	○	52	·
	8	·	23	○	38	○	53	·
日	9	·	24	○	39	—	54	○
	10	○	25	·	40	○	55	○
18	11	—	26	○	41	·	56	·
時	12	·	27	—	42	·	57	—
	13	—	28	○	43	○	58	—
	14	○	29	○	44	—	59	○

	(分)	0~14	(分)	15~29	(分)	30~44	(分)	45~59
	0	·	15	—	30	○	45	·
年	1	○	16	—	31	○	46	—
	2	—	17	○	32	·	47	—
	3	—	18	○	33	○	48	—
	4	—	19	·	34	—	49	·
月	5	·	20	—	35	○	50	·
	6	—	21	·	36	·	51	—
	7	·	22	○	37	·	52	○
	8	○	23	·	38	—	53	○
日	9	○	24	·	39	—	54	○
	10	○	25	—	40	○	55	—
19	11	—	26	○	41	·	56	—
時	12	·	27	—	42	○	57	·
	13	—	28	·	43	○	58	·
	14	·	29	—	44	○	59	·

	(分)	0~14	(分)	15~29	(分)	30~44	(分)	45~59
	0	·	15	○	30	○	45	·
年	1	○	16	—	31	○	46	—
	2	○	17	·	32	—	47	○
	3	—	18	○	33	·	48	—
	4	—	19	·	34	—	49	·
月	5	—	20	○	35	·	50	—
	6	○	21	○	36	—	51	○
	7	·	22	○	37	—	52	○
	8	·	23	—	38	○	53	·
日	9	·	24	—	39	○	54	○
	10	·	25	—	40	·	55	—
20	11	○	26	·	41	—	56	○
時	12	—	27	○	42	·	57	·
	13	○	28	·	43	○	58	·
	14	—	29	○	44	·	59	—

	(分)	0~14	(分)	15~29	(分)	30~44	(分)	45~59
	0	○	15	·	30	—	45	○
年	1	·	16	—	31	—	46	·
	2	—	17	·	32	—	47	·
	3	—	18	○	33	·	48	—
	4	·	19	○	34	○	49	·
月	5	·	20	○	35	·	50	○
	6	○	21	—	36	○	51	·
	7	—	22	○	37	·	52	—
	8	○	23	—	38	○	53	—
日	9	○	24	·	39	—	54	○
	10	○	25	·	40	—	55	○
21	11	○	26	·	41	○	56	·
時	12	—	27	○	42	·	57	—
	13	·	28	—	43	○	58	○
	14	—	29	○	44	—	59	○

	(分)	0~14	(分)	15~29	(分)	30~44	(分)	45~59
	0	·	15	—	30	○	45	·
年	1	·	16	○	31	○	46	·
	2	—	17	·	32	○	47	·
	3	○	18	·	33	—	48	○
	4	—	19	○	34	·	49	—
月	5	·	20	○	35	—	50	○
	6	—	21	○	36	·	51	—
	7	○	22	○	37	—	52	—
	8	○	23	—	38	·	53	—
日	9	·	24	—	39	○	54	·
	10	·	25	·	40	○	55	○
22	11	○	26	·	41	○	56	·
時	12	○	27	·	42	—	57	○
	13	—	28	—	43	○	58	·
	14	—	29	○	44	—	59	○

西元2004年2月20日到3月20日

年月日23時

(分)	0~14	(分)	15~29	(分)	30~44	(分)	45~59
0	○	15	·	30	—	45	○
1	·	16	—	31	○	46	○
2	—	17	○	32	—	47	○
3	—	18	○	33	·	48	—
4	—	19	—	34	·	49	·
5	·	20	—	35	·	50	—
6	·	21	○	36	○	51	·
7	○	22	○	37	·	52	—
8	○	23	·	38	○	53	·
9	○	24	·	39	—	54	○
10	○	25	·	40	—	55	○
11	—	26	○	41	—	56	·
12	—	27	○	42	·	57	—
13	·	28	—	43	○	58	·
14	○	29	○	44	·	59	○

年月日24時

(分)	0~14	(分)	15~29	(分)	30~44	(分)	45~59
0	·	15	—	30	·	45	·
1	—	16	—	31	○	46	·
2	—	17	○	32	—	47	○
3	○	18	·	33	—	48	○
4	—	19	○	34	·	49	—
5	·	20	—	35	·	50	○
6	—	21	○	36	○	51	—
7	○	22	○	37	—	52	○
8	○	23	—	38	○	53	—
9	·	24	—	39	○	54	·
10	·	25	○	40	—	55	·
11	—	26	·	41	—	56	·
12	○	27	·	42	—	57	○
13	·	28	○	43	○	58	·
14	·	29	○	44	·	59	○

年月日1時

(分)	0~14	(分)	15~29	(分)	30~44	(分)	45~59
0	○	15	·	30	—	45	○
1	·	16	○	31	—	46	○
2	·	17	—	32	○	47	·
3	·	18	—	33	○	48	○
4	·	19	—	34	·	49	—
5	○	20	·	35	—	50	○
6	—	21	—	36	·	51	·
7	○	22	·	37	○	52	·
8	—	23	○	38	·	53	—
9	○	24	○	39	·	54	—
10	○	25	○	40	—	55	○
11	·	26	—	41	○	56	·
12	○	27	·	42	—	57	○
13	·	28	—	43	·	58	○
14	○	29	·	44	—	59	○

年月日2時

(分)	0~14	(分)	15~29	(分)	30~44	(分)	45~59
0	·	15	·	30	○	45	○
1	—	16	○	31	—	46	○
2	—	17	○	32	·	47	—
3	—	18	—	33	○	48	·
4	·	19	—	34	·	49	—
5	·	20	—	35	○	50	·
6	—	21	○	36	·	51	—
7	○	22	·	37	○	52	—
8	○	23	·	38	—	53	○
9	○	24	·	39	—	54	○
10	—	25	·	40	—	55	·
11	—	26	○	41	·	56	—
12	·	27	—	42	—	57	·
13	·	28	○	43	·	58	○
14	·	29	—	44	○	59	·

年月日3時

(分)	0~14	(分)	15~29	(分)	30~44	(分)	45~59
0	—	15	○	30	·	45	—
1	○	16	·	31	·	46	○
2	—	17	·	32	—	47	·
3	·	18	—	33	○	48	·
4	○	19	·	34	—	49	○
5	·	20	○	35	·	50	○
6	○	21	·	36	—	51	○
7	·	22	—	37	○	52	·
8	○	23	—	38	○	53	—
9	—	24	○	39	·	54	—
10	—	25	○	40	·	55	·
11	○	26	·	41	○	56	·
12	·	27	—	42	○	57	·
13	○	28	○	43	—	58	—
14	—	29	○	44	—	59	○

年月日4時

(分)	0~14	(分)	15~29	(分)	30~44	(分)	45~59
0	○	15	·	30	—	45	○
1	○	16	·	31	—	46	○
2	—	17	·	32	○	47	·
3	—	18	○	33	·	48	—
4	·	19	—	34	○	49	○
5	—	20	○	35	—	50	○
6	·	21	—	36	○	51	·
7	—	22	○	37	·	52	·
8	·	23	—	38	·	53	—
9	○	24	·	39	—	54	○
10	○	25	○	40	·	55	—
11	○	26	·	41	○	56	·
12	—	27	○	42	·	57	—
13	○	28	·	43	—	58	○
14	—	29	○	44	—	59	○

年月日5時

(分)	0~14	(分)	15~29	(分)	30~44	(分)	45~59
0	—	15	○	30	○	45	·
1	—	16	○	31	—	46	○
2	—	17	○	32	·	47	—
3	○	18	○	33	—	48	—
4	·	19	—	34	·	49	—
5	·	20	○	35	○	50	·
6	○	21	·	36	—	51	○
7	○	22	·	37	○	52	·
8	○	23	○	38	—	53	○
9	·	24	—	39	○	54	·
10	—	25	○	40	—	55	·
11	—	26	○	41	·	56	—
12	○	27	○	42	·	57	—
13	·	28	○	43	·	58	○
14	·	29	—	44	○	59	·

年月日6時

(分)	0~14	(分)	15~29	(分)	30~44	(分)	45~59
0	○	15	○	30	·	45	—
1	—	16	○	31	—	46	○
2	○	17	·	32	—	47	○
3	○	18	·	33	○	48	○
4	·	19	—	34	·	49	○
5	—	20	○	35	·	50	—
6	·	21	○	36	○	51	·
7	○	22	○	37	○	52	—
8	·	23	—	38	○	53	·
9	—	24	○	39	○	54	—
10	—	25	·	40	—	55	·
11	○	26	·	41	—	56	○
12	—	27	·	42	·	57	—
13	·	28	○	43	·	58	○
14	—	29	○	44	·	59	—

西元2004年2月20日到3月20日

年月日7時	(分)	0~14	(分)	15~29	(分)	30~44	(分)	45~59
	0	·	15	—	30	〇	45	·
	1	·	16	〇	31	·	46	〇
	2	—	17	〇	32	·	47	—
	3	—	18	〇	33	·	48	—
	4	〇	19	—	34	〇	49	—
	5	·	20	—	35	〇	50	·
	6	〇	21	·	36	—	51	—
	7	〇	22	·	37	〇	52	·
	8	〇	23	·	38	—	53	〇
	9	·	24	·	39	〇	54	〇
	10	—	25	〇	40	—	55	〇
	11	—	26	〇	41	·	56	—
	12	—	27	—	42	〇	57	·
	13	·	28	—	43	·	58	—
	14	·	29	—	44	〇	59	·

年月日8時	(分)	0~14	(分)	15~29	(分)	30~44	(分)	45~59
	0	—	15	〇	30	〇	45	·
	1	—	16	〇	31	—	46	〇
	2	〇	17	·	32	—	47	〇
	3	〇	18	〇	33	〇	48	—
	4	·	19	—	34	·	49	—
	5	—	20	〇	35	·	50	—
	6	·	21	〇	36	—	51	〇
	7	〇	22	·	37	〇	52	·
	8	·	23	—	38	〇	53	·
	9	·	24	〇	39	〇	54	·
	10	—	25	〇	40	—	55	·
	11	〇	26	·	41	〇	56	〇
	12	—	27	〇	42	·	57	—
	13	·	28	〇	43	·	58	〇
	14	—	29	〇	44	〇	59	—

年月日9時	(分)	0~14	(分)	15~29	(分)	30~44	(分)	45~59
	0	·	15	—	30	—	45	·
	1	·	16	〇	31	·	46	〇
	2	—	17	〇	32	·	47	—
	3	·	18	〇	33	〇	48	·
	4	〇	19	—	34	〇	49	—
	5	·	20	—	35	〇	50	·
	6	—	21	〇	36	·	51	—
	7	—	22	·	37	—	52	·
	8	〇	23	·	38	—	53	〇
	9	〇	24	·	39	—	54	〇
	10	·	25	〇	40	—	55	〇
	11	—	26	〇	41	·	56	—
	12	·	27	—	42	〇	57	〇
	13	·	28	—	43	·	58	—
	14	〇	29	—	44	〇	59	·

年月日10時	(分)	0~14	(分)	15~29	(分)	30~44	(分)	45~59
	0	·	15	—	30	〇	45	·
	1	·	16	〇	31	·	46	〇
	2	〇	17	·	32	—	47	〇
	3	—	18	〇	33	·	48	—
	4	〇	19	—	34	〇	49	—
	5	—	20	〇	35	〇	50	—
	6	〇	21	·	36	—	51	—
	7	〇	22	〇	37	〇	52	·
	8	·	23	—	38	〇	53	·
	9	·	24	·	39	·	54	〇
	10	—	25	〇	40	—	55	〇
	11	〇	26	〇	41	—	56	〇
	12	—	27	—	42	〇	57	·
	13	·	28	—	43	·	58	—
	14	—	29	〇	44	·	59	—

年月日11時	(分)	0~14	(分)	15~29	(分)	30~44	(分)	45~59
	0	—	15	〇	30	·	45	—
	1	〇	16	—	31	·	46	—
	2	·	17	—	32	〇	47	·
	3	〇	18	·	33	—	48	—
	4	〇	19	·	34	〇	49	·
	5	〇	20	〇	35	—	50	〇
	6	·	21	·	36	〇	51	〇
	7	—	22	〇	37	—	52	〇
	8	—	23	〇	38	·	53	—
	9	—	24	—	39	〇	54	·
	10	·	25	—	40	·	55	—
	11	·	26	—	41	〇	56	·
	12	—	27	〇	42	·	57	—
	13	〇	28	·	43	〇	58	—
	14	〇	29	·	44	—	59	〇

年月日12時	(分)	0~14	(分)	15~29	(分)	30~44	(分)	45~59
	0	〇	15	〇	30	—	45	—
	1	·	16	—	31	·	46	—
	2	—	17	〇	32	·	47	〇
	3	·	18	·	33	—	48	〇
	4	〇	19	·	34	〇	49	·
	5	·	20	—	35	〇	50	·
	6	·	21	〇	36	〇	51	·
	7	—	22	〇	37	〇	52	·
	8	〇	23	·	38	—	53	〇
	9	—	24	〇	39	·	54	—
	10	·	25	〇	40	·	55	〇
	11	—	26	〇	41	·	56	—
	12	〇	27	·	42	〇	57	〇
	13	〇	28	—	43	〇	58	—
	14	·	29	—	44	〇	59	·

年月日13時	(分)	0~14	(分)	15~29	(分)	30~44	(分)	45~59
	0	〇	15	—	30	—	45	〇
	1	—	16	·	31	—	46	·
	2	·	17	—	32	〇	47	·
	3	·	18	—	33	〇	48	·
	4	·	19	〇	34	·	49	〇
	5	〇	20	·	35	—	50	〇
	6	—	21	〇	36	·	51	—
	7	〇	22	—	37	·	52	—
	8	—	23	〇	38	·	53	—
	9	〇	24	·	39	—	54	—
	10	〇	25	·	40	〇	55	·
	11	·	26	—	41	〇	56	·
	12	·	27	·	42	〇	57	〇
	13	—	28	〇	43	—	58	〇
	14	〇	29	·	44	—	59	〇

年月日14時	(分)	0~14	(分)	15~29	(分)	30~44	(分)	45~59
	0	·	15	—	30	〇	45	·
	1	—	16	·	31	〇	46	·
	2	—	17	〇	32	·	47	—
	3	—	18	〇	33	·	48	·
	4	—	19	〇	34	—	49	〇
	5	·	20	—	35	〇	50	·
	6	〇	21	〇	36	—	51	—
	7	·	22	—	37	·	52	—
	8	〇	23	·	38	—	53	〇
	9	·	24	〇	39	—	54	〇
	10	〇	25	·	40	〇	55	·
	11	—	26	〇	41	·	56	—
	12	·	27	—	42	〇	57	·
	13	—	28	〇	43	—	58	·
	14	·	29	—	44	〇	59	·

西元2004年2月20日到3月20日

年月日15時	(分)	0~14	(分)	15~29	(分)	30~44	(分)	45~59
	0	—	15	○	30	·	45	—
	1	—	16	○	31	—	46	·
	2	—	17	○	32	·	47	—
	3	○	18	·	33	—	48	○
	4	·	19	○	34	·	49	○
	5	·	20	—	35	○	50	·
	6	·	21	—	36	—	51	·
	7	○	22	—	37	○	52	—
	8	○	23	·	38	—	53	○
	9	·	24	○	39	○	54	·
	10	—	25	·	40	—	55	·
	11	—	26	○	41	·	56	—
	12	—	27	○	42	·	57	—
	13	·	28	○	43	·	58	○
	14	·	29	—	44	○	59	·

年月日16時	(分)	0~14	(分)	15~29	(分)	30~44	(分)	45~59
	0	○	15	·	30	○	45	○
	1	—	16	·	31	—	46	·
	2	○	17	·	32	—	47	○
	3	○	18	—	33	—	48	○
	4	·	19	○	34	·	49	○
	5	—	20	○	35	·	50	—
	6	·	21	○	36	○	51	·
	7	○	22	—	37	○	52	—
	8	·	23	—	38	○	53	·
	9	—	24	○	39	·	54	—
	10	—	25	·	40	○	55	·
	11	○	26	·	41	—	56	○
	12	○	27	·	42	—	57	—
	13	—	28	○	43	—	58	○
	14	—	29	○	44	·	59	—

年月日17時	(分)	0~14	(分)	15~29	(分)	30~44	(分)	45~59
	0	·	15	—	30	○	45	·
	1	○	16	·	31	—	46	—
	2	·	17	—	32	·	47	—
	3	○	18	·	33	—	48	○
	4	·	19	·	34	○	49	○
	5	○	20	·	35	○	50	·
	6	—	21	○	36	·	51	—
	7	—	22	—	37	○	52	·
	8	—	23	○	38	—	53	○
	9	·	24	—	39	○	54	·
	10	—	25	○	40	·	55	—
	11	·	26	—	41	·	56	○
	12	○	27	·	42	—	57	○
	13	○	28	·	43	—	58	○
	14	○	29	—	44	○	59	—

年月日18時	(分)	0~14	(分)	15~29	(分)	30~44	(分)	45~59
	0	—	15	○	30	·	45	—
	1	·	16	·	31	—	46	○
	2	·	17	—	32	·	47	—
	3	·	18	—	33	○	48	·
	4	○	19	—	34	○	49	·
	5	○	20	·	35	○	50	—
	6	○	21	·	36	—	51	○
	7	—	22	○	37	·	52	—
	8	—	23	·	38	—	53	·
	9	—	24	○	39	·	54	—
	10	○	25	·	40	·	55	○
	11	·	26	○	41	·	56	○
	12	·	27	—	42	○	57	·
	13	○	28	—	43	—	58	○
	14	○	29	—	44	○	59	—

年月日19時	(分)	0~14	(分)	15~29	(分)	30~44	(分)	45~59
	0	·	15	—	30	·	45	—
	1	—	16	○	31	·	46	○
	2	○	17	·	32	—	47	○
	3	○	18	·	33	○	48	—
	4	·	19	—	34	○	49	·
	5	·	20	—	35	○	50	·
	6	—	21	·	36	—	51	·
	7	○	22	·	37	—	52	○
	8	—	23	○	38	○	53	—
	9	·	24	○	39	·	54	○
	10	—	25	○	40	·	55	—
	11	—	26	○	41	·	56	—
	12	○	27	—	42	○	57	—
	13	·	28	○	43	○	58	·
	14	○	29	·	44	—	59	○

年月日20時	(分)	0~14	(分)	15~29	(分)	30~44	(分)	45~59
	0	·	15	○	30	·	45	○
	1	○	16	·	31	—	46	○
	2	·	17	—	32	—	47	·
	3	○	18	—	33	○	48	—
	4	—	19	○	34	·	49	—
	5	·	20	○	35	○	50	·
	6	—	21	·	36	—	51	·
	7	·	22	—	37	○	52	○
	8	—	23	○	38	·	53	—
	9	·	24	○	39	·	54	○
	10	·	25	○	40	—	55	○
	11	○	26	·	41	○	56	○
	12	○	27	—	42	·	57	—
	13	—	28	○	43	·	58	○
	14	·	29	—	44	○	59	○

年月日21時	(分)	0~14	(分)	15~29	(分)	30~44	(分)	45~59
	0	—	15	○	30	·	45	—
	1	○	16	·	31	○	46	—
	2	—	17	○	32	·	47	—
	3	○	18	·	33	—	48	○
	4	—	19	·	34	—	49	·
	5	·	20	—	35	○	50	·
	6	·	21	—	36	—	51	·
	7	·	22	○	37	·	52	○
	8	○	23	·	38	—	53	○
	9	·	24	○	39	○	54	·
	10	○	25	—	40	○	55	—
	11	—	26	○	41	·	56	—
	12	—	27	○	42	·	57	○
	13	—	28	·	43	—	58	·
	14	·	29	—	44	○	59	·

年月日22時	(分)	0~14	(分)	15~29	(分)	30~44	(分)	45~59
	0	○	15	·	30	·	45	○
	1	○	16	—	31	○	46	—
	2	○	17	·	32	—	47	○
	3	·	18	—	33	—	48	○
	4	—	19	·	34	—	49	·
	5	—	20	○	35	·	50	—
	6	·	21	○	36	○	51	·
	7	·	22	○	37	·	52	○
	8	·	23	—	38	○	53	·
	9	—	24	○	39	·	54	—
	10	○	25	—	40	·	55	—
	11	○	26	·	41	—	56	○
	12	○	27	·	42	—	57	—
	13	○	28	·	43	○	58	·
	14	—	29	○	44	·	59	—

西元2004年3月21日到4月18日

	(分)	0~14	(分)	15~29	(分)	30~44	(分)	45~59
	0	·	15	—	30	○	45	·
	1	—	16	○	31	·	46	·
年	2	○	17	·	32	○	47	·
	3	○	18	·	33	—	48	○
	4	○	19	○	34	—	49	—
月	5	—	20	○	35	—	50	○
	6	—	21	○	36	·	51	—
	7	·	22	·	37	—	52	○
	8	·	23	—	38	·	53	—
日	9	·	24	—	39	○	54	·
	10	·	25	—	40	○	55	·
23	11	○	26	·	41	○	56	—
時	12	○	27	·	42	—	57	○
	13	—	28	○	43	·	58	—
	14	—	29	·	44	—	59	·

	(分)	0~14	(分)	15~29	(分)	30~44	(分)	45~59
	0	—	15	○	30	·	45	—
	1	○	16	○	31	·	46	—
年	2	○	17	·	32	○	47	·
	3	·	18	—	33	○	48	·
	4	○	19	·	34	—	49	○
月	5	—	20	○	35	—	50	·
	6	○	21	·	36	○	51	○
	7	·	22	○	37	○	52	·
	8	·	23	○	38	○	53	○
日	9	—	24	○	39	·	54	—
	10	—	25	○	40	○	55	—
24	11	○	26	—	41	○	56	—
時	12	·	27	—	42	○	57	·
	13	—	28	○	43	·	58	—
	14	—	29	·	44	—	59	·

	(分)	0~14	(分)	15~29	(分)	30~44	(分)	45~59
	0	·	15	—	30	○	45	·
	1	—	16	·	31	○	46	·
年	2	—	17	○	32	·	47	—
	3	—	18	○	33	·	48	·
	4	—	19	○	34	—	49	○
月	5	·	20	—	35	○	50	·
	6	○	21	○	36	—	51	—
	7	·	22	—	37	·	52	—
	8	○	23	·	38	—	53	○
日	9	·	24	·	39	—	54	○
	10	○	25	·	40	○	55	·
1	11	—	26	○	41	·	56	—
時	12	·	27	—	42	○	57	·
	13	—	28	○	43	—	58	·
	14	·	29	—	44	○	59	·

	(分)	0~14	(分)	15~29	(分)	30~44	(分)	45~59
	0	—	15	—	30	·	45	·
	1	○	16	·	31	○	46	·
年	2	○	17	·	32	—	47	○
	3	○	18	○	33	·	48	—
	4	—	19	○	34	—	49	○
月	5	—	20	○	35	·	50	—
	6	○	21	○	36	—	51	○
	7	·	22	○	37	·	52	○
	8	·	23	—	38	○	53	·
日	9	·	24	○	39	○	54	·
	10	○	25	—	40	○	55	—
2	11	○	26	·	41	—	56	○
時	12	—	27	○	42	○	57	—
	13	—	28	·	43	—	58	·
	14	—	29	○	44	·	59	—

	(分)	0~14	(分)	15~29	(分)	30~44	(分)	45~59
	0	○	15	·	30	—	45	○
	1	○	16	—	31	—	46	○
年	2	○	17	—	32	○	47	—
	3	—	18	○	33	·	48	—
	4	·	19	—	34	○	49	·
月	5	—	20	·	35	—	50	·
	6	·	21	—	36	○	51	·
	7	—	22	○	37	·	52	—
	8	·	23	○	38	—	53	○
日	9	○	24	·	39	—	54	○
	10	○	25	·	40	—	55	—
3	11	·	26	—	41	·	56	—
時	12	—	27	○	42	·	57	—
	13	·	28	·	43	○	58	○
	14	○	29	·	44	○	59	·

	(分)	0~14	(分)	15~29	(分)	30~44	(分)	45~59
	0	·	15	—	30	○	45	·
	1	·	16	—	31	○	46	·
年	2	○	17	—	32	·	47	—
	3	○	18	·	33	—	48	○
	4	—	19	○	34	·	49	·
月	5	○	20	·	35	○	50	·
	6	—	21	○	36	·	51	—
	7	○	22	○	37	—	52	—
	8	—	23	○	38	—	53	○
日	9	·	24	○	39	○	54	·
	10	·	25	·	40	—	55	○
4	11	·	26	—	41	·	56	—
時	12	○	27	·	42	—	57	○
	13	·	28	—	43	○	58	·
	14	○	29	·	44	○	59	—

	(分)	0~14	(分)	15~29	(分)	30~44	(分)	45~59
	0	○	15	·	30	—	45	—
	1	○	16	·	31	○	46	·
年	2	○	17	·	32	—	47	○
	3	·	18	·	33	○	48	○
	4	—	19	○	34	—	49	○
月	5	—	20	○	35	·	50	—
	6	○	21	—	36	○	51	·
	7	·	22	—	37	·	52	—
	8	·	23	—	38	○	53	·
日	9	—	24	○	39	·	54	—
	10	○	25	·	40	○	55	—
5	11	○	26	·	41	—	56	○
時	12	○	27	·	42	—	57	○
	13	—	28	·	43	—	58	·
	14	—	29	○	44	·	59	—

	(分)	0~14	(分)	15~29	(分)	30~44	(分)	45~59
	0	·	15	·	30	—	45	○
	1	○	16	·	31	○	46	·
年	2	·	17	—	32	○	47	·
	3	·	18	—	33	○	48	·
	4	—	19	○	34	—	49	·
月	5	○	20	·	35	—	50	○
	6	—	21	○	36	·	51	—
	7	·	22	○	37	·	52	○
	8	—	23	○	38	·	53	—
日	9	○	24	○	39	·	54	○
	10	○	25	—	40	○	55	—
6	11	·	26	—	41	○	56	·
時	12	○	27	—	42	—	57	○
	13	—	28	○	43	—	58	·
	14	○	29	·	44	—	59	○

西元2004年3月21日到4月18日

年月日7時	(分)	0~14	(分)	15~29	(分)	30~44	(分)	45~59
	0	—	15	○	30	·	45	—
	1	—	16	·	31	—	46	·
	2	○	17	·	32	—	47	○
	3	○	18	·	33	—	48	○
	4	·	19	○	34	—	49	○
	5	—	20	○	35	·	50	—
	6	·	21	—	36	○	51	○
	7	·	22	—	37	·	52	—
	8	·	23	—	38	○	53	·
	9	—	24	—	39	·	54	·
	10	○	25	·	40	○	55	·
	11	○	26	·	41	—	56	○
	12	○	27	○	42	·	57	—
	13	—	28	○	43	—	58	○
	14	—	29	○	44	·	59	—

年月日8時	(分)	0~14	(分)	15~29	(分)	30~44	(分)	45~59
	0	○	15	·	30	—	45	—
	1	○	16	·	31	○	46	·
	2	·	17	—	32	○	47	·
	3	·	18	·	33	○	48	○
	4	—	19	○	34	—	49	○
	5	○	20	·	35	—	50	○
	6	—	21	○	36	○	51	·
	7	·	22	—	37	·	52	—
	8	—	23	○	38	·	53	—
	9	—	24	○	39	·	54	—
	10	○	25	·	40	○	55	—
	11	·	26	—	41	○	56	·
	12	○	27	·	42	—	57	○
	13	—	28	·	43	—	58	·
	14	○	29	·	44	—	59	○

年月日9時	(分)	0~14	(分)	15~29	(分)	30~44	(分)	45~59
	0	—	15	○	30	○	45	—
	1	—	16	·	31	—	46	·
	2	○	17	·	32	—	47	○
	3	○	18	·	33	·	48	—
	4	○	19	○	34	·	49	○
	5	—	20	○	35	·	50	—
	6	○	21	·	36	—	51	○
	7	○	22	—	37	○	52	—
	8	○	23	—	38	○	53	·
	9	·	24	—	39	○	54	·
	10	—	25	·	40	○	55	·
	11	○	26	·	41	—	56	○
	12	—	27	○	42	·	57	·
	13	—	28	○	43	—	58	○
	14	—	29	○	44	·	59	—

年月日10時	(分)	0~14	(分)	15~29	(分)	30~44	(分)	45~59
	0	—	15	○	30	·	45	—
	1	—	16	·	31	—	46	·
	2	·	17	—	32	○	47	·
	3	○	18	·	33	—	48	○
	4	·	19	○	34	—	49	○
	5	○	20	·	35	—	50	○
	6	·	21	○	36	○	51	○
	7	·	22	—	37	·	52	—
	8	—	23	○	38	·	53	—
	9	—	24	—	39	·	54	·
	10	○	25	·	40	○	55	·
	11	·	26	—	41	○	56	·
	12	○	27	○	42	·	57	—
	13	—	28	○	43	—	58	○
	14	○	29	·	44	—	59	○

年月日11時	(分)	0~14	(分)	15~29	(分)	30~44	(分)	45~59
	0	○	15	·	30	—	45	○
	1	·	16	○	31	—	46	○
	2	—	17	○	32	·	47	—
	3	·	18	—	33	○	48	○
	4	·	19	—	34	·	49	—
	5	·	20	—	35	○	50	·
	6	—	21	○	36	·	51	·
	7	○	22	·	37	○	52	·
	8	○	23	·	38	—	53	○
	9	○	24	○	39	·	54	—
	10	—	25	○	40	—	55	○
	11	—	26	○	41	·	56	—
	12	○	27	·	42	—	57	○
	13	·	28	—	43	·	58	○
	14	·	29	—	44	○	59	·

年月日12時	(分)	0~14	(分)	15~29	(分)	30~44	(分)	45~59
	0	·	15	·	30	○	45	○
	1	—	16	○	31	—	46	○
	2	○	17	·	32	—	47	○
	3	—	18	—	33	○	48	·
	4	·	19	—	34	·	49	—
	5	—	20	○	35	·	50	—
	6	—	21	○	36	·	51	—
	7	○	22	○	37	○	52	○
	8	·	23	—	38	○	53	·
	9	○	24	○	39	—	54	○
	10	—	25	·	40	—	55	·
	11	○	26	·	41	○	56	○
	12	·	27	—	42	—	57	·
	13	·	28	○	43	·	58	○
	14	—	29	○	44	·	59	—

年月日13時	(分)	0~14	(分)	15~29	(分)	30~44	(分)	45~59
	0	·	15	○	30	○	45	·
	1	○	16	—	31	○	46	—
	2	—	17	○	32	·	47	—
	3	—	18	○	33	·	48	○
	4	—	19	·	34	—	49	·
	5	·	20	—	35	○	50	·
	6	○	21	·	36	—	51	○
	7	·	22	○	37	—	52	○
	8	○	23	·	38	—	53	○
	9	·	24	—	39	○	54	○
	10	·	25	—	40	·	55	—
	11	—	26	○	41	·	56	—
	12	—	27	—	42	·	57	·
	13	○	28	·	43	○	58	·
	14	·	29	—	44	○	59	·

年月日14時	(分)	0~14	(分)	15~29	(分)	30~44	(分)	45~59
	0	—	15	○	30	·	45	—
	1	○	16	—	31	·	46	—
	2	○	17	·	32	—	47	○
	3	○	18	·	33	—	48	—
	4	○	19	·	34	○	49	·
	5	—	20	○	35	·	50	—
	6	·	21	○	36	○	51	○
	7	—	22	○	37	—	52	○
	8	·	23	○	38	○	53	·
	9	—	24	—	39	○	54	·
	10	·	25	—	40	·	55	—
	11	○	26	·	41	—	56	○
	12	—	27	○	42	·	57	—
	13	○	28	·	43	○	58	—
	14	—	29	○	44	·	59	—

西元2004年3月21日到4月18日

年 月 日 15 時

(分)	0~14	(分)	15~29	(分)	30~44	(分)	45~59
0	○	15	·	30	—	45	○
1	○	16	·	31	○	46	—
2	○	17	○	32	—	47	○
3	·	18	—	33	○	48	·
4	—	19	·	34	—	49	·
5	—	20	○	35	·	50	—
6	—	21	○	36	○	51	—
7	·	22	○	37	·	52	○
8	·	23	—	38	○	53	·
9	—	24	·	39	·	54	—
10	○	25	—	40	○	55	—
11	○	26	·	41	—	56	○
12	○	27	·	42	—	57	○
13	—	28	·	43	—	58	·
14	—	29	○	44	·	59	—

年 月 日 16 時

(分)	0~14	(分)	15~29	(分)	30~44	(分)	45~59
0	·	15	—	30	—	45	·
1	○	16	—	31	○	46	—
2	·	17	—	32	○	47	·
3	·	18	○	33	○	48	·
4	—	19	·	34	—	49	·
5	○	20	·	35	—	50	○
6	—	21	—	36	·	51	—
7	·	22	○	37	·	52	○
8	—	23	○	38	○	53	—
9	○	24	·	39	—	54	○
10	○	25	—	40	·	55	—
11	·	26	—	41	○	56	·
12	·	27	○	42	○	57	○
13	○	28	·	43	○	58	·
14	○	29	·	44	—	59	○

年 月 日 17 時

(分)	0~14	(分)	15~29	(分)	30~44	(分)	45~59
0	—	15	○	30	·	45	—
1	·	16	—	31	○	46	○
2	—	17	○	32	—	47	○
3	·	18	—	33	○	48	·
4	—	19	—	34	·	49	·
5	·	20	—	35	·	50	—
6	○	21	·	36	—	51	○
7	○	22	○	37	·	52	—
8	○	23	·	38	○	53	·
9	—	24	○	39	·	54	—
10	○	25	·	40	—	55	○
11	—	26	○	41	—	56	○
12	·	27	—	42	○	57	·
13	·	28	—	43	○	58	·
14	·	29	○	44	·	59	○

年 月 日 18 時

(分)	0~14	(分)	15~29	(分)	30~44	(分)	45~59
0	○	15	·	30	—	45	○
1	—	16	—	31	○	46	·
2	—	17	○	32	—	47	○
3	—	18	○	33	·	48	—
4	○	19	○	34	·	49	—
5	·	20	—	35	·	50	○
6	·	21	—	36	○	51	·
7	○	22	·	37	—	52	○
8	○	23	—	38	○	53	—
9	○	24	·	39	—	54	○
10	·	25	—	40	—	55	·
11	—	26	·	41	—	56	·
12	—	27	○	42	·	57	—
13	·	28	○	43	○	58	·
14	·	29	○	44	·	59	○

年 月 日 19 時

(分)	0~14	(分)	15~29	(分)	30~44	(分)	45~59
0	—	15	○	30	—	45	○
1	○	16	·	31	—	46	○
2	·	17	—	32	○	47	·
3	·	18	○	33	·	48	○
4	—	19	○	34	·	49	—
5	—	20	○	35	·	50	—
6	○	21	—	36	○	51	—
7	·	22	—	37	○	52	·
8	○	23	·	38	·	53	○
9	○	24	·	39	—	54	·
10	○	25	○	40	—	55	○
11	○	26	—	41	○	56	○
12	·	27	○	42	·	57	○
13	—	28	○	43	·	58	—
14	·	29	—	44	○	59	·

年 月 日 20 時

(分)	0~14	(分)	15~29	(分)	30~44	(分)	45~59
0	—	15	·	30	—	45	·
1	·	16	—	31	○	46	·
2	—	17	○	32	○	47	—
3	·	18	○	33	·	48	○
4	○	19	·	34	—	49	○
5	—	20	·	35	·	50	—
6	○	21	—	36	○	51	—
7	—	22	○	37	·	52	—
8	○	23	○	38	—	53	○
9	—	24	·	39	—	54	·
10	·	25	—	40	○	55	·
11	·	26	—	41	○	56	·
12	·	27	○	42	—	57	○
13	○	28	·	43	—	58	○
14	—	29	○	44	·	59	·

年 月 日 21 時

(分)	0~14	(分)	15~29	(分)	30~44	(分)	45~59
0	○	15	·	30	—	45	○
1	·	16	—	31	·	46	○
2	○	17	·	32	—	47	○
3	·	18	—	33	○	48	·
4	○	19	—	34	○	49	—
5	—	20	○	35	·	50	—
6	—	21	○	36	○	51	—
7	—	22	·	37	—	52	·
8	·	23	—	38	○	53	·
9	—	24	·	39	·	54	—
10	·	25	○	40	·	55	○
11	○	26	·	41	—	56	○
12	○	27	·	42	—	57	○
13	○	28	—	43	○	58	—
14	—	29	○	44	·	59	—

年 月 日 22 時

(分)	0~14	(分)	15~29	(分)	30~44	(分)	45~59
0	·	15	—	30	—	45	·
1	·	16	○	31	·	46	○
2	·	17	—	32	○	47	·
3	·	18	○	33	○	48	·
4	○	19	—	34	○	49	—
5	○	20	·	35	—	50	○
6	—	21	○	36	·	51	—
7	—	22	○	37	—	52	·
8	—	23	○	38	·	53	—
9	○	24	·	39	—	54	○
10	·	25	○	40	—	55	○
11	·	26	—	41	○	56	·
12	·	27	—	42	○	57	○
13	·	28	—	43	·	58	—
14	○	29	·	44	—	59	○

西元2004年4月19日到5月18日

年 月 日 23 時

(分)	0~14	(分)	15~29	(分)	30~44	(分)	45~59
0	—	15	○	30	·	45	·
1	—	16	○	31	—	46	○
2	○	17	·	32	—	47	○
3	○	18	○	33	—	48	—
4	·	19	—	34	·	49	—
5	—	20	○	35	·	50	—
6	·	21	·	36	—	51	○
7	○	22	·	37	○	52	·
8	·	23	—	38	○	53	·
9	·	24	—	39	○	54	·
10	—	25	○	40	—	55	·
11	○	26	·	41	—	56	○
12	—	27	○	42	·	57	—
13	·	28	○	43	·	58	○
14	—	29	○	44	·	59	—

年 月 日 24 時

(分)	0~14	(分)	15~29	(分)	30~44	(分)	45~59
0	○	15	○	30	·	45	—
1	—	16	○	31	—	46	○
2	·	17	—	32	○	47	·
3	○	18	·	33	—	48	○
4	·	19	—	34	·	49	○
5	○	20	·	35	—	50	○
6	·	21	—	36	○	51	·
7	○	22	—	37	○	52	—
8	—	23	○	38	·	53	—
9	—	24	○	39	○	54	—
10	—	25	·	40	—	55	·
11	·	26	—	41	○	56	·
12	—	27	·	42	·	57	—
13	·	28	○	43	·	58	○
14	○	29	·	44	—	59	○

年 月 日 1 時

(分)	0~14	(分)	15~29	(分)	30~44	(分)	45~59
0	—	15	○	30	·	45	—
1	—	16	·	31	·	46	—
2	—	17	·	32	—	47	·
3	·	18	—	33	○	48	·
4	○	19	·	34	—	49	○
5	·	20	○	35	·	50	○
6	○	21	·	36	—	51	○
7	·	22	—	37	○	52	·
8	○	23	—	38	○	53	—
9	—	24	○	39	·	54	—
10	—	25	○	40	·	55	·
11	○	26	·	41	○	56	○
12	·	27	—	42	○	57	○
13	○	28	○	43	—	58	—
14	—	29	○	44	—	59	○

年 月 日 2 時

(分)	0~14	(分)	15~29	(分)	30~44	(分)	45~59
0	○	15	·	30	—	45	○
1	○	16	·	31	—	46	○
2	—	17	·	32	○	47	·
3	—	18	○	33	·	48	—
4	·	19	—	34	○	49	○
5	—	20	○	35	—	50	○
6	·	21	—	36	○	51	·
7	—	22	○	37	·	52	·
8	·	23	—	38	·	53	—
9	○	24	·	39	—	54	○
10	○	25	○	40	·	55	—
11	○	26	·	41	○	56	·
12	—	27	○	42	·	57	—
13	○	28	·	43	—	58	○
14	—	29	○	44	—	59	○

年 月 日 3 時

(分)	0~14	(分)	15~29	(分)	30~44	(分)	45~59
0	·	15	—	30	·	45	○
1	—	16	○	31	·	46	—
2	—	17	○	32	·	47	—
3	○	18	—	33	○	48	—
4	·	19	—	34	○	49	·
5	○	20	·	35	·	50	○
6	—	21	·	36	—	51	·
7	○	22	·	37	—	52	○
8	○	23	—	38	○	53	○
9	·	24	○	39	·	54	○
10	—	25	○	40	·	55	—
11	·	26	—	41	○	56	·
12	○	27	—	42	○	57	—
13	·	28	○	43	○	58	·
14	—	29	○	44	·	59	—

年 月 日 4 時

(分)	0~14	(分)	15~29	(分)	30~44	(分)	45~59
0	·	15	○	30	·	45	○
1	○	16	·	31	—	46	○
2	—	17	·	32	·	47	—
3	○	18	—	33	○	48	—
4	—	19	○	34	·	49	—
5	○	20	·	35	—	50	○
6	—	21	·	36	—	51	·
7	·	22	—	37	○	52	·
8	·	23	○	38	○	53	·
9	·	24	○	39	—	54	○
10	○	25	·	40	—	55	○
11	—	26	○	41	·	56	·
12	·	27	—	42	·	57	—
13	—	28	○	43	·	58	—
14	○	29	○	44	—	59	○

年 月 日 5 時

(分)	0~14	(分)	15~29	(分)	30~44	(分)	45~59
0	○	15	·	30	—	45	○
1	·	16	—	31	○	46	·
2	—	17	·	32	—	47	·
3	—	18	○	33	·	48	—
4	—	19	○	34	·	49	—
5	·	20	○	35	—	50	○
6	·	21	—	36	○	51	·
7	○	22	·	37	—	52	—
8	·	23	—	38	·	53	—
9	○	24	·	39	—	54	○
10	·	25	·	40	○	55	○
11	○	26	·	41	○	56	·
12	—	27	○	42	·	57	—
13	—	28	—	43	○	58	·
14	—	29	○	44	—	59	○

年 月 日 6 時

(分)	0~14	(分)	15~29	(分)	30~44	(分)	45~59
0	·	15	—	30	○	45	·
1	—	16	○	31	·	46	·
2	○	17	·	32	○	47	·
3	○	18	·	33	—	48	○
4	○	19	○	34	—	49	—
5	—	20	○	35	—	50	○
6	—	21	○	36	·	51	—
7	·	22	○	37	—	52	○
8	·	23	—	38	·	53	—
9	·	24	—	39	○	54	·
10	·	25	○	40	○	55	·
11	○	26	·	41	○	56	—
12	○	27	·	42	—	57	○
13	—	28	○	43	·	58	—
14	—	29	·	44	—	59	·

西元2004年4月19日到5月18日

	(分)	0~14	(分)	15~29	(分)	30~44	(分)	45~59
	0	·	15	—	30	·	45	—
	1	—	16	○	31	·	46	—
年	2	—	17	○	32	·	47	—
	3	○	18	·	33	○	48	—
	4	·	19	—	34	○	49	·
月	5	○	20	·	35	—	50	○
	6	—	21	·	36	—	51	·
	7	○	22	·	37	—	52	○
	8	·	23	—	38	—	53	·
日	9	·	24	○	39	·	54	○
	10	—	25	○	40	·	55	—
7	11	·	26	○	41	○	56	·
時	12	○	27	—	42	○	57	—
	13	·	28	—	43	○	58	·
	14	—	29	○	44	·	59	—

	(分)	0~14	(分)	15~29	(分)	30~44	(分)	45~59
	0	·	15	○	30	·	45	○
	1	○	16	·	31	—	46	○
年	2	○	17	·	32	·	47	○
	3	○	18	—	33	○	48	—
	4	—	19	○	34	·	49	—
月	5	○	20	—	35	—	50	○
	6	—	21	·	36	—	51	·
	7	·	22	—	37	○	52	·
	8	·	23	○	38	○	53	·
日	9	·	24	○	39	·	54	○
	10	○	25	·	40	—	55	○
8	11	—	26	○	41	·	56	—
時	12	○	27	—	42	·	57	—
	13	—	28	○	43	·	58	—
	14	○	29	·	44	—	59	○

	(分)	0~14	(分)	15~29	(分)	30~44	(分)	45~59
	0	—	15	○	30	·	45	—
	1	○	16	·	31	○	46	—
年	2	—	17	○	32	·	47	—
	3	○	18	·	33	—	48	○
	4	—	19	·	34	—	49	·
月	5	·	20	—	35	○	50	·
	6	·	21	—	36	—	51	·
	7	·	22	○	37	·	52	○
	8	○	23	·	38	—	53	○
日	9	·	24	○	39	○	54	·
	10	○	25	—	40	○	55	—
9	11	—	26	○	41	·	56	—
時	12	—	27	○	42	·	57	—
	13	—	28	·	43	—	58	·
	14	·	29	—	44	○	59	·

	(分)	0~14	(分)	15~29	(分)	30~44	(分)	45~59
	0	○	15	·	30	·	45	○
	1	○	16	—	31	○	46	—
年	2	○	17	·	32	—	47	○
	3	○	18	—	33	—	48	○
	4	—	19	·	34	—	49	·
月	5	—	20	○	35	·	50	—
	6	·	21	—	36	○	51	·
	7	·	22	○	37	·	52	○
	8	○	23	○	38	○	53	·
日	9	—	24	○	39	·	54	—
	10	○	25	—	40	·	55	—
10	11	○	26	·	41	—	56	○
時	12	○	27	·	42	—	57	—
	13	○	28	·	43	○	58	·
	14	—	29	○	44	·	59	—

	(分)	0~14	(分)	15~29	(分)	30~44	(分)	45~59
	0	·	15	—	30	·	45	—
	1	○	16	·	31	—	46	○
年	2	—	17	—	32	○	47	·
	3	○	18	·	33	○	48	·
	4	—	19	·	34	·	49	—
月	5	—	20	○	35	·	50	—
	6	—	21	○	36	—	51	·
	7	·	22	—	37	○	52	·
	8	○	23	·	38	—	53	○
日	9	·	24	○	39	·	54	○
	10	○	25	·	40	—	55	○
11	11	·	26	—	41	—	56	·
時	12	○	27	—	42	○	57	—
	13	—	28	○	43	·	58	—
	14	·	29	○	44	○	59	·

	(分)	0~14	(分)	15~29	(分)	30~44	(分)	45~59
	0	·	15	—	30	·	45	○
	1	·	16	—	31	○	46	·
年	2	—	17	○	32	·	47	—
	3	○	18	—	33	○	48	—
	4	○	19	·	34	—	49	○
月	5	○	20	·	35	·	50	○
	6	—	21	·	36	—	51	·
	7	—	22	○	37	·	52	—
	8	○	23	○	38	—	53	○
日	9	·	24	○	39	·	54	○
	10	·	25	—	40	·	55	·
12	11	·	26	○	41	○	56	·
時	12	○	27	—	42	○	57	—
	13	○	28	·	43	—	58	○
	14	—	29	○	44	·	59	—

	(分)	0~14	(分)	15~29	(分)	30~44	(分)	45~59
	0	—	15	·	30	○	45	·
	1	○	16	·	31	—	46	○
年	2	○	17	○	32	—	47	—
	3	—	18	○	33	—	48	○
	4	—	19	○	34	·	49	—
月	5	·	20	·	35	○	50	○
	6	·	21	—	36	·	51	—
	7	·	22	—	37	○	52	·
	8	—	23	—	38	○	53	·
日	9	○	24	·	39	○	54	·
	10	○	25	·	40	—	55	○
13	11	—	26	○	41	·	56	—
時	12	—	27	○	42	—	57	·
	13	—	28	○	43	·	58	—
	14	○	29	·	44	—	59	○

	(分)	0~14	(分)	15~29	(分)	30~44	(分)	45~59
	0	○	15	·	30	○	45	·
	1	·	16	—	31	○	46	·
年	2	·	17	·	32	—	47	○
	3	—	18	○	33	—	48	○
	4	○	19	·	34	—	49	○
月	5	·	20	—	35	○	50	·
	6	·	21	—	36	·	51	○
	7	—	22	○	37	·	52	—
	8	—	23	○	38	·	53	—
日	9	○	24	○	39	○	54	—
	10	·	25	—	40	○	55	·
14	11	○	26	·	41	·	56	○
時	12	—	27	·	42	—	57	·
	13	○	28	·	43	—	58	○
	14	○	29	—	44	○	59	○

西元2004年4月19日到5月18日

	(分)	0~14	(分)	15~29	(分)	30~44	(分)	45~59
	0	·	15	○	30	·	45	○
	1	—	16	○	31	·	46	—
年	2	○	17	·	32	—	47	○
	3	○	18	—	33	·	48	—
	4	·	19	—	34	○	49	·
月	5	·	20	—	35	○	50	○
	6	○	21	·	36	○	51	·
	7	○	22	·	37	—	52	○
	8	—	23	—	38	·	53	·
日	9	—	24	○	39	·	54	○
	10	—	25	○	40	·	55	—
15	11	○	26	○	41	·	56	—
時	12	·	27	—	42	·	57	—
	13	·	28	—	43	○	58	·
	14	○	29	·	44	—	59	○

	(分)	0~14	(分)	15~29	(分)	30~44	(分)	45~59
	0	—	15	○	30	—	45	○
	1	○	16	·	31	—	46	○
年	2	·	17	·	32	○	47	○
	3	·	18	—	33	·	48	—
	4	—	19	○	34	·	49	—
月	5	—	20	—	35	○	50	·
	6	○	21	·	36	○	51	·
	7	·	22	—	37	○	52	·
	8	—	23	○	38	·	53	—
日	9	—	24	○	39	—	54	·
	10	○	25	·	40	—	55	○
16	11	○	26	·	41	—	56	○
時	12	·	27	○	42	·	57	○
	13	—	28	○	43	·	58	—
	14	·	29	—	44	—	59	·

	(分)	0~14	(分)	15~29	(分)	30~44	(分)	45~59
	0	—	15	○	30	·	45	—
	1	·	16	○	31	·	46	○
年	2	○	17	·	32	—	47	○
	3	○	18	·	33	·	48	○
	4	○	19	—	34	○	49	—
月	5	—	20	○	35	·	50	—
	6	○	21	—	36	—	51	○
	7	—	22	·	37	—	52	·
	8	·	23	—	38	○	53	·
日	9	·	24	—	39	○	54	·
	10	·	25	○	40	·	55	○
17	11	○	26	·	41	—	56	○
時	12	—	27	○	42	·	57	—
	13	○	28	—	43	·	58	—
	14	—	29	○	44	·	59	—

	(分)	0~14	(分)	15~29	(分)	30~44	(分)	45~59
	0	—	15	·	30	·	45	—
	1	·	16	○	31	·	46	○
年	2	·	17	—	32	○	47	·
	3	○	18	·	33	—	48	○
	4	○	19	—	34	○	49	—
月	5	○	20	·	35	—	50	○
	6	·	21	—	36	○	51	·
	7	—	22	·	37	○	52	·
	8	—	23	○	38	·	53	—
日	9	—	24	○	39	·	54	·
	10	—	25	○	40	—	55	○
18	11	·	26	—	41	○	56	·
時	12	○	27	○	42	—	57	—
	13	·	28	—	43	·	58	—
	14	○	29	·	44	—	59	○

	(分)	0~14	(分)	15~29	(分)	30~44	(分)	45~59
	0	○	15	·	30	—	45	○
	1	·	16	—	31	○	46	·
年	2	○	17	·	32	○	47	—
	3	—	18	○	33	·	48	—
	4	○	19	○	34	·	49	—
月	5	—	20	·	35	—	50	·
	6	·	21	—	36	○	51	·
	7	○	22	·	37	·	52	○
	8	·	23	○	38	·	53	○
日	9	○	24	·	39	—	54	○
	10	○	25	—	40	—	55	○
19	11	○	26	—	41	○	56	—
時	12	—	27	○	42	·	57	—
	13	·	28	—	43	○	58	·
	14	—	29	·	44	—	59	·

	(分)	0~14	(分)	15~29	(分)	30~44	(分)	45~59
	0	·	15	—	30	○	45	·
	1	—	16	○	31	○	46	—
年	2	○	17	—	32	○	47	—
	3	○	18	·	33	—	48	○
	4	—	19	·	34	·	49	—
月	5	—	20	·	35	—	50	·
	6	—	21	○	36	·	51	—
	7	○	22	○	37	—	52	○
	8	·	23	○	38	·	53	○
日	9	·	24	—	39	○	54	·
	10	·	25	—	40	○	55	·
20	11	○	26	—	41	·	56	—
時	12	○	27	·	42	—	57	○
	13	—	28	○	43	·	58	·
	14	○	29	·	44	○	59	·

	(分)	0~14	(分)	15~29	(分)	30~44	(分)	45~59
	0	○	15	·	30	—	45	○
	1	—	16	—	31	·	46	·
年	2	·	17	—	32	·	47	—
	3	—	18	○	33	·	48	—
	4	○	19	○	34	·	49	—
月	5	○	20	·	35	○	50	·
	6	·	21	—	36	○	51	·
	7	○	22	·	37	—	52	○
	8	—	23	○	38	—	53	·
日	9	○	24	·	39	—	54	○
	10	·	25	—	40	○	55	·
21	11	·	26	○	41	·	56	○
時	12	—	27	○	42	·	57	—
	13	—	28	○	43	○	58	—
	14	○	29	—	44	○	59	—

	(分)	0~14	(分)	15~29	(分)	30~44	(分)	45~59
	0	·	15	—	30	○	45	·
	1	—	16	○	31	·	46	—
年	2	·	17	—	32	·	47	○
	3	○	18	·	33	—	48	○
	4	○	19	·	34	—	49	○
月	5	○	20	—	35	○	50	—
	6	—	21	○	36	·	51	—
	7	·	22	—	37	—	52	·
	8	—	23	·	38	—	53	·
日	9	·	24	—	39	○	54	·
	10	·	25	○	40	○	55	·
22	11	·	26	○	41	·	56	○
時	12	○	27	○	42	—	57	○
	13	—	28	○	43	·	58	—
	14	○	29	—	44	○	59	—

西元2004年5月19日到6月17日

年 月 日 23 時

(分)	0~14	(分)	15~29	(分)	30~44	(分)	45~59
0	○	15	·	30	—	45	—
1	○	16	—	31	·	46	—
2	·	17	—	32	○	47	·
3	·	18	·	33	○	48	○
4	○	19	·	34	○	49	·
5	○	20	○	35	—	50	○
6	—	21	—	36	○	51	·
7	—	22	○	37	—	52	○
8	—	23	○	38	·	53	—
9	○	24	·	39	·	54	—
10	·	25	—	40	·	55	○
11	·	26	—	41	○	56	·
12	○	27	·	42	—	57	○
13	○	28	—	43	○	58	—
14	○	29	·	44	—	59	○

年 月 日 24 時

(分)	0~14	(分)	15~29	(分)	30~44	(分)	45~59
0	·	15	·	30	○	45	○
1	·	16	—	31	·	46	—
2	—	17	○	32	·	47	—
3	·	18	—	33	○	48	·
4	○	19	·	34	○	49	—
5	·	20	—	35	○	50	·
6	—	21	○	36	·	51	—
7	—	22	○	37	—	52	·
8	○	23	○	38	—	53	○
9	○	24	·	39	·	54	○
10	·	25	○	40	·	55	○
11	—	26	○	41	·	56	—
12	○	27	—	42	—	57	○
13	○	28	—	43	○	58	—
14	·	29	—	44	○	59	·

年 月 日 1 時

(分)	0~14	(分)	15~29	(分)	30~44	(分)	45~59
0	○	15	·	30	—	45	○
1	○	16	—	31	○	46	○
2	·	17	○	32	·	47	○
3	—	18	○	33	·	48	—
4	·	19	—	34	○	49	·
5	○	20	—	35	○	50	—
6	·	21	—	36	○	51	·
7	—	22	○	37	·	52	—
8	—	23	·	38	○	53	·
9	○	24	·	39	—	54	○
10	○	25	·	40	—	55	—
11	—	26	○	41	—	56	○
12	—	27	○	42	·	57	—
13	·	28	·	43	○	58	○
14	·	29	—	44	·	59	—

年 月 日 2 時

(分)	0~14	(分)	15~29	(分)	30~44	(分)	45~59
0	·	15	—	30	○	45	·
1	·	16	—	31	○	46	·
2	·	17	○	32	—	47	○
3	○	18	·	33	—	48	○
4	—	19	○	34	·	49	·
5	·	20	—	35	·	50	—
6	—	21	○	36	○	51	—
7	○	22	○	37	—	52	—
8	○	23	·	38	○	53	·
9	·	24	—	39	○	54	·
10	·	25	○	40	—	55	○
11	—	26	○	41	—	56	○
12	○	27	·	42	—	57	○
13	·	28	—	43	○	58	·
14	·	29	—	44	·	59	○

年 月 日 3 時

(分)	0~14	(分)	15~29	(分)	30~44	(分)	45~59
0	○	15	○	30	—	45	—
1	—	16	○	31	—	46	○
2	—	17	○	32	·	47	—
3	·	18	·	33	—	48	○
4	·	19	—	34	·	49	—
5	·	20	—	35	○	50	·
6	○	21	○	36	○	51	·
7	○	22	·	37	○	52	—
8	○	23	·	38	—	53	○
9	—	24	○	39	·	54	—
10	—	25	·	40	—	55	·
11	—	26	○	41	·	56	—
12	○	27	·	42	·	57	○
13	·	28	○	43	·	58	○
14	·	29	—	44	○	59	·

年 月 日 4 時

(分)	0~14	(分)	15~29	(分)	30~44	(分)	45~59
0	○	15	·	30	—	45	○
1	—	16	○	31	—	46	·
2	○	17	·	32	—	47	○
3	·	18	—	33	○	48	·
4	·	19	○	34	·	49	○
5	—	20	○	35	·	50	—
6	—	21	○	36	○	51	—
7	○	22	○	37	○	52	—
8	·	23	—	38	○	53	·
9	—	24	·	39	·	54	—
10	—	25	·	40	—	55	·
11	○	26	○	41	—	56	○
12	○	27	·	42	○	57	○
13	·	28	○	43	·	58	○
14	—	29	○	44	·	59	—

年 月 日 5 時

(分)	0~14	(分)	15~29	(分)	30~44	(分)	45~59
0	·	15	—	30	○	45	·
1	—	16	·	31	—	46	·
2	○	17	·	32	—	47	○
3	—	18	○	33	·	48	—
4	·	19	○	34	—	49	○
5	—	20	○	35	·	50	—
6	○	21	·	36	—	51	—
7	○	22	—	37	·	52	—
8	·	23	—	38	○	53	·
9	·	24	·	39	○	54	○
10	○	25	·	40	○	55	·
11	○	26	·	41	—	56	○
12	—	27	—	42	○	57	·
13	—	28	○	43	—	58	○
14	—	29	○	44	·	59	—

年 月 日 6 時

(分)	0~14	(分)	15~29	(分)	30~44	(分)	45~59
0	—	15	○	30	·	45	·
1	○	16	·	31	○	46	·
2	·	17	—	32	○	47	·
3	○	18	○	33	—	48	—
4	—	19	○	34	—	49	○
5	○	20	·	35	—	50	○
6	·	21	·	36	—	51	○
7	·	22	—	37	·	52	—
8	—	23	○	38	·	53	—
9	·	24	—	39	○	54	·
10	○	25	·	40	○	55	—
11	·	26	—	41	○	56	·
12	—	27	○	42	·	57	—
13	—	28	○	43	—	58	·
14	○	29	○	44	—	59	○

西元2004年5月19日到6月17日

年月日7時

(分)	0~14	(分)	15~29	(分)	30~44	(分)	45~59
0	·	15	—	30	○	45	·
1	—	16	·	31	—	46	·
2	·	17	—	32	○	47	·
3	—	18	○	33	·	48	—
4	·	19	○	34	—	49	○
5	○	20	·	35	—	50	○
6	○	21	·	36	—	51	—
7	·	22	—	37	·	52	—
8	—	23	○	38	·	53	—
9	·	24	·	39	○	54	○
10	○	25	·	40	○	55	·
11	·	26	—	41	○	56	·
12	—	27	—	42	○	57	·
13	—	28	○	43	—	58	○
14	○	29	·	44	—	59	○

年月日8時

(分)	0~14	(分)	15~29	(分)	30~44	(分)	45~59
0	—	15	○	30	·	45	·
1	○	16	·	31	○	46	·
2	—	17	○	32	·	47	—
3	○	18	○	33	—	48	—
4	—	19	○	34	—	49	○
5	·	20	—	35	○	50	·
6	·	21	·	36	—	51	○
7	·	22	○	37	·	52	—
8	○	23	·	38	—	53	○
9	·	24	—	39	○	54	·
10	○	25	·	40	○	55	—
11	—	26	○	41	·	56	—
12	—	27	○	42	·	57	—
13	—	28	·	43	—	58	·
14	·	29	—	44	○	59	·

年月日9時

(分)	0~14	(分)	15~29	(分)	30~44	(分)	45~59
0	—	15	○	30	·	45	—
1	○	16	·	31	—	46	○
2	○	17	—	32	·	47	—
3	·	18	—	33	○	48	·
4	·	19	—	34	○	49	○
5	○	20	·	35	○	50	·
6	○	21	·	36	—	51	○
7	—	22	—	37	·	52	·
8	—	23	○	38	—	53	○
9	—	24	○	39	·	54	—
10	○	25	○	40	·	55	—
11	·	26	—	41	·	56	—
12	·	27	—	42	○	57	·
13	○	28	·	43	—	58	○
14	○	29	·	44	○	59	—

年月日10時

(分)	0~14	(分)	15~29	(分)	30~44	(分)	45~59
0	○	15	·	30	○	45	○
1	·	16	·	31	○	46	○
2	·	17	—	32	·	47	—
3	—	18	○	33	·	48	—
4	—	19	—	34	○	49	·
5	○	20	·	35	○	50	·
6	·	21	—	36	○	51	·
7	—	22	○	37	○	52	—
8	—	23	○	38	—	53	·
9	○	24	○	39	—	54	○
10	○	25	·	40	○	55	○
11	·	26	○	41	·	56	○
12	—	27	○	42	·	57	—
13	·	28	—	43	—	58	·
14	○	29	—	44	○	59	—

年月日11時

(分)	0~14	(分)	15~29	(分)	30~44	(分)	45~59
0	—	15	○	30	·	45	—
1	·	16	○	31	—	46	○
2	○	17	·	32	—	47	○
3	○	18	·	33	—	48	—
4	·	19	—	34	·	49	—
5	—	20	○	35	·	50	—
6	·	21	·	36	○	51	○
7	○	22	·	37	○	52	·
8	·	23	—	38	○	53	·
9	—	24	—	39	○	54	·
10	—	25	○	40	—	55	○
11	○	26	·	41	—	56	○
12	—	27	○	42	·	57	—
13	·	28	—	43	·	58	○
14	—	29	○	44	·	59	—

年月日12時

(分)	0~14	(分)	15~29	(分)	30~44	(分)	45~59
0	○	15	○	30	—	45	—
1	—	16	○	31	—	46	○
2	·	17	—	32	○	47	·
3	·	18	·	33	—	48	○
4	·	19	—	34	·	49	—
5	○	20	·	35	—	50	○
6	·	21	○	36	○	51	·
7	○	22	·	37	○	52	—
8	—	23	○	38	·	53	—
9	—	24	○	39	·	54	—
10	—	25	·	40	—	55	·
11	·	26	—	41	○	56	·
12	○	27	·	42	·	57	○
13	·	28	○	43	·	58	○
14	○	29	·	44	—	59	○

年月日13時

(分)	0~14	(分)	15~29	(分)	30~44	(分)	45~59
0	○	15	—	30	—	45	○
1	○	16	—	31	○	46	—
2	○	17	·	32	—	47	○
3	○	18	—	33	○	48	·
4	—	19	·	34	—	49	·
5	—	20	○	35	·	50	—
6	—	21	○	36	·	51	—
7	·	22	○	37	—	52	○
8	·	23	—	38	○	53	·
9	○	24	·	39	—	54	—
10	·	25	—	40	·	55	—
11	○	26	·	41	—	56	○
12	·	27	·	42	○	57	○
13	○	28	·	43	○	58	·
14	—	29	○	44	·	59	—

年月日14時

(分)	0~14	(分)	15~29	(分)	30~44	(分)	45~59
0	·	15	—	30	○	45	·
1	○	16	—	31	·	46	—
2	·	17	—	32	○	47	·
3	—	18	○	33	·	48	·
4	○	19	·	34	○	49	·
5	○	20	·	35	—	50	○
6	○	21	○	36	—	51	—
7	—	22	·	37	—	52	○
8	—	23	○	38	·	53	—
9	·	24	○	39	—	54	○
10	·	25	—	40	·	55	—
11	·	26	—	41	○	56	·
12	·	27	○	42	○	57	·
13	○	28	·	43	○	58	—
14	○	29	·	44	—	59	○

西元2004年5月19日到6月17日

	(分)	0~14	(分)	15~29	(分)	30~44	(分)	45~59
	0	○	15	○	30	—	45	—
年	1	—	16	○	31	—	46	○
	2	○	17	·	32	—	47	○
	3	·	18	·	33	—	48	○
	4	·	19	—	34	·	49	—
月	5	—	20	○	35	·	50	—
	6	·	21	—	36	○	51	·
	7	○	22	·	37	○	52	—
	8	·	23	—	38	○	53	·
日	9	—	24	○	39	·	54	—
	10	—	25	○	40	—	55	·
15	11	○	26	·	41	—	56	○
時	12	○	27	·	42	·	57	○
	13	·	28	○	43	·	58	○
	14	—	29	○	44	·	59	—

	(分)	0~14	(分)	15~29	(分)	30~44	(分)	45~59
	0	○	15	·	30	—	45	○
年	1	—	16	○	31	—	46	○
	2	·	17	—	32	○	47	·
	3	·	18	—	33	○	48	·
	4	·	19	○	34	·	49	○
月	5	—	20	·	35	—	50	○
	6	—	21	·	36	○	51	—
	7	○	22	—	37	○	52	—
	8	—	23	○	38	·	53	○
日	9	—	24	·	39	·	54	○
	10	—	25	·	40	—	55	·
16	11	·	26	—	41	○	56	·
時	12	○	27	·	42	—	57	○
	13	·	28	○	43	·	58	○
	14	○	29	○	44	—	59	○

	(分)	0~14	(分)	15~29	(分)	30~44	(分)	45~59
	0	○	15	·	30	—	45	○
年	1	○	16	—	31	○	46	—
	2	·	17	—	32	○	47	·
	3	·	18	○	33	—	48	·
	4	—	19	·	34	—	49	·
月	5	○	20	·	35	—	50	○
	6	·	21	○	36	○	51	·
	7	·	22	○	37	·	52	○
	8	—	23	○	38	·	53	—
日	9	—	24	○	39	·	54	—
	10	○	25	—	40	○	55	—
17	11	·	26	—	41	○	56	·
時	12	○	27	·	42	—	57	○
	13	—	28	·	43	○	58	·
	14	○	29	○	44	—	59	○

	(分)	0~14	(分)	15~29	(分)	30~44	(分)	45~59
	0	○	15	—	30	—	45	○
年	1	○	16	—	31	○	46	—
	2	—	17	○	32	·	47	—
	3	·	18	—	33	○	48	·
	4	—	19	·	34	—	49	·
月	5	·	20	—	35	○	50	○
	6	—	21	·	36	·	51	—
	7	·	22	○	37	—	52	○
	8	○	23	·	38	—	53	○
日	9	○	24	·	39	—	54	—
	10	·	25	—	40	·	55	—
18	11	—	26	○	41	·	56	—
時	12	·	27	·	42	○	57	○
	13	○	28	·	43	○	58	·
	14	·	29	—	44	○	59	·

	(分)	0~14	(分)	15~29	(分)	30~44	(分)	45~59
	0	·	15	—	30	○	45	·
年	1	—	16	○	31	·	46	—
	2	—	17	○	32	—	47	·
	3	○	18	·	33	—	48	○
	4	○	19	·	34	—	49	○
月	5	·	20	○	35	·	50	○
	6	—	21	○	36	·	51	—
	7	·	22	—	37	—	52	·
	8	○	23	—	38	○	53	—
日	9	·	24	—	39	○	54	·
	10	·	25	○	40	○	55	·
19	11	—	26	·	41	—	56	·
時	12	○	27	·	42	—	57	○
	13	—	28	○	43	·	58	—
	14	·	29	○	44	·	59	○

	(分)	0~14	(分)	15~29	(分)	30~44	(分)	45~59
	0	—	15	○	30	·	45	—
年	1	○	16	·	31	○	46	○
	2	—	17	·	32	—	47	·
	3	·	18	—	33	○	48	·
	4	○	19	—	34	—	49	○
月	5	·	20	○	35	·	50	○
	6	○	21	·	36	—	51	○
	7	·	22	○	37	○	52	·
	8	○	23	—	38	○	53	—
日	9	—	24	○	39	·	54	—
	10	—	25	○	40	·	55	—
20	11	—	26	·	41	○	56	·
時	12	·	27	—	42	○	57	·
	13	○	28	·	43	—	58	—
	14	—	29	○	44	—	59	○

	(分)	0~14	(分)	15~29	(分)	30~44	(分)	45~59
	0	·	15	—	30	○	45	·
年	1	○	16	○	31	—	46	—
	2	○	17	·	32	○	47	·
	3	○	18	·	33	—	48	·
	4	·	19	·	34	—	49	○
月	5	—	20	○	35	—	50	○
	6	—	21	○	36	·	51	—
	7	·	22	—	37	○	52	·
	8	○	23	—	38	·	53	○
日	9	·	24	—	39	○	54	·
	10	—	25	○	40	·	55	—
21	11	○	26	—	41	○	56	—
時	12	○	27	·	42	—	57	○
	13	·	28	·	43	·	58	○
	14	—	29	·	44	—	59	·

	(分)	0~14	(分)	15~29	(分)	30~44	(分)	45~59
	0	—	15	○	30	·	45	○
年	1	○	16	·	31	—	46	○
	2	○	17	·	32	○	47	—
	3	·	18	—	33	○	48	·
	4	·	19	—	34	○	49	·
月	5	—	20	·	35	—	50	·
	6	○	21	·	36	—	51	○
	7	—	22	○	37	○	52	—
	8	·	23	—	38	·	53	○
日	9	—	24	○	39	·	54	—
	10	—	25	·	40	·	55	—
22	11	○	26	—	41	○	56	—
時	12	·	27	—	42	—	57	·
	13	○	28	○	43	—	58	○
	14	—	29	·	44	—	59	·

西元2004年6月18日到7月16日

年月日23時	(分)	0~14	(分)	15~29	(分)	30~44	(分)	45~59
	0	○	15	·	30	—	45	○
	1	○	16	—	31	○	46	—
	2	·	17	—	32	○	47	·
	3	·	18	—	33	○	48	·
	4	—	19	·	34	○	49	·
	5	○	20	·	35	—	50	○
	6	—	21	○	36	·	51	·
	7	—	22	○	37	—	52	○
	8	—	23	○	38	·	53	—
	9	○	24	○	39	—	54	—
	10	·	25	—	40	·	55	—
	11	·	26	—	41	○	56	·
	12	·	27	·	42	—	57	○
	13	○	28	·	43	○	58	·
	14	○	29	·	44	—	59	○

年月日24時	(分)	0~14	(分)	15~29	(分)	30~44	(分)	45~59
	0	·	15	—	30	○	45	○
	1	·	16	—	31	·	46	—
	2	—	17	○	32	·	47	—
	3	—	18	—	33	·	48	·
	4	○	19	·	34	○	49	·
	5	·	20	—	35	○	50	·
	6	○	21	○	36	·	51	—
	7	—	22	○	37	—	52	○
	8	○	23	·	38	—	53	○
	9	○	24	·	39	○	54	○
	10	·	25	—	40	·	55	○
	11	—	26	○	41	·	56	—
	12	·	27	—	42	○	57	·
	13	○	28	—	43	○	58	—
	14	·	29	—	44	○	59	·

年月日1時	(分)	0~14	(分)	15~29	(分)	30~44	(分)	45~59
	0	○	15	—	30	○	45	—
	1	○	16	·	31	—	46	○
	2	○	17	·	32	—	47	○
	3	—	18	·	33	—	48	·
	4	—	19	○	34	·	49	—
	5	·	20	—	35	○	50	·
	6	·	21	○	36	—	51	○
	7	·	22	—	37	○	52	·
	8	—	23	○	38	·	53	·
	9	·	24	—	39	·	54	—
	10	○	25	·	40	—	55	○
	11	○	26	○	41	—	56	—
	12	○	27	·	42	○	57	·
	13	—	28	○	43	·	58	—
	14	·	29	·	44	—	59	○

年月日2時	(分)	0~14	(分)	15~29	(分)	30~44	(分)	45~59
	0	○	15	—	30	·	45	—
	1	·	16	—	31	○	46	·
	2	·	17	—	32	○	47	○
	3	○	18	·	33	○	48	·
	4	○	19	·	34	—	49	○
	5	—	20	—	35	·	50	·
	6	—	21	○	36	—	51	○
	7	—	22	○	37	·	52	—
	8	○	23	○	38	·	53	—
	9	·	24	—	39	·	54	—
	10	·	25	—	40	○	55	·
	11	○	26	·	41	—	56	○
	12	○	27	·	42	○	57	—
	13	○	28	○	43	—	58	○
	14	·	29	—	44	○	59	·

年月日3時	(分)	0~14	(分)	15~29	(分)	30~44	(分)	45~59
	0	—	15	·	30	·	45	—
	1	·	16	○	31	·	46	○
	2	·	17	—	32	○	47	·
	3	○	18	·	33	—	48	○
	4	○	19	—	34	○	49	—
	5	○	20	·	35	—	50	○
	6	·	21	—	36	○	51	·
	7	—	22	·	37	○	52	·
	8	—	23	○	38	·	53	—
	9	—	24	○	39	·	54	·
	10	—	25	○	40	—	55	○
	11	·	26	—	41	○	56	·
	12	○	27	○	42	—	57	—
	13	·	28	—	43	·	58	—
	14	○	29	·	44	—	59	○

年月日4時	(分)	0~14	(分)	15~29	(分)	30~44	(分)	45~59
	0	○	15	·	30	—	45	○
	1	·	16	○	31	—	46	○
	2	—	17	○	32	·	47	—
	3	·	18	—	33	○	48	○
	4	·	19	—	34	·	49	—
	5	·	20	—	35	○	50	·
	6	—	21	○	36	·	51	·
	7	○	22	·	37	○	52	·
	8	○	23	·	38	—	53	○
	9	○	24	○	39	·	54	—
	10	—	25	—	40	—	55	○
	11	—	26	○	41	·	56	—
	12	○	27	·	42	—	57	○
	13	·	28	—	43	·	58	○
	14	·	29	—	44	○	59	·

年月日5時	(分)	0~14	(分)	15~29	(分)	30~44	(分)	45~59
	0	·	15	—	30	○	45	·
	1	—	16	○	31	—	46	·
	2	—	17	○	32	·	47	—
	3	—	18	○	33	·	48	—
	4	·	19	○	34	·	49	○
	5	·	20	—	35	○	50	·
	6	○	21	·	36	·	51	○
	7	○	22	—	37	○	52	—
	8	○	23	·	38	—	53	○
	9	○	24	—	39	—	54	○
	10	—	25	·	40	—	55	·
	11	—	26	○	41	·	56	—
	12	·	27	—	42	○	57	·
	13	·	28	○	43	·	58	○
	14	·	29	—	44	○	59	·

年月日6時	(分)	0~14	(分)	15~29	(分)	30~44	(分)	45~59
	0	—	15	○	30	·	45	—
	1	—	16	·	31	—	46	·
	2	○	17	·	32	—	47	○
	3	—	18	·	33	·	48	—
	4	·	19	○	34	·	49	○
	5	—	20	○	35	○	50	—
	6	○	21	·	36	—	51	○
	7	○	22	○	37	○	52	—
	8	·	23	—	38	○	53	·
	9	·	24	—	39	○	54	·
	10	—	25	·	40	○	55	·
	11	○	26	·	41	—	56	○
	12	—	27	○	42	·	57	·
	13	—	28	—	43	—	58	○
	14	—	29	○	44	·	59	—

西元2004年6月18日到7月16日

年月日7時

(分)	0~14	(分)	15~29	(分)	30~44	(分)	45~59
0	—	15	○	30	○	45	—
1	—	16	·	31	—	46	·
2	·	17	—	32	○	47	·
3	—	18	·	33	·	48	—
4	·	19	○	34	·	49	○
5	○	20	·	35	—	50	○
6	○	21	·	36	—	51	○
7	○	22	—	37	○	52	—
8	—	23	○	38	·	53	—
9	·	24	—	39	○	54	·
10	—	25	·	40	○	55	·
11	·	26	—	41	○	56	·
12	—	27	○	42	·	57	·
13	—	28	○	43	—	58	○
14	○	29	·	44	—	59	○

年月日8時

(分)	0~14	(分)	15~29	(分)	30~44	(分)	45~59
0	—	15	○	30	·	45	—
1	—	16	·	31	—	46	·
2	—	17	○	32	·	47	—
3	○	18	·	33	—	48	○
4	·	19	○	34	—	49	○
5	·	20	—	35	○	50	·
6	·	21	○	36	○	51	○
7	·	22	—	37	·	52	—
8	○	23	·	38	—	53	○
9	—	24	○	39	·	54	·
10	○	25	·	40	○	55	·
11	—	26	○	41	·	56	—
12	○	27	○	42	·	57	—
13	—	28	○	43	—	58	○
14	·	29	—	44	○	59	·

年月日9時

(分)	0~14	(分)	15~29	(分)	30~44	(分)	45~59
0	—	15	○	30	·	45	—
1	○	16	—	31	—	46	○
2	○	17	—	32	○	47	—
3	·	18	—	33	○	48	·
4	·	19	○	34	○	49	·
5	—	20	·	35	—	50	·
6	○	21	·	36	—	51	○
7	—	22	○	37	·	52	—
8	·	23	○	38	—	53	○
9	—	24	○	39	·	54	—
10	○	25	·	40	—	55	—
11	○	26	—	41	·	56	—
12	·	27	—	42	○	57	·
13	·	28	○	43	○	58	○
14	○	29	·	44	○	59	·

年月日10時

(分)	0~14	(分)	15~29	(分)	30~44	(分)	45~59
0	○	15	·	30	○	45	○
1	·	16	—	31	○	46	○
2	○	17	—	32	○	47	—
3	—	18	○	33	·	48	—
4	—	19	○	34	·	49	·
5	○	20	·	35	○	50	·
6	·	21	—	36	○	51	·
7	○	22	○	37	○	52	—
8	—	23	○	38	—	53	○
9	○	24	○	39	—	54	○
10	·	25	·	40	○	55	·
11	·	26	—	41	·	56	—
12	—	27	○	42	·	57	—
13	·	28	—	43	○	58	·
14	○	29	·	44	○	59	—

年月日11時

(分)	0~14	(分)	15~29	(分)	30~44	(分)	45~59
0	—	15	—	30	○	45	·
1	·	16	—	31	·	46	—
2	·	17	—	32	○	47	·
3	—	18	○	33	·	48	—
4	○	19	·	34	○	49	—
5	○	20	·	35	—	50	○
6	○	21	·	36	○	51	○
7	—	22	·	37	—	52	·
8	—	23	○	38	·	53	—
9	·	24	—	39	—	54	·
10	·	25	○	40	·	55	○
11	·	26	—	41	○	56	·
12	·	27	○	42	○	57	·
13	○	28	—	43	○	58	—
14	○	29	·	44	—	59	○

年月日12時

(分)	0~14	(分)	15~29	(分)	30~44	(分)	45~59
0	—	15	○	30	·	45	—
1	·	16	○	31	·	46	○
2	—	17	○	32	·	47	—
3	○	18	·	33	○	48	○
4	○	19	—	34	○	49	—
5	·	20	—	35	○	50	·
6	○	21	○	36	—	51	○
7	—	22	·	37	—	52	·
8	○	23	·	38	—	53	○
9	·	24	○	39	○	54	·
10	·	25	○	40	·	55	○
11	—	26	○	41	·	56	—
12	—	27	·	42	·	57	—
13	○	28	—	43	·	58	—
14	·	29	—	44	○	59	·

年月日13時

(分)	0~14	(分)	15~29	(分)	30~44	(分)	45~59
0	·	15	○	30	·	45	○
1	·	16	—	31	·	46	·
2	·	17	—	32	○	47	·
3	○	18	—	33	○	48	—
4	○	19	·	34	—	49	○
5	—	20	○	35	·	50	—
6	—	21	·	36	○	51	·
7	—	22	○	37	·	52	—
8	○	23	·	38	—	53	—
9	—	24	○	39	—	54	○
10	·	25	—	40	○	55	·
11	·	26	·	41	○	56	○
12	·	27	—	42	·	57	—
13	○	28	·	43	—	58	○
14	—	29	—	44	○	59	·

年月日14時

(分)	0~14	(分)	15~29	(分)	30~44	(分)	45~59
0	·	15	○	30	—	45	○
1	—	16	○	31	·	46	—
2	—	17	○	32	·	47	·
3	·	18	—	33	·	48	—
4	·	19	—	34	○	49	·
5	○	20	○	35	—	50	—
6	○	21	·	36	○	51	·
7	○	22	·	37	—	52	·
8	·	23	○	38	—	53	○
9	—	24	—	39	—	54	○
10	—	25	○	40	·	55	—
11	·	26	—	41	○	56	·
12	·	27	—	42	·	57	○
13	·	28	○	43	○	58	·
14	—	29	○	44	·	59	—

西元2004年6月18日到7月16日

年月日15時

(分)	0~14	(分)	15~29	(分)	30~44	(分)	45~59
0	○	15	·	30	○	45	·
1	·	16	—	31	○	46	·
2	·	17	·	32	—	47	○
3	—	18	○	33	—	48	○
4	○	19	·	34	—	49	○
5	·	20	—	35	○	50	·
6	·	21	—	36	·	51	○
7	—	22	○	37	·	52	—
8	—	23	○	38	·	53	—
9	○	24	—	39	○	54	—
10	·	25	—	40	○	55	·
11	○	26	·	41	·	56	○
12	—	27	·	42	—	57	·
13	○	28	·	43	—	58	○
14	○	29	—	44	○	59	○

年月日16時

(分)	0~14	(分)	15~29	(分)	30~44	(分)	45~59
0	○	15	·	30	○	45	—
1	—	16	○	31	·	46	—
2	·	17	—	32	○	47	·
3	—	18	·	33	—	48	·
4	·	19	—	34	○	49	·
5	—	20	○	35	○	50	—
6	·	21	○	36	·	51	○
7	○	22	·	37	—	52	○
8	—	23	○	38	·	53	—
9	○	24	—	39	○	54	—
10	—	25	○	40	·	55	—
11	○	26	·	41	—	56	○
12	—	27	·	42	—	57	·
13	·	28	—	43	○	58	·
14	·	29	—	44	○	59	·

年月日17時

(分)	0~14	(分)	15~29	(分)	30~44	(分)	45~59
0	·	15	○	30	·	45	○
1	—	16	○	31	·	46	—
2	·	17	—	32	—	47	·
3	○	18	—	33	○	48	—
4	·	19	—	34	○	49	·
5	·	20	○	35	○	50	·
6	—	21	·	36	—	51	·
7	○	22	·	37	—	52	○
8	—	23	○	38	○	53	—
9	·	24	○	39	·	54	○
10	—	25	○	40	·	55	—
11	○	26	·	41	—	56	○
12	○	27	—	42	·	57	—
13	·	28	—	43	○	58	·
14	·	29	○	44	○	59	○

年月日18時

(分)	0~14	(分)	15~29	(分)	30~44	(分)	45~59
0	·	15	○	30	·	45	○
1	○	16	·	31	—	46	○
2	·	17	—	32	○	47	·
3	○	18	—	33	○	48	—
4	—	19	○	34	·	49	—
5	—	20	○	35	·	50	—
6	—	21	·	36	○	51	·
7	·	22	—	37	○	52	·
8	○	23	○	38	—	53	—
9	—	24	○	39	—	54	○
10	○	25	·	40	—	55	○
11	·	26	○	41	○	56	○
12	·	27	—	42	·	57	—
13	—	28	○	43	·	58	—
14	—	29	—	44	○	59	·

年月日19時

(分)	0~14	(分)	15~29	(分)	30~44	(分)	45~59
0	·	15	—	30	○	45	·
1	○	16	○	31	—	46	—
2	—	17	○	32	—	47	○
3	○	18	·	33	○	48	○
4	·	19	·	34	—	49	○
5	·	20	—	35	○	50	—
6	—	21	○	36	·	51	—
7	○	22	—	37	○	52	·
8	○	23	·	38	○	53	—
9	·	24	—	39	○	54	·
10	—	25	○	40	·	55	—
11	—	26	○	41	—	56	·
12	○	27	·	42	—	57	○
13	○	28	·	43	·	58	○
14	·	29	○	44	○	59	○

年月日20時

(分)	0~14	(分)	15~29	(分)	30~44	(分)	45~59
0	—	15	○	30	·	45	—
1	○	16	·	31	—	46	○
2	—	17	○	32	—	47	○
3	·	18	—	33	○	48	·
4	·	19	—	34	○	49	·
5	·	20	○	35	·	50	○
6	○	21	·	36	—	51	○
7	—	22	○	37	○	52	—
8	○	23	—	38	○	53	○
9	—	24	○	39	·	54	—
10	—	25	·	40	○	55	—
11	—	26	·	41	—	56	·
12	·	27	—	42	○	57	·
13	○	28	·	43	—	58	○
14	·	29	○	44	·	59	○

年月日21時

(分)	0~14	(分)	15~29	(分)	30~44	(分)	45~59
0	—	15	○	30	—	45	○
1	·	16	—	31	○	46	·
2	○	17	○	32	·	47	—
3	·	18	—	33	·	48	—
4	○	19	·	34	—	49	○
5	○	20	·	35	—	50	○
6	○	21	·	36	○	51	—
7	—	22	○	37	·	52	—
8	·	23	—	38	○	53	·
9	—	24	·	39	—	54	·
10	·	25	—	40	○	55	·
11	—	26	○	41	○	56	—
12	·	27	○	42	·	57	○
13	○	28	·	43	—	58	○
14	—	29	·	44	·	59	—

年月日22時

(分)	0~14	(分)	15~29	(分)	30~44	(分)	45~59
0	—	15	○	30	—	45	·
1	—	16	○	31	·	46	—
2	○	17	·	32	—	47	○
3	·	18	○	33	·	48	○
4	·	19	—	34	○	49	·
5	·	20	—	35	—	50	·
6	○	21	—	36	○	51	—
7	○	22	·	37	—	52	○
8	○	23	○	38	○	53	·
9	—	24	·	39	—	54	·
10	—	25	○	40	·	55	—
11	○	26	○	41	·	56	—
12	·	27	○	42	·	57	○
13	·	28	—	43	○	58	·
14	○	29	·	44	—	59	○

西元2004年7月17日到8月15日

	(分)	0~14	(分)	15~29	(分)	30~44	(分)	45~59
	0	·	15	○	30	—	45	○
	1	·	16	—	31	○	46	·
年	2	—	17	○	32	·	47	·
	3	·	18	—	33	·	48	—
	4	○	19	·	34	—	49	○
月	5	○	20	○	35	—	50	—
	6	○	21	·	36	○	51	·
	7	—	22	○	37	·	52	—
	8	·	23	·	38	—	53	○
日	9	—	24	○	39	—	54	○
	10	·	25	—	40	○	55	·
23	11	·	26	—	41	○	56	·
時	12	·	27	—	42	·	57	○
	13	○	28	·	43	—	58	○
	14	—	29	○	44	·	59	—

	(分)	0~14	(分)	15~29	(分)	30~44	(分)	45~59
	0	—	15	○	30	—	45	○
	1	—	16	○	31	·	46	—
年	2	○	17	○	32	·	47	—
	3	·	18	—	33	·	48	—
	4	·	19	—	34	○	49	·
月	5	○	20	·	35	—	50	○
	6	○	21	·	36	○	51	—
	7	○	22	·	37	—	52	○
	8	·	23	—	38	○	53	·
日	9	—	24	·	39	—	54	·
	10	—	25	○	40	·	55	—
24	11	—	26	○	41	○	56	—
時	12	·	27	○	42	·	57	○
	13	·	28	—	43	○	58	·
	14	—	29	·	44	·	59	—

	(分)	0~14	(分)	15~29	(分)	30~44	(分)	45~59
	0	○	15	·	30	—	45	○
	1	·	16	—	31	○	46	·
年	2	○	17	—	32	○	47	—
	3	—	18	○	33	·	48	—
	4	—	19	○	34	·	49	○
月	5	○	20	·	35	○	50	·
	6	·	21	—	36	○	51	·
	7	○	22	○	37	—	52	—
	8	—	23	○	38	—	53	○
日	9	○	24	·	39	—	54	○
	10	·	25	·	40	○	55	○
1	11	·	26	—	41	·	56	—
時	12	—	27	○	42	·	57	—
	13	·	28	—	43	○	58	·
	14	○	29	·	44	○	59	—

	(分)	0~14	(分)	15~29	(分)	30~44	(分)	45~59
	0	·	15	—	30	○	45	:
	1	—	16	—	31	·	46	·
年	2	·	17	—	32	·	47	—
	3	○	18	·	33	—	48	○
	4	○	19	○	34	·	49	—
月	5	○	20	·	35	○	50	·
	6	—	21	○	36	·	51	—
	7	○	22	·	37	—	52	○
	8	—	23	○	38	—	53	○
日	9	·	24	—	39	○	54	·
	10	·	25	○	40	○	55	·
2	11	·	26	○	41	·	56	○
時	12	○	27	·	42	—	57	○
	13	—	28	○	43	○	58	—
	14	○	29	—	44	○	59	—

	(分)	0~14	(分)	15~29	(分)	30~44	(分)	45~59
	0	○	15	·	30	○	45	·
	1	—	16	○	31	·	46	—
年	2	—	17	—	32	·	47	·
	3	—	18	○	33	—	48	○
	4	·	19	—	34	○	49	·
月	5	○	20	○	35	·	50	—
	6	·	21	—	36	·	51	—
	7	○	22	·	37	—	52	○
	8	○	23	·	38	—	53	○
日	9	○	24	·	39	○	54	—
	10	—	25	○	40	·	55	—
3	11	·	26	—	41	○	56	·
時	12	—	27	·	42	—	57	·
	13	·	28	—	43	○	58	·
	14	—	29	○	44	○	59	—

	(分)	0~14	(分)	15~29	(分)	30~44	(分)	45~59
	0	○	15	·	30	○	45	·
	1	○	16	·	31	—	46	○
年	2	—	17	○	32	·	47	—
	3	—	18	○	33	—	48	·
	4	—	19	○	34	·	49	—
月	5	○	20	·	35	—	50	○
	6	·	21	○	36	·	51	○
	7	·	22	—	37	○	52	·
	8	·	23	—	38	—	53	·
日	9	○	24	—	39	○	54	—
	10	○	25	·	40	—	55	○
4	11	·	26	○	41	○	56	·
時	12	—	27	·	42	—	57	·
	13	—	28	○	43	·	58	—
	14	○	29	○	44	·	59	—

	(分)	0~14	(分)	15~29	(分)	30~44	(分)	45~59
	0	○	15	—	30	○	45	—
	1	○	16	·	31	—	46	○
年	2	○	17	·	32	—	47	○
	3	—	18	·	33	—	48	·
	4	—	19	○	34	·	49	—
月	5	·	20	—	35	○	50	·
	6	·	21	○	36	—	51	○
	7	○	22	—	37	○	52	·
	8	—	23	○	38	·	53	·
日	9	·	24	—	39	·	54	—
	10	○	25	·	40	—	55	○
5	11	○	26	○	41	—	56	—
時	12	○	27	·	42	○	57	·
	13	—	28	○	43	·	58	—
	14	·	29	·	44	—	59	○

	(分)	0~14	(分)	15~29	(分)	30~44	(分)	45~59
	0	○	15	—	30	·	45	—
	1	·	16	—	31	○	46	·
年	2	·	17	—	32	○	47	○
	3	○	18	·	33	○	48	·
	4	○	19	·	34	—	49	○
月	5	—	20	—	35	·	50	·
	6	—	21	○	36	—	51	○
	7	—	22	○	37	·	52	—
	8	○	23	○	38	·	53	—
日	9	·	24	○	39	·	54	—
	10	·	25	—	40	○	55	·
6	11	○	26	·	41	—	56	○
時	12	○	27	·	42	○	57	—
	13	○	28	○	43	—	58	○
	14	·	29	—	44	○	59	·

西元2004年7月17日到8月15日

	(分)	0~14	(分)	15~29	(分)	30~44	(分)	45~59
年月日7時	0	○	15	—	30	○	45	—
	1	○	16	·	31	—	46	○
	2	○	17	·	32	·	47	○
	3	—	18	·	33	—	48	·
	4	—	19	○	34	·	49	—
	5	○	20	—	35	—	50	○
	6	·	21	○	36	·	51	○
	7	·	22	—	37	·	52	·
	8	·	23	—	38	○	53	·
	9	○	24	—	39	○	54	—
	10	○	25	·	40	—	55	○
	11	—	26	○	41	·	56	—
	12	—	27	·	42	○	57	·
	13	—	28	○	43	·	58	—
	14	○	29	·	44	—	59	—

	(分)	0~14	(分)	15~29	(分)	30~44	(分)	45~59
年月日8時	0	○	15	—	30	○	45	—
	1	·	16	—	31	○	46	·
	2	○	17	·	32	—	47	○
	3	—	18	·	33	—	48	·
	4	○	19	·	34	—	49	○
	5	·	20	—	35	○	50	·
	6	·	21	○	36	—	51	○
	7	—	22	○	37	·	52	—
	8	—	23	○	38	·	53	·
	9	·	24	—	39	·	54	—
	10	·	25	—	40	○	55	·
	11	○	26	○	41	—	56	—
	12	○	27	·	42	○	57	·
	13	○	28	·	43	—	58	·
	14	·	29	·	44	—	59	○

	(分)	0~14	(分)	15~29	(分)	30~44	(分)	45~59
年月日9時	0	○	15	·	30	○	45	·
	1	○	16	·	31	—	46	○
	2	—	17	○	32	·	47	—
	3	—	18	○	33	—	48	·
	4	—	19	○	34	·	49	—
	5	○	20	·	35	—	50	○
	6	·	21	○	36	·	51	○
	7	·	22	—	37	○	52	·
	8	·	23	—	38	—	53	·
	9	○	24	—	39	○	54	—
	10	○	25	·	40	—	55	○
	11	·	26	○	41	○	56	·
	12	—	27	·	42	—	57	·
	13	—	28	○	43	·	58	—
	14	○	29	○	44	·	59	—

	(分)	0~14	(分)	15~29	(分)	30~44	(分)	45~59
年月日10時	0	○	15	—	30	○	45	—
	1	·	16	—	31	○	46	·
	2	○	17	·	32	·	47	○
	3	—	18	·	33	—	48	·
	4	○	19	·	34	—	49	○
	5	○	20	—	35	—	50	○
	6	·	21	○	36	·	51	○
	7	—	22	○	37	·	52	—
	8	·	23	○	38	○	53	·
	9	○	24	—	39	○	54	—
	10	·	25	—	40	○	55	·
	11	—	26	○	41	·	56	—
	12	—	27	·	42	○	57	·
	13	○	28	·	43	—	58	○
	14	○	29	·	44	—	59	—

	(分)	0~14	(分)	15~29	(分)	30~44	(分)	45~59
年月日11時	0	○	15	·	30	—	45	○
	1	○	16	·	31	—	46	○
	2	—	17	·	32	○	47	·
	3	—	18	○	33	·	48	—
	4	·	19	—	34	○	49	○
	5	—	20	○	35	—	50	○
	6	·	21	—	36	○	51	·
	7	—	22	—	37	·	52	·
	8	·	23	—	38	·	53	—
	9	○	24	·	39	—	54	○
	10	○	25	○	40	·	55	—
	11	○	26	·	41	○	56	·
	12	—	27	○	42	·	57	—
	13	○	28	·	43	—	58	○
	14	—	29	○	44	—	59	○

	(分)	0~14	(分)	15~29	(分)	30~44	(分)	45~59
年月日12時	0	·	15	—	30	○	45	·
	1	·	16	·	31	○	46	○
	2	○	17	·	32	○	47	·
	3	○	18	·	33	—	48	○
	4	—	19	—	34	○	49	·
	5	—	20	○	35	—	50	○
	6	—	21	○	36	·	51	—
	7	○	22	○	37	·	52	—
	8	·	23	○	38	·	53	○
	9	·	24	—	39	○	54	·
	10	○	25	·	40	—	55	○
	11	○	26	—	41	○	56	—
	12	○	27	·	42	—	57	○
	13	·	28	—	43	—	58	·
	14	—	29	·	44	—	59	·

	(分)	0~14	(分)	15~29	(分)	30~44	(分)	45~59
年月日13時	0	—	15	○	30	·	45	—
	1	○	16	·	31	○	46	—
	2	—	17	○	32	·	47	—
	3	○	18	·	33	—	48	○
	4	—	19	·	34	—	49	·
	5	·	20	—	35	○	50	·
	6	·	21	—	36	—	51	·
	7	·	22	○	37	·	52	○
	8	○	23	·	38	—	53	○
	9	·	24	○	39	○	54	·
	10	○	25	—	40	○	55	—
	11	—	26	○	41	·	56	—
	12	—	27	○	42	·	57	—
	13	—	28	·	43	—	58	·
	14	·	29	—	44	○	59	·

	(分)	0~14	(分)	15~29	(分)	30~44	(分)	45~59
年月日14時	0	○	15	·	30	·	45	○
	1	○	16	—	31	○	46	—
	2	○	17	·	32	—	47	○
	3	○	18	—	33	—	48	○
	4	—	19	·	34	—	49	·
	5	—	20	○	35	·	50	—
	6	·	21	○	36	○	51	·
	7	·	22	○	37	·	52	○
	8	·	23	—	38	○	53	·
	9	—	24	○	39	·	54	—
	10	○	25	—	40	·	55	—
	11	○	26	·	41	—	56	○
	12	○	27	·	42	—	57	—
	13	○	28	·	43	○	58	·
	14	—	29	○	44	·	59	—

西元2004年7月17日到8月15日

年月日15時	(分)	0~14	(分)	15~29	(分)	30~44	(分)	45~59
	0	—	15	○	30	·	45	—
	1	—	16	○	31	○	46	—
	2	○	17	—	32	○	47	—
	3	·	18	—	33	○	48	·
	4	—	19	·	34	·	49	—
	5	—	20	·	35	—	50	·
	6	○	21	·	36	—	51	○
	7	○	22	·	37	—	52	○
	8	·	23	○	38	·	53	○
	9	—	24	○	39	·	54	—
	10	·	25	—	40	○	55	·
	11	○	26	—	41	·	56	—
	12	·	27	—	42	○	57	·
	13	—	28	○	43	·	58	·
	14	○	29	·	44	○	59	·

年月日16時	(分)	0~14	(分)	15~29	(分)	30~44	(分)	45~59
	0	○	15	·	30	—	45	○
	1	—	16	○	31	·	46	—
	2	○	17	—	32	○	47	—
	3	—	18	○	33	·	48	—
	4	○	19	·	34	—	49	○
	5	—	20	·	35	○	50	·
	6	·	21	—	36	○	51	·
	7	·	22	—	37	○	52	○
	8	—	23	○	38	—	53	○
	9	○	24	·	39	—	54	○
	10	—	25	—	40	·	55	·
	11	·	26	—	41	·	56	—
	12	—	27	○	42	·	57	—
	13	○	28	○	43	·	58	—
	14	○	29	·	44	○	59	·

年月日17時	(分)	0~14	(分)	15~29	(分)	30~44	(分)	45~59
	0	·	15	—	30	·	45	—
	1	○	16	·	31	—	46	○
	2	—	17	—	32	○	47	·
	3	○	18	·	33	○	48	·
	4	—	19	·	34	·	49	—
	5	—	20	○	35	·	50	—
	6	—	21	○	36	—	51	·
	7	·	22	—	37	○	52	·
	8	○	23	·	38	—	53	○
	9	·	24	○	39	·	54	○
	10	○	25	·	40	—	55	○
	11	·	26	—	41	—	56	·
	12	○	27	—	42	○	57	—
	13	—	28	○	43	·	58	—
	14	·	29	○	44	○	59	·

年月日18時	(分)	0~14	(分)	15~29	(分)	30~44	(分)	45~59
	0	·	15	—	30	·	45	○
	1	·	16	—	31	○	46	·
	2	—	17	○	32	·	47	—
	3	○	18	—	33	○	48	—
	4	○	19	·	34	—	49	○
	5	○	20	·	35	·	50	○
	6	—	21	·	36	—	51	·
	7	—	22	○	37	·	52	—
	8	○	23	—	38	—	53	○
	9	·	24	○	39	·	54	○
	10	·	25	—	40	·	55	·
	11	·	26	○	41	○	56	·
	12	○	27	—	42	○	57	—
	13	○	28	·	43	—	58	○
	14	—	29	○	44	·	59	—

年月日19時	(分)	0~14	(分)	15~29	(分)	30~44	(分)	45~59
	0	·	15	·	30	—	45	○
	1	○	16	·	31	○	46	·
	2	○	17	·	32	—	47	○
	3	·	18	—	33	○	48	·
	4	—	19	○	34	—	49	·
	5	—	20	○	35	·	50	—
	6	○	21	○	36	·	51	—
	7	·	22	○	37	·	52	○
	8	·	23	—	38	○	53	·
	9	○	24	·	39	·	54	○
	10	○	25	—	40	○	55	—
	11	○	26	·	41	—	56	○
	12	○	27	—	42	—	57	○
	13	—	28	·	43	—	58	·
	14	—	29	○	44	·	59	—

年月日20時	(分)	0~14	(分)	15~29	(分)	30~44	(分)	45~59
	0	·	15	—	30	○	45	·
	1	○	16	—	31	○	46	—
	2	·	17	—	32	○	47	·
	3	—	18	○	33	○	48	—
	4	—	19	·	34	—	49	·
	5	○	20	·	35	—	50	○
	6	—	21	○	36	·	51	—
	7	·	22	·	37	·	52	○
	8	—	23	○	38	·	53	—
	9	○	24	·	39	—	54	○
	10	○	25	—	40	○	55	—
	11	·	26	—	41	○	56	·
	12	·	27	○	42	○	57	·
	13	—	28	·	43	○	58	·
	14	○	29	·	44	—	59	○

年月日21時	(分)	0~14	(分)	15~29	(分)	30~44	(分)	45~59
	0	·	15	—	30	○	45	·
	1	○	16	·	31	—	46	○
	2	—	17	○	32	—	47	·
	3	○	18	·	33	—	48	○
	4	·	19	—	34	○	49	·
	5	·	20	○	35	·	50	○
	6	—	21	○	36	·	51	—
	7	—	22	○	37	○	52	—
	8	○	23	—	38	○	53	—
	9	·	24	—	39	○	54	·
	10	—	25	·	40	·	55	—
	11	—	26	·	41	—	56	·
	12	○	27	·	42	—	57	○
	13	○	28	·	43	○	58	○
	14	·	29	○	44	·	59	○

年月日22時	(分)	0~14	(分)	15~29	(分)	30~44	(分)	45~59
	0	—	15	○	30	·	45	—
	1	·	16	—	31	—	46	·
	2	—	17	·	32	—	47	·
	3	·	18	—	33	○	48	·
	4	·	19	○	34	○	49	○
	5	·	20	○	35	·	50	○
	6	○	21	·	36	—	51	·
	7	—	22	○	37	·	52	—
	8	○	23	—	38	○	53	—
	9	—	24	○	39	·	54	—
	10	○	25	○	40	—	55	○
	11	—	26	·	41	○	56	·
	12	·	27	—	42	○	57	·
	13	·	28	—	43	○	58	○
	14	—	29	○	44	—	59	○

西元2004年8月16日到9月13日

年 月 日 23 時

(分)	0~14	(分)	15~29	(分)	30~44	(分)	45~59
0	—	15	○	30	·	45	—
1	○	16	—	31	—	46	○
2	○	17	—	32	○	47	—
3	·	18	—	33	○	48	·
4	·	19	—	34	○	49	·
5	—	20	·	35	—	50	·
6	○	21	·	36	—	51	○
7	—	22	○	37	·	52	—
8	·	23	○	38	—	53	○
9	—	24	○	39	·	54	—
10	○	25	·	40	—	55	—
11	○	26	—	41	·	56	—
12	·	27	—	42	○	57	·
13	·	28	·	43	○	58	○
14	○	29	·	44	○	59	·

年 月 日 24 時

(分)	0~14	(分)	15~29	(分)	30~44	(分)	45~59
0	○	15	·	30	—	45	○
1	·	16	—	31	○	46	·
2	○	17	—	32	○	47	—
3	—	18	○	33	·	48	—
4	—	19	○	34	·	49	·
5	○	20	·	35	○	50	·
6	·	21	—	36	○	51	·
7	○	22	○	37	—	52	—
8	—	23	○	38	—	53	○
9	○	24	○	39	—	54	○
10	·	25	·	40	○	55	○
11	·	26	—	41	·	56	—
12	—	27	○	42	·	57	—
13	·	28	—	43	○	58	·
14	○	29	·	44	○	59	—

年 月 日 1 時

(分)	0~14	(分)	15~29	(分)	30~44	(分)	45~59
0	○	15	·	30	·	45	○
1	○	16	—	31	○	46	—
2	○	17	·	32	—	47	○
3	○	18	—	33	—	48	○
4	—	19	·	34	—	49	·
5	—	20	○	35	·	50	—
6	·	21	—	36	○	51	·
7	·	22	○	37	·	52	○
8	·	23	—	38	○	53	·
9	—	24	○	39	·	54	—
10	○	25	—	40	·	55	—
11	○	26	·	41	—	56	○
12	○	27	·	42	—	57	—
13	○	28	·	43	○	58	·
14	—	29	○	44	·	59	—

年 月 日 2 時

(分)	0~14	(分)	15~29	(分)	30~44	(分)	45~59
0	○	15	·	30	—	45	○
1	○	16	—	31	○	46	—
2	·	17	—	32	○	47	·
3	·	18	—	33	○	48	·
4	—	19	·	34	○	49	·
5	○	20	·	35	—	50	○
6	—	21	○	36	·	51	·
7	—	22	·	37	—	52	○
8	—	23	○	38	·	53	—
9	○	24	—	39	—	54	—
10	·	25	—	40	·	55	—
11	·	26	—	41	○	56	·
12	·	27	·	42	—	57	○
13	○	28	·	43	○	58	·
14	○	29	·	44	—	59	○

年 月 日 3 時

(分)	0~14	(分)	15~29	(分)	30~44	(分)	45~59
0	·	15	—	30	○	45	·
1	—	16	○	31	·	46	—
2	·	17	—	32	·	47	○
3	○	18	·	33	—	48	○
4	○	19	·	34	—	49	○
5	○	20	—	35	○	50	—
6	—	21	○	36	·	51	—
7	·	22	—	37	—	52	·
8	—	23	·	38	—	53	·
9	·	24	—	39	○	54	·
10	·	25	○	40	○	55	·
11	·	26	○	41	·	56	○
12	○	27	·	42	—	57	○
13	—	28	○	43	·	58	—
14	○	29	—	44	○	59	—

年 月 日 4 時

(分)	0~14	(分)	15~29	(分)	30~44	(分)	45~59
0	—	15	○	30	·	45	—
1	○	16	·	31	·	46	○
2	·	17	○	32	·	47	○
3	·	18	—	33	○	48	·
4	○	19	—	34	○	49	○
5	○	20	—	35	○	50	—
6	○	21	·	36	—	51	○
7	·	22	○	37	○	52	·
8	—	23	·	38	—	53	·
9	—	24	○	39	·	54	—
10	○	25	○	40	·	55	—
11	·	26	○	41	—	56	○
12	·	27	—	42	○	57	·
13	○	28	○	43	—	58	—
14	·	29	—	44	·	59	—

年 月 日 5 時

(分)	0~14	(分)	15~29	(分)	30~44	(分)	45~59
0	·	15	○	30	○	45	·
1	○	16	—	31	○	46	—
2	·	17	—	32	○	47	·
3	—	18	○	33	·	48	—
4	—	19	·	34	—	49	·
5	○	20	·	35	—	50	○
6	○	21	·	36	○	51	○
7	·	22	○	37	—	52	○
8	—	23	○	38	·	53	—
9	·	24	○	39	○	54	○
10	·	25	—	40	·	55	—
11	·	26	—	41	○	56	·
12	—	27	○	42	·	57	·
13	○	28	·	43	○	58	·
14	○	29	·	44	—	59	○

年 月 日 6 時

(分)	0~14	(分)	15~29	(分)	30~44	(分)	45~59
0	—	15	○	30	·	45	—
1	○	16	—	31	○	46	—
2	—	17	○	32	·	47	—
3	○	18	·	33	—	48	○
4	○	19	·	34	○	49	·
5	·	20	—	35	○	50	·
6	·	21	·	36	·	51	○
7	—	22	○	37	—	52	○
8	○	23	○	38	—	53	○
9	—	24	—	39	○	54	○
10	·	25	—	40	·	55	—
11	—	26	○	41	·	56	—
12	—	27	○	42	○	57	—
13	○	28	·	43	○	58	—
14	·	29	—	44	○	59	·

西元2004年8月16日到9月13日

年月日7時

(分)	0~14	(分)	15~29	(分)	30~44	(分)	45~59
0	·	15	—	30	○	45	·
1	○	16	—	31	○	46	—
2	·	17	—	32	○	47	·
3	—	18	○	33	○	48	—
4	—	19	·	34	—	49	·
5	○	20	·	35	—	50	○
6	—	21	·	36	○	51	—
7	·	22	○	37	·	52	○
8	—	23	○	38	·	53	—
9	○	24	○	39	—	54	○
10	○	25	—	40	○	55	—
11	·	26	—	41	○	56	·
12	·	27	○	42	○	57	·
13	—	28	·	43	○	58	·
14	○	29	·	44	—	59	○

年月日8時

(分)	0~14	(分)	15~29	(分)	30~44	(分)	45~59
0	·	15	○	30	○	45	·
1	○	16	—	31	○	46	—
2	—	17	○	32	·	47	—
3	—	18	○	33	·	48	○
4	—	19	·	34	—	49	·
5	·	20	—	35	○	50	·
6	○	21	·	36	—	51	○
7	·	22	○	37	—	52	○
8	○	23	○	38	—	53	○
9	·	24	—	39	○	54	○
10	·	25	—	40	·	55	○
11	—	26	○	41	·	56	—
12	—	27	○	42	·	57	○
13	○	28	·	43	○	58	·
14	·	29	—	44	○	59	·

年月日9時

(分)	0~14	(分)	15~29	(分)	30~44	(分)	45~59
0	—	15	○	30	·	45	—
1	·	16	—	31	○	46	·
2	—	17	·	32	○	47	·
3	·	18	—	33	○	48	·
4	—	19	○	34	·	49	·
5	—	20	○	35	—	50	○
6	○	21	·	36	—	51	○
7	○	22	○	37	○	52	—
8	·	23	—	38	·	53	—
9	—	24	○	39	·	54	—
10	·	25	·	40	—	55	○
11	○	26	·	41	○	56	·
12	·	27	—	42	○	57	·
13	·	28	—	43	○	58	·
14	—	29	○	44	—	59	○

年月日10時

(分)	0~14	(分)	15~29	(分)	30~44	(分)	45~59
0	○	15	·	30	—	45	○
1	—	16	—	31	·	46	·
2	○	17	·	32	○	47	·
3	—	18	○	33	·	48	—
4	○	19	○	34	·	49	—
5	—	20	○	35	—	50	○
6	·	21	—	36	○	51	·
7	○	22	○	37	—	52	○
8	·	23	—	38	·	53	·
9	○	24	·	39	—	54	○
10	·	25	—	40	○	55	·
11	○	26	—	41	○	56	—
12	—	27	○	42	·	57	—
13	—	28	○	43	○	58	○
14	—	29	·	44	—	59	·

年月日11時

(分)	0~14	(分)	15~29	(分)	30~44	(分)	45~59
0	—	15	○	30	○	45	—
1	—	16	·	31	—	46	·
2	○	17	·	32	—	47	○
3	—	18	·	33	·	48	—
4	·	19	○	34	·	49	○
5	—	20	○	35	·	50	—
6	○	21	·	36	—	51	○
7	○	22	—	37	○	52	—
8	·	23	—	38	○	53	·
9	·	24	○	39	—	54	·
10	—	25	·	40	○	55	·
11	○	26	·	41	—	56	○
12	—	27	○	42	·	57	·
13	—	28	○	43	—	58	○
14	—	29	○	44	·	59	—

年月日12時

(分)	0~14	(分)	15~29	(分)	30~44	(分)	45~59
0	—	15	○	30	·	45	—
1	—	16	·	31	—	46	·
2	·	17	—	32	○	47	·
3	○	18	·	33	—	48	○
4	·	19	○	34	○	49	·
5	○	20	·	35	—	50	○
6	·	21	—	36	○	51	○
7	·	22	○	37	·	52	—
8	—	23	○	38	·	53	—
9	—	24	—	39	○	54	·
10	○	25	·	40	○	55	·
11	·	26	—	41	○	56	○
12	○	27	○	42	·	57	—
13	—	28	○	43	—	58	○
14	○	29	·	44	—	59	○

年月日13時

(分)	0~14	(分)	15~29	(分)	30~44	(分)	45~59
0	○	15	·	30	—	45	○
1	·	16	—	31	·	46	○
2	○	17	·	32	—	47	○
3	·	18	—	33	○	48	·
4	○	19	—	34	○	49	—
5	—	20	○	35	·	50	—
6	—	21	○	36	○	51	—
7	—	22	·	37	—	52	·
8	·	23	—	38	○	53	·
9	—	24	·	39	·	54	—
10	·	25	○	40	·	55	○
11	○	26	·	41	—	56	○
12	○	27	·	42	—	57	○
13	○	28	—	43	○	58	—
14	—	29	○	44	·	59	—

年月日14時

(分)	0~14	(分)	15~29	(分)	30~44	(分)	45~59
0	·	15	—	30	—	45	·
1	·	16	○	31	·	46	○
2	○	17	—	32	○	47	·
3	·	18	○	33	○	48	·
4	○	19	—	34	○	49	—
5	○	20	·	35	—	50	○
6	—	21	○	36	·	51	—
7	—	22	·	37	—	52	·
8	○	23	○	38	·	53	—
9	○	24	○	39	—	54	○
10	·	25	○	40	—	55	○
11	·	26	—	41	○	56	·
12	·	27	—	42	○	57	○
13	·	28	—	43	·	58	—
14	○	29	·	44	—	59	○

西元2004年8月16日到9月13日

	(分)	0~14	(分)	15~29	(分)	30~44	(分)	45~59
	0	○	15	·	30	—	45	—
	1	○	16	·	31	○	46	·
年	2	·	17	—	32	○	47	·
	3	·	18	·	33	○	48	○
	4	—	19	○	34	—	49	○
月	5	○	20	·	35	—	50	○
	6	—	21	—	36	○	51	○
	7	·	22	—	37	·	52	—
	8	—	23	○	38	·	53	—
日	9	—	24	○	39	·	54	—
	10	○	25	·	40	○	55	○
15	11	·	26	—	41	○	56	·
時	12	○	27	·	42	—	57	○
	13	—	28	·	43	○	58	·
	14	○	29	·	44	—	59	○

	(分)	0~14	(分)	15~29	(分)	30~44	(分)	45~59
	0	·	15	·	30	—	45	○
	1	○	16	·	31	○	46	·
年	2	—	17	○	32	·	47	—
	3	·	18	—	33	○	48	·
	4	—	19	○	34	—	49	·
月	5	·	20	—	35	○	50	○
	6	—	21	○	36	·	51	—
	7	·	22	·	37	·	52	○
	8	○	23	·	38	—	53	○
日	9	○	24	·	39	·	54	○
	10	○	25	—	40	○	55	○
16	11	—	26	○	41	·	56	—
時	12	○	27	—	42	—	57	·
	13	—	28	·	43	—	58	○
	14	·	29	—	44	○	59	·

	(分)	0~14	(分)	15~29	(分)	30~44	(分)	45~59
	0	○	15	·	30	—	45	○
	1	—	16	·	31	·	46	—
年	2	—	17	·	32	—	47	·
	3	—	18	○	33	·	48	—
	4	○	19	·	34	—	49	○
月	5	·	20	○	35	·	50	○
	6	·	21	—	36	○	51	·
	7	·	22	—	37	○	52	·
	8	○	23	—	38	·	53	—
日	9	○	24	·	39	—	54	○
	10	—	25	○	40	·	55	·
17	11	○	26	·	41	○	56	·
時	12	—	27	○	42	·	57	—
	13	○	28	○	43	—	58	—
	14	—	29	○	44	—	59	○

	(分)	0~14	(分)	15~29	(分)	30~44	(分)	45~59
	0	·	15	—	30	·	45	·
	1	○	16	·	31	—	46	○
年	2	—	17	·	32	○	47	·
	3	○	18	·	33	—	48	○
	4	·	19	—	34	○	49	○
月	5	—	20	○	35	—	50	○
	6	—	21	○	36	·	51	—
	7	—	22	○	37	·	52	·
	8	·	23	—	38	○	53	—
日	9	·	24	—	39	○	54	·
	10	○	25	○	40	·	55	—
18	11	○	26	·	41	○	56	·
時	12	○	27	·	42	—	57	○
	13	○	28	·	43	—	58	○
	14	—	29	○	44	—	59	·

	(分)	0~14	(分)	15~29	(分)	30~44	(分)	45~59
	0	—	15	·	30	○	45	·
	1	·	16	—	31	○	46	·
年	2	○	17	·	32	—	47	—
	3	—	18	○	33	—	48	○
	4	○	19	·	34	—	49	○
月	5	·	20	·	35	○	50	○
	6	·	21	—	36	·	51	—
	7	—	22	○	37	·	52	—
	8	—	23	—	38	○	53	·
日	9	○	24	·	39	○	54	·
	10	·	25	—	40	·	55	·
19	11	—	26	○	41	·	56	—
時	12	—	27	○	42	—	57	·
	13	○	28	·	43	—	58	○
	14	○	29	·	44	○	59	○

	(分)	0~14	(分)	15~29	(分)	30~44	(分)	45~59
	0	○	15	·	30	○	45	·
	1	—	16	○	31	·	46	—
年	2	·	17	·	32	—	47	○
	3	—	18	○	33	—	48	○
	4	·	19	—	34	○	49	·
月	5	·	20	—	35	○	50	·
	6	·	21	—	36	·	51	○
	7	○	22	·	37	—	52	·
	8	—	23	○	38	·	53	—
日	9	○	24	—	39	○	54	—
	10	—	25	○	40	·	55	—
20	11	○	26	·	41	·	56	○
時	12	—	27	·	42	—	57	·
	13	·	28	—	43	○	58	·
	14	·	29	—	44	—	59	○

	(分)	0~14	(分)	15~29	(分)	30~44	(分)	45~59
	0	○	15	·	30	—	45	—
	1	○	16	·	31	○	46	·
年	2	—	17	○	32	·	47	—
	3	·	18	·	33	○	48	○
	4	—	19	○	34	—	49	○
月	5	·	20	—	35	○	50	·
	6	—	21	—	36	○	51	·
	7	·	22	—	37	·	52	—
	8	○	23	·	38	—	53	○
日	9	—	24	○	39	·	54	—
	10	○	25	·	40	○	55	—
21	11	—	26	○	41	·	56	—
時	12	○	27	·	42	—	57	○
	13	—	28	·	43	—	58	·
	14	·	29	—	44	○	59	·

	(分)	0~14	(分)	15~29	(分)	30~44	(分)	45~59
	0	·	15	·	30	—	45	○
	1	○	16	·	31	○	46	·
年	2	○	17	·	32	—	47	○
	3	·	18	—	33	○	48	·
	4	—	19	○	34	—	49	·
月	5	—	20	○	35	·	50	—
	6	○	21	○	36	·	51	—
	7	·	22	·	37	·	52	○
	8	·	23	—	38	○	53	·
日	9	○	24	·	39	·	54	○
	10	—	25	—	40	○	55	—
22	11	○	26	·	41	—	56	○
時	12	○	27	—	42	—	57	○
	13	—	28	·	43	—	58	·
	14	—	29	○	44	·	59	—

西元2004年9月14日到10月13日

	(分)	0~14	(分)	15~29	(分)	30~44	(分)	45~59
	0	○	15	·	30	○	45	○
	1	·	16	—	31	·	46	○
年	2	—	17	○	32	·	47	—
	3	·	18	—	33	○	48	·
	4	○	19	—	34	○	49	—
月	5	·	20	—	35	○	50	·
	6	—	21	○	36	○	51	—
	7	—	22	·	37	—	52	·
	8	○	23	·	38	—	53	○
日	9	—	24	·	39	·	54	—
	10	·	25	○	40	·	55	○
23	11	—	26	○	41	·	56	—
時	12	○	27	·	42	—	57	○
	13	○	28	—	43	○	58	—
	14	·	29	—	44	○	59	·

	(分)	0~14	(分)	15~29	(分)	30~44	(分)	45~59
	0	·	15	—	30	—	45	·
	1	·	16	○	31	·	46	○
年	2	○	17	·	32	—	47	○
	3	·	18	○	33	○	48	·
	4	○	19	—	34	○	49	—
月	5	—	20	○	35	·	50	—
	6	—	21	·	36	·	51	○
	7	—	22	·	37	—	52	·
	8	·	23	—	38	○	53	·
日	9	○	24	·	39	—	54	○
	10	·	25	○	40	—	55	○
24	11	○	26	·	41	—	56	○
時	12	·	27	—	42	○	57	○
	13	·	28	—	43	·	58	—
	14	—	29	○	44	·	59	—

	(分)	0~14	(分)	15~29	(分)	30~44	(分)	45~59
	0	·	15	—	30	○	45	·
	1	·	16	—	31	○	46	○
年	2	—	17	○	32	—	47	○
	3	○	18	·	33	—	48	○
	4	—	19	—	34	·	49	·
月	5	·	20	—	35	·	50	—
	6	—	21	○	36	·	51	—
	7	○	22	○	37	·	52	○
	8	○	23	·	38	○	53	·
日	9	·	24	—	39	○	54	·
	10	○	25	·	40	—	55	○
1	11	—	26	○	41	—	56	·
時	12	○	27	·	42	—	57	○
	13	·	28	—	43	○	58	·
	14	·	29	○	44	·	59	○

	(分)	0~14	(分)	15~29	(分)	30~44	(分)	45~59
	0	—	15	○	30	·	45	—
	1	—	16	—	31	○	46	·
年	2	—	17	○	32	—	47	○
	3	·	18	—	33	○	48	·
	4	—	19	○	34	·	49	—
月	5	·	20	—	35	·	50	○
	6	○	21	·	36	—	51	○
	7	○	22	·	37	—	52	○
	8	○	23	—	38	○	53	—
日	9	—	24	○	39	·	54	—
	10	·	25	—	40	—	55	·
2	11	—	26	·	41	—	56	·
時	12	·	27	—	42	○	57	·
	13	·	28	○	43	○	58	·
	14	·	29	○	44	·	59	○

	(分)	0~14	(分)	15~29	(分)	30~44	(分)	45~59
	0	○	15	—	30	○	45	—
	1	·	16	—	31	○	46	·
年	2	○	17	○	32	—	47	○
	3	—	18	·	33	—	48	·
	4	○	19	·	34	—	49	○
月	5	·	20	—	35	○	50	·
	6	·	21	○	36	—	51	○
	7	—	22	○	37	·	52	—
	8	—	23	○	38	·	53	·
日	9	·	24	—	39	·	54	—
	10	·	25	—	40	○	55	·
3	11	○	26	○	41	—	56	—
時	12	○	27	·	42	○	57	·
	13	○	28	·	43	—	58	·
	14	·	29	·	44	—	59	○

	(分)	0~14	(分)	15~29	(分)	30~44	(分)	45~59
	0	○	15	—	30	·	45	—
	1	—	16	○	31	·	46	—
年	2	·	17	—	32	○	47	○
	3	○	18	·	33	○	48	·
	4	·	19	—	34	○	49	·
月	5	—	20	—	35	·	50	·
	6	—	21	○	36	—	51	○
	7	○	22	·	37	—	52	○
	8	○	23	○	38	○	53	—
日	9	·	24	—	39	·	54	—
	10	—	25	○	40	·	55	—
4	11	○	26	·	41	—	56	○
時	12	○	27	·	42	○	57	—
	13	·	28	—	43	○	58	·
	14	·	29	○	44	○	59	·

	(分)	0~14	(分)	15~29	(分)	30~44	(分)	45~59
	0	—	15	○	30	·	45	—
	1	○	16	○	31	—	46	—
年	2	—	17	○	32	—	47	○
	3	·	18	—	33	○	48	·
	4	·	19	·	34	—	49	○
月	5	·	20	—	35	·	50	—
	6	○	21	·	36	—	51	○
	7	·	22	—	37	○	52	·
	8	○	23	·	38	○	53	—
日	9	—	24	○	39	·	54	—
	10	—	25	○	40	·	55	—
5	11	—	26	·	41	—	56	·
時	12	·	27	—	42	○	57	·
	13	○	28	·	43	·	58	○
	14	·	29	○	44	·	59	○

	(分)	0~14	(分)	15~29	(分)	30~44	(分)	45~59
	0	○	15	·	30	—	45	○
	1	○	16	·	31	—	46	○
年	2	—	17	○	32	—	47	·
	3	—	18	○	33	·	48	—
	4	·	19	—	34	○	49	·
月	5	·	20	○	35	·	50	○
	6	·	21	—	36	○	51	·
	7	—	22	○	37	○	52	—
	8	○	23	—	38	○	53	—
日	9	○	24	·	39	—	54	○
	10	—	25	·	40	·	55	—
6	11	—	26	·	41	—	56	·
時	12	—	27	○	42	·	57	—
	13	○	28	·	43	—	58	○
	14	·	29	○	44	·	59	○

西元2004年9月14日到10月13日

年月日7時

(分)	0~14	(分)	15~29	(分)	30~44	(分)	45~59
0	○	15	—	30	○	45	—
1	·	16	—	31	○	46	·
2	○	17	—	32	—	47	○
3	—	18	·	33	—	48	·
4	○	19	·	34	—	49	○
5	·	20	—	35	○	50	·
6	·	21	○	36	·	51	○
7	—	22	○	37	·	52	—
8	—	23	○	38	·	53	—
9	○	24	—	39	·	54	—
10	·	25	—	40	○	55	·
11	○	26	·	41	—	56	—
12	○	27	·	42	○	57	·
13	○	28	·	43	—	58	○
14	·	29	○	44	○	59	○

年月日8時

(分)	0~14	(分)	15~29	(分)	30~44	(分)	45~59
0	○	15	—	30	○	45	—
1	—	16	○	31	·	46	—
2	·	17	—	32	○	47	·
3	—	18	·	33	○	48	·
4	·	19	—	34	○	49	·
5	—	20	○	35	·	50	○
6	—	21	○	36	—	51	○
7	○	22	·	37	—	52	○
8	○	23	○	38	—	53	—
9	·	24	—	39	·	54	—
10	—	25	○	40	·	55	○
11	·	26	·	41	—	56	○
12	○	27	·	42	○	57	·
13	·	28	—	43	○	58	·
14	·	29	—	44	○	59	·

年月日9時

(分)	0~14	(分)	15~29	(分)	30~44	(分)	45~59
0	○	15	—	30	—	45	○
1	—	16	·	31	—	46	·
2	·	17	—	32	○	47	·
3	·	18	—	33	○	48	·
4	·	19	○	34	·	49	○
5	○	20	·	35	—	50	○
6	—	21	○	36	·	51	—
7	○	22	—	37	·	52	—
8	—	23	○	38	·	53	—
9	○	24	·	39	—	54	○
10	○	25	·	40	○	55	·
11	·	26	—	41	○	56	·
12	·	27	·	42	○	57	○
13	—	28	○	43	—	58	○
14	○	29	·	44	—	59	○

年月日10時

(分)	0~14	(分)	15~29	(分)	30~44	(分)	45~59
0	·	15	—	30	○	45	·
1	—	16	·	31	○	46	·
2	—	17	○	32	·	47	—
3	—	18	○	33	·	48	·
4	—	19	○	34	—	49	○
5	·	20	—	35	○	50	·
6	○	21	○	36	—	51	—
7	·	22	—	37	·	52	—
8	○	23	·	38	—	53	○
9	·	24	·	39	—	54	○
10	○	25	·	40	○	55	·
11	—	26	○	41	·	56	—
12	·	27	—	42	○	57	·
13	—	28	○	43	—	58	·
14	·	29	—	44	○	59	·

年月日11時

(分)	0~14	(分)	15~29	(分)	30~44	(分)	45~59
0	—	15	○	30	·	45	—
1	○	16	·	31	·	46	○
2	—	17	·	32	—	47	·
3	·	18	—	33	○	48	·
4	○	19	—	34	—	49	○
5	·	20	○	35	·	50	○
6	○	21	·	36	—	51	○
7	·	22	—	37	○	52	·
8	○	23	—	38	○	53	—
9	—	24	○	39	·	54	—
10	—	25	○	40	·	55	—
11	—	26	·	41	○	56	·
12	·	27	—	42	○	57	·
13	○	28	·	43	—	58	—
14	—	29	○	44	—	59	○

年月日12時

(分)	0~14	(分)	15~29	(分)	30~44	(分)	45~59
0	○	15	·	30	—	45	○
1	○	16	·	31	—	46	○
2	—	17	·	32	—	47	·
3	—	18	○	33	·	48	—
4	·	19	—	34	○	49	·
5	·	20	○	35	—	50	○
6	·	21	—	36	○	51	·
7	—	22	○	37	·	52	·
8	·	23	—	38	·	53	—
9	○	24	·	39	—	54	○
10	○	25	○	40	—	55	—
11	○	26	·	41	○	56	·
12	—	27	○	42	·	57	—
13	·	28	·	43	—	58	○
14	—	29	○	44	—	59	○

年月日13時

(分)	0~14	(分)	15~29	(分)	30~44	(分)	45~59
0	—	15	○	30	—	45	○
1	—	16	○	31	·	46	—
2	·	17	—	32	○	47	·
3	·	18	—	33	·	48	○
4	·	19	—	34	○	49	·
5	—	20	○	35	·	50	—
6	○	21	—	36	○	51	—
7	○	22	·	37	—	52	○
8	○	23	·	38	·	53	○
9	—	24	·	39	—	54	·
10	—	25	○	40	·	55	—
11	○	26	—	41	—	56	○
12	·	27	○	42	·	57	○
13	·	28	—	43	·	58	·
14	·	29	—	44	○	59	·

年月日14時

(分)	0~14	(分)	15~29	(分)	30~44	(分)	45~59
0	—	15	·	30	—	45	·
1	○	16	·	31	—	46	○
2	—	17	○	32	○	47	—
3	·	18	○	33	·	48	○
4	—	19	○	34	·	49	—
5	—	20	·	35	·	50	—
6	○	21	—	36	○	51	—
7	·	22	—	37	○	52	·
8	○	23	○	38	—	53	○
9	—	24	·	39	—	54	·
10	○	25	·	40	○	55	○
11	·	26	—	41	○	56	·
12	·	27	○	42	—	57	○
13	—	28	○	43	·	58	—
14	—	29	·	44	·	59	·

西元2004年9月14日到10月13日

年月日15時	(分)	0~14	(分)	15~29	(分)	30~44	(分)	45~59
	0	·	15	—	30	·	45	—
	1	·	16	—	31	○	46	·
	2	—	17	○	32	○	47	·
	3	○	18	·	33	○	48	·
	4	○	19	·	34	—	49	○
	5	—	20	○	35	·	50	—
	6	—	21	○	36	—	51	·
	7	—	22	○	37	·	52	—
	8	○	23	·	38	—	53	○
	9	·	24	○	39	·	54	○
	10	·	25	—	40	○	55	·
	11	·	26	—	41	—	56	·
	12	○	27	—	42	○	57	—
	13	○	28	·	43	—	58	○
	14	·	29	○	44	○	59	·

年月日16時	(分)	0~14	(分)	15~29	(分)	30~44	(分)	45~59
	0	·	15	—	30	·	45	○
	1	—	16	○	31	·	46	—
	2	—	17	○	32	·	47	—
	3	○	18	—	33	○	48	—
	4	·	19	—	34	○	49	·
	5	○	20	·	35	·	50	○
	6	—	21	·	36	—	51	·
	7	○	22	·	37	—	52	○
	8	○	23	○	38	—	53	○
	9	·	24	○	39	·	54	○
	10	—	25	○	40	·	55	—
	11	·	26	—	41	○	56	·
	12	○	27	—	42	○	57	—
	13	·	28	—	43	○	58	·
	14	—	29	○	44	·	59	—

年月日17時	(分)	0~14	(分)	15~29	(分)	30~44	(分)	45~59
	0	○	15	·	30	—	45	○
	1	○	16	—	31	○	46	—
	2	—	17	○	32	·	47	—
	3	·	18	—	33	○	48	·
	4	—	19	·	34	○	49	·
	5	·	20	—	35	○	50	·
	6	—	21	○	36	·	51	·
	7	—	22	○	37	—	52	○
	8	○	23	·	38	—	53	○
	9	○	24	○	39	—	54	—
	10	·	25	—	40	·	55	—
	11	—	26	○	41	·	56	—
	12	·	27	·	42	—	57	○
	13	○	28	·	43	○	58	·
	14	·	29	—	44	○	59	·

年月日18時	(分)	0~14	(分)	15~29	(分)	30~44	(分)	45~59
	0	·	15	—	30	○	45	○
	1	·	16	—	31	·	46	—
	2	○	17	·	32	—	47	○
	3	—	18	—	33	·	48	·
	4	○	19	·	34	○	49	·
	5	—	20	○	35	·	50	—
	6	○	21	○	36	·	51	—
	7	—	22	○	37	—	52	○
	8	·	23	—	38	○	53	·
	9	○	24	○	39	—	54	○
	10	·	25	—	40	·	55	○
	11	○	26	·	41	—	56	○
	12	·	27	—	42	○	57	·
	13	○	28	—	43	○	58	—
	14	—	29	○	44	·	59	—

年月日19時	(分)	0~14	(分)	15~29	(分)	30~44	(分)	45~59
	0	—	15	○	30	·	45	—
	1	—	16	·	31	·	46	○
	2	—	17	·	32	—	47	·
	3	·	18	—	33	○	48	·
	4	○	19	·	34	—	49	○
	5	·	20	○	35	·	50	○
	6	○	21	·	36	—	51	○
	7	·	22	—	37	○	52	·
	8	○	23	—	38	○	53	—
	9	—	24	○	39	·	54	—
	10	—	25	○	40	·	55	·
	11	○	26	·	41	○	56	·
	12	·	27	—	42	○	57	·
	13	○	28	○	43	—	58	—
	14	—	29	○	44	—	59	○

年月日20時	(分)	0~14	(分)	15~29	(分)	30~44	(分)	45~59
	0	○	15	·	30	—	45	○
	1	○	16	·	31	—	46	○
	2	—	17	·	32	○	47	·
	3	—	18	○	33	·	48	—
	4	·	19	—	34	○	49	○
	5	—	20	○	35	—	50	○
	6	·	21	—	36	○	51	·
	7	—	22	○	37	·	52	·
	8	·	23	—	38	·	53	—
	9	○	24	·	39	—	54	○
	10	○	25	○	40	·	55	—
	11	○	26	·	41	○	56	·
	12	—	27	○	42	·	57	—
	13	○	28	·	43	—	58	○
	14	—	29	○	44	—	59	○

年月日21時	(分)	0~14	(分)	15~29	(分)	30~44	(分)	45~59
	0	—	15	○	30	·	45	—
	1	○	16	·	31	—	46	○
	2	○	17	—	32	○	47	—
	3	·	18	—	33	○	48	·
	4	·	19	—	34	○	49	·
	5	—	20	·	35	—	50	·
	6	○	21	·	36	—	51	○
	7	·	22	○	37	○	52	·
	8	·	23	○	38	·	53	○
	9	—	24	○	39	·	54	—
	10	—	25	○	40	·	55	—
	11	○	26	—	41	·	56	—
	12	·	27	—	42	○	57	·
	13	○	28	○	43	—	58	○
	14	—	29	·	44	○	59	·

年月日22時	(分)	0~14	(分)	15~29	(分)	30~44	(分)	45~59
	0	○	15	·	30	—	45	○
	1	○	16	—	31	—	46	·
	2	○	17	—	32	○	47	—
	3	—	18	○	33	·	48	—
	4	·	19	—	34	○	49	·
	5	—	20	·	35	—	50	·
	6	·	21	—	36	○	51	·
	7	—	22	○	37	·	52	—
	8	·	23	○	38	—	53	○
	9	○	24	○	39	—	54	○
	10	○	25	·	40	○	55	—
	11	·	26	—	41	·	56	—
	12	—	27	○	42	·	57	—
	13	·	28	·	43	○	58	○
	14	○	29	·	44	○	59	·

西元2004年10月14日到11月11日

年 月 日 23 時

(分)	0~14	(分)	15~29	(分)	30~44	(分)	45~59
0	○	15	·	30	—	45	—
1	○	16	·	31	○	46	·
2	·	17	—	32	○	47	·
3	·	18	·	33	○	48	○
4	—	19	○	34	—	49	○
5	○	20	·	35	—	50	○
6	—	21	—	36	○	51	·
7	·	22	—	37	·	52	—
8	—	23	○	38	·	53	—
9	—	24	○	39	·	54	—
10	○	25	·	40	○	55	—
11	·	26	—	41	○	56	·
12	○	27	·	42	—	57	○
13	—	28	·	43	—	58	·
14	○	29	·	44	—	59	○

年 月 日 24 時

(分)	0~14	(分)	15~29	(分)	30~44	(分)	45~59
0	·	15	·	30	—	45	○
1	○	16	·	31	○	46	·
2	—	17	○	32	·	47	—
3	·	18	—	33	○	48	·
4	—	19	○	34	—	49	·
5	·	20	—	35	○	50	·
6	—	21	○	36	·	51	—
7	·	22	○	37	·	52	○
8	○	23	·	38	—	53	○
9	○	24	·	39	·	54	○
10	○	25	—	40	○	55	—
11	—	26	○	41	·	56	—
12	○	27	—	42	—	57	○
13	—	28	·	43	—	58	·
14	·	29	—	44	○	59	·

年 月 日 1 時

(分)	0~14	(分)	15~29	(分)	30~44	(分)	45~59
0	○	15	·	30	—	45	○
1	○	16	—	31	—	46	○
2	○	17	—	32	○	47	—
3	—	18	○	33	·	48	—
4	·	19	—	34	○	49	·
5	—	20	·	35	—	50	·
6	·	21	—	36	○	51	·
7	—	22	○	37	·	52	—
8	·	23	○	38	—	53	○
9	○	24	·	39	—	54	○
10	○	25	·	40	—	55	—
11	·	26	—	41	·	56	—
12	—	27	○	42	·	57	—
13	·	28	·	43	○	58	○
14	○	29	·	44	○	59	·

年 月 日 2 時

(分)	0~14	(分)	15~29	(分)	30~44	(分)	45~59
0	·	15	—	30	○	45	·
1	·	16	—	31	○	46	·
2	○	17	—	32	·	47	—
3	○	18	·	33	—	48	○
4	—	19	○	34	·	49	·
5	○	20	·	35	○	50	·
6	—	21	○	36	·	51	—
7	○	22	·	37	—	52	—
8	—	23	○	38	—	53	○
9	·	24	—	39	○	54	·
10	·	25	·	40	—	55	○
11	·	26	—	41	·	56	—
12	○	27	·	42	—	57	○
13	·	28	—	43	○	58	·
14	○	29	·	44	○	59	—

年 月 日 3 時

(分)	0~14	(分)	15~29	(分)	30~44	(分)	45~59
0	○	15	○	30	—	45	—
1	·	16	—	31	·	46	—
2	—	17	○	32	·	47	—
3	·	18	·	33	—	48	○
4	○	19	·	34	○	49	·
5	·	20	—	35	○	50	·
6	·	21	—	36	○	51	·
7	—	22	○	37	—	52	·
8	○	23	·	38	—	53	○
9	—	24	○	39	·	54	—
10	·	25	○	40	·	55	○
11	—	26	○	41	·	56	—
12	○	27	·	42	·	57	○
13	○	28	—	43	○	58	—
14	·	29	—	44	○	59	·

年 月 日 4 時

(分)	0~14	(分)	15~29	(分)	30~44	(分)	45~59
0	○	15	·	30	—	45	○
1	·	16	—	31	·	46	○
2	○	17	·	32	—	47	○
3	·	18	—	33	○	48	·
4	○	19	—	34	○	49	—
5	—	20	○	35	·	50	—
6	—	21	·	36	○	51	—
7	—	22	·	37	—	52	·
8	·	23	—	38	○	53	·
9	—	24	·	39	·	54	—
10	·	25	○	40	·	55	○
11	○	26	·	41	—	56	○
12	○	27	·	42	—	57	○
13	○	28	—	43	○	58	—
14	—	29	○	44	·	59	—

年 月 日 5 時

(分)	0~14	(分)	15~29	(分)	30~44	(分)	45~59
0	·	15	—	30	○	45	·
1	·	16	○	31	·	46	○
2	○	17	·	32	—	47	○
3	—	18	○	33	·	48	—
4	○	19	—	34	·	49	—
5	—	20	○	35	·	50	—
6	○	21	·	36	—	51	○
7	○	22	·	37	○	52	·
8	·	23	—	38	○	53	·
9	·	24	·	39	○	54	○
10	—	25	○	40	—	55	○
11	○	26	·	41	—	56	○
12	—	27	—	42	○	57	·
13	·	28	—	43	·	58	—
14	—	29	○	44	·	59	—

年 月 日 6 時

(分)	0~14	(分)	15~29	(分)	30~44	(分)	45~59
0	—	15	○	30	·	45	·
1	—	16	○	31	—	46	○
2	·	17	—	32	○	47	·
3	○	18	○	33	—	48	—
4	·	19	—	34	·	49	—
5	○	20	·	35	—	50	○
6	·	21	○	36	—	51	○
7	○	22	·	37	○	52	·
8	—	23	○	38	·	53	—
9	·	24	○	39	○	54	·
10	—	25	○	40	—	55	·
11	·	26	—	41	○	56	·
12	—	27	○	42	·	57	—
13	·	28	○	43	·	58	○
14	○	29	·	44	—	59	○

西元2004年10月14日到11月11日

年 月 日 7 時

(分)	0~14	(分)	15~29	(分)	30~44	(分)	45~59
0	·	15	—	30	○	45	·
1	·	16	○	31	·	46	○
2	·	17	—	32	○	47	·
3	—	18	○	33	·	48	—
4	○	19	—	34	·	49	—
5	○	20	·	35	—	50	○
6	○	21	·	36	—	51	—
7	○	22	·	37	○	52	·
8	—	23	○	38	·	53	—
9	○	24	·	39	○	54	○
10	—	25	○	40	—	55	○
11	·	26	—	41	○	56	·
12	—	27	—	42	○	57	·
13	·	28	—	43	·	58	—
14	○	29	·	44	—	59	○

年 月 日 8 時

(分)	0~14	(分)	15~29	(分)	30~44	(分)	45~59
0	—	15	○	30	·	45	·
1	—	16	○	31	—	46	○
2	—	17	○	32	·	47	—
3	○	18	○	33	—	48	—
4	·	19	—	34	·	49	—
5	·	20	—	35	○	50	·
6	·	21	○	36	—	51	○
7	○	22	·	37	○	52	·
8	○	23	·	38	—	53	○
9	·	24	—	39	○	54	·
10	—	25	○	40	—	55	·
11	—	26	○	41	·	56	—
12	—	27	·	42	·	57	—
13	·	28	○	43	·	58	○
14	·	29	—	44	○	59	·

年 月 日 9 時

(分)	0~14	(分)	15~29	(分)	30~44	(分)	45~59
0	—	15	○	30	·	45	—
1	○	16	·	31	—	46	○
2	—	17	·	32	○	47	·
3	·	18	—	33	○	48	·
4	·	19	—	34	○	49	○
5	—	20	○	35	—	50	○
6	○	21	·	36	—	51	○
7	—	22	—	37	·	52	·
8	·	23	—	38	·	53	—
9	—	24	○	39	·	54	—
10	○	25	○	40	·	55	—
11	○	26	·	41	○	56	·
12	·	27	—	42	○	57	·
13	○	28	·	43	—	58	○
14	—	29	○	44	—	59	·

年 月 日 10 時

(分)	0~14	(分)	15~29	(分)	30~44	(分)	45~59
0	○	15	·	30	—	45	○
1	·	16	·	31	○	46	○
2	○	17	·	32	○	47	·
3	—	18	○	33	·	48	—
4	—	19	—	34	○	49	·
5	—	20	○	35	—	50	○
6	·	21	—	36	○	51	·
7	—	22	·	37	·	52	—
8	·	23	—	38	·	53	○
9	○	24	·	39	—	54	○
10	○	25	·	40	—	55	○
11	○	26	—	41	○	56	—
12	—	27	○	42	·	57	—
13	·	28	—	43	—	58	·
14	—	29	·	44	—	59	·

年 月 日 11 時

(分)	0~14	(分)	15~29	(分)	30~44	(分)	45~59
0	—	15	○	30	·	45	—
1	○	16	—	31	·	46	—
2	○	17	·	32	—	47	○
3	○	18	·	33	—	48	—
4	○	19	·	34	○	49	·
5	—	20	○	35	·	50	—
6	·	21	·	36	○	51	○
7	—	22	○	37	—	52	○
8	·	23	—	38	○	53	·
9	—	24	—	39	○	54	·
10	·	25	—	40	·	55	—
11	○	26	·	41	—	56	○
12	—	27	○	42	·	57	—
13	○	28	·	43	○	58	—
14	—	29	○	44	·	59	—

年 月 日 12 時

(分)	0~14	(分)	15~29	(分)	30~44	(分)	45~59
0	○	15	○	30	—	45	—
1	·	16	—	31	·	46	—
2	·	17	—	32	○	47	·
3	·	18	·	33	—	48	○
4	○	19	·	34	○	49	·
5	○	20	·	35	—	50	○
6	·	21	—	36	○	51	·
7	—	22	·	37	—	52	·
8	—	23	○	38	·	53	—
9	—	24	○	39	·	54	—
10	·	25	○	40	·	55	○
11	·	26	—	41	○	56	·
12	○	27	·	42	·	57	○
13	○	28	—	43	○	58	—
14	○	29	·	44	—	59	○

年 月 日 13 時

(分)	0~14	(分)	15~29	(分)	30~44	(分)	45~59
0	○	15	○	30	—	45	○
1	—	16	·	31	—	46	·
2	○	17	·	32	—	47	○
3	·	18	—	33	○	48	·
4	·	19	○	34	·	49	○
5	—	20	○	35	·	50	—
6	—	21	○	36	·	51	—
7	○	22	—	37	·	52	—
8	·	23	—	38	○	53	·
9	·	24	·	39	—	54	—
10	○	25	·	40	○	55	·
11	○	26	·	41	—	56	○
12	·	27	○	42	○	57	○
13	—	28	○	43	—	58	○
14	—	29	○	44	·	59	—

年 月 日 14 時

(分)	0~14	(分)	15~29	(分)	30~44	(分)	45~59
0	·	15	—	30	○	45	·
1	—	16	·	31	○	46	·
2	·	17	—	32	○	47	·
3	—	18	○	33	·	48	○
4	—	19	○	34	—	49	○
5	○	20	·	35	—	50	○
6	○	21	·	36	—	51	—
7	·	22	—	37	·	52	—
8	—	23	○	38	·	53	○
9	·	24	·	39	—	54	○
10	○	25	·	40	○	55	·
11	·	26	—	41	○	56	·
12	·	27	—	42	○	57	·
13	—	28	○	43	○	58	·
14	○	29	·	44	○	59	○

西元2004年10月14日到11月11日

	(分)	0~14	(分)	15~29	(分)	30~44	(分)	45~59
	0	○	15	○	30	—	45	—
年	1	·	16	—	31	·	46	—
	2	○	17	·	32	—	47	○
	3	·	18	·	33	—	48	○
	4	○	19	·	34	○	49	·
月	5	—	20	○	35	·	50	—
	6	·	21	—	36	○	51	·
	7	—	22	○	37	—	52	·
	8	·	23	—	38	○	53	·
日	9	—	24	○	39	·	54	—
	10	·	25	○	40	·	55	○
15	11	○	26	·	41	—	56	○
時	12	○	27	·	42	·	57	○
	13	○	28	—	43	○	58	—
	14	—	29	○	44	·	59	—

	(分)	0~14	(分)	15~29	(分)	30~44	(分)	45~59
	0	○	15	·	30	—	45	○
年	1	·	16	—	31	·	46	○
	2	·	17	—	32	○	47	·
	3	·	18	○	33	○	48	·
	4	○	19	—	34	○	49	—
月	5	○	20	·	35	—	50	○
	6	—	21	○	36	○	51	—
	7	—	22	·	37	—	52	·
	8	—	23	—	38	·	53	—
日	9	○	24	·	39	·	54	—
	10	·	25	○	40	·	55	○
16	11	·	26	—	41	○	56	·
時	12	○	27	·	42	—	57	○
	13	○	28	—	43	○	58	—
	14	○	29	·	44	—	59	○

	(分)	0~14	(分)	15~29	(分)	30~44	(分)	45~59
	0	○	15	·	30	—	45	○
年	1	—	16	·	31	—	46	·
	2	·	17	—	32	○	47	·
	3	·	18	—	33	—	48	·
	4	·	19	○	34	·	49	○
月	5	○	20	·	35	—	50	○
	6	·	21	○	36	○	51	·
	7	○	22	—	37	○	52	—
	8	—	23	○	38	·	53	—
日	9	—	24	○	39	·	54	○
	10	—	25	·	40	—	55	·
17	11	·	26	—	41	○	56	·
時	12	○	27	·	42	—	57	○
	13	·	28	○	43	—	58	○
	14	○	29	·	44	—	59	○

	(分)	0~14	(分)	15~29	(分)	30~44	(分)	45~59
	0	○	15	—	30	—	45	○
年	1	—	16	·	31	○	46	·
	2	—	17	○	32	·	47	—
	3	·	18	—	33	○	48	·
	4	·	19	○	34	·	49	○
月	5	·	20	—	35	○	50	·
	6	—	21	○	36	·	51	—
	7	○	22	○	37	·	52	—
	8	○	23	·	38	—	53	○
日	9	○	24	·	39	—	54	—
	10	·	25	·	40	○	55	·
18	11	—	26	○	41	·	56	—
時	12	·	27	·	42	○	57	○
	13	—	28	○	43	—	58	○
	14	·	29	—	44	○	59	·

	(分)	0~14	(分)	15~29	(分)	30~44	(分)	45~59
	0	·	15	—	30	○	45	·
年	1	—	16	○	31	·	46	—
	2	·	17	—	32	·	47	○
	3	○	18	·	33	—	48	○
	4	○	19	·	34	—	49	○
月	5	○	20	—	35	○	50	—
	6	—	21	○	36	·	51	—
	7	·	22	—	37	—	52	·
	8	—	23	·	38	—	53	·
日	9	·	24	—	39	○	54	·
	10	·	25	○	40	○	55	○
19	11	·	26	○	41	·	56	○
時	12	○	27	·	42	—	57	○
	13	—	28	○	43	·	58	—
	14	○	29	—	44	○	59	—

	(分)	0~14	(分)	15~29	(分)	30~44	(分)	45~59
	0	—	15	○	30	·	45	—
年	1	○	16	·	31	·	46	○
	2	·	17	○	32	·	47	○
	3	·	18	—	33	○	48	·
	4	○	19	—	34	—	49	○
月	5	○	20	—	35	○	50	—
	6	○	21	·	36	—	51	○
	7	·	22	○	37	○	52	·
	8	—	23	·	38	—	53	·
日	9	—	24	○	39	·	54	—
	10	○	25	○	40	·	55	—
20	11	·	26	○	41	—	56	○
時	12	·	27	—	42	○	57	·
	13	○	28	·	43	—	58	—
	14	·	29	—	44	·	59	—

	(分)	0~14	(分)	15~29	(分)	30~44	(分)	45~59
	0	·	15	—	30	○	45	·
年	1	○	16	○	31	—	46	—
	2	—	17	○	32	—	47	○
	3	○	18	·	33	—	48	○
	4	○	19	·	34	—	49	○
月	5	·	20	—	35	·	50	—
	6	—	21	○	36	·	51	—
	7	·	22	—	37	○	52	·
	8	○	23	·	38	○	53	—
日	9	·	24	—	39	○	54	·
	10	—	25	○	40	·	55	—
21	11	—	26	○	41	—	56	·
時	12	○	27	·	42	—	57	○
	13	○	28	·	43	·	58	○
	14	·	29	○	44	·	59	○

	(分)	0~14	(分)	15~29	(分)	30~44	(分)	45~59
	0	—	15	○	30	·	45	—
年	1	○	16	·	31	—	46	○
	2	—	17	○	32	—	47	○
	3	·	18	—	33	○	48	·
	4	·	19	—	34	○	49	·
月	5	·	20	○	35	·	50	○
	6	○	21	·	36	—	51	○
	7	—	22	○	37	○	52	—
	8	○	23	—	38	○	53	—
日	9	—	24	○	39	·	54	○
	10	—	25	○	40	·	55	○
22	11	—	26	·	41	—	56	·
時	12	·	27	—	42	○	57	·
	13	○	28	·	43	—	58	○
	14	·	29	○	44	·	59	○

西元2004年11月12日到12月11日

年月日23時

(分)	0~14	(分)	15~29	(分)	30~44	(分)	45~59
0	—	15	○	30	—	45	·
1	—	16	○	31	·	46	—
2	○	17	·	32	—	47	○
3	·	18	○	33	·	48	○
4	·	19	—	34	○	49	·
5	·	20	—	35	—	50	·
6	○	21	—	36	○	51	—
7	○	22	·	37	—	52	○
8	·	23	○	38	○	53	·
9	—	24	·	39	—	54	·
10	—	25	○	40	·	55	—
11	○	26	○	41	·	56	—
12	·	27	○	42	·	57	○
13	·	28	—	43	○	58	·
14	○	29	·	44	—	59	○

年月日24時

(分)	0~14	(分)	15~29	(分)	30~44	(分)	45~59
0	—	15	·	30	—	45	·
1	○	16	·	31	—	46	○
2	○	17	—	32	—	47	○
3	·	18	○	33	·	48	○
4	—	19	○	34	·	49	—
5	·	20	—	35	○	50	·
6	○	21	—	36	○	51	—
7	·	22	—	37	○	52	·
8	—	23	○	38	·	53	—
9	—	24	○	39	○	54	·
10	○	25	·	40	—	55	○
11	○	26	·	41	—	56	—
12	—	27	○	42	—	57	○
13	—	28	○	43	·	58	—
14	·	29	○	44	○	59	○

年月日1時

(分)	0~14	(分)	15~29	(分)	30~44	(分)	45~59
0	·	15	—	30	○	45	·
1	—	16	○	31	·	46	—
2	·	17	—	32	·	47	○
3	○	18	·	33	—	48	○
4	○	19	·	34	—	49	○
5	○	20	—	35	○	50	—
6	—	21	○	36	·	51	—
7	·	22	—	37	—	52	·
8	—	23	·	38	—	53	·
9	·	24	—	39	○	54	·
10	·	25	○	40	○	55	·
11	·	26	○	41	·	56	○
12	○	27	·	42	—	57	○
13	—	28	○	43	·	58	—
14	○	29	—	44	○	59	—

年月日2時

(分)	0~14	(分)	15~29	(分)	30~44	(分)	45~59
0	—	15	○	30	·	45	—
1	○	16	·	31	·	46	○
2	·	17	○	32	·	47	○
3	·	18	—	33	○	48	·
4	○	19	—	34	—	49	○
5	○	20	—	35	○	50	—
6	○	21	·	36	—	51	○
7	·	22	○	37	○	52	·
8	—	23	·	38	—	53	·
9	—	24	○	39	·	54	—
10	○	25	○	40	·	55	—
11	·	26	○	41	—	56	○
12	·	27	—	42	○	57	·
13	○	28	·	43	—	58	—
14	·	29	—	44	·	59	—

年月日3時

(分)	0~14	(分)	15~29	(分)	30~44	(分)	45~59
0	○	15	·	30	○	45	·
1	—	16	·	31	·	46	—
2	—	17	○	32	·	47	—
3	—	18	○	33	—	48	·
4	·	19	—	34	○	49	·
5	○	20	·	35	—	50	○
6	·	21	○	36	·	51	○
7	○	22	·	37	—	52	○
8	·	23	—	38	—	53	·
9	○	24	—	39	○	54	—
10	—	25	○	40	·	55	—
11	·	26	○	41	○	56	·
12	—	27	·	42	—	57	·
13	·	28	—	43	○	58	·
14	—	29	○	44	·	59	—

年月日4時

(分)	0~14	(分)	15~29	(分)	30~44	(分)	45~59
0	○	15	—	30	○	45	—
1	○	16	·	31	—	46	○
2	○	17	·	32	·	47	○
3	—	18	·	33	—	48	·
4	—	19	○	34	·	49	—
5	○	20	—	35	—	50	○
6	·	21	○	36	·	51	○
7	·	22	○	37	·	52	·
8	·	23	—	38	○	53	·
9	○	24	—	39	○	54	—
10	○	25	·	40	—	55	○
11	—	26	○	41	·	56	—
12	—	27	·	42	○	57	·
13	—	28	○	43	·	58	—
14	○	29	·	44	—	59	—

年月日5時

(分)	0~14	(分)	15~29	(分)	30~44	(分)	45~59
0	○	15	—	30	·	45	—
1	○	16	·	31	—	46	○
2	·	17	—	32	○	47	○
3	○	18	·	33	○	48	·
4	—	19	○	34	·	49	—
5	—	20	—	35	·	50	·
6	—	21	○	36	—	51	○
7	·	22	—	37	○	52	·
8	○	23	○	38	·	53	—
9	·	24	—	39	·	54	—
10	○	25	·	40	—	55	○
11	○	26	·	41	—	56	○
12	○	27	·	42	○	57	—
13	—	28	○	43	·	58	—
14	·	29	—	44	○	59	·

年月日6時

(分)	0~14	(分)	15~29	(分)	30~44	(分)	45~59
0	·	15	—	30	·	45	—
1	·	16	—	31	○	46	·
2	—	17	—	32	○	47	·
3	○	18	·	33	○	48	·
4	○	19	·	34	—	49	○
5	—	20	○	35	·	50	—
6	—	21	○	36	—	51	·
7	—	22	○	37	·	52	—
8	○	23	·	38	—	53	○
9	·	24	·	39	·	54	○
10	·	25	—	40	○	55	·
11	·	26	—	41	—	56	·
12	○	27	—	42	○	57	—
13	○	28	·	43	—	58	○
14	·	29	○	44	○	59	·

西元2004年11月12日到12月11日

年月日7時	(分)	0~14	(分)	15~29	(分)	30~44	(分)	45~59
	0	·	15	—	30	·	45	—
	1	—	16	○	31	·	46	—
	2	—	17	—	32	○	47	·
	3	○	18	·	33	○	48	·
	4	·	19	—	34	○	49	·
	5	—	20	○	35	·	50	—
	6	—	21	○	36	—	51	·
	7	○	22	·	37	—	52	○
	8	○	23	·	38	—	53	○
	9	·	24	○	39	·	54	○
	10	—	25	○	40	·	55	—
	11	·	26	—	41	—	56	·
	12	○	27	—	42	○	57	—
	13	·	28	—	43	○	58	·
	14	·	29	○	44	○	59	·

年月日8時	(分)	0~14	(分)	15~29	(分)	30~44	(分)	45~59
	0	·	15	—	30	·	45	○
	1	○	16	·	31	—	46	○
	2	—	17	○	32	·	47	—
	3	○	18	—	33	○	48	—
	4	—	19	○	34	·	49	—
	5	○	20	·	35	·	50	○
	6	—	21	·	36	—	51	·
	7	·	22	—	37	○	52	·
	8	○	23	○	38	—	53	○
	9	·	24	○	39	·	54	○
	10	○	25	·	40	—	55	○
	11	·	26	—	41	○	56	·
	12	○	27	—	42	○	57	—
	13	—	28	○	43	·	58	—
	14	—	29	○	44	·	59	—

年月日9時	(分)	0~14	(分)	15~29	(分)	30~44	(分)	45~59
	0	○	15	○	30	·	45	—
	1	—	16	○	31	—	46	○
	2	—	17	○	32	·	47	—
	3	○	18	·	33	—	48	○
	4	·	19	—	34	·	49	○
	5	·	20	—	35	○	50	·
	6	·	21	—	36	○	51	·
	7	○	22	—	37	○	52	—
	8	○	23	·	38	—	53	○
	9	—	24	○	39	○	54	—
	10	—	25	·	40	—	55	·
	11	—	26	○	41	·	56	—
	12	○	27	·	42	·	57	—
	13	·	28	○	43	·	58	○
	14	·	29	—	44	○	59	·

年月日10時	(分)	0~14	(分)	15~29	(分)	30~44	(分)	45~59
	0	○	15	·	30	—	45	○
	1	—	16	·	31	—	46	·
	2	○	17	·	32	○	47	○
	3	·	18	—	33	—	48	·
	4	·	19	○	34	·	49	○
	5	—	20	○	35	·	50	—
	6	·	21	·	36	○	51	·
	7	○	22	—	37	○	52	—
	8	·	23	—	38	○	53	·
	9	—	24	○	39	·	54	—
	10	—	25	·	40	—	55	·
	11	○	26	·	41	—	56	○
	12	○	27	·	42	○	57	○
	13	·	28	○	43	—	58	○
	14	—	29	○	44	·	59	—

年月日11時	(分)	0~14	(分)	15~29	(分)	30~44	(分)	45~59
	0	—	15	·	30	—	45	·
	1	—	16	○	31	·	46	—
	2	·	17	—	32	○	47	·
	3	·	18	○	33	—	48	○
	4	·	19	—	34	○	49	·
	5	—	20	○	35	·	50	·
	6	·	21	—	36	·	51	—
	7	○	22	·	37	—	52	○
	8	○	23	○	38	—	53	—
	9	○	24	·	39	○	54	·
	10	—	25	○	40	·	55	—
	11	·	26	·	41	—	56	○
	12	—	27	○	42	—	57	○
	13	·	28	—	43	○	58	·
	14	·	29	—	44	○	59	·

年月日12時	(分)	0~14	(分)	15~29	(分)	30~44	(分)	45~59
	0	○	15	·	30	○	45	·
	1	○	16	·	31	—	46	○
	2	—	17	—	32	·	47	·
	3	—	18	○	33	—	48	○
	4	—	19	○	34	·	49	—
	5	○	20	○	35	·	50	—
	6	·	21	—	36	·	51	—
	7	·	22	○	37	○	52	·
	8	○	23	·	38	—	53	○
	9	○	24	·	39	○	54	—
	10	○	25	○	40	—	55	○
	11	·	26	—	41	○	56	·
	12	—	27	·	42	—	57	·
	13	—	28	○	43	·	58	—
	14	—	29	○	44	○	59	—

年月日13時	(分)	0~14	(分)	15~29	(分)	30~44	(分)	45~59
	0	—	15	○	30	·	45	—
	1	○	16	·	31	—	46	○
	2	—	17	○	32	—	47	○
	3	·	18	—	33	○	48	·
	4	·	19	—	34	○	49	·
	5	·	20	○	35	·	50	○
	6	○	21	·	36	—	51	○
	7	—	22	○	37	○	52	—
	8	○	23	—	38	○	53	—
	9	—	24	○	39	·	54	—
	10	—	25	·	40	·	55	○
	11	—	26	·	41	—	56	·
	12	·	27	—	42	○	57	·
	13	○	28	·	43	—	58	○
	14	·	29	○	44	·	59	○

年月日14時	(分)	0~14	(分)	15~29	(分)	30~44	(分)	45~59
	0	○	15	·	30	—	45	○
	1	·	16	—	31	○	46	·
	2	—	17	·	32	—	47	·
	3	—	18	○	33	·	48	—
	4	·	19	○	34	○	49	·
	5	·	20	○	35	·	50	○
	6	○	21	—	36	○	51	·
	7	—	22	·	37	·	52	—
	8	○	23	—	38	○	53	—
	9	○	24	·	39	—	54	○
	10	○	25	·	40	—	55	○
	11	○	26	·	41	○	56	·
	12	—	27	○	42	·	57	—
	13	·	28	—	43	○	58	○
	14	—	29	○	44	—	59	○

西元2004年11月12日到12月11日

年月日15時	(分)	0~14	(分)	15~29	(分)	30~44	(分)	45~59
	0	—	15	○	30	·	45	—
	1	—	16	·	31	·	46	—
	2	○	17	—	32	○	47	—
	3	·	18	—	33	○	48	·
	4	○	19	·	34	—	49	○
	5	—	20	·	35	○	50	·
	6	○	21	·	36	—	51	○
	7	·	22	—	37	○	52	○
	8	—	23	○	38	—	53	○
	9	—	24	○	39	·	54	—
	10	—	25	—	40	·	55	·
	11	·	26	—	41	·	56	—
	12	·	27	—	42	○	57	·
	13	○	28	○	43	·	58	—
	14	○	29	·	44	○	59	·

年月日16時	(分)	0~14	(分)	15~29	(分)	30~44	(分)	45~59
	0	○	15	·	30	—	45	○
	1	○	16	·	31	○	46	—
	2	·	17	—	32	·	47	—
	3	—	18	○	33	·	48	—
	4	·	19	·	34	○	49	○
	5	○	20	·	35	○	50	·
	6	·	21	—	36	○	51	·
	7	—	22	○	37	○	52	·
	8	—	23	○	38	—	53	○
	9	○	24	·	39	—	54	○
	10	—	25	○	40	·	55	—
	11	·	26	—	41	·	56	○
	12	—	27	○	42	·	57	—
	13	○	28	·	43	—	58	○
	14	○	29	—	44	○	59	—

年月日17時	(分)	0~14	(分)	15~29	(分)	30~44	(分)	45~59
	0	○	15	·	30	—	45	○
	1	○	16	○	31	—	46	—
	2	—	17	○	32	—	47	○
	3	—	18	○	33	·	48	—
	4	·	19	·	34	—	49	○
	5	·	20	—	35	·	50	—
	6	·	21	—	36	○	51	·
	7	○	22	○	37	○	52	·
	8	○	23	·	38	○	53	—
	9	○	24	·	39	—	54	○
	10	—	25	○	40	·	55	—
	11	—	26	·	41	—	56	·
	12	—	27	○	42	·	57	—
	13	○	28	·	43	○	58	○
	14	·	29	○	44	·	59	○

年月日18時	(分)	0~14	(分)	15~29	(分)	30~44	(分)	45~59
	0	·	15	—	30	○	45	·
	1	○	16	·	31	—	46	○
	2	—	17	○	32	—	47	·
	3	○	18	·	33	—	48	○
	4	·	19	—	34	○	49	·
	5	·	20	○	35	·	50	○
	6	—	21	○	36	·	51	—
	7	—	22	·	37	○	52	—
	8	○	23	—	38	○	53	—
	9	·	24	—	39	○	54	·
	10	—	25	·	40	·	55	—
	11	—	26	·	41	—	56	·
	12	○	27	○	42	—	57	○
	13	○	28	·	43	—	58	○
	14	·	29	○	44	·	59	○

年月日19時	(分)	0~14	(分)	15~29	(分)	30~44	(分)	45~59
	0	·	15	○	30	○	45	·
	1	○	16	—	31	○	46	—
	2	·	17	—	32	○	47	·
	3	—	18	○	33	·	48	—
	4	—	19	·	34	—	49	·
	5	○	20	·	35	—	50	○
	6	○	21	·	36	○	51	○
	7	·	22	○	37	—	52	○
	8	—	23	○	38	·	53	—
	9	·	24	—	39	○	54	○
	10	·	25	—	40	·	55	—
	11	·	26	—	41	○	56	·
	12	—	27	○	42	·	57	·
	13	○	28	·	43	○	58	·
	14	○	29	·	44	—	59	○

年月日20時	(分)	0~14	(分)	15~29	(分)	30~44	(分)	45~59
	0	—	15	○	30	·	45	—
	1	○	16	—	31	·	46	—
	2	—	17	○	32	○	47	—
	3	○	18	·	33	—	48	—
	4	○	19	·	34	○	49	·
	5	·	20	—	35	○	50	·
	6	·	21	○	36	○	51	○
	7	—	22	○	37	—	52	○
	8	○	23	·	38	—	53	○
	9	—	24	—	39	○	54	·
	10	·	25	—	40	·	55	—
	11	—	26	○	41	·	56	—
	12	—	27	○	42	·	57	○
	13	○	28	·	43	○	58	—
	14	·	29	—	44	○	59	·

年月日21時	(分)	0~14	(分)	15~29	(分)	30~44	(分)	45~59
	0	—	15	○	30	·	45	—
	1	·	16	—	31	○	46	·
	2	—	17	·	32	—	47	·
	3	·	18	—	33	○	48	·
	4	—	19	○	34	·	49	—
	5	·	20	○	35	—	50	○
	6	○	21	·	36	—	51	○
	7	○	22	·	37	○	52	—
	8	·	23	—	38	·	53	—
	9	—	24	○	39	·	54	—
	10	·	25	·	40	○	55	○
	11	○	26	·	41	○	56	·
	12	·	27	—	42	○	57	·
	13	—	28	—	43	○	58	·
	14	—	29	○	44	—	59	○

年月日22時	(分)	0~14	(分)	15~29	(分)	30~44	(分)	45~59
	0	○	15	·	30	—	45	○
	1	—	16	○	31	·	46	·
	2	○	17	·	32	○	47	·
	3	—	18	○	33	·	48	—
	4	○	19	○	34	—	49	—
	5	—	20	○	35	—	50	○
	6	·	21	—	36	○	51	·
	7	·	22	○	37	—	52	○
	8	·	23	—	38	·	53	—
	9	○	24	·	39	—	54	○
	10	·	25	—	40	○	55	·
	11	○	26	·	41	○	56	—
	12	—	27	○	42	·	57	—
	13	—	28	○	43	·	58	○
	14	—	29	·	44	—	59	·

西元2004年12月12日到2005年1月9日

年 月 日 23 時

(分)	0~14	(分)	15~29	(分)	30~44	(分)	45~59
0	○	15	·	30	—	45	○
1	○	16	○	31	—	46	—
2	—	17	○	32	—	47	○
3	—	18	○	33	·	48	—
4	·	19	·	34	—	49	○
5	·	20	—	35	·	50	—
6	·	21	—	36	○	51	·
7	·	22	○	37	○	52	·
8	○	23	·	38	○	53	—
9	○	24	·	39	—	54	○
10	—	25	○	40	·	55	—
11	—	26	·	41	—	56	·
12	—	27	○	42	·	57	—
13	○	28	·	43	·	58	○
14	·	29	○	44	·	59	○

年 月 日 24 時

(分)	0~14	(分)	15~29	(分)	30~44	(分)	45~59
0	·	15	—	30	○	45	·
1	○	16	·	31	○	46	○
2	—	17	○	32	—	47	·
3	○	18	·	33	—	48	○
4	·	19	—	34	○	49	·
5	·	20	○	35	·	50	○
6	—	21	○	36	·	51	—
7	—	22	·	37	○	52	—
8	○	23	—	38	○	53	—
9	·	24	—	39	○	54	·
10	—	25	○	40	·	55	—
11	—	26	·	41	—	56	·
12	○	27	·	42	—	57	○
13	○	28	·	43	○	58	○
14	·	29	○	44	·	59	○

年 月 日 1 時

(分)	0~14	(分)	15~29	(分)	30~44	(分)	45~59
0	—	15	○	30	·	45	·
1	—	16	○	31	—	46	○
2	·	17	—	32	○	47	·
3	○	18	○	33	—	48	—
4	·	19	—	34	·	49	—
5	○	20	·	35	—	50	○
6	·	21	·	36	—	51	○
7	○	22	·	37	○	52	·
8	—	23	○	38	·	53	—
9	·	24	—	39	○	54	·
10	—	25	○	40	—	55	·
11	·	26	—	41	○	56	·
12	—	27	○	42	·	57	—
13	·	28	○	43	·	58	○
14	○	29	·	44	—	59	○

年 月 日 2 時

(分)	0~14	(分)	15~29	(分)	30~44	(分)	45~59
0	○	15	○	30	·	45	—
1	—	16	○	31	—	46	○
2	—	17	○	32	·	47	—
3	○	18	·	33	—	48	○
4	·	19	—	34	·	49	○
5	·	20	—	35	○	50	·
6	·	21	○	36	○	51	·
7	○	22	—	37	○	52	—
8	○	23	·	38	—	53	○
9	—	24	○	39	○	54	—
10	—	25	·	40	—	55	·
11	—	26	○	41	·	56	—
12	○	27	·	42	·	57	—
13	·	28	○	43	·	58	○
14	·	29	—	44	○	59	·

年 月 日 3 時

(分)	0~14	(分)	15~29	(分)	30~44	(分)	45~59
0	·	15	—	30	○	45	·
1	○	16	○	31	·	46	—
2	○	17	·	32	○	47	·
3	○	18	·	33	—	48	○
4	○	19	·	34	—	49	○
5	—	20	○	35	—	50	·
6	—	21	○	36	·	51	—
7	·	22	—	37	○	52	·
8	·	23	○	38	·	53	○
9	·	24	—	39	○	54	·
10	—	25	○	40	○	55	—
11	○	26	—	41	○	56	—
12	○	27	·	42	—	57	○
13	—	28	·	43	·	58	—
14	—	29	·	44	—	59	·

年 月 日 4 時

(分)	0~14	(分)	15~29	(分)	30~44	(分)	45~59
0	—	15	○	30	○	45	—
1	○	16	·	31	—	46	○
2	○	17	—	32	○	47	—
3	·	18	—	33	○	48	·
4	·	19	—	34	—	49	·
5	—	20	·	35	—	50	·
6	○	21	·	36	—	51	○
7	·	22	○	37	○	52	·
8	·	23	·	38	·	53	○
9	—	24	○	39	·	54	—
10	—	25	·	40	·	55	—
11	○	26	—	41	○	56	—
12	·	27	—	42	○	57	·
13	○	28	·	43	—	58	○
14	—	29	·	44	○	59	·

年 月 日 5 時

(分)	0~14	(分)	15~29	(分)	30~44	(分)	45~59
0	—	15	○	30	·	45	—
1	·	16	—	31	○	46	·
2	○	17	—	32	·	47	—
3	·	18	—	33	○	48	·
4	—	19	○	34	·	49	·
5	○	20	·	35	○	50	·
6	○	21	·	36	—	51	○
7	○	22	○	37	—	52	—
8	—	23	○	38	—	53	○
9	—	24	○	39	·	54	—
10	·	25	·	40	—	55	○
11	·	26	—	41	·	56	—
12	·	27	—	42	○	57	·
13	·	28	○	43	○	58	·
14	○	29	·	44	○	59	—

年 月 日 6 時

(分)	0~14	(分)	15~29	(分)	30~44	(分)	45~59
0	○	15	·	30	—	45	○
1	—	16	—	31	○	46	·
2	·	17	—	32	·	47	—
3	—	18	○	33	·	48	—
4	○	19	○	34	·	49	—
5	○	20	·	35	○	50	·
6	·	21	—	36	○	51	·
7	○	22	○	37	—	52	○
8	—	23	○	38	—	53	·
9	○	24	·	39	—	54	○
10	·	25	—	40	○	55	·
11	·	26	○	41	·	56	○
12	—	27	○	42	·	57	—
13	—	28	○	43	○	58	—
14	○	29	—	44	○	59	—

西元2004年12月12日到2005年1月9日

	(分)	0~14	(分)	15~29	(分)	30~44	(分)	45~59
	0	—	15	〇	30	·	45	—
年	1	〇	16	—	31	—	46	〇
	2	〇	17	—	32	〇	47	—
	3	·	18	—	33	〇	48	·
	4	·	19	〇	34	〇	49	·
月	5	—	20	·	35	—	50	·
	6	〇	21	·	36	—	51	〇
	7	—	22	〇	37	·	52	—
	8	·	23	〇	38	—	53	〇
日	9	—	24	〇	39	·	54	—
	10	〇	25	·	40	—	55	—
7	11	〇	26	—	41	·	56	—
時	12	·	27	—	42	〇	57	·
	13	·	28	·	43	〇	58	〇
	14	〇	29	·	44	〇	59	·

	(分)	0~14	(分)	15~29	(分)	30~44	(分)	45~59
	0	〇	15	·	30	—	45	〇
年	1	·	16	—	31	〇	46	·
	2	〇	17	—	32	〇	47	—
	3	—	18	〇	33	·	48	—
	4	—	19	〇	34	·	49	·
月	5	〇	20	·	35	〇	50	·
	6	·	21	—	36	〇	51	·
	7	〇	22	·	37	—	52	—
	8	—	23	〇	38	—	53	〇
日	9	〇	24	·	39	—	54	〇
	10	·	25	·	40	〇	55	〇
8	11	·	26	—	41	·	56	—
時	12	—	27	〇	42	·	57	—
	13	·	28	—	43	〇	58	·
	14	〇	29	·	44	〇	59	—

	(分)	0~14	(分)	15~29	(分)	30~44	(分)	45~59
	0	—	15	〇	30	·	45	—
年	1	〇	16	·	31	—	46	〇
	2	〇	17	—	32	〇	47	—
	3	·	18	—	33	〇	48	·
	4	·	19	—	34	—	49	·
月	5	—	20	·	35	—	50	·
	6	〇	21	·	36	—	51	〇
	7	·	22	〇	37	〇	52	·
	8	·	23	·	38	·	53	〇
日	9	—	24	〇	39	·	54	—
	10	—	25	〇	40	·	55	—
9	11	〇	26	—	41	〇	56	—
時	12	·	27	—	42	〇	57	·
	13	〇	28	·	43	—	58	〇
	14	—	29	〇	44	〇	59	·

	(分)	0~14	(分)	15~29	(分)	30~44	(分)	45~59
	0	〇	15	·	30	—	45	〇
年	1	〇	16	—	31	〇	46	·
	2	〇	17	—	32	〇	47	—
	3	—	18	〇	33	·	48	—
	4	·	19	—	34	〇	49	·
月	5	—	20	·	35	—	50	·
	6	·	21	—	36	〇	51	·
	7	—	22	〇	37	·	52	—
	8	·	23	〇	38	—	53	〇
日	9	〇	24	·	39	—	54	〇
	10	〇	25	·	40	〇	55	—
10	11	·	26	—	41	·	56	—
時	12	—	27	〇	42	·	57	—
	13	·	28	·	43	〇	58	〇
	14	〇	29	·	44	〇	59	·

	(分)	0~14	(分)	15~29	(分)	30~44	(分)	45~59
	0	·	15	—	30	〇	45	〇
年	1	〇	16	—	31	·	46	—
	2	·	17	—	32	〇	47	·
	3	—	18	〇	33	·	48	·
	4	〇	19	·	34	〇	49	·
月	5	〇	20	·	35	—	50	〇
	6	〇	21	〇	36	·	51	—
	7	—	22	〇	37	—	52	〇
	8	—	23	〇	38	·	53	—
日	9	〇	24	·	39	—	54	〇
	10	·	25	—	40	·	55	〇
11	11	·	26	—	41	〇	56	·
時	12	·	27	—	42	〇	57	·
	13	〇	28	—	43	〇	58	—
	14	〇	29	·	44	—	59	〇

	(分)	0~14	(分)	15~29	(分)	30~44	(分)	45~59
	0	—	15	—	30	〇	45	·
年	1	·	16	—	31	·	46	—
	2	—	17	〇	32	·	47	—
	3	—	18	〇	33	·	48	—
	4	〇	19	·	34	〇	49	—
月	5	·	20	—	35	〇	50	·
	6	〇	21	·	36	—	51	〇
	7	—	22	·	37	—	52	·
	8	〇	23	〇	38	—	53	〇
日	9	·	24	—	39	—	54	·
	10	·	25	〇	40	·	55	〇
12	11	—	26	〇	41	·	56	—
時	12	·	27	〇	42	〇	57	·
	13	〇	28	—	43	〇	58	—
	14	·	29	—	44	〇	59	·

	(分)	0~14	(分)	15~29	(分)	30~44	(分)	45~59
	0	·	15	〇	30	·	45	〇
年	1	·	16	—	31	〇	46	·
	2	〇	17	—	32	—	47	·
	3	〇	18	—	33	〇	48	—
	4	〇	19	·	34	—	49	〇
月	5	·	20	〇	35	〇	50	·
	6	—	21	·	36	—	51	·
	7	—	22	〇	37	·	52	—
	8	〇	23	〇	38	·	53	—
日	9	·	24	〇	39	·	54	〇
	10	·	25	—	40	〇	55	·
13	11	〇	26	·	41	—	56	〇
時	12	〇	27	—	42	·	57	—
	13	〇	28	·	43	—	58	〇
	14	·	29	—	44	〇	59	〇

	(分)	0~14	(分)	15~29	(分)	30~44	(分)	45~59
	0	·	15	〇	30	·	45	〇
年	1	—	16	〇	31	·	46	—
	2	·	17	—	32	〇	47	·
	3	〇	18	—	33	〇	48	—
	4	·	19	—	34	〇	49	·
月	5	—	20	〇	35	·	50	—
	6	—	21	·	36	〇	51	·
	7	〇	22	·	37	—	52	〇
	8	〇	23	·	38	—	53	—
日	9	—	24	〇	39	—	54	〇
	10	—	25	〇	40	·	55	—
14	11	·	26	·	41	〇	56	〇
時	12	·	27	—	42	·	57	—
	13	·	28	—	43	〇	58	·
	14	—	29	〇	44	〇	59	·

西元2004年12月12日到2005年1月9日

年月日15時	(分)	0~14	(分)	15~29	(分)	30~44	(分)	45~59
	0	—	15	·	30	·	45	—
	1	·	16	〇	31	·	46	〇
	2	〇	17	·	32	—	47	〇
	3	〇	18	·	33	—	48	〇
	4	〇	19	—	34	〇	49	—
	5	—	20	〇	35	·	50	—
	6	·	21	—	36	〇	51	·
	7	—	22	·	37	〇	52	·
	8	·	23	—	38	·	53	·
	9	—	24	〇	39	·	54	〇
	10	—	25	〇	40	〇	55	〇
	11	〇	26	·	41	—	56	〇
	12	〇	27	〇	42	—	57	—
	13	·	28	—	43	·	58	—
	14	—	29	〇	44	·	59	—

年月日16時	(分)	0~14	(分)	15~29	(分)	30~44	(分)	45~59
	0	〇	15	·	30	—	45	〇
	1	·	16	〇	31	—	46	〇
	2	·	17	—	32	〇	47	·
	3	·	18	—	33	〇	48	〇
	4	·	19	—	34	·	49	—
	5	〇	20	·	35	—	50	〇
	6	—	21	〇	36	·	51	·
	7	〇	22	·	37	〇	52	·
	8	—	23	〇	38	·	53	—
	9	〇	24	〇	39	·	54	—
	10	—	25	〇	40	—	55	〇
	11	·	26	—	41	〇	56	·
	12	〇	27	·	42	—	57	〇
	13	·	28	—	43	·	58	〇
	14	〇	29	·	44	—	59	〇

年月日17時	(分)	0~14	(分)	15~29	(分)	30~44	(分)	45~59
	0	—	15	〇	30	·	45	—
	1	—	16	〇	31	·	46	—
	2	·	17	—	32	·	47	〇
	3	·	18	—	33	〇	48	·
	4	〇	19	·	34	—	49	〇
	5	〇	20	—	35	〇	50	—
	6	〇	21	·	36	—	51	〇
	7	·	22	—	37	—	52	·
	8	—	23	·	38	—	53	·
	9	—	24	〇	39	·	54	—
	10	·	25	〇	40	〇	55	·
	11	·	26	〇	41	·	56	〇
	12	·	27	—	42	〇	57	·
	13	—	28	〇	43	·	58	—
	14	〇	29	—	44	〇	59	—

年月日18時	(分)	0~14	(分)	15~29	(分)	30~44	(分)	45~59
	0	〇	15	·	30	—	45	〇
	1	〇	16	·	31	〇	46	〇
	2	·	17	〇	32	·	47	〇
	3	—	18	〇	33	·	48	—
	4	〇	19	—	34	—	49	〇
	5	〇	20	—	35	〇	50	—
	6	·	21	—	36	〇	51	·
	7	·	22	〇	37	〇	52	·
	8	—	23	·	38	—	53	·
	9	〇	24	·	39	—	54	〇
	10	—	25	〇	40	·	55	—
	11	·	26	〇	41	—	56	〇
	12	—	27	〇	42	·	57	—
	13	〇	28	·	43	—	58	—
	14	〇	29	—	44	·	59	—

年月日19時	(分)	0~14	(分)	15~29	(分)	30~44	(分)	45~59
	0	·	15	—	30	·	45	〇
	1	—	16	〇	31	·	46	—
	2	—	17	〇	32	·	47	—
	3	〇	18	—	33	〇	48	—
	4	·	19	—	34	〇	49	·
	5	〇	20	·	35	·	50	〇
	6	—	21	·	36	—	51	·
	7	〇	22	·	37	—	52	〇
	8	〇	23	—	38	〇	53	〇
	9	·	24	〇	39	·	54	〇
	10	—	25	〇	40	·	55	—
	11	·	26	—	41	〇	56	·
	12	〇	27	—	42	〇	57	—
	13	·	28	—	43	〇	58	·
	14	—	29	〇	44	·	59	—

年月日20時	(分)	0~14	(分)	15~29	(分)	30~44	(分)	45~59
	0	·	15	〇	30	·	45	〇
	1	〇	16	·	31	—	46	〇
	2	—	17	·	32	·	47	—
	3	〇	18	—	33	〇	48	—
	4	—	19	〇	34	·	49	—
	5	〇	20	·	35	—	50	〇
	6	—	21	·	36	—	51	·
	7	·	22	—	37	〇	52	·
	8	·	23	〇	38	〇	53	〇
	9	·	24	〇	39	—	54	·
	10	〇	25	·	40	—	55	〇
	11	—	26	〇	41	·	56	·
	12	·	27	—	42	·	57	—
	13	—	28	〇	43	·	58	—
	14	〇	29	〇	44	—	59	〇

年月日21時	(分)	0~14	(分)	15~29	(分)	30~44	(分)	45~59
	0	·	15	—	30	〇	45	·
	1	〇	16	—	31	〇	46	—
	2	—	17	〇	32	·	47	—
	3	—	18	〇	33	〇	48	—
	4	—	19	·	34	—	49	·
	5	·	20	—	35	〇	50	·
	6	—	21	·	36	·	51	—
	7	·	22	〇	37	·	52	〇
	8	〇	23	·	38	—	53	〇
	9	〇	24	·	39	—	54	〇
	10	〇	25	—	40	〇	55	—
	11	—	26	〇	41	·	56	—
	12	·	27	—	42	〇	57	·
	13	—	28	·	43	〇	58	·
	14	·	29	—	44	〇	59	·

年月日22時	(分)	0~14	(分)	15~29	(分)	30~44	(分)	45~59
	0	·	15	〇	30	〇	45	·
	1	〇	16	—	31	〇	46	—
	2	〇	17	·	32	—	47	〇
	3	—	18	〇	33	·	48	—
	4	—	19	·	34	—	49	·
	5	—	20	〇	35	·	50	—
	6	〇	21	·	36	—	51	〇
	7	·	22	〇	37	—	52	〇
	8	·	23	—	38	〇	53	·
	9	·	24	—	39	〇	54	〇
	10	·	25	—	40	·	55	—
	11	〇	26	·	41	—	56	〇
	12	—	27	—	42	·	57	·
	13	〇	28	·	43	〇	58	·
	14	—	29	〇	44	·	59	—

西元2005年1月10日到2月8日

	(分)	0~14	(分)	15~29	(分)	30~44	(分)	45~59
	0	—	15	·	30	·	45	—
	1	·	16	○	31	·	46	○
年	2	·	17	—	32	○	47	·
	3	○	18	·	33	—	48	○
	4	○	19	—	34	○	49	—
月	5	○	20	·	35	—	50	○
	6	·	21	—	36	○	51	·
	7	—	22	·	37	○	52	·
	8	—	23	○	38	·	53	—
日	9	○	24	○	39	·	54	·
	10	—	25	○	40	—	55	○
23	11	·	26	—	41	○	56	·
時	12	○	27	○	42	—	57	—
	13	·	28	—	43	·	58	—
	14	○	29	·	44	—	59	○

	(分)	0~14	(分)	15~29	(分)	30~44	(分)	45~59
	0	○	15	·	30	—	45	○
	1	·	16	○	31	—	46	○
年	2	—	17	○	32	·	47	—
	3	·	18	—	33	○	48	○
	4	·	19	—	34	·	49	—
月	5	·	20	—	35	○	50	·
	6	—	21	○	36	·	51	·
	7	○	22	·	37	○	52	·
	8	○	23	·	38	—	53	○
日	9	○	24	○	39	·	54	—
	10	—	25	○	40	—	55	○
24	11	—	26	○	41	·	56	—
時	12	○	27	·	42	—	57	○
	13	·	28	—	43	·	58	○
	14	·	29	—	44	○	59	·

	(分)	0~14	(分)	15~29	(分)	30~44	(分)	45~59
	0	·	15	○	30	·	45	○
	1	○	16	·	31	—	46	○
年	2	—	17	·	32	·	47	—
	3	○	18	—	33	○	48	—
	4	—	19	○	34	·	49	—
月	5	○	20	·	35	—	50	○
	6	—	21	·	36	—	51	·
	7	·	22	—	37	○	52	·
	8	·	23	—	38	○	53	·
日	9	·	24	○	39	—	54	○
	10	○	25	·	40	—	55	○
1	11	—	26	○	41	·	56	·
時	12	·	27	—	42	·	57	—
	13	—	28	○	43	·	58	—
	14	○	29	○	44	—	59	·

	(分)	0~14	(分)	15~29	(分)	30~44	(分)	45~59
	0	·	15	○	30	·	45	○
	1	·	16	—	31	○	46	·
年	2	○	17	·	32	—	47	○
	3	○	18	—	33	·	48	—
	4	○	19	·	34	—	49	○
月	5	·	20	—	35	○	50	○
	6	○	21	·	36	○	51	·
	7	—	22	○	37	·	52	—
	8	—	23	○	38	·	53	·
日	9	—	24	○	39	—	54	○
	10	·	25	—	40	○	55	·
2	11	○	26	○	41	·	56	—
時	12	·	27	—	42	·	57	—
	13	○	28	·	43	—	58	○
	14	○	29	·	44	—	59	○

	(分)	0~14	(分)	15~29	(分)	30~44	(分)	45~59
	0	·	15	—	30	○	45	·
	1	—	16	○	31	—	46	·
年	2	○	17	·	32	—	47	○
	3	—	18	○	33	·	48	—
	4	·	19	○	34	·	49	○
月	5	—	20	○	35	·	50	—
	6	○	21	·	36	·	51	○
	7	○	22	—	37	○	52	—
	8	·	23	—	38	○	53	·
日	9	○	24	—	39	—	54	○
	10	—	25	·	40	—	55	·
3	11	○	26	·	41	—	56	○
時	12	·	27	—	42	○	57	·
	13	·	28	○	43	·	58	○
	14	—	29	○	44	·	59	—

	(分)	0~14	(分)	15~29	(分)	30~44	(分)	45~59
	0	—	15	○	30	○	45	—
	1	—	16	·	31	—	46	·
年	2	·	17	—	32	○	47	·
	3	—	18	·	33	·	48	—
	4	·	19	○	34	·	49	○
月	5	○	20	·	35	—	50	○
	6	○	21	○	36	—	51	○
	7	○	22	—	37	○	52	—
	8	—	23	○	38	·	53	—
日	9	·	24	—	39	○	54	·
	10	—	25	·	40	○	55	·
4	11	·	26	—	41	○	56	·
時	12	—	27	○	42	·	57	·
	13	—	28	○	43	—	58	○
	14	○	29	·	44	—	59	○

	(分)	0~14	(分)	15~29	(分)	30~44	(分)	45~59
	0	·	15	○	30	·	45	○
	1	·	16	—	31	·	46	·
年	2	·	17	—	32	○	47	·
	3	○	18	—	33	○	48	—
	4	○	19	·	34	—	49	○
月	5	—	20	○	35	·	50	—
	6	—	21	·	36	○	51	·
	7	—	22	○	37	·	52	—
	8	○	23	·	38	—	53	—
日	9	—	24	○	39	—	54	○
	10	·	25	—	40	○	55	·
5	11	·	26	·	41	○	56	○
時	12	·	27	—	42	·	57	—
	13	○	28	·	43	—	58	○
	14	—	29	—	44	○	59	·

	(分)	0~14	(分)	15~29	(分)	30~44	(分)	45~59
	0	·	15	○	30	—	45	○
	1	—	16	○	31	·	46	—
年	2	—	17	○	32	·	47	·
	3	·	18	—	33	·	48	—
	4	·	19	—	34	○	49	·
月	5	○	20	○	35	—	50	—
	6	○	21	·	36	○	51	·
	7	○	22	○	37	—	52	·
	8	·	23	·	38	—	53	○
日	9	—	24	○	39	—	54	○
	10	—	25	○	40	·	55	—
6	11	·	26	—	41	○	56	·
時	12	·	27	—	42	·	57	○
	13	·	28	—	43	○	58	·
	14	—	29	○	44	·	59	—

西元2005年1月10日到2月8日

年月日7時	(分)	0~14	(分)	15~29	(分)	30~44	(分)	45~59
	0	·	15	〇	30	·	45	〇
	1	·	16	—	31	〇	46	·
	2	·	17	—	32	—	47	·
	3	〇	18	—	33	〇	48	—
	4	〇	19	·	34	—	49	〇
	5	·	20	〇	35	〇	50	—
	6	—	21	·	36	—	51	·
	7	—	22	〇	37	·	52	—
	8	—	23	〇	38	·	53	—
	9	·	24	〇	39	·	54	〇
	10	·	25	—	40	〇	55	·
	11	〇	26	·	41	—	56	〇
	12	〇	27	—	42	·	57	—
	13	〇	28	·	43	—	58	〇
	14	·	29	—	44	〇	59	〇

年月日8時	(分)	0~14	(分)	15~29	(分)	30~44	(分)	45~59
	0	·	15	〇	30	·	45	〇
	1	—	16	〇	31	·	46	—
	2	·	17	—	32	〇	47	·
	3	〇	18	—	33	〇	48	—
	4	·	19	—	34	〇	49	·
	5	—	20	〇	35	·	50	—
	6	—	21	·	36	〇	51	·
	7	〇	22	〇	37	—	52	〇
	8	〇	23	·	38	—	53	—
	9	—	24	〇	39	—	54	〇
	10	—	25	〇	40	·	55	—
	11	·	26	·	41	〇	56	〇
	12	·	27	—	42	·	57	—
	13	·	28	—	43	〇	58	·
	14	—	29	〇	44	〇	59	·

年月日9時	(分)	0~14	(分)	15~29	(分)	30~44	(分)	45~59
	0	〇	15	·	30	—	45	〇
	1	〇	16	—	31	·	46	—
	2	·	17	—	32	〇	47	·
	3	·	18	—	33	〇	48	〇
	4	〇	19	·	34	〇	49	·
	5	〇	20	·	35	—	50	〇
	6	—	21	〇	36	·	51	·
	7	—	22	〇	37	—	52	〇
	8	—	23	〇	38	·	53	—
	9	〇	24	〇	39	·	54	—
	10	·	25	—	40	·	55	—
	11	·	26	—	41	〇	56	·
	12	〇	27	·	42	—	57	〇
	13	〇	28	·	43	〇	58	—
	14	〇	29	·	44	—	59	〇

年月日10時	(分)	0~14	(分)	15~29	(分)	30~44	(分)	45~59
	0	·	15	·	30	〇	45	〇
	1	·	16	—	31	·	46	—
	2	—	17	〇	32	·	47	—
	3	—	18	—	33	〇	48	·
	4	〇	19	·	34	〇	49	·
	5	·	20	—	35	〇	50	·
	6	—	21	·	36	·	51	—
	7	—	22	〇	37	—	52	·
	8	〇	23	·	38	—	53	〇
	9	〇	24	·	39	—	54	〇
	10	·	25	〇	40	·	55	〇
	11	—	26	〇	41	·	56	—
	12	·	27	—	42	—	57	·
	13	〇	28	—	43	〇	58	—
	14	·	29	—	44	〇	59	·

年月日11時	(分)	0~14	(分)	15~29	(分)	30~44	(分)	45~59
	0	〇	15	—	30	〇	45	—
	1	〇	16	·	31	—	46	〇
	2	·	17	〇	32	〇	47	·
	3	—	18	·	33	—	48	·
	4	—	19	〇	34	·	49	—
	5	—	20	〇	35	·	50	—
	6	·	21	〇	36	·	51	〇
	7	·	22	—	37	〇	52	·
	8	〇	23	·	38	—	53	〇
	9	〇	24	—	39	·	54	—
	10	〇	25	·	40	—	55	〇
	11	·	26	—	41	〇	56	〇
	12	〇	27	·	42	〇	57	·
	13	—	28	〇	43	·	58	—
	14	—	29	—	44	·	59	·

年月日12時	(分)	0~14	(分)	15~29	(分)	30~44	(分)	45~59
	0	〇	15	—	30	〇	45	—
	1	·	16	—	31	〇	46	·
	2	—	17	〇	32	·	47	—
	3	—	18	·	33	〇	48	·
	4	〇	19	·	34	—	49	〇
	5	〇	20	·	35	—	50	—
	6	—	21	〇	36	—	51	〇
	7	—	22	〇	37	·	52	—
	8	·	23	〇	38	〇	53	〇
	9	·	24	—	39	·	54	—
	10	·	25	—	40	〇	55	·
	11	—	26	—	41	〇	56	·
	12	〇	27	·	42	〇	57	·
	13	〇	28	·	43	—	58	〇
	14	—	29	〇	44	·	59	—

年月日13時	(分)	0~14	(分)	15~29	(分)	30~44	(分)	45~59
	0	—	15	〇	30	—	45	·
	1	〇	16	·	31	—	46	〇
	2	〇	17	·	32	—	47	〇
	3	·	18	〇	33	·	48	〇
	4	—	19	〇	34	·	49	—
	5	·	20	—	35	—	50	·
	6	〇	21	—	36	〇	51	—
	7	·	22	—	37	〇	52	·
	8	·	23	〇	38	〇	53	·
	9	—	24	·	39	—	54	·
	10	〇	25	·	40	—	55	〇
	11	—	26	〇	41	·	56	—
	12	·	27	〇	42	·	57	〇
	13	—	28	〇	43	·	58	—
	14	〇	29	·	44	—	59	〇

年月日14時	(分)	0~14	(分)	15~29	(分)	30~44	(分)	45~59
	0	—	15	·	30	—	45	·
	1	·	16	—	31	〇	46	·
	2	〇	17	—	32	—	47	〇
	3	·	18	〇	33	·	48	〇
	4	〇	19	·	34	—	49	〇
	5	·	20	—	35	〇	50	·
	6	〇	21	—	36	〇	51	—
	7	—	22	〇	37	·	52	—
	8	—	23	·	38	·	53	—
	9	—	24	·	39	〇	54	·
	10	·	25	—	40	〇	55	·
	11	〇	26	·	41	—	56	—
	12	—	27	〇	42	—	57	〇
	13	〇	28	·	43	—	58	〇
	14	·	29	·	44	〇	59	〇

西元2005年1月10日到2月8日

年月日15時

(分)	0~14	(分)	15~29	(分)	30~44	(分)	45~59
0	·	15	—	30	·	45	—
1	·	16	—	31	○	46	·
2	○	17	○	32	—	47	—
3	○	18	·	33	○	48	·
4	○	19	·	34	—	49	·
5	·	20	·	35	—	50	○
6	—	21	○	36	—	51	○
7	—	22	○	37	·	52	—
8	·	23	—	38	○	53	·
9	·	24	—	39	·	54	○
10	·	25	—	40	○	55	·
11	—	26	○	41	·	56	—
12	○	27	—	42	○	57	—
13	○	28	·	43	—	58	○
14	○	29	·	44	·	59	○

年月日16時

(分)	0~14	(分)	15~29	(分)	30~44	(分)	45~59
0	·	15	—	30	·	45	—
1	—	16	○	31	·	46	—
2	○	17	·	32	—	47	○
3	○	18	·	33	○	48	—
4	·	19	—	34	○	49	·
5	·	20	—	35	○	50	·
6	—	21	·	36	—	51	·
7	○	22	·	37	—	52	○
8	—	23	○	38	○	53	—
9	·	24	·	39	·	54	○
10	—	25	○	40	·	55	—
11	—	26	·	41	·	56	—
12	○	27	—	42	○	57	—
13	·	28	—	43	○	58	·
14	○	29	○	44	—	59	○

年月日17時

(分)	0~14	(分)	15~29	(分)	30~44	(分)	45~59
0	·	15	○	30	○	45	·
1	○	16	—	31	○	46	—
2	—	17	○	32	·	47	—
3	—	18	○	33	·	48	○
4	—	19	·	34	—	49	·
5	·	20	—	35	○	50	·
6	○	21	·	36	—	51	○
7	·	22	○	37	—	52	○
8	○	23	·	38	—	53	○
9	·	24	—	39	○	54	○
10	·	25	—	40	·	55	—
11	—	26	○	41	·	56	—
12	—	27	—	42	·	57	·
13	○	28	·	43	○	58	·
14	·	29	—	44	○	59	·

年月日18時

(分)	0~14	(分)	15~29	(分)	30~44	(分)	45~59
0	—	15	○	30	·	45	—
1	○	16	—	31	·	46	—
2	○	17	·	32	—	47	○
3	○	18	·	33	—	48	—
4	○	19	·	34	○	49	·
5	—	20	○	35	·	50	—
6	·	21	·	36	○	51	○
7	—	22	○	37	—	52	○
8	·	23	—	38	○	53	·
9	—	24	○	39	○	54	·
10	·	25	—	40	·	55	—
11	○	26	·	41	—	56	○
12	—	27	○	42	·	57	—
13	○	28	·	43	○	58	—
14	—	29	○	44	·	59	—

年月日19時

(分)	0~14	(分)	15~29	(分)	30~44	(分)	45~59
0	·	15	—	30	○	45	·
1	—	16	○	31	·	46	·
2	○	17	·	32	○	47	·
3	○	18	·	33	—	48	○
4	○	19	○	34	—	49	—
5	—	20	○	35	—	50	○
6	—	21	○	36	·	51	—
7	·	22	·	37	—	52	○
8	·	23	—	38	·	53	—
9	·	24	—	39	○	54	·
10	·	25	—	40	○	55	·
11	○	26	·	41	○	56	—
12	○	27	·	42	—	57	○
13	—	28	○	43	·	58	—
14	—	29	·	44	—	59	·

年月日20時

(分)	0~14	(分)	15~29	(分)	30~44	(分)	45~59
0	—	15	○	30	·	45	—
1	○	16	○	31	·	46	—
2	○	17	·	32	○	47	·
3	·	18	—	33	○	48	·
4	○	19	·	34	—	49	○
5	—	20	○	35	—	50	·
6	○	21	·	36	—	51	○
7	·	22	○	37	○	52	·
8	·	23	○	38	·	53	○
9	—	24	○	39	·	54	—
10	—	25	○	40	○	55	—
11	○	26	—	41	○	56	—
12	·	27	—	42	○	57	·
13	—	28	·	43	·	58	—
14	—	29	·	44	—	59	·

年月日21時

(分)	0~14	(分)	15~29	(分)	30~44	(分)	45~59
0	·	15	—	30	○	45	○
1	○	16	·	31	○	46	·
2	·	17	—	32	○	47	·
3	—	18	—	33	·	48	·
4	—	19	○	34	—	49	○
5	○	20	·	35	—	50	○
6	○	21	○	36	·	51	—
7	·	22	—	37	·	52	—
8	—	23	○	38	·	53	—
9	○	24	·	39	—	54	○
10	○	25	·	40	○	55	—
11	·	26	—	41	○	56	·
12	·	27	—	42	○	57	·
13	—	28	·	43	—	58	·
14	○	29	·	44	—	59	○

年月日22時

(分)	0~14	(分)	15~29	(分)	30~44	(分)	45~59
0	—	15	—	30	○	45	·
1	○	16	·	31	○	46	·
2	—	17	·	32	·	47	—
3	—	18	○	33	·	48	—
4	—	19	○	34	—	49	·
5	·	20	—	35	○	50	·
6	○	21	·	36	—	51	○
7	·	22	○	37	·	52	○
8	○	23	·	38	—	53	○
9	·	24	○	39	—	54	·
10	○	25	—	40	○	55	—
11	—	26	○	41	·	56	—
12	·	27	○	42	○	57	·
13	—	28	·	43	—	58	·
14	·	29	—	44	○	59	·

西元2005年2月9日到3月9日

年月日23時

(分)	0~14	(分)	15~29	(分)	30~44	(分)	45~59
0	—	15	○	30	·	45	—
1	○	16	○	31	—	46	—
2	—	17	○	32	—	47	○
3	·	18	—	33	○	48	·
4	·	19	·	34	—	49	○
5	·	20	—	35	·	50	—
6	○	21	·	36	—	51	○
7	·	22	—	37	○	52	·
8	○	23	·	38	○	53	—
9	—	24	○	39	·	54	—
10	—	25	○	40	·	55	—
11	—	26	·	41	—	56	·
12	·	27	—	42	○	57	·
13	○	28	·	43	·	58	○
14	·	29	○	44	·	59	○

年月日24時

(分)	0~14	(分)	15~29	(分)	30~44	(分)	45~59
0	○	15	·	30	—	45	○
1	○	16	·	31	·	46	—
2	—	17	○	32	—	47	·
3	—	18	○	33	·	48	—
4	·	19	—	34	—	49	○
5	·	20	○	35	·	50	○
6	·	21	—	36	○	51	·
7	—	22	○	37	○	52	·
8	○	23	—	38	·	53	—
9	○	24	·	39	—	54	○
10	—	25	○	40	·	55	·
11	—	26	·	41	○	56	·
12	—	27	○	42	·	57	—
13	○	28	○	43	—	58	—
14	·	29	○	44	—	59	○

年月日1時

(分)	0~14	(分)	15~29	(分)	30~44	(分)	45~59
0	○	15	·	30	—	45	—
1	·	16	—	31	·	46	—
2	○	17	·	32	—	47	○
3	·	18	·	33	○	48	○
4	○	19	·	34	○	49	·
5	—	20	○	35	·	50	—
6	—	21	—	36	○	51	·
7	—	22	○	37	—	52	○
8	·	23	—	38	○	53	·
9	—	24	○	39	·	54	—
10	·	25	—	40	·	55	○
11	○	26	·	41	—	56	○
12	○	27	·	42	—	57	○
13	○	28	—	43	○	58	—
14	—	29	○	44	·	59	—

年月日2時

(分)	0~14	(分)	15~29	(分)	30~44	(分)	45~59
0	·	15	·	30	—	45	○
1	·	16	—	31	·	46	—
2	·	17	—	32	○	47	·
3	·	18	—	33	○	48	·
4	○	19	·	34	○	49	—
5	○	20	·	35	—	50	○
6	—	21	○	36	·	51	—
7	—	22	·	37	—	52	·
8	—	23	○	38	·	53	—
9	○	24	·	39	·	54	○
10	·	25	○	40	·	55	○
11	·	26	—	41	○	56	·
12	○	27	—	42	—	57	○
13	○	28	—	43	○	58	—
14	○	29	·	44	—	59	○

年月日3時

(分)	0~14	(分)	15~29	(分)	30~44	(分)	45~59
0	—	15	—	30	○	45	·
1	·	16	—	31	·	46	—
2	—	17	○	32	·	47	—
3	—	18	○	33	·	48	—
4	○	19	·	34	○	49	—
5	·	20	—	35	○	50	·
6	○	21	·	36	—	51	○
7	—	22	·	37	—	52	·
8	○	23	·	38	—	53	○
9	·	24	—	39	—	54	·
10	·	25	○	40	·	55	○
11	—	26	○	41	·	56	—
12	·	27	○	42	○	57	·
13	○	28	—	43	○	58	—
14	·	29	—	44	○	59	·

年月日4時

(分)	0~14	(分)	15~29	(分)	30~44	(分)	45~59
0	—	15	○	30	·	45	—
1	·	16	○	31	·	46	○
2	○	17	·	32	—	47	○
3	○	18	·	33	·	48	○
4	○	19	—	34	○	49	—
5	—	20	○	35	·	50	—
6	○	21	—	36	—	51	○
7	—	22	·	37	—	52	·
8	·	23	—	38	○	53	·
9	·	24	—	39	○	54	·
10	·	25	○	40	·	55	○
11	○	26	·	41	—	56	○
12	—	27	○	42	·	57	—
13	○	28	—	43	·	58	—
14	—	29	○	44	·	59	—

年月日5時

(分)	0~14	(分)	15~29	(分)	30~44	(分)	45~59
0	○	15	—	30	○	45	—
1	○	16	·	31	—	46	○
2	·	17	○	32	○	47	·
3	—	18	·	33	—	48	·
4	—	19	○	34	·	49	—
5	—	20	○	35	·	50	—
6	·	21	○	36	·	51	○
7	·	22	—	37	○	52	·
8	○	23	·	38	—	53	○
9	○	24	—	39	·	54	—
10	○	25	·	40	—	55	○
11	·	26	—	41	○	56	○
12	○	27	·	42	○	57	·
13	—	28	○	43	·	58	—
14	—	29	—	44	·	59	·

年月日6時

(分)	0~14	(分)	15~29	(分)	30~44	(分)	45~59
0	○	15	—	30	○	45	—
1	·	16	—	31	○	46	·
2	—	17	○	32	·	47	—
3	—	18	·	33	○	48	·
4	○	19	·	34	—	49	○
5	○	20	·	35	—	50	—
6	—	21	○	36	—	51	○
7	—	22	○	37	·	52	—
8	·	23	○	38	○	53	○
9	·	24	—	39	·	54	—
10	·	25	—	40	○	55	·
11	—	26	○	41	○	56	·
12	○	27	·	42	○	57	·
13	○	28	·	43	—	58	○
14	—	29	○	44	·	59	—

西元2005年2月9日到3月9日

年月日7時

(分)	0~14	(分)	15~29	(分)	30~44	(分)	45~59
0	·	15	—	30	○	45	·
1	—	16	○	31	—	46	·
2	○	17	·	32	—	47	○
3	—	18	○	33	·	48	—
4	·	19	○	34	·	49	○
5	—	20	○	35	·	50	—
6	○	21	·	36	·	51	○
7	○	22	—	37	○	52	—
8	·	23	—	38	○	53	·
9	○	24	—	39	—	54	○
10	—	25	·	40	—	55	·
11	○	26	·	41	—	56	○
12	·	27	—	42	○	57	·
13	·	28	○	43	·	58	○
14	—	29	○	44	·	59	—

年月日8時

(分)	0~14	(分)	15~29	(分)	30~44	(分)	45~59
0	—	15	○	30	○	45	—
1	—	16	·	31	—	46	·
2	·	17	—	32	○	47	·
3	—	18	·	33	·	48	—
4	·	19	○	34	·	49	○
5	○	20	·	35	—	50	○
6	○	21	○	36	—	51	○
7	○	22	—	37	○	52	—
8	—	23	○	38	·	53	—
9	·	24	—	39	○	54	·
10	—	25	·	40	○	55	·
11	·	26	—	41	○	56	·
12	—	27	○	42	○	57	·
13	—	28	○	43	—	58	○
14	○	29	○	44	—	59	○

年月日9時

(分)	0~14	(分)	15~29	(分)	30~44	(分)	45~59
0	·	15	—	30	○	45	·
1	○	16	·	31	—	46	○
2	·	17	—	32	○	47	—
3	○	18	·	33	—	48	○
4	·	19	—	34	—	49	·
5	—	20	·	35	—	50	·
6	—	21	○	36	·	51	—
7	·	22	○	37	○	52	·
8	·	23	○	38	·	53	○
9	·	24	—	39	○	54	·
10	○	25	○	40	·	55	—
11	○	26	—	41	○	56	—
12	○	27	·	42	—	57	○
13	—	28	·	43	—	58	○
14	—	29	·	44	○	59	·

年月日10時

(分)	0~14	(分)	15~29	(分)	30~44	(分)	45~59
0	—	15	○	30	·	45	—
1	○	16	—	31	—	46	○
2	○	17	—	32	○	47	—
3	·	18	—	33	○	48	·
4	·	19	—	34	○	49	·
5	—	20	·	35	—	50	·
6	○	21	·	36	—	51	○
7	—	22	○	37	·	52	—
8	·	23	○	38	—	53	○
9	—	24	○	39	·	54	—
10	○	25	·	40	—	55	—
11	○	26	—	41	·	56	—
12	·	27	—	42	○	57	·
13	·	28	·	43	○	58	○
14	○	29	○	44	○	59	·

年月日11時

(分)	0~14	(分)	15~29	(分)	30~44	(分)	45~59
0	○	15	·	30	—	45	○
1	○	16	—	31	○	46	—
2	—	17	○	32	·	47	—
3	·	18	—	33	○	48	·
4	—	19	·	34	○	49	·
5	·	20	—	35	○	50	·
6	—	21	○	36	·	51	·
7	—	22	○	37	—	52	○
8	○	23	·	38	—	53	○
9	○	24	○	39	—	54	—
10	·	25	—	40	·	55	—
11	—	26	○	41	·	56	—
12	·	27	·	42	—	57	○
13	○	28	·	43	○	58	·
14	·	29	—	44	○	59	·

年月日12時

(分)	0~14	(分)	15~29	(分)	30~44	(分)	45~59
0	·	15	—	30	○	45	○
1	·	16	—	31	·	46	—
2	○	17	·	32	—	47	○
3	—	18	—	33	·	48	·
4	○	19	·	34	○	49	·
5	—	20	○	35	·	50	—
6	○	21	·	36	·	51	—
7	—	22	○	37	—	52	○
8	·	23	—	38	○	53	·
9	○	24	·	39	—	54	○
10	·	25	—	40	·	55	○
11	○	26	·	41	—	56	○
12	·	27	—	42	○	57	·
13	○	28	—	43	○	58	—
14	—	29	○	44	·	59	—

年月日13時

(分)	0~14	(分)	15~29	(分)	30~44	(分)	45~59
0	·	15	—	30	·	45	—
1	—	16	○	31	·	46	—
2	○	17	·	32	—	47	○
3	○	18	·	33	○	48	—
4	·	19	—	34	○	49	·
5	·	20	—	35	○	50	·
6	—	21	·	36	—	51	·
7	○	22	·	37	—	52	○
8	—	23	○	38	○	53	—
9	·	24	○	39	·	54	○
10	—	25	○	40	·	55	—
11	—	26	·	41	·	56	—
12	○	27	—	42	○	57	—
13	·	28	—	43	○	58	·
14	○	29	·	44	—	59	○

年月日14時

(分)	0~14	(分)	15~29	(分)	30~44	(分)	45~59
0	·	15	○	30	·	45	○
1	○	16	·	31	—	46	○
2	·	17	—	32	—	47	·
3	○	18	—	33	○	48	—
4	—	19	○	34	·	49	—
5	·	20	○	35	○	50	·
6	—	21	·	36	—	51	·
7	·	22	—	37	○	52	·
8	—	23	○	38	·	53	—
9	·	24	○	39	·	54	○
10	·	25	·	40	—	55	○
11	○	26	·	41	—	56	○
12	○	27	—	42	·	57	—
13	—	28	○	43	·	58	—
14	·	29	—	44	○	59	○

西元2005年2月9日到3月9日

年月日15時

(分)	0~14	(分)	15~29	(分)	30~44	(分)	45~59
0	○	15	·	30	○	45	·
1	·	16	—	31	○	46	·
2	·	17	·	32	—	47	○
3	—	18	○	33	—	48	○
4	○	19	·	34	—	49	○
5	·	20	—	35	○	50	·
6	·	21	—	36	·	51	○
7	—	22	○	37	·	52	—
8	—	23	○	38	·	53	—
9	○	24	—	39	○	54	—
10	·	25	—	40	○	55	·
11	○	26	·	41	·	56	○
12	—	27	·	42	—	57	·
13	○	28	·	43	—	58	○
14	○	29	—	44	—	59	○

年月日16時

(分)	0~14	(分)	15~29	(分)	30~44	(分)	45~59
0	○	15	·	30	○	45	—
1	—	16	○	31	·	46	—
2	·	17	—	32	○	47	·
3	—	18	·	33	—	48	·
4	·	19	—	34	○	49	·
5	—	20	○	35	○	50	—
6	·	21	○	36	·	51	○
7	○	22	·	37	—	52	○
8	—	23	·	38	·	53	—
9	○	24	—	39	○	54	—
10	—	25	○	40	·	55	—
11	○	26	○	41	—	56	○
12	—	27	·	42	—	57	·
13	·	28	—	43	○	58	·
14	·	29	—	44	○	59	·

年月日17時

(分)	0~14	(分)	15~29	(分)	30~44	(分)	45~59
0	—	15	·	30	—	45	·
1	—	16	○	31	·	46	—
2	○	17	·	32	—	47	○
3	·	18	○	33	—	48	○
4	·	19	—	34	○	49	·
5	·	20	—	35	○	50	○
6	·	21	—	36	·	51	—
7	○	22	·	37	—	52	○
8	—	23	—	38	·	53	·
9	○	24	·	39	○	54	·
10	—	25	○	40	·	55	—
11	○	26	○	41	·	56	—
12	—	27	○	42	—	57	○
13	·	28	—	43	○	58	·
14	○	29	·	44	—	59	○

年月日18時

(分)	0~14	(分)	15~29	(分)	30~44	(分)	45~59
0	○	15	·	30	○	45	·
1	○	16	·	31	—	46	○
2	·	17	·	32	○	47	○
3	—	18	○	33	—	48	○
4	—	19	○	34	·	49	—
5	—	20	—	35	○	50	·
6	·	21	—	36	·	51	—
7	·	22	—	37	○	52	·
8	—	23	○	38	·	53	—
9	○	24	·	39	○	54	—
10	○	25	·	40	—	55	○
11	○	26	·	41	—	56	○
12	—	27	·	42	—	57	·
13	—	28	○	43	·	58	—
14	·	29	—	44	—	59	·

年月日19時

(分)	0~14	(分)	15~29	(分)	30~44	(分)	45~59
0	·	15	—	30	·	45	○
1	·	16	—	31	○	46	·
2	—	17	○	32	·	47	—
3	○	18	—	33	○	48	—
4	○	19	·	34	—	49	○
5	○	20	·	35	·	50	○
6	—	21	·	36	—	51	·
7	—	22	○	37	·	52	—
8	○	23	—	38	—	53	○
9	·	24	○	39	·	54	○
10	·	25	—	40	·	55	·
11	·	26	—	41	○	56	·
12	○	27	—	42	○	57	—
13	○	28	·	43	—	58	○
14	—	29	○	44	·	59	—

年月日20時

(分)	0~14	(分)	15~29	(分)	30~44	(分)	45~59
0	·	15	○	30	·	45	○
1	—	16	○	31	·	46	—
2	—	17	·	32	○	47	—
3	○	18	—	33	○	48	—
4	·	19	—	34	○	49	·
5	○	20	·	35	—	50	○
6	—	21	·	36	—	51	·
7	○	22	·	37	—	52	○
8	·	23	○	38	○	53	·
9	·	24	○	39	—	54	○
10	—	25	○	40	·	55	—
11	—	26	○	41	·	56	·
12	·	27	—	42	·	57	—
13	·	28	—	43	○	58	·
14	○	29	○	44	—	59	—

年月日21時

(分)	0~14	(分)	15~29	(分)	30~44	(分)	45~59
0	·	15	—	30	○	45	·
1	○	16	—	31	○	46	—
2	·	17	—	32	○	47	·
3	—	18	○	33	○	48	—
4	—	19	·	34	—	49	·
5	○	20	·	35	—	50	○
6	—	21	·	36	·	51	—
7	·	22	○	37	·	52	○
8	—	23	○	38	·	53	—
9	○	24	·	39	—	54	○
10	○	25	—	40	○	55	—
11	·	26	—	41	○	56	·
12	·	27	○	42	○	57	·
13	—	28	·	43	○	58	·
14	○	29	·	44	—	59	○

年月日22時

(分)	0~14	(分)	15~29	(分)	30~44	(分)	45~59
0	·	15	○	30	○	45	·
1	○	16	—	31	○	46	—
2	—	17	○	32	·	47	—
3	—	18	○	33	·	48	○
4	—	19	·	34	—	49	·
5	·	20	—	35	○	50	·
6	○	21	○	36	—	51	○
7	·	22	○	37	○	52	○
8	○	23	·	38	—	53	○
9	·	24	—	39	○	54	·
10	·	25	—	40	·	55	—
11	—	26	○	41	·	56	—
12	—	27	○	42	○	57	·
13	○	28	·	43	○	58	·
14	·	29	—	44	○	59	·

西元2005年3月10日到4月8日

年 月 日 23 時

(分)	0~14	(分)	15~29	(分)	30~44	(分)	45~59
0	·	15	—	30	·	45	—
1	—	16	○	31	·	46	—
2	—	17	—	32	○	47	·
3	○	18	·	33	○	48	·
4	·	19	—	34	○	49	·
5	—	20	○	35	·	50	—
6	—	21	○	36	—	51	·
7	○	22	·	37	—	52	○
8	○	23	·	38	—	53	○
9	·	24	○	39	·	54	○
10	—	25	○	40	·	55	—
11	·	26	—	41	—	56	·
12	○	27	—	42	○	57	—
13	·	28	—	43	○	58	·
14	·	29	○	44	○	59	·

年 月 日 24 時

(分)	0~14	(分)	15~29	(分)	30~44	(分)	45~59
0	·	15	—	30	·	45	○
1	○	16	·	31	—	46	○
2	—	17	○	32	·	47	—
3	○	18	—	33	○	48	—
4	—	19	○	34	·	49	—
5	○	20	·	35	·	50	○
6	—	21	·	36	—	51	·
7	·	22	—	37	○	52	·
8	○	23	○	38	—	53	○
9	·	24	○	39	·	54	○
10	○	25	·	40	—	55	○
11	·	26	—	41	○	56	·
12	○	27	—	42	○	57	—
13	—	28	○	43	·	58	—
14	—	29	○	44	·	59	—

年 月 日 1 時

(分)	0~14	(分)	15~29	(分)	30~44	(分)	45~59
0	·	15	—	30	○	45	·
1	○	16	·	31	○	46	○
2	○	17	·	32	○	47	·
3	○	18	·	33	—	48	○
4	—	19	○	34	○	49	·
5	—	20	○	35	—	50	○
6	—	21	○	36	·	51	—
7	○	22	·	37	·	52	—
8	·	23	—	38	·	53	○
9	·	24	—	39	○	54	·
10	○	25	·	40	—	55	○
11	○	26	—	41	○	56	—
12	○	27	·	42	—	57	○
13	·	28	—	43	—	58	·
14	—	29	·	44	—	59	·

年 月 日 2 時

(分)	0~14	(分)	15~29	(分)	30~44	(分)	45~59
0	—	15	○	30	·	45	—
1	·	16	—	31	○	46	·
2	○	17	·	32	○	47	—
3	·	18	—	33	○	48	·
4	—	19	○	34	·	49	—
5	—	20	○	35	—	50	·
6	○	21	·	36	—	51	○
7	○	22	·	37	○	52	○
8	·	23	○	38	·	53	○
9	—	24	○	39	·	54	—
10	○	25	—	40	—	55	○
11	○	26	—	41	○	56	—
12	·	27	○	42	○	57	·
13	·	28	—	43	○	58	·
14	—	29	·	44	—	59	·

年 月 日 3 時

(分)	0~14	(分)	15~29	(分)	30~44	(分)	45~59
0	—	15	○	30	—	45	○
1	—	16	○	31	·	46	—
2	○	17	·	32	○	47	○
3	·	18	—	33	·	48	—
4	·	19	—	34	○	49	·
5	—	20	—	35	○	50	·
6	○	21	·	36	○	51	·
7	○	22	·	37	—	52	○
8	—	23	○	38	·	53	—
9	—	24	○	39	—	54	·
10	—	25	○	40	·	55	—
11	○	26	·	41	—	56	○
12	·	27	○	42	·	57	○
13	·	28	—	43	○	58	·
14	·	29	—	44	—	59	·

年 月 日 4 時

(分)	0~14	(分)	15~29	(分)	30~44	(分)	45~59
0	—	15	○	30	—	45	○
1	○	16	·	31	—	46	○
2	·	17	—	32	○	47	·
3	·	18	—	33	·	48	○
4	—	19	○	34	·	49	—
5	—	20	○	35	·	50	○
6	○	21	—	36	○	51	—
7	·	22	—	37	○	52	·
8	○	23	·	38	·	53	○
9	—	24	·	39	—	54	·
10	○	25	·	40	—	55	○
11	○	26	—	41	○	56	○
12	·	27	○	42	·	57	○
13	—	28	○	43	·	58	—
14	·	29	○	44	○	59	·

年 月 日 5 時

(分)	0~14	(分)	15~29	(分)	30~44	(分)	45~59
0	—	15	·	30	—	45	·
1	○	16	·	31	—	46	○
2	—	17	○	32	·	47	—
3	·	18	○	33	·	48	○
4	—	19	—	34	○	49	—
5	○	20	·	35	—	50	○
6	○	21	—	36	·	51	—
7	·	22	—	37	○	52	·
8	·	23	—	38	○	53	○
9	○	24	·	39	○	54	·
10	○	25	·	40	—	55	○
11	—	26	○	41	·	56	·
12	○	27	○	42	—	57	○
13	—	28	○	43	·	58	—
14	○	29	○	44	·	59	—

年 月 日 6 時

(分)	0~14	(分)	15~29	(分)	30~44	(分)	45~59
0	—	15	·	30	○	45	·
1	·	16	—	31	○	46	·
2	○	17	·	32	—	47	—
3	—	18	○	33	—	48	○
4	○	19	·	34	—	49	○
5	·	20	·	35	○	50	○
6	·	21	—	36	·	51	—
7	—	22	○	37	·	52	—
8	—	23	—	38	○	53	·
9	○	24	·	39	○	54	·
10	·	25	—	40	○	55	·
11	—	26	○	41	·	56	—
12	—	27	○	42	—	57	·
13	○	28	·	43	—	58	○
14	○	29	·	44	—	59	○

西元2005年3月10日到4月8日

年 月 日 7 時

(分)	0~14	(分)	15~29	(分)	30~44	(分)	45~59
0	—	15	·	30	○	45	·
1	—	16	○	31	·	46	—
2	○	17	·	32	—	47	—
3	—	18	○	33	—	48	○
4	·	19	—	34	○	49	·
5	·	20	·	35	○	50	○
6	·	21	—	36	·	51	—
7	○	22	·	37	—	52	○
8	—	23	—	38	○	53	·
9	○	24	·	39	○	54	·
10	—	25	·	40	·	55	—
11	—	26	○	41	·	56	—
12	—	27	○	42	—	57	·
13	·	28	—	43	○	58	·
14	○	29	·	44	—	59	○

年 月 日 8 時

(分)	0~14	(分)	15~29	(分)	30~44	(分)	45~59
0	○	15	·	30	○	45	·
1	○	16	·	31	—	46	·
2	·	17	·	32	—	47	○
3	—	18	○	33	—	48	○
4	—	19	○	34	·	49	—
5	·	20	—	35	○	50	·
6	·	21	—	36	·	51	○
7	·	22	—	37	○	52	·
8	—	23	○	38	·	53	—
9	○	24	○	39	○	54	—
10	○	25	·	40	—	55	○
11	○	26	·	41	·	56	○
12	—	27	·	42	—	57	·
13	—	28	○	43	·	58	—
14	○	29	—	44	—	59	○

年 月 日 9 時

(分)	0~14	(分)	15~29	(分)	30~44	(分)	45~59
0	·	15	—	30	○	45	○
1	·	16	—	31	·	46	—
2	—	17	○	32	·	47	—
3	—	18	—	33	·	48	·
4	○	19	·	34	○	49	·
5	·	20	—	35	○	50	·
6	○	21	○	36	·	51	—
7	—	22	○	37	—	52	○
8	○	23	·	38	—	53	○
9	○	24	·	39	—	54	○
10	·	25	—	40	·	55	○
11	—	26	○	41	·	56	—
12	·	27	—	42	○	57	·
13	○	28	—	43	○	58	—
14	·	29	—	44	○	59	·

年 月 日 10 時

(分)	0~14	(分)	15~29	(分)	30~44	(分)	45~59
0	—	15	—	30	○	45	·
1	·	16	—	31	○	46	—
2	○	17	·	32	—	47	○
3	—	18	○	33	·	48	—
4	○	19	·	34	○	49	—
5	—	20	○	35	·	50	—
6	○	21	·	36	—	51	○
7	—	22	·	37	—	52	·
8	·	23	○	38	○	53	·
9	·	24	—	39	—	54	·
10	·	25	○	40	·	55	○
11	○	26	·	41	—	56	○
12	·	27	○	42	○	57	·
13	○	28	—	43	○	58	—
14	—	29	○	44	·	59	—

年 月 日 11 時

(分)	0~14	(分)	15~29	(分)	30~44	(分)	45~59
0	·	15	○	30	·	45	○
1	—	16	○	31	·	46	—
2	—	17	·	32	·	47	—
3	○	18	—	33	○	48	—
4	·	19	—	34	○	49	·
5	○	20	·	35	○	50	○
6	—	21	·	36	—	51	·
7	○	22	·	37	—	52	○
8	·	23	—	38	○	53	·
9	·	24	○	39	—	54	○
10	—	25	○	40	·	55	—
11	—	26	○	41	·	56	·
12	·	27	—	42	·	57	—
13	·	28	—	43	○	58	·
14	○	29	○	44	—	59	—

年 月 日 12 時

(分)	0~14	(分)	15~29	(分)	30~44	(分)	45~59
0	·	15	○	30	·	45	○
1	·	16	·	31	—	46	○
2	○	17	·	32	—	47	○
3	○	18	—	33	·	48	—
4	—	19	○	34	·	49	—
5	·	20	—	35	○	50	○
6	○	21	·	36	○	51	·
7	·	22	—	37	○	52	·
8	—	23	—	38	·	53	·
9	—	24	○	39	—	54	○
10	○	25	·	40	—	55	○
11	○	26	○	41	·	56	—
12	·	27	—	42	·	57	—
13	—	28	○	43	·	58	—
14	○	29	·	44	—	59	○

年 月 日 13 時

(分)	0~14	(分)	15~29	(分)	30~44	(分)	45~59
0	—	15	○	30	·	45	—
1	○	16	—	31	·	46	·
2	○	17	—	32	·	47	—
3	·	18	○	33	○	48	·
4	○	19	○	34	·	49	—
5	○	20	·	35	○	50	·
6	○	21	·	36	—	51	○
7	○	22	·	37	—	52	○
8	—	23	○	38	—	53	·
9	—	24	○	39	·	54	—
10	·	25	—	40	○	55	·
11	○	26	○	41	·	56	○
12	·	27	—	42	○	57	·
13	—	28	○	43	○	58	—
14	○	29	—	44	○	59	—

年 月 日 14 時

(分)	0~14	(分)	15~29	(分)	30~44	(分)	45~59
0	○	15	·	30	—	45	○
1	—	16	○	31	·	46	—
2	·	17	—	32	·	47	○
3	—	18	○	33	○	48	—
4	○	19	·	34	—	49	○
5	○	20	—	35	○	50	—
6	·	21	—	36	○	51	·
7	·	22	—	37	○	52	·
8	—	23	·	38	—	53	·
9	○	24	·	39	—	54	○
10	·	25	○	40	○	55	·
11	·	26	·	41	·	56	○
12	—	27	○	42	·	57	—
13	—	28	○	43	·	58	—
14	○	29	—	44	○	59	—

西元2005年3月10日到4月8日

年 月 日 15 時

(分)	0~14	(分)	15~29	(分)	30~44	(分)	45~59
0	—	15	○	30	·	45	—
1	·	16	—	31	—	46	·
2	—	17	·	32	—	47	·
3	·	18	—	33	○	48	·
4	·	19	○	34	○	49	·
5	·	20	○	35	·	50	○
6	○	21	·	36	—	51	○
7	—	22	○	37	·	52	—
8	○	23	—	38	○	53	—
9	—	24	○	39	·	54	—
10	○	25	·	40	—	55	○
11	—	26	·	41	○	56	·
12	·	27	—	42	○	57	·
13	·	28	—	43	○	58	○
14	—	29	○	44	—	59	○

年 月 日 16 時

(分)	0~14	(分)	15~29	(分)	30~44	(分)	45~59
0	○	15	·	30	—	45	○
1	·	16	—	31	○	46	·
2	—	17	·	32	—	47	·
3	—	18	○	33	·	48	—
4	—	19	○	34	·	49	—
5	·	20	○	35	—	50	○
6	·	21	—	36	○	51	·
7	○	22	○	37	—	52	—
8	·	23	—	38	·	53	—
9	○	24	·	39	—	54	○
10	·	25	·	40	○	55	○
11	○	26	·	41	○	56	·
12	—	27	○	42	·	57	—
13	—	28	○	43	○	58	·
14	—	29	○	44	—	59	○

年 月 日 17 時

(分)	0~14	(分)	15~29	(分)	30~44	(分)	45~59
0	○	15	·	30	—	45	○
1	○	16	—	31	○	46	·
2	○	17	—	32	○	47	—
3	—	18	○	33	·	48	—
4	—	19	○	34	·	49	·
5	○	20	·	35	○	50	·
6	·	21	—	36	○	51	·
7	○	22	○	37	—	52	—
8	—	23	○	38	—	53	○
9	○	24	·	39	—	54	○
10	○	25	·	40	○	55	○
11	·	26	—	41	·	56	—
12	—	27	○	42	·	57	—
13	·	28	—	43	○	58	·
14	○	29	·	44	○	59	—

年 月 日 18 時

(分)	0~14	(分)	15~29	(分)	30~44	(分)	45~59
0	·	15	—	30	○	45	·
1	—	16	—	31	·	46	·
2	·	17	—	32	·	47	—
3	○	18	·	33	—	48	○
4	○	19	○	34	·	49	—
5	○	20	·	35	○	50	·
6	—	21	○	36	·	51	—
7	○	22	·	37	—	52	○
8	—	23	○	38	—	53	○
9	·	24	—	39	○	54	·
10	·	25	○	40	○	55	·
11	·	26	○	41	·	56	○
12	○	27	·	42	—	57	○
13	—	28	○	43	○	58	—
14	○	29	—	44	○	59	—

年 月 日 19 時

(分)	0~14	(分)	15~29	(分)	30~44	(分)	45~59
0	○	15	·	30	—	45	○
1	—	16	·	31	—	46	·
2	·	17	—	32	○	47	·
3	·	18	—	33	—	48	·
4	·	19	○	34	·	49	○
5	○	20	·	35	—	50	○
6	·	21	○	36	○	51	·
7	○	22	—	37	○	52	—
8	—	23	○	38	·	53	—
9	—	24	○	39	·	54	—
10	—	25	·	40	—	55	·
11	·	26	—	41	○	56	·
12	○	27	·	42	—	57	○
13	·	28	○	43	—	58	○
14	○	29	·	44	—	59	○

年 月 日 20 時

(分)	0~14	(分)	15~29	(分)	30~44	(分)	45~59
0	○	15	—	30	—	45	○
1	—	16	·	31	—	46	·
2	—	17	○	32	·	47	—
3	·	18	—	33	○	48	·
4	·	19	○	34	·	49	○
5	·	20	—	35	○	50	·
6	—	21	○	36	·	51	—
7	○	22	○	37	·	52	—
8	○	23	·	38	—	53	○
9	○	24	·	39	—	54	—
10	○	25	·	40	○	55	·
11	—	26	○	41	·	56	—
12	·	27	○	42	○	57	○
13	—	28	○	43	—	58	○
14	·	29	—	44	○	59	·

年 月 日 21 時

(分)	0~14	(分)	15~29	(分)	30~44	(分)	45~59
0	—	15	○	30	·	45	—
1	○	16	·	31	·	46	○
2	·	17	○	32	·	47	○
3	·	18	—	33	○	48	·
4	○	19	—	34	—	49	○
5	○	20	—	35	○	50	—
6	○	21	·	36	—	51	○
7	·	22	—	37	○	52	·
8	—	23	·	38	—	53	·
9	—	24	○	39	·	54	—
10	○	25	○	40	·	55	—
11	·	26	○	41	—	56	○
12	·	27	—	42	○	57	·
13	○	28	·	43	—	58	—
14	·	29	—	44	·	59	—

年 月 日 22 時

(分)	0~14	(分)	15~29	(分)	30~44	(分)	45~59
0	○	15	·	30	—	45	○
1	○	16	·	31	○	46	○
2	·	17	○	32	·	47	○
3	—	18	○	33	·	48	—
4	·	19	—	34	○	49	·
5	○	20	—	35	·	50	—
6	·	21	—	36	○	51	·
7	—	22	—	37	·	52	·
8	○	23	·	38	○	53	·
9	○	24	·	39	—	54	○
10	○	25	○	40	—	55	—
11	—	26	○	41	—	56	○
12	—	27	○	42	·	57	—
13	·	28	·	43	—	58	○
14	·	29	—	44	·	59	—

西元2005年4月9日到5月7日

年月日23時	(分)	0~14	(分)	15~29	(分)	30~44	(分)	45~59
	0	○	15	·	30	—	45	○
	1	·	16	—	31	○	46	·
	2	○	17	—	32	○	47	—
	3	—	18	○	33	·	48	—
	4	○	19	○	34	·	49	·
	5	○	20	·	35	○	50	·
	6	·	21	—	36	○	51	·
	7	○	22	○	37	—	52	—
	8	—	23	○	38	—	53	○
	9	○	24	·	39	—	54	○
	10	·	25	·	40	○	55	○
	11	·	26	—	41	·	56	—
	12	—	27	○	42	·	57	—
	13	·	28	—	43	○	58	·
	14	○	29	·	44	○	59	—

年月日24時	(分)	0~14	(分)	15~29	(分)	30~44	(分)	45~59
	0	·	15	—	30	○	45	·
	1	—	16	—	31	·	46	·
	2	·	17	—	32	·	47	—
	3	○	18	·	33	—	48	○
	4	○	19	○	34	·	49	—
	5	○	20	·	35	○	50	·
	6	—	21	○	36	·	51	—
	7	○	22	·	37	—	52	○
	8	—	23	○	38	—	53	○
	9	·	24	—	39	○	54	·
	10	·	25	—	40	○	55	·
	11	·	26	○	41	·	56	○
	12	○	27	·	42	—	57	○
	13	—	28	○	43	○	58	—
	14	○	29	—	44	○	59	—

年月日1時	(分)	0~14	(分)	15~29	(分)	30~44	(分)	45~59
	0	—	15	○	30	·	45	—
	1	○	16	○	31	—	46	—
	2	○	17	○	32	—	47	○
	3	·	18	—	33	○	48	·
	4	○	19	·	34	—	49	○
	5	·	20	—	35	·	50	—
	6	○	21	·	36	—	51	○
	7	·	22	—	37	○	52	·
	8	○	23	·	38	○	53	—
	9	—	24	○	39	·	54	—
	10	—	25	○	40	·	55	—
	11	—	26	·	41	—	56	·
	12	·	27	—	42	○	57	·
	13	○	28	·	43	·	58	○
	14	·	29	○	44	·	59	○

年月日2時	(分)	0~14	(分)	15~29	(分)	30~44	(分)	45~59
	0	○	15	·	30	—	45	○
	1	○	16	·	31	—	46	○
	2	—	17	○	32	—	47	·
	3	—	18	○	33	·	48	—
	4	·	19	—	34	○	49	·
	5	·	20	○	35	·	50	○
	6	·	21	—	36	○	51	·
	7	—	22	○	37	○	52	—
	8	○	23	—	38	○	53	—
	9	○	24	·	39	—	54	○
	10	—	25	○	40	○	55	—
	11	—	26	·	41	—	56	·
	12	—	27	○	42	·	57	—
	13	○	28	·	43	—	58	○
	14	·	29	○	44	·	59	○

年月日3時	(分)	0~14	(分)	15~29	(分)	30~44	(分)	45~59
	0	—	15	○	30	·	45	—
	1	○	16	·	31	·	46	○
	2	○	17	○	32	·	47	○
	3	·	18	—	33	○	48	·
	4	○	19	—	34	—	49	○
	5	·	20	—	35	○	50	—
	6	○	21	·	36	—	51	○
	7	·	22	—	37	○	52	·
	8	—	23	·	38	—	53	·
	9	—	24	○	39	·	54	—
	10	—	25	○	40	·	55	—
	11	·	26	○	41	—	56	○
	12	·	27	—	42	○	57	·
	13	○	28	·	43	—	58	—
	14	·	29	—	44	·	59	—

年月日4時	(分)	0~14	(分)	15~29	(分)	30~44	(分)	45~59
	0	○	15	·	30	—	45	○
	1	○	16	·	31	—	46	○
	2	·	17	○	32	·	47	○
	3	—	18	○	33	○	48	—
	4	·	19	—	34	○	49	·
	5	○	20	—	35	·	50	—
	6	·	21	—	36	○	51	·
	7	—	22	○	37	·	52	·
	8	○	23	·	38	○	53	·
	9	○	24	·	39	—	54	○
	10	○	25	○	40	—	55	—
	11	—	26	—	41	—	56	○
	12	—	27	○	42	·	57	—
	13	·	28	·	43	—	58	○
	14	·	29	—	44	·	59	—

年月日5時	(分)	0~14	(分)	15~29	(分)	30~44	(分)	45~59
	0	—	15	·	30	—	45	·
	1	○	16	·	31	—	46	○
	2	—	17	○	32	·	47	—
	3	·	18	○	33	—	48	○
	4	—	19	—	34	·	49	—
	5	○	20	·	35	—	50	—
	6	○	21	—	36	·	51	—
	7	·	22	—	37	○	52	·
	8	·	23	·	38	○	53	○
	9	○	24	·	39	○	54	·
	10	○	25	·	40	—	55	○
	11	—	26	—	41	○	56	·
	12	○	27	○	42	—	57	○
	13	—	28	○	43	·	58	—
	14	—	29	○	44	·	59	—

年月日6時	(分)	0~14	(分)	15~29	(分)	30~44	(分)	45~59
	0	○	15	·	30	○	45	·
	1	·	16	—	31	○	46	·
	2	○	17	○	32	—	47	—
	3	—	18	○	33	—	48	○
	4	○	19	·	34	—	49	○
	5	·	20	·	35	—	50	○
	6	·	21	—	36	·	51	—
	7	—	22	○	37	·	52	—
	8	·	23	○	38	○	53	·
	9	○	24	·	39	○	54	—
	10	·	25	—	40	○	55	·
	11	—	26	○	41	·	56	—
	12	—	27	○	42	—	57	·
	13	○	28	·	43	—	58	○
	14	○	29	·	44	○	59	○

西元2005年4月9日到5月7日

年月日7時

(分)	0~14	(分)	15~29	(分)	30~44	(分)	45~59
0	○	15	·	30	—	45	○
1	—	16	·	31	·	46	—
2	—	17	·	32	—	47	·
3	—	18	○	33	·	48	—
4	○	19	·	34	—	49	○
5	·	20	○	35	·	50	○
6	·	21	—	36	○	51	·
7	·	22	—	37	○	52	·
8	○	23	—	38	·	53	—
9	○	24	·	39	—	54	○
10	—	25	○	40	·	55	·
11	○	26	·	41	○	56	·
12	—	27	○	42	·	57	—
13	○	28	○	43	—	58	—
14	—	29	○	44	—	59	○

年月日8時

(分)	0~14	(分)	15~29	(分)	30~44	(分)	45~59
0	·	15	—	30	○	45	·
1	○	16	·	31	—	46	○
2	—	17	·	32	○	47	·
3	○	18	·	33	—	48	○
4	·	19	—	34	○	49	○
5	—	20	○	35	—	50	○
6	—	21	○	36	·	51	—
7	—	22	○	37	·	52	·
8	·	23	—	38	·	53	—
9	·	24	—	39	○	54	·
10	○	25	○	40	·	55	—
11	○	26	·	41	○	56	·
12	○	27	·	42	—	57	○
13	○	28	·	43	—	58	○
14	—	29	○	44	—	59	·

年月日9時

(分)	0~14	(分)	15~29	(分)	30~44	(分)	45~59
0	·	15	○	30	·	45	○
1	○	16	·	31	—	46	○
2	·	17	—	32	○	47	·
3	○	18	—	33	○	48	—
4	—	19	○	34	·	49	—
5	—	20	○	35	·	50	○
6	—	21	·	36	○	51	·
7	·	22	—	37	○	52	·
8	○	23	·	38	—	53	—
9	—	24	○	39	—	54	○
10	○	25	·	40	—	55	○
11	·	26	·	41	○	56	○
12	·	27	—	42	·	57	—
13	—	28	○	43	·	58	—
14	—	29	—	44	○	59	·

年月日10時

(分)	0~14	(分)	15~29	(分)	30~44	(分)	45~59
0	·	15	○	30	—	45	○
1	·	16	—	31	○	46	·
2	—	17	○	32	·	47	·
3	·	18	—	33	·	48	—
4	○	19	·	34	—	49	○
5	○	20	○	35	—	50	—
6	○	21	·	36	○	51	·
7	—	22	○	37	·	52	—
8	·	23	·	38	—	53	○
9	—	24	○	39	—	54	○
10	·	25	—	40	○	55	·
11	·	26	—	41	○	56	·
12	·	27	—	42	·	57	○
13	○	28	·	43	—	58	○
14	—	29	○	44	·	59	—

年月日11時

(分)	0~14	(分)	15~29	(分)	30~44	(分)	45~59
0	·	15	—	30	○	45	·
1	·	16	—	31	○	46	·
2	○	17	—	32	·	47	—
3	○	18	·	33	—	48	○
4	—	19	○	34	·	49	·
5	○	20	·	35	○	50	·
6	—	21	○	36	·	51	—
7	○	22	○	37	—	52	—
8	—	23	○	38	—	53	○
9	·	24	—	39	○	54	·
10	·	25	·	40	—	55	○
11	·	26	—	41	·	56	—
12	○	27	·	42	—	57	○
13	·	28	—	43	○	58	·
14	○	29	·	44	○	59	—

年月日12時

(分)	0~14	(分)	15~29	(分)	30~44	(分)	45~59
0	—	15	○	30	·	45	—
1	—	16	—	31	·	46	·
2	·	17	—	32	·	47	—
3	·	18	—	33	○	48	·
4	○	19	○	34	·	49	—
5	○	20	·	35	○	50	·
6	○	21	·	36	—	51	○
7	○	22	○	37	—	52	○
8	—	23	○	38	—	53	·
9	—	24	○	39	·	54	—
10	·	25	—	40	○	55	·
11	·	26	○	41	·	56	○
12	·	27	—	42	○	57	·
13	—	28	○	43	○	58	—
14	○	29	—	44	○	59	—

年月日13時

(分)	0~14	(分)	15~29	(分)	30~44	(分)	45~59
0	○	15	·	30	○	45	·
1	○	16	·	31	—	46	○
2	—	17	—	32	·	47	·
3	—	18	○	33	—	48	○
4	—	19	○	34	·	49	—
5	○	20	○	35	·	50	—
6	·	21	—	36	·	51	—
7	·	22	—	37	○	52	·
8	○	23	·	38	—	53	○
9	○	24	·	39	○	54	—
10	○	25	·	40	—	55	○
11	·	26	—	41	○	56	·
12	—	27	·	42	—	57	·
13	—	28	○	43	·	58	—
14	○	29	○	44	○	59	—

年月日14時

(分)	0~14	(分)	15~29	(分)	30~44	(分)	45~59
0	○	15	·	30	○	45	·
1	·	16	—	31	○	46	·
2	—	17	○	32	·	47	—
3	—	18	○	33	—	48	·
4	○	19	·	34	—	49	○
5	○	20	·	35	○	50	○
6	·	21	○	36	·	51	○
7	—	22	○	37	·	52	—
8	·	23	○	38	—	53	·
9	○	24	—	39	○	54	—
10	·	25	—	40	○	55	·
11	·	26	○	41	○	56	·
12	—	27	·	42	—	57	·
13	○	28	·	43	○	58	○
14	—	29	○	44	·	59	—

西元2005年4月9日到5月7日

年月日15時

(分)	0~14	(分)	15~29	(分)	30~44	(分)	45~59
0	·	15	○	30	·	45	○
1	○	16	·	31	—	46	○
2	·	17	—	32	—	47	·
3	○	18	—	33	○	48	—
4	—	19	○	34	·	49	—
5	·	20	○	35	○	50	·
6	—	21	·	36	—	51	·
7	·	22	—	37	○	52	○
8	—	23	○	38	·	53	—
9	○	24	○	39	·	54	○
10	·	25	·	40	—	55	○
11	○	26	·	41	—	56	○
12	○	27	—	42	·	57	○
13	—	28	○	43	·	58	—
14	·	29	—	44	○	59	○

年月日16時

(分)	0~14	(分)	15~29	(分)	30~44	(分)	45~59
0	·	15	○	30	·	45	○
1	·	16	—	31	○	46	·
2	·	17	—	32	○	47	·
3	○	18	—	33	○	48	—
4	○	19	·	34	—	49	○
5	—	20	○	35	·	50	—
6	—	21	·	36	○	51	·
7	○	22	○	37	·	52	—
8	○	23	○	38	—	53	—
9	—	24	○	39	—	54	○
10	·	25	—	40	○	55	·
11	·	26	·	41	○	56	○
12	·	27	—	42	·	57	—
13	○	28	·	43	—	58	○
14	—	29	—	44	○	59	·

年月日17時

(分)	0~14	(分)	15~29	(分)	30~44	(分)	45~59
0	—	15	·	30	—	45	·
1	·	16	—	31	○	46	·
2	·	17	—	32	○	47	○
3	·	18	○	33	—	48	○
4	○	19	·	34	—	49	○
5	—	20	○	35	·	50	·
6	·	21	—	36	·	51	—
7	—	22	○	37	·	52	—
8	○	23	○	38	—	53	—
9	○	24	·	39	○	54	·
10	·	25	—	40	○	55	·
11	·	26	·	41	—	56	○
12	—	27	○	42	—	57	○
13	○	28	·	43	—	58	○
14	·	29	—	44	○	59	·

年月日18時

(分)	0~14	(分)	15~29	(分)	30~44	(分)	45~59
0	○	15	·	30	○	45	·
1	—	16	○	31	·	46	—
2	—	17	—	32	·	47	·
3	—	18	○	33	—	48	○
4	·	19	—	34	○	49	·
5	○	20	○	35	·	50	—
6	·	21	—	36	·	51	—
7	○	22	·	37	—	52	○
8	○	23	·	38	—	53	○
9	○	24	○	39	○	54	—
10	—	25	○	40	·	55	—
11	·	26	—	41	○	56	·
12	—	27	·	42	—	57	·
13	·	28	—	43	○	58	·
14	—	29	○	44	○	59	—

年月日19時

(分)	0~14	(分)	15~29	(分)	30~44	(分)	45~59
0	○	15	·	30	○	45	·
1	—	16	○	31	·	46	—
2	·	17	·	32	—	47	○
3	—	18	○	33	—	48	○
4	·	19	—	34	○	49	·
5	·	20	—	35	○	50	·
6	·	21	—	36	·	51	○
7	○	22	·	37	—	52	○
8	—	23	○	38	·	53	—
9	○	24	—	39	○	54	—
10	—	25	○	40	·	55	—
11	○	26	·	41	·	56	○
12	—	27	·	42	—	57	·
13	·	28	—	43	○	58	·
14	○	29	—	44	—	59	○

年月日20時

(分)	0~14	(分)	15~29	(分)	30~44	(分)	45~59
0	○	15	·	30	○	45	—
1	○	16	·	31	—	46	○
2	·	17	—	32	○	47	·
3	—	18	·	33	—	48	·
4	—	19	○	34	·	49	—
5	○	20	○	35	○	50	—
6	·	21	○	36	·	51	○
7	·	22	—	37	○	52	·
8	—	23	○	38	·	53	—
9	○	24	—	39	○	54	—
10	○	25	·	40	—	55	○
11	○	26	·	41	—	56	○
12	—	27	·	42	—	57	·
13	—	28	○	43	·	58	—
14	·	29	—	44	○	59	·

年月日21時

(分)	0~14	(分)	15~29	(分)	30~44	(分)	45~59
0	○	15	·	30	—	45	○
1	—	16	○	31	○	46	—
2	○	17	—	32	○	47	—
3	—	18	○	33	·	48	—
4	○	19	·	34	·	49	○
5	—	20	·	35	—	50	·
6	·	21	—	36	○	51	·
7	○	22	·	37	—	52	○
8	·	23	○	38	·	53	○
9	○	24	·	39	—	54	○
10	·	25	—	40	○	55	·
11	○	26	—	41	○	56	—
12	—	27	○	42	·	57	—
13	—	28	○	43	·	58	·
14	○	29	·	44	○	59	·

年月日22時

(分)	0~14	(分)	15~29	(分)	30~44	(分)	45~59
0	·	15	—	30	○	45	·
1	—	16	○	31	·	46	—
2	○	17	—	32	○	47	—
3	○	18	·	33	—	48	○
4	○	19	·	34	—	49	○
5	—	20	·	35	○	50	·
6	—	21	○	36	·	51	—
7	·	22	○	37	○	52	○
8	—	23	○	38	—	53	○
9	·	24	—	39	○	54	·
10	—	25	○	40	·	55	·
11	·	26	—	41	·	56	—
12	○	27	·	42	—	57	○
13	○	28	○	43	·	58	—
14	○	29	·	44	○	59	·

西元2005年5月8日到6月6日

年月日23時

(分)	0~14	(分)	15~29	(分)	30~44	(分)	45~59
0	·	15	—	30	·	45	○
1	○	16	·	31	—	46	○
2	—	17	○	32	·	47	—
3	○	18	—	33	○	48	—
4	—	19	○	34	·	49	—
5	○	20	·	35	·	50	○
6	—	21	·	36	—	51	·
7	·	22	—	37	○	52	·
8	○	23	—	38	—	53	○
9	·	24	○	39	·	54	○
10	○	25	·	40	—	55	○
11	·	26	—	41	○	56	·
12	○	27	—	42	○	57	—
13	—	28	○	43	·	58	—
14	—	29	○	44	·	59	—

年月日24時

(分)	0~14	(分)	15~29	(分)	30~44	(分)	45~59
0	·	15	○	30	·	45	○
1	·	16	—	31	○	46	·
2	—	17	·	32	·	47	—
3	○	18	—	33	○	48	—
4	○	19	·	34	—	49	○
5	○	20	·	35	—	50	○
6	—	21	·	36	—	51	·
7	—	22	○	37	·	52	—
8	·	23	○	38	○	53	·
9	·	24	○	39	—	54	○
10	·	25	—	40	○	55	·
11	—	26	○	41	·	56	·
12	·	27	—	42	·	57	—
13	○	28	·	43	—	58	○
14	○	29	○	44	—	59	—

年月日1時

(分)	0~14	(分)	15~29	(分)	30~44	(分)	45~59
0	—	15	○	30	—	45	·
1	—	16	○	31	·	46	—
2	○	17	—	32	—	47	○
3	○	18	○	33	·	48	○
4	·	19	—	34	·	49	·
5	·	20	—	35	○	50	·
6	○	21	—	36	○	51	—
7	○	22	·	37	—	52	○
8	—	23	○	38	·	53	—
9	—	24	·	39	○	54	·
10	○	25	○	40	·	55	—
11	○	26	·	41	—	56	—
12	—	27	○	42	—	57	○
13	·	28	—	43	○	58	·
14	·	29	·	44	○	59	○

年月日2時

(分)	0~14	(分)	15~29	(分)	30~44	(分)	45~59
0	—	15	·	30	—	45	·
1	○	16	·	31	—	46	○
2	·	17	—	32	○	47	·
3	·	18	○	33	—	48	○
4	—	19	○	34	·	49	—
5	—	20	○	35	·	50	·
6	·	21	—	36	·	51	—
7	·	22	—	37	○	52	·
8	○	23	○	38	—	53	—
9	○	24	·	39	○	54	·
10	○	25	·	40	—	55	·
11	·	26	·	41	—	56	○
12	—	27	○	42	—	57	○
13	—	28	○	43	·	58	—
14	·	29	—	44	○	59	·

年月日3時

(分)	0~14	(分)	15~29	(分)	30~44	(分)	45~59
0	—	15	○	30	—	45	○
1	○	16	·	31	—	46	○
2	○	17	—	32	○	47	·
3	·	18	—	33	·	48	○
4	—	19	○	34	·	49	—
5	○	20	○	35	○	50	—
6	○	21	—	36	○	51	—
7	·	22	—	37	○	52	·
8	○	23	·	38	·	53	○
9	—	24	·	39	—	54	·
10	○	25	○	40	—	55	○
11	○	26	—	41	—	56	○
12	·	27	○	42	·	57	○
13	—	28	○	43	·	58	—
14	·	29	—	44	○	59	·

年月日4時

(分)	0~14	(分)	15~29	(分)	30~44	(分)	45~59
0	—	15	·	30	—	45	·
1	·	16	—	31	○	46	·
2	—	17	○	32	○	47	—
3	·	18	○	33	·	48	○
4	○	19	·	34	—	49	○
5	—	20	·	35	·	50	—
6	○	21	—	36	○	51	—
7	—	22	○	37	·	52	—
8	○	23	·	38	—	53	○
9	—	24	·	39	—	54	·
10	·	25	—	40	○	55	·
11	·	26	—	41	○	56	·
12	·	27	○	42	—	57	○
13	○	28	·	43	—	58	○
14	—	29	○	44	·	59	·

年月日5時

(分)	0~14	(分)	15~29	(分)	30~44	(分)	45~59
0	—	15	·	30	○	45	·
1	·	16	—	31	○	46	·
2	○	17	·	32	—	47	—
3	—	18	○	33	—	48	○
4	○	19	·	34	—	49	○
5	·	20	·	35	○	50	○
6	·	21	—	36	·	51	—
7	—	22	○	37	·	52	—
8	—	23	—	38	○	53	·
9	○	24	·	39	○	54	·
10	·	25	—	40	○	55	·
11	—	26	○	41	·	56	—
12	—	27	○	42	—	57	·
13	○	28	·	43	—	59	○
14	○	29	·	44	—	59	○

年月日6時

(分)	0~14	(分)	15~29	(分)	30~44	(分)	45~59
0	○	15	·	30	○	45	·
1	—	16	○	31	·	46	—
2	·	17	·	32	—	47	○
3	—	18	○	33	—	48	○
4	·	19	—	34	○	49	·
5	·	20	—	35	○	50	·
6	·	21	—	36	·	51	○
7	○	22	·	37	—	52	○
8	—	23	○	38	·	53	—
9	○	24	○	39	○	54	—
10	—	25	○	40	·	55	—
11	○	26	·	41	·	56	○
12	—	27	·	42	—	57	·
13	·	28	○	43	○	58	·
14	○	29	—	44	—	59	○

西元2005年5月8日到6月6日

年月日7時

(分)	0~14	(分)	15~29	(分)	30~44	(分)	45~59
0	—	15	·	30	〇	45	·
1	—	16	〇	31	·	46	—
2	〇	17	·	32	—	47	—
3	—	18	〇	33	—	48	〇
4	·	19	—	34	〇	49	·
5	·	20	·	35	〇	50	〇
6	·	21	—	36	·	51	—
7	〇	22	·	37	—	52	〇
8	—	23	—	38	〇	53	·
9	〇	24	·	39	〇	54	·
10	—	25	·	40	·	55	—
11	—	26	〇	41	·	56	—
12	—	27	〇	42	—	57	·
13	·	28	—	43	〇	58	·
14	〇	29	·	44	—	59	〇

年月日8時

(分)	0~14	(分)	15~29	(分)	30~44	(分)	45~59
0	〇	15	·	30	〇	45	·
1	〇	16	·	31	—	46	·
2	·	17	·	32	—	47	〇
3	—	18	〇	33	—	48	〇
4	—	19	〇	34	·	49	—
5	·	20	—	35	〇	50	·
6	·	21	—	36	·	51	〇
7	·	22	—	37	〇	52	·
8	—	23	〇	38	·	53	—
9	〇	24	〇	39	〇	54	—
10	〇	25	·	40	—	55	〇
11	〇	26	·	41	·	56	〇
12	—	27	·	42	—	57	·
13	—	28	〇	43	·	58	—
14	〇	29	—	44	〇	59	〇

年月日9時

(分)	0~14	(分)	15~29	(分)	30~44	(分)	45~59
0	—	15	·	30	—	45	·
1	—	16	〇	31	·	46	—
2	—	17	〇	32	·	47	—
3	·	18	〇	33	·	48	〇
4	·	19	—	34	〇	49	·
5	〇	20	·	35	—	50	〇
6	〇	21	—	36	·	51	—
7	〇	22	·	37	—	52	〇
8	·	23	—	38	〇	53	〇
9	〇	24	·	39	〇	54	·
10	—	25	〇	40	·	55	—
11	—	26	—	41	·	56	·
12	—	27	〇	42	—	57	〇
13	·	28	—	43	〇	58	·
14	〇	29	〇	44	·	59	—

年月日10時

(分)	0~14	(分)	15~29	(分)	30~44	(分)	45~59
0	—	15	·	30	〇	45	·
1	〇	16	·	31	—	46	〇
2	〇	17	·	32	—	47	—
3	—	18	〇	33	—	48	〇
4	—	19	〇	34	·	49	—
5	·	20	·	35	〇	50	〇
6	·	21	—	36	·	51	—
7	·	22	—	37	〇	52	·
8	—	23	〇	38	〇	53	·
9	〇	24	〇	39	〇	54	·
10	〇	25	·	40	—	55	〇
11	—	26	〇	41	·	56	—
12	—	27	〇	42	—	57	·
13	—	28	·	43	·	58	—
14	〇	29	·	44	—	59	〇

年月日11時

(分)	0~14	(分)	15~29	(分)	30~44	(分)	45~59
0	〇	15	·	30	—	45	〇
1	〇	16	〇	31	·	46	—
2	·	17	〇	32	—	47	〇
3	—	18	〇	33	·	48	—
4	〇	19	·	34	—	49	—
5	〇	20	—	35	·	50	—
6	·	21	—	36	〇	51	·
7	·	22	·	37	〇	52	〇
8	〇	23	·	38	〇	53	·
9	〇	24	·	39	—	54	〇
10	—	25	—	40	〇	55	·
11	—	26	〇	41	—	56	〇
12	〇	27	〇	42	·	57	—
13	—	28	〇	43	·	58	—
14	·	29	—	44	·	59	〇

年月日12時

(分)	0~14	(分)	15~29	(分)	30~44	(分)	45~59
0	·	15	—	30	〇	45	·
1	〇	16	〇	31	—	46	—
2	—	17	〇	32	—	47	〇
3	〇	18	·	33	〇	48	〇
4	·	19	·	34	—	49	〇
5	·	20	—	35	〇	50	—
6	—	21	〇	36	·	51	〇
7	·	22	—	37	〇	52	·
8	〇	23	·	38	〇	53	—
9	·	24	—	39	〇	54	·
10	—	25	〇	40	·	55	—
11	—	26	〇	41	—	56	·
12	〇	27	〇	42	—	57	〇
13	〇	28	·	43	〇	58	〇
14	·	29	〇	44	·	59	〇

年月日13時

(分)	0~14	(分)	15~29	(分)	30~44	(分)	45~59
0	·	15	—	30	·	45	—
1	—	16	〇	31	·	46	—
2	〇	17	〇	32	—	47	—
3	〇	18	·	33	〇	48	·
4	·	19	—	34	〇	49	·
5	·	20	·	35	—	50	〇
6	—	21	〇	36	—	51	〇
7	〇	22	·	37	—	52	〇
8	·	23	—	38	〇	53	·
9	·	24	—	39	·	54	〇
10	—	25	〇	40	·	55	—
11	—	26	〇	41	·	56	—
12	〇	27	—	42	〇	57	—
13	·	28	—	43	〇	58	·
14	〇	29	·	44	〇	59	〇

年月日14時

(分)	0~14	(分)	15~29	(分)	30~44	(分)	45~59
0	·	15	—	30	·	45	—
1	〇	16	·	31	—	46	〇
2	〇	17	·	32	—	47	〇
3	〇	18	·	33	〇	48	—
4	—	19	〇	34	·	49	—
5	·	20	—	35	〇	50	·
6	—	21	·	36	—	51	·
7	·	22	—	37	〇	52	〇
8	—	23	〇	38	〇	53	—
9	·	24	〇	39	·	54	〇
10	〇	25	·	40	—	55	〇
11	—	26	〇	41	·	56	—
12	〇	27	—	42	〇	57	—
13	—	28	〇	43	·	58	—
14	〇	29	·	44	—	59	〇

西元2005年5月8日到6月6日

	(分)	0~14	(分)	15~29	(分)	30~44	(分)	45~59
	0	—	15	—	30	○	45	·
年	1	·	16	—	31	·	46	—
	2	·	17	—	32	○	47	·
	3	—	18	○	33	·	48	—
	4	○	19	·	34	○	49	—
月	5	○	20	·	35	—	50	○
	6	○	21	·	36	—	51	○
	7	—	22	·	37	—	52	·
	8	—	23	○	38	·	53	—
日	9	·	24	—	39	—	54	·
15	10	·	25	○	40	·	55	○
	11	·	26	—	41	○	56	·
時	12	·	27	○	42	○	57	·
	13	○	28	—	43	○	58	—
	14	○	29	·	44	—	59	○

	(分)	0~14	(分)	15~29	(分)	30~44	(分)	45~59
	0	—	15	○	30	·	45	—
年	1	·	16	○	31	·	46	○
	2	—	17	·	32	○	47	—
	3	○	18	·	33	·	48	○
	4	○	19	—	34	○	49	—
月	5	·	20	—	35	○	50	·
	6	○	21	—	36	—	51	○
	7	—	22	·	37	—	52	·
	8	○	23	·	38	○	53	○
日	9	·	24	—	39	○	54	·
16	10	·	25	○	40	·	55	○
	11	—	26	○	41	·	56	—
時	12	—	27	○	42	·	57	—
	13	○	28	—	43	·	58	—
	14	·	29	—	44	○	59	·

	(分)	0~14	(分)	15~29	(分)	30~44	(分)	45~59
	0	○	15	·	30	—	45	○
年	1	—	16	○	31	·	46	—
	2	—	17	·	32	○	47	·
	3	—	18	○	33	·	48	—
	4	○	19	·	34	—	49	—
月	5	—	20	○	35	—	50	○
	6	·	21	—	36	○	51	·
	7	·	22	·	37	○	52	○
	8	·	23	—	38	·	53	—
日	9	○	24	·	39	—	54	○
17	10	—	25	—	40	○	55	·
	11	○	26	·	41	○	56	·
時	12	—	27	·	42	·	57	—
	13	—	28	○	43	·	58	—
	14	—	29	○	44	—	59	·

	(分)	0~14	(分)	15~29	(分)	30~44	(分)	45~59
	0	·	15	—	30	○	45	·
年	1	○	16	○	31	—	46	—
	2	○	17	·	32	○	47	·
	3	○	18	·	33	—	48	○
	4	·	19	·	34	—	49	○
月	5	—	20	○	35	—	50	○
	6	—	21	○	36	·	51	—
	7	·	22	○	37	○	52	·
	8	·	23	—	38	·	53	○
日	9	·	24	—	39	○	54	·
18	10	—	25	○	40	·	55	—
	11	○	26	—	41	○	56	—
時	12	○	27	·	42	—	57	○
	13	○	28	·	43	·	58	○
	14	—	29	·	44	—	59	·

	(分)	0~14	(分)	15~29	(分)	30~44	(分)	45~59
	0	○	15	—	30	—	45	○
年	1	—	16	·	31	—	46	·
	2	—	17	○	32	·	47	—
	3	·	18	—	33	○	48	·
	4	·	19	○	34	·	49	○
月	5	○	20	—	35	○	50	·
	6	—	21	○	36	·	51	—
	7	○	22	—	37	·	52	—
	8	○	23	·	38	—	53	○
日	9	○	24	·	39	—	54	—
19	10	○	25	·	40	○	55	·
	11	—	26	○	41	·	56	—
時	12	·	27	·	42	○	57	○
	13	—	28	○	43	—	58	○
	14	·	29	—	44	○	59	·

	(分)	0~14	(分)	15~29	(分)	30~44	(分)	45~59
	0	·	15	—	30	○	45	·
年	1	—	16	·	31	○	46	·
	2	○	17	·	32	—	47	○
	3	—	18	○	33	·	48	·
	4	—	19	○	34	—	49	○
月	5	—	20	○	35	·	50	—
	6	○	21	○	36	—	51	—
	7	·	22	○	37	·	52	—
	8	·	23	—	38	○	53	·
日	9	○	24	·	39	—	54	○
20	10	○	25	·	40	○	55	·
	11	○	26	·	41	—	56	○
時	12	·	27	—	42	○	57	·
	13	—	28	○	43	—	58	·
	14	—	29	○	44	·	59	—

	(分)	0~14	(分)	15~29	(分)	30~44	(分)	45~59
	0	○	15	·	30	○	45	·
年	1	○	16	·	31	—	46	○
	2	·	17	○	32	○	47	○
	3	—	18	○	33	—	48	○
	4	—	19	○	34	·	49	—
月	5	—	20	—	35	○	50	·
	6	·	21	—	36	·	51	—
	7	·	22	—	37	○	52	·
	8	—	23	○	38	·	53	—
日	9	○	24	·	39	○	54	—
21	10	○	25	·	40	—	55	○
	11	○	26	·	41	—	56	○
時	12	—	27	·	42	—	57	·
	13	—	28	○	43	·	58	—
	14	·	29	—	44	—	59	·

	(分)	0~14	(分)	15~29	(分)	30~44	(分)	45~59
	0	○	15	·	30	○	45	·
年	1	·	16	—	31	○	46	·
	2	·	17	—	32	○	47	·
	3	—	18	○	33	—	48	·
	4	○	19	·	34	—	49	○
月	5	—	20	○	35	·	50	—
	6	·	21	○	36	·	51	○
	7	—	22	—	37	○	52	—
	8	○	23	·	38	·	53	○
日	9	○	24	—	39	○	54	—
22	10	·	25	—	40	○	55	·
	11	○	26	—	41	—	56	○
時	12	—	27	·	42	—	57	·
	13	○	28	·	43	—	58	○
	14	·	29	—	44	○	59	·

西元2005年6月7日到7月5日

年月日23時

(分)	0~14	(分)	15~29	(分)	30~44	(分)	45~59
0	·	15	○	30	·	45	○
1	○	16	·	31	—	46	○
2	·	17	—	32	○	47	·
3	○	18	—	33	○	48	—
4	—	19	○	34	·	49	—
5	—	20	○	35	·	50	○
6	—	21	·	36	○	51	·
7	·	22	—	37	○	52	·
8	○	23	·	38	—	53	—
9	—	24	○	39	—	54	○
10	○	25	·	40	—	55	○
11	·	26	·	41	○	56	○
12	·	27	—	42	·	57	—
13	—	28	○	43	·	58	—
14	—	29	—	44	○	59	·

年月日24時

(分)	0~14	(分)	15~29	(分)	30~44	(分)	45~59
0	·	15	○	30	—	45	○
1	·	16	—	31	○	46	·
2	—	17	○	32	·	47	·
3	·	18	—	33	·	48	—
4	○	19	·	34	—	49	○
5	○	20	○	35	—	50	—
6	○	21	·	36	○	51	·
7	—	22	○	37	·	52	—
8	·	23	○	38	—	53	○
9	—	24	○	39	—	54	○
10	·	25	—	40	○	55	·
11	·	26	—	41	○	56	·
12	·	27	—	42	·	57	○
13	○	28	·	43	—	58	○
14	—	29	○	44	·	59	—

年月日1時

(分)	0~14	(分)	15~29	(分)	30~44	(分)	45~59
0	—	15	·	30	○	45	·
1	—	16	○	31	·	46	—
2	○	17	·	32	—	47	—
3	—	18	○	33	—	48	○
4	·	19	—	34	○	49	·
5	○	20	·	35	○	50	○
6	·	21	—	36	·	51	—
7	○	22	·	37	—	52	○
8	—	23	—	38	○	53	·
9	○	24	·	39	○	54	·
10	—	25	·	40	·	55	—
11	—	26	○	41	·	56	—
12	—	27	○	42	—	57	·
13	·	28	—	43	○	58	·
14	○	29	·	44	—	59	○

年月日2時

(分)	0~14	(分)	15~29	(分)	30~44	(分)	45~59
0	○	15	·	30	○	45	·
1	○	16	·	31	—	46	·
2	·	17	·	32	○	47	○
3	—	18	○	33	—	48	○
4	—	19	○	34	·	49	—
5	○	20	—	35	○	50	·
6	·	21	—	36	·	51	○
7	·	22	○	37	○	52	·
8	—	23	○	38	·	53	—
9	○	24	—	39	○	54	—
10	○	25	·	40	—	55	○
11	○	26	·	41	·	56	○
12	—	27	·	42	—	57	·
13	—	28	○	43	·	58	—
14	○	29	—	44	—	59	○

年月日3時

(分)	0~14	(分)	15~29	(分)	30~44	(分)	45~59
0	—	15	○	30	—	45	○
1	·	16	—	31	○	46	·
2	○	17	○	32	·	47	—
3	·	18	—	33	·	48	—
4	○	19	·	34	—	49	○
5	○	20	·	35	—	50	○
6	○	21	·	36	○	51	—
7	—	22	○	37	·	52	—
8	·	23	—	38	○	53	·
9	—	24	·	39	—	54	·
10	·	25	—	40	○	55	·
11	—	26	○	41	○	56	—
12	·	27	○	42	·	57	○
13	○	28	·	43	—	58	○
14	—	29	·	44	·	59	—

年月日4時

(分)	0~14	(分)	15~29	(分)	30~44	(分)	45~59
0	—	15	○	30	—	45	·
1	—	16	○	31	·	46	—
2	○	17	·	32	—	47	○
3	·	18	○	33	·	48	○
4	·	19	—	34	○	49	·
5	·	20	—	35	—	50	·
6	○	21	—	36	○	51	—
7	○	22	○	37	—	52	○
8	·	23	○	38	○	53	·
9	—	24	·	39	—	54	·
10	—	25	○	40	·	55	—
11	—	26	·	41	·	56	—
12	·	27	○	42	·	57	○
13	·	28	—	43	○	58	·
14	○	29	·	44	—	59	○

年月日5時

(分)	0~14	(分)	15~29	(分)	30~44	(分)	45~59
0	—	15	○	30	·	45	—
1	—	16	○	31	○	46	—
2	○	17	—	32	○	47	—
3	·	18	—	33	○	48	·
4	○	19	·	34	·	49	—
5	—	20	·	35	—	50	·
6	○	21	○	36	—	51	○
7	○	22	·	37	—	52	○
8	·	23	○	38	·	53	○
9	—	24	○	39	·	54	—
10	·	25	—	40	○	55	·
11	○	26	—	41	·	56	—
12	·	27	—	42	○	57	·
13	—	28	○	43	·	58	·
14	○	29	·	44	○	59	·

年月日6時

(分)	0~14	(分)	15~29	(分)	30~44	(分)	45~59
0	○	15	·	30	—	45	○
1	—	16	○	31	·	46	—
2	○	17	—	32	○	47	—
3	—	18	○	33	·	48	—
4	○	19	·	34	—	49	○
5	—	20	·	35	○	50	·
6	·	21	—	36	○	51	·
7	·	22	—	37	○	52	○
8	—	23	○	38	—	53	○
9	○	24	·	39	—	54	○
10	—	25	○	40	·	55	·
11	·	26	○	41	·	56	—
12	—	27	○	42	·	57	—
13	○	28	○	43	·	58	○
14	○	29	·	44	○	59	·

西元2005年6月7日到7月5日

年月日7時

(分)	0~14	(分)	15~29	(分)	30~44	(分)	45~59
0	○	15	·	30	—	45	○
1	—	16	○	31	○	46	—
2	○	17	—	32	○	47	—
3	—	18	○	33	·	48	—
4	○	19	·	34	·	49	○
5	—	20	·	35	—	50	·
6	·	21	—	36	○	51	·
7	○	22	·	37	—	52	○
8	·	23	○	38	·	53	○
9	○	24	·	39	—	54	○
10	·	25	—	40	○	55	·
11	○	26	—	41	○	56	—
12	—	27	○	42	·	57	—
13	—	28	○	43	·	58	·
14	○	29	·	44	○	59	·

年月日8時

(分)	0~14	(分)	15~29	(分)	30~44	(分)	45~59
0	·	15	—	30	○	45	·
1	—	16	○	31	·	46	—
2	○	17	—	32	○	47	—
3	○	18	·	33	—	48	○
4	○	19	·	34	—	49	○
5	—	20	·	35	○	50	·
6	—	21	○	36	·	51	—
7	·	22	○	37	○	52	○
8	—	23	○	38	—	53	○
9	·	24	—	39	○	54	·
10	—	25	—	40	·	55	·
11	·	26	—	41	·	56	—
12	○	27	·	42	—	57	○
13	○	28	○	43	·	58	—
14	○	29	·	44	○	59	·

年月日9時

(分)	0~14	(分)	15~29	(分)	30~44	(分)	45~59
0	○	15	·	30	—	45	○
1	·	16	—	31	○	46	·
2	○	17	·	32	○	47	—
3	—	18	○	33	·	48	—
4	—	19	○	34	·	49	—
5	—	20	·	35	—	50	·
6	·	21	—	36	○	51	·
7	○	22	·	37	·	52	○
8	·	23	○	38	·	53	○
9	○	24	·	39	—	54	○
10	○	25	—	40	—	55	○
11	○	26	—	41	○	56	—
12	—	27	○	42	·	57	—
13	·	28	—	43	○	58	·
14	—	29	·	44	—	59	·

年月日10時

(分)	0~14	(分)	15~29	(分)	30~44	(分)	45~59
0	·	15	—	30	○	45	·
1	—	16	○	31	○	46	—
2	○	17	—	32	○	47	—
3	○	18	·	33	—	48	○
4	—	19	·	34	·	49	—
5	—	20	·	35	—	50	·
6	—	21	○	36	·	51	—
7	○	22	·	37	—	52	○
8	·	23	○	38	·	53	○
9	·	24	—	39	○	54	·
10	·	25	—	40	○	55	·
11	○	26	—	41	·	56	—
12	○	27	·	42	—	57	○
13	—	28	○	43	·	58	·
14	○	29	·	44	○	59	·

年月日11時

(分)	0~14	(分)	15~29	(分)	30~44	(分)	45~59
0	○	15	·	30	—	45	○
1	○	16	—	31	○	46	·
2	—	17	○	32	—	47	○
3	—	18	○	33	·	48	—
4	○	19	○	34	·	49	—
5	·	20	—	35	·	50	○
6	·	21	—	36	○	51	·
7	○	22	·	37	—	52	○
8	○	23	—	38	○	53	—
9	○	24	·	39	—	54	○
10	·	25	—	40	—	55	·
11	—	26	·	41	—	56	·
12	—	27	○	42	·	57	—
13	·	28	○	43	○	58	·
14	·	29	○	44	·	59	○

年月日12時

(分)	0~14	(分)	15~29	(分)	30~44	(分)	45~59
0	·	15	—	30	○	45	·
1	—	16	○	31	·	46	—
2	—	17	○	32	—	47	·
3	○	18	·	33	—	48	○
4	○	19	·	34	·	49	○
5	·	20	○	35	·	50	○
6	—	21	○	36	○	51	—
7	○	22	—	37	—	52	○
8	○	23	—	38	○	53	—
9	·	24	—	39	○	54	·
10	·	25	—	40	○	55	·
11	—	26	·	41	—	56	·
12	○	27	·	42	—	57	○
13	—	28	○	43	·	58	—
14	·	29	○	44	—	59	○

年月日13時

(分)	0~14	(分)	15~29	(分)	30~44	(分)	45~59
0	○	15	—	30	—	45	○
1	—	16	·	31	—	46	·
2	—	17	○	32	·	47	—
3	·	18	—	33	○	48	·
4	·	19	○	34	·	49	○
5	○	20	—	35	○	50	·
6	—	21	○	36	·	51	—
7	○	22	—	37	·	52	—
8	○	23	·	38	—	53	○
9	○	24	·	39	—	54	—
10	○	25	·	40	○	55	·
11	—	26	○	41	·	56	—
12	·	27	·	42	○	57	○
13	—	28	○	43	—	58	○
14	·	29	—	44	○	59	·

年月日14時

(分)	0~14	(分)	15~29	(分)	30~44	(分)	45~59
0	·	15	—	30	○	45	·
1	—	16	·	31	○	46	·
2	○	17	·	32	—	47	○
3	—	18	○	33	·	48	·
4	—	19	○	34	—	49	○
5	○	20	○	35	·	50	—
6	○	21	○	36	—	51	—
7	·	22	○	37	·	52	—
8	·	23	—	38	○	53	·
9	·	24	·	39	—	54	○
10	○	25	·	40	○	55	·
11	○	26	·	41	—	56	○
12	·	27	—	42	○	57	·
13	—	28	○	43	—	58	·
14	—	29	○	44	·	59	—

西元2005年6月7日到7月5日

年　月　日15時

(分)	0~14	(分)	15~29	(分)	30~44	(分)	45~59
0	○	15	·	30	—	45	○
1	·	16	—	31	·	46	○
2	○	17	·	32	—	47	○
3	·	18	—	33	○	48	·
4	○	19	—	34	○	49	—
5	—	20	○	35	·	50	—
6	○	21	○	36	○	51	—
7	—	22	·	37	—	52	·
8	·	23	—	38	○	53	·
9	—	24	·	39	·	54	—
10	·	25	○	40	·	55	○
11	○	26	·	41	—	56	○
12	○	27	·	42	—	57	○
13	○	28	—	43	○	58	—
14	—	29	○	44	·	59	—

年　月　日16時

(分)	0~14	(分)	15~29	(分)	30~44	(分)	45~59
0	·	15	—	30	—	45	·
1	·	16	○	31	·	46	○
2	·	17	—	32	○	47	·
3	·	18	○	33	○	48	·
4	○	19	—	34	○	49	—
5	○	20	·	35	—	50	○
6	—	21	○	36	·	51	—
7	—	22	·	37	—	52	·
8	—	23	○	38	·	53	—
9	○	24	○	39	—	54	○
10	·	25	○	40	—	55	○
11	·	26	—	41	○	56	·
12	○	27	○	42	○	57	○
13	·	28	—	43	·	58	—
14	○	29	·	44	—	59	○

年　月　日17時

(分)	0~14	(分)	15~29	(分)	30~44	(分)	45~59
0	—	15	○	30	·	45	—
1	·	16	○	31	—	46	○
2	—	17	○	32	·	47	—
3	○	18	·	33	—	48	—
4	○	19	—	34	·	49	—
5	·	20	—	35	○	50	·
6	·	21	·	36	○	51	○
7	○	22	·	37	○	52	·
8	○	23	·	38	—	53	○
9	—	24	—	39	○	54	·
10	—	25	○	40	—	55	○
11	—	26	○	41	·	56	—
12	○	27	○	42	·	57	—
13	·	28	—	43	·	58	○
14	·	29	—	44	○	59	·

年　月　日18時

(分)	0~14	(分)	15~29	(分)	30~44	(分)	45~59
0	○	15	○	30	—	45	—
1	—	16	○	31	—	46	○
2	○	17	·	32	○	47	○
3	·	18	·	33	—	48	○
4	·	19	—	34	·	49	—
5	—	20	○	35	·	50	—
6	·	21	○	36	○	51	·
7	○	22	·	37	○	52	—
8	·	23	—	38	○	53	·
9	—	24	○	39	·	54	—
10	—	25	○	40	—	55	·
11	○	26	·	41	—	56	○
12	○	27	·	42	·	57	○
13	·	28	○	43	·	58	○
14	—	29	○	44	○	59	—

年　月　日19時

(分)	0~14	(分)	15~29	(分)	30~44	(分)	45~59
0	○	15	·	30	—	45	—
1	○	16	·	31	○	46	·
2	—	17	○	32	·	47	—
3	·	18	·	33	○	48	○
4	—	19	○	34	—	49	○
5	·	20	—	35	○	50	·
6	—	21	—	36	○	51	·
7	·	22	—	37	·	52	—
8	○	23	·	38	—	53	○
9	—	24	○	39	·	54	—
10	○	25	·	40	○	55	—
11	—	26	○	41	·	56	—
12	○	27	·	42	—	57	○
13	—	28	·	43	—	58	·
14	·	29	—	44	○	59	·

年　月　日20時

(分)	0~14	(分)	15~29	(分)	30~44	(分)	45~59
0	·	15	·	30	—	45	○
1	○	16	·	31	○	46	·
2	○	17	·	32	—	47	○
3	·	18	—	33	○	48	·
4	—	19	○	34	—	49	·
5	—	20	○	35	·	50	—
6	—	21	·	36	·	51	—
7	·	22	○	37	·	52	○
8	·	23	—	38	○	53	·
9	○	24	·	39	·	54	○
10	○	25	—	40	○	55	—
11	○	26	·	41	—	56	○
12	○	27	—	42	—	57	○
13	—	28	·	43	—	58	·
14	—	29	○	44	·	59	—

年　月　日21時

(分)	0~14	(分)	15~29	(分)	30~44	(分)	45~59
0	·	15	—	30	·	45	○
1	○	16	·	31	—	46	○
2	—	17	○	32	·	47	—
3	○	18	—	33	○	48	—
4	—	19	○	34	·	49	—
5	○	20	·	35	·	50	○
6	—	21	·	36	—	51	·
7	·	22	—	37	○	52	·
8	○	23	—	38	—	53	○
9	·	24	○	39	·	54	○
10	○	25	·	40	—	55	○
11	·	26	—	41	○	56	·
12	○	27	—	42	○	57	—
13	—	28	○	43	·	58	—
14	—	29	○	44	·	59	—

年　月　日22時

(分)	0~14	(分)	15~29	(分)	30~44	(分)	45~59
0	·	15	○	30	·	45	○
1	·	16	—	31	○	46	·
2	—	17	·	32	·	47	—
3	○	18	—	33	○	48	—
4	○	19	·	34	—	49	○
5	○	20	·	35	—	50	○
6	—	21	·	36	—	51	·
7	—	22	○	37	·	52	—
8	·	23	○	38	○	53	·
9	·	24	○	39	—	54	○
10	·	25	—	40	○	55	·
11	—	26	○	41	·	56	·
12	·	27	—	42	·	57	—
13	○	28	·	43	—	58	○
14	○	29	○	44	—	59	—

西元2005年7月6日到8月4日

年　月　日　23　時

(分)	0~14	(分)	15~29	(分)	30~44	(分)	45~59
0	○	15	·	30	—	45	○
1	·	16	—	31	·	46	○
2	—	17	○	32	·	47	—
3	·	18	—	33	○	48	·
4	○	19	—	34	○	49	—
5	·	20	—	35	○	50	·
6	—	21	○	36	○	51	—
7	—	22	·	37	—	52	·
8	○	23	·	38	—	53	○
9	—	24	·	39	·	54	—
10	·	25	○	40	·	55	○
11	—	26	○	41	·	56	—
12	○	27	·	42	—	57	○
13	○	28	—	43	○	58	—
14	·	29	—	44	○	59	·

年　月　日　24　時

(分)	0~14	(分)	15~29	(分)	30~44	(分)	45~59
0	·	15	—	30	—	45	·
1	·	16	○	31	·	46	○
2	○	17	·	32	—	47	○
3	·	18	○	33	○	48	·
4	○	19	—	34	○	49	—
5	—	20	○	35	·	50	—
6	—	21	○	36	·	51	—
7	—	22	○	37	—	52	·
8	·	23	—	38	○	53	·
9	○	24	·	39	—	54	○
10	·	25	○	40	—	55	○
11	○	26	·	41	—	56	○
12	·	27	—	42	○	57	○
13	·	28	—	43	·	58	—
14	—	29	○	44	·	59	—

年　月　日　1　時

(分)	0~14	(分)	15~29	(分)	30~44	(分)	45~59
0	○	15	·	30	○	45	·
1	·	16	—	31	○	46	·
2	·	17	—	32	○	47	·
3	—	18	○	33	—	48	·
4	○	19	·	34	—	49	○
5	—	20	○	35	·	50	—
6	·	21	○	36	·	51	○
7	—	22	○	37	·	52	—
8	○	23	·	38	·	53	○
9	○	24	—	39	○	54	—
10	·	25	—	40	○	55	·
11	○	26	—	41	—	56	○
12	—	27	·	42	—	57	·
13	○	28	·	43	—	58	○
14	·	29	—	44	○	59	·

年　月　日　2　時

(分)	0~14	(分)	15~29	(分)	30~44	(分)	45~59
0	○	15	—	30	○	45	—
1	—	16	○	31	·	46	—
2	—	17	○	32	○	47	—
3	—	18	·	33	—	48	·
4	·	19	—	34	○	49	·
5	—	20	·	35	·	50	—
6	·	21	○	36	·	51	○
7	○	22	·	37	—	52	○
8	○	23	○	38	—	53	○
9	○	24	—	39	○	54	—
10	—	25	○	40	·	55	—
11	·	26	—	41	○	56	·
12	—	27	·	42	○	57	·
13	·	28	—	43	○	58	·
14	—	29	○	44	·	59	·

年　月　日　3　時

(分)	0~14	(分)	15~29	(分)	30~44	(分)	45~59
0	○	15	—	30	○	45	—
1	○	16	·	31	—	46	○
2	○	17	·	32	·	47	○
3	—	18	·	33	—	48	·
4	—	19	○	34	·	49	—
5	○	20	—	35	—	50	○
6	·	21	○	36	·	51	○
7	·	22	—	37	·	52	·
8	○	23	—	38	○	53	·
9	○	24	—	39	○	54	—
10	○	25	·	40	—	55	○
11	—	26	○	41	·	56	—
12	—	27	·	42	○	57	·
13	—	28	○	43	·	58	—
14	○	29	·	44	—	59	—

年　月　日　4　時

(分)	0~14	(分)	15~29	(分)	30~44	(分)	45~59
0	○	15	—	30	○	45	—
1	·	16	—	31	○	46	·
2	○	17	·	32	—	47	○
3	—	18	·	33	—	48	·
4	○	19	·	34	—	49	○
5	·	20	—	35	○	50	·
6	·	21	○	36	—	51	○
7	—	22	·	37	·	52	—
8	—	23	○	38	·	53	·
9	·	24	—	39	·	54	—
10	·	25	—	40	○	55	·
11	○	26	○	41	—	56	—
12	○	27	·	42	○	57	·
13	○	28	·	43	—	58	·
14	·	29	·	44	—	59	○

年　月　日　5　時

(分)	0~14	(分)	15~29	(分)	30~44	(分)	45~59
0	·	15	—	30	○	45	·
1	—	16	○	31	·	46	—
2	·	17	○	32	—	47	○
3	○	18	·	33	—	48	○
4	○	19	·	34	—	49	—
5	·	20	—	35	·	50	—
6	—	21	○	36	·	51	—
7	·	22	·	37	○	52	○
8	○	23	·	38	○	53	·
9	·	24	—	39	○	54	·
10	—	25	—	40	○	55	·
11	—	26	○	41	—	56	○
12	○	27	·	42	—	57	○
13	—	28	○	43	·	58	—
14	·	29	—	44	·	59	○

年　月　日　6　時

(分)	0~14	(分)	15~29	(分)	30~44	(分)	45~59
0	—	15	○	30	·	45	—
1	○	16	○	31	—	46	—
2	—	17	○	32	—	47	○
3	·	18	—	33	○	48	·
4	·	19	·	34	—	49	○
5	·	20	—	35	·	50	—
6	○	21	·	36	—	51	○
7	·	22	○	37	○	52	·
8	○	23	·	38	○	53	—
9	—	24	○	39	·	54	—
10	—	25	○	40	·	55	—
11	—	26	·	41	—	56	·
12	·	27	—	42	○	57	·
13	○	28	·	43	·	58	○
14	·	29	○	44	·	59	○

西元2005年7月6日到8月4日

年月日7時

(分)	0~14	(分)	15~29	(分)	30~44	(分)	45~59
0	·	15	○	30	·	45	○
1	·	16	—	31	○	46	·
2	—	17	·	32	·	47	—
3	○	18	—	33	○	48	—
4	○	19	·	34	—	49	○
5	○	20	·	35	—	50	○
6	—	21	·	36	—	51	·
7	—	22	○	37	·	52	—
8	·	23	—	38	○	53	·
9	·	24	○	39	—	54	○
10	·	25	—	40	○	55	·
11	—	26	○	41	·	56	·
12	·	27	—	42	·	57	—
13	○	28	·	43	—	58	○
14	○	29	○	44	—	59	—

年月日8時

(分)	0~14	(分)	15~29	(分)	30~44	(分)	45~59
0	·	15	○	30	·	45	○
1	—	16	○	31	·	46	—
2	○	17	·	32	—	47	○
3	○	18	—	33	·	48	—
4	·	19	—	34	○	49	·
5	·	20	—	35	○	50	○
6	○	21	·	36	○	51	·
7	○	22	·	37	—	52	○
8	—	23	○	38	·	53	·
9	—	24	○	39	—	54	○
10	—	25	○	40	·	55	—
11	○	26	○	41	·	56	—
12	·	27	—	42	·	57	—
13	·	28	—	43	○	58	·
14	○	29	·	44	—	59	○

年月日9時

(分)	0~14	(分)	15~29	(分)	30~44	(分)	45~59
0	○	15	—	30	—	45	○
1	—	16	·	31	—	46	·
2	·	17	—	32	○	47	·
3	·	18	—	33	○	48	·
4	·	19	○	34	·	49	○
5	○	20	·	35	—	50	○
6	—	21	○	36	·	51	—
7	○	22	—	37	·	52	—
8	—	23	○	38	·	53	—
9	○	24	·	39	—	54	—
10	○	25	·	40	○	55	·
11	·	26	—	41	○	56	·
12	·	27	·	42	○	57	○
13	—	28	○	43	—	58	○
14	○	29	·	44	—	59	○

年月日10時

(分)	0~14	(分)	15~29	(分)	30~44	(分)	45~59
0	·	15	—	30	○	45	·
1	—	16	·	31	○	46	·
2	—	17	○	32	·	47	—
3	—	18	○	33	·	48	·
4	—	19	○	34	—	49	○
5	·	20	—	35	○	50	·
6	○	21	○	36	—	51	—
7	·	22	○	37	·	52	—
8	○	23	·	38	—	53	○
9	·	24	·	39	—	54	○
10	○	25	·	40	○	55	·
11	—	26	○	41	·	56	—
12	·	27	—	42	○	57	·
13	—	28	○	43	—	58	·
14	·	29	—	44	○	59	·

年月日11時

(分)	0~14	(分)	15~29	(分)	30~44	(分)	45~59
0	○	15	·	30	○	45	·
1	○	16	·	31	—	46	○
2	—	17	—	32	·	47	·
3	—	18	○	33	—	48	○
4	—	19	○	34	·	49	—
5	○	20	○	35	·	50	—
6	·	21	—	36	·	51	—
7	·	22	—	37	○	52	·
8	○	23	·	38	—	53	○
9	○	24	·	39	○	54	—
10	○	25	·	40	—	55	○
11	·	26	—	41	○	56	·
12	—	27	·	42	—	57	·
13	—	28	○	43	·	58	—
14	○	29	○	44	○	59	—

年月日12時

(分)	0~14	(分)	15~29	(分)	30~44	(分)	45~59
0	○	15	·	30	○	45	·
1	·	16	—	31	○	46	·
2	—	17	○	32	·	47	—
3	—	18	○	33	—	48	·
4	○	19	·	34	—	49	○
5	○	20	·	35	○	50	○
6	·	21	○	36	·	51	○
7	—	22	○	37	·	52	—
8	·	23	○	38	—	53	·
9	○	24	—	39	○	54	—
10	·	25	—	40	○	55	·
11	·	26	○	41	○	56	·
12	—	27	·	42	—	57	·
13	○	28	·	43	—	58	○
14	—	29	○	44	·	59	—

年月日13時

(分)	0~14	(分)	15~29	(分)	30~44	(分)	45~59
0	○	15	·	30	—	45	○
1	·	16	—	31	—	46	·
2	—	17	·	32	—	47	·
3	—	18	○	33	·	48	—
4	·	19	○	34	○	49	·
5	·	20	○	35	·	50	○
6	·	21	—	36	○	51	·
7	—	22	○	37	·	52	—
8	○	23	—	38	○	53	—
9	○	24	·	39	—	54	○
10	○	25	·	40	—	55	○
11	—	26	·	41	○	56	·
12	—	27	○	42	·	57	—
13	·	28	—	43	○	58	○
14	—	29	○	44	—	59	○

年月日14時

(分)	0~14	(分)	15~29	(分)	30~44	(分)	45~59
0	·	15	—	30	○	45	·
1	·	16	○	31	○	46	·
2	—	17	·	32	—	47	·
3	○	18	·	33	—	48	○
4	—	19	○	34	·	49	—
5	·	20	○	35	—	50	○
6	—	21	○	36	·	51	—
7	○	22	·	37	—	52	—
8	○	23	—	38	·	53	—
9	·	24	—	39	○	54	·
10	·	25	○	40	○	55	○
11	○	26	·	41	○	56	·
12	○	27	·	42	—	57	○
13	—	28	—	43	○	58	·
14	—	29	○	44	—	59	○

西元2005年7月6日到8月4日

	(分)	0~14	(分)	15~29	(分)	30~44	(分)	45~59
	0	—	15	○	30	·	45	—
年	1	·	16	—	31	○	46	·
	2	·	17	○	32	·	47	○
	3	·	18	—	33	○	48	·
	4	—	19	○	34	○	49	—
月	5	○	20	—	35	○	50	—
	6	○	21	·	36	—	51	○
	7	—	22	·	37	·	52	—
	8	—	23	·	38	—	53	·
日	9	—	24	○	39	·	54	—
	10	○	25	·	40	—	55	○
15	11	·	26	○	41	·	56	○
時	12	·	27	—	42	○	57	·
	13	·	28	—	43	○	58	·
	14	○	29	—	44	·	59	—

	(分)	0~14	(分)	15~29	(分)	30~44	(分)	45~59
	0	○	15	·	30	—	45	○
年	1	·	16	○	31	○	46	·
	2	·	17	○	32	·	47	○
	3	—	18	○	33	·	48	—
	4	—	19	○	34	·	49	—
月	5	○	20	—	35	○	50	—
	6	·	21	—	36	○	51	·
	7	○	22	○	37	—	52	○
	8	—	23	·	38	○	53	·
日	9	○	24	·	39	—	54	○
	10	·	25	—	40	○	55	○
16	11	—	26	○	41	—	56	○
時	12	—	27	○	42	·	57	—
	13	—	28	—	43	·	58	·
	14	·	29	—	44	·	59	—

	(分)	0~14	(分)	15~29	(分)	30~44	(分)	45~59
	0	○	15	·	30	—	45	○
年	1	·	16	·	31	○	46	○
	2	·	17	—	32	·	47	—
	3	—	18	○	33	·	48	—
	4	—	19	—	34	○	49	·
月	5	○	20	·	35	○	50	·
	6	·	21	—	36	○	51	·
	7	—	22	○	37	·	52	—
	8	—	23	○	38	—	53	·
日	9	○	24	·	39	—	54	○
	10	○	25	·	40	—	55	○
17	11	·	26	○	41	·	56	○
時	12	—	27	○	42	·	57	—
	13	·	28	—	43	—	58	·
	14	○	29	—	44	○	59	—

	(分)	0~14	(分)	15~29	(分)	30~44	(分)	45~59
	0	·	15	—	30	○	45	·
年	1	·	16	—	31	○	46	·
	2	·	17	—	32	·	47	○
	3	○	18	·	33	—	48	○
	4	—	19	○	34	·	49	—
月	5	○	20	—	35	○	50	—
	6	—	21	○	36	·	51	—
	7	○	22	○	37	·	52	○
	8	—	23	·	38	—	53	·
日	9	·	24	—	39	○	54	·
	10	○	25	—	40	—	55	○
18	11	·	26	○	41	·	56	○
時	12	○	27	·	42	—	57	○
	13	·	28	—	43	○	58	·
	14	○	29	—	44	○	59	—

	(分)	0~14	(分)	15~29	(分)	30~44	(分)	45~59
	0	—	15	○	30	·	45	—
年	1	—	16	·	31	·	46	—
	2	—	17	·	32	—	47	·
	3	·	18	—	33	○	48	·
	4	○	19	·	34	—	49	○
月	5	·	20	○	35	·	50	○
	6	○	21	·	36	—	51	○
	7	·	22	—	37	○	52	·
	8	○	23	—	38	○	53	—
日	9	—	24	○	39	·	54	—
	10	—	25	○	40	·	55	·
19	11	○	26	·	41	○	56	·
時	12	·	27	—	42	○	57	·
	13	○	28	○	43	—	58	—
	14	—	29	○	44	—	59	○

	(分)	0~14	(分)	15~29	(分)	30~44	(分)	45~59
	0	○	15	·	30	—	45	○
年	1	○	16	·	31	—	46	○
	2	—	17	·	32	○	47	·
	3	—	18	○	33	·	48	—
	4	·	19	—	34	○	49	○
月	5	—	20	○	35	—	50	○
	6	·	21	—	36	○	51	·
	7	—	22	○	37	·	52	·
	8	·	23	—	38	·	53	—
日	9	○	24	·	39	—	54	○
	10	○	25	○	40	·	55	—
20	11	○	26	·	41	○	56	·
時	12	—	27	○	42	·	57	—
	13	○	28	·	43	—	58	○
	14	—	29	○	44	—	59	○

	(分)	0~14	(分)	15~29	(分)	30~44	(分)	45~59
	0	—	15	·	30	—	45	·
年	1	—	16	○	31	·	46	—
	2	○	17	○	32	·	47	—
	3	·	18	○	33	·	48	○
	4	·	19	—	34	○	49	·
月	5	○	20	·	35	—	50	○
	6	○	21	—	36	·	51	—
	7	○	22	·	37	—	52	○
	8	·	23	—	38	○	53	○
日	9	○	24	·	39	○	54	·
	10	—	25	○	40	·	55	—
21	11	—	26	—	41	·	56	·
時	12	—	27	○	42	—	57	○
	13	·	28	—	43	○	58	·
	14	○	29	○	44	·	59	—

	(分)	0~14	(分)	15~29	(分)	30~44	(分)	45~59
	0	—	15	·	30	○	45	·
年	1	○	16	·	31	—	46	○
	2	○	17	·	32	—	47	—
	3	—	18	○	33	—	48	○
	4	—	19	○	34	·	49	—
月	5	·	20	·	35	○	50	○
	6	·	21	—	36	·	51	—
	7	·	22	—	37	○	52	·
	8	—	23	—	38	○	53	·
日	9	○	24	·	39	○	54	·
	10	○	25	·	40	—	55	○
22	11	—	26	○	41	·	56	—
時	12	—	27	·	42	—	57	·
	13	—	28	○	43	·	58	—
	14	○	29	·	44	—	59	○

西元2005年8月5日到9月3日

年月日23時

(分)	0~14	(分)	15~29	(分)	30~44	(分)	45~59
0	·	15	—	30	○	45	·
1	—	16	○	31	·	46	—
2	·	17	—	32	·	47	○
3	○	18	·	33	—	48	○
4	○	19	·	34	—	49	○
5	○	20	—	35	○	50	—
6	—	21	○	36	·	51	—
7	·	22	—	37	—	52	·
8	—	23	·	38	—	53	·
9	·	24	—	39	○	54	·
10	·	25	○	40	○	55	·
11	·	26	○	41	·	56	○
12	○	27	·	42	—	57	○
13	—	28	○	43	·	58	—
14	○	29	—	44	○	59	—

年月日24時

(分)	0~14	(分)	15~29	(分)	30~44	(分)	45~59
0	—	15	○	30	·	45	—
1	○	16	·	31	·	46	○
2	·	17	○	32	·	47	○
3	·	18	—	33	○	48	·
4	○	19	—	34	—	49	○
5	○	20	—	35	○	50	—
6	○	21	·	36	—	51	○
7	·	22	○	37	○	52	·
8	—	23	·	38	—	53	—
9	—	24	○	39	·	54	—
10	—	25	○	40	·	55	—
11	·	26	○	41	—	56	○
12	·	27	—	42	○	57	·
13	○	28	·	43	—	58	—
14	·	29	—	44	·	59	—

年月日1時

(分)	0~14	(分)	15~29	(分)	30~44	(分)	45~59
0	—	15	—	30	○	45	·
1	·	16	—	31	·	46	—
2	—	17	○	32	·	47	—
3	—	18	○	33	·	48	—
4	○	19	·	34	○	49	—
5	·	20	—	35	○	50	·
6	○	21	·	36	—	51	○
7	—	22	·	37	—	52	·
8	○	23	·	38	—	53	○
9	·	24	—	39	—	54	·
10	·	25	○	40	·	55	○
11	—	26	○	41	·	56	—
12	·	27	○	42	○	57	·
13	○	28	—	43	○	58	—
14	·	29	—	44	○	59	·

年月日2時

(分)	0~14	(分)	15~29	(分)	30~44	(分)	45~59
0	—	15	○	30	·	45	—
1	·	16	○	31	·	46	○
2	○	17	·	32	—	47	○
3	○	18	·	33	·	48	○
4	○	19	—	34	○	49	—
5	—	20	○	35	·	50	—
6	○	21	○	36	—	51	○
7	—	22	·	37	—	52	·
8	·	23	—	38	○	53	·
9	·	24	—	39	○	54	·
10	·	25	○	40	·	55	○
11	○	26	·	41	—	56	○
12	—	27	○	42	·	57	—
13	○	28	—	43	·	58	—
14	—	29	○	44	·	59	—

年月日3時

(分)	0~14	(分)	15~29	(分)	30~44	(分)	45~59
0	·	15	—	30	○	45	·
1	—	16	—	31	○	46	·
2	—	17	○	32	—	47	○
3	○	18	·	33	—	48	○
4	—	19	○	34	·	49	—
5	·	20	—	35	·	50	○
6	—	21	○	36	·	51	—
7	○	22	·	37	—	52	○
8	○	23	—	38	○	53	—
9	·	24	—	39	○	54	·
10	·	25	—	40	—	55	·
11	—	26	·	41	—	56	·
12	○	27	·	42	—	57	○
13	·	28	○	43	○	58	·
14	·	29	○	44	·	59	○

年月日4時

(分)	0~14	(分)	15~29	(分)	30~44	(分)	45~59
0	—	15	○	30	·	45	—
1	—	16	○	31	·	46	—
2	—	17	·	32	—	47	·
3	·	18	—	33	○	48	·
4	○	19	·	34	·	49	○
5	·	20	○	35	·	50	○
6	○	21	·	36	—	51	○
7	○	22	—	37	—	52	○
8	○	23	—	38	○	53	—
9	—	24	○	39	·	54	—
10	·	25	—	40	○	55	·
11	—	26	·	41	—	56	·
12	·	27	—	42	○	57	·
13	—	28	○	43	·	58	—
14	·	29	○	44	—	59	○

年月日5時

(分)	0~14	(分)	15~29	(分)	30~44	(分)	45~59
0	—	15	○	30	·	45	—
1	○	16	·	31	—	46	○
2	○	17	·	32	○	47	·
3	·	18	—	33	○	48	·
4	·	19	—	34	○	49	○
5	—	20	○	35	—	50	○
6	○	21	·	36	—	51	○
7	—	22	—	37	·	52	·
8	·	23	—	38	·	53	—
9	—	24	○	39	·	54	—
10	○	25	○	40	○	55	—
11	○	26	·	41	○	56	·
12	·	27	—	42	○	57	·
13	○	28	·	43	—	58	○
14	—	29	○	44	—	59	·

年月日6時

(分)	0~14	(分)	15~29	(分)	30~44	(分)	45~59
0	○	15	·	30	—	45	○
1	·	16	·	31	○	46	○
2	○	17	·	32	○	47	·
3	—	18	○	33	·	48	—
4	—	19	—	34	○	49	·
5	—	20	○	35	—	50	○
6	·	21	—	36	○	51	·
7	—	22	○	37	·	52	—
8	·	23	—	38	·	53	○
9	○	24	·	39	—	54	○
10	○	25	○	40	—	55	○
11	○	26	—	41	○	56	—
12	—	27	○	42	·	57	—
13	·	28	—	43	—	58	·
14	—	29	·	44	—	59	·

西元2005年8月5日到9月3日

年　月　日　7時

(分)	0~14	(分)	15~29	(分)	30~44	(分)	45~59
0	·	15	—	30	○	45	·
1	·	16	·	31	○	46	○
2	○	17	·	32	○	47	·
3	○	18	·	33	—	48	○
4	—	19	—	34	○	49	·
5	—	20	○	35	—	50	○
6	—	21	○	36	·	51	—
7	○	22	○	37	·	52	—
8	·	23	—	38	·	53	○
9	·	24	—	39	○	54	·
10	○	25	·	40	—	55	○
11	○	26	—	41	○	56	—
12	○	27	·	42	—	57	○
13	·	28	—	43	—	58	·
14	—	29	·	44	—	59	·

年　月　日　8時

(分)	0~14	(分)	15~29	(分)	30~44	(分)	45~59
0	—	15	○	30	·	45	—
1	·	16	—	31	○	46	·
2	○	17	·	32	○	47	—
3	·	18	—	33	○	48	·
4	—	19	○	34	·	49	—
5	—	20	○	35	—	50	·
6	○	21	·	36	—	51	○
7	○	22	○	37	·	52	○
8	·	23	○	38	·	53	○
9	—	24	○	39	·	54	—
10	○	25	—	40	—	55	○
11	○	26	—	41	○	56	—
12	·	27	—	42	○	57	·
13	·	28	○	43	○	58	·
14	—	29	·	44	—	59	·

年　月　日　9時

(分)	0~14	(分)	15~29	(分)	30~44	(分)	45~59
0	—	15	○	30	—	45	○
1	·	16	—	31	○	46	·
2	○	17	○	32	·	47	—
3	·	18	—	33	·	48	—
4	○	19	·	34	—	49	○
5	○	20	·	35	—	50	○
6	○	21	·	36	○	51	—
7	—	22	○	37	·	52	—
8	·	23	—	38	○	53	·
9	—	24	·	39	—	54	·
10	·	25	—	40	○	55	·
11	—	26	○	41	○	56	—
12	·	27	○	42	·	57	○
13	○	28	·	43	—	58	○
14	—	29	·	44	·	59	—

年　月　日　10時

(分)	0~14	(分)	15~29	(分)	30~44	(分)	45~59
0	—	15	○	30	—	45	·
1	—	16	○	31	·	46	—
2	○	17	·	32	—	47	○
3	·	18	○	33	·	48	○
4	·	19	—	34	○	49	·
5	·	20	—	35	—	50	·
6	○	21	—	36	○	51	—
7	○	22	·	37	—	52	○
8	·	23	○	38	○	53	·
9	—	24	·	39	—	54	·
10	—	25	○	40	·	55	—
11	—	26	○	41	·	56	—
12	·	27	○	42	·	57	○
13	·	28	—	43	○	58	·
14	○	29	·	44	—	59	○

年　月　日　11時

(分)	0~14	(分)	15~29	(分)	30~44	(分)	45~59
0	·	15	—	30	○	45	·
1	○	16	·	31	—	46	○
2	·	17	○	32	·	47	○
3	○	18	·	33	—	48	○
4	·	19	—	34	○	49	·
5	○	20	—	35	○	50	—
6	—	21	○	36	·	51	—
7	—	22	○	37	·	52	○
8	○	23	·	38	○	53	·
9	·	24	—	39	○	54	·
10	○	25	○	40	—	55	—
11	—	26	○	41	—	56	○
12	○	27	·	42	—	57	○
13	·	28	·	43	○	58	○
14	·	29	—	44	·	59	—

年　月　日　12時

(分)	0~14	(分)	15~29	(分)	30~44	(分)	45~59
0	—	15	○	30	·	45	—
1	·	16	—	31	○	46	○
2	—	17	○	32	—	47	○
3	·	18	—	33	○	48	·
4	—	19	—	34	·	49	·
5	·	20	—	35	·	50	—
6	○	21	·	36	—	51	○
7	○	22	○	37	·	52	—
8	○	23	·	38	○	53	·
9	—	24	○	39	·	54	—
10	○	25	○	40	—	55	○
11	—	26	○	41	—	56	○
12	·	27	—	42	○	57	·
13	·	28	—	43	○	58	·
14	·	29	○	44	·	59	○

年　月　日　13時

(分)	0~14	(分)	15~29	(分)	30~44	(分)	45~59
0	○	15	○	30	·	45	—
1	—	16	○	31	—	46	○
2	○	17	·	32	—	47	○
3	○	18	·	33	—	48	○
4	·	19	—	34	·	49	○
5	—	20	○	35	·	50	—
6	·	21	—	36	○	51	·
7	○	22	—	37	○	52	—
8	·	23	—	38	○	53	·
9	—	24	○	39	○	54	—
10	—	25	·	40	—	55	·
11	○	26	·	41	—	56	○
12	—	27	·	42	·	57	—
13	·	28	○	43	·	58	○
14	—	29	○	44	·	59	—

年　月　日　14時

(分)	0~14	(分)	15~29	(分)	30~44	(分)	45~59
0	○	15	·	30	—	45	○
1	—	16	·	31	—	46	·
2	·	17	—	32	○	47	·
3	·	18	—	33	—	48	·
4	·	19	○	34	·	49	○
5	○	20	·	35	—	50	○
6	·	21	○	36	○	51	·
7	○	22	—	37	○	52	—
8	—	23	○	38	·	53	—
9	—	24	○	39	·	54	—
10	—	25	○	40	—	55	·
11	·	26	—	41	○	56	·
12	○	27	·	42	—	57	○
13	·	28	○	43	—	58	○
14	○	29	·	44	—	59	○

西元2005年8月5日到9月3日

年月日15時

(分)	0~14	(分)	15~29	(分)	30~44	(分)	45~59
0	·	15	○	30	○	45	·
1	○	16	—	31	○	46	—
2	○	17	·	32	—	47	○
3	—	18	○	33	·	48	—
4	—	19	·	34	—	49	·
5	—	20	○	35	·	50	—
6	○	21	·	36	—	51	○
7	·	22	○	37	—	52	○
8	·	23	—	38	○	53	·
9	·	24	—	39	○	54	○
10	·	25	—	40	·	55	—
11	○	26	·	41	—	56	○
12	—	27	—	42	·	57	·
13	○	28	·	43	○	58	·
14	—	29	○	44	·	59	—

年月日16時

(分)	0~14	(分)	15~29	(分)	30~44	(分)	45~59
0	—	15	○	30	·	45	—
1	○	16	—	31	·	46	—
2	·	17	—	32	○	47	·
3	○	18	·	33	—	48	—
4	○	19	·	34	○	49	·
5	○	20	·	35	—	50	○
6	·	21	○	36	○	51	○
7	—	22	○	37	—	52	○
8	—	23	○	38	·	53	—
9	—	24	—	39	○	54	·
10	·	25	—	40	·	55	—
11	·	26	—	41	○	56	·
12	—	27	○	42	·	57	—
13	○	28	·	43	○	58	—
14	○	29	·	44	—	59	○

年月日17時

(分)	0~14	(分)	15~29	(分)	30~44	(分)	45~59
0	—	15	○	30	·	45	—
1	○	16	·	31	—	46	○
2	·	17	—	32	·	47	○
3	·	18	—	33	○	48	·
4	·	19	○	34	○	49	·
5	○	20	—	35	○	50	—
6	○	21	·	36	—	51	○
7	—	22	○	37	○	52	—
8	—	23	·	38	—	53	·
9	—	24	○	39	·	54	—
10	○	25	·	40	·	55	—
11	·	26	○	41	·	56	○
12	·	27	—	42	○	57	·
13	○	28	·	43	—	58	○
14	○	29	—	44	○	59	—

年月日18時

(分)	0~14	(分)	15~29	(分)	30~44	(分)	45~59
0	○	15	·	30	○	45	○
1	·	16	—	31	—	46	·
2	·	17	○	32	·	47	○
3	—	18	○	33	·	48	—
4	·	19	○	34	○	49	·
5	○	20	—	35	○	50	—
6	·	21	—	36	○	51	·
7	—	22	○	37	·	52	—
8	—	23	○	38	—	53	·
9	○	24	·	39	—	54	○
10	○	25	·	40	○	55	○
11	·	26	○	41	—	56	○
12	—	27	○	42	·	57	—
13	·	28	—	43	○	58	○
14	·	29	—	44	·	59	—

年月日19時

(分)	0~14	(分)	15~29	(分)	30~44	(分)	45~59
0	○	15	—	30	○	45	—
1	○	16	·	31	—	46	○
2	·	17	○	32	○	47	·
3	—	18	·	33	—	48	·
4	—	19	○	34	·	49	—
5	○	20	○	35	·	50	—
6	·	21	○	36	·	51	○
7	·	22	—	37	○	52	·
8	○	23	·	38	—	53	○
9	○	24	—	39	·	54	—
10	○	25	·	40	—	55	○
11	·	26	—	41	○	56	○
12	○	27	·	42	○	57	·
13	—	28	○	43	·	58	—
14	—	29	—	44	·	59	·

年月日20時

(分)	0~14	(分)	15~29	(分)	30~44	(分)	45~59
0	○	15	—	30	○	45	—
1	·	16	—	31	○	46	·
2	—	17	○	32	·	47	—
3	—	18	·	33	○	48	·
4	○	19	·	34	—	49	○
5	○	20	·	35	—	50	—
6	—	21	○	36	—	51	○
7	—	22	○	37	·	52	—
8	·	23	·	38	○	53	○
9	·	24	—	39	·	54	—
10	·	25	—	40	○	55	·
11	—	26	○	41	○	56	·
12	○	27	·	42	○	57	·
13	○	28	·	43	—	58	○
14	—	29	○	44	·	59	—

年月日21時

(分)	0~14	(分)	15~29	(分)	30~44	(分)	45~59
0	○	15	—	30	—	45	○
1	—	16	·	31	—	46	·
2	○	17	·	32	—	47	○
3	·	18	—	33	○	48	·
4	·	19	○	34	·	49	○
5	—	20	○	35	·	50	—
6	—	21	○	36	·	51	—
7	○	22	—	37	·	52	—
8	·	23	—	38	○	53	·
9	○	24	·	39	—	54	—
10	○	25	·	40	○	55	·
11	○	26	·	41	—	56	○
12	·	27	○	42	○	57	○
13	—	28	○	43	—	58	○
14	—	29	○	44	·	59	—

年月日22時

(分)	0~14	(分)	15~29	(分)	30~44	(分)	45~59
0	·	15	—	30	○	45	·
1	—	16	·	31	·	46	·
2	·	17	—	32	○	47	○
3	—	18	○	33	·	48	·
4	—	19	○	34	—	49	○
5	○	20	·	35	—	50	○
6	○	21	○	36	○	51	—
7	·	22	○	37	·	52	—
8	—	23	○	38	·	53	—
9	·	24	·	39	—	54	○
10	○	25	·	40	○	55	·
11	·	26	—	41	○	56	·
12	·	27	—	42	○	57	·
13	—	28	○	43	—	58	·
14	○	29	·	44	—	59	○

西元2005年9月4日到10月2日

	(分)	0~14	(分)	15~29	(分)	30~44	(分)	45~59
	0	○	15	·	30	—	45	○
	1	—	16	·	31	—	46	·
年	2	○	17	·	32	—	47	○
	3	·	18	—	33	—	48	·
	4	·	19	○	34	·	49	○
月	5	—	20	○	35	·	50	—
	6	·	21	○	36	○	51	·
	7	○	22	—	37	○	52	—
	8	·	23	—	38	○	53	·
日	9	—	24	○	39	·	54	—
	10	—	25	·	40	—	55	·
23	11	○	26	·	41	—	56	○
時	12	○	27	·	42	—	57	○
	13	·	28	○	43	—	58	○
	14	—	29	○	44	·	59	—

	(分)	0~14	(分)	15~29	(分)	30~44	(分)	45~59
	0	○	15	—	30	—	45	○
	1	—	16	·	31	—	46	·
年	2	·	17	—	32	○	47	·
	3	·	18	—	33	○	48	·
	4	·	19	○	34	·	49	○
月	5	○	20	·	35	·	50	○
	6	—	21	○	36	·	51	—
	7	○	22	○	37	·	52	—
	8	—	23	○	38	·	53	—
日	9	○	24	·	39	—	54	—
	10	○	25	·	40	○	55	·
24	11	·	26	—	41	○	56	·
時	12	·	27	·	42	○	57	○
	13	—	28	○	43	—	58	○
	14	○	29	·	44	—	59	○

	(分)	0~14	(分)	15~29	(分)	30~44	(分)	45~59
	0	·	15	○	30	○	45	·
	1	○	16	—	31	○	46	—
年	2	—	17	○	32	·	47	—
	3	—	18	○	33	·	48	—
	4	—	19	·	34	—	49	·
月	5	·	20	—	35	○	50	·
	6	○	21	·	36	—	51	○
	7	·	22	○	37	—	52	○
	8	○	23	·	38	—	53	○
日	9	·	24	—	39	○	54	○
	10	·	25	—	40	·	55	—
1	11	—	26	○	41	·	56	—
時	12	—	27	—	42	·	57	·
	13	○	28	·	43	○	58	·
	14	·	29	—	44	○	59	·

	(分)	0~14	(分)	15~29	(分)	30~44	(分)	45~59
	0	—	15	○	30	·	45	—
	1	○	16	—	31	·	46	—
年	2	○	17	·	32	—	47	○
	3	○	18	·	33	—	48	—
	4	○	19	·	34	○	49	·
月	5	—	20	○	35	·	50	—
	6	·	21	·	36	○	51	○
	7	—	22	○	37	—	52	○
	8	·	23	—	38	○	53	·
日	9	—	24	—	39	○	54	·
	10	·	25	—	40	·	55	—
2	11	○	26	·	41	—	56	○
時	12	—	27	○	42	·	57	—
	13	○	28	·	43	○	58	—
	14	—	29	○	44	·	59	—

	(分)	0~14	(分)	15~29	(分)	30~44	(分)	45~59
	0	—	15	—	30	·	45	·
	1	○	16	·	31	○	46	·
年	2	—	17	○	32	·	47	—
	3	○	18	○	33	·	48	—
	4	—	19	○	34	—	49	○
月	5	·	20	—	35	○	50	·
	6	○	21	·	36	—	51	○
	7	·	22	—	37	·	52	○
	8	○	23	·	38	—	53	○
日	9	·	24	—	39	○	54	·
	10	○	25	—	40	○	55	—
3	11	—	26	○	41	·	56	—
時	12	—	27	○	42	○	57	—
	13	—	28	·	43	—	58	·
	14	·	29	—	44	○	59	·

	(分)	0~14	(分)	15~29	(分)	30~44	(分)	45~59
	0	—	15	○	30	·	45	—
	1	○	16	·	31	○	46	—
年	2	○	17	·	32	—	47	○
	3	○	18	·	33	—	48	○
	4	—	19	·	34	—	49	·
月	5	—	20	○	35	·	50	—
	6	·	21	○	36	—	51	·
	7	·	22	○	37	·	52	○
	8	·	23	—	38	○	53	·
日	9	·	24	○	39	○	54	·
	10	○	25	—	40	○	55	—
4	11	○	26	·	41	—	56	○
時	12	—	27	○	42	·	57	—
	13	—	28	·	43	—	58	·
	14	—	29	○	44	·	59	—

	(分)	0~14	(分)	15~29	(分)	30~44	(分)	45~59
	0	·	15	—	30	○	45	·
	1	·	16	—	31	○	46	·
年	2	○	17	—	32	○	47	—
	3	○	18	·	33	—	48	○
	4	—	19	○	34	○	49	—
月	5	—	20	·	35	—	50	·
	6	—	21	○	36	·	51	—
	7	—	22	·	37	·	52	—
	8	·	23	○	38	·	53	○
日	9	·	24	—	39	○	54	·
	10	○	25	·	40	—	55	○
5	11	○	26	—	41	○	56	—
時	12	○	27	·	42	—	57	○
	13	·	28	—	43	○	58	·
	14	—	29	·	44	○	59	·

	(分)	0~14	(分)	15~29	(分)	30~44	(分)	45~59
	0	—	15	○	30	·	45	—
	1	·	16	○	31	○	46	·
年	2	○	17	—	32	○	47	—
	3	·	18	—	33	○	48	·
	4	—	19	○	34	·	49	—
月	5	—	20	·	35	—	50	·
	6	○	21	·	36	—	51	○
	7	○	22	·	37	○	52	○
	8	·	23	○	38	—	53	○
日	9	—	24	○	39	·	54	—
	10	·	25	—	40	○	55	○
6	11	·	26	—	41	·	56	—
時	12	·	27	—	42	○	57	·
	13	—	28	○	43	·	58	·
	14	○	29	·	44	○	59	·

西元2005年9月4日到10月2日

年月日7時

(分)	0~14	(分)	15~29	(分)	30~44	(分)	45~59
0	—	15	—	30	○	45	·
1	·	16	—	31	·	46	—
2	○	17	·	32	—	47	○
3	—	18	○	33	·	48	—
4	○	19	·	34	○	49	—
5	—	20	○	35	·	50	—
6	○	21	·	36	—	51	○
7	—	22	·	37	—	52	·
8	·	23	—	38	○	53	·
9	·	24	—	39	—	54	·
10	·	25	○	40	·	55	○
11	○	26	·	41	—	56	○
12	·	27	○	42	○	57	·
13	○	28	—	43	○	58	—
14	—	29	○	44	·	59	—

年月日8時

(分)	0~14	(分)	15~29	(分)	30~44	(分)	45~59
0	—	15	○	30	·	45	—
1	·	16	○	31	·	46	○
2	·	17	—	32	○	47	·
3	○	18	·	33	·	48	○
4	○	19	—	34	○	49	—
5	○	20	·	35	—	50	○
6	○	21	○	36	—	51	○
7	—	22	·	37	—	52	·
8	—	23	○	38	·	53	—
9	·	24	—	39	○	54	·
10	·	25	○	40	·	55	○
11	·	26	—	41	○	56	·
12	—	27	○	42	·	57	—
13	○	28	—	43	·	58	—
14	○	29	·	44	—	59	○

年月日9時

(分)	0~14	(分)	15~29	(分)	30~44	(分)	45~59
0	·	15	—	30	○	45	·
1	○	16	·	31	—	46	○
2	—	17	○	32	—	47	·
3	○	18	·	33	—	48	○
4	·	19	—	34	○	49	·
5	·	20	○	35	·	50	○
6	—	21	○	36	·	51	—
7	—	22	○	37	○	52	—
8	○	23	—	38	○	53	—
9	·	24	—	39	○	54	·
10	—	25	·	40	·	55	—
11	—	26	·	41	—	56	·
12	○	27	·	42	—	57	○
13	○	28	·	43	○	58	○
14	·	29	○	44	·	59	○

年月日10時

(分)	0~14	(分)	15~29	(分)	30~44	(分)	45~59
0	—	15	○	30	·	45	—
1	·	16	—	31	—	46	·
2	—	17	·	32	—	47	·
3	·	18	—	33	○	48	·
4	·	19	○	34	○	49	○
5	·	20	○	35	·	50	○
6	○	21	·	36	—	51	○
7	—	22	○	37	·	52	—
8	○	23	—	38	○	53	—
9	—	24	○	39	·	54	—
10	○	25	·	40	—	55	○
11	—	26	·	41	○	56	·
12	·	27	—	42	○	57	·
13	·	28	—	43	○	58	○
14	—	29	○	44	—	59	○

年月日11時

(分)	0~14	(分)	15~29	(分)	30~44	(分)	45~59
0	○	15	·	30	—	45	○
1	—	16	·	31	—	46	·
2	·	17	—	32	○	47	·
3	·	18	—	33	—	48	·
4	·	19	○	34	·	49	○
5	○	20	·	35	—	50	○
6	·	21	○	36	○	51	·
7	○	22	—	37	○	52	—
8	—	23	○	38	·	53	—
9	—	24	○	39	·	54	—
10	—	25	·	40	—	55	·
11	·	26	—	41	○	56	·
12	○	27	·	42	—	57	○
13	·	28	○	43	—	58	○
14	○	29	·	44	—	59	○

年月日12時

(分)	0~14	(分)	15~29	(分)	30~44	(分)	45~59
0	○	15	—	30	—	45	○
1	—	16	·	31	—	46	·
2	—	17	○	32	·	47	—
3	·	18	—	33	○	48	·
4	○	19	○	34	·	49	○
5	·	20	—	35	○	50	·
6	—	21	·	36	·	51	—
7	○	22	—	37	·	52	—
8	○	23	·	38	—	53	○
9	○	24	·	39	—	54	—
10	○	25	·	40	○	55	·
11	—	26	○	41	·	56	—
12	·	27	○	42	○	57	○
13	—	28	○	43	—	58	○
14	·	29	—	44	○	59	·

年月日13時

(分)	0~14	(分)	15~29	(分)	30~44	(分)	45~59
0	·	15	—	30	○	45	·
1	○	16	—	31	—	46	○
2	○	17	—	32	○	47	—
3	○	18	·	33	—	48	○
4	·	19	—	34	○	49	·
5	—	20	·	35	—	50	·
6	—	21	○	36	·	51	—
7	○	22	○	37	·	52	—
8	·	23	○	38	—	53	○
9	·	24	—	39	○	54	·
10	○	25	·	40	—	55	—
11	·	26	—	41	·	56	—
12	○	27	·	42	—	57	○
13	·	28	·	43	○	58	○
14	○	29	·	44	○	59	·

年月日14時

(分)	0~14	(分)	15~29	(分)	30~44	(分)	45~59
0	—	15	○	30	·	45	—
1	·	16	—	31	○	46	·
2	○	17	—	32	·	47	—
3	·	18	—	33	○	48	·
4	—	19	○	34	·	49	·
5	○	20	·	35	○	50	·
6	○	21	·	36	—	51	○
7	○	22	○	37	—	52	—
8	—	23	○	38	—	53	○
9	—	24	○	39	·	54	—
10	·	25	○	40	—	55	○
11	·	26	—	41	·	56	—
12	·	27	—	42	○	57	·
13	○	28	○	43	○	58	·
14	○	29	·	44	○	59	—

西元2005年9月4日到10月2日

年 月 日 15 時

(分)	0~14	(分)	15~29	(分)	30~44	(分)	45~59
0	·	15	—	30	〇	45	·
1	〇	16	〇	31	—	46	〇
2	〇	17	〇	32	—	47	〇
3	〇	18	·	33	—	48	〇
4	·	19	·	34	〇	49	〇
5	·	20	—	35	·	50	—
6	—	21	〇	36	·	51	—
7	·	22	—	37	〇	52	·
8	〇	23	·	38	〇	53	—
9	·	24	—	39	〇	54	·
10	—	25	〇	40	·	55	—
11	—	26	〇	41	—	56	·
12	〇	27	·	42	—	57	〇
13	〇	28	·	43	·	58	〇
14	·	29	〇	44	·	59	〇

年 月 日 16 時

(分)	0~14	(分)	15~29	(分)	30~44	(分)	45~59
0	—	15	〇	30	·	45	—
1	〇	16	·	31	—	46	〇
2	—	17	〇	32	—	47	〇
3	·	18	—	33	〇	48	·
4	·	19	—	34	〇	49	·
5	·	20	〇	35	·	50	〇
6	〇	21	·	36	—	51	〇
7	—	22	〇	37	〇	52	—
8	〇	23	—	38	〇	53	—
9	—	24	〇	39	·	54	—
10	—	25	〇	40	·	55	〇
11	—	26	·	41	—	56	·
12	·	27	—	42	〇	57	·
13	〇	28	·	43	—	58	〇
14	·	29	〇	44	·	59	〇

年 月 日 17 時

(分)	0~14	(分)	15~29	(分)	30~44	(分)	45~59
0	—	15	〇	30	·	45	—
1	〇	16	·	31	—	46	〇
2	〇	17	—	32	〇	47	—
3	·	18	—	33	〇	48	·
4	·	19	〇	34	—	49	·
5	—	20	·	35	—	50	·
6	〇	21	·	36	—	51	〇
7	·	22	〇	37	〇	52	·
8	·	23	〇	38	·	53	〇
9	—	24	〇	39	·	54	—
10	—	25	·	40	·	55	—
11	〇	26	—	41	〇	56	—
12	·	27	—	42	〇	57	·
13	〇	28	·	43	—	58	〇
14	—	29	·	44	〇	59	·

年 月 日 18 時

(分)	0~14	(分)	15~29	(分)	30~44	(分)	45~59
0	〇	15	·	30	—	45	〇
1	〇	16	—	31	—	46	〇
2	〇	17	—	32	〇	47	—
3	—	18	〇	33	·	48	—
4	·	19	—	34	〇	49	·
5	—	20	·	35	—	50	·
6	·	21	—	36	〇	51	·
7	—	22	〇	37	·	52	—
8	·	23	〇	38	—	53	〇
9	〇	24	·	39	—	54	〇
10	〇	25	〇	40	〇	55	—
11	·	26	—	41	·	56	—
12	—	27	〇	42	·	57	—
13	·	28	·	43	〇	58	〇
14	〇	29	·	44	〇	59	·

年 月 日 19 時

(分)	0~14	(分)	15~29	(分)	30~44	(分)	45~59
0	〇	15	·	30	—	45	〇
1	—	16	〇	31	·	46	—
2	〇	17	—	32	〇	47	—
3	—	18	〇	33	·	48	—
4	〇	19	·	34	—	49	〇
5	—	20	·	35	〇	50	·
6	·	21	—	36	〇	51	·
7	·	22	—	37	〇	52	〇
8	—	23	〇	38	—	53	〇
9	〇	24	·	39	—	54	〇
10	—	25	—	40	·	55	·
11	〇	26	—	41	·	56	—
12	—	27	〇	42	·	57	—
13	〇	28	〇	43	·	58	〇
14	〇	29	·	44	〇	59	·

年 月 日 20 時

(分)	0~14	(分)	15~29	(分)	30~44	(分)	45~59
0	·	15	—	30	〇	45	·
1	〇	16	·	31	—	46	—
2	·	17	—	32	·	47	—
3	〇	18	·	33	—	48	〇
4	·	19	·	34	〇	49	〇
5	〇	20	·	35	〇	50	·
6	—	21	〇	36	·	51	—
7	—	22	〇	37	〇	52	·
8	—	23	〇	38	—	53	〇
9	·	24	—	39	〇	54	·
10	—	25	〇	40	·	55	—
11	·	26	—	41	·	56	〇
12	〇	27	·	42	—	57	〇
13	〇	28	〇	43	—	58	〇
14	〇	29	—	44	〇	59	—

年 月 日 21 時

(分)	0~14	(分)	15~29	(分)	30~44	(分)	45~59
0	·	15	·	30	〇	45	〇
1	—	16	〇	31	—	46	〇
2	〇	17	·	32	—	47	〇
3	—	18	—	33	〇	48	·
4	·	19	—	34	·	49	—
5	—	20	〇	35	·	50	—
6	—	21	〇	36	·	51	—
7	〇	22	·	37	〇	52	—
8	·	23	—	38	〇	53	·
9	〇	24	·	39	—	54	〇
10	—	25	·	40	—	55	·
11	〇	26	·	41	—	56	〇
12	·	27	—	42	—	57	·
13	·	28	〇	43	·	58	〇
14	—	29	〇	44	·	59	—

年 月 日 22 時

(分)	0~14	(分)	15~29	(分)	30~44	(分)	45~59
0	·	15	—	30	〇	45	·
1	—	16	〇	31	—	46	·
2	·	17	—	32	〇	47	·
3	—	18	〇	33	·	48	—
4	·	19	〇	34	·	49	〇
5	〇	20	·	35	—	50	〇
6	〇	21	〇	36	·	51	〇
7	〇	22	—	37	〇	52	—
8	—	23	〇	38	·	53	—
9	〇	24	—	39	—	54	〇
10	—	25	·	40	—	55	·
11	·	26	—	41	〇	56	·
12	·	27	—	42	〇	57	·
13	·	28	〇	43	·	58	〇
14	〇	29	·	44	—	59	〇

西元2005年10月3日到11月1日

年　月　日 23 時

(分)	0~14	(分)	15~29	(分)	30~44	(分)	45~59
0	·	15	—	30	·	45	○
1	—	16	○	31	·	46	—
2	—	17	○	32	·	47	—
3	○	18	—	33	○	48	—
4	·	19	—	34	○	49	·
5	○	20	·	35	·	50	○
6	—	21	·	36	—	51	·
7	○	22	·	37	—	52	○
8	○	23	—	38	—	53	○
9	·	24	○	39	·	54	○
10	—	25	○	40	·	55	—
11	·	26	—	41	○	56	·
12	○	27	—	42	○	57	—
13	·	28	—	43	○	58	·
14	—	29	○	44	·	59	—

年　月　日 24 時

(分)	0~14	(分)	15~29	(分)	30~44	(分)	45~59
0	·	15	○	30	·	45	○
1	○	16	·	31	—	46	○
2	—	17	·	32	·	47	—
3	○	18	—	33	○	48	—
4	—	19	○	34	·	49	—
5	○	20	·	35	—	50	○
6	—	21	·	36	—	51	·
7	·	22	—	37	○	52	·
8	·	23	○	38	○	53	·
9	·	24	○	39	—	54	○
10	○	25	·	40	—	55	○
11	—	26	○	41	·	56	·
12	·	27	—	42	·	57	—
13	—	28	○	43	·	58	—
14	○	29	○	44	—	59	○

年　月　日 1 時

(分)	0~14	(分)	15~29	(分)	30~44	(分)	45~59
0	—	15	·	30	—	45	·
1	·	16	—	31	○	46	·
2	○	17	—	32	—	47	○
3	·	18	○	33	·	48	○
4	○	19	·	34	—	49	○
5	·	20	—	35	○	50	·
6	○	21	—	36	○	51	—
7	—	22	○	37	·	52	—
8	—	23	○	38	·	53	—
9	—	24	·	39	○	54	·
10	·	25	—	40	○	55	·
11	○	26	·	41	—	56	—
12	—	27	○	42	—	57	○
13	○	28	·	43	—	58	○
14	·	29	·	44	○	59	○

年　月　日 2 時

(分)	0~14	(分)	15~29	(分)	30~44	(分)	45~59
0	—	15	·	30	—	45	·
1	—	16	○	31	·	46	—
2	·	17	—	32	○	47	·
3	·	18	○	33	—	48	○
4	·	19	—	34	○	49	·
5	—	20	○	35	·	50	·
6	·	21	—	36	·	51	—
7	○	22	·	37	—	52	○
8	○	23	○	38	—	53	—
9	○	24	·	39	○	54	·
10	—	25	○	40	·	55	—
11	·	26	·	41	—	56	○
12	—	27	○	42	—	57	○
13	·	28	—	43	○	58	·
14	·	29	—	44	○	59	·

年　月　日 3 時

(分)	0~14	(分)	15~29	(分)	30~44	(分)	45~59
0	—	15	○	30	—	45	○
1	—	16	○	31	·	46	—
2	·	17	—	32	○	47	·
3	·	18	—	33	·	48	○
4	·	19	—	34	○	49	·
5	—	20	○	35	·	50	—
6	○	21	—	36	○	51	—
7	○	22	·	37	—	52	○
8	○	23	·	38	·	53	○
9	—	24	·	39	—	54	·
10	—	25	○	40	·	55	—
11	○	26	—	41	—	56	○
12	·	27	○	42	·	57	○
13	·	28	—	43	·	58	·
14	·	29	—	44	○	59	·

年　月　日 4 時

(分)	0~14	(分)	15~29	(分)	30~44	(分)	45~59
0	—	15	·	30	—	45	·
1	○	16	·	31	—	46	○
2	—	17	○	32	○	47	—
3	·	18	○	33	·	48	○
4	—	19	○	34	·	49	—
5	—	20	·	35	·	50	—
6	○	21	—	36	○	51	—
7	·	22	—	37	○	52	·
8	○	23	○	38	—	53	○
9	—	24	·	39	—	54	·
10	○	25	·	40	—	55	○
11	·	26	—	41	○	56	·
12	·	27	○	42	—	57	○
13	—	28	○	43	·	58	—
14	—	29	○	44	·	59	·

年　月　日 5 時

(分)	0~14	(分)	15~29	(分)	30~44	(分)	45~59
0	—	15	·	30	○	45	·
1	○	16	·	31	—	46	○
2	○	17	·	32	—	47	—
3	—	18	○	33	—	48	○
4	—	19	○	34	·	49	—
5	·	20	·	35	○	50	○
6	·	21	—	36	·	51	—
7	·	22	—	37	○	52	·
8	—	23	○	38	○	53	·
9	○	24	·	39	○	54	·
10	○	25	·	40	—	55	○
11	—	26	○	41	·	56	—
12	—	27	○	42	—	57	·
13	—	28	○	43	·	58	—
14	○	29	·	44	—	59	○

年　月　日 6 時

(分)	0~14	(分)	15~29	(分)	30~44	(分)	45~59
0	○	15	·	30	○	45	·
1	·	16	—	31	○	46	·
2	·	17	·	32	—	47	○
3	—	18	○	33	—	48	○
4	○	19	·	34	—	49	○
5	·	20	—	35	○	50	·
6	·	21	—	36	·	51	○
7	—	22	○	37	·	52	—
8	—	23	·	38	·	53	—
9	○	24	—	39	○	54	—
10	·	25	—	40	○	55	·
11	○	26	○	41	·	56	○
12	—	27	·	42	—	57	·
13	○	28	·	43	—	58	○
14	○	29	—	44	○	59	○

西元2005年10月3日到11月1日

	(分)	0~14	(分)	15~29	(分)	30~44	(分)	45~59
年	0	—	15	〇	30	·	45	〇
	1	—	16	·	31	〇	46	·
	2	·	17	—	32	〇	47	·
	3	〇	18	·	33	—	48	—
月	4	—	19	〇	34	—	49	〇
	5	〇	20	·	35	—	50	〇
	6	·	21	·	36	〇	51	〇
	7	·	22	—	37	·	52	—
日	8	—	23	〇	38	·	53	—
	9	—	24	—	39	〇	54	·
7	10	〇	25	·	40	〇	55	·
	11	·	26	—	41	〇	56	·
時	12	—	27	〇	42	·	57	—
	13	—	28	〇	43	—	58	·
	14	〇	29	·	44	—	59	〇

	(分)	0~14	(分)	15~29	(分)	30~44	(分)	45~59
年	0	〇	15	〇	30	—	45	—
	1	〇	16	·	31	〇	46	·
	2	—	17	〇	32	·	47	—
	3	·	18	·	33	—	48	〇
月	4	—	19	〇	34	—	49	〇
	5	·	20	—	35	〇	50	·
	6	·	21	〇	36	〇	51	·
	7	·	22	—	37	·	52	〇
日	8	〇	23	·	38	—	53	〇
	9	—	24	〇	39	·	54	—
8	10	〇	25	—	40	〇	55	—
	11	—	26	〇	41	·	56	—
時	12	〇	27	·	42	·	57	〇
	13	—	28	·	43	—	58	·
	14	·	29	—	44	〇	59	·

	(分)	0~14	(分)	15~29	(分)	30~44	(分)	45~59
年	0	—	15	·	30	—	45	·
	1	·	16	—	31	〇	46	·
	2	—	17	〇	32	·	47	—
	3	·	18	〇	33	·	48	〇
月	4	·	19	·	34	—	49	〇
	5	〇	20	·	35	—	50	〇
	6	〇	21	—	36	·	51	—
	7	—	22	〇	37	·	52	—
日	8	·	23	—	38	〇	53	〇
	9	〇	24	·	39	〇	54	·
9	10	·	25	—	40	〇	55	·
	11	—	26	—	41	〇	56	·
時	12	—	27	〇	42	—	57	〇
	13	〇	28	·	43	—	58	〇
	14	〇	29	〇	44	·	59	—

	(分)	0~14	(分)	15~29	(分)	30~44	(分)	45~59
年	0	—	15	·	30	〇	45	·
	1	—	16	〇	31	·	46	—
	2	〇	17	·	32	—	47	—
	3	—	18	〇	33	—	48	〇
月	4	·	19	—	34	〇	49	·
	5	·	20	·	35	〇	50	〇
	6	·	21	—	36	·	51	—
	7	〇	22	·	37	—	52	〇
日	8	—	23	〇	38	〇	53	·
	9	〇	24	·	39	〇	54	·
10	10	—	25	·	40	·	55	—
	11	—	26	〇	41	·	56	—
時	12	—	27	〇	42	—	57	·
	13	·	28	—	43	〇	58	·
	14	〇	29	·	44	—	59	〇

	(分)	0~14	(分)	15~29	(分)	30~44	(分)	45~59
年	0	—	15	〇	30	·	45	—
	1	—	16	〇	31	·	46	—
	2	·	17	〇	32	—	47	〇
	3	·	18	—	33	〇	48	·
月	4	〇	19	·	34	—	49	—
	5	·	20	—	35	·	50	—
	6	〇	21	·	36	—	51	〇
	7	·	22	·	37	〇	52	〇
日	8	〇	23	·	38	〇	53	·
	9	—	24	〇	39	·	54	—
11	10	—	25	—	40	〇	55	·
	11	—	26	〇	41	—	56	〇
時	12	·	27	—	42	〇	57	·
	13	—	28	〇	43	·	58	—
	14	·	29	—	44	·	59	〇

	(分)	0~14	(分)	15~29	(分)	30~44	(分)	45~59
年	0	〇	15	·	30	—	45	〇
	1	〇	16	〇	31	—	46	—
	2	—	17	〇	32	—	47	〇
	3	—	18	〇	33	·	48	—
月	4	·	19	·	34	—	49	〇
	5	·	20	—	35	·	50	—
	6	·	21	—	36	〇	51	·
	7	·	22	〇	37	〇	52	·
日	8	〇	23	·	38	〇	53	—
	9	〇	24	·	39	—	54	〇
12	10	—	25	〇	40	·	55	—
	11	—	26	·	41	—	56	·
時	12	—	27	〇	42	·	57	—
	13	〇	28	·	43	·	58	—
	14	·	29	〇	44	·	59	·

	(分)	0~14	(分)	15~29	(分)	30~44	(分)	45~59
年	0	·	15	—	30	·	45	—
	1	·	16	—	31	〇	46	·
	2	〇	17	〇	32	—	47	—
	3	〇	18	·	33	〇	48	·
月	4	〇	19	·	34	—	49	·
	5	·	20	·	35	—	50	〇
	6	—	21	〇	36	—	51	〇
	7	—	22	〇	37	·	52	—
日	8	〇	23	—	38	〇	53	·
	9	·	24	—	39	·	54	〇
13	10	·	25	—	40	〇	55	·
	11	—	26	〇	41	·	56	—
時	12	〇	27	—	42	〇	57	—
	13	〇	28	·	43	—	58	〇
	14	〇	29	·	44	·	59	〇

	(分)	0~14	(分)	15~29	(分)	30~44	(分)	45~59
年	0	·	15	—	30	·	45	—
	1	—	16	〇	31	·	46	—
	2	〇	17	·	32	—	47	〇
	3	〇	18	·	33	〇	48	—
月	4	·	19	—	34	〇	49	·
	5	·	20	—	35	〇	50	·
	6	—	21	·	36	—	51	·
	7	〇	22	·	37	—	52	〇
日	8	—	23	—	38	〇	53	—
	9	·	24	〇	39	·	54	〇
14	10	—	25	〇	40	·	55	—
	11	—	26	·	41	·	56	—
時	12	〇	27	—	42	〇	57	—
	13	·	28	—	43	〇	58	·
	14	〇	29	〇	44	—	59	〇

西元2005年10月3日到11月1日

年月日15時	(分)	0~14	(分)	15~29	(分)	30~44	(分)	45~59
	0	—	15	—	30	○	45	·
	1	·	16	—	31	·	46	—
	2	○	17	·	32	—	47	○
	3	—	18	○	33	·	48	—
	4	○	19	·	34	○	49	—
	5	—	20	○	35	·	50	—
	6	○	21	·	36	—	51	○
	7	—	22	·	37	—	52	·
	8	·	23	—	38	○	53	·
	9	·	24	—	39	—	54	·
	10	·	25	○	40	·	55	○
	11	○	26	·	41	—	56	○
	12	·	27	○	42	○	57	·
	13	○	28	—	43	○	58	—
	14	—	29	○	44	·	59	—

年月日16時	(分)	0~14	(分)	15~29	(分)	30~44	(分)	45~59
	0	—	15	○	30	·	45	—
	1	·	16	○	31	·	46	○
	2	·	17	—	32	○	47	·
	3	○	18	·	33	·	48	○
	4	○	19	—	34	○	49	—
	5	○	20	·	35	—	50	○
	6	○	21	○	36	—	51	○
	7	—	22	·	37	—	52	·
	8	—	23	○	38	·	53	—
	9	·	24	—	39	○	54	·
	10	·	25	○	40	·	55	○
	11	·	26	—	41	○	56	·
	12	—	27	○	42	·	57	—
	13	○	28	—	43	·	58	—
	14	○	29	·	44	—	59	○

年月日17時	(分)	0~14	(分)	15~29	(分)	30~44	(分)	45~59
	0	—	15	○	30	·	45	—
	1	—	16	○	31	·	46	—
	2	—	17	·	32	○	47	·
	3	·	18	—	33	○	48	·
	4	○	19	·	34	—	49	—
	5	—	20	○	35	—	50	○
	6	○	21	·	36	—	51	○
	7	·	22	·	37	○	52	○
	8	·	23	—	38	·	53	—
	9	—	24	○	39	·	54	—
	10	—	25	—	40	○	55	·
	11	○	26	·	41	○	56	·
	12	·	27	—	42	○	57	·
	13	—	28	○	43	·	58	—
	14	—	29	○	44	—	59	·

年月日18時	(分)	0~14	(分)	15~29	(分)	30~44	(分)	45~59
	0	○	15	·	30	—	45	○
	1	○	16	○	31	—	46	—
	2	○	17	·	32	○	47	·
	3	—	18	○	33	·	48	—
	4	·	19	·	34	—	49	○
	5	—	20	○	35	—	50	○
	6	·	21	—	36	○	51	·
	7	·	22	○	37	○	52	·
	8	·	23	—	38	·	53	○
	9	○	24	·	39	—	54	○
	10	—	25	○	40	·	55	—
	11	○	26	—	41	○	56	—
	12	—	27	○	42	·	57	—
	13	○	28	·	43	·	58	○
	14	—	29	·	44	—	59	·

年月日19時	(分)	0~14	(分)	15~29	(分)	30~44	(分)	45~59
	0	○	15	—	30	—	45	○
	1	—	16	·	31	—	46	·
	2	·	17	—	32	○	47	·
	3	·	18	—	33	○	48	·
	4	·	19	○	34	·	49	○
	5	○	20	·	35	—	50	○
	6	—	21	○	36	·	51	—
	7	○	22	—	37	·	52	—
	8	—	23	○	38	·	53	—
	9	○	24	·	39	—	54	○
	10	○	25	·	40	○	55	·
	11	·	26	—	41	○	56	·
	12	·	27	·	42	○	57	○
	13	—	28	○	43	—	58	○
	14	○	29	·	44	—	59	○

年月日20時	(分)	0~14	(分)	15~29	(分)	30~44	(分)	45~59
	0	·	15	—	30	○	45	·
	1	—	16	·	31	○	46	·
	2	—	17	○	32	·	47	—
	3	—	18	○	33	·	48	·
	4	—	19	○	34	—	49	○
	5	·	20	—	35	○	50	·
	6	○	21	○	36	—	51	—
	7	·	22	○	37	·	52	—
	8	○	23	·	38	—	53	○
	9	·	24	·	39	—	54	○
	10	○	25	·	40	○	55	·
	11	—	26	○	41	·	56	—
	12	·	27	—	42	○	57	·
	13	—	28	○	43	—	58	·
	14	·	29	—	44	○	59	·

年月日21時	(分)	0~14	(分)	15~29	(分)	30~44	(分)	45~59
	0	○	15	·	30	○	45	·
	1	—	16	○	31	·	46	—
	2	·	17	·	32	○	47	○
	3	—	18	○	33	—	48	○
	4	·	19	—	34	○	49	·
	5	—	20	—	35	○	50	·
	6	·	21	—	36	·	51	—
	7	○	22	·	37	—	52	○
	8	—	23	○	38	·	53	—
	9	○	24	·	39	○	54	—
	10	—	25	○	40	·	55	—
	11	○	26	·	41	—	56	○
	12	—	27	·	42	—	57	·
	13	·	28	—	43	○	58	·
	14	·	29	—	44	—	59	·

年月日22時	(分)	0~14	(分)	15~29	(分)	30~44	(分)	45~59
	0	○	15	·	30	○	45	·
	1	○	16	·	31	—	46	○
	2	·	17	—	32	○	47	·
	3	—	18	○	33	—	48	·
	4	—	19	○	34	·	49	—
	5	○	20	○	35	·	50	—
	6	·	21	○	36	·	51	○
	7	·	22	—	37	○	52	·
	8	○	23	○	38	·	53	○
	9	○	24	—	39	○	54	—
	10	○	25	·	40	—	55	○
	11	○	26	—	41	—	56	○
	12	—	27	·	42	—	57	·
	13	—	28	○	43	·	58	—
	14	·	29	—	44	○	59	·

西元2005年11月2日到11月30日

	(分)	0~14	(分)	15~29	(分)	30~44	(分)	45~59
	0	○	15	·	30	○	45	·
年	1	—	16	○	31	·	46	—
	2	·	17	·	32	○	47	○
	3	—	18	○	33	—	48	○
	4	·	19	—	34	○	49	·
月	5	—	20	—	35	○	50	·
	6	·	21	—	36	·	51	—
	7	○	22	·	37	—	52	○
	8	—	23	○	38	·	53	—
日	9	○	24	·	39	○	54	—
	10	—	25	○	40	·	55	—
23	11	○	26	·	41	—	56	○
時	12	—	27	·	42	—	57	·
	13	·	28	—	43	○	58	·
	14	·	29	—	44	—	59	·

	(分)	0~14	(分)	15~29	(分)	30~44	(分)	45~59
	0	○	15	·	30	○	45	·
年	1	○	16	·	31	—	46	○
	2	·	17	—	32	○	47	·
	3	—	18	○	33	—	48	·
	4	—	19	○	34	·	49	—
月	5	—	20	○	35	·	50	—
	6	·	21	○	36	·	51	○
	7	·	22	—	37	○	52	·
	8	○	23	○	38	·	53	○
日	9	○	24	—	39	○	54	—
	10	○	25	·	40	—	55	○
24	11	○	26	—	41	—	56	○
時	12	—	27	·	42	—	57	·
	13	—	28	○	43	·	58	—
	14	·	29	—	44	○	59	·

	(分)	0~14	(分)	15~29	(分)	30~44	(分)	45~59
	0	·	15	—	30	·	45	—
年	1	·	16	—	31	○	46	·
	2	—	17	○	32	·	47	—
	3	○	18	·	33	○	48	—
	4	○	19	·	34	—	49	○
月	5	○	20	·	35	—	50	○
	6	—	21	·	36	—	51	·
	7	—	22	○	37	·	52	—
	8	·	23	—	38	—	53	·
日	9	·	24	○	39	·	54	○
	10	·	25	—	40	○	55	·
1	11	·	26	○	41	○	56	·
時	12	○	27	—	42	○	57	—
	13	○	28	·	43	—	58	○
	14	—	29	○	44	·	59	—

	(分)	0~14	(分)	15~29	(分)	30~44	(分)	45~59
	0	·	15	○	30	·	45	○
年	1	—	16	○	31	·	46	—
	2	○	17	·	32	·	47	○
	3	○	18	—	33	○	48	—
	4	·	19	—	34	○	49	·
月	5	○	20	—	35	—	50	○
	6	—	21	·	36	—	51	·
	7	○	22	·	37	—	52	○
	8	·	23	○	38	○	53	·
日	9	·	24	○	39	·	54	○
	10	—	25	○	40	·	55	—
2	11	—	26	○	41	·	56	—
時	12	○	27	—	42	·	57	—
	13	·	28	—	43	○	58	·
	14	○	29	·	44	—	59	—

	(分)	0~14	(分)	15~29	(分)	30~44	(分)	45~59
	0	○	15	—	30	○	45	—
年	1	○	16	·	31	—	46	○
	2	—	17	○	32	○	47	—
	3	—	18	·	33	—	48	·
	4	—	19	○	34	·	49	—
月	5	○	20	·	35	·	50	—
	6	·	21	○	36	·	51	○
	7	·	22	—	37	○	52	·
	8	○	23	·	38	—	53	○
日	9	○	24	—	39	○	54	—
	10	○	25	·	40	—	55	○
3	11	·	26	—	41	○	56	·
時	12	—	27	·	42	○	57	·
	13	—	28	○	43	·	58	—
	14	○	29	○	44	·	59	·

	(分)	0~14	(分)	15~29	(分)	30~44	(分)	45~59
	0	○	15	—	30	○	45	—
年	1	·	16	—	31	○	46	·
	2	—	17	○	32	·	47	—
	3	—	18	·	33	—	48	·
	4	○	19	·	34	—	49	○
月	5	○	20	·	35	○	50	○
	6	·	21	○	36	—	51	○
	7	—	22	○	37	·	52	—
	8	·	23	○	38	○	53	○
日	9	·	24	—	39	·	54	—
	10	·	25	—	40	○	55	·
4	11	—	26	○	41	·	56	·
時	12	○	27	·	42	○	57	·
	13	○	28	·	43	—	58	○
	14	○	29	○	44	·	59	—

	(分)	0~14	(分)	15~29	(分)	30~44	(分)	45~59
	0	·	15	—	30	○	45	·
年	1	·	16	—	31	○	46	·
	2	·	17	○	32	—	47	○
	3	○	18	·	33	—	48	○
	4	—	19	○	34	·	49	·
月	5	·	20	—	35	·	50	—
	6	—	21	○	36	·	51	—
	7	○	22	○	37	—	52	—
	8	○	23	·	38	○	53	·
日	9	·	24	—	39	○	54	·
	10	·	25	·	40	—	55	○
5	11	—	26	○	41	—	56	○
時	12	○	27	·	42	—	57	○
	13	·	28	—	43	○	58	·
	14	·	29	—	44	·	59	○

	(分)	0~14	(分)	15~29	(分)	30~44	(分)	45~59
	0	—	15	○	30	·	45	—
年	1	—	16	—	31	·	46	·
	2	—	17	○	32	—	47	○
	3	·	18	—	33	○	48	·
	4	○	19	○	34	·	49	—
月	5	·	20	—	35	·	50	—
	6	○	21	·	36	—	51	○
	7	○	22	○	37	—	52	○
	8	○	23	·	38	○	53	—
日	9	—	24	○	39	·	54	—
	10	·	25	—	40	○	55	·
6	11	—	26	·	41	—	56	·
時	12	·	27	—	42	○	57	·
	13	—	28	○	43	○	58	—
	14	·	29	○	44	·	59	○

西元2005年11月2日到11月30日

年月日7時

(分)	0~14	(分)	15~29	(分)	30~44	(分)	45~59
0	—	15	○	30	·	45	—
1	·	16	—	31	○	46	·
2	·	17	○	32	—	47	○
3	·	18	—	33	○	48	·
4	—	19	○	34	·	49	·
5	·	20	—	35	·	50	—
6	○	21	·	36	—	51	○
7	○	22	○	37	—	52	—
8	○	23	·	38	○	53	·
9	—	24	○	39	·	54	—
10	·	25	·	40	—	55	○
11	—	26	○	41	—	56	○
12	·	27	—	42	○	57	·
13	·	28	—	43	○	58	·
14	·	29	—	44	·	59	○

年月日8時

(分)	0~14	(分)	15~29	(分)	30~44	(分)	45~59
0	○	15	·	30	—	45	○
1	—	16	—	31	·	46	·
2	—	17	○	32	—	47	○
3	—	18	○	33	·	48	—
4	○	19	○	34	·	49	—
5	·	20	—	35	·	50	—
6	·	21	—	36	○	51	·
7	○	22	○	37	—	52	○
8	○	23	·	38	○	53	—
9	○	24	·	39	—	54	○
10	·	25	—	40	○	55	·
11	—	26	·	41	—	56	·
12	—	27	○	42	·	57	—
13	○	28	○	43	○	58	—
14	·	29	○	44	·	59	○

年月日9時

(分)	0~14	(分)	15~29	(分)	30~44	(分)	45~59
0	—	15	○	30	·	45	—
1	○	16	—	31	—	46	○
2	·	17	○	32	·	47	○
3	·	18	—	33	·	48	·
4	·	19	—	34	○	49	·
5	○	20	—	35	○	50	—
6	○	21	·	36	—	51	○
7	—	22	○	37	·	52	—
8	—	23	·	38	○	53	·
9	—	24	○	39	·	54	—
10	○	25	·	40	—	55	—
11	—	26	○	41	—	56	○
12	·	27	—	42	○	57	·
13	·	28	·	43	○	58	○
14	·	29	—	44	·	59	—

年月日10時

(分)	0~14	(分)	15~29	(分)	30~44	(分)	45~59
0	○	15	·	30	—	45	○
1	·	16	—	31	○	46	·
2	·	17	○	32	—	47	○
3	—	18	○	33	·	48	—
4	—	19	○	34	·	49	·
5	·	20	—	35	·	50	—
6	·	21	—	36	○	51	·
7	○	22	○	37	—	52	—
8	○	23	·	38	○	53	·
9	○	24	·	39	—	54	·
10	·	25	·	40	—	55	○
11	—	26	○	41	—	56	○
12	—	27	○	42	·	57	—
13	·	28	—	43	○	58	·
14	·	29	—	44	·	59	○

年月日11時

(分)	0~14	(分)	15~29	(分)	30~44	(分)	45~59
0	—	15	○	30	·	45	—
1	·	16	—	31	—	46	·
2	○	17	—	32	○	47	—
3	·	18	—	33	○	48	·
4	·	19	○	34	○	49	·
5	—	20	·	35	—	50	·
6	○	21	·	36	—	51	○
7	—	22	○	37	·	52	—
8	·	23	○	38	·	53	○
9	—	24	○	39	·	54	—
10	○	25	·	40	—	55	○
11	○	26	—	41	·	56	—
12	·	27	—	42	○	57	·
13	·	28	○	43	○	58	○
14	○	29	·	44	○	59	·

年月日12時

(分)	0~14	(分)	15~29	(分)	30~44	(分)	45~59
0	○	15	·	30	—	45	○
1	·	16	—	31	○	46	·
2	○	17	—	32	○	47	—
3	—	18	○	33	·	48	—
4	—	19	○	34	·	49	—
5	—	20	·	35	○	50	·
6	·	21	—	36	○	51	·
7	○	22	·	37	—	52	—
8	—	23	○	38	—	53	○
9	○	24	·	39	—	54	○
10	·	25	○	40	○	55	○
11	·	26	—	41	·	56	—
12	—	27	○	42	·	57	—
13	—	28	—	43	○	58	·
14	○	29	·	44	○	59	·

年月日13時

(分)	0~14	(分)	15~29	(分)	30~44	(分)	45~59
0	○	15	·	30	—	45	—
1	○	16	—	31	·	46	—
2	·	17	—	32	○	47	·
3	·	18	·	33	○	48	○
4	○	19	·	34	○	49	·
5	○	20	·	35	—	50	○
6	—	21	○	36	○	51	·
7	—	22	○	37	—	52	○
8	—	23	○	38	·	53	—
9	○	24	○	39	·	54	—
10	·	25	—	40	·	55	○
11	·	26	—	41	○	56	·
12	○	27	·	42	—	57	○
13	○	28	—	43	○	58	—
14	○	29	·	44	—	59	○

年月日14時

(分)	0~14	(分)	15~29	(分)	30~44	(分)	45~59
0	·	15	·	30	—	45	○
1	·	16	—	31	·	46	—
2	—	17	○	32	·	47	—
3	·	18	—	33	○	48	·
4	○	19	·	34	○	49	—
5	·	20	—	35	○	50	·
6	—	21	○	36	·	51	—
7	—	22	○	37	—	52	·
8	○	23	·	38	—	53	○
9	○	24	○	39	·	54	○
10	·	25	○	40	·	55	○
11	—	26	○	41	○	56	—
12	○	27	—	42	—	57	○
13	○	28	—	43	○	58	—
14	·	29	—	44	○	59	·

西元2005年11月2日到11月30日

年月日15時	(分)	0~14	(分)	15~29	(分)	30~44	(分)	45~59
	0	—	15	·	30	·	45	—
	1	—	16	·	31	—	46	·
	2	—	17	○	32	·	47	—
	3	○	18	·	33	—	48	○
	4	·	19	○	34	·	49	○
	5	·	20	—	35	○	50	·
	6	·	21	—	36	○	51	·
	7	○	22	—	37	·	52	—
	8	○	23	·	38	—	53	○
	9	—	24	○	39	·	54	·
	10	○	25	·	40	○	55	·
	11	—	26	○	41	·	56	—
	12	○	27	○	42	—	57	—
	13	—	28	○	43	—	58	○
	14	·	29	—	44	○	59	·

年月日16時	(分)	0~14	(分)	15~29	(分)	30~44	(分)	45~59
	0	○	15	·	30	—	45	○
	1	—	16	·	31	○	46	·
	2	○	17	·	32	—	47	○
	3	·	18	—	33	○	48	○
	4	—	19	○	34	—	49	○
	5	—	20	○	35	·	50	—
	6	—	21	○	36	·	51	·
	7	·	22	—	37	·	52	—
	8	·	23	—	38	○	53	·
	9	○	24	○	39	·	54	—
	10	○	25	○	40	○	55	·
	11	○	26	·	41	—	56	○
	12	○	27	·	42	—	57	○
	13	—	28	○	43	—	58	·
	14	—	29	○	44	·	59	—

年月日17時	(分)	0~14	(分)	15~29	(分)	30~44	(分)	45~59
	0	—	15	—	30	○	45	·
	1	○	16	·	31	○	46	·
	2	·	17	—	32	○	47	·
	3	—	18	○	33	·	48	—
	4	—	19	○	34	—	49	·
	5	○	20	·	35	—	50	○
	6	○	21	·	36	—	51	○
	7	·	22	○	37	·	52	○
	8	—	23	○	38	·	53	—
	9	·	24	—	39	—	54	·
	10	○	25	—	40	○	55	—
	11	·	26	—	41	○	56	·
	12	·	27	○	42	○	57	·
	13	—	28	·	43	—	58	·
	14	○	29	·	44	—	59	○

年月日18時	(分)	0~14	(分)	15~29	(分)	30~44	(分)	45~59
	0	—	15	○	30	·	45	—
	1	○	16	—	31	○	46	—
	2	—	17	○	32	·	47	—
	3	○	18	·	33	·	48	○
	4	—	19	·	34	—	49	·
	5	·	20	—	35	○	50	·
	6	○	21	○	36	—	51	○
	7	·	22	○	37	·	52	○
	8	○	23	·	38	—	53	○
	9	·	24	—	39	○	54	·
	10	○	25	—	40	○	55	—
	11	—	26	○	41	·	56	—
	12	—	27	○	42	·	57	—
	13	—	28	·	43	○	58	·
	14	·	29	—	44	○	59	·

年月日19時	(分)	0~14	(分)	15~29	(分)	30~44	(分)	45~59
	0	—	15	○	30	·	45	—
	1	·	16	—	31	·	46	○
	2	·	17	—	32	○	47	·
	3	○	18	·	33	—	48	○
	4	○	19	—	34	○	49	—
	5	○	20	·	35	—	50	○
	6	·	21	—	36	—	51	·
	7	—	22	·	37	—	52	·
	8	—	23	○	38	·	53	—
	9	·	24	○	39	○	54	·
	10	·	25	○	40	·	55	○
	11	·	26	—	41	○	56	·
	12	—	27	○	42	·	57	—
	13	○	28	—	43	○	58	—
	14	○	29	·	44	—	59	○

年月日20時	(分)	0~14	(分)	15~29	(分)	30~44	(分)	45~59
	0	○	15	·	30	·	45	○
	1	·	16	○	31	·	46	○
	2	—	17	○	32	○	47	—
	3	○	18	—	33	—	48	○
	4	○	19	—	34	○	49	—
	5	·	20	—	35	○	50	·
	6	·	21	○	36	○	51	·
	7	○	22	○	37	—	52	·
	8	○	23	·	38	—	53	○
	9	—	24	○	39	·	54	—
	10	·	25	○	40	—	55	○
	11	—	26	○	41	·	56	—
	12	○	27	○	42	—	57	—
	13	○	28	—	43	·	58	—
	14	·	29	—	44	○	59	·

年月日21時	(分)	0~14	(分)	15~29	(分)	30~44	(分)	45~59
	0	—	15	·	30	—	45	·
	1	—	16	○	31	·	46	—
	2	·	17	—	32	○	47	·
	3	○	18	○	33	·	48	○
	4	·	19	—	34	○	49	·
	5	—	20	○	35	·	50	—
	6	○	21	—	36	·	51	—
	7	○	22	·	37	—	52	○
	8	○	23	·	38	—	53	—
	9	○	24	·	39	○	54	·
	10	—	25	○	40	·	55	—
	11	·	26	·	41	○	56	○
	12	—	27	○	42	—	57	○
	13	·	28	—	43	○	58	·
	14	—	29	—	44	○	59	·

年月日22時	(分)	0~14	(分)	15~29	(分)	30~44	(分)	45~59
	0	—	15	·	30	○	45	·
	1	○	16	·	31	—	46	○
	2	—	17	○	32	·	47	·
	3	—	18	○	33	—	48	○
	4	—	19	○	34	·	49	—
	5	○	20	○	35	—	50	—
	6	·	21	—	36	·	51	—
	7	·	22	—	37	○	52	·
	8	·	23	·	38	—	53	○
	9	○	24	·	39	○	54	·
	10	○	25	·	40	—	55	○
	11	·	26	○	41	○	56	·
	12	—	27	○	42	—	57	·
	13	—	28	○	43	·	58	—
	14	○	29	○	44	·	59	—

西元2005年12月1日到12月30日

年　月　日　23　時

(分)	0~14	(分)	15~29	(分)	30~44	(分)	45~59
0	○	15	·	30	—	45	—
1	○	16	·	31	○	46	·
2	·	17	—	32	○	47	·
3	·	18	·	33	○	48	○
4	—	19	○	34	—	49	○
5	○	20	·	35	—	50	○
6	—	21	—	36	○	51	·
7	·	22	—	37	·	52	—
8	—	23	○	38	·	53	—
9	—	24	○	39	·	54	—
10	○	25	·	40	○	55	—
11	·	26	—	41	○	56	·
12	○	27	·	42	—	57	○
13	—	28	·	43	—	58	·
14	○	29	·	44	—	59	○

年　月　日　24　時

(分)	0~14	(分)	15~29	(分)	30~44	(分)	45~59
0	·	15	·	30	—	45	○
1	○	16	·	31	○	46	·
2	—	17	○	32	·	47	—
3	·	18	—	33	○	48	·
4	—	19	○	34	—	49	·
5	·	20	—	35	○	50	·
6	—	21	○	36	·	51	—
7	·	22	○	37	·	52	○
8	○	23	○	38	—	53	○
9	○	24	·	39	·	54	○
10	○	25	—	40	○	55	—
11	—	26	○	41	·	56	—
12	○	27	—	42	—	57	○
13	—	28	·	43	—	58	·
14	·	29	—	44	○	59	·

年　月　日　1　時

(分)	0~14	(分)	15~29	(分)	30~44	(分)	45~59
0	·	15	○	30	—	45	○
1	○	16	·	31	—	46	○
2	·	17	—	32	○	47	○
3	·	18	—	33	·	48	—
4	—	19	○	34	·	49	—
5	—	20	—	35	·	50	·
6	○	21	·	36	○	51	·
7	·	22	—	37	○	52	·
8	○	23	○	38	·	53	—
9	—	24	○	39	—	54	○
10	○	25	·	40	—	55	○
11	○	26	·	41	—	56	○
12	·	27	—	42	·	57	○
13	—	28	○	43	·	58	—
14	·	29	—	44	○	59	·

年　月　日　2　時

(分)	0~14	(分)	15~29	(分)	30~44	(分)	45~59
0	—	15	○	30	—	45	○
1	·	16	—	31	○	46	·
2	—	17	—	32	○	47	·
3	·	18	—	33	·	48	—
4	○	19	·	34	—	49	○
5	—	20	○	35	·	50	—
6	○	21	·	36	○	51	—
7	—	22	○	37	·	52	—
8	○	23	·	38	—	53	○
9	—	24	·	39	—	54	·
10	·	25	—	40	○	55	·
11	·	26	—	41	—	56	·
12	·	27	○	42	·	57	○
13	○	28	·	43	—	58	○
14	·	29	○	44	○	59	·

年　月　日　3　時

(分)	0~14	(分)	15~29	(分)	30~44	(分)	45~59
0	—	15	○	30	—	45	○
1	—	16	○	31	·	46	—
2	○	17	○	32	·	47	—
3	·	18	—	33	·	48	—
4	·	19	—	34	○	49	·
5	○	20	·	35	—	50	○
6	○	21	·	36	○	51	—
7	○	22	·	37	—	52	○
8	·	23	—	38	○	53	·
9	—	24	·	39	—	54	·
10	—	25	○	40	·	55	—
11	—	26	○	41	○	56	—
12	·	27	○	42	·	57	○
13	·	28	—	43	○	58	·
14	—	29	·	44	·	59	—

年　月　日　4　時

(分)	0~14	(分)	15~29	(分)	30~44	(分)	45~59
0	—	15	○	30	—	45	·
1	○	16	·	31	—	46	○
2	○	17	·	32	—	47	○
3	·	18	○	33	·	48	○
4	—	19	○	34	·	49	—
5	·	20	—	35	—	50	·
6	○	21	—	36	○	51	—
7	·	22	—	37	○	52	·
8	·	23	○	38	○	53	·
9	—	24	·	39	—	54	·
10	○	25	·	40	—	55	○
11	—	26	○	41	·	56	—
12	·	27	○	42	·	57	○
13	—	28	○	43	·	58	—
14	○	29	·	44	—	59	○

年　月　日　5　時

(分)	0~14	(分)	15~29	(分)	30~44	(分)	45~59
0	○	15	·	30	—	45	○
1	—	16	○	31	○	46	—
2	○	17	—	32	○	47	—
3	—	18	○	33	·	48	—
4	—	19	·	34	·	49	—
5	—	20	·	35	—	50	·
6	·	21	—	36	○	51	·
7	○	22	·	37	—	52	○
8	·	23	○	38	·	53	○
9	○	24	·	39	—	54	○
10	·	25	—	40	○	55	·
11	○	26	—	41	○	56	—
12	—	27	○	42	·	57	—
13	—	28	○	43	·	58	·
14	○	29	·	44	○	59	·

年　月　日　6　時

(分)	0~14	(分)	15~29	(分)	30~44	(分)	45~59
0	·	15	—	30	○	45	·
1	—	16	○	31	·	46	—
2	○	17	—	32	○	47	—
3	○	18	·	33	—	48	○
4	○	19	·	34	—	49	○
5	—	20	·	35	○	50	·
6	—	21	○	36	·	51	—
7	·	22	—	37	○	52	○
8	—	23	○	38	—	53	○
9	·	24	—	39	○	54	·
10	—	25	○	40	·	55	·
11	·	26	—	41	·	56	—
12	○	27	·	42	—	57	○
13	○	28	○	43	·	58	—
14	○	29	·	44	○	59	·

西元2005年12月1日到12月30日

年 月 日 7 時

(分)	0~14	(分)	15~29	(分)	30~44	(分)	45~59
0	○	15	·	30	○	45	·
1	○	16	·	31	—	46	○
2	—	17	○	32	·	47	—
3	—	18	○	33	—	48	·
4	—	19	○	34	·	49	—
5	○	20	·	35	—	50	○
6	·	21	○	36	·	51	○
7	·	22	—	37	○	52	·
8	·	23	—	38	—	53	·
9	○	24	—	39	○	54	—
10	○	25	·	40	—	55	○
11	·	26	○	41	○	56	·
12	—	27	·	42	—	57	·
13	—	28	○	43	·	58	—
14	○	29	○	44	·	59	—

年 月 日 8 時

(分)	0~14	(分)	15~29	(分)	30~44	(分)	45~59
0	○	15	—	30	○	45	—
1	·	16	—	31	○	46	·
2	○	17	·	32	·	47	○
3	—	18	·	33	—	48	·
4	○	19	·	34	—	49	○
5	○	20	—	35	—	50	○
6	·	21	○	36	·	51	○
7	—	22	○	37	·	52	—
8	·	23	○	38	○	53	·
9	○	24	—	39	○	54	—
10	·	25	—	40	○	55	·
11	—	26	○	41	·	56	—
12	—	27	·	42	○	57	·
13	○	28	·	43	—	58	○
14	○	29	○	44	—	59	—

年 月 日 9 時

(分)	0~14	(分)	15~29	(分)	30~44	(分)	45~59
0	○	15	·	30	—	45	○
1	·	16	—	31	·	46	○
2	○	17	·	32	—	47	○
3	·	18	—	33	○	48	·
4	○	19	—	34	○	49	—
5	—	20	○	35	·	50	—
6	—	21	○	36	○	51	—
7	—	22	·	37	—	52	·
8	·	23	—	38	○	53	·
9	—	24	·	39	·	54	—
10	·	25	○	40	·	55	○
11	○	26	·	41	—	56	○
12	○	27	·	42	—	57	○
13	○	28	—	43	○	58	—
14	—	29	○	44	·	59	—

年 月 日 10 時

(分)	0~14	(分)	15~29	(分)	30~44	(分)	45~59
0	·	15	—	30	—	45	·
1	·	16	○	31	·	46	○
2	·	17	—	32	○	47	·
3	·	18	○	33	○	48	·
4	○	19	—	34	○	49	—
5	○	20	·	35	—	50	○
6	—	21	○	36	·	51	—
7	—	22	○	37	—	52	·
8	—	23	○	38	·	53	—
9	○	24	·	39	—	54	○
10	·	25	○	40	—	55	○
11	·	26	—	41	○	56	·
12	·	27	—	42	○	57	○
13	·	28	—	43	·	58	—
14	○	29	·	44	—	59	○

年 月 日 11 時

(分)	0~14	(分)	15~29	(分)	30~44	(分)	45~59
0	·	15	○	30	·	45	○
1	—	16	○	31	·	46	—
2	·	17	—	32	○	47	·
3	○	18	—	33	○	48	—
4	·	19	—	34	○	49	·
5	—	20	○	35	·	50	—
6	—	21	·	36	○	51	·
7	○	22	·	37	—	52	○
8	○	23	·	38	—	53	—
9	—	24	○	39	—	54	○
10	—	25	○	40	·	55	—
11	·	26	·	41	○	56	○
12	·	27	—	42	·	57	—
13	·	28	—	43	○	58	·
14	—	29	○	44	○	59	·

年 月 日 12 時

(分)	0~14	(分)	15~29	(分)	30~44	(分)	45~59
0	·	15	○	30	—	45	○
1	○	16	·	31	—	46	○
2	—	17	○	32	·	47	·
3	·	18	—	33	·	48	—
4	—	19	○	34	·	49	—
5	○	20	○	35	—	50	—
6	○	21	·	36	○	51	·
7	·	22	—	37	○	52	·
8	·	23	○	38	—	53	○
9	—	24	○	39	—	54	○
10	○	25	·	40	—	55	○
11	·	26	—	41	○	56	·
12	·	27	—	42	·	57	○
13	—	28	○	43	·	58	—
14	—	29	○	44	·	59	—

年 月 日 13 時

(分)	0~14	(分)	15~29	(分)	30~44	(分)	45~59
0	—	15	○	30	·	45	—
1	·	16	·	31	—	46	○
2	·	17	—	32	·	47	—
3	·	18	—	33	○	48	·
4	·	19	—	34	○	49	·
5	○	20	·	35	○	50	—
6	○	21	·	36	—	51	○
7	—	22	○	37	·	52	—
8	—	23	·	38	—	53	·
9	—	24	○	39	·	54	—
10	○	25	·	40	·	55	○
11	·	26	○	41	·	56	○
12	·	27	—	42	○	57	·
13	○	28	—	43	—	58	○
14	○	29	—	44	○	59	—

年 月 日 14 時

(分)	0~14	(分)	15~29	(分)	30~44	(分)	45~59
0	○	15	·	30	—	45	○
1	·	16	—	31	○	46	·
2	·	17	○	32	·	47	○
3	—	18	○	33	·	48	—
4	—	19	○	34	○	49	—
5	○	20	—	35	○	50	—
6	·	21	—	36	○	51	·
7	—	22	○	37	·	52	—
8	—	23	·	38	—	53	·
9	○	24	·	39	—	54	○
10	○	25	○	40	○	55	○
11	·	26	○	41	·	56	○
12	—	27	○	42	·	57	—
13	·	28	—	43	○	58	·
14	○	29	—	44	·	59	—

西元2005年12月1日到12月30日

	(分)	0~14	(分)	15~29	(分)	30~44	(分)	45~59
	0	·	15	—	30	〇	45	·
	1	·	16	·	31	〇	46	〇
年	2	〇	17	·	32	〇	47	·
	3	〇	18	·	33	—	48	〇
	4	—	19	—	34	〇	49	·
月	5	—	20	〇	35	—	50	〇
	6	—	21	〇	36	·	51	—
	7	〇	22	〇	37	·	52	—
	8	·	23	—	38	·	53	〇
日	9	·	24	—	39	〇	54	·
	10	〇	25	·	40	—	55	〇
15	11	〇	26	—	41	〇	56	—
時	12	〇	27	·	42	—	57	〇
	13	·	28	—	43	—	58	·
	14	—	29	·	44	—	59	·

	(分)	0~14	(分)	15~29	(分)	30~44	(分)	45~59
	0	—	15	〇	30	·	45	—
	1	·	16	—	31	〇	46	·
年	2	〇	17	·	32	〇	47	—
	3	·	18	—	33	〇	48	·
	4	—	19	〇	34	·	49	—
月	5	—	20	〇	35	—	50	·
	6	〇	21	·	36	—	51	〇
	7	〇	22	〇	37	·	52	〇
	8	·	23	〇	38	·	53	〇
日	9	—	24	〇	39	·	54	—
	10	〇	25	—	40	—	55	〇
16	11	〇	26	—	41	〇	56	—
時	12	·	27	—	42	〇	57	·
	13	·	28	〇	43	〇	58	·
	14	—	29	·	44	—	59	·

	(分)	0~14	(分)	15~29	(分)	30~44	(分)	45~59
	0	—	15	〇	30	·	45	—
	1	〇	16	·	31	—	46	〇
年	2	—	17	·	32	—	47	·
	3	·	18	—	33	〇	48	·
	4	·	19	—	34	〇	49	·
月	5	·	20	〇	35	—	50	〇
	6	〇	21	·	36	—	51	〇
	7	—	22	〇	37	·	52	·
	8	·	23	—	38	·	53	—
日	9	—	24	〇	39	·	54	—
	10	〇	25	〇	40	—	55	—
17	11	〇	26	·	41	〇	56	·
時	12	·	27	—	42	〇	57	·
	13	·	28	·	43	—	58	〇
	14	—	29	〇	44	—	59	〇

	(分)	0~14	(分)	15~29	(分)	30~44	(分)	45~59
	0	〇	15	·	30	—	45	〇
	1	·	16	—	31	〇	46	〇
年	2	〇	17	·	32	〇	47	·
	3	—	18	〇	33	·	48	—
	4	—	19	—	34	·	49	·
月	5	—	20	〇	35	—	50	〇
	6	·	21	—	36	〇	51	·
	7	〇	22	〇	37	·	52	—
	8	·	23	〇	38	·	53	—
日	9	〇	24	·	39	—	54	〇
	10	〇	25	·	40	—	55	〇
18	11	〇	26	·	41	〇	56	—
時	12	—	27	〇	42	·	57	—
	13	·	28	—	43	〇	58	·
	14	—	29	·	44	—	59	·

	(分)	0~14	(分)	15~29	(分)	30~44	(分)	45~59
	0	·	15	—	30	〇	45	·
	1	—	16	〇	31	·	46	—
年	2	·	17	—	32	·	47	〇
	3	〇	18	·	33	—	48	〇
	4	〇	19	·	34	—	49	〇
月	5	〇	20	—	35	〇	50	—
	6	—	21	〇	36	·	51	—
	7	·	22	—	37	—	52	·
	8	—	23	·	38	—	53	·
日	9	·	24	—	39	〇	54	·
	10	·	25	〇	40	〇	55	·
19	11	·	26	〇	41	·	56	〇
時	12	〇	27	·	42	—	57	〇
	13	—	28	〇	43	·	58	—
	14	〇	29	—	44	〇	59	—

	(分)	0~14	(分)	15~29	(分)	30~44	(分)	45~59
	0	—	15	〇	30	·	45	—
	1	〇	16	·	31	·	46	〇
年	2	·	17	〇	32	·	47	〇
	3	·	18	—	33	〇	48	·
	4	〇	19	—	34	—	49	〇
月	5	〇	20	—	35	〇	50	—
	6	〇	21	·	36	—	51	〇
	7	·	22	〇	37	〇	52	·
	8	—	23	·	38	—	53	·
日	9	—	24	〇	39	·	54	—
	10	〇	25	〇	40	·	55	—
20	11	·	26	〇	41	—	56	〇
時	12	·	27	—	42	〇	57	·
	13	〇	28	·	43	—	58	—
	14	·	29	—	44	·	59	—

	(分)	0~14	(分)	15~29	(分)	30~44	(分)	45~59
	0	·	15	—	30	·	45	〇
	1	·	16	—	31	〇	46	·
年	2	—	17	〇	32	·	47	—
	3	〇	18	—	33	〇	48	—
	4	〇	19	·	34	—	49	〇
月	5	〇	20	·	35	·	50	〇
	6	—	21	·	36	—	51	·
	7	—	22	〇	37	·	52	—
	8	〇	23	—	38	—	53	〇
日	9	·	24	〇	39	·	54	〇
	10	·	25	—	40	·	55	·
21	11	·	26	—	41	〇	56	·
時	12	〇	27	—	42	〇	57	—
	13	〇	28	·	43	—	58	〇
	14	—	29	〇	44	·	59	—

	(分)	0~14	(分)	15~29	(分)	30~44	(分)	45~59
	0	·	15	〇	30	·	45	〇
	1	—	16	〇	31	·	46	—
年	2	—	17	·	32	·	47	—
	3	〇	18	—	33	〇	48	—
	4	·	19	—	34	〇	49	·
月	5	〇	20	·	35	—	50	〇
	6	—	21	·	36	—	51	·
	7	〇	22	·	37	—	52	〇
	8	·	23	—	38	〇	53	·
日	9	·	24	〇	39	—	54	〇
	10	—	25	〇	40	·	55	—
22	11	—	26	〇	41	·	56	·
時	12	·	27	—	42	·	57	—
	13	·	28	—	43	〇	58	·
	14	〇	29	〇	44	—	59	—

時空光能與變數能量運用原理簡介

人類的身體組織隨時都需要吸收能量（人體需要的自然能量有兩大種類，第一是太陽光能；第二是生物能，食物就是生物能的一種形態），以供應人體組織，因組織結構不同，高低電位電壓所形成的電流變化與身體活動的動力來源，造成我們每一個人都是可以自由活動的生物磁場體。通常人類在想去從事某件事情時，必定都是先由腦部去思考判斷後，才會由身體去進行，在腦部思考問題時，人體內部組織會不會發生變化？是否會影響人體處理事情的成敗感覺？大地時空研究中心於多年前就開始研究，並蒐集中外古今文獻資料，進行大量人體生理反應實驗，在長時間的實驗數據研究中，發現人體在不同空間與時間數據中，會因地球磁場磁力多寡分布與太陽光線折射頻率不同，造成人體本身電位電壓平衡穩定狀態極為不同，導致人體腦部的腦下腺（腦下腺是內分泌腺體，位於大腦底部蝶骨的一個小凹內，分為前葉和後葉兩部分，皆會影響人體生理效應）與下視丘（下視丘是靠近腦下腺的大腦底部間腦的一部分，為中樞神經系統的連結點）分泌激素與酵素時，形成極超微量差異的變化速度與分泌狀態，變動人體內部組織的生化反應速率，影響細胞膜的運送與細胞內酶的活性或是酶的合成，改變人體內部組織的生理效應，進而使人體吸收能量的頻率與種類改變，造成個人生理反應與心理感覺在處理事情時，有差異影響的作用力量，此種作用力量會因個人腦部產生問題的空間與時間數據差異，形成吉凶效果的不同，在一萬多件時間與空間數據研究中歸納發現，此種作用力量的確有因問題種類不同與時空數據差異產生變化的特徵，影響吉凶作用的規律週期，此種週期與原理體系，大地時空研究中心與作者共同定名稱為『時空光能腦部感應變化係數』理論應用體系。

『時空光能腦部感應變化係數』理論體系中，所謂人體吸收能量的頻率與種類改變，造成個人生理反應與心理感覺在處理事情時，有不同影響的作用力量，其力量形成的原因就是人體內部組織在不同的地球磁力與太陽光能感應磁化下，改變人體激素與酵素分泌狀態，導致人體生理反應組織細胞吸收蛋白質、脂肪、醣類、維生素、礦物質及其他需要物質等等供應人體能量組成比例，產生不同的吸收速度與消耗種類，使身體出現各種不同的生理反應症狀，影響到人體本身對於食物口味的喜愛，與衣服顏色、住宅磁場、行為動作等方面，都產生不同的習慣與選擇供應方式，在時間週期變化中，對於人體在處理事情的做法態度、想法觀念、情緒感覺等，皆有不同的差異結果，根據本中心研究發現，這就是造成人體在從事某件事時，形成吉凶成敗最主要的影響因素。

同理，當人體有生活問題時（例如工作不順、經營不善、考試失利、婚姻痛苦、人緣不好、沒有遇到適合的異性對象等），也是個人處理事情反應錯誤導致的結果，因此這類問題的處理方式，和幫你抉擇分析好壞狀況，並不能有效解決當事者現在的眞正需要，本中心在發現個人處理事情反應差異的影響因素後，即研究如何調整人體激素與酵素分泌的變化速度及狀態，使人體細胞在吸收蛋白質、脂肪、醣類、維生素、礦物質及其他能量物質時，產生平衡的吸收速度，讓人體激素與酵素分泌狀態與速度適合體內的生理代謝循環，使細胞周圍的電子活動狀態改變，個人的生理反應頻率重新修正，使當事者具有適合處理事情的生理反應症狀，進而影響當事者的個性表達方式與處理事情的做法態度，使結果自然符合當事者的眞正需要，此項原理的發現是大地時空研究中心花費大量的金錢與人力，運用現在科學的理念及想法，反覆驗證，進行長時間的人體生理綜合實驗與各種人事地物相關資料理論分析研究，蒐集一萬多件的分析報告，於民國八十二年十月完成，應用理論分類為『光波頻率』、

『音波振盪』、『食物能量』、『衣服顏色』、『住宅磁場』、『行爲動作』等六種主要能量供應改變應用原理，是藉由個人的生理與心理兩方面互動影響的行爲作用。心理方面是指個人腦中的想法觀念與思考邏輯習慣，生理方面就是個人的情緒、生理反應、待人處事的態度等動作現象，生理與心理兩者皆爲互動影響，導致個性表達差異，形成個人面對事情時有不同的處理態度與做法，本中心六種能量供應改變方式，是採用生理作用調整心理感覺的方法（一般宗教界或算命師想要改變個人命運的方法，大部分都是利用心理感覺改變生理作用的模式，想被改變者需要極大的毅力與較久的時間才能出現效果，然而效果卻比較不穩定與不明顯）。供應適當調整能量，讓人體組織提高生理機能，改變情緒反應與做事態度，達成解決生活問題與實際願望的目的，此項人體能量改變應用理論，大地時空研究中心與作者共同定名稱爲『人體變數能量』。

變數能量幫人解決問題之介紹

一、大地時空研究中心所發表『實現願望』的資訊是眞的嗎？爲什麼可以幫我們實現願望呢？它的原理是什麼？

答：本中心處理生活問題是利用『抉擇影響未來』、『個性改變生活』兩種理論來解決問題，一般生活問題基本上有兩種形態差異，分爲靜態和動態。靜態類型的問題就是還沒有發生的事件，屬於需要思考抉擇的問題（例如說，準備投資做生意不知可否？朋友跟我借錢可以借嗎？），這類問題依本中心處理可告知你現在心理、生理狀態適不適合去從事，幫你分析選擇對你最有利的情況，避免因判斷抉擇的錯誤釀成日後的痛苦損失。動態類型的問題就是正在進行發生的事件，屬於需要改變現況的問題（例如說，事業經營不順如何改善？婚姻痛苦如何改變？考試如何通過？遇不到適合的異性對象）。因問題已經在進行中，如幫你抉擇分析狀況，告訴你好壞等結果，並不能有任何立刻改善問題的效果，因此本中心處理的原則就是改善個人在事件中的表達處理能力，人的個性是由個人的生理與心理兩方面互動影響的作用行爲，心理方面是指個人腦中的想法觀念與思考邏輯，生理方面就是個人的情緒、反應、待人處事的做法態度等現象，生理與心理兩者皆會互動影響，導致個性的表達差異，本中心改變個性的方法採用生理改變心理的方式，利用『光波頻率』、『音波振盪』、『食物能量』、『衣服顏色』、『住宅磁場』、『行爲動作』等能量供應原理，讓人體細胞吸收感應有益能量，提高生理機能，改變情緒、反應與做事態度，讓生理反應自然地互動心理感覺，達到個性表達與處事態度與原先有問題時截然不同的反應做法，讓問題自然地改善結果，達成實現願望的目的。此項原理本中心稱爲『製造變數』，製造變數的原理是本中心長時間進行人體生理實驗追蹤發現，在實驗分析研究的同時，也發現人體生理與心理吸收能量產生感應的時間變化週期，因此製造變數解決問題時，就可預先告知問題產生變化的時間週期。

二、大地時空研究中心處理生活問題是任何事情都可以處理嗎？任何願望都可以達成嗎？

答：本中心處理任何問題前都要先過濾評估問題，評估問題須考慮三種基本因素：第一要知道事情的種類，不同的問題種類需要提供解決資訊的方法自然不同；第二需要當事者基本條件的配合，任何事情需要處理協助時，都必須合乎邏輯，亦即當事者本身能力能做到且可以控制的範圍。例如準備參加大學考試的高三學生，學生自己不想努力，不去準備應考的課程，只想利用變數方法不勞而獲來通過考試的此類事情，自己不想努力且不符合邏輯的問題，本中心概不處理；第三評估因素是需要當事者的意願配合及應該準備的時間基礎，本中心告知讀者使用的變數方法，需當事者配合使用才能產生變數效果，如無意願配合操作使用，也將無任何效果出現，同時利用變數體系產生效果，絕對需要時間週期，絕非一朝一夕就能改觀，請讀者注意！

三、吸引異性是未婚者的願望，如果沒有適合的異性對象，該如何調整體質達到願望實現，其原理如何？

答：沒有遇到合適異性對象者，根據本中心多年研究分析歸納最主要的形成原因，皆是當事者在與異性相處時沒有產生吸引異性興奮動心的味道感覺，此種味道感覺是由個人肉體的外在體態（臉蛋方圓、體形高矮胖瘦等肉體外觀組成，占產生感覺味道百分之四十的比例）與個人腦中的想法觀念、思考邏輯，及綜合個人生理情緒、反應態度等條件，造成個人處事方式和舉止言行的表達差異，形成個人有不同的味道感覺頻率，不同的頻率味道吸引不同的異性對象（就像是每個人心中都有欣賞的異性類型，你所欣賞的異性類型，心中自然也有她所喜歡的異性類型，兩個不相識的陌生人能夠變爲情人皆是你（男）所欣賞的異性類型和她（女）所欣賞的異性類型，在你們兩個男女個體的身上能夠互相吻合，才會變成情人），造成戀愛的行爲發生。如果長久時間生理心理發育正常卻還未碰到合適的異性對象者，通常都是個人吸引異性的味道頻率不對，異性產生感覺的頻率太低，這種味道感覺百分之六十是由個人的心理與心理機能影響，只要利用人體變數能量，調整個人生理與心理所形成的處事方法與個性的表達方式，在時間週期改變之下，即可實現吸引異性產生感覺的目的。

通常婚姻方面的問題也是利用此種原理來解決夫妻的溝通不良、配偶外遇變心等現象，使夫妻雙方更能接受對方的優點、寬容對方的缺點，因相處方式自然地改變和吸引對方愛戀自己的味道感覺變強，原先的溝通不良、配偶變心外遇等婚姻問題便自然改觀，進而創造新的婚姻生活。

四、世間的財富與個人錢財的多寡是天生注定的嗎？還是有什麼原因造成的呢？人體變數能量如果能改善個人財富懸殊，是任何人都有效嗎？有沒有它的極限範圍呢？

答：世間的財富與個人錢財的多寡，一般人或多或少還抱有『生死有命，富貴在天』及『錢財多少天注定，屬於我的就是我的，不是我的留也留不住』的宿命觀念，經本中心研究發現，個人財富多寡絕非是命中注定的結果，造成個人貧富懸殊的原因，最主要是下列四種因素的影響力量：一是時代背景的不同。不同的時代，累積財富速度自亦不同，就像是農業時代，個人想要成爲鉅富，極可能是幾代人的勤儉經營或社會發生動亂改朝換代時才能達到，工商時代自從工業革命開始，商品的大量製造與巨大的市場流通，累積個人財富的速度自然比農業時代大上幾百倍甚至幾千倍。二是社會環境需求行業的差異。不同的行業，在社會上有不同的供需價值，累積財富自亦有差，被社會需要的行業，社會需要的服務量大，累積財富自然較快，不被需要或日漸淘汰的行業，社會供需日漸縮小，累積財富自然緩慢甚至消失。三是人爲的努力程度。個人會不會有錢，是否富有與貧窮，人爲的努力是造成財富多寡最基本的基礎，沒有人爲努力創造，就絕對沒有財富的存在，從歷史的演進與社會的進化，即知社會中一切價值成就皆是人爲努力創造得來，絕非無中生有。個人在工作上肯積極努力與消極不思進取者，兩者人爲努力的程度不同，在工作的成就地位與財富多寡自亦有差。四是個人處理錢財能力的差異。個人處理錢財的能力分爲理財能力與聚財能力兩種，兩者相輔相成互相影響，導致個人財富的多寡差異。理財能力是開源作用，通常是指個人在錢財處理、運用金錢的態度與作法的能力差異，鉅富者與一般人處理錢財的做法與投資累積財富的態度，及敏銳感覺是否能夠賺錢的投資抉擇能力，自亦不同。一般人想增強理財能力，可經由學習理財常識，增加金錢活用的調度性，及增強個人對金錢投資的敏銳感覺，抉擇正確且適合自己能力、有經濟發展的事業，來增加個人財富。聚財能力是指個人錢財保存的節流作用能力，一般人都曾有『錢財已經賺到，卻莫名其妙發生事故（例如生病支出、發生意外等等想不到的事情來消耗金錢），造成到手錢財想存也存不起來』的狀況。金錢需要在生活預算支出之外，還要在額外項目支出，有時甚至比賺到的錢財金額支出更多，有著『財來財去留不住』的感覺出現，這種作用就是個人聚財能力本質的差異，一般人可能會認爲聚財能力差異是天生注定，無法調整且不能改變的現象，本中心對於此種說法經多年研究與實驗發現，個人的『理財能力』與『聚財能力』的確可由『時空光能腦部感應變化係數與人體變數能量』，達到改善，只是當事者要求調整改變時，須考慮因個人本質的自然差異，每個人達到改變效果所需的時間週期長短不同，及改變後聚集財富的效果，會因當事者先天本質不同，依舊存在財富地位不同階級的差異。

五、人體變數原理可以讓人在官司訴訟順利是眞的嗎？任何官司都會有效嗎？

答：各國的官司訴訟一般區分爲刑事與民事兩種類型，人體變數原理最能處理的是民事訴訟、且當事者是冤枉受害者的情況之下，才能發揮最大的感應效果，通常民事訴訟較爲繁瑣，除非訴訟任何一方握有決定性有利的證據資料，否則決定訴訟成敗的主要因素，就是法官個人自由心證的裁定，法官裁定任何訴訟當然是依據法律條款來判決，但是如果案情撲朔迷離、且雙方訴訟者都提不出有利證據時，法官個人對訴訟者本人主觀感覺的喜好憎惡，及觀察訴訟者在庭上闡述表達時的言行談吐、舉止行爲等等客觀條件，會左右法官的判決結果。人體變數原理可以改善訴訟者在法官面前的喜好憎惡主觀感覺，及讓訴訟者在庭上闡述表達正常，對自己有利判決的證據能夠想到且能掌握住，進而造成訴訟的順利，如刑事官司有此類情況出現時，也能用人體變數原理來避免法官誤判，造成冤獄。

六、人體變數能量可使人升學順利、考試通過是眞的嗎？是不是不需要自己的積極努力就可通過考試、升學順利呢？

答：關於考試問題根據本中心研究發現，一般考生在考試升學方面無法順心如意，最主要有三種影響因素：一是理解能力不良，對於老師教授內容及課本知識的理解反應能力太差。二是記憶吸收能力太差，讀過背誦過的內容知識不能記憶，或需要記憶的知識吸收不夠。三是使用表達能力太差，在考場考試表達能力時，不能正確使用良好表達，導致文不對題、看錯題目及答錯題目等情況。本中心處理考試問題，運用變數能量的目的即是提高考生的理解能力，增強考生吸收及表達使用的能力，在考生自己積極努力的前提下，必能讓考生的應考實力發揮到最高峰，讓考生通過考試順利升學的心願達成，如果考生自己不想去積極努力，只想臨時抱佛腳希望不勞而獲，本中心認爲人體變數能量根本就不能滿足不勞而獲者的要求，徒然『緣木求魚』罷了。

七、利用人體變數能量的原理來解決生活問題，平均處理成功的機率是多少呢？當處理問題時沒有出現想要的預定效果，是什麼原因造成的呢？

答：本中心運用人體變數能量來處理生活問題時，都須事先評估過濾問題的性質，問題不能解決處理者，即會當場拒絕處理，可以處理的問題就是針對每個人不同的需要特質，利用人體變數能量來改變當事者的個性本質，調整處理事件時的表達應對方式，在時間週期進行變化中產生想要的效果，解決問題成功的機率爲百分之八十七點三二，在處理生活問題時，如當事者認爲沒有感應到想要的變化效果，經本中心研究歸納出四種最主要的影響因素：一是當事者的要求太高不符合現實生活的狀況。本中心可以處理的問題，皆是改善自己個性本質的特點，造成不同的感覺效應，讓別人對你的看法與態度自然改觀，而非改造社會與他人的個性本質來遷就自己的目的，改變社會與他人個性的本質所需的時間太久，付出的代價過大，所以本中心極少用此種方法來解決問題（例如丈夫婚後外遇，太太要求處理讓夫妻兩人感情和好，丈夫斷絕外遇且不去欣賞其他異性的訴求，本中心能做到的是讓夫妻雙方溝通方式自然改變，增加妻子吸引丈夫動心興奮的感覺，使雙方感情甜蜜，自然而然地斷絕外在誘惑，但是如果要丈夫從此像瞎子一般不想觀看其他異性，即是要求太高不符合現實的狀況）。二是當事者在訴求問題重點時交代不明，表達含糊，導致人體變數能量供應的方向誤差，無法發生效應。不同的個人本質，不同的問題種類，解決處理的方法自然隨著人事地物的差異有所不同，當事者因某種因素（例如個人害羞難以啓齒等等），沒有把想要解決的問題關鍵及想要眞正達到的目的，正確告知本中心來處理，自然會導致感覺沒有發生效果。三是當事者沒有正確使用變數方法，任意改變方法自然不會感覺到問題改變的效果產生。個人使用人體變數能量來達到目的，皆需要按照正確的使用方式，才能吸收能量感覺效果，任意改變或不按照變數方法，將導致吸收能量不足或產生錯誤，調整者自然感覺不到調整效果出現。四是當事者沒有時間週期的概念，任何事情從開始到結束，皆需要時間週期，並非立刻就能達到目的。本中心處理問題說明變數方法的同時，也會告知當事者應該準備的時間週期，隨個人本質與問題類型差異，每個人需要的時間週期亦會不同，時間週期較久者如無時間週期的概念，半途而廢，沒有堅持到發生感應的時間週期，自然不會有任何效果產生。

房屋磁場陽宅風水之效果簡介

自古以來，從有巢氏築巢而居到現代房屋的建築形態，隨著時代與社會的變遷不斷在改變，就是說明房屋的存在是人類最原始的生理及心理需要，希望房屋居住後，能夠利用房屋磁場（簡稱陽宅風水）達到個人或家庭的平安健康，甚至能夠升官發財、考試順利、戀愛成功、婚姻幸福等等目的，更是中國人利用自然改變命運的捷徑。何謂房屋的磁場風水？房屋磁場形成的原理是什麼？房屋的磁場風水是什麼力量組合造成的？對於人體有什麼影響力量呢？居住到什麼時間才能看到房屋的磁場風水效果呢？我想這是一般讀者最想了解的部分，有興趣的讀者請慢慢閱讀，相信可幫助讀者在選擇房屋或鑑定房屋時，產生意想不到的收穫。

在介紹讀者進入房屋磁場的世界之前，請讀者必須要清楚建立一個基本觀念，根據本中心多年研究房屋的磁場風水作用，發現一個好的磁場風水的確是能夠改變一個人的判斷能力和表達能力及事情敏感能力，進而增加當事者在處理事情時回收的成果，絕不是一般人或江湖術士誇大宣傳風水萬能的神效，同時，如果當事者在調整好房屋的磁場風水後，自己並不積極地創造努力，房屋的磁場風水並不能主動帶來錢財或成功，皆需要當事者的積極努力爲基礎，經磁場風水的催化及放大回收成果的加倍作用，才能產生最佳的磁場風水感應效果。

在房屋的磁場風水對於人體所形成的磁場感應體系，可劃分成個人體質的磁場感應，及地磁空間對於居住者全家綜合感應的兩大基本磁場風水體系。所謂個人體質的磁場感應，即是以個人單獨的體質爲主要計算的磁場感應作用，本中心於多年前開始進行研究，於民國八十三年正式以科學系統化的模式，分類出個人的體質種類，共有一百四十四種不同感應特點的體質分類，配合不同的房屋磁場，會互相磁化，產生近兩萬種不同組合的磁場風水效應，同時以個人體質的磁場感應體系來調整房屋磁場風水者，產生磁場感應效果極爲快速（尤其是以婚姻不幸福、感情方面希望順利、祈望碰到適合結婚對象者，以及希望錢財穩定等目的來進行磁場調整，其產生的感應效果相當明顯快速），和地磁空間對於居住者全家綜合感應的體系比較而言，個人體質的磁場感應體系的調整，不需要房屋內部結構任何的敲打改變，這也是目前不需要改變房屋內部結構、可以針對想調整的當事者進行改變、而其他的房屋居住者不會受到影響產生相同感應效果的一種特殊磁場調整方法，除了個人體質的磁場感應體系外，還有地磁空間對於居住者全家綜合感應的磁場作用，簡稱居住空間的風水磁場。居住空間的風水磁場其形成的力量，經研究發現是由㈠房屋的先天基本格局；㈡房屋內部的通道形勢；㈢房屋內部功能的擺設等要素造成，房屋磁場三大構成要素各有其特定的解說與影響。

一、房屋的先天基本格局

所謂房屋的先天基本格局，即是指房屋在地基打好主體建築物蓋好之初，房屋建築體的磁度坐向（專業人士使用羅盤儀或軍事用指南針可鑑定算出）配合附近的環境如高山、河流、大樓、街道形勢等地景，綜合計算出的磁場作用，是居住空間風水磁場中最重要的關鍵部分。例如全家生病會患何種疾病、身體的部位哪裡會有問題，居住的房屋能不能賺錢、何時會賠錢、在什麼時間會產生什麼重要問題，幾乎都是由房屋的先天基本格局的磁場力量造成的，所以房屋的先天基本格局是占整個居住空間的磁場風水百分之四十八的比例，在古代因科技研究環境較為落後，一般如果是房屋的先天基本格局有問題者，大部分都是建議居住者最好是搬家遷移，但是在現代，由於人口日漸增加，造成土地可居住的面積日趨縮小，同時要居住者搬遷房屋找尋好的房屋磁場，更是一件費時費力不容易的事情，基於種種不方便的原因，本中心投入大量金錢與時間，研究出一種利用紅外線或紫外線等特殊材料放出射線形成新的磁場，可幫助原先房屋先天基本格局有問題者，不需要麻煩地搬遷房屋，即可產生好的磁場格局作用。

二、房屋內部的通道形勢

所謂房屋內部的通道形勢是指一幢房屋主體建築物蓋好之後，房屋內部空間面積的隔間、通道、房間位置分布的磁場力量，占整個居住空間的磁場風水百分之十的調整比例（因比例影響力量較少，所以房屋的磁場風水有問題者，在調整磁場作用時，幾乎都不需要敲打破壞原先房屋的內部結構）。

三、房屋內部功能的擺設

所謂房屋內部功能的擺設，是指房屋內部因人體生理與心理的需要，供應人體在生活起居等活動功能上的房屋作用，其作用的分類有㈠門位；㈡門向；㈢廁所馬桶的位置；㈣床位；㈤辦公桌、書桌的位置；㈥爐位；㈦爐向；㈧神位；㈨電器用品的擺放位置；㈩魚缸與水池的位置等十項功能磁場作用，占整個居住空間磁場風水的百分之四十二。

房屋內部功能的擺設各有其特定的影響：

㈠**門位**：門是每個人每天都要進出走動的地方，是一個人或家庭與外面世界的接觸點，門的位置會對一個人的反應表達能力與外界人際關係的好壞發生影響力量（門位可分爲公寓及大樓公用的大門和自己住宅的大門位置，自己住宅的大門所形成的磁場較爲重要）。

㈡**門向**：所謂門向就是大門門板活動開啓的方向，門向會影響家庭或個人對外界的活動能力與人緣相處的好壞，尤其是做生意的辦公室或營業場所，更是直接影響到面對外界客戶推銷商品時，能否被客戶所接受或排斥的重要關鍵。

㈢**廁所馬桶的位置**：人體每天都要補充食物能量，來維持人體活動所需要的熱量，同時也會將多餘的廢物排泄出去，廁所的馬桶即是接受廢物排泄的地方。馬桶的方位磁度會影響到家庭或個人在處理錢財時的聚集能力，及人體生理機能的循環代謝，尤其是在辦公室或商業營業場所，更是會影響公司業績是否長紅、人事是否平和、錢財能否穩定的重要關鍵力量，在居住空間的磁場風水效應中即有『財庫』的簡稱（財庫的效應是財位求財力量的三十倍感應效果，作者在幫人調整房屋磁場風水時，如果馬桶位置正確，皆會要求調整者多增加使用馬桶的次數，來增加求財的調整效果）。

㈣**床位**：床是每個人每天睡覺休憩的地方，每個人在床上的時間更是占一天二十四小時的三分之一，其重要性不言而喻，床位自古到今更是大部分夫妻傳宗接代的重要場所，床位的位置好壞會影響到一個人的精神穩定、情緒能力、夫妻感情、生殖能力及親子感情的相處關係。

㈤**辦公桌及書桌的位置方向**：這兩種桌子的影響關係著一個人的思考能力和判斷能力，想要聯考順利通過的考生，更是理解與吸收書本知識的重要場所，書桌位置對不對會造成考生吸收能力的強弱，尤其是商業公司的負責人，其一舉一動的思考決策都會直接影響到公司的興衰成敗，是公司或營業場所負責人的讀者，請留意觀察自己的辦公桌是不是擺對了位置。

㈥**爐灶、瓦斯爐的位置**：爐灶與瓦斯爐是古代與現代一般人煮熟烹調食物的器具，裡面有火燃燒產生熱量來烹煮食物，火在燃燒時會放出特定能量的波長射線，爐灶與瓦斯爐所在的位置磁度會影響一個人的生理機能與反應能力。

(七)**爐灶、瓦斯爐進氣口的方向（簡稱：爐向）**：所謂爐向是指爐灶或瓦斯爐在燃燒時需要氧氣助燃，爐灶或瓦斯爐體正面固定的氧氣供應進入口，大部分的爐灶或瓦斯爐的爐向都是爐子正面開關面板的方向，爐向的作用會影響到家庭或個人的表達能力和情緒、態度等生理反應（尤其是對於從事餐飲服務業的讀者，其烹煮食物給顧客食用的爐灶爐向，會導致客戶對於食物美味的主觀感覺，進而影響到客戶光顧消費的意願，造成生意好壞的特殊效果，有興趣的讀者不妨一試，看看生意有何不同）。

(八)**神位**：中國人有慎終追遠的傳統，形成神位的存在，所謂神位是指佛龕或祖先牌位的總稱，有神位者必然會需要經常點香膜拜，香枝在不同的磁度方位燃燒時，會放出不同頻率的射線波長，影響到人體的精神感覺，所以神位的位置會影響個人情緒感覺與精神穩定，和家庭和不和睦等現象。

(九)**電器用品的擺放位置**：現代的電器用品如冷氣機、電視機、微波爐等等電器用品在使用時，都會放出輻射及大量電磁波，進而影響到房屋原先的磁場頻率，尤其以電腦機組、電視機、電爐、冷氣機等用電量較大的電器製品所造成的影響較爲明顯，容易對人體的生理機能及情緒發生影響作用。

㈩**魚缸與水池的位置**：魚缸在一般人家庭裡是日漸普及的景觀擺設，除了養魚可以觀賞，兼具怡情養性、增加生活情趣的功能之外，相信一般讀者都或多或少地聽過在以前被商人宣傳而流行一時的養紅龍魚可以聚財，及魚缸可以招財等等說法，根據本中心長年的研究發現，魚缸的確是可以產生錢財的聚集作用。其中最主要的關鍵原因，在於魚缸裡面的水流配合特定的磁場方位形成的感應效果，魚缸裡面魚類的品種及價錢並無絕對性的影響力量，魚缸與水池規格面積愈大，產生感應效果的力量愈強，但絕不是滿屋子都擺滿魚缸就有最好的效果，需要魚缸與水池面積的規格尺寸和房屋的實際使用面積大小形成配合比例，才能產生最佳的感應效果，本中心深入研究發現，此種方式再配合風水中的『來水與去水』理論，將可以讓錢財聚集效果極為明顯、感應速度更為快速，已於民國八十五年開發出一套『水動磁波振動裝置』等相關的改變錢財風水調整方法，歡迎讀者洽詢相關調整細節以幫助解決相關問題。

以上敘述只是概略性簡介，讓讀者明白房屋磁場組成的主要架構。讀者想選擇一個好的房屋磁場風水，除了客觀性的選擇基本條件之外，不懂風水的讀者也不需要擔心會不會選錯房屋，其實除了以上所言的原則之外，還有一個非常重要的選擇觀念，就是不要輕易疏忽了你個人的主觀感覺，如果在選擇房屋時，一進入房屋大門後就感覺到不喜歡，直覺感到怪怪的、有些不對勁，說也說不上來，就是渾身不舒服，在房屋內坐下椅子時就覺得心情煩躁，不想坐下去，不能夠坐得很平穩，很想要站起來，或是想要離開房屋，有了這些感覺，這間房屋也就不必考慮了！因爲房屋是讓人休息放鬆心情舒服的地方，如果在自己的家中都不能夠好好休息，長期居住下去，心情持續緊張，在精神上得不到鬆弛，不管其他的客觀條件再好，也不能發揮其最大效果，反而會有副作用出現，所以作者建議讀者在選擇房屋時，千萬不要只注重門面的美觀與建材昂貴，最好是親自到房屋現場找張椅子當場坐下來或站在房屋的中心點上，感覺一下自己在裡面的心情好壞，這就是房屋磁場風水中最簡單與最重要的鑑定原則。

在熟悉了房屋磁場的選擇鑑定原則後，很多讀者另一個想了解的問題，就是房屋磁場不知道要居住多久時間後，才會產生感應的效果出現，根據本中心長年的研究發現，房屋磁場風水並非居住後的第一天就會有十分明顯的吉凶效應產生，個別的房屋磁場風水有不同週期的感應時間，需要專業研究人士才能精密計算出來。房屋磁場風水發生感應的時間如以平均值估算，通常是居住到九十天左右就會產生感應，居住到一年後房屋磁場對於人體好壞的影響就會十分明顯，居住達到三年後，房屋磁場風水對於人體好壞的影響力量將會達到顛峰狀態，因此讀者如果完全不懂房屋磁場風水的吉凶好壞。最簡單的方法就是居住房屋三年之後，觀察自己或家人在個性及生活等等各方面的改變，就可知房屋磁場的吉凶好壞。另外當房屋磁場風水產生壞處的效應時，如果住戶馬上搬離另住新的房屋，已經產生的不良風水效應並不會隨即消失，一般房屋磁場造成不良的風水效應將會持續半年至八個月後，才會漸漸被新的房屋磁場轉化清除，形成新的磁場風水，重新再對人體造成新的吉凶感應結果（本中心鑑於房屋磁場自然轉化速度過慢，於八十四年利用質能轉換原理配合人體吸收代謝的頻率，開發出利用在特定的磁位度數上放置紅外線與紫外線照射的特殊材料，可增強房屋磁場磁力的能量，加快房屋磁場轉化速度與感應時間的快速產生）。

最後有關房屋磁場的原理，經過本中心利用科學的方法、精密的儀器反覆驗證，發現房屋磁場風水的基礎是建立在一種長久累積的自然科學與人文科學的經驗原則上，其中至少包括『人體與環境光線適應學』、『人體與環境空氣循環學』、『人體與環境磁力感應學』、『人體與環境物理學』、『人體與環境組合學』、『人體生理學』、『人體心理學』等等學問，從人體生理與環境磁力感應學的觀點言之，房屋的磁場風水作用是人體的生物磁場與地球空間磁場交互感應磁化，所形成的類型現象，在人體血液中紅血球所含的鐵質成分，與人體本身因組織結構不同的高低電位電壓所形成的電流變化，和地球磁場會交互感應，產生磁化現象（在地球磁場空間中，與人體生物磁場感應時間最久、產生磁化力量最強的，就是人體長期固定居住的房屋空間磁場），形成人體在處理事情時會因時空變化，產生不同類型的情緒與態度及處理表達方式，影響事情的結果（例如所謂的桃花格局磁場作用，就是房屋磁場會改變居住者的生理與心理狀態，導致在處理異性關係時會變得非常敏感、很會了解異性、舉止言行的表達方式變得十分得體、自然形成吸引異性的魅力提高，極易發生戀愛，故有桃花格局的稱號與作用出現）。

找到時空之鑰　回到未來改運

一套以時空光能與腦部感應變化係數爲推算基礎，再運用電腦資訊處理的算命法，與傳統術士的技法南轅北轍，其中玄妙何在？

新的一年開始，想要算命、得知來年的運勢嗎？現在不用給我你的姓名、八字或者是住址，只要給我你想要問的問題以及現在的正確時間，不消三秒鐘，就能讓你預知事情的結果並且找出逢凶化吉之道。

西方的科學、東方的易理

也許有人會說，哦，這又是一種新的算命花招，但是與時下的電腦算命、算命仙不同的是，這套以所謂『時空光能腦部感應變化係數』的電腦資訊系統爲基礎的算命法，是由大地資訊研究中心經過十一年自行開發改良，結合西方的科學和東方的卜卦、風水原理而成。據稱，其預測事情的精準度可達百分之九十二點三八，也就是說，對於你要問的事，電腦幾乎可以肯定地預先告訴你事情的結果以利你做出抉擇。

除此之外，這套資訊系統還包括三大部分：一爲製造生活變數的服務，幫助你解決生活上的大小麻煩事；二爲提供時間週期換算，清楚地告訴你事情即將發生的時間；三爲模擬狀況，指的是預告未來事情發生時的情境或變數，由於正在蒐集資料中，這項服務尚未對外推出。

比起中國式的算命，光能係數聽起來就像是一劑專為現代人實現願望特製的命運時空膠囊，任何人服用它即可化解惱人的事、掌握未來的成敗，怪怪，這究竟是啥玩意？

大地資訊研究中心合夥人之一黃子晉透露，時空光能的應用原理，是利用人體隨時吸收太陽光能成為一個生物磁場體，當人腦在思考重要問題時，會分泌酵素刺激全身細胞以超過平常的速度大量吸收『時空光能』（太陽光隨時空不同而產生變化的光能），來供應全身生理、心理機能變化所需的能量，但是，若人體吸收到『錯誤光能』，將對其生理、心理及行為，造成不同程度的影響。

針對此，就腦部當時反應問題時的時間、空間的數據記錄，使用『變數能量』的原理，將可使錯誤光能在一定時間週期內，轉化為對人體無害或有益的能量，進而使事情進行更順利。

這個觀念在國外是被運用到人體身心健康的調理上，屬於醫療用途；但引進國內後，卻是在大地資訊中心添加進風水、命理、卜卦方法後，搖身一變成為一項算命工具，大地中心則稱其為『生活顧問』。

黃子晉表示，所謂的生活顧問，指的是舉凡大眾所關心的事業發財、吸引異性、家庭婚姻、升學考試、婆媳子女相處、人緣、健康、官司訴訟以及買賣房屋等生活方面的大小問題，只要來電，便有專員外出服務到家。

運用電腦製造變數改運

事實上，除了他們服務的方式很現代、特別之外，他們相命的工具也很特別，是一張張電腦跑出來的報表，其內容以年、月、日、時和分為單位，其上註記有某年某月某時某分的狀態：處在普通狀態即為

『○』、兇壞狀態『一』和吉好狀態『·』，專員只要對照這份電腦報表，即可現場為客戶預測結果。

舉例說，如果你正在為婚姻心煩的當頭，興起一個想問離婚行不行得通的念頭？此時，專員會以不超過○·五秒的時間舉手看錶，記錄下你當時提問題時的時間，再就你問的問題對照當日的電腦報表，結果即可見分曉。如果你還想知道挽回婚姻的方法，大地中心則會將你的資料帶回輸入電腦，以製造變數的方式為你解決問題。

黃子晉舉其曾經做過的例子做說明：一位建築公司的總經理，因一塊地的地權問題困擾多時找上大地，大地在為其診斷後，便鐵口直斷事情將在兩個星期後解決，這段時間內只要這位總經理在每晚十點三十分拍手七下即可，理由是拍手的聲音會被腦部吸收而改變人體的能量。

另有一例是，某銀行女職員，正值二十八歲適婚年齡，想問婚姻問題，大地提出的解決方案是建議她每天吃豬腳，一個月後便可以碰上如意郎君，而其理由是豬腳內含的膠質可以改正生物射線的頻率，如：感覺、味道等，這麼一來，可以讓你對異性更具吸引力。

另外，你相信連續五十天每天吃兩個雞蛋，便能順利找到如意的房子嗎？大地稱其便曾利用此法協助一位張先生在天母找到房子。

既然這套方法這麼好用，大地中心自然也利用來作為協助其推廣業務之用，黃子晉便透露，這一季出門作業務時，他每日必吃生雞蛋、穿黃色系衣服，因為他認為這麼做能協助他在面對客戶問題時反應快速。

此外，爲了推出調整陽宅風水的業務，大地更與建築師事務所合作，由後者描繪出房子平面圖以便找出房子中心點作爲空間磁場的依據，藉以利用光波來改變房子的風水，其號稱可以不動房子的一磚一瓦，便有一個例子，是大地在客戶的房子裡擺一個紅外線放射器來改變風水。

其實就像一般算命方法一樣，大地這套顧問算命法也是看得令人眼花撩亂，他們爲客戶提出的方法，從食補、做運動、穿衣服的顏色到借用科學儀器都用，而對此信以爲眞的人似乎不在少數，目前業務範圍鎖定在大台北地區的大地中心對外表示，其會員數目前約有三、四百位之多，他們從老闆、上班族到家庭主婦、學生都有，又以有錢人居多，其中還有不少是家庭會員，他們都是口耳相傳互相介紹來的。

不為怪力亂神，純為生活諮詢

而在發問的問題方面，由於大地中心標榜爲生活顧問，黃子晉表示，客戶問的問題從小至可不可以借錢等五花八門都有，但黃子晉說，惟有不合邏輯、違反法律和鬼神的事他們不碰，這方面，他們會以客戶遇事的種類和態度、當事人基本條件的配合，以及其意願與時間的方式做事前過濾，事實上，這樣做無形中也提高其預測事情的準確度。

此外，他們也只做現在和未來事情的預測和處理。他透露一件有趣的事情是，前些時碰上選舉時間來電算命的人更多，原因可能是因爲他們不需要客戶留下姓名、身分的關係。

不論是從其營業項目、服務方式或改善之道來看，大地中心可以說是緊抓住社會脈動做生意的一項新式算命行業，據透露，因應現代人瘋股市的勁，大地中心設在台中的研究中心現也正積極研發以秒爲單位的時空光能係數，準備爲股友推出能夠算出何時才是買進賣出股票的良辰吉時的服務，這你又相信嗎？

沒事別亂動，小心壞風水

算命、算命，眞是信不信由你的事。有人因此花大錢消災、有人卻是打死他也不信，如果你願意拋開這種兩極反應，輕鬆看待算命這回事，在此，不妨提供大家一些生活居家的小門道，讓你也試試作自己的算命師的滋味如何?!

就像是傳說中台塑集團董事長王永慶吃牛小排加烏梅、長榮集團董事長張榮發每天吃滷蛋和偏愛綠色，其實他們都是爲改運一樣，中國人的社會自古便深信，吃不同的食物對外會反應出不同的生理和心理的現象，因此，食物入口絕不能只是爲滿足口慾而已，而是要求能量、質量的平衡，就像是得高血壓的人就是因爲愛吃鹹的結果，而這也易使人脾氣暴躁。

其次是，錢人人都愛、拚命地想賺，可是你除了工作努力之外，別忽略了家裡的水龍頭，在算命的來講，它的開法可是大大關係你的錢財守不守得住，所以現在去關緊它對你有好沒壞（最起碼也可以爲你省錢）。做老闆的，則應該多注意公司大門開的方向對不對，和廁所與你的磁場配合好不好，這兩項因素也將影響你會不會賺大錢。

除了住家環境之外，現在你身上穿的衣服所反射出來的亮度，也會直接影響外人對你的感覺。

說了這半天，準不準？相不相信？看你的囉！

（※本篇文章內容是民國八十四年二月五日工商時報24版之專題報導，文字記者／邱莉玲。）

您想要心願達成嗎？想要擺脫煩惱嗎？

- 您知道如何在三十天之內讓您客戶自然增加錢財變多的方法嗎？
- 您知道如何讓生意自動上門幫你賺取幾倍利潤嗎？
- 您知道如何讓您或公司在不景氣中創造財富增加收入嗎？
- 您知道如何讓您個人事業發達、感情順利、身體健康、人緣變好嗎？
- 您知道如何讓您已婚者婚姻恩愛，未婚者能碰到適合結婚的理想對象嗎？
- 您知道如何在碰到生活難題時有個『生活顧問』幫您解決各項難題嗎？

八十四年二月五日《工商時報》二十四版專題報導『大地時空生活顧問服務工作室』，即可幫您達成上列希望，本中心是利用調整人體食物種類、衣著顏色、住宅磁場、行為動作等生理作用造成個性改變的原理來服務客戶，讓您在錢財、事業、婚姻感情、考試、人際關係等各方面自然變得順利沒有任何副作用產生。

附註：1.本中心有『調整保證書』可以經由第三者來正式公證，保證調整無效時可以退費的制度履行。

2.客戶可以自由選擇使用分期付款的方式來償還調整費用，幫助減輕客戶經濟的負擔。

3.本中心有『專員外出』的服務制度，一通電話即可到府服務，歡迎客戶使用。

實現願望

資訊發表

⊙主旨：不需要個人資料，利用人體腦部感應時空光能的原理，在你面臨重要抉擇時使你判斷正確，有問題時運用『食物能量』、『衣服顏色』、『住宅磁場』、『行爲動作』等人體生理變數方法，自然地改變個性表達與運氣感覺，讓你在事業錢財、吸引異性、家庭婚姻、升學考試、婆媳子女、人緣健康、官司訴訟、買屋賣屋等生活方面順利，有興趣者，只要打電話來，即可在電話中爲您服務。

⊙附註：本中心附設『一通電話、專員外出』的服務制度，可到您指定時間地點爲您服務，凡是處理的問題，都會預先告訴解決的日期時間，生活諮詢會員月付三千五百元，非會員服務一件問題收費八千元。

讓異性愛你

資訊發表

⊙主旨：利用房屋磁場組合『水動磁波振動裝置』調整人體生理頻率改變個性的原理，自然地改變你被異性喜愛的緣分與增強吸引異性對你愛慕動心的味道感覺，讓你在愛情與婚姻方面更加順心如意，避免挫折的發生（安裝非常簡單，房屋內部都不需要移動破壞）。

⊙對象：希望感情順利與祈望快點碰到適合自己結婚對象者，或是想要夫妻婚姻恩愛、配偶已經發生外遇想要快點解決者，皆可根據自己的目的來選擇適合調整的等級效果，調整後不會有副作用發生。

⊙附註：1.本中心有『調整保證書』，如果客戶需要可以經由第三者來正式公證，保證調整無效時確定可以退費的制度履行。

2.客戶可以使用分期付款，以每個月固定繳費的方式來平均攤還調整費用，幫助客戶減輕經濟的負擔。

讓愛情順利調整計畫書

前言

讓愛情順利調整計畫為大地時空生活顧問研究中心，進行各項試驗後於民國八十五年正式計算出準確性及確定實行細節等操作簡化步驟，以利社會大眾非常簡單地可進行調整，讓愛情順利調整作用發生效應的時間是因著一百四十四種個人體質的差異而有所不同。如以一般人居住時間來估算平均為居住調整一百三十五天至一百六十天，之後即會產生感應效果。如個人體質屬於較為奇特者，最快的個案發生效應的時間是三十天，最慢的個案於三百七十天之後，即可產生感應效果（平均時間估計值是以C級調整為估計標準），並非調整居住後立刻就有明顯感應出現，調整者須知道此項原則後，才可要求進行調整計畫。

最大特色

讓愛情順利調整計畫的最大特色是調整當事者不需要任何複雜的配合手續，只要讓『水動磁波振動裝置』，固定通電振動且放置於配合個人體質及利用『房屋磁力分布圖』所計算出的方位磁度上即可產生感應效果，這種方法非常的方便有效，唯一的缺點就是會發出聲音，對於聲音敏感者本中心另外開發出『修改大門．氣磁變換』的調整方式來服務客戶，此二種方式客戶可以自由地選擇，調整時間愈久，其感應效果愈明顯，是爲大地時空生活顧問研究中心開發出製造人體生理變數原理中方法最爲簡單方便，唯一能開立『保證書』、調整當事者配合程度最少的調整方法（不像其他調整方法皆需要調整當事者密切地配合才能產生效果）。

調整步驟

進行讓愛情順利調整計畫，其調整步驟分爲㈠繪製『房屋磁場磁力分布圖』，㈡確認調整當事者的個人體質，㈢在固定方位擺置『水動磁波振動裝置』，其細節敘述如下：

一、繪製『房屋磁場分布圖』：繪製房屋磁力圖爲調整讓愛情順利計畫中最重要避免誤差的步驟手續，如無繪製房屋磁力圖，調整計畫中的感應效果無法保證，且計算產生效果的時間也會發生錯誤（繪製房屋磁場磁力分布圖，本中心聘請建築師事務所或專門繪圖人員幫忙繪製，聘請專門繪圖人員的費用由本中心負擔。但是繪製房屋的地址如超過大台北區域路途較遠者，須再付車馬費即可）。

二、確認調整者個人體質：確認調整者個人體質的步驟是本中心專員在調整前會詢問調整當事者幾個問題，調整當事者需誠實回答，如調整當事者故意錯誤回答，則個人體質的確認手續會產生誤差，導致錯誤的結果出現。

三、在固定方位擺置磁波裝置：『水動磁波振動裝置』的位置需放在利用房屋磁場磁力圖計算出配合調整當事者個人體質的方位磁度上，固定通電使裝置振動產生磁場改變，自然地改變人體生理與行爲表達，讓調整當事者改變吸引異性的味道感覺，導致感情戀愛的效果發生，調整者使用磁波裝置時千萬不可移動裝置的固定位置及停掉裝置馬達的電源，使裝置無法振動，調整者如違反此項注意細節，將會導致調整效果的錯誤發生（使用『水動磁波振動裝置』不會產生對人體健康有害的輻射線，同時水動磁波振動裝置的第一次裝置設備費用由本中心負擔，調整者不須額外再負擔設備費用）

附註

1.調整者想要降低調整費用，可以考慮參加生活處理會員或折扣會員二種制度其中之一，會員者享有七五折的會員折扣優待價。

2.『有保證書』與『無保證書』的調整效果都是相同有效，開立『保證書』是針對調整者擔心調整無效時可以退費的一種契約承諾，保證書中有明文記載本中心應當負責的範圍及調整者須配合的手續，為了確定調整者是否有與本中心配合，開立保證書者本中心須請人不定時到達調整的房屋磁場追蹤記錄調整者的改變情況與配合手續，做為日後有無產生調整效果的憑證數據，A級調整須七天至十四天之間進行一次追蹤記錄，B級調整須二十天至二十八天之間進行一次追蹤記錄，C級調整須三十天至四十天之間進行一次追蹤記錄，保證書因為有追蹤記錄制度，所需要的人事費與車馬費等等費用，萬一經由確認鑑定調整無效時所應退還的金額即是『無保證書』裡記載的金額數目。

3.調整當事者如果想要讓感應效果加快發生或效應加倍者，可以考慮利用紅外線與紫外線供應放射的特殊材料充當『體質觸媒』元素，以刺激感應效果的明顯產生。

4.本中心調整過程當中除了A級調整之外，其餘等級的調整都不需要任何敲打或破壞房屋內部原先的建築結構，請調整者勿需擔心。

5.進行調整計畫時，如果調整者還想要調整其他的項目（例如：錢財穩定、人緣改善、健康治病、考試順利……），需在調整時同時告知服務專員，並再付其他調整費用。

讓異性愛你成功調整實例

個案發表

個案一：陳×香小姐／台北市和平東路三段／四十七年六月出生

我是一個薪水與階級還算中上的上班族，雖然有點豐滿但自認容貌與身材還算不錯，在內心深處唯一的遺憾就是感情不順利，沒有碰到適合結婚的異性對象，這個問題一直深深地困擾著我，從年輕到現在也曾交往過不少異性朋友，甚至有過論及婚嫁的對象，但是到了最後總是無疾而終，莫名其妙的分手，對於這種結局令我百思不解。在朋友與親戚熱心地幫我介紹很多算命先生，用八字批命或紫微斗數，甚至是通靈鬼神的方法，幾乎都是大同小異地告訴我一個答案，我屬於走老運桃花的命格，要在四十五或四十六歲才會碰到適合姻緣的結婚對象，而且是生肖屬馬或屬狗的男士，想到這裡，心中對於感情婚姻的熱切憧憬就好像當頭被澆了冷水一樣，我眞的是這種命運嗎？眞的沒有解決改變的方法嗎？愈想愈不甘心，經過朋友與雜誌報導，滿懷希望地找過不少改運大師，及各種生活諮詢中心與幫人改運的地方，從神鬼符咒到調整風水，甚至吃生活諮詢中心在販賣價錢十分昂貴的改運食品等等，各種不同方法都一一試過，花了許多金錢與時間，還是看不到明顯效果，隨著歲月流逝，感情生活還是沒有著落，雖有滿腹憧憬卻也無可奈何，我想這可能眞的是我的命運吧！直到八十三年十一月九日，我的大學好友惠娟突然打電話來告訴我，大地時空生活顧問研究中心正在進行一種利用房屋磁場與紅外線組合原理產生『讓異性愛你』的原理試驗，她自己已經在六月二十二日開始進行試驗，八十三年十月十五日就有非常明顯的感應效果，在得知大地時空生活顧問研究中心還要持續地做人體試驗的機會下，好心地問我願不願意接受完全免費的調整試驗，讓大地研究中心可以統計試驗數據，同時也可以改變自己的感情問題，是一舉兩得的事情，我想惠娟是我最要好的知心朋友，應該是不會騙我的，加上大地時空生活顧問研究中心有寄來非常詳細的資料，和電話裡給我詳盡解說如何在房屋內部調整的原則，聽過之後，覺得眞是一種非常簡單的改變方法，眞的會有效果嗎？這是我當時心中的問號，經過惠娟的親身試驗，與以前我已經花了很多金錢去做各種調整改變方法，就算失敗也沒有任何損失的思考前提下，八十三年十一月二十日我滿懷希望地參加『讓異性愛你』的原理試驗。

附註：1.陳×香小姐經過體質分析鑑定爲一百四十四種感應體質中A3型感應類型，組合陳小姐居住的B2房屋磁場，需要在房屋磁度二〇七・五至二一七・五的磁力範圍，擺置配合陳小姐心跳與血壓A3型微2流速『水動磁波振動裝置』，預估在八十四年五月二十五日產生B級效果，八十四年十二月二十三日出現A級調整效果。

2.陳小姐於八十四年五月二十七日碰到心儀的異性對象，兩人持續交往在八十五年一月十二日結婚，現在已經懷孕。

個案二：林×清先生／台南市金華路二段／五十年四月出生

我是基層的公務人員，過著朝九晚五規律的生活，服務單位人員比例是陽盛陰衰的單位，我的個性是屬內向、沈默寡言，跟異性相處時會很容易臉紅、手腳無措的類型，爲了這個缺點，與異性交往極不順利，被同事訕笑不說，甚至還被取了綽號，我很想改變這個缺點，跟異性愉快地交往，只是試了各種方法還是沒有效果，八十五年一月十二日在中午休息時間閱讀大成報時，偶然看到大地時空生活顧問研究中心刊登『讓異性愛你』的資訊發表，仔細閱讀全文之後，心裡在想眞的可以開立保證書確定效果，這到底是不是眞的呢？是不是在騙人呢？一股十分好奇的衝動，撥通電話號碼與大地時空生活顧問研究中心連絡，沒想到竟然在電話中交談了四十分鐘，對於這個原理的調整效果也就更有興趣，因爲上班時間的緣故不能再交談下去，最後請大地研究中心寄相關資料來給我參考，收到資料花了五天詳細閱讀，我決定先使用B級調整來改變我的缺點，在調整費用不是很便宜的情況之下，我還是有點擔心地選擇開立保證書的調整制度。

沒有想到在保證書註明八十五年六月三日的感應時間前，我的個性表達就有明顯差異的改變，在異性面前不會再容易臉紅耳赤，現在身邊也多了一位要好女友，多年來困擾著我的問題，居然如此簡單迎刃而解，眞是太感謝大地時空生活顧問研究中心的研究發明，謝謝你們的幫助，高興之餘，唯一的小小遺憾就是在選擇調整制度時，爲什麼我不選擇不開立保證書的優待價格呢？跟開立保證書的價格足足相差二萬元啊！

附註：林×清先生經體質分析鑑定爲一百四十四種感應體質中K4型感應類型，組合林先生居住的J5房屋磁場，需要在房屋磁度三七．五度至五〇．五度的磁力範圍，擺置配合林先生心跳七十九下微4流速『水動磁波振動裝置』。

個案三：陳太太／台中市中清路／四十六年八月出生

我老公眞的很花，長的普普通通又不是帥哥，在外面的女人就像是接力賽一直接連不斷，除了這個缺點，老實講他對我及家庭的照顧還算是無微不至，夫妻倆爲了這個問題不知道爭吵了多少回，每次被我發現時他總是信誓旦旦地在我面前發誓保證絕對不會再犯，他眞的只愛我一個人等等甜言蜜語來安慰我，雖然是又氣又怒卻眞心地希望他能夠改過，但是總過不了半年大概又會有陌生女人打電話來找他，每次都是相同模式不斷重複上演，找過心理諮詢專家，拜過許多神明，請教很多算命先生，都說我先生是命犯桃花，一生桃花不斷，身爲太太的我一定要忍耐才能使婚姻幸福，又有很多神鬼通靈的大師告訴我只要利用符咒力量可讓先生斬斷桃花不會再犯外遇，花了不少的金錢，還是沒有明顯的改善效果，經由姨媽的熱心介紹推薦，認識大地時空生活顧問研究中心，決定八十四年五月二十七日參加該中心一年會員制度，希望能幫我脫離這種情況。

附註：1.陳太太居住的房屋磁場，經過鑑定發現是『偏桃花格局』的磁場作用，居住達到三年便會出現桃花感應外遇事件。

2.陳太太改善方法是在屋內磁度一五〇至一六五度的磁力範圍，擺置紅外線長期照射可以重新組合磁場效應，變成『正桃花格局』，使夫妻感情更好，陳先生在外有異性緣，但不會產生外遇事件。

3.八十五年五月二十六日陳太太再度參加本中心一年會員制度。

個案四：李曉萍小姐／高雄縣／五十八年次出生

跟他在同一間貿易公司上班已經三年了，雖然是同事但因單位性質的不同，很少有機會能夠接觸，大概是一年前因公事需要的合作，讓我開始注意他的一舉一動，對他的印象是人很風趣，工作認真，又有男子氣概不做作的類型，公司中不少未婚的女同事也是對他頗有好感，我自己本身的個性是屬於較爲保守矜持的傳統女性，雖然是欣賞他，但是從小父母的教育，卻是教我不敢主動開口表示，慢慢地我覺得愈來愈是喜歡他，但是他好像沒有注意到我的存在，這種單戀焦急的心情眞是痛苦得令人難受，想要改善卻不知從何做起，有的朋友不斷地勸我要主動表示以免錯過機會，可是我實在就是無法主動開口表示，八十四年五月十九日在參加一個好朋友聚會時經由朋友偶然拿到大地時空生活顧問研究中心的服務簡介資料，經過仔細的閱讀，在一股好奇、懷疑、希望的心態下，忍不住打電話與該中心連絡，原先經由簡介資料中我的這種情況我自己認爲可能是屬於B級調整的範圍，需要較貴的調整費用，在經過值班專員的詳細分析之下，居然很意外地告訴我使用C級調整的費用就能達到B級調整的目的，在掛完電話後經過十天的反覆考慮，我決定參加C級調整計畫，希望可以解決我的苦惱。

附註：1.李小姐與其單戀喜歡的男士，因爲在同一間公司上班，同時男女彼此相識很久，所以原先要進行B級調整的目的，可藉時空相同彼此有印象的特點，經由C級調整的費用達到B級調整的目的出現。

2.李小姐經過體質分析鑑定爲F5型感應體質，組合李小姐居住F5型的房屋磁場，需要在磁度方位三〇

○至三一五度的磁力範圍，擺置配合李小姐心跳七十六下的微3流速『水動磁波振動裝置』。

3.八十五年一月十五日，李小姐所欣賞的男同事主動向李小姐表示好感，目前是熱戀的情人關係。

個案五：陳×明先生／台北市忠孝東路三段／四十八年次出生

整整是二十次了，婚友社與未婚聯誼社加起來，這是第二十次幫我介紹異性朋友，回想從前為了自己的前途事業我幾乎是心無旁騖努力認真的工作，所以現在我是一間規模還算不小的貿易公司的業務經理，對於感情生活向來是抱著隨緣不去強求的心態，單身過著無牽無掛、自由自在的生活有什麼不好呢！這就是我三十三歲前的想法與生活態度，隨著年齡愈大及父母親幾乎是每天叮嚀快點結婚讓他們可以趕快抱孫子的熱切盼望下，我參加婚友社與未婚聯誼社，在介紹這麼多次的異性朋友裡，的確有我喜歡想要交往的類型對象，遺憾的是與她們好像比較沒有緣分，見過幾次面交往相處不久便音訊全無，至於自己不喜歡的類型，那更是不可能談到交往再發展下去，就在這種情況下一次又一次的介紹認識，什麼時候會成功呢？眞是一個令人心煩的未知數。八十五年三月十五日經由朋友在台灣新生報看到大地時空生活顧問研究中心刊登『讓異性愛你』的資訊發表，同時他曾經因該中心幫忙解決過其他生活問題覺得效果不錯，便大力推薦我去參加調整計畫，經過電話連絡與約談服務專員當場詳細介紹調整原理，我選擇B級調整計畫，希望可以幫我碰到理想的對象。

附註：1.陳先生經過體質分析鑑定為一百四十四種感應體質中F1型感應類型，組合陳先生居住A3型的房屋磁場，需要在屋內磁度方位三六○至十五度的磁力範圍，擺置配合陳先生心跳血壓的微4流速『水動磁波振動裝置』。

2.陳先生於八十五年七月二十九日碰到理想對象，現在密切交往當中。

讓錢財穩定成功調整實例

個案發表

個案一：王×娟小姐／台中市民權路／五十六年三月出生

我是一家進口服飾店的年輕女老闆，多年的願望終於實現，老實講這間服飾店雖然小，卻是我多年努力的結果，在八十四年三月開店後生意也還算不錯，有幾個固定的客戶也滿欣賞我挑選衣服的眼光，不時地光顧讓服飾店的支出與收入達到平衡，還有不少盈餘出現，做這份工作，不但讓我自己衣服的行頭增色不少，同時荷包也還算不錯，眞是一舉數得的工作，套一句流行的廣告台詞，就是『我眞是愛死它了』。每天上班總是心情愉快，覺得世界眞是美好，直到八十五年四月份左右，突然地我發現我最愛的服飾店生意好像在走下坡，原本的盈餘奇怪地消失，支出永遠比收入的速度快上幾倍，客戶挑選衣服時多是只看看不買就自行走了，同時增加很多客戶要求退貨的糾紛，原本固定光顧的老客戶也莫名奇妙不再光顧，最慘時，一整天連一件服飾也沒有銷售出去，在月底繳交房租跟各項開銷後，說了絕對沒人相信，穿著進口服飾打扮得光鮮亮麗的女老闆，身上居然連五百元都沒有。原先的儲蓄不斷地支出，我很想改善這種情況，不知道客戶爲什麼不再光顧，各種降價促銷的活動也都有舉辦過，可是生意就是不見起色。

俗語說：『病急亂投醫』。不論求神拜佛算命看風水等各種認爲可能改變的方法，只要是我經濟能力還可以負擔範圍，我都願意去嘗試看看，只是祈求趕快讓我的服飾店恢復到原先開店時的一半水準就好，可是經由那些方式，生意還是沒有太大的起色，直到八十五年十月左右偶然地看到中國時報上有『讓異性愛你』資訊發表的廣告刊登，閱讀該廣告全文內容後，就想打電話詢問該中心，除了感情調整的項目外，是否還有進行其他項目的調整服務，打了電話後經由該中心服務人員細心解說，並告知還有錢財穩定等其他項目的調整服務，本人是半信半疑一喜一憂，因爲以前請一些風水先生來幫忙，調整服飾店的風水時，風水先生也好像是講的頭頭是道，煞有其事的樣子，可是調整下去也是沒有太大的生意起色，我把我的疑惑很不客氣地告訴正在電話服務的服務人員，並請教該中心是否有任何證明方式來取信顧客，經由服務人員提議可以考慮利用房屋磁場組合個人生理特質的計算方式來推算以前發生的跡象做爲驗證的方法，剛好在以前有請過風水先生看過我的服飾店，得知我的服飾店是屬於坐正東向正西的方向，並順便告知服務人員我個人的生理資料，不到三分鐘計算服務人員居然在電話中告訴我服飾店是在八十五年四月十五日左右才開始變爲不好，並把我服飾店的情況大概重點描述一下，眞是令我嚇了一跳，沒想到大地時空生活顧問研究中心的房屋磁場的原理如此準確，實在讓人佩服，便約了該中心服務人員到達台中，討論如何進行調整服務的制度選擇。

附註：1.王小姐的服飾店是屬於『正財煞格』的格局，其作用就是開始使用時，會讓人很容易就賺到錢財，但是絕對不能長久使用超過一年，如果超過一年其財務便轉爲破財煞格，以前所賺的錢財將全部吐出之外，還會讓你支出永遠比收入多上幾倍，導致關門無法營業下去。

2.王小姐經過體質分析鑑定為一百四十四種感應體質中B2感應類型，組合王小姐居住坐正東向正西的房屋磁場，需要在房屋磁度一七五至一八五的磁力範圍擺置配合王小姐心跳血壓B2型微4流速『水動磁波振動裝置』，預估在八十六年一月五日產生感應，八十六年五月十二日將改善所有情況。

3.王小姐目前將服飾店經營有聲有色，準備在高雄開立分店。

個案二：盧×章先生／台北市仁愛路三段／三十五年二月出生

現在的房屋促銷眞是愈來愈難做，本人是一間預售屋代銷廣告公司的老闆，從事的主要業務就是替未建好的房屋工地預售房屋出去，預售房屋出去的戶數愈多其利潤分紅愈大，從開始要在銷售屋工地上建築一間美輪美奐的接待中心樣品屋、僱用接待人員到進行傳單報紙、甚至電視廣告聘請演藝人員工地秀等種種各種促銷方法，都是由公司來包辦，預售屋金額花幾百萬來宣傳促銷，更是家常便飯時常之事，一個工地的案子銷售完畢便到下一個工地，從建築一幢新的接待中心開始，又是一連串的重複過程，只要銷售房屋有超過四成五銷售戶數，公司投下宣傳促銷等全部費用便可打平，超過六成公司便可小賺，超過八成那利潤就相當不錯，從事房屋代銷那麼多年的經驗來講，銷售預售屋超過四成五的銷售戶數，達到收支平衡的目的不是一件難事，可是在八十五年九月承接高雄市一處工地預售屋銷售的案子時，就沒有那麼地順利，這個工地本公司來承接時，已經有其他代銷廣告公司銷售宣傳過，可是賣出的戶數連二成都沒有達到，急的業主都要跳腳，本公司來承接時只想到可能是其他公司宣傳促銷的方式不對，也沒有想到有任何不妥的地方，等到新的接待中心蓋好了，請了接待人員進行各種宣傳促銷的廣告造勢活動，剛開始時有吸引人潮，很多客戶都有到工地參觀，不到三個星期便有銷售戶數達到二成的成績，心想只要再促銷廣告宣傳下去，跟業主簽約在四個月內達到銷售五成的目的，應該就可以很快達到，接著再繼續進行下一波的廣告促銷活動，說也奇怪，照我們的經驗來講，第二波的廣告活動吸引人潮客戶簽約的人數是會比第一波還要少，但是絕對沒想到會少到連來參觀工地的人數只有小貓二、三隻的情況，再過了二個星期進行各種廣告宣傳促銷活動，預售屋銷售戶數也只有達到二成五的業績，這樣下去公司承接這個案子不但沒有賺到反而會有倒賠的情況出現，剛好多年合作的接待人員沈美玉小姐是大地時空生活顧問研究中心的生活會員，在她的推薦介紹之下，本人就打電話試試看請大地時空生活顧問研究中心派專員過來，幫助解決這件問題。

附註：1.盧先生的工地坐山磁度犯八煞，且接待中心的大門方向也是犯煞，雙煞夾殺形成客戶不願前來工地參觀，來到接待中心的客戶也會感覺到好像在這裡買房子有點靠不住的錯覺，使房屋銷售不易推廣出去，形成購買人數愈來愈少的情況。

2.本中心的解決方法是將接待中心的大門門向改為朝向磁度九十九至一一〇度的磁力範圍，同時在房屋磁場磁度二三五至二四五的磁力範圍，擺置C3型微2流速最大尺寸規格的『水動磁波振動裝置』，預估在二個星期內將會改善情況。

3.盧先生在該工地，銷售屋數達到八成三的業績，並變成本中心特別級的生活會員。

個案三：林×德先生／台北樹林鎮忠孝街／五十三年三月出生

唉！做生意真是看得比做得簡單，堂哥的生意在新竹做得很穩定，聽老媽說一個月就有賺到十幾萬，老媽平常偶爾就在我們子女的面前，半開玩笑半自言自語地告訴我們，阿姨眞是好命生了一個好兒子，堂哥一個月就給她多少的零用錢，過年的時候包了多大多大的紅包給她，讓老媽好是羨慕，身爲子女的我聽了之後，實在是覺得很慚愧，在私人公司上班了幾年，薪水一個月大概接近四萬元左右，跟堂哥比起來，有如天壤之別，試想世間有哪一個人不希望自己能多賺一點錢自己當老闆的。我本人個性較爲淡泊木訥，對佛教的教義非常有興趣，研究還算是有點基礎，可以算是一個在家修行的居士，眼看著佛教藏密的教義逐漸在台灣流行起來，不少人接受灌頂加入信教，同時開始也出現不少佛教用品的精品店，販賣天珠、水晶、金剛杵等等佛教法器用品，看起來生意好像不錯，心想本人對於佛教有興趣，也還有點研究的基礎，開精品店不但可以自修也可以助人，應該不是一件很困難不熟悉的事情，在幾經考慮與詢問有過開店經驗的朋友提議之下，八十四年五月十八日跟幾個朋友合夥在板橋開了一家佛教用品的精品店正式的營業，開張之後不知道是不是正趕上流行的風潮，生意的確不錯，收入能平衡，還有不少盈餘，著實讓我賺了不少錢，在高興之餘心想我現在也算是個老闆，有了自己的事業，只要自己再努力下去，應該過了不久，就能給老媽過一下好日子，讓她不要再羨慕姨媽了。自己的事業當然是要更格外的用心努力，我的店比別人的店絕對是提前半個小時開門，晚一個小時關門，就是希望能夠多做些生意，賺到更多的錢，日子就在這樣的心態下過去。經過一年之後，我的希望逐漸變成了幻想，離我愈來愈遠，在這一年之內陸續地發生股東認爲分帳不公，進而出現糾紛的事情是層出不窮，營業額也沒有再創新高，反而是有走下坡的趨勢，讓我非常的心煩，不知道如何來解決，直到有次姨媽打電話來跟老媽聊天時，無意間聊起堂哥在創業時也好像曾經有碰過這些類似的問題，好像是堂哥去找一間什麼什麼的研究中心，利用風水的原理來幫他解決問題，堂哥的生意才會做得這樣的穩定，姨媽很熱心地叫我趕快打電話去找堂哥，詢問曾經幫助堂哥解決問題的什麼什麼研究中心，看能不能同樣地幫我解決這個問題。

附註：1.林先生板橋開店的房屋磁場是屬於容易『兄弟鬩牆，朋友不和』的格局作用，只可獨力經營為佳，如兩人以上合夥容易發生糾紛導致生意不好，房屋磁場居住滿一年後，其吉凶作用將會十分明顯，三年之後達到吉凶效應的顛峰。

2.林先生問題的解決方法，是在房屋磁場磁度一三〇度至一四〇度的磁力範圍內，擺置適合林先生體質分析鑑定出為K2型微3流速的『水動磁波振動裝置』，預估二十天後股東不和的情況將會改善，六十天後股東不和的情況將會消失，生意會在穩定中持續成長。

個案四：李×文先生／台北市承德路四段／三十九年八月出生

電視裡各種廣告的汽水、果汁、礦泉水等飲料食品，相信大家都或多或少有喝過吧！我們就是它們送到消費者手中的地區經銷商，本人做經銷商的業務數一數也有十幾年了，工廠把貨交給我們來經銷，我們就負責請業務員來推銷業務，把貨送到各個商店賣點讓客人來買，這份工作看似輕鬆其實不然，首先要成為工廠的經銷商，尤其是大家朗朗上口知名度高比較好賣的熱門商品，那更是有人捧著大把鈔票要搶著成為經銷商，權利金高達千萬元，那更是家常便飯，其次就是請業務員來推銷商品的問題，知名度高大家都知道的熱門商品，我們只要把貨送過去等著收錢就好，沒有品牌或者是剛剛出來知名度不高屬於新的商品，那就要看業務員如何地推銷，說服商店的老闆讓商品可以放在商店中販售，好的肯負責的業務員會讓我們當老闆的很放心，最後就是向商店收取貨款的問題，我們跟商店收取貨款不是月結就是另外約定日期來給商店付款，收到票子一開就是二、三個月那是常有的事，三個環節都能面面俱到不要出太大的紕漏，那才是一個成功有賺錢的經銷商。經銷商做了十幾年，老實講以前商品比較少，推銷商品顧客接受度高，生意十分好做，現在做經銷商跟以前的景氣比較起來真是差得太多，尤其是八十四年九月到新的倉庫辦公室之後，不知道是走了什麼楣運，問題一個頭比二個頭大，業務送貨員的人數一直找不齊全，找到新的不是做不久，就是態度有問題，時常被商店老闆打電話來投訴，業績也沒有什麼太大的進展，最可怕的是在八十五年十月突然跑出很多開票金額很高的芭樂票出來，我們有時收到一、二張金額很小的芭樂票就是公司的損失，一下子出現了這麼多的跳票金額，將會導致公司嚴重地財務週轉不靈，在二年前本人因爲私人的問題，曾找大地時空生活顧問研究中心幫忙處理過，感覺上效果還不錯，這次的問題更是嚴重，希望該中心能幫我解決度過這次難關。

附註：1.李先生新的倉庫辦公室的房屋磁場是屬於『廉貞破財』的格局作用，居住裡面將會導致錢財容易莫名其妙的消失，出外代表公司的業務送貨員會容易跟人發生爭吵起衝突，最後會出現血光之災。

2.李先生問題的解決方法是必須將辦公室出入的大門，位置重新開在房屋磁度八十五度至九十五度的範圍，同時在房屋磁場磁度二六五度至二七五度的磁力範圍內，擺置適合李先生體質分析鑑定出爲C3型微2流速的『水動磁波振動裝置』，預估在三十天之後財務會出現轉機，九十天之後生意將會好轉。

讓外遇解決成功調整實例

個案發表

個案一：王×方先生／台北縣中和市圓通路／二十八年五月出生

我是一個吃公家飯的公務人員，每天朝九晚五的上下班，個性是直來直往比較粗枝大葉，老婆美子小我三歲是一個傳統女人，可以算是賢慧，育有二男一女功課還算不錯，老大在讀大學，二個小的在讀高中，生活平平靜靜的讓我很滿足，但這一件事情的發生讓人錯愕使我很難忘懷，我老婆美子是一個典型的家庭主婦，從嫁給我到現在已經有二十幾年，家裡大小事務洗衣、煮飯、帶小孩到讀大學這些繁雜工作的辛勞，都是她在默默地付出，做這些工作已經讓她平常沒有什麼消遣活動，平常的消遣就是到公園跳一跳土風舞跟朋友聊天，在家看一看電視而已，生活很正常的過下去，直到八十五年三月十五日開始，家裡晚上的電話平常都是找老大聊天連絡居多，再不然就是兩個小的電話，不知爲什麼開始偶爾也有一、二通電話在找美子的，同時我也發現美子突然注重打扮穿著，她已經很久沒有在抹口紅，出門跳土風舞前居然會選擇衣服顏色和擦一點口紅，像是二十幾歲的少女模樣，孩子們慢慢也發現有一點異常狀況，就是美子她現在出去跳土風舞到回家的時間是愈來愈晚，平常假日很少跟朋友出去玩的習慣也慢慢改變當中，星期天幾乎都會跟朋友約好跑出去玩，這些情況的出現我想應該是孩子長大了，老婆有較多屬於自己的時間去消遣娛樂，辛苦了大半輩子在家庭作牛作馬，這也不算是什麼大不了的事情，也沒有放在心上。直到有一次跟交往十幾年的老朋友老楊在喝酒聊天時不經意地談到家裡近況，老楊聽到後卻突然很正經地告訴我一定要多留意美子變化，因爲他的另外一個朋友老蔡他的兒媳婦在一年前也有像美子這樣的情況，之後便發生了外遇，差一點就要鬧離婚，後來有請人來幫忙利用房屋磁場改變的原理來解決這件離婚問題，聽到老楊這樣講老實說我有一點懷疑和不信，口頭上爲了面子當然是極力否認美子會產生外遇給我戴上綠帽子，隨著美子這些反常生活舉動的增加，我實在忍不住心中的懷疑決定暗中去買一台電話答錄機放在隱密的地方來偷錄美子的電話，看看老婆美子到底有沒有外遇給我戴上綠帽子。

附註：1.王先生經由兩個月電話錄音與實地跟蹤，發現王太太跟某一位四十幾歲男士在跳土風舞時認識，已經有性關係外遇的情況產生。

2.王太太會產生外遇的原因根據本中心的計算，最主要是王先生所居住的房屋磁場是屬於民國八十三年起便會產生偏桃花力量的八個坐山磁度裡面其中之一，組合王太太的體質剛好形成桃花煞，易有不正常的外遇發生。

3.王太太無法用體質分析鑑定，改用準確性分析度較低的八字作爲體質分析鑑定的依據，需要在房屋磁度七十五度至九十度的磁力範圍內，擺置適合王太太體質Q3型微2流速的『水動磁波振動裝置』，預估八十五年九月十五日產生感應，八十五年十二月十五日解決外遇的情況。

個案二一：黃×志先生／台北市中山北路六段／五十年八月出生

娶到一個漂亮的老婆眞的是男人的福氣嗎？這個問題的正確答案我還不知道，想當初爲了追到我現在漂亮的老婆，花了多少的心思和努力才一一擊退許多的愛慕追求者，在民國八十一年底許多人的羡慕眼光中進入禮堂踏進洞房，我們成爲夫妻之後，老婆的身材眞是令人激賞，很容易讓人想入非非，馬上有所行動，加上她在這方面的慾望興趣好像是滿強的，兩個人配合起來簡直是天衣無縫如魚得水，晝眉之樂樂無窮，結婚不到兩年，我們就有兩個愛的結晶，太太她就暫時待在家裡照顧小孩和處理家務成爲家庭主婦，生完小孩後我發現她在這方面的慾望好像變得更強，親密關係的次數當然是更快速的增加，後來因爲小孩不斷地長大會加重開銷，同時我們也準備再存錢買第二幢房子和太太認爲她不要和社會脫節太久以免落伍的前提之下，耐心地說服了我要到一間私人的公司去當行政專員或秘書等內勤職務，以增加家庭的收入和增廣見聞，八十五年三月二十日她就開始正式去上班，家裡的孩子就暫時請父母親幫忙照顧，去上班之後老婆顯得精神奕奕，重視服飾穿著的打扮讓她看起來更加美豔亮麗令人心動，生活就是這樣子的過下去，直到她上班半年之後我覺得她的舉止行動有點怪異，回家的時間愈來愈晚變成一種常態，每次問她都推說公司的工作太多需要加班等理由來搪塞，載她回家的同事好像過了不久就會換成另外一輛車子，回家之後都會顯得非常疲倦的樣子，以前我們有親密關係的次數是很頻繁的，現在她都推說工作太忙沒有心情或者就是故意敷衍我，夫妻做了這麼久，她的生理反應難道我會不清楚嗎！愈想愈懷疑，決定在她下班之後悄悄跟蹤她，看她到底在搞什麼花樣，跟蹤老婆兩個星期後，發現一個讓我無法相信的事實，就是老婆有了外遇，外遇的對象一個星期內居然跟四個人以上有過關係，有時候一個晚上可以跟二個男人在不同的時間地點上床，知道之時我非常的生氣與震驚，等到她回家之後便當面責罵詢問她爲什麼這樣的做，她的表情十分的錯愕顯得很無辜，流著眼淚告訴我，她會改過來，可是她所說都沒有實現，一樣還是我行我素，責罵多次以後她反而毫不在乎地告訴我，如果想要離婚她會同意，可是她絕對不會放棄目前這樣快樂的性生活，不能容忍她就離婚分手的語氣來威脅我，明知道我是如此的愛她，絕對不會跟她離婚，她就是如何殘忍地告訴我。爲了挽回她的心改變她的行爲，各種方法求神拜佛畫符唸咒花了快將近一百萬還是沒有效果，直到有一個朋友在偶然間告訴我大地時空生活顧問研究中心有幫人處理生活問題，不是怪力亂神的方法，利用食衣住行等人體生理變數原理來改變個性解決問題，收費又有一定的價格表，還可以有『保證書』來保證調整效果等等與眾不同的服務制度，再三考慮之下心中升起一絲希望，便請該中心派專員過來幫我服務，看我的情況用哪一種方法會比較快一點達到我的目的。

附註：1.黃先生的太太這樣情況是本身性慾較強，還有房屋磁場的作用，二者合一所形成的淫亂桃花的現象，必須使用『讓外遇解決調整計畫書』中，特A級與A級調整計畫的調整力量，才能達到最好改變效果，如用其他等級來調整，其效果將會十分不穩定。

2.本中心針對特A級等特殊情況，運用的原理有三種，第一種爲風水中最深奧的『移氣轉煞』原理，第二種利用『水動磁波振動裝置』改變磁波頻率，影響個人個性的特徵，第三種使用紅外線等特殊材料來照射房屋磁場，產生新的坐山力量來解決問題，三種原理本中心交叉使用針對問題的性質來提供。

3.黃先生問題的解決方法是必須將房屋住宅的大門門向改爲朝向磁度二六五度至二七五度的磁力範

圍，同時在房屋磁場磁度一三〇度至一四〇度的磁力範圍內，擺置Z4型微4流速『水動磁波振動裝置』，預估在四十五天之後產生感應，十個月後黃太太將會恢復正常。

個案三：林×莉小姐／台北市信義路三段／五十二年六月出生

男人太有女人緣老婆眞是痛苦，我老公今年四十幾歲人長得還算體面，他是從跑業務員開始幹起，奮鬥十幾年有一間屬於自己的公司，是一間進出口食品貿易公司的老闆，員工有二十幾人，收入不錯，對家庭非常地照顧，他的工作很忙，在公司的時間一待就是十幾個小時，回到家裡都是晚上十一點以後的事情，夫妻感情還算正常恩愛，他這個人沒有什麼太大不良的嗜好，唯一的缺點就是他太有女人緣，時常有外遇的情況發生，家裡的電話偶爾都有奇怪的女人打電話來找他，他外遇的情況被我發現就已經有過兩次，一次是在他公司上班的女職員，一次是他業務上接觸到其他公司的女助理，我剛開始發現時眞的氣得渾身發抖，心裡想爲什麼以前我們年輕不是很富有的時候，都沒有這些情況，男人有錢以後就會變得如此嗎！夫妻結婚十三年，孩子也有二個，一個在讀小學五年級，一個是讀二年級，想跟老公離婚又想到孩子還那麼小，少了父親或母親對小孩子來講是何其不幸，我自己本人在十歲時父親便不幸發生車禍過世了，失去父親的滋味我能夠體會，說什麼我也不想我的孩子和我同樣，苦勸老公無效後，人在徬徨無助時就會想到利用一些奇怪偏方或神鬼的方法看看能不能來幫我解決問題，這個社會騙人的眞是很多，尤其是利用一些神鬼名號自稱畫符唸咒可以解決萬事騙人的江湖術士，除了騙財還差點被他騙色，花了不少錢還是沒有效果，直到八十五年九月十七日朋友介紹大地時空生活顧問研究中心有幫人解決生活問題效果很好，本人還是有點半信半疑地採用『有保證書』的服務制度，希望該中心眞的有效來幫我解決這個問題，不要讓我再麻煩下去了。

附註：1.林小姐的老公，本身的八字體質帶有吸引異性的桃花緣，如用神鬼等外來力量強行壓制，其能量會隨著時間流逝而不斷消耗減弱到完全消失，無法眞正根治解決問題。

2.林小姐採用A級『有保證書』的服務制度，解決方法是在房屋磁場磁度三六〇度至十五度的磁力範圍內，擺置適合林小姐老公八字體質G6型微1流速『水動磁波振動裝置』，預估在八十五年十二月十三日產生感應，六個月後老公外遇的情況將會完全控制。

3.林小姐目前加入本中心成爲特別級的生活會員。

個案四：謝×玲小姐／桃園市新生街／五十五年二月出生

當一個稱職的職業婦女實在不是一件簡單的事，我的老公是獨生子跟公公婆婆住在一起，對他的父母親孿孝順的，我當初會嫁給他就是看上他孝順父母又忠厚老實的樣子，結婚後生了孩子才深深覺得要做一個完美的職業婦女，實在是一件勞心勞力的事情，白天在公司要面對工作的挑戰，晚上回家要侍奉公婆照顧小孩，家裡大小的事務都要忙著張羅處理，好像是一根蠟燭兩頭在點火燃燒，雖然是辛苦但是只要有老公疼愛我婚姻幸福，這一點點的抱怨很快地就被我拋到九霄雲外，我想這就是身爲女人爲愛犧牲奉獻的傻勁吧！老公是在私人貿易公司當業務專員，有時候要跟著上司陪著客戶到酒家一些風化場所去應酬洽談生意，這是他工作性質的需要，我能夠理解，同時我對我的老公深具信心，相信他不會亂來，雖然在公司有時候會聽到同事在談論某某誰的老公在酒家認識哪個狐狸精，發生外遇差一點鬧離婚的傳聞，我都當做是耳邊風聽過就忘了，老公在工作方面做得很積極業績也不錯，不到一年就升他成爲業務副主任，這是一件好事，可是萬萬沒想到這件好事的背後卻是連接著一件讓我難過的壞事發生，老公升上副主任的五個月後，晚上回家的時間愈變愈晚，有時候還有女人打電話到家裡來找他，甚至有晚上還不回家睡覺情況出現，在西裝上我發現有一種固定的香水味道和忘記丟掉裝保險套的小小包裝紙，我想我老公是不是外遇了，同事在談論的事居然會發生在我身上，一時之間我實在無法接受，在沒有確實的證據只憑我個人的臆測，搞不好是我想錯想歪了也不一定，爲了解開心中謎團，便打了電話請正在徵信社上班的大學同學幫我調查一下，看看我老公到底有沒有外遇的情形。

附註：1. 謝小姐老公外遇的時間不超過一年的時間，用C級調整計畫即可解決。

2. 謝小姐老公外遇解決方法是在房屋磁場磁度一四五度至一五五度的磁力範圍內，擺置適合謝小姐老公八字體質A2型微3流速『水動磁波振動裝置』，預估四個月後這段外遇就會結束。

徵求免費科學風水試驗者公告

⊙主旨：作者於民國八十九年研究出一套『利用人體生理與房屋磁場感應影響個人情緒』的科學風水原理，想要進行長期人體感應試驗來計算準確率與人體感覺效果，歡迎有興趣的讀者自由報名免費參加。

⊙附註：進行此項風水試驗，請讀者必須先繪製好『房屋磁場磁力圖』後才可來進行，不懂繪製者請先打電話與作者連絡，作者會免費告知繪製之方法。

掌握生命的變數

著　　者／李明進
出 版 者／生智文化事業有限公司
發 行 人／林新倫
執行編輯／胡琡珮
登 記 證／局版北市業字第677號
地　　址／台北市新生南路三段88號5樓之6
電　　話／(02)2366-0309　2366-0313
傳　　眞／(02)2366-0310
E-mail／tn605547@ms6.tisnet.net.tw
網　　址／http://www.ycrc.com.tw
郵撥帳號／14534976
户　　名／揚智文化事業股份有限公司
印　　刷／科樂印刷事業股份有限公司
法律顧問／北辰著作權事務所　蕭雄淋律師
初版一刷／2001年3月
定　　價／新台幣250元
I S B N／957-818-241-4

總 經 銷／揚智文化事業股份有限公司
地　　址／台北市新生南路三段88號5樓之6
電　　話／(02)2366-0309　2366-0313
傳　　眞／(02)2366-0310

國家圖書館出版品預行編目資料

掌握生命的變數 / 李明進著. -- 初版. -- 台北
市：生智，2001 [民90]
面；公分

ISBN 957-818-241-4（平裝）

1.術數

290 89020184